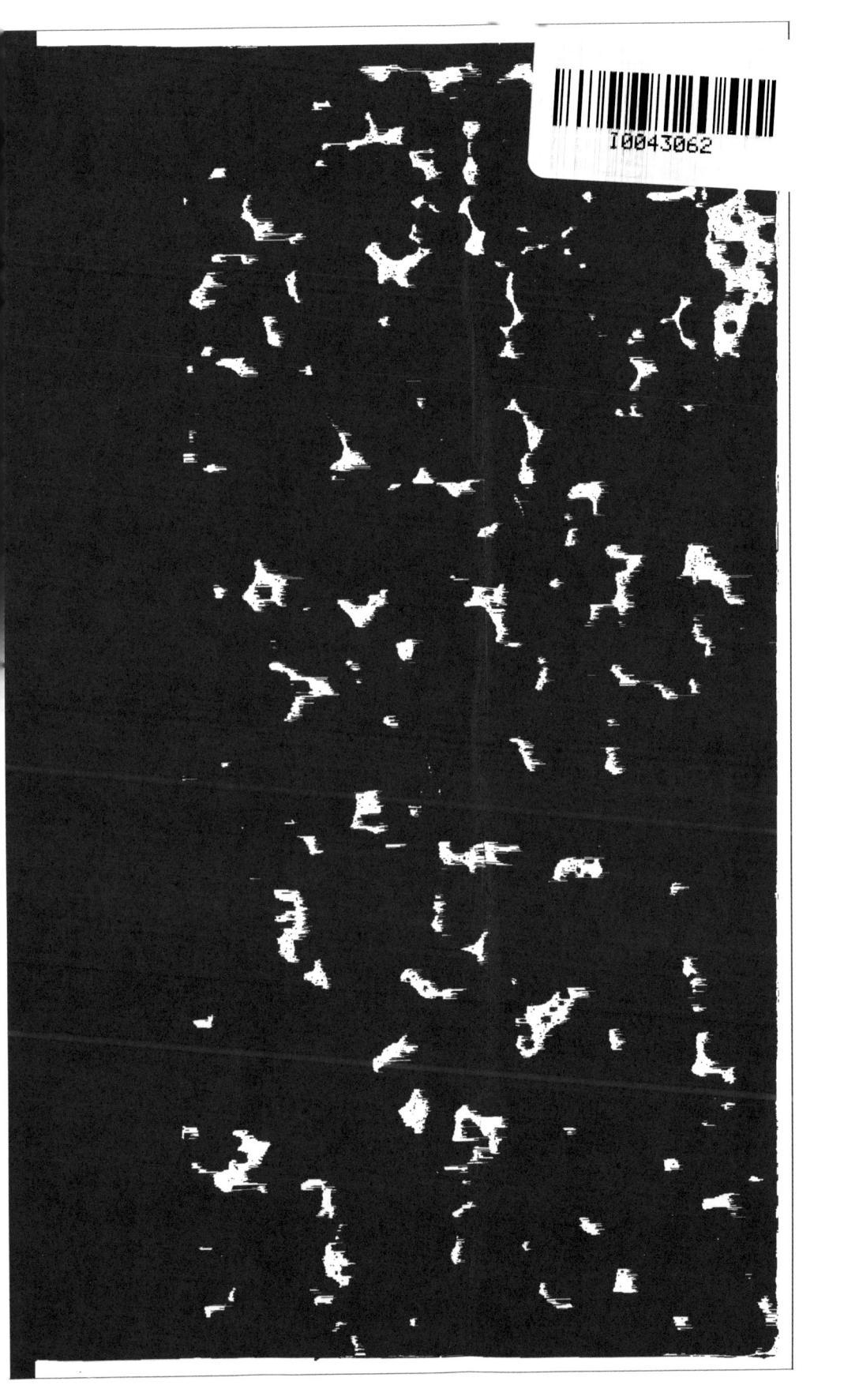

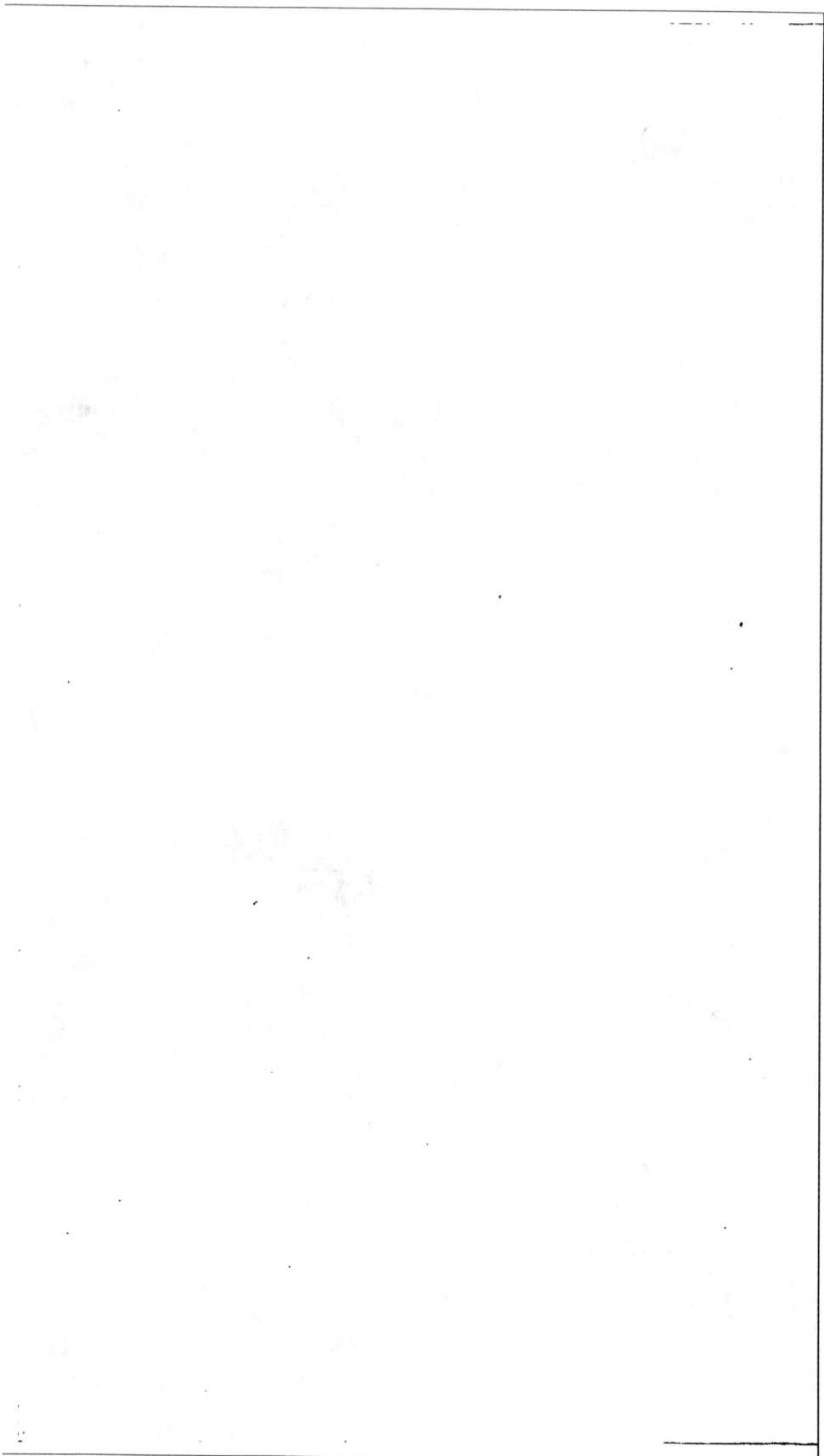

DES SUCCESSIONS.

OUVRAGES DE M. F.-A. VAZEILLE.

TRAITÉ DES PRESCRIPTIONS, 2 volumes in-8⁰, 2ᵐᵉ édition.
TRAITÉ DU MARIAGE, ETC., 2 volumes in-8⁰.

SOUS PRESSE :

**RÉSUMÉ ET CONFÉRENCE DES COMMENTAIRES DU CODE CIVIL,
SUR LES DONATIONS ET TESTAMENS,** 1 volume in-8⁰,
par le même.

Le Dépôt prescrit par la loi a été fait. Les Exemplaires qui ne porteraient pas la signature de l'Auteur seront considérés comme contrefaits, et saisis.

Riom. — E. THIBAUD, Imprimeur de la Cour royale.

RÉSUMÉ

ET

CONFÉRENCE DES COMMENTAIRES DU CODE CIVIL,

SUR

LES SUCCESSIONS,

Par F.-A. VAZEILLE,

ANCIEN AVOCAT A LA COUR ROYALE DE RIOM.

CLERMONT-FERRAND.

THIBAUD – LANDRIOT, IMPRIMEUR – LIBRAIRE,
Rue Saint-Genès, n° 8.

RIOM,

E. THIBAUD, IMPR.-LIBR. ET FONDEUR EN CARACTÈRES.

1834.

AVERTISSEMENT

DE L'AUTEUR.

Les Commentaires sur le Code civil se sont multipliés depuis trente ans ; et ils se grossissent incessamment par les arrêts que publient les recueils de
jurisprudence. La loi en est-elle plus claire, mieux
entendue ? De graves difficultés sont aplanies ; la
controverse est venue expirer plus d'une fois devant
des décisions solennelles de la Cour régulatrice. Mais,
que d'objets sur lesquels la doctrine et les cours de
justice restent divisées ou incertaines ! Si des auteurs
renommés, avouant des fautes et corrigeant leurs
premiers enseignemens, ont paru plus honorables,
la Cour de cassation ne s'est pas proclamée infaillible ; elle a noblement reconnu qu'il ne lui avait
pas été possible toujours, au premier examen,
de marquer sûrement la juste règle à suivre. Les
réformes heureuses qu'elle a faites à sa jurisprudence, en diverses parties, peuvent en faire attendre
d'autres. Tous les sujets de débats d'ailleurs ne lui
ont pas été soumis ; et, dans le cours de trente ans,
tout n'a pas pu se fixer sans retour. Au milieu de
tant d'explications, qui viennent diversement de tant
de lieux différens, sur quoi est-on d'accord, sur
quoi est-on divisé ? Quelles choses sont restées dans
l'oubli, ou n'ont été que trop légèrement envisagées ? Qu'a-t-on enfin d'arrêté ; que reste-t-il d'incertain, et comment finir l'incertitude ?

De l'ensemble du Code civil, mon attention reportée particulièrement sur la matière des Successions, Donations et Testamens, j'ai vu l'importance d'un tableau abrégé des principaux commentaires, qui présentât les règles reconnues certaines, l'explication des règles négligées ou incomplètement démontrées, les vues divergentes, les doctrines contraires, leur examen et la décision supérieure digne d'être suivie, ou la proposition du parti qui semble le plus juste.

J'ai commencé ce travail en 1826; après beaucoup d'interruptions je l'ai mené à sa fin, et je le livre au public. Ce n'est point un ouvrage élémentaire; fait pour la pratique, il s'adresse aux hommes qui ont des connaissances acquises, et qui peuvent porter un jugement sur les difficultés du droit et la contrariété des doctrines. Dans la pratique du barreau et même dans l'administration de la justice, on n'a point, en toute occasion, le temps nécessaire à la revue des nombreux commentaires qu'offrent les auteurs et les arrêts. On trouvera donc commode d'avoir cette revue faite; et, quand elle fait ressortir des difficultés, on ne jugera pas sans utilité la discussion qui l'accompagne. Ce tableau est divisé en autant de parties qu'il y a d'articles dans le Code civil sur les Successions, Donations et Testamens; il présente sur chacun de ces articles l'indication précise des livres nouveaux dont j'ai fait l'examen, et qui rappelant les anciens, m'ont dispensé de les noter aussi.

EXPLICATION

DES INDICATIONS ABRÉGÉES.

———————

Malev., art. 718......	Analyse raisonnée du Code civil, par M. de Maleville, à l'art. 718.
Malev...........	Le même ouvrage, à l'article qu'on examine.
Chab., art. 719, *n.* 1. , .	Commentaire de M. Chabot, sur la loi des successions, à l'art. 719, n° 1.
Chab., *n.* 2.	Le même ouvrage, à l'article qu'on examine, n° 2.
Toull. 4, *n.* 3.......	Droit civil français, par M. Toullier, tome 4, n° 3.
Delv. 2, *p.* 18.......	Cours de code civil, par M. Delvincourt, tome 2, page 18 des notes.
Malp., *n.* 19........	Traité élémentaire des successions, par M. Malpel, n° 19.
Dur. 6, *n.* 20.......	Cours de droit français, par M. Duranton, tome 6, n° 20.
Gren., don. 1, *n.* 21...	Traité des donations, par M. Grenier, tome 1, n. 21.
Gren., hyp. 2, *n.* 22...	Traité des hypothèques, par M. Grenier, tome 2, n° 22.
Pand. fr. 3, *p.* 23.....	Pandectes françaises, par M. Delaporte, tome 3, page 23.
Proud., *C. dr.* 1, *p.* 72, ou *Proud.* 1, *p.* 76...	Cours de droit français, par M. Proudhon, tome 1, page 72, page 76.
Proud., usufr. 2, *n.* 500.	Traité de l'usufruit, par M. Proudhon, tome 2, n° 500.
Locré, art. 30, *C. civ.*..	Esprit du Code civil, par M. Locré, à l'art. 30.

Locré , Lég. civ.	Législation civile , etc., par M. Locré.
Loiseau , p. 60.	Traité des enfans naturels, par M. Loiseau , page 60.
Roll. V., p. 75.	Traité des substitutions prohibées, par M. Rolland de Villargue , page 75.
Merl., Rép., succ., sect. 1.	Répertoire de jurisprudence , par M. Merlin , au mot succession , section 1, etc.
Merl., Quest. dr. , ou alph. succ. , sect. 2.	Question de droit, *ou* Questions alphabétiques, par M. Merlin, au mot succession , section 2.
Fav., Rép., ou Rép. Fav.	Répertoire de législation , etc., par M. Favard.
Dall. ou *D., Rép. méth., succ., chap.* 1, *sect.* 2. .	Répertoire méthodique, etc. , par M. Dalloz, au mot succession , chapitre 1, section 2.
D. 1810 , *p.* 10, ou *D.* 1810, *s., p.* 11.	Journal des audiences , etc. , par M. Denevers, continué par M. Dalloz, année 1810, première partie, page 10, *ou* année 1810, supplément, page 11.
Sir. 10, 1, 25, ou *Sir.* 10, 2, 30.	Jurisprudence de la Cour de cassation, etc., par M. Sirey, tome 10, première partie, page 25, *ou* tome 10, seconde partie, page 30.
J. p., éd. n., t. 11, *p.* 31.	Journal du palais, édition nouvelle, tome 2, page 31.
J. p., t. 3, *de* 1824, *p.* 32.	Journal du palais, tome 3, de l'année 1824, page 32.
Jur. C. civ., 2, *p.* 5. . .	Jurisprudence du Code civil , par MM. Bavoux et Loiseau , tome 2, page 5.

Les autres citations d'auteurs peu fréquentés, sont assez marquées pour n'avoir pas besoin d'explication.

RÉSUMÉ

ET

CONFÉRENCE DES COMMENTAIRES

DU CODE CIVIL

SUR

LES SUCCESSIONS.

LIVRE III, DU CODE CIVIL.

TITRE Iᵉʳ. — *Des Successions.*

———

CHAPITRE PREMIER.

De l'Ouverture des Successions, et de la Saisine des Héritiers.

ARTICLE 718.

LES successions s'ouvrent par la mort naturelle et par la mort civile.

1. L'article 711 a déclaré que la propriété des biens s'acquiert et se transmet par succession, par donation entre-vifs ou par testament. Le règlement de ce mode de transmission est l'objet des dispositions que nous allons examiner.

1

2. La mort naturelle est ordinairement constatée par les registres de l'état civil. Au défaut de ces registres, elle se prouve, selon l'article 46, tant par écrits que par témoins. La loi n'ordonne pas, pour les décès, comme elle le fait pour les naissances, la mention, dans l'acte de l'état civil, du jour et de l'heure de l'événement; elle se borne à prescrire sa vérification dans les vingt-quatre heures. De grands intérêts dépendent quelquefois du moment précis d'un décès; aussi, par un ancien usage, qui est général et que le gouvernement a recommandé par ses formulaires, l'officier public, sur la déclaration de deux témoins, indique le jour et l'heure du décès. Mais parce que l'indication n'est pas positivement commandée par la loi, on ne la regarde pas comme une partie indispensable de l'acte; et l'on pense qu'elle ne fait pas preuve irrécusable, jusqu'à l'inscription de faux. C'est notamment l'opinion de M. Favard, de M. Duranton et de M. Dalloz. Toutefois, il y aurait du danger à recevoir trop facilement la preuve contraire à cette mention de l'acte. Prescrite par l'administration supérieure, faite par l'officier public et certifiée par des témoins si près de l'événement, elle mérite de la confiance en général. Il faut des circonstances graves pour la rendre suspecte, en particulier, et faire admettre la preuve de son inexactitude. *Rép. Fav., succ., sect.* 1, *n.* 1; *Dur.* 1, *n.* 323, 6 *et* 43; *Dall., Rép. méth., succ., chap.* 3, *sect.* 1, *n.* 3.

3. Quand l'acte n'indique pas le temps précis du décès, ou quand il s'élève du doute sur l'exactitude de l'indication, les personnes intéressées à la fixation de ce temps, doivent être admises à le prouver par tous autres écrits ou par témoins, de la même manière qu'on prouverait le fait principal, s'il n'y avait pas d'acte. *V. art.* 46, 57, 77, *etc.*

4. Des hommes périssent souvent dans les mines, et quelquefois leurs cadavres ne peuvent pas se trouver. Un décret du 3 janvier 1813 veut qu'il soit dressé procès verbal de leur perte par le maire, qui doit transmettre cet acte au procureur du roi, pour qu'à sa diligence, et sur l'autorisation du tribunal, l'acte soit annexé aux registres de l'état civil. *Dur.* 1, *n.* 330.

5. Il est des personnes dont la succession peut s'ouvrir sans que leur mort ait été constatée. Ce sont les absens qui, après quatre années de disparition sans nouvelles, sont réputés morts du jour de leur départ ou de leurs dernières nouvelles. Mais cette succession est conditionnelle : si l'absent reparaît, elle s'efface. Elle peut changer seulement par la preuve qui s'acquiert

de la mort de l'absent à une autre époque. *V. art.* 115, 120 ; *Delv.* 2, *p.* 19 ; *Malp., n.* 20 ; *Dur.* 1, *n.* 434 *et* 529.

ARTICLE 719.

La succession est ouverte par la mort civile, du moment où cette mort est encourue, conformément aux dispositions de la section 2 du chapitre 2 du titre de la jouissance et de la privation des droits civils.

1. La condamnation à la mort naturelle, et la condamnation aux travaux forcés à perpétuité, ou à la déportation, emportent la mort civile. Elle ne commence qu'au jour de l'exécution par effigie, après jugement contradictoire, si le condamné a pu s'évader. Les condamnations par contumace n'emportent de même la mort civile qu'après les cinq années qui suivent l'exécution par effigie. *V. art.* 23, 26, 27, *C. civ., et* 18, *C. pén.; Chab.., art.* 719 ; *Dur.* 1, *n.* 214 ; *et Proud.., C. dr.* 1, *p.* 72 ; *Dall.., Rép. méth. droits civils et polit.., sect.* 3, *art.* 1.

2. Le bannissement ne se confond point avec la déportation : il n'entraîne plus la mort civile qui lui était attachée dans le droit ancien. Les régicides furent bannis, mais ils ne furent pas frappés de mort civile. Ils ont pu, comme les étrangers, succéder dans le royaume, et transmettre leurs successions. Ce point de droit est consacré par un arrêt de cassation, du 21 février 1821. *Rép. Fav.., mort civ..,* § 1, *n.* 3.

3. Des termes du Code, qui renvoie la mort civile au jour de l'exécution, est née la question importante de savoir si c'est le commencement, la fin ou le moment du jour de cette exécution, qui termine la vie civile. M. Toullier a pensé que c'était le commencement du jour ; ce qui s'accorde, a-t-il dit, avec l'art. 2260, d'après lequel la prescription se compte par jours et non par heures. Mais il n'y a point de parité entre l'extinction de la vie civile et la prescription ; et d'ailleurs, la prescription n'est acquise qu'au moment où finit le dernier jour du terme fixé. M. Delvincourt et M. Duranton ne sont pour le commencement ni pour la fin du jour ; ils comptent du moment même de l'exécution. Il peut sembler, en effet, qu'accessoire de la peine afflictive, la mort civile ne doit sortir que de l'application de cette peine. Cependant, l'art. 378 du Code d'instruction criminelle ordonnant un procès verbal d'exécution, ne prescrit pas d'indication d'heure ; et l'art. 26 du Code civil ne parle que du jour.

Il ne serait pas raisonnable de dire que la vie civile s'est continuée, après l'exécution, jusqu'à la fin du jour : il convient donc de décider qu'elle a commencé avec ce jour. C'est aussi ce qu'enseignent M. Proudhon et M. Malpel. Le législateur aurait pu l'imposer plus tôt ; et, en la retardant jusqu'au jour de l'exécution, il paraît avoir voulu qu'elle survînt avec ce jour même. *Toull.* 1, *n.* 274 ; *Proud.*, *C. dr.* 1., *p.* 74 ; *Malp.*, *n.* 13 ; *Dur.* 1, *n.* 221 *et* 6, *n.* 35.

4. Le contumax, frappé de mort civile après le laps de cinq années sans comparution, peut encore se remettre en jugement jusqu'au terme de la prescription ; mais, acquitté ou absous, il ne sera relevé de la mort civile que pour l'avenir : les effets qu'elle a produits subsisteront. Ainsi, ayant transmis une succession, elle reste à ceux qui l'ont recueillie ; il en laissera un jour une autre s'il acquiert de nouveaux biens. M. Delvincourt n'admet pas que ce contumax absous soit irrévocablement dépouillé des biens qu'il possédait avant sa condamnation. Les autres interprètes reconnaissent tous que la loi établit cette sorte d'expropriation. Elle est injuste ; mais elle est bien véritablement ordonnée par les art. 30 du Code civil, et 476 du Code d'instruction criminelle. *Delv.* 1, *p.* 47 ; *Locré*, *art.* 30, *C. civ.* ; *Legraverend*, *Lég. crim.* 2, *p.* 525 ; *Proud.* 1, *p.* 76 ; *Malp.*, *n.* 1 ; *Rép. Fav.*, *mort civ.*, §2, *n.* 4 ; *Dur.* 1, *n.* 229, 236, *et* 7, *n.* 37.

ARTICLE 720.

Si plusieurs personnes, respectivement appelées à la succession l'une de l'autre, périssent dans un même événement, sans qu'on puisse reconnaître laquelle est décédée la première, la présomption de survie est déterminée par les circonstances du fait ; et, à leur défaut, par la force de l'âge ou du sexe.

1. M. Toullier ne se montre point partisan des présomptions de survie ; nous ne les goûtons pas davantage, et nous aimerions à ne trouver dans le Code, au lieu des art. 720, 721, 722, que la règle de l'art. 135. Pourquoi fonder une succession sur des présomptions qui ne peuvent être qu'incertaines ? Quelle justice y a-t-il à supposer qu'une personne a survécu à une autre, pour faire qu'elle lui ait succédé ? Qu'on cherche à vérifier la survie par les circonstances du fait dans le même événement, c'est un procédé convenable ; mais qu'on suppose le fait par de simples

conjectures idéales, il n'y a pas plus de raison que de justice, n'y ayant pas de nécessité. Si ces présomptions de survie ne s'étaient pas trouvées dans le droit antérieur, le Code, qui n'a fait que les régler plus clairement, ne les aurait pas créées. Raisonnablement, on ne peut, au nom d'un individu décédé, ou dont l'existence n'est pas reconnue, obtenir de droits dans la succession d'une autre personne, qu'en prouvant que cet individu existait à l'époque où la succession s'est ouverte. C'est la règle générale de l'art. 135, à laquelle les art. 720, 721 et 722 font de fâcheuses exceptions. Prenons ces exceptions dans leurs termes, mais ne les étendons pas. *Toull. 4, n. 78 bis.*

2. La loi met en première ligne les circonstances du fait. Ce n'est qu'à défaut de lumières sur ces circonstances, qu'elle admet les présomptions de la force de l'âge ou du sexe, déterminées par les art. 721, 722. La présomption de survie de l'art. 720, se prouve par écrits et par témoins. Des procès verbaux de fonctionnaires ou d'officiers publics, faits pour constater un incendie, un naufrage, une inondation, peuvent fournir des documens que la justice recueille et apprécie. Quand ils sont positifs, sans être suspects sur l'objet en question, ils peuvent dispenser d'une autre information. S'ils sont équivoques ou suspects, on ordonne une enquête, de même que lorsqu'il n'en existe point. Mais les enquêtes, comme les procès verbaux, peuvent ne rien donner de positif; et, toutefois, s'ils offrent des indices, on les consulte encore; et l'on peut en tirer des moyens de décision. D'une circonstance reconnue on peut, par les probabilités, en déduire la circonstance à reconnaître. Dans cette matière où la loi admet les conjectures, celles qu'on tire des situations accidentelles qui sont vérifiées doivent avoir plus de force que celles de l'âge ou du sexe. M. Chabot dit, avec raison, qu'il suffit que la survie de l'un soit indiquée, par les circonstances, comme plus vraisemblable ou moins incertaine, pour qu'elle doive être admise. Les interprètes présentent les exemples suivans :

Un incendie ayant commencé par le premier étage d'une maison, il y a lieu de croire que les personnes placées à cet étage ont péri avant celles qui étaient aux étages supérieurs.

A la chute d'un bâtiment, la personne qu'on a vue dans la partie qui a subsisté la dernière, est présumée avoir survécu à celle qui était dans les parties détruites auparavant. On a la certitude que l'une existait dans un moment où l'existence de l'autre était au moins incertaine.

Dans une bataille, le soldat de l'avant-garde est présumé atteint plutôt que celui de l'arrière-garde et du centre.

Celui qu'une maladie ou une infirmité empêchait de fuir le danger, est présumé avoir péri avant celui qui d'abord a pu se soustraire au péril.

Si des voleurs ont massacré une famille, on présumera que le père et la mère ont péri avant des enfans du bas âge, parce qu'étant plus en état de se défendre et d'appeler du secours, ils ont été probablement attaqués les premiers. *Malev.; Chab.; Delv.* 2, *p.* 20; *Toull.* 4, *n.* 746; *Malp.*, *n.* 9, 10; *Dur.* 6, *n.* 44; *Rép. Merl.*, *mort*, § 2.

3. Que décider pour deux personnes respectivement successibles, mortes le même jour, sans avoir péri dans le même événement, si les actes de décès n'apprennent pas laquelle a fini la première? Au Répertoire de M. Favard, on dit: « Ce n'est pas l'art. 720, c'est la disposition finale de l'art. 722 qui reçoit ici son application. » Les articles 720 et 722 nous semblent également étrangers à cette position. La règle que nous avons indiquée (art. 718, n. 3.), lui convient d'abord, et ensuite celle de l'art. 135, si l'on ne peut parvenir à reconnaître l'ordre des décès. *Rép. Merl.*, *succ.*, *sect.* 1, § 1; *Chab.*, *n.* 5; *Dur.* 6, *n.* 42; *Malp.*, *n.* 18; *Rép. Fav.*, *succ.*, *sect.* 1, § 1, *n.* 3.

ARTICLE 721.

Si ceux qui ont péri ensemble, avaient moins de quinze ans, le plus âgé sera présumé avoir survécu.

S'ils étaient tous au-dessus de soixante ans, le moins âgé sera présumé avoir survécu.

Si les uns avaient moins de quinze ans, et les autres plus de soixante, les premiers seront présumés avoir survécu.

1. La présomption de la force, de l'âge ou du sexe, que l'art. 721 n'a fait que poser en principe, est réglée pour l'âge par l'art. 720, et pour le sexe par l'art. suivant.

La loi marque et règle très-clairement trois positions pour l'influence de l'âge, sans considération du sexe. Dans les deux premières, on présume que celui qui a le plus de forces a survécu à l'autre. Dans la dernière, au défaut de cette présomption, l'on suit l'ordre de la nature, d'après lequel les plus âgés semblent devoir mourir les premiers. M. Delvincourt, M. Duranton et

M. Dalloz n'admettent pas cette dernière règle dans toute sa généralité. Il leur paraît choquant que l'enfant qui vient de naître soit réputé avoir lutté contre la mort plus long-temps qu'un
homme de soixante ans et quelques jours; et ils pensent que la
disposition finale de l'art. 721 peut s'interpréter par celle de l'article précédent, qui oblige les juges à recourir d'abord aux circonstances du fait. Si le législateur, dit M. Dalloz, n'a divisé la vie de
l'homme qu'en trois grandes périodes, c'est qu'il laissait aux
juges le soin de corriger ce que l'application rigoureuse de la loi
aurait d'absurde ou d'invraisemblable; et que, d'un autre côté,
cette division suffisait, à défaut de circonstances, pour servir de
guide aux juges et prévenir l'arbitraire. M. Chabot ne croit pas
que la loi ait laissé aux juges le pouvoir de graduer dans chaque période et pour chaque année les proportions pour l'accroissement ou la diminution des forces. Ce serait, en effet, se livrer
à de vaines hypothèses et à une foule de détails que la loi a voulu
rejeter. L'impossibilité d'établir, pour tous les cas et pour tous
les âges, des présomptions qui ne fussent pas trop arbitraires, trop
incertaines et trop souvent contraires à la vérité, a fait préférer
la présomption générale, qui est conforme à l'ordre de la nature.
La loi 24, ff. *de rebus dubiis*, réputait toujours l'impubère mort
avant son père ou sa mère. M. Chabot fait observer que dans
toutes les matières où le fait sur lequel devrait porter la décision reste inconnu, ou ne peut être constaté, il suffit, pour les
intérêts de la société en général, que le législateur ait établi
une règle positive qui prévienne tous les débats. *Chab.*, n. 5; *Delv.* 2,
p. 20; *Dur.* 6, n. 48, 51; *Rép. méth.*, *succ.*, ch. 1, sect. 1, n. 7.

2. Les interprètes ont signalé deux autres positions que le législateur n'a point prévues. Pour qui sera la présomption de
survie, 1° entre la personne au-dessous de quinze ans, et la
personne de quinze à soixante ans, 2° entre la personne qui a
plus de quinze ans, et celle qui en a plus de soixante ?

Dans le premier cas, M. Delvincourt, M. Toullier et M. Duranton décident pour le plus âgé, parce qu'il est à présumer qu'il
avait plus de force. M. Malpel pense, au contraire, qu'on doit
admettre la présomption favorable au plus jeune, comme une
règle générale de la loi, applicable à tous les cas qui n'ont pas
positivement de règle particulière. Nous n'adoptons pas ce système. La présomption en faveur du plus jeune, nous paraît n'être,
dans la loi, qu'une règle particulière. La présomption attachée au
plus haut degré de force est plus rationnelle : mais nous préfé-

rerions encore la règle générale de l'art. 135. Ne doit-elle point s'appliquer ici, où l'on ne trouve pas de règle spéciale? *Delv.* 2, *p.* 20; *Toull.* 4, *n.* 74; *Dur.* 6, *n.* 43; *Malp.*, *n.* 11.

Dans le second cas, M. Delvincourt remarque justement que si la personne, qui a moins de quinze ans, est présumée avoir survécu à celle qui en a plus de soixante, la présomption est bien plus forte pour la personne qui va de quinze à soixante ans. Aussi, tous les interprètes s'accordent à dire que la présomption est pour la survie du plus jeune. Ils ont raison, s'il faut s'arrêter à des présomptions, au lieu d'appliquer l'art. 135.

ARTICLE 722.

Si ceux qui ont péri ensemble, avaient quinze ans accomplis, et moins de soixante, le mâle est toujours présumé avoir survécu, lorsqu'il y a égalité d'âge, ou si la différence qui existe n'excède pas une année.

S'ils étaient du même sexe, la présomption de survie, qui donne ouverture à la succession dans l'ordre de la nature, doit être admise : ainsi, le plus jeune est présumé avoir survécu au plus âgé.

1. La loi ne parle pas des jumeaux; mais la règle établie dans cet article leur est applicable quand ils sont de sexe différent: la présomption de survie est du côté du mâle. L'art. 722 n'a point de règle pour ceux qui sont du même sexe, car s'il peut y avoir un aîné entre eux, il n'y a réellement que le même âge; et l'on voit, dans cet article, que la loi ne considère pas la différence d'un an. Cependant, M. Chabot, M. Duranton et M. Favard, croient que si l'on pouvait reconnaître l'aîné, soit par la mention des registres publics, soit par les registres et papiers domestiques des parens, la présomption de survie doit être pour le puîné. Dans l'absence de ces preuves, les deux auteurs concluent pour la survie du plus robuste. M. Toullier et M. Delvincourt ne s'attachent point à la vaine distinction d'aîné et de puîné; ils décident pour la survie du plus robuste, dans tous les cas. M. Dalloz adopte cet avis. M. Malpel n'admet pas non plus de différence d'âge, mais il tire une autre conséquence, et veut que les jumeaux soient supposés morts en même temps; ce qui, en résultat, revient à l'application de l'art. 135, laquelle peut et doit se faire sans cette supposition. *Chab.*, *n.* 4; *Dur.* 6, *n.* 52; *Rép. Fav.*, *succ.*, *sect.* 1, § 1, *n.* 5; *Toull.* 4, *n.* 75; *Delv.* 2, *p.* 20; *Malp.*, *n.* 12; *Rép. méth.*, *succ.*, *sect.* 1, *n.* 8, 9.

2. En général, l'égalité d'âge, à un an près, fait présumer la survie du mâle. La loi règle bien ce point; mais elle ne dit rien de l'inégalité d'âge par la différence de plus d'une année. Dans son esprit, il doit en être, pour les personnes qui ne sont pas du même sexe, d'une différence de plus d'une année dans la période de quinze à soixante ans, comme il en est, par sa lettre, pour toute différence d'âge entre les personnes du même sexe.

3. Sans distinguer les sexes, une loi du 20 prairial an IV, statua que : « Lorsque des ascendans des descendans, et autres personnes qui se succèdent de droit, auront été condamnées au dernier supplice, et que, mises à mort dans la même exécution, il devient impossible de constater leur prédécès, le plus jeune des condamnés sera présumé avoir survécu. » La plupart des interprètes présentent ce texte comme une loi en vigueur. M. Proudhon et M. Malpel pensent qu'il est repoussé par la législation actuelle. Cette loi de l'an IV est, en effet, abrogée par la loi du 21 mars 1804, mise à la suite du Code civil. M. Malpel n'applique à la position marquée dans la loi de l'an IV, aucune règle des art. 720, 721, 722; il dit avec vérité que, dès le commencement du jour de l'exécution, la mort civile a frappé en même temps chacun des condamnés, et que, par conséquent, il n'y a pas lieu d'examiner quel est celui qui naturellement a survécu à l'autre: il n'y a point eu de succession entre eux. *Proud., C. dr.* 1, *p.* 74; *Malp., n.* 13; *V. supra, art.* 719, *n.* 3.

4. Le droit d'invoquer la présomption de survie, n'est pas purement personnel et restreint aux héritiers des individus décédés; il appartient à tous donataires et légataires intéressés, et à leurs créanciers même. La loi ne le donne expressément à aucun d'eux; mais il est sous-entendu pour tous. C'est un effet du droit commun *V. Art.* 1166; *Chab.* 29, *n.* 6; *Toull.* 4, *n.* 78 *bis; Malp., n.* 19; *Dur.* 6, *n.* 47.

5. M. Chabot enseigne que les art. 720, 721, 722 n'ont trait qu'aux héritiers légitimes, et qu'ils sont sans application aux héritiers, soit testamentaires, soit contractuels, réciproques ou non réciproques. La place de ces articles au titre des successions *ab intestat,* les termes de leurs dispositions, les motifs qui les ont fait établir, le silence du Code au titre des donations et testamens, quelques textes des lois romaines et la jurisprudence ancienne, forment le fond des argumens de l'auteur. M. Merlin, M. Delvincourt, M. Favard, M. Duranton, M. Carré, M. Dalloz et les auteurs des Pandectes françaises, ont suivi cette doctrine.

Chab., *n.* 7; *Rép. Merl.*, *mort.*, § 2; *Rép. Fav.*, *succ.*, *sect.* 1,
§ 1, *n.* 9; *Delv.* 2, *p.* 20, *n.* 4; *Dur.* 6, *n.* 48 *et* 50 ; *Pand.*
franç., *art.* 722; *Rép. méth.*, *succ.*, *chap.* 1, *sect.* 1, *n.* 12, *etc.*

M. de Maleville a dit indéfiniment, qu'il était fort douteux
qu'on adoptât pour les successions testamentaires, d'autres
présomptions que celles que la loi a déterminées pour les successions légitimes. M. Toullier admet les présomptions de survie du Code civil, pour les successions contractuelles ou testamentaires, même quand il n'y a pas de réciprocité. M. Malpel
ne croit pas que les dispositions des articles 720, 721, 722,
soient restreintes aux successions légitimes; il les juge applicables aux successions déférées par la volonté de l'homme,
mais dans les cas seulement de réciprocité. *Malev.*, *art.* 722;
Toull. 4, *n.* 178; *Malp.*, *n.* 14, *etc.*

Pour résoudre la difficulté, la législation et la jurisprudence
antérieures au Code civil ne sont d'aucun secours. Les lois romaines ne sont pas d'accord entre elles : il en est qui étendent
les présomptions de survie aux héritiers testamentaires ; et, dans
le royaume, la jurisprudence n'avait pas de règles bien fixes.
La solution doit sortir du Code civil seul. Bornée aux institutions réciproques, la doctrine de M. Malpel semble fondée sur la
disposition textuelle de l'art. 720, qu'on peut regarder comme
générale et faite pour toutes personnes respectivement appelées
à la succession l'une de l'autre, sans distinction entre la vocation de l'homme et celle de la loi. Le Code civil reconnaît
deux espèces de successions; et l'art. 720 n'est pas limité aux
successions légitimes; il s'étend aux successions déférées par la
volonté de l'homme, et garanties par la loi, parce qu'il y a
même raison de décider. Ici le silence du titre des donations
n'est d'aucune considération. Quand le législateur a posé une
fois des règles générales, on doit les appliquer à toutes les positions qu'elles embrassent naturellement, sans qu'elles soient ré-
pétées dans chaque titre spécial relatif à ces positions. Il existe
au titre des successions légitimes, plus d'une règle certainement
applicable aux successions testamentaires, bien qu'elles ne soient
pas rappelées au titre des testamens. M. Chabot lui-même en
convient ailleurs; c'est lui qui a dit : « Il est généralement reconnu que presque toutes les règles établies par le Code civil,
au titre des successions *ab intestat*, notamment celles qui sont
relatives au partage et au payement des dettes, doivent être appliquées aux successions testamentaires ou contractuelles, puis-

qu'il n'a pas été établi de règles particulières à l'égard de ces successions. » Aussi, bien que l'acceptation sous bénéfice d'inventaire ne soit pas établie au titre des donations et testamens, M. Chabot et M. Merlin reconnaissent que le légataire universel peut n'accepter que sous bénéfice d'inventaire.

On fait cette objection : « Les présomptions de survie ne sont établies que pour les cas où elles étaient absolument nécessaires pour qu'on pût savoir à quels héritiers les successions des personnes péries dans le même événement devaient être déférées. La nécessité de les admettre n'existe point dans le cas où le testateur et le légataire mutuels ont péri dans le même événement. Il n'est pas nécessaire que l'un des deux testamens soit exécuté; quoiqu'ils ne le soient ni l'un ni l'autre, les biens ne resteront pas vacans, comme ils le seraient s'il était question de succession *ab intestat.* »

M. Toullier et M. Malpel répondent que la nécessité alléguée n'est qu'imaginaire, et que la crainte de voir les biens rester vacans, n'existe en aucun cas, en écartant les présomptions. On connaît toujours avec certitude à quels héritiers doivent être déférées les successions des personnes qui ont péri dans le même événement. Il n'est pas nécessaire que l'une ait succédé à l'autre. Chacune pourrait avoir pour héritiers ses plus proches successibles connus, suivant l'art. 135. Ce n'est que dans la vue de se rapprocher de la justice et de la vérité, que la loi a recours à des présomptions, à défaut de preuves; et cette raison convient aux successions que la loi a permis à l'homme d'établir, autant qu'aux successions que la loi même défère. Nous n'aurions voulu de ces présomptions pour aucune sorte d'héritiers; la règle de l'art. 135 vaut mieux; mais l'art. 720 les ayant établies sans exception des héritiers contractuels ou testamentaires, la distinction enseignée par M. Chabot n'est point admissible, à la rigueur. *Toull., Malp., précités.*

6. M. Chabot, M. Merlin, M. Delvincourt et M. Favard, ont pensé que la présomption de survie, bornée, par la lettre de la loi, aux héritiers réciproques, ne pouvait pas être étendue aux personnes dont l'une seulement était en voie de succéder à l'autre. M. Toullier, M. Malpel et M. Duranton s'élèvent contre cette restriction. Suivant M. Toullier, ces mots : *respectivement appelés à la succession l'un de l'autre*, sont une incise qui n'a pas été insérée dans la phrase pour limiter la présomption au cas qu'ils expriment; elle est démonstrative plutôt que limitative.

Les rédacteurs du Code n'ont choisi ce cas que comme le plus fréquent et le plus propre à indiquer l'objet des présomptions légales de survie. La raison de la loi étend sa disposition et la rend applicable au cas où l'une des personnes seulement est en ordre de succéder à l'autre ; entre le neveu, par exemple, qui n'a ni enfans ni frères, et l'un de ses oncles qui a des enfans. Si la question du prédécès est inutile pour la succession de l'oncle, qui doit passer nécessairement à ses enfans, elle est utile pour la succession du neveu, qui passerait à d'autres oncles, à l'exclusion de ses cousins, enfans de l'oncle décédé, si l'on ne jugeait pas que ce dernier a survécu. M. Duranton et M. Malpel décident comme M. Toullier. *Chab.*, *art.* 720, *n.* 7; *Rép. Merl.*, *mort*, *chap.* 1, § 2, *art.* 2; *Delv. préc.*; *Rép. Fav.*, *succ.*, *sect.* 1, § 1, *n.* 6; *Toull.* 4, *n.* 4; *Malp.*, *n.* 16.

Par l'exemple proposé, on voit bien que le législateur avait, pour appliquer la règle aux successions sans réciprocité, une raison semblable à celle qui l'a fait établir pour les successions réciproques; mais quoique semblable dans les deux positions, elle est moins forte dans celle que la loi n'a point exprimée. Pour étendre la règle, il faudrait qu'il y eût nécessité, et M. Toullier a prouvé que cette règle n'était pas nécessaire, même pour le cas de la succession réciproque. Non-seulement elle n'était pas nécessaire; mais elle n'est pas bonne; et, par ce motif encore, elle ne doit pas être étendue; celle de l'art. 135 est bien préférable.

7. Les présomptions de survie sont encore mieux étrangères aux donataires et aux légataires particuliers qui attendent, de la mort du disposant, la libéralité qu'il leur a promise. Elles sont aussi sans application, quant à l'effet du retour, entre le donateur et le donataire qu'il a saisi. Les représentans de l'héritier institué par contrat ou par testament, vis-à-vis de l'instituant qui n'était pas réciproquement héritier de l'institué, de même que les représentans de l'héritier légitime, respectivement à la personne qui n'était pas en ordre de lui succéder, n'auront la succession destinée à celle qu'ils représentent qu'en prouvant, par sa survie, que cette succession s'est ouverte en sa faveur. Les successeurs de l'individu qui était donataire ou légataire, sous condition de survie, n'auront les choses promises qu'en prouvant le prédécès du donateur; et les successeurs du donataire saisi conserveront l'objet de la donation, à l'abri du retour, si les héritiers du donateur ne prouvent pas sa survie. *Chab.*, *n.* 7; *Rép. Merl.*, *mort*, § 2; *Dur.* 6, *n.* 48.

ARTICLE 723.

La loi règle l'ordre de succéder entre les héritiers légitimes : à leur défaut, les biens passent aux enfans naturels ; ensuite à l'époux survivant ; et s'il n'y en a pas, à l'Etat.

1. La loi ne fait qu'annoncer ici l'ordre des dispositions qu'elle établit dans le chapitre III de ce titre.

ARTICLE 724.

Les héritiers légitimes sont saisis, de plein droit, des biens, droits et actions du défunt, sous l'obligation d'acquitter toutes les charges de la succession : les enfans naturels, l'époux survivant et l'Etat doivent se faire envoyer en possession par justice, dans les formes qui seront déterminées.

1. On n'est pas héritier malgré soi : à l'ouverture d'une succession, celui qui est appelé à la recueillir, peut l'accepter ou la répudier ; mais il est réputé héritier et saisi à ce titre, tant qu'il n'a pas fait de renonciation. Ceux qui peuvent avoir des droits contre la succession les exercent contre lui, et il doit répondre aux demandes qui lui sont adressées, ou répudier la succession. En acceptant l'hérédité, les droits et les charges qui en résultent remontent au jour où elle s'est ouverte. En renonçant, il fait passer à un autre successible la qualité et la saisine qu'il abandonne ; et le second successible, qui prend sa place, est héritier comme s'il avait recueilli la succession le jour même de son ouverture. Si l'héritier vient à mourir avant d'avoir accepté ni répudié, il transmet ses droits à ses propres successeurs. Nous verrons le développement de ces principes dans les dispositions subséquentes du Code. *Malev.; Chab.; Toull.* 4, *n.* 79, *etc.; Delv.* 2, *p.* 24; *Malp., n.* 177, *etc.; Dur.* 6, *n.* 53, *etc.*

CHAPITRE II.

Des qualités requises pour succéder.

ARTICLE 725.

Pour succéder, il faut nécessairement exister à l'instant de l'ouverture de la succession.

Ainsi, sont incapables de succéder :

1° Celui qui n'est pas encore conçu ;

2° L'enfant qui n'est pas né viable ;

3° Celui qui est mort civilement.

1. Sous la condition qu'il viendra au jour viable, l'enfant conçu est héritier ; et c'est pour cette raison, que l'art. 393 veut qu'il soit nommé un curateur au ventre, lorsque la mère déclare sa grossesse. M. Chabot enseigne que la déclaration de grossesse peut être contestée par tous ceux qui ont intérêt à la contredire ; et que, dans le cas de contestation, les tribunaux peuvent ordonner qu'il sera vérifié par des gens de l'art si la femme est réellement enceinte. Nous ne partageons pas cette opinion ; nous croyons, comme M. Delvincourt, et comme l'a jugé la Cour d'Aix, par un arrêt du 19 mars 1807, qu'on doit s'en rapporter à la déclaration de la femme. La vérification d'abord n'est pas du tout convenable : impossible dans les premiers temps de la conception annoncée, elle peut encore être douteuse beaucoup plus tard. Sauf à réclamer des dommages-intérêts, en cas de préjudice, contre la femme qui a feint d'être enceinte, on prend des précautions, et l'on attend l'époque où la vérification ne sera pas conjecturale. *Chab.*, *n.* 5 ; *Delv.* 1, *p.* 272 ; *Sir.* 7, 2, 167 ; **J.** *p.*, *éd. n.*, *p.* 186.

2. L'enfant venu au jour, on examine s'il est vivant et viable. Mais à quels signes reconnaît-on la vie ? A quels signes reconnaît-on la viabilité ? La vie n'est pas douteuse lorsqu'on a entendu crier l'enfant. Si cette indication n'est pas la seule admissible, elle est la seule qui offre une grande certitude. Les mouvemens de l'enfant et sa respiration, qu'on admet comme signes de vie, sont quelquefois fort incertains, et ils ne peuvent être bien appréciés que par des hommes instruits et exercés. Les auteurs de médecine légale enseignent que l'enfant qui tient encore à sa mère par le cordon ombilical, peut avoir des mouvemens convulsifs, une respiration incomplète et des soupirs qui sont l'effet de la vie de la mère, et qui peuvent durer jusqu'à une heure et même deux heures, sans prouver sa propre vie. Les gens de l'art savent distinguer la respiration complète et les mouvemens propres de la vie de l'enfant. Ils jugent aussi par l'examen des poumons, si l'enfant a vécu ; ils décident de la viabilité par l'état de *maturité* de l'enfant, d'après la longueur et le poids de son corps, le degré de perfection de ses organes,

dans des proportions qu'ils indiquent entre les parties supérieu-
res et les parties inférieures. La vie peut quelquefois être attestée
par des témoins ordinaires ; la viabilité ne saurait être certifiée,
en toutes circonstances, que par des témoins médecins ou chi-
rurgiens. *Chab.*, n. 8, etc. ; *Toull.* 4, *n.* 96 ; *Merl.*, *Rép.*, *vie*,
et Quest. dr., *vie*, § 1, *n.* 1 ; *Malp.*, *n.* 22, etc. ; *Dur.* 6, *n.* 27, etc. ;
Leçons de médec. lég. d'Orfila, *t.* 1, *part.* 1, *p.* 367, etc. ; *Dict.
des sciences médicales*, *viabilité.*

5. La preuve de la naissance d'un enfant donne la présomption qu'il est né vivant ; et c'est à ceux qui prétendent qu'il est
sorti mort du sein de sa mère, de prouver cet état de mort-né.
La preuve que l'enfant a vécu, fait présumer qu'il était viable ;
et ceux qui contestent la viabilité doivent prouver que l'enfant
n'était pas viable. Qu'il se trouve sur les registres de l'état civil
un acte spécial de naissance, cet acte fait foi de la naissance et
de la vie, jusqu'à l'inscription de faux. Si l'on a présenté à l'officier public un enfant privé de vie, déclarant qu'il a vécu, l'acte
constatera cette déclaration ; mais il ne formera point un titre
probant comme dans l'hypothèse précédente. Un décret du 4 juillet 1806, explicatif des dispositions du Code, décide qu'il ne
peut résulter des déclarations de ceux qui ont présenté un enfant
mort, dont la naissance n'a point été enregistrée, aucun préjugé
sur la question de savoir si l'enfant *a eu vie ou non.* Dans ce cas,
ceux qui sont intéressés au fait de la vie doivent en administrer
la preuve. *Chab.*, n. 12 ; *Toull.* 4, *n.* 47 *et* 101 ; *Dur.* 6, *n.* 77, 78 ;
Malp., *n.* 25 ; *Merl.*, *Quest. dr.*, *vie*, § 1.

Par un arrêt du 13 floréal an XII, la Cour d'appel de Paris a très-
bien jugé que l'acte de naissance qui n'énonce pas que l'enfant soit
mort-né, fait foi de la vie et repousse la simple preuve contraire. Mais la Cour est allée trop loin en décidant l'inadmissi-
bilité de cette preuve, malgré un second acte du même jour, qui
rapportait que l'enfant était mort en naissant. Ces deux mentions contradictoires devaient autoriser, sans inscription de
faux, la preuve directe de l'état de *mort-né.* D'ailleurs, l'enfant
n'était pas né viable, s'il était mort en naissant. *Sir.* 4, 2,
732.

La Cour d'Angers a jugé en principe, le 25 mai 1822, qu'il y
a présomption de viabilité, lorsqu'il est établi que l'enfant est
né vivant, s'il a paru né à terme et si rien n'annonçait, dans
sa conformation, qu'il ne pût pas vivre. Ce sont des circonstances
de cette nature, le défaut d'un terme suffisant ou de *maturité,*

le défaut de perfection, qui peuvent être l'objet d'une preuve contraire à la présomption de viabilité, résultant de la vie. Dans l'affaire soumise à la Cour d'Angers, il existait un acte de naissance qui constatait une déclaration de la naissance *en vie ;* mais l'enfant avait été présenté mort à l'oficier public, et cette raison a fait ordonner la preuve de sa vie, à la charge de ceux qui l'alléguaient. *Sir.* 23, 2, 105; *V. aussi Ar. Limoges,* 12 *janv.* 1813, et *Bordeaux* , 8 *février* 1830 ; *J. p., éd. n., t.* 14, *p.* 39 ; *D.,* 1830 , *p.* 160.

4. Né vivant, né viable, l'enfant ne peut succéder qu'autant que sa conception peut se placer à une époque qui ait précédé l'ouverture de la succession. Serait-il vrai, comme l'enseigne M. Toullier, que la loi répute non viable l'enfant né avant le cent quatre-vingtième jour du mariage de sa mère? La loi n'établit pas cette présomption ; elle suppose une conception antérieure au mariage. Par les art. 312, 314 et 317, le mari, dont le droit passe à ses héritiers, est autorisé à désavouer l'enfant né avant ce terme de cent quatre-vingt jours ; et le désaveu est rejeté, si l'enfant n'est pas déclaré viable. La loi ne le répute donc pas non viable ; il peut donc être viable légalement aussi - bien que naturellement, malgré l'anticipation ; et il faut qu'il le soit dans le fait, pour qu'il y ait lieu au désaveu. Le désaveu est nécessaire pour l'empêcher de recueillir toute succession régulière qui s'ouvre après le mariage ; il est inutile à l'égard de ces successions ouvertes auparavant. *Toull.* 4, *n.* 98.

5. Dirons-nous, au moins avec M. Merlin et M. Toullier, que dans ce cas de la naissance avant le cent quatre-vingtième jour du mariage, si la question de viabilité était élevée par un tiers qui aurait reçu une donation dont la naissance de l'enfant serait la condition, l'honneur de la mère se trouvant alors en opposition avec les droits de ce tiers, la morale publique exigerait que l'on présumât que l'enfant n'est pas né viable? Si le mari désavoue l'enfant, sa naissance illégitime ne remplit pas la condition, probablement. S'il n'y a point de désaveu , l'enfant conçu avant le mariage et né pendant le mariage , est légitime ; il n'y a point de raison pour le présumer venu non viable. *Toull.. préc. ; Rép. Merl. préc., et Quest. dr., vie ,* § 1.

6. La loi a mis pour bornes à la supposition de l'accouchement le plus retardé, le terme de trois cents jours. Ainsi , pouvant contester la légitimité de l'enfant qui est né trois cents jours après la dissolution du mariage, on peut contester une succession

à l'enfant qui est né trois cents jours après son ouverture. L'action seule est facultative: le mot *pourra*, employé dans l'art. 315, ne se rapporte point au jugement; et les tribunaux n'ont pas le pouvoir de décider, selon les circonstances, pour la légitimité et le droit de succession. Ainsi l'ont jugé les Cours de Grenoble et d'Aix, par deux arrêts des 12 avril 1809 et 8 janvier 1812, que M. Favard cite et approuve. M. Orfila en a jugé de même, dans sa Médecine légale; et M. Malpel invoque et appuie son opinion. *Rép. Fav., succ.*, sect. 1, § 2, n. 2, *et légitimat.*, § 3, n. 2; *Malp.*, n. 28; *Toull.* 2, n. 828, 829; *Chab.*, n. 5; *Proud.* 2, p. 28.

7. On ne peut repousser l'enfant né dans l'intervalle de deux cent soixante-dix à trois cents jours, que comme illégitime, en prouvant l'illégitimité sur une action en désaveu. Cette doctrine de M. Toullier nous paraît exacte. La naissance qui peut se placer dans une période de trois cents jours est de droit légitime; et le désaveu seul peut combattre cette présomption de légitimité. M. Chabot avait pensé que la simple preuve contraire serait admissible. Il disait qu'en la rejetant indéfiniment, on s'exposerait à une foule de méprises et d'injustices; c'est aux gens de l'art, ajoutait-il, que cette preuve doit être confiée. Le plus souvent ils sont en état de juger, en examinant la mère et l'enfant au moment de la naissance, quelle est l'époque à laquelle remonte la conception. Seulement, s'il y a du doute, c'est en faveur de l'enfant qu'il faut décider. M. Duranton a démontré qu'il y a toujours du doute, et que la loi a voulu fixer les incertitudes par le terme de trois cents jours. M. Malpel avait déjà émis cette opinion en l'appuyant d'un arrêt de la Cour de Paris et de celui de la Cour de cassation, qui l'a sanctionné le 8 février 1821. *Chab.*, n. 5; *Toull.* 4, n. 95; *Malp.*, n. 28; *Dur.* 6, n. 72; *Sir.* 21, 1, 404; *D.* 1820, p. 17, *et* 1821, p. 333.

8. Les règles tracées par les art. 312 et 314, pour le terme le plus abrégé et pour le terme le plus prolongé de la gestation, sont-elles applicables aux enfans naturels? Par un arrêt qui a résisté à la cassation, le 11 novembre 1819, la Cour de Dijon a jugé qu'elles ne concernent que les enfans légitimes. M. Malpel observe que l'arrêt de rejet n'est pas motivé comme l'arrêt maintenu; et il croit que la Cour régulatrice n'a pas résolu la question. Par l'expression, les motifs des deux arrêts diffèrent entre eux: au fond ils tendent également à présenter les art. 312 et 314 comme étrangers aux enfans nés hors du mariage. Cette

décision, contraire aux vues de M. Malpel, nous étonne, et nous
ne croyons pas qu'elle puisse former la jurisprudence. Si des
règles sont nécessaires pour déterminer le temps de la conception des enfans naturels, doivent-elles différer de celles qu'on
applique aux enfans légitimes? La nature qu'on a observée a-t-
elle une marche différente pour ceux-ci et pour ceux-là? Les
règles qu'on a établies, comme les meilleures, ne sont-elles pas,
de droit, communes à tous? Quelles autres règles pourrait-on
appliquer aux enfans nés hors du mariage? Un homme suppose
enceinte la femme avec laquelle il est en commerce libre, et il se
déclare le père de l'enfant qu'il attend. Deux cent soixante-onze
jours après cet acte, la femme met au jour un enfant; appar-
tiendra-t-il à l'auteur de la reconnaissance? Un homme, veuf
depuis deux cent six jours, reconnaît l'enfant qui vient de naître
d'une femme avec laquelle il n'est pas marié; cet enfant sera-t-il
réputé conçu avant ou après la mort de l'épouse, adultérin dont
la reconnaissance est nulle, ou simplement naturel, valablement
reconnu? Ce dernier exemple est précisément le cas sur lequel
ont prononcé les arrêts précités. La reconnaissance a été jugée
nulle, parce que la conception de l'enfant aurait été antérieure
au décès de l'épouse de celui qui l'avait faite. L'antériorité n'é-
tait pas certaine, puisque la gestation peut n'être que de cent
quatre-vingts jours, et qu'il y en avait deux cent six. Dans le
doute, la loi et la justice ne supposent pas le mal. Tel est le
fondement des règles établies par les art. 312 et 314.; et, comme
il n'y en a point d'autres pour les enfans naturels, il faut bien
leur en faire l'application. D. 1820, p. 180; *Malp.*, n. 30.

9. Le Code civil ne s'occupe pas des monstres qui pourraient
sortir du sein d'une femme. Les lois romaines mettaient au nombre des esclaves et rendaient incapables de succéder, les êtres
dont la conformation était entièrement différente de celle de
l'homme. L'incapacité pour succéder était une règle enseignée
par nos anciens auteurs français; mais on ne cite pas d'exemple
de son application. M. Chabot a pensé qu'on ne pouvait pas considérer, comme *enfans nés viables*, les monstres désignés par les lois
romaines. On doute aujourd'hui que de tels monstres puissent
exister; et M. Malpel en conclut que les droits des enfans monstrueux doivent être régis par le droit commun. Il nous semble
que s'il pouvait arriver un être monstrueux qui n'eût rien de
l'homme, on n'en ferait point un héritier; il ne lui serait dû
que des alimens. Sauf l'interdiction et, au besoin, des mesures

de police, il serait successible et héritier, s'il avait quelque chose de la figure humaine. *Chab.*, *n.* 13 ; *Malp.*, *n.* 31 ; *Dur.* 6, *n.* 75.

10. L'enfant, conçu illégitime, n'a de capacité pour aucune succession régulière, tant qu'il n'est pas légitimé par le mariage de ses auteurs. Sa légitimation n'a point d'effet rétroactif ; il n'a de droits qu'à compter du mariage qui l'a produit. Tout ce qui s'est passé dans la famille du père et de la mère, avant leur mariage, est étranger aux enfans que ce mariage légitime. D'après ce principe, la Cour régulatrice a cassé, le 11 mars 1811, un arrêt de la Cour d'Orléans, qui avait admis à la succession de l'enfant du premier lit de Marie Vaugoudy, l'enfant qu'elle avait conçu, en viduité, à l'ouverture de cette succession, et qui ne fut légitimé que postérieurement, par le second mariage de la mère. L'affaire renvoyée à la Cour de Paris, un arrêt du 21 décembre 1812, a condamné la prétention de l'enfant légitimé. *Rép. Merl.*, *succ.*, sect. 1, § 2, art. 5 ; *et légitimat.*, sect. 2, § 3 ; *Rép. Fav.*, *succ.*, sect. 1, § 2, *n.* 2 ; *et légitimat.*, § 3, *n.* 2 ; *Malp.*, *n.* 29 ; *Toull.* 2, *n.* 929, 930 ; *et* 4, *n.* 92 ; *Dur.* 6, *n.* 69 ; *Sir.* 11, 129, *et* 13, 2, 88 ; *Locré* 4, *p.* 173.

11. La mort civile fait perdre le droit de succéder, à partir des époques déterminées par les art. 26 et 27. Entre la condamnation et le terme fixé, le condamné recueille les successions ; et au terme marqué il les transmet à ses héritiers comme s'il mourait naturellement. *V. art.* 75, *et supra*, *art.* 719.

ARTICLE 726.

Un étranger n'est admis à succéder aux biens que son parent, étranger ou Français, possède dans le territoire du royaume, que dans les cas et de la manière dont un Français succède à son parent possédant des biens dans le pays de cet étranger, conformément aux dispositions de l'art. 11, au titre *de la Jouissance et de la Privation des Droits civils.*

1. Cet article est abrogé par la loi du 14 juillet 1819 ; il ne peut plus être appliqué qu'aux successions ouvertes avant l'abrogation.

L'article premier de la loi nouvelle, qui prend la place de la disposition abrogée, porte :

Les articles 726 et 912 du Code civil, sont abrogés. En conséquence, les étrangers auront le droit de succéder, de disposer et de recevoir de la même manière que les Français, dans toute l'étendue du royaume.

L'art. 2 a des dispositions qui trouvent leur place au chapitre du partage. *Chab.*; *Toull.* 4, *n.* 102; *Delv.* 2, *p.* 69; *Malp.*, *n.* 133; *Dur.* 6, *n.* 81, *etc.*; *Rép. Merl.*, *héritier*, *sect.* 6, § 3, *n.* 3.

ARTICLE 727.

Sont indignes de succéder, et, comme tels, exclus des successions :

1° Celui qui serait condamné pour avoir donné ou tenté de donner la mort au défunt ;

2° Celui qui a porté contre le défunt une accusation capitale, jugée calomnieuse ;

3° L'héritier majeur, qui, instruit du meurtre du défunt, ne l'aura pas dénoncé à la justice.

1. Les causes d'indignité étaient plus nombreuses avant le Code ; mais les lois et les usages anciens, relatifs aux matières que le Code a réglées, étant abrogés par la loi du 21 mars 1804, il n'est pas permis de chercher d'autres causes d'exclusion dans le droit antérieur. *Rép. Merl.*, *indignité*, *n.* 9; *Chab.*, *n.* 2; *Toull.* 4, *n.* 103, *etc.*; *Malp.*, *n.* 38; *Dur.* 6, *n.* 86; *Delv.* 2, *p.* 70.

2. La première des trois causes, admises par le Code, est réglée de manière à prévenir bien des difficultés qui se présentaient autrefois. Ce n'est que la condamnation qui établit l'indignité. Ainsi, l'homicide commis par un individu en démence ; par celui qui, âgé de moins de seize ans, est jugé avoir agi sans discernement ; par celui qui n'a fait qu'opposer une légitime défense, ne pouvant point amener de condamnation, ne peut pas produire d'indignité. L'homicide involontaire qui n'est l'effet que d'un accident fortuit, peut bien occasioner une condamnation correctionnelle ; mais cette condamnation, qui n'est pas portée contre le crime d'avoir donné ou tenté de donner la mort, et qui ne punit que l'imprudence ou la négligence, n'est pas une cause d'indignité. Ces propositions sont généralement admises. *V. Auteurs précités*; *Rép. Fav.*, *indignité*, *n.* 3, 4.

3. Les auteurs se divisent sur la question de savoir si l'homicide excusable, dans les termes des art. 321, 322, 324 du Code pénal, et dont la peine est restreinte par l'art. 326, produit l'indignité par la condamnation à cette peine restreinte. M. Chabot

présente des raisons pour et contre l'indignité, et se décide à la
rejeter ; ce parti lui semblant seul équitable et conforme à l'esprit du législateur, qui n'a voulu punir que le crime, par l'indignité. Le crime excusé n'est plus qu'un délit ; et la peine du délit qui est appliquée n'est pas la condamnation du meurtre.
L'auteur de ce délit n'eut pas une volonté libre, il fut entraîné
par la provocation ; et il est assez malheureux déjà de s'être
trouvé dans une déplorable circonstance, pour qu'on n'aggrave pas
le chagrin qu'elle doit lui causer, par une peine d'indignité.
M. Duranton est touché de ces considérations et adopte l'avis de
M. Chabot. *Chab.*, *n.* 7 ; *Dur.* 6, *n.* 95.

M. Delvincourt dit que, comme l'excuse n'empêche point la
condamnation et ne fait que diminuer la peine, on pourrait soutenir, *stricto jure,* que l'indignité n'en est pas moins encourue ;
il pense cependant que les juges devraient se décider d'après les
circonstances et la nature du fait sur lequel l'excuse est fondée.
Delv. 2, *p.* 70.

M. Malpel montre que les tribunaux civils n'ont point à juger
le fait après la Cour d'assises ; que, suivant l'art. 727 qui nous
occupe, ils n'ont qu'à vérifier s'il y a eu condamnation pour
meurtre. Il dit, avec M. Berriat-Saint-Prix et un arrêt de la Cour
de cassation, du 22 août 1816 : « L'excuse n'ôte pas la criminalité,
elle fait seulement atténuer la peine du délit. » La condamnation
est toujours causée par le meurtre et portée contre le meurtrier,
qui reste frappé d'indignité. M. Favard et M. Merlin adoptent ce
parti. *Malp.*, *n.* 42 ; *Rép. Fav.*, *préc.* ; *Rép. Merl.*, *indign.*, *n.* 2.

S'il y a des considérations pour le système de M. Chabot, il en
est de bien contraires ; et il nous paraît qu'il va contre le texte de
la loi. L'art. 727 ne considère pas la gravité de la peine ; il ne s'attache qu'à la condamnation et à la cause qui l'a déterminée. Qu'il
y ait condamnation pour cause de meurtre, l'indignité en résulte,
quelque restreinte que soit la peine. Les circonstances du fait
l'ont atténuée, une excuse a rendu la culpabilité moins grande
et la punition moins forte ; mais la dispense de l'indignité n'est
pas comprise dans la diminution de la peine ; et le législateur
ne pouvait pas, convenablement, remettre l'indignité. Il devait
craindre que la mort ne vînt de l'ardeur d'une succession, plutôt que d'une résistance ou d'une colère bien fondée. Lebrun
n'admettait pas l'excuse pour effacer l'indignité, mais Espiard la
jugeait admissible, s'il y avait eu dans la défense de l'héritier
une *raisonnable modération.* *Lebr.*, *succ.*, *liv.* 3, *chap.* 9, *n.* 2.

4. La loi qui nous régit ne range pas le duel au nombre des crimes, et, suivant la jurisprudence de la Cour de cassation, l'homicide qui résulte du duel n'est punissable qu'autant que par la violation des règles usitées dans cette sorte de combat, il peut être regardé comme un meurtre. L'indignité résulterait de la condamnation du meurtre. *Dur.* 6, *n.* 96; *Dall., Rép. méth., succ., chap.* 2, *sect.* 2, *n.* 7.

5. M. Chabot est dans l'esprit de la loi et se trouve d'accord avec tous les autres interprètes, lorsqu'il décide que la commutation de peine, les lettres de grâce et la prescription de la peine, n'effacent pas l'indignité. *Malev.; Chab, n.* 9 *et* 10; *Toull.* 4, *n.* 107; *Delv. préc.; Malp., n.* 43, *etc.; Dur.* 6, *n.* 98; *Berriat-Saint-Prix, C. dr. crim.* 6, *n.* 98.

6. M. Toullier fait remarquer une différence bien sensible entre la prescription de la peine et la prescription de la poursuite. Il est évident qu'il ne peut pas intervenir de condamnation et d'indignité conséquemment, si l'action est prescrite. *Toull.* 4, *n.* 108; *Malp., n.* 45; *Dur.* 6, *n.* 97.

7. L'accusé ne peut pas être jugé après sa mort; il en résulte cette conséquence fâcheuse, que les preuves les plus fortes de sa culpabilité, obtenues par les informations, sont insignifiantes pour l'indignité. Il a recueilli la succession, et il l'a transmise. Cette situation pouvait appeler une règle d'exception; un arrêt de 1766 jugea l'indignité de l'accusé après sa mort. Notre législation repousse cette jurisprudence. *Rép. Merl., indignité, n.* 9; *Toull., Chab., Dur., précités.*

8. Quand l'héritier a été condamné par contumace, tant que la condamnation subsiste, il ne peut réclamer la succession du défunt; mais si la peine prononcée n'emporte pas mort civile, l'indignité n'existera réellement qu'alors qu'il ne pourra plus purger la contumace; c'est-à-dire lorsque la peine sera prescrite. Si la condamnation emportait mort civile, l'empêchement pour recueillir en résulte immédiatement, et non pas l'indignité; mais cette indignité ne viendra pas seulement à la prescription de la peine, elle sortira de l'expiration du délai de cinq ans. S'il meurt dans ce délai, il aura recueilli la succession, et il la transmettra. Vivant, il pourra encore, le délai expiré et jusqu'au terme de la prescription, purger sa contumace et être absous; mais, par l'effet de l'art. 30 du Code civil, et de l'art. 474 du Code d'instruction criminelle, la mort civile dont il fut frappé conservera ses effets pour le passé; et comme elle a fait attri-

buer la succession à d'autres héritiers, il ne pourra plus la réclamer. Si le parent aux jours duquel il fut attenté, a survécu
à l'attentat et vit encore au jour où ce contumax est absous, il
n'y a plus ni cause d'indignité, ni mort civile qui puisse empêcher celui-ci de succéder à l'autre. *V. supra, art.* 718, *n.* 4;
Dur. 6, *n.* 99, *etc.*

9. La personne dont les jours ont été attaqués, peut-elle, en
pardonnant l'offense, remettre l'indignité? M. Chabot, dont
la doctrine est suivie par M. Dalloz, enseigne que la victime ne
saurait interdire efficacement à ses héritiers de poursuivre le
coupable, et les obliger de l'admettre à sa succession. M. Duranton semble adopter cette décision. M. Toullier paraît croire que
la réconciliation pourrait être un obstacle à l'indignité. M. Delvincourt pense qu'en pardonnant, l'offensé ne restitue pas le
droit de succession légitime, mais qu'il peut faire valablement
des dispositions entre-vifs ou testamentaires en faveur de celui
qui l'offensa. M. Malpel enseigne que la réconciliation efface
l'indignité. Il croit trouver le fondement de sa doctrine dans la
pensée du législateur, découverte par M. Treilhard au Corps législatif. Cette pensée, c'est que la loi n'a voulu exclure le meurtrier que parce qu'elle ne présumait plus pour lui l'affection du
parent qu'il a offensé.... Mais n'y a-t-il pas, de plus, un motif d'ordre public, au-dessus du pardon d'un particulier, qui peut être
équivoque, ou surpris à sa faiblesse? Nous croyons qu'ici la victime ne peut pas établir dans sa famille une loi particulière, en
opposition avec l'ordre public. Le Code impose aux héritiers du
degré de l'indigne ou du degré inférieur, l'obligation de le dé-
noncer à la justice: et il leur donne le droit de profiter de l'exclusion qui résulte de son indignité. Ce devoir et ce droit, établis
par la loi, sont indépendans de la volonté du parent homicidé.

Mais s'il n'a pas le pouvoir de déroger à cet ordre légal, s'il
ne peut interdire la poursuite et remettre au meurtrier la qualité et les droits d'héritier légitime, ne peut-il pas, au moins,
lui faire don de la quotité disponible de ses biens? La loi ne
condamne pas cette générosité : elle règle l'ordre des successions légitimes ; elle exclut de ces successions les personnes
qu'elle en juge indignes ; mais elle ne rend pas ces mêmes
personnes incapables des grâces particulières et des libéralités
expresses du parent qu'elles ont offensé. La donation antérieure
à l'attentat n'est pas nulle; elle est seulement révocable. Quand
on peut, par son silence, maintenir une donation préexistante,

on peut, sans doute, faire une donation subséquente. *V. infra,*
art. 953, 955, 957; *Chab., n.* 11; *Toull.* 4, *n.* 109; *Delv.* 2, *p.* 283;
Malp., n. 62; *Dur.* 6, *n.* 109; *Dall., Rep. méth., succ., chap.* 1,
sect. 2, *n.* 13.

10. Pour la seconde cause d'indignité, il faut une accusation
capitale jugée calomnieuse. M. Chabot a fait observer que l'accusation, proprement dite, n'appartient qu'au ministère public,
et que, pour l'indignité, la dénonciation ou la plainte, qui détermine l'accusation, en est l'équivalent. En ce point, la doctrine
de l'auteur est universellement approuvée. Il n'en est pas de
même de l'explication qu'il donne des mots *accusation capitale*;
il ne borne pas leur signification à l'imputation du crime puni
de la mort naturelle ou civile, il l'étend aux cas de toute peine
infamante. M. Delvincourt et l'auteur de l'article *indignité,* au
Répertoire de M. Favard, admettent l'extension, mais elle est rejetée par M. de Maleville, M. Toullier, M. Malpel et M. Duranton. D'un côté l'on dit: La loi parmi nous n'a pas défini l'accusation capitale; la loi 103, ff. *de verb. signif.,* considérait comme
capitale, l'accusation qui pouvait amener soit la peine de mort,
soit la perte des droits civils, soit la perte des droits de cité; et
la Novelle 115 mettait au nombre des causes d'exhérédation toute
dénonciation en matière criminelle. La raison et l'équité qui in-
diquèrent ces explications aux Romains nous les recommandent
également. La dénonciation qui appelle l'infamie sur une personne, et qui pourrait l'exposer à la peine des travaux forcés à
temps, est une grave injure que l'indignité doit punir. De l'autre
côté, on affirme qu'en France, toujours, ainsi que le témoignent
le Dictionnaire de l'Académie et nos auteurs, on a entendu, par
crime capital, le crime qui mérite le dernier supplice, et, par
peine capitale, la peine de ce supplice même; que l'analogie a
fait appeler peine capitale celle qui, sans priver le coupable de
la vie naturelle, le fait mourir civilement; mais qu'elle ne peut
aller plus loin et faire réputer peine capitale celle qui laisse la
vie civile avec la vie naturelle. Ainsi, l'accusation qui appelle la
peine de mort, la déportation, les travaux forcés ou la réclusion à
perpétuité, est une cause d'indignité, si elle est calomnieuse.
L'accusation qui ne menace la vie naturelle ni la vie civile, et
n'appelle qu'une peine passagère, quoique infamante, n'est pas
capitale; et elle n'exclut pas le dénonciateur de la succession.

Il eût été très-convenable d'étendre la cause d'indignité à l'accusation des crimes punis des travaux forcés à temps; mais le

législateur n'a pas ordonné cette extension. Il connaissait la différence de la peine capitale à toutes autres peines; et il n'aurait
pas manqué d'en désigner d'autres, s'il avait voulu les comprendre dans sa disposition. Il n'aurait pas, sans doute, assimilé à la
peine capitale, toutes les peines établies en matière criminelle,
car elles sont nombreuses; et il en est, comme le carcan et la
dégradation civique, qui, dites infamantes, sont peu graves
d'ailleurs. La raison demanderait une distinction parmi ces peines; mais, ne pouvant distinguer, il faut bien les rejeter toutes
relativement à l'indignité, puisque la loi n'en admet aucune.
M. Dalloz s'est arrêté à ce parti. *Malv.*, art. 727; *Chab.*, n. 12;
Delv. 2, p. 26; *Rép. Fav.*, *indign.*, n. 6; *Toull.* 4, n. 109; *Malp.*,
n. 47; *Dur.* 6, n. 103, etc.; *Rép. méth, succ., chap.* 1, sect. 2,
n. 11.

11. Que la dénonciation soit suivie d'une ordonnance portant
qu'il n'y a pas lieu à poursuivre, ou d'un arrêt qui décide qu'il
n'y a pas lieu à mettre en jugement, ou d'un arrêt qui acquitte
simplement l'accusé, sur la déclaration de non culpabilité
faite par le jury, la calomnie n'est pas encore jugée. La dénonciation a pu être téméraire, sans être calomnieuse; elle a pu ne
manquer son effet qu'à défaut de preuves suffisantes. Pour être
reconnue calomnieuse, il faut que la dénonciation ait été faite
de mauvaise foi, dans le dessein de nuire. Un arrêt de la Cour
de cassation, du 22 juillet 1813, a décidé que, pour le fait même
qui était la base de l'accusation, un individu acquitté par la
Cour d'assises, avait pu ensuite être condamné à des dommages-intérêts. Un arrêt de la Cour d'assises de Douai a été
cassé le 23 mars 1821, pour avoir fondé une condamnation de
dommages-intérêts contre le dénonciateur, sur la seule déclaration du jury, que *l'accusé n'est pas coupable*. Ce n'est donc pas le
simple fait du renvoi ou de l'acquittement de la personne dénoncée, qui établit la calomnie et l'indignité; il faut que la dénonciation soit formellement jugée calomnieuse, pour que l'indignité en résulte. La calomnie peut être jugée par la Cour
d'assises, et par l'arrêt même qui prononce l'acquittement, sur
une demande formée après ou avant la déclaration du jury, si
l'accusé connaissait alors son dénonciateur; ou après l'arrêt,
mais pendant la session, si l'accusé n'a connu le dénonciateur
que depuis cet arrêt. La session terminée, la calomnie ne peut
plus être poursuivie que devant les tribunaux correctionnels.
Là, devant ces tribunaux, elle peut être poursuivie après une

ordonnance qui déclare qu'il n'y a pas lieu à poursuites contre la personne dénoncée, ou après un arrêt qui décide qu'il n'y a pas lieu à traduire le prévenu aux assises, comme après l'arrêt de la Cour d'assises, qui le déclare acquitté. *Chab.; Delv.* 2, *p.* 70; *Rép. Merl., répar. civ.,* § 2, *n.* 3; *Malp., n.* 48, *etc.; Dur.* 6, *n.* 107.

12. La question de la remise de l'indignité, par le pardon ou par la réconciliation, se reproduit en ce lieu avec quelque différence. Il est certain que le parent qui a été calomnié, peut ne pas faire juger la calomnie; et qu'après lui ses héritiers ne pourront pas intenter l'action, s'il l'a laissé prescrire; mais, dans le délai de son exercice, il ne pourrait pas leur en interdire l'usage. S'il avait obtenu un jugement qui déclare la calomnie, il pourrait encore moins, par un pardon, priver ses héritiers de l'avantage que le jugement leur a conféré. Au demeurant, sauf l'extinction de la poursuite en calomnie, les règles doivent être les mêmes que dans le cas du meurtre. *V. supra, n.* 3.

13. Pour se soustraire à la troisième cause d'indignité, l'héritier n'est pas, comme autrefois, obligé d'intenter l'action criminelle contre le meurtrier; il n'a qu'une dénonciation à faire. S'il est instruit du meurtre, il doit en instruire la justice, pour que le ministère public fasse ses poursuites. Cette obligation n'est imposée qu'à l'héritier majeur; et la loi ne dit pas si l'on ne doit considérer l'âge de l'héritier qu'à l'ouverture de la succession. M. Chabot croit qu'il est dans l'esprit de la loi que l'héritier mineur, parvenant à sa majorité, fasse la dénonciation, s'il est encore possible de constater le crime et d'en faire punir les auteurs. L'explication est très-raisonnable; mais on voit qu'elle laisse bien des difficultés à la prudence des tribunaux. Si l'action criminelle est prescrite au temps où l'héritier devient majeur, il est dispensé de la dénonciation. Si la prescription est près de son terme, quand la majorité survient, un autre héritier qui ferait la dénonciation à la veille du terme, ne pourrait pas exclure le nouveau majeur; il faut que celui-ci ait le temps de connaître sa position et l'état des choses. Quand aura-t-il cette connaissance? Tout dépend des circonstances; et leur appréciation appartient aux tribunaux. *Malv.; Chab., n.* 17; *Dur.* 6, *n.* 112.

14. Les circonstances sont également décisives, en général, sur le point de savoir si l'héritier a été instruit du meurtre, à quelle époque il l'a été, et quand il peut avoir encouru l'indignité, pour n'avoir pas fait de dénonciation. La loi n'a pas fixé

de délai. Sera-t-il indigne aussitôt que son cohéritier ou l'héritier du degré inférieur aura fait la dénonciation ? Non , les
tribunaux ne prononceront l'indignité qu'autant qu'il y aurait
de sa part une négligence inexcusable. Mais dès qu'il est réellement en retard, il ne serait plus recevable, après l'action d'un
autre , à faire la dénonciation du meurtre. Quand il peut être
constaté que la justice a été instruite par ses agens , on ne peut
pas reprocher à l'héritier le défaut de dénonciation. Mais s'il
n'est point établi que la justice était informée du meurtre, l'héritier qui, le connaissant , ne l'a pas dénoncé et s'est mis en possession de l'hérédité , sera facilement déclaré indigne. Il a songé
à sa fortune plutôt qu'à la mémoire du défunt. *Chab.*, *n.* 19;
Toull. 4, *n.* 110; *Dur.* 6, *n.* 113; *Rép. Fav.*, *indign.*, *n.* 9; *Malp.*,
n. 52 , *etc.*

15. Par ce qu'on vient de dire, il est évident que, dans aucun
cas, l'indignité ne peut être de plein droit; elle doit faire l'objet
d'une demande devant le tribunal du défendeur. Tous héritiers du défunt, réguliers ou irréguliers, et leurs créanciers à
qui elle peut profiter, sont admis à la poursuivre. Les donataires et les légataires peuvent l'opposer à l'héritier qui réclame
contre eux la nullité ou la réduction des libéralités qui leur ont
été faites. *Malp.*, *n.* 36, 37; *Dur.* 6, *n.* 115, *etc.*

16. L'indignité, en soi, n'est pas divisible; mais, dans l'application, ses effets peuvent être divisés. Un seul des héritiers peut
la demander pour toute la succession, si l'on n'indique pas d'autres héritiers; et l'ayant fait prononcer, il en profitera seul si des
cohéritiers ne réclament pas de partage. Mais si tous l'ont poursuivie, celui qui se désisterait de sa demande ou qui acquiescerait
à un jugement de rejet, sans renoncer à la succession , renoncerait pour sa part à l'effet de l'indignité. Les cohéritiers qui con-
tinuent la poursuite et qui , en définitive , la font prononcer, n'en
profitent que pour leur part d'hérédité. Cette doctrine est établie
par un arrêt de cassation du 14 décembre 1813. *Rép. Fav.*, *in-
dig.*, *n.* 11.

17. Opposée par exception, l'indignité ne trouve pas de sauvegarde dans la prescription. Quand elle est l'objet d'une demande principale, si elle n'est repoussée par d'autres fins de
non-recevoir, elle ne peut prescrire que par trente ans, avec l'action en délaissement ou en partage de l'hérédité. Mais , pour les
deux premières causes d'indignité, comme elles doivent être
établies par un jugement de condamnation criminelle, la pres-

cription ne courra que du jour du jugement définitif. *Dur.*, *n.* 117; *Vaz.*, *Prescript.*, *n.* 566, etc.

18. On verra plus loin, art. 953 et suivans, 1046 et 1047, les règles d'indignité et de révocation pour les donations et les dispositions testamentaires.

ARTICLE 728.

Le défaut de dénonciation ne peut être opposé aux ascendans et descendans du meurtrier, ni à ses alliés au même degré, ni à son époux ou à son épouse, ni à ses frères ou sœurs, ni à ses oncles et tantes, ni à ses neveux et nièces.

1. La loi ne parle des alliés que pour la ligne directe. M. Chabot fait voir que c'est par inadvertance que le mot *alliés* n'a pas été placé à la fin de l'article. Le Tribunat avait demandé, et le Conseil d'état avait arrêté ce placement, pour qu'il en fût des alliés collatéraux comme des alliés des ascendans et descendans. La raison le voulait ainsi; et, puisque ce fut encore le vœu du législateur, il faut suppléer à la lettre de la loi, pour la rendre complète. Ce n'est pourtant pas l'avis des auteurs des Pandectes, *art.* 728. Ils pensent que le changement proposé par le Tribunat, n'ayant pas été fait, le législateur n'a pas voulu étendre l'excuse aux alliés en collatérale. Les autres interprètes expliquent le texte de la loi par son esprit. *Locré, Lég. civ.* 10, *p.* 160; *Chab.; Malp., n.* 50; *Rép. Fav., indign., n.* 10; *Delv.* 2, *p.* 72; *Dall., Rép. méth., succ., chap.* 1, *sect.* 2, *n.* 18.

2. Le défaut de dénonciation d'un meurtre involontaire, n'opérerait pas d'indignité; mais, s'il était volontaire, quoiqu'il pût être excusable, l'héritier ne serait pas moins indigne pour ne l'avoir pas dénoncé. *V. supra, art.* 726, *n.* 3.

ARTICLE 729.

L'héritier, exclu de la succession pour cause d'indignité, est tenu de rendre tous les fruits et les revenus dont il a eu la jouissance depuis l'ouverture de la succession.

1. On dit généralement que l'indigne est assimilé aux possesseurs de mauvaise foi. De cette assimilation, il devait résulter que l'indigne est comptable de tous revenus qu'il a perçus ou pu percevoir. Cependant, M. Toullier et M. Malpel, suivis par M. Dalloz, décident que selon l'art. 1153, il ne doit, que du

jour de la demande, les intérêts des sommes qu'il a trouvées dans la succession ou reçues des débiteurs. Ce n'était point l'avis de Domat ; et ce n'est pas celui de MM. Chabot, Delvincourt et Duranton. L'art. 1153 ne s'applique point à la pétition d'hérédité. Sans considération de bonne ou mauvaise foi de la part du détenteur de la succession, l'on a trente ans pour la réclamer en principal et accessoires. C'est ici que convient la maxime *fructus augent hæreditatem.* Mais, à cause de sa mauvaise foi, il doit l'intérêt des sommes qui ne l'ont pas produit, à moins qu'il ne prouve qu'il lui a été impossible de faire aucun placement. La prescription quinquennale ne peut lui être d'aucun secours, elle est étrangère aux restitutions de jouissances. *Toull.* 4, *n.* 114; *Malp.*, *n.* 56; *Dall.*, *Rép. méth.*, *succ.*, *chap.* 2, *sect.* 2, *n.* 24; *Chab.*; *Delv.* 2, *p.* 73; *Dur.* 6, *n.* 124; *Vaz.*, *Prescrip.* 1, *n.* 364, 371.

2. La déchéance de l'héritier fait revivre, en sa faveur, ses droits contre la succession, qui avaient paru éteints par la confusion. Réciproquement les droits et les actions de l'hérédité contre lui-même reprennent toute leur force. S'il a payé des dettes du défunt, s'il a fait des dépenses nécessaires ou utiles pour la succession, l'héritier qui prend sa place doit lui en faire raison; comme, de son côté, il est comptable des créances qu'il a touchées, et des pertes qu'il a causées à la succession. *Chab.*, *art.* 730, *n.* 3; *Toull.* 4, *n.* 116; *Delv.* 2, *p.* 73; *Dur.* 6, *n.* 124, 125; *Malp.*, 58.

3. Le législateur ne s'est point occupé des tiers avec lesquels l'indigne a pu traiter pendant sa possession de l'hérédité: quel sera leur sort? Les interprètes remarquent la différence qui existe entre l'incapable et l'indigne. Celui-là n'est point héritier; il ne recueille rien, et il ne peut conséquemment disposer de rien. Celui-ci est appelé à la succession, et la saisine légale lui appartient; mais il peut être exclu par son cohéritier, ou par l'héritier du degré inférieur qui vient prouver son indignité. Il a dû s'attendre à l'exclusion; et elle l'oblige à la restitution la plus complète de tout ce qu'il détient et de tout ce qu'il a perçu. Les tiers, au contraire, ont pu très-bien ne pas connaître l'indignité qui devait le faire exclure; et, de droit, ils sont présumés l'avoir ignorée. Si, dans le fait, on prouve clairement qu'ils l'ont connue, ils ne méritent point d'égards; ils seront traités comme l'indigne lui-même, sauf toutefois, la garantie qu'il peut leur devoir. S'ils ont été de bonne foi, leur position est respecta-

ble, et leur acquisition produit tout son effet. *Malev.; Pand. fr.;*
art. 729; *Chab.*, *art.* 727, *n.* 22; *Toull.* 4, *n.* 115; *Rép. Merl.,*
indignité, n. 15; *Malp.*, *n.* 60 *et* 182; *Dur.* 6, *n.* 126.

M. Chabot et M. Malpel établissent pourtant une distinction
entre les acquisitions à titre gratuit et les acquisitions à titre onéreux. Ils reconnaissent que les tiers peuvent conserver les biens,
les hypothèques et tous droits qui leur ont été transportés ou accordés moyennant un prix; mais ces deux auteurs prétendent
que les tiers doivent restituer ou abandonner tout ce qu'ils ont
acquis à titre gratuit, parce qu'à ce titre l'indigne n'a pas pu
leur transférer plus de droits qu'il n'en avait lui-même, et
parce que le donataire dépouillé ne manque qu'un bénéfice, et
ne perd pas son bien propre. *Chab., art.* 727, *n.* 22; *Malp.*, *n.* 60,
61.

M. Duranton s'élève justement contre cette distinction. Si,
jusqu'à la déchéance, l'héritier indigne a eu la saisine légale
et la possession de l'hérédité, tout ce qu'il a fait avec des tiers
de bonne foi doit être aussi valable que les actes de toute nature faits par le donataire ingrat avant la demande en révocation. *Art.* 958. La loi ne lui donne pas plus de capacité pour
les dispositions à titre onéreux, que pour les dispositions à
titre gratuit. En aucun cas, et par aucune voie, le possesseur de choses immobilières, qui n'en est pas le propriétaire,
ne peut en transférer la propriété; il peut seulement conférer un titre, bon pour servir de fondement à la prescription de dix ou vingt ans. Celui qui, par son titre d'acquisition,
n'a qu'une propriété résoluble, ne transmet aux tiers que cette
même propriété, résoluble dans leurs mains comme dans la
sienne. Mais celui qui a évidemment, par sa qualité, les droits
de l'héritier propriétaire, est bien propriétaire pour le public,
qui ne sait pas s'il a d'ailleurs une tache d'indignité qui pourrait lui faire perdre cette propriété. Si la force attachée à son
nom et à sa possession valide les dispositions qu'il a faites à
titre onéreux, elle doit valider également ses dispositions à
titre gratuit; car la loi ne fait pas de distinction. L'équité,
dit-on, recommande celle que les auteurs établissent entre
l'acquéreur qui combat pour éviter une perte, et le donataire
qui combat pour obtenir un bénéfice. Mais cet héritier qui veut
en exclure un autre comme indigne, recherche bien un lucre;
et le tiers donataire qu'il veut dépouiller, n'a-t-il donc pas sur
lui l'avantage de la possession? D'ailleurs, une donation est

souvent l'acquit d'une dette. D'un autre côté encore , comprendrait-on dans l'annulation les libéralités faites en faveur de mariage? La loi les exempte, pour le donataire direct même, de la révocation pour cause d'ingratitude. Les aurait-elle livrées à l'annulation, au préjudice des tiers mêmes, dans la position analogue de la déchéance de l'héritier indigne? La loi n'a pas mis de différence entre les divers actes de l'héritier exclu , faits avec des tiers de bonne foi; ils sont tous indéfiniment sous la sauvegarde du même principe. M. Dalloz se montre disposé à embrasser ce système. *Dur.* 6 , *n.* 126; *Rép. méth., succ., ch.* 2, *sect.* 2 , *n.* 23.

4. La déchéance prononcée rend nulle, comme transport de propriété, toute disposition ultérieure de la part de l'indigne, sans faire obstacle néanmoins à la prescription décennale , pour l'acquisition de la propriété , si l'acquéreur a traité en bonne foi. *Art.* 2265.

ARTICLE 730.

Les enfans de l'indigne , venant à la succession de leur chef, et sans le secours de la représentation ; ne sont pas exclus pour la faute de leur père ; mais celui-ci ne peut, en aucun cas, réclamer, sur les biens de cette succession , l'usufruit que la loi accorde aux pères et mères, sur les biens de leurs enfans.

1. Si l'indigne était l'unique héritier, ses enfans, à son défaut, se trouveront au plus proche degré d'hérédité. Si l'indigne avait des cohéritiers, ceux-ci excluraient ses enfans qui, ne pouvant le représenter, seraient à un degré au-dessous d'eux. Les cohéritiers de l'indigne excluront ses enfans, fussent-ils moins proches qu'eux du défunt, si, par le secours de la représentation , suivant les art. 739, 740, 742, ils s'élèvent au degré supérieur. Ainsi, Paul, indigne de succéder à son frère Philippe, ses enfans succéderont, si Philippe n'avait pas d'autres frères ou sœurs, ni neveux, descendans de frère ou de sœur. Au contraire, les enfans de Paul seront exclus , non-seulement par d'autres neveux de Philippe, leurs cousins germains, au même degré de parenté qu'eux, et même encore par des petits-neveux de Philippe, moins proches parens qu'eux, parce que ces neveux ou petits-neveux, représentent leur père ou leur aïeul, frère de Philippe. *V. infra, art.* 739, *n.* 1, *et art.* 744; *Malev.; Chab.; Toull.* 4, *n.* 112; *Delv.* 2,

p. 74; *Dur.* 6, *n.* 130; *Malp.*, *n.* 59 *et* 104; *Rép. Merl.*, *représentation*, *sect.*, 4, § 3, *n.* 7.

2. M. Duranton a fait une longue dissertation pour montrer que, dans le cas où l'offensé aurait survécu à l'offenseur, les enfans de l'indigne devraient le représenter, comme s'il fût mort sans avoir encouru l'indignité; mais l'auteur a fini par reconnaître que la disposition précise de l'art. 730 s'oppose à cette représentation. M. Favard soutient la thèse; il dit que l'équité, l'esprit du législateur s'opposent à ce que des enfans soient punis pour les fautes de leur père; que si l'art. 730 déclare que pour succéder à la victime, les enfans de l'indigne doivent venir de leur chef, sans le secours de la représentation, c'est qu'on suppose ici l'indigne survivant, et que l'art. 730 correspond ainsi à l'art. 744, qui ne permet pas qu'on représente les personnes vivantes. L'équité demandait bien ici la substitution des enfans au père; mais la loi ne l'a point admise; elle la refuse en déclarant que la représentation met dans les droits et à la place du représenté. Quand la loi a fait perdre à l'indigne la place et les droits qui lui étaient destinés, comment pourrait-il être utilement représenté? Tous les autres interprètes dénient cette représentation. *V. infra*, *observ.*, *art.* 739 *et* 944, *n.* 1.; *Dur.* 6, *n.* 131; *Rép. Fav.*, *succ.*, *sect.* 2, § 4, *n.* 10; *Rép. Merl.*, *représentation*, *sect.* 4, § 3, *n.* 7; *Chab.*, *art.* 744; *Toull.* 4, *n.* 112; *Malp.*, *n.* 104; *Dall.*, *Rép. méth.*, *chap.* 3, *sect.* 2, *n.* 7, 8.

3. L'indignité n'a d'effet que relativement à la succession immédiate du parent offensé; elle ne prive pas les enfans de l'offenseur, ni lui-même, du droit de recueillir les biens de cette succession, dans celle du parent qui l'a obtenue à sa place, si, au décès de ce dernier, ils se trouvaient ses héritiers. *Chab.*, *n.* 2; *Pand. franç.* 3, *p.* 34; *Dur.* 6, *n.* 114.

4. Indigne d'hériter d'un parent, est-on privé du droit de le représenter pour la succession d'un autre parent? M. Duranton ne se fait pas la question, il raisonne en supposant le droit de représentation dans cette hypothèse. Ainsi, le fils indigne de la succession ouverte de son père, pourra concourir à celle de son aïeul paternel, quand elle s'ouvrira... Représenter son père dans une succession, ce n'est pas hériter de lui; mais c'est bien hériter à sa place, comme étant la continuation de sa personne. Cependant, *on peut représenter celui à la succession duquel on a renoncé;* et la loi n'a pas de disposition qui prive l'indigne du bénéfice de la représentation. Hériter d'un parent et le repré-

senter à la succession d'un autre, sont donc deux droits indépendans; et puisque la loi, qui refuse, à l'indigne, des représentans, ne lui retire pas le droit de représenter, quelque choquante que soit la représentation, il semble bien qu'on doit
l'admettre. *Dur.* 6, *n.* 132, *etc.*

5. Le fils indigne de la succession de son père, capable cependant, par le moyen de la représentation, de succéder à son
aïeul paternel, transmettra ce droit à ses enfans, car ils ne sont
privés de la représentation que pour la succession dont il se ren-
dit indigne. *Dur.* 6, *n.* 132.

6. Qu'un père laisse deux fils, indignes de lui succéder, si l'un
d'eux a des enfans et l'autre des petits-fils seulement, le premier
degré manque, la succession passe au second; et les enfans du
petit-fils prédécédé, montent à ce second degré, à la place de
leur père, qui n'était point indigne. *Dur.* 6, *n.* 133.

CHAPITRE III.

Des divers ordres de succession.

SECTION PREMIÈRE. — *Dispositions générales.*

ARTICLE 731.

Les successions sont déférées aux enfans et descendans
du défunt, à ses parens collatéraux, dans l'ordre et suivant
les règles ci-après déterminées.

1. La loi annonce, dans cet article, l'ordre général de ses dispositions; elles suivent presque toujours, les indications les plus
naturelles. Le législateur a voulu pénétrer dans le cœur de
l'homme raisonnable qu'aucune considération accidentelle n'a
ému, pour en tirer les règles que nous allons examiner. *Ma-
lev.; Chab.; Toull.* 4, *n.* 118, *à* 128; *Malp.*, *n.* 73, *etc.*; *Dur.* 6,
n. 135, *etc.*

ARTICLE 732.

La loi ne considère ni la nature ni l'origine des biens,
pour en régler la succession.

1. Ici le droit romain l'a emporté sur le droit coutumier qui
faisait beaucoup de distinctions, d'où naissaient les plus grandes
difficultés. Le retour légal fait une juste exception au principe
posé dans cet article. Les majorats et les substitutions en ont in-

lroduit une autre, qui n'est pas aussi conforme au droit naturel. La règle de la plupart des coutumes, *paterna paternis*, *materna maternis*, tenait au même esprit d'ordre et de justice qui a déterminé le retour légal; et l'on aurait peut-être à regretter de ne pas la retrouver dans le Code, si elle n'avait pas été une source inépuisable de contestations fort embrouillées. *Chab.; Toull.* 4, n. 132, *etc.; Malev.*, *art.* 733; *Delv.* 2, *p.* 30; *Dur.* 6, n. 139; *Malp.*, n. 64, *etc.*

ARTICLE 733,

Toute succession échue à des ascendans ou à des collatéraux, se divise en deux parts égales : l'une pour les parens de la ligne paternelle, l'autre pour les parens de la ligne maternelle.

Les parens utérins ou consanguins ne sont pas exclus par les germains : mais ils ne prennent part que dans leur ligne, sauf ce qui sera dit à l'art. 752. Les germains prennent part dans les deux lignes.

Il ne se fait aucune dévolution d'une ligne à l'autre, que lorsqu'il ne se trouve aucun ascendant ni collatéral de l'une des deux lignes.

1. Le père et la mère de la personne dont la succession est à diviser sont, comme deux points de mire, seuls à considérer pour la distinction des lignes paternelle et maternelle. Les parens de tout sexe, du côté du père, parmi lesquels se trouvent sa mère et sa grand'mère, forment la ligne paternelle. De même, tous parens de la mère, par son père comme par sa mère, forment la ligne maternelle. M. Favard a trouvé bon de signaler un arrêt de la Cour d'appel de Paris, du 4 avril 1808, qui décide que, dans chaque ligne, le droit successif tient à la proximité du degré, sans différence entre les parens qui descendent des mâles et ceux qui descendent des femmes. *V. Rép. Fav., succ., sect.* 1, § 3.

2. Par l'effet des alliances, la même personne peut se placer dans chacune des deux lignes; et ses droits se déterminent de chaque côté par son degré de proximité. Tel peut prendre part dans les deux lignes, ou n'être que dans une seule, ou n'être dans aucune, au degré qui fait héritier. D'un côté, celui qui, au quatrième degré, ne viendrait point à la succession, pourrait, à l'autre ligne, hériter au douzième degré. Les frères germains sont entre eux, respectivement, parens paternels et maternels. Les

frères consanguins ne sont, à ce titre, que parens paternels; les frères utérins ne sont que parens maternels. Les germains prennent part dans les deux lignes. Les autres ont seulement part dans la ligne à laquelle ils appartiennent. Les enfans d'un frère prédécédé, sont, comme fut leur père, parens des deux côtés ou d'un seul; mais la distinction des germains, consanguins et utérins ne sert qu'entre les frères mêmes ou leurs descendans. Quoiqu'il ne lui tienne que par un côté, le frère ou le neveu concourt avec les auteurs immédiats du défunt, de même que le germain; et toujours il exclut les ascendans supérieurs et les autres collatéraux. *V. infra*, *art.* 742, 748, *etc.*

3. La dernière disposition de l'art. 733, sur la dévolution, est modifiée et réglée par l'art. 755.

V. Malev. ; *Chab.* ; *Toull.* 4, *n.* 156 *et* 164, *etc.* ; *Malp.*, *n.* 75, 96, 99; *Dur.* 6, *n.* 141 *et* 160, *etc.* ; *Delv.* 2, *p.* 32, 33, 47.

ARTICLE 734.

Cette première division opérée entre les lignes paternelle et maternelle, il ne se fait plus de division entre les diverses branches; mais la moitié dévolue à chaque ligne, appartient à l'héritier ou aux héritiers les plus proches en degrés, sauf le cas de la représentation, ainsi qu'il sera dit ci-après.

1. Les dispositions de cet article sont simples et claires. M. Chabot ne leur a pas supposé tout ce mérite; il en a donné de longues explications qui sont au moins inutiles. Il n'y a plus de refente; mais avec l'effet de la représentation qui est réservé, il y a de droit, la subdivision entre les héritiers du même degré, auxquels une moitié de la succession est attribuée. Ce second partage est une opération qui ne regarde en rien les héritiers de l'autre moitié. *V. infra*, *art.* 736, 743, 753.

Nous avons observé que le double lien pouvait faire compter une même personne dans les deux lignes; mais dans la même ligne, le double lien ne peut donner aucun avantage. Pour une succession dévolue à des cousins, la Cour de Bruxelles a très-bien jugé, le 20 avril 1809, qu'au même degré, dans la même ligne, il ne pouvait revenir au parent par père et par mère, à la fois, plus qu'à celui qui n'était parent que par sa mère. *Sir.* 12, 2, 197.

V. Malev. ; *Chab* ; *Toull.* 4, *n.* 131 *et* 161, *etc.* ; *Malp.*, *n.* 99; *Dur.* 6, *n.* 145 *et* 159; *Delv.* 2, *p.* 31.

3.

ARTICLE 735.

La proximité de parenté s'établit par le nombre de générations ; chaque génération s'appelle un degré.

1. Les art. 737, 738, établissent la manière de compter les degrés par les générations. *Malev.; Chab.; Toull.* 4, *n.* 155 à 160; *Malp., n.* 97, *etc.; Dur.* 6, *n.* 156, *etc.*

ARTICLE 736.

La suite des degrés forme la ligne : on appelle *ligne directe*, la suite des degrés entre personnes qui descendent l'une de l'autre ; *ligne collatérale*, la suite des degrés entre personnes qui ne descendent pas les unes des autres, mais qui descendent d'un auteur commun.

On distingue la ligne directe, en ligne directe descendante et ligne directe ascendante. La première est celle qui lie le chef avec ceux qui descendent de lui : la deuxième est celle qui lie une personne avec ceux dont elle descend.

1. Déjà l'art. 734 a fait la distinction des lignes paternelle et maternelle; c'est dans chacune de ces lignes que s'appliquent les sous-distinctions du présent article. Les lignes ont leurs branches qui sont à considérer dans les partages où des héritiers sont admis par l'effet de la représentation. Les branches se forment par la diversité des enfans; et elles peuvent se multiplier à l'infini. Celui qui commence une branche, en est la souche; nous verrons aux art. 743, 745, 753, que les représentans succèdent par souche. *Chab.; Toull.* 4, *n.* 158, *etc.; Malp., n.* 96, *etc.; Dur.* 6, *n.* 152, *etc.*

ARTICLE 737.

En ligne directe, on compte autant de degrés qu'il y a de générations entre les personnes; ainsi le fils est, à l'égard du père, au premier degré; le petit-fils, au second ; et réciproquement du père et de l'aïeul, à l'égard des fils et petits-fils.

1. En ligne collatérale, avant le Code, le droit civil et le droit canon avaient chacun son mode différent pour la supputation des degrés. En ligne directe, la manière de compter a toujours été partout la même. Rien n'est plus facile, d'après l'indication de

cet article du Code, que de compter les degrés dans la ligne directe. *Malev.; Chab.; Toull.* 4, *n.* 155, *etc.; Dur.* 6, *n.* 156, *etc.;*
Malp., n. 96, *etc.*

ARTICLE 738.

En ligne collatérale, les degrés se comptent par les générations, depuis l'un des parens jusques et non compris
l'auteur commun, et depuis celui-ci jusqu'à l'autre parent. Ainsi, deux frères sont au deuxième degré; l'oncle
et le neveu sont au troisième degré; les cousins germains
au quatrième; ainsi de suite.

1. Le mode de supputation établi par cet article, est celui du
droit civil antérieur au Code. Le droit canon ne comptait les degrés que du côté où se trouvait le parent le plus éloigné de l'auteur commun. Il en résultait que les frères étaient au premier
degré, comme le père et le fils; que l'oncle et le neveu étaient au
deuxième degré, et que les cousins germains étaient au même
degré. On trouvait toujours le père et le fils au même degré, relativement à leur parent collatéral. Le Code civil marque les
distances réelles, en toute position : elles sont aisées à calculer.
Chab., tableaux; Rép. Fav., idem; *Toull., Dur., Malp.,* précités.

SECTION II. — *De la représentation.*

ARTICLE 739.

La représentation est une fiction de la loi, dont l'effet
est de faire entrer les représentans dans la place, dans le
degré et dans les droits du représenté.

1. L'héritier à qui une succession est échue et qui meurt avant
de l'avoir recueillie, la transmet dans la sienne à ses enfans,
et, à défaut d'enfans, à ses successeurs de tout ordre. L'héritier
présomptif qui meurt avant l'ouverture de la succession dont il
avait l'expectative, ne laisse dans sa succession que les biens et
les droits qui lui étaient acquis : la simple expectative ne peut
pas y entrer. Mais relativement à ses auteurs, à ses frères et à
ses oncles, la loi lui substitue ses enfans. Ils prendront son
rang, ils le représenteront auprès de son père, de sa mère, auprès d'un frère et d'un oncle sans enfans; et, s'ils viennent eux-
mêmes à prédécéder, ils seront représentés par leurs descendans, qui ne seront que plus chers à leurs vieux parens, puis-

que pour eux, ils représenteront plusieurs générations. Cette subdivision établie par la loi, est marquée par la nature; et si bien, que de profonds jurisconsultes ont pensé que le législateur l'avait improprement qualifiée de fiction. Elle nous parait si naturelle et si juste, que nous regrettons que les enfans de l'indigne en soient exclus. S'ils ne sont pas complices de leur père, pourquoi les frappe-t-on? Une autre fiction, comme celle de la mort civile, ne devait-elle pas les protéger? Leur père est, à peu près, en état de mort civile pour les parens envers lesquels il s'est rendu indigne. *V. supra , art.* 730, *n.* 2; *Malev.; Chab.; Toull.* 4, *n.* 180, *etc.; Malp., n.* 101, *etc.; Dur.* 6, *n.* 173, *etc.; Delv.* 2, *p.* 25, *etc.*

ARTICLE 740.

La représentation a lieu à l'infini dans la ligne directe descendante. Elle est admise dans tous les cas, soit que les enfans du défunt concourent avec les descendans d'un enfant prédécédé, soit que tous les enfans du défunt étant morts avant lui, les descendans desdits enfans se trouvent entre eux en degrés égaux ou inégaux.

1. Le vœu de la loi ne pouvait être présenté plus clairement. Ce qu'on a dit sur l'article qui précède et ce qu'on dira sur les art. 743, 744, dispensent ici d'explication particulière. Remarquons seulement que les enfans adoptifs succèdent à l'adoptant, et que, pour lui, ils sont représentés par leurs descendans naturels et légitimes. M. Locré, M. Grenier et M. Favard n'admettaient pas cette proposition. M. Proudhon et M. Toullier l'ont soutenue; M. Malpel et M. Duranton l'ont approuvée; et elle se trouve justifiée par un arrêt de cassation, du 2 décembre 1822, et un autre de la Cour de Paris, du 27 janvier 1824. *Sir.* 23, 1, 174; *J. p., t.* 1 de 1823, *p.* 385, *et t.* 1 de 1824, *p.* 381; *Locré, Esp. C. Nap.* 4, *p.* 334; *Gren., adopt., n.* 37; *Toull.* 2, *n.* 1015; *Proud.* 2, *p.* 139; *Malp., n.* 119; *Dur.* 6, *n.* 189; *Delv.* 2, *p.* 27.

ARTICLE 741.

La représentation n'a pas lieu en faveur des ascendans; le plus proche, dans chacune des deux lignes, exclut toujours le plus éloigné.

1. Cet article est aussi clair que le précédent. On ne conçoit pas de vraie difficulté possible sur son application. L'orateur du gouvernement a dit au Corps législatif : « La successibilité des descendans est autant naturelle que légitime; mais celle des ascendans est contre la marche ordinaire des événemens. On croit voir remonter un fleuve vers sa source : il n'y a donc pas de représentation pour ce cas extraordinaire. » *Malev.; Chab.; Toull.* 4, *n.* 193; *Delv.* 2, *p.* 27.

ARTICLE 742.

En ligne collatérale, la représentation est admise en faveur des enfans et descendans de frères ou sœurs du défunt, soit qu'ils viennent à sa succession, concurremment avec des oncles ou tantes, soit que tous les frères et sœurs du défunt étant prédécédés, la succession se trouve dévolue à leurs descendans en degrés égaux ou inégaux

1. Les Novelles 118 et 127 bornaient la représentation aux neveux du premier degré. Des coutumes et la loi du 17 nivôse an II l'avaient étendue à l'infini dans toutes les branches collatérales. Le Code civil a mieux réglé les choses. La représentation n'est que pour les neveux du défunt, mais elle est infinie dans la descendance des frères. La loi ne donne pas de préférence, pour la représentation, aux descendans des frères germains sur ceux des frères consanguins ou utérins; elle les admet tous également. Mais, on sait, par la disposition de l'art. 733, qu'on verra développée à l'art. 752, que les frères par père ou par mère seulement, en concours avec des frères germains, ne comptent que dans la ligne paternelle ou maternelle, et n'ont de part que dans la moitié de la succession affectée à leur ligne. *Malv.; Chab.; Toull.* 4, *n.* 195, 196; *Dur.* 6, *n.* 180, *etc.; Malp., n.* 142.

ARTICLE 743.

Dans tous les cas où la représentation est admise, le partage s'opère par souche; si une même souche a produit plusieurs branches, la subdivision se fait aussi par souche dans chaque branche, et les membres de la même branche partagent entre eux par tête.

1. Les branches de représentans ont pu se multiplier, en se divisant de génération en génération; et ainsi une même succession peut être l'objet de divers partages successifs. Pour les as-

cendans, et pour les collatéraux, autres que les frères germains entre eux, un premier partage se fait, afin de déterminer la moitié de succession revenant à chacune des lignes paternelle et maternelle. Ensuite, dans chaque ligne, un nouveau partage de cette moitié s'opère entre les ayant droit; et là, tous les descendans d'un frère ne sont comptés que comme il le serait lui-même, s'il était vivant. Un autre partage, suivant le même ordre, est encore nécessaire entre les divers représentans d'une souche commune. Enfin, dans chaque subdivision de branche, où il se trouve plus d'un représentant, il faut toujours un partage en sous-ordre. Pour comprendre plus aisément ces diverses opérations successives, on peut voir les tableaux de M. Favard, dans son Répertoire, au mot succession. *V. aussi Malev.; Chab.; Toull.* 4, *n.* 196; *Malp.*, *n.* 142; *Dur.* 7, *n.* 183, *etc.; Delv.* 2, *p.* 27.

ARTICLE 744.

On ne représente pas les personnes vivantes, mais seulement celles qui sont mortes naturellement ou civilement. On peut représenter celui à la succession duquel on a renoncé.

1. L'indigne ne saurait être représenté, mort non plus que vivant; et comme la représentation, pour remonter à plus d'un degré, ne se fait pas *per saltum*, suivant l'expression de Lebrun; comme elle doit aller de degré en degré, des arrière-petits-enfans, qui pourraient représenter leur père, n'arriveront point à l'hérédité de leur bisaïeul, par la voie de la représentation, si leur aïeul s'est rendu indigne envers ce bisaïeul, qui était son père. Nous avons vu pourtant (art. 730, n. 4) que la représentation élèverait les arrière-petits-enfans à la succession du bisaïeul, si l'indignité était de la part de leur père envers l'aïeul. Il y a de la bizarrerie dans la différence de ces résultats. Toujours innocens et dignes d'intérêt, les arrière-petits-fils, dans un cas, jouissent de la représentation; et dans un autre, ils en sont privés; il valait mieux la leur laisser toujours. *V. supra, observ.*, art. 730 et 739; *Malp.*, *n.* 109; *Dur.* 6, *n.* 175, 181; *Delv.* 2, *p.* 29.

2. L'absent dont on n'a pas de nouvelles, peut-il être représenté? Et par exemple, s'il a laissé un père, un frère et des enfans, à la mort du père, ses enfans seront-ils exclus de la succession par leur oncle présent? M. Locré et M. Proudhon rejettent la représentation pour admettre l'exclusion. Suivant ces auteurs, l'absent n'est présumé *mort ni vivant;* et ceux qui ont intérêt à l'admettre vivant ou mort, doivent prouver qu'il se trouve dans la position prétendue. S'il n'est point établi que l'absent vivait à l'ouverture de la succession de son père, il n'a point succédé ; s'il n'est pas prouvé qu'il fût mort à cette époque, ses enfans ne peuvent pas le représenter. L'art. 136 du Code attribue la succession aux parens avec lesquels il aurait eu le droit de concourir, ou à ceux qui l'auraient recueillie à son défaut. *Espr. C. Nap., art.* 744; *Proudh., C. dr.,* 1, *p.* 192.

Il y aurait de la cruauté dans la loi, si elle commandait cette exclusion. M. Merlin, M. Delvincourt, M. Malpel et M. Delalleau, avocat, auteur d'une dissertation insérée dans le recueil de M. Sirey, justifient l'équité de la loi et démontrent la représentation. L'on a dit, il est vrai, au Conseil d'état, que l'absent n'est réputé mort ni vivant ; mais cette sentence n'est point écrite dans la loi : loin de là, les principales dispositions du titre des absens, au Code, sont fondées sur la présomption du décès de l'absent. Après quatre années, réputé mort du jour même de sa disparition ou de ses dernières nouvelles, ceux qui étaient ses héritiers à ce jour peuvent faire déclarer son absence et obtenir l'envoi en possession des biens de l'hérédité ; mais l'absent peut n'être pas mort, et la loi n'a pas voulu que l'effet de sa présomption fût irrévocable ; les successibles n'ont qu'une hérédité conditionnelle et résolutoire. Si l'absent reparait et reprend ses biens, la loi a commandé des mesures pour leur conservation. D'un autre côté, si l'on acquiert la preuve qu'il est mort, dans un autre temps moins éloigné, sa succession passera aux héritiers de cette dernière époque, s'ils ne sont pas les mêmes que ceux qui avaient obtenu la possession provisoire. Obligé de reconnaître dans le Code la présomption de mort de l'absent, on objecte qu'elle n'y est établie que par rapport aux biens qu'il a laissés. On soutient, au contraire, de l'autre part, que la loi a fait la plus forte des applications de sa présomption de décès, aux successions qui s'ouvrent pendant l'absence. En effet, l'art. 136 distribue l'hérédité d'après la présomption du décès de l'absent : la succession est attribuée, comme s'il était mort, aux successibles qu'il aurait exclus, vivant, ou avec lesquels il aurait concouru. La loi le suppose mort ; et ce qui est fort raisonnable, elle ne veut pas qu'on puisse prétendre à la succession de son chef. Pourquoi la loi renoncerait-elle à cette supposition, quand il est si convenable et d'une si grande justice, de faire succéder ses enfans à sa place, et de leur propre chef ? La loi devait les admettre à la représentation; et elle l'a fait implicitement par l'art. 136 même, en appelant à la succession ceux qui l'auraient recueillie à son défaut, car ses enfans sont bien les premiers qui aient droit à la place qu'il laisse vacante. Pour donner toute la succession au fils présent, il faut bien supposer que l'absent n'existait point au décès du père; et si la loi suppose l'absent prédécédé, elle le fait nécessairement représenter par ses propres enfans. Que sert de dire qu'il peut être vivant? Cette possibilité ne fait point obstacle à l'ouverture de la succession; elle n'empêche pas ses héritiers légitimes, ses héritiers institués, ses légataires, sa femme, ni aucun de ceux qui ont des droits subordonnés à son décès, d'agir comme s'il était mort. Pourquoi serait-elle un obstacle à la représentation? Pouvant lui succéder, comment ne pourrait-on pas le représenter? La succession et la représentation d'un individu tiennent à la même cause, dépendent du même fait; et quand la loi ouvrait la succession, elle ne pouvait pas fermer la voie de la représentation. La Cour de Paris a très-bien jugé, pour la représentation des enfans, par un arrêt du 27 janvier 1812. *Sir.*, 15, 2, 45; *Merl.*, *Rép.*, *t.* 16, *absent*, *p.* 45; *Malp.*, *n.* 119, *note; Delv.* 1, *p.* 105 *et* 106.

3. On peut représenter la personne à la succession de laquelle on a renoncé. C'est une ancienne règle que le Code civil a conservée. On n'a qu'un plus grand besoin de la succession d'un autre parent, lorsqu'on a été dans l'obligation de répudier celle d'un père ou d'une mère. *Toull.* 4, *n.* 186; *Delv.* 2, *p.* 28.

SECTION III. — *Des successions déférées aux descendans.*

ARTICLE 745.

Les enfans ou leurs descendans succèdent à leurs père et mère, aïeuls, aïeules, ou autres ascendans, sans distinction de sexe ni de primogéniture, et encore qu'ils soient issus de différens mariages.

Ils succèdent par égales portions et par tête, quand ils sont tous au premier degré et appelés de leur chef; ils succèdent par souche, lorsqu'ils viennent tous ou en partie par représentation.

1. Il n'est ici question que des enfans légitimes; ils succèdent à leurs auteurs sans distinction et par égalité; mais la loi permet au père de famille de séparer de sa succession une partie

des biens qui lui appartiennent pour en disposer à son gré, en faveur de toute personne, parente ou étrangère; et la loi elle-même, encore, distrait de la succession commune les majorats destinés à l'aîné mâle. Ce n'est donc que dans les biens réservés pour former la succession légitime, et dans ceux de la quotité disponible, dont il n'a pas été fait de disposition, qu'il y a pour les enfans égalité de droits.

Les enfans d'un même père, les enfans d'une même mère, quoique de divers mariages, ne sont à leur auteur commun, ni plus ni moins les uns que les autres. Le double lien n'est à considérer, et le double droit n'existe entre des frères de différens lits, que pour la succession d'un autre frère. Le germain tenait plus au défunt que le consanguin ou l'utérin. *V. supra, art.* 733, 734.

2. L'adoption fait des enfans légitimes, qui ont, à la succession de l'adoptant, les droits des enfans naturels légitimés. Mais les enfans adoptifs restent étrangers à la succession des auteurs de l'adoptant. *V. art.* 350; *et supra, observ., art.* 740.

3. Les descendans capables, à quelque degré qu'ils soient, et malgré l'absence de toute représentation, excluent toujours les ascendans aussi-bien que les collatéraux. Le défaut de représentation ne peut nuire à des descendans, que pour profiter à d'autres descendans. Le père du défunt qui est au premier degré, sera exclu par le petit-fils qui n'est qu'au second, et qui ne peut pas représenter son père; il sera exclu de même par tout autre descendant, plus éloigné et privé de représentation. Mais, à cause de l'indignité de son père, le petit-fils sera exclu de la succession de son aïeul, par l'arrière-petit-fils, descendant d'un autre fils. *V. supra, art.* 730, *n.* 3; *art.* 739; *art.* 744, *n.* 1.

4. Au partage de la succession d'un ascendant, les petits-fils n'ont que la portion de leur père qu'ils représentent. Nous avons observé, à l'art. 743, comment se fait la subdivision de cette part. S'il n'y avait en concours que des petits-enfans, tous héritiers de leur chef, sans le secours de la représentation pour aucuns, quoique issus de divers enfans et en nombre inégal, ils succèderaient par tête, comme des enfans du premier degré. Les degrés intermédiaires ayant manqué, ils se trouvent, en effet, au premier. Ainsi, les deux fils de Paul s'étant rendus indignes de sa succession, elle sera divisée, par tête, et par portions égales entre trois enfans de l'un de ces fils et l'enfant unique de l'autre. *V. Chab.; Toull.* 4, *n.* 201, *etc.; Malp., n.* 113, *etc.; Dur.* 6, *n.* 185, *etc.; Delv.* 2, *p.* 30.

SECTION IV. — *Des successions déférées aux ascendans.*

ARTICLE 746.

Si le défunt n'a laissé ni postérité, ni frère, ni sœur, ni descendans d'eux, la succession se divise par moitié entre les ascendans de la ligne paternelle et les ascendans de la ligne maternelle.

L'ascendant qui se trouve au degré le plus proche, recueille la moitié affectée à sa ligne à l'exclusion de tous autres.

Les ascendans au même degré succèdent par tête.

1. Le père et la mère ont leurs droits spécialement réglés par l'art. 748. La disposition de l'art. 746 ne concerne que les ascendans supérieurs. Exclus par les frères et les neveux du défunt, ces ascendans sont préférés dans chaque ligne à tous autres collatéraux. *V. supra, art.* 733.

2. Les ascendans succèdent par tête, mais dans chaque ligne seulement, puisque la division se fait d'abord entre les deux lignes. Pour trois ascendans, l'un du côté paternel, les autres du côté maternel, il se fait deux partages: le premier de toute la succession, qui en attribue une moitié à l'ascendant paternel seul, et une moitié aux ascendans maternels ensemble; le second qui divise, entre ces deux ascendans, la moitié qui leur est échue en commun. Que les ascendans d'un côté soient plus proches en degré que ceux de l'autre côté, peu importe, ils ne les excluent pas; l'ordre de proximité n'établit de préférence que dans chaque ligne. Il n'y a point de dévolution d'une ligne d'ascendans à l'autre: lorsque les ascendans manquent d'un côté, ils sont remplacés par les collatéraux de ce même côté.

V. Malev.; Chab.; Toull. 4, *n.* 205; *Delv.* 2, *p.* 30; *Malp.., n.* 121, *etc.; Dur.* 6, *n.* 192, *etc.*

ARTICLE 747.

Les ascendans succèdent, à l'exclusion de tous autres, aux choses par eux données à leurs enfans ou descendans décédés sans postérité, lorsque les objets donnés se retrouvent en nature dans la succession.

Si les objets donnés ont été aliénés, les ascendans recueillent le prix qui peut en être dû. Ils succèdent aussi à l'action en reprise que pouvait avoir le donataire.

1. Le droit conféré par cet article n'est pas nouveau. Il était

dans la législation romaine, mais moins étendu, appartenant aux pères seuls, et comme un effet de la puissance paternelle. Il leur était accordé, pour que leur bienfaisance ne fût point arrêtée par la crainte de perdre l'objet donné avec l'enfant donataire, et pour que la douleur de la perte de cet enfant pût être adoucie par la reprise du don. Ce droit est tout personnel et ne passe aux héritiers du donateur, que lorsqu'il s'est ouvert pour lui-même. *V. L. succursum, ff. de jure dotium; L.* 2, *C. de bonis quæ liberis; L.* 12, *C. communia utriusque; L.* 4, *C. soluto matrim.; Malev.; Chab., n.* 1.... 7; *Toull.* 4, *n.* 226, *etc.; Rép. Merl. réversion; Rép. Fav.,* id.

Dans les pays de droit écrit du royaume, le retour fut reçu avec beaucoup de faveur. On l'étendit à tous ascendans et on lui attribua les mêmes effets qu'au retour conventionnel, que nous verrons aux art. 951 et 952. Les pays de coutume l'admirent aussi, mais dans des termes qui en firent une sorte de succession particulière. La coutume de Paris, observée, en cette partie, dans les autres pays dont les statuts étaient muets, portait, art. 313: « Les ascendans succèdent ès choses par eux données à leurs enfans, décédant sans enfans et descendans d'eux. » Le Code civil n'a fait qu'adopter cette règle de succession; et quoiqu'il l'ait développée davantage, il a laissé indécises une foule de difficultés, qui étaient pourtant bien connues, et sur lesquelles, pour la plupart, il existait de la controverse.

2. M. de Maleville, habitué aux règles du droit romain, dit qu'on a employé l'expression impropre de la coutume de Paris : *Les ascendans succèdent;* que ce n'est pas par succession que les ascendans reprennent les choses par eux données, puisqu'ils ont droit de les reprendre sans être héritiers, et même en renonçant à la succession de leurs enfans. Les autres interprètes reconnaissent que la loi établit une succession particulière, *in re singulari.*

Le retour légal, avant le Code civil, n'amenait pour la régie de l'enregistrement, qu'un simple droit fixe. D'après le Code, il donne lieu au droit proportionnel de succession. Cette différence est marquée par un arrêt de la Cour de cassation, du 8 février 1824. *D.* 1814, *p.* 189.

3. Cette succession particulière aux choses données, peut se réunir à celle qui est déterminée par l'art. 746, ou exister sans elle. L'ascendant donateur peut n'avoir pas la qualité et les droits d'héritier dans la succession générale du donataire; il peut

être exclu de cette succession par d'autres ascendans, plus proches, ou par des frères; mais il a, sans considération de degré,
et sans que personne puisse l'exclure ni même concourir avec lui,
la succession particulière des choses qu'il a données. Ainsi l'on
conclut, 1° que le père qui empêche l'aïeul de succéder, selon
l'art. 746, ne peut pas lui disputer la succession réglée par
l'art. 747; 2° que l'aïeul donateur, appelé à la succession générale
du donataire, peut renoncer à cette hérédité et rester héritier des
choses données; 3° qu'en acceptant les deux successions, il prélève l'une sur l'autre, et prend ensuite sa part dans celle-ci,
comme héritier ordinaire. *Chab., n.* 1 *et* 16; *Toull.* 4, *n.* 235, 238;
Pand. franç., art. 747; *Delv.* 2, *p.* 34; *Gren., donat.* 2, *n.* 598, *etc.*;
Malp., n. 131; *Dur.* 6, *n.* 202, *etc.; Rép. Merl.*, *réversion*,
sect. 2, § 2; *Rép. Fav.*, *sect.* 3, § 2, *n.* 5.

M. Delvincourt seul a pensé que l'héritier donateur ne peut reprendre les choses données, sans accepter la succession ordinaire.
Mais s'il les reprend quand la loi l'exclut de cette succession,
pourquoi ne les aurait-il pas lorsqu'il s'en exclut lui-même?
M. Delvincourt donne pour motif de sa décision la maxime *here-
ditas pro parte adiri nequit;* mais, ainsi que l'observe M. Toullier,
cette règle ne s'applique qu'au cas où il s'agit de la même succession, et, ici il y en a deux, puisque les héritiers ne sont pas nécessairement les mêmes. Cependant M. Dalloz hésite à adopter
cette doctrine. *Delv. préc ; Rép. méth., succ., ch.* 3, *sect.* 4, *art.* 2,
n. 14.

4. Reconnaissant deux successions, M. Toullier a-t-il pu dire
que si le donateur ne borne pas positivement son acceptation aux
choses qu'il a données, il sera censé avoir accepté pour le tout?
Nous croyons, comme M. Duranton, que la portée de l'acceptation dépend des circonstances du fait. Dans le doute, l'acceptation ne doit être référée qu'à la succession particulière. *Toull.,
n.* 237; *Dur., n.* 210, *note.*

5. L'art. 747 n'a trait qu'aux donations de biens présens. Les
dispositions testamentaires, les donations de biens présens et
à venir, ou de biens qui se trouveront au décès, ont leurs règles
propres de caducité, déterminées par les articles 1038, 1039.
Mais le retour, que la plupart des coutumes bornait aux immeubles, s'applique aujourd'hui à la donation de tous biens présens,
meubles et immeubles, droits et actions. *Chab., n.* 1; *Toull.* 4,
n. 244; *Delv.* 2, *p.* 36; *Malp., n.* 132; *Dur.* 6, *n.* 200, 201.

6. Le retour ne s'opérant qu'à titre de succession, il faut, pour

en jouir, n'être incapable ni indigne de succéder. Capable et
digne, on est saisi de plein droit, comme tout autre héritier,
à l'ouverture de la succession : on a les droits, on a les charges
de l'héritier, et l'on contribue au payement des dettes du défunt,
pro modo emolumenti. Cet émolument se détermine par l'évaluation de tous les biens, et la comparaison de ceux qui sont soumis au retour, avec ceux qui composent la succession ordinaire.
Si par l'effet de l'hypothèque, le donateur, héritier, peut être
contraint de payer au delà de son émolument, il a, pour l'excédant, l'action en reprise contre les autres héritiers. D'ailleurs,
il a la faculté de n'être héritier que sous bénéfice d'inventaire.
Chab., *n.* 15; *Toull.* 4, *n.* 236; *Gren.* 2, *n.* 598; *Delv.* 2, *p.* 34;
Malp., *n.* 138; *Dur.* 6, *n.* 206, 209.

7. La loi établit une succession, mais ce n'est point à titre de
réserve, sous aucun rapport. Le donataire peut disposer, à titre
gratuit, comme à titre onéreux, par acte entre-vifs, comme par
testament, des objets qui lui ont été donnés. Le donateur héritier ne reprend que ce qui se trouve libre dans la succession,
en nature ou en prix d'aliénation. D'abord on éleva du doute sur
l'efficacité des dispositions testamentaires, contre la réversion ;
mais un arrêt de la Cour de cassation, du 17 décembre 1812, a
décidé, suivant la jurisprudence ancienne et l'opinion des commentateurs du Code, que le donataire peut disposer, par testament, des choses qui lui ont été données, et les soustraire ainsi
au retour, en les sortant de sa succession légitime. Deux arrêts contraires ont été rendus par la Cour d'Agen, le 13 mars 1817, et
le 20 décembre 1827. Ce dernier arrêt a été cassé le 16 mars 1830.
La Cour de Besançon, le 30 juillet 1828; celle de Grenoble, le
9 janvier 1830, et celle de Bordeaux, le 15 avril 1831, ont décidé comme la Cour de cassation. *Sir.* 13, 1, 409, *et* 22, 2,
300; *D.*, 1829, *s. p.* 158; 1830, *p.* 145, *et s. p.* 264; *Rép. Merl.*,
réversion, sect. 1, § 2, *art.* 2; *Chab.*, *n.* 20; *Toull.* 4, *n.* 231;
Gren., donat. 2, *n.* 598; *Rép. Fav.*, *sect.* 3, § 2, *n.* 10; *Delv.* 2,
p. 35; *Malp.*, *n.* 136; *Dur.* 6, *n.* 223, 227; *Locré, Lég. civ.*, *t.* 10,
p. 30.

8. Ce ne sont pas seulement les dispositions spéciales des
choses reçues en don, qui emportent leur aliénation, au préjudice du donateur héritier; les dispositions universelles comprennent ces choses implicitement. Les dispositions, à titre
universel, de tous immeubles ou de tous meubles, comprennent

de même tous les biens de l'une ou de l'autre nature, donnés pa
l'ascendant. Les dispositions à titre universel, d'une quotité d
tous immeubles ou de tous meubles, comprennent pareill
quotité de la même nature de biens qui avaient été donnés a
disposant. *Chab.*, *n.* 1 *et* 20; *Dur.* 6, *n.* 225, 226.

9. Si la loi permet au donataire toute disposition des chose
données; si le donateur ne les reprend que dans la succession
ab intestat, lorsqu'elles s'y trouvent, la loi, au moins, n'en fai
aucune disposition à son préjudice : elle les lui assure, quan
elles existent libres, à l'exclusion de tous autres. De là, il résulte qu'un autre ascendant ne peut pas exercer sa réserve légal
sur les choses de la donation, quoiqu'il ne se trouve pas d
biens libres pour la fournir. Il en résulte aussi qu'en aucun cas
les objets soumis au retour ne doivent pas être comptés pour la
fixation de la réserve des autres ascendans. M. Delaporte,
M. Chabot, M. Favard et M. Delvincourt admettent ces conséquences. M. Toullier les rejette. M. Duranton se fait des doutes,
présente des objections, juge que ce parti n'est pas bon, et l'a-
dopte pourtant, *faute de meilleur*. Ce parti est celui de la loi.
M. Dalloz le croit *mieux fondé;* il nous paraît le meilleur et le
seul admissible. La loi accorde beaucoup au donataire, en lui
permettant de disposer des choses données au préjudice du retour. Elle pouvait rendre les aliénations résolubles, pour le retour
par succession, de même que pour le retour conventionnel ; et
ne l'ayant pas fait, elle devait bien, au moins, assurer la pleine
restitution des objets existans. *Pand. franç.*, *art.* 747; *Chab.*,
n. 17; *Toull.* 5, *n.* 129; *Delv.* 2, *p.* 36; *Dur.* 6, *n.* 229; *Rép.*
Fav., *succ.*, *sect.* 3, § 2, *n.* 6; *Dall.*, *Rép. méth.*, *succ.*, *chap.* 3,
sect. 4, *art.* 2, *n.* 12.

10. Suivant le principe généralement admis, que les biens de
la donation forment une succession particulière pour l'ascendant donateur, si l'on décide qu'ils ne contribuent point à la réserve des autres ascendans; pour être conséquent, il faut décider aussi qu'ils ne s'imputent pas sur la réserve qui revient au
donateur dans la succession générale du donataire. M. Delaporte, M. Grenier et M. Favard, portent cette décision, vers laquelle M. Dalloz incline, en traitant des successions. Nous la
croyons juste, dans tous les cas, sans exception aucune. Mais
les autres commentateurs, dont M. Dalloz adopte l'opinion, en
traitant des donations, soutiennent tous que si le donateur,
ayant droit à la réserve, réclame, pour l'obtenir, le retranche-

ment des donations faites par le défunt, il doit d'abord imputer
sur cette réserve les biens auxquels il succède particulièrement
en vertu de l'art. 747, parce qu'en règle générale, tout ce qui
revient à l'héritier, à titre héréditaire, s'impute sur la réserve
qui lui est due. *Gren. précité; Pand. franç., art.* 147; *Rép. Far., succ.,
sect.* 3, § 2, *n.* 6; *Chab., n.* 15; *Toull.* 5, *n.* 129; *Delv.* 2, *p.* 36;
Dur. 6, *n.* 228; *Dall., Rép. méth., succ., ch.* 3, *sect.* 4, *art.* 2, *n.* 13,
et disp. entre-vifs, ch. 3, *n.* 22.

Cette règle générale ne se renferme-t-elle pas dans la succession ordinaire, qui comprend les biens soumis à la réserve?
N'est-elle pas absolument étrangère à la succession *in re singulari*, qui se détache de l'autre, au profit de l'ascendant donateur,
comme un juste retour, à l'exclusion de tous autres héritiers
légitimes? S'il y a deux successions distinctes, l'une générale,
sujette à la réserve, et l'autre particulière, attribuée exclusivement à l'ascendant donateur, il y a nécessairement deux qualités et deux droits distincts dans la même personne, lorsqu'elle
est appelée aux deux successions différentes. L'ascendant donateur, héritier *in re singulari*, qui est, en même temps, héritier
in re generali, se trouve dans la première qualité, vis-à-vis de
lui-même dans la seconde qualité, comme il serait vis-à-vis d'un
autre ascendant plus proche, qui l'exclurait de la succession
ordinaire. Si les biens de la donation sont affranchis du droit de
réserve envers les personnes qui l'excluent de cette succession,
quelle raison de dire qu'ils en sont grevés envers lui-même,
lorsqu'il n'est point exclu. Dans le système que nous combattons,
la réserve, sans imputation, est accordée à l'ascendant donateur,
lorsque les biens libres peuvent la fournir. On reconnaît bien, par
cette concession, que la règle générale d'imputation sur la réserve, ne convient qu'à la succession ordinaire; et l'on ne prouve
pas que, par exception, la loi ait étendu cette règle à la succession extraordinaire des choses données par l'ascendant, à l'égard
du donataire et des légataires du défunt. Qu'il y ait réunion de
qualités et de droits dans une seule personne ou division entre
plusieurs, la condition de ces donataires est-elle différente? ne
doivent-ils point dans les deux cas, le retranchement nécessaire
à la réserve?

M. Delvincourt et M. Duranton répondent que le donataire
pouvant disposer des biens qui lui avaient été donnés, comme
de ses autres biens, disposant de ceux-ci et conservant ceux-là,
est censé avoir voulu laisser ces derniers à la réserve de l'ascen-

dant donateur. On convient, de ce côté, que l'ascendant a sur les biens de sa donation, un droit particulier et exclusif; que son titre est une sorte de préciput; mais on dit qu'il ne reçoit pas une donation par préciput, qu'il reçoit une part héréditaire qui doit empêcher ou atténuer le retranchement des dispositions de son donataire; que tous les biens qu'avait le défunt formaient pour lui un même patrimoine; que la loi lui permettait de disposer de ce patrimoine, moins la portion dûe, à titre de réserve, à l'ascendant donateur, et que celui-ci n'a point à se plaindre, si le défunt à laissé assez de biens libres pour cette réserve.

Dans ces raisonnemens, nous voyons une présomption de fait que la loi n'autorise pas, et qui moralement est très-susceptible de contestation. Nous y voyons bien, d'ailleurs, des considérations assez fortes pour être soumises au législateur, si la loi était à refaire; mais nous n'y trouvons rien qui soit fondé sur le principe et la disposition de l'art. 747. Sans doute, l'esprit du législateur ne s'est pas suffisamment exercé à l'œuvre de cet article; il est certain qu'il n'a point embrassé la matière dans toute son étendue, et qu'il n'a présenté sèchement qu'une disposition principale, là où il fallait diverses règles secondaires. Aussi les difficultés sont survenues en grand nombre. Cependant il est un principe bien reconnu; et ce principe, qui donne deux successions distinctes, indépendantes l'une de l'autre, n'étant pas modifié dans le Code, nous semble inflexible devant la justice.

11. La succession aux choses données étant distincte de la succession ordinaire, l'ascendant qui est réduit au titre d'héritier des choses comprises dans sa donation, ne peut pas profiter, par droit d'accroissement, de la renonciation d'aucuns des autres héritiers. Elle ne pourrait lui servir qu'autant qu'elle le mettrait au plus proche degré, pour la succession ordinaire. *Dur.* 6, *n.* 208.

12. Les pères et mères naturels ont droit au retour des choses qu'ils ont données à leurs enfans reconnus. Les commentateurs, M. Malpel excepté, admettent tous cette réversion. Elle est bien dans la généralité de l'expression de l'art. 747; et d'ailleurs, elle se montre spécialement dans la disposition de l'art. 766, qui en fait passer le bénéfice, du donateur prédécédé à ses enfans légitimes, tandis que le droit purement personnel aux ascendans légitimes ne passe à leurs héritiers qu'alors qu'ils en ont été saisis eux-mêmes, et qu'il se trouve dans leur succession. C'est que l'enfant légitime a des successeurs réguliers, que la loi préfère à ceux du donateur, et que l'enfant naturel sans postérité,

n'a que des successeurs irréguliers auxquels la loi préfère les enfans légitimes du donateur. A plus forte raison, la préférence était due au donateur existant. *Chab.*, *n.* 4 *et* 7 ; *Pand. franç.*, *art.* 747 ; *Dur.* 6, *n.* 221 ; *Malp.*, *n.* 166.

13. Les ascendans du père et de la mère de l'enfant naturel, ne sont pas légalement les aïeuls de cet enfant. Ils n'héritent pas de lui ; et s'ils lui ont fait une donation, ils ne peuvent avoir le retour qu'autant qu'ils l'ont stipulé. Il en est de même à l'égard de l'enfant adoptif : l'art. 351 n'accorde le retour successif qu'à l'adoptant ou à ses descendans naturels. *Pand. franç.*, *art.* 747 ; *Toull.* 4, *n.* 239, 240 ; *Dur.* 6, *n.* 222.

14. On ne peut plus décider, comme l'ont fait d'anciennes coutumes, que la mort civile du donataire sans postérité, n'opère pas la réversion légale. L'art. 25 fait ouvrir la succession par la mort civile de la même manière que par la mort naturelle. *Chab.*, *n.* 9 ; *Toull.* 4, *n.* 242 ; *Dur.* 6, *n.* 207.

15. Que la donation ait été faite en considération d'un premier ou d'un second mariage, tout enfant du donataire, né de l'un ou de l'autre mariage, avant ou après la donation, fait obstacle au retour légal, puisque la loi ne l'accorde qu'à l'ascendant donateur qui hérite, à défaut des descendans du donataire. *Chab.*, *n.* 10 ; *Toull.* 4, *n.* 240 ; *Dur.* 6, *n.* 217.

16. L'enfant adoptif empêche le retour, sans contredit, puisqu'il succède à l'égal de l'enfant naturellement légitime, à l'exclusion des ascendans. L'adoption, qui lui confère ce droit successif, vaut bien une institution. *Chab.*, *n.* 13 ; *Toull. préc.* ; *Delv.* 2, *p.* 40 ; *Dur.*, *n.* 220 ; *Malp.*, *n.* 134 ; *Rép. Fav.*, sect. 3, § 2, *n.* 8.

17. L'enfant naturel, illégitime, n'a pas cet avantage sur les ascendans ; et l'on peut bien soutenir que sa qualité qui l'oblige au concours des ascendans pour la succession ordinaire, doit le faire exclure, par l'ascendant donateur, de la succession aux choses données, de même que les collatéraux dans tous les cas. Mais comme la loi, dans l'art. 747, ne borne pas sa faveur à l'enfant légitime ; comme elle ne grève entièrement du retour que la succession du donataire, mort sans postérité ; et comme, dans la postérité de l'homme, on comprend l'enfant naturel que la loi lui a permis de reconnaître, des interprètes ont décidé que l'enfant naturel, reconnu, exerce son droit de succession sur les biens donnés par l'ascendant, aussi-bien que sur les autres, et qu'il réduit d'autant la réversion. Si d'autres cohéritiers concouraient avec le donateur et l'enfant naturel, ceux-là n'au-

raient rien à prendre dans les biens de la donation. *Chab.*,
n. 14; *Toull.* 4, *n.* 240; *Delv.* 2, *p.* 40; *Dur.* 6, *n.* 219; *Malp.*,
n. 134; *Rép. Fav.*, *sect.* 3, § 2, *n.* 8.

La Cour d'Amiens a jugé selon cette doctrine; mais son arrêt a été cassé le 3 juillet 1832. « Attendu que dans le sens de
l'art. 747, conféré avec les autres dispositions du Code qui le précèdent et le suivent, le mot postérité, qui y est employé, équivaut à ceux de descendant et de postérité légitime; que, par
conséquent, les ascendans succèdent aux choses par eux données, à l'exclusion des enfans naturels du donataire; que cela
résulte encore de la combinaison des art. 750 et 751, avec
l'art. 747..... Que loin de déroger au droit de retour établi dans
l'espèce, l'art. 756 le confirme, en refusant aux enfans naturels
la qualité d'héritier, et en ne leur accordant aucun droit sur les
biens des parens de leurs père et mère, qui ne sont pas tenus de
les reconnaître, et qui ne peuvent être présumés les avoir en
vue dans leurs libéralités..... » *D.* 1832, *p.* 295.

Il est permis de croire que cette décision est trop sévère, et
que n'étant fondée que sur des inductions, elle pourrait bien
ne pas former la jurisprudence. Qu'importe que la loi refuse
aux enfans naturels le nom d'héritiers. Elle leur en accorde le
droit sous le nom de successeurs irréguliers. Ils comptent dans
la succession du père qui les a reconnus, comme portion d'enfant légitime, parce qu'ils sont sa postérité; et il semble juste
qu'à ce titre, pour cette portion que la loi leur attribue, par
une disposition générale, ils excluent l'ascendant donateur de
la reprise des choses qu'il a données. S'il ne les avait point en
vue quand il a fait la donation, avait-il en vue les étrangers,
en faveur desquels le donateur pourrait disposer? La vocation
générale de la loi, pour les enfans nés hors mariage, sur laquelle leur père a pu compter, ne vaut-elle pas la donation particulière faite à l'étranger?

18. Les descendans qui sont incapables ou indignes de succéder, et ceux qui renoncent à la succession, sont pour cette succession, comme s'ils n'existaient pas; et, conséquemment, ils
ne font point obstacle au retour. *Chab.*, *n.* 11; *Toull.* 4, *n.* 241;
Dur. 6, *n.* 218.

19. L'ascendant donateur qui n'a pu avoir le retour au décès
du donataire, représenté par des enfans, l'aura-t-il ensuite s'il
voit s'éteindre cette postérité? La question, présentée dans un
conseil de législateurs, ne devrait pas diviser les esprits. Qui ne

sentirait que la douleur de l'ascendant est d'autant plus grande,
qu'il a perdu plus de générations d'enfans; que si l'on doit supposer qu'il a préféré à lui-même l'enfant donataire et toute sa
descendance, on doit bien supposer aussi qu'il se préférait à
tous étrangers; que s'il est convenable que la donation reste aux
descendans qui représentent celui qui l'a reçue, il est juste
qu'elle revienne à celui qui l'a faite, quand il n'a plus de descendans à la place du donataire direct, et que des étrangers ne
puissent pas lui ravir, et détourner de sa famille, des biens dont
il ne s'était privé personnellement que pour ses enfans. Aucune
loi ancienne n'a porté de règlement sur ce point; et le Code civil
n'a pas mieux fait. Cependant la question avait toujours été fort
agitée et diversement jugée. Le législateur du Code, a-t-il pu ne
pas la résoudre bien explicitement? Il ne l'a pas même envisagée; les procès verbaux du Conseil d'état le font présumer,
M. de Maleville l'atteste; et c'est un point généralement reconnu.
D'où vient ce silence et qu'en conclure? Des parlemens de droit
écrit jugeaient pour l'ascendant, et d'autres le repoussaient; il
en est même dont les décisions lui ont été tantôt favorables et tantôt contraires; mais, dans tous les pays de coutume, la jurisprudence s'était fixée en sa faveur. Ne semblerait-il pas que les
auteurs de notre Code civil, qui ont adopté le système des coutumes, sans annoncer aucun changement, aucune modification,
l'ont pris tel que la jurisprudence l'avait développé, suivant la
raison et l'équité? M. de Maleville, M. Delaporte et M. Delvincourt se sont élevés à ce point de vue. M. Merlin, M. Chabot et
M. Grenier enseignent qu'il ne faut juger du vœu de la loi que
par ses termes, quand ils sont clairs; et ils trouvent dans la lettre de l'art. 747, une disposition certaine pour l'exclusion de
l'ascendant. La Cour de cassation, par deux arrêts des 18 août 1818
et 30 novembre 1819, et la Cour de Nîmes, le 30 mai 1819, ont
jugé conformément à cette doctrine; c'est aussi celle de M. Favard, de M. Malpel et de M. Duranton. *Rép. Merl., réserve,
sect.* 2, § 2, *n.* 3, 6°; *et succession, sect.* 2, § 1, *n.* 1; *Chab., n.* 12;
Gren., donat. 2, *n.* 598, 6°; *Malp., n.* 133; *Dur.* 6, *n.* 216; *Sir.,*
18, 1, 370; 20, 1, 107, *et* 2, 38; *J. p., éd. n., t.* 20, *p.* 650, *et
t.* 21, *p.* 674; *Rép. Fav., sect.* 3, § 2, *n.* 7; *Malev., art.* 747;
Delv. 2, *p.* 40; *Pand. franç., t.* 3, *p.* 76.

Les motifs de ces décisions peuvent se résumer ainsi: « L'article 747 ne déterminant le retour que par succession de l'ascendant donateur, au descendant donataire qui décède sans postérité,

la réversion est bornée à cette position. Il n'est pas permis de l'étendre au cas de la survie du donateur aux descendans du donataire, parce que ces descendans ne sont plus le donataire ; ils sont ses héritiers ; les choses qui lui ont été données leur appartiennent à ce titre d'héritiers, et non au titre de donataires. On ne peut pas les tenir pour compris implicitement dans la donation, parce que l'art. 1081 défend de les y comprendre, même d'une manière expresse. Par l'art. 951, le législateur permet de stipuler la réversion, soit pour le cas du prédécès du donataire seul, soit pour le cas du prédécès du donataire et de ses descendans. S'il eût voulu, dans l'art. 747, étendre le retour légal à ce dernier cas, il l'aurait dit positivement, comme il l'a fait, à l'art. 352, à l'égard des descendans de l'enfant adoptif. La différence d'expression, dans l'art. 747 et dans les deux autres, annonce une différence dans la volonté du législateur ; et puisqu'il n'a exprimé, à cet art. 747, que le cas du prédécès du donataire sans postérité, il est évident qu'il a voulu, pour tous les autres cas, le soumettre à la loi générale des successions.

M. Delvincourt repousse ces explications. M. Toullier (n. 243) les trouve conformes à la lettre de la loi, mais contraires à son esprit ; et il se rend à la jurisprudence de la Cour de cassation. M. Dalloz pense et agit de même, à peu près. (Préc., n. 32.) Nous aimerions à voir changer cette jurisprudence, qui veut tant accorder à la lettre de la loi, qu'elle lui sacrifie sa raison et l'équité; et nous sommes convaincus que les termes de l'art. 747 se prêteraient fort bien au changement qui ferait triompher son esprit. On ne saurait disconvenir que la loi ne soit injuste, si elle commande l'application qu'elle a reçue et qu'elle peut recevoir encore dans le même sens. Le père de plusieurs enfans marie une fille et lui fait l'avancement d'hoirie le plus considérable que sa fortune puisse comporter. Neuf mois après, sa fille meurt en couches, laissant un enfant qui ne lui survit que de quelques minutes. Si le donateur ne reprend pas la dot, par privilége, elle formera la succession de l'enfant, et le père de cet enfant enlèvera à son aïeul la moitié de cette dot, qui n'a plus d'objet. Si le père a un autre enfant d'un précédent mariage, l'aïeul et les siens perdront tout. Il en serait de même si le petit-fils n'était mort qu'après un nouvel engagement du père et la grossesse de la nouvelle femme. On peut prévoir l'événement et empêcher la perte par une bonne stipulation de retour, sans doute!.. Mais que d'ascendans manquent à cette prévoyance! Combien plus encore ignorent le danger ! L'art. 747 n'a pour but que de subvenir à ces erreurs ; et il s'agit de savoir s'il a porté un secours suffisant. Pour décider que la loi n'a pas fait tout ce qu'elle devait faire, il faut que son texte présente une restriction bien marquée. S'il n'est qu'obscur, équivoque, l'interprétation doit reconnaître à sa disposition la plénitude qui lui fait atteindre à la hauteur de son but. Or, ici, la raison de l'art. 747 est bien connue ; son expression seule peut n'être pas claire. Le législateur a voulu établir une sorte de revendication pour l'ascendant, dont la libéralité ne peut plus remplir sa destination. Cette destination ne se bornait point à l'enfant qui recevait directement la donation ; elle s'étendait à sa postérité. Pour le donateur, tout descendant capable de représenter le donataire défunt, était naturellement, et devait être réputé, légalement, donataire lui-même. Ce ne peut être que l'habitude des subtilités, dont il y a tant d'exemples dans le droit romain et dans son école, qui a fait dire que le fils du donataire est héritier des choses données, et qu'il n'est pas donataire. Il est héritier des choses, il est héritier de la donation, parce que pour l'aïeul, le père vit dans son fils ; que le petit-fils est la continuation du fils : *sustinet personam defuncti ;* et qu'étant ainsi la personne même du fils donataire, il est donataire lui-même. D'où vient qu'il aurait les droits du donataire, s'il ne succédait point à sa qualité ? Cette qualité et ces droits lui ont été transmis, au décès de son père ; et puisque ce donataire subsiste en lui, le retour ne doit pas se faire à son préjudice ; et comme il est le seul obstacle à la réversion, elle doit se produire quand il a cessé d'exister.

On insiste, et l'on dit : « Non, il n'est pas donataire ; l'art. 1081 défendait de le comprendre dans la donation ! » L'art. 1081 s'accorde avec les art. 906 et 1096. Sous les exceptions des art. 1048, 1049 et 1082, pour être capable de recevoir entre-vifs, il faut être né ou conçu au moment de la donation. L'on ne peut donner directement à l'enfant à naître, qu'en établissant une substitution en sa faveur ; et le Code civil avait prohibé les substitutions, en général. Il n'avait permis, en particulier, que l'espèce de substitution qu'il a appelé restitution, et celle qui met les enfans à la place du père, pour les donations de biens présens et à venir.

Mais si les enfans à naître ne peuvent pas, en général, être nommés directement donataires, ils le deviennent par l'effet du droit de transmission, à la mort de leur père donataire, puisque leur survivance empêche le retour. La loi ne distingue pas,

dans l'art. 747, le donataire immédiat, du donataire par transmission ; et sa raison allant à l'un comme à l'autre, et encore
mieux à ce dernier, l'appellation de donataire, employée dans
sa rédaction, s'applique à l'un et à l'autre. On sait que l'art. 747
du Code civil est emprunté du droit coutumier, suivant lequel
l'enfant du donataire était considéré comme le donataire lui-
même ; et cependant on cherche à prouver, par des conjectures,
que le législateur du Code n'a établi qu'une règle imparfaite, restreinte au donataire immédiat ; règle injuste par cette restriction.

L'on invoque l'art. 352, qui étend d'une manière expresse
le retour au prédécès du dernier descendant de l'enfant adoptif,
et l'art. 951, qui permet de le stipuler dans les mêmes termes.
Sans montrer que le législateur avait des motifs pour décider
autrement à l'art. 747, on remarque qu'il ne s'y est pas exprimé
de même ; et l'on en conclut qu'il a eu ici une volonté contraire.
Des conjectures peuvent servir à faire suppléer au texte de la
loi, le développement de son esprit : des conjectures ne suffisent pas pour la faire trouver, contre son esprit, dure et injuste.
L'art. 352 ajoute à l'évidence de la raison de l'art. 747 ; retran-
cherait-il quelque chose de la signification de ses termes ? L'a-
doption et la succession entre le père et l'enfant adoptifs étaient
un établissement nouveau qui n'avait pas de précédens parmi
nous. Le législateur a considéré attentivement sa création : il a
voulu en régler les détails avec soin, avec précision ; et en pla-
çant le retour légal dans cette matière, il lui a donné explicitement, tout l'effet qu'il avait déjà, selon le droit coutumier,
entre les parens naturels. Si, plus tard, reproduisant à la place
qui lui convient, pour les proches par le sang, de la ligne directe,
cette ancienne réversion des coutumes, il n'a fait que la présenter, à peu près dans les mêmes termes du droit coutumier ;
s'il n'a point employé l'expression nette de l'art. 352, pour le
retour du fils du donataire au donateur, en résulte-t-il nécessairement qu'il a été assez injuste pour la rejeter dans la règle
générale de l'art. 747 ? Le mot donataire perd-il, à cet article,
la signification que la nature des choses, la raison et l'usage lui
avaient attribué dans cette position ? L'art. 952, qui est venu
plus tard, lui enlève-t-il mieux cette signification ? Il fallait
bien marquer ce que la convention peut donner à la réversion
qui n'est pas celle de la loi. On n'avait plus pour guide le sentiment et l'intention d'un ascendant qui retrouve, dans son petit-
fils, le fils qu'il a perdu. A défaut de présomption naturelle et

de droit, il fallait bien dire que le donateur expliquât positivement sa volonté pour l'étendue de la réversion. A l'art. 747, le
législateur n'a pas senti le besoin d'être aussi disert. Copiant la
règle du droit coutumier, il a été négligent. Tous les interprètes
conviennent qu'il l'a été beaucoup; et sous bien des rapports,
ils expliquent la loi nouvelle par la jurisprudence ancienne
et par les enseignemens de la raison. Sous le Code, n'est-il pas
aussi raisonnable, aussi licite que sous les coutumes, de décider que l'enfant du donataire, descendant du donateur, empê-
chant le retour, est donataire lorsque la donation lui a été
transmise? Pour l'ascendant, le donataire ne s'éteint que dans la
personne de son dernier descendant.

20. La disposition qui ne fait succéder le donateur qu'aux
choses qui se trouvent en nature, ou au prix, resté dû, de leur
aliénation, a laissé encore la carrière ouverte aux interprètes.
Il est des points sur lesquels ils s'accordent; il en est d'autres
qui les ont divisés.

Le donateur a droit au prix dû sur les aliénations, de quelque
manière qu'il ait été réglé, en numéraire, en marchandises ou
en denrées, en redevances périodiques de denrées ou d'argent,
comme rente foncière, ou rente constituée; mais sans action
contre les ventes, sans répétition du prix payé. Le donateur est
aussi sans droit d'indemnité pour les dégradations des choses
existantes, que le donataire a pu commettre, pour les servitudes
qu'il a accordées, pour les prescriptions qu'il n'a pas empêchées.
Le donataire pouvait aliéner entièrement les choses de la donation; il a pu les grever de charges et en diminuer la valeur par
quelque moyen que ce soit; et le donateur n'a droit à les reprendre que dans l'état où elles se trouvent réduites. Sur ces
points, les auteurs ne sont pas divisés. M. Delvincourt fait observer que si le donataire a concédé hypothèque sur un immeuble donné, le donateur en le reprenant est grevé de cette hypothèque; mais que comme il n'est tenu aux dettes du défunt que
proportionellement à ce qu'il retire de la succession, si par
l'effet de l'action hypothécaire il est obligé de payer davantage
au créancier, il aura recours contre ses cohéritiers, pour
l'excédant. *Chab.*, n. 18, 25; *Toull.* 4, n. 231, 232; *Dur.*, t. 6,
n. 245; *Delv.* 2, p. 35.

21. Mais M. Toullier enseigne qu'obligé de souffrir l'état de
diminution, le donateur doit profiter de l'augmentation produite par le donataire, quelque considérable qu'elle puisse être.

M. Duranton soutient que le donateur n'a droit aux améliorations de son donataire, qu'en faisant compte de leur valeur à la succession. M. Chabot distingue l'accession naturelle et l'accession artificielle. Il accorde au donateur les effets de la première sans indemnité, et ceux de l'autre, à la charge de faire raison à ses cohéritiers des dépenses du donataire. Cet avis de M. Chabot nous paraît juste ; la loi ne dit pas précisément que le donateur reprendra les choses dans l'état où elles se trouveront, sans indemnité ni récompense. Si l'on décide qu'il n'est pas dédommagé des charges et des dégradations, c'est que le donataire n'était pas soumis à la conservation des choses ; que pouvant les aliéner absolument, il a pu, *a fortiori*, les grever ou en diminuer la valeur. La loi n'a rien réglé spécialement sur les améliorations ; mais il est évident qu'elle n'a point entendu faire profiter le donateur de celles que le défunt a produites, sans indemnité pour la succession. Il faut recourir à d'autres règles analogues. M. Toullier reconnaît que la disposition de l'art. 599, relative à l'usufruit, n'est pas du tout applicable à la réversion ; et nous croyons, comme M. Chabot, que la disposition de l'art. 861, d'après laquelle il doit être tenu compte, au donataire qui fait rapport, des impenses qui ont amélioré la chose, convient assez bien au cas de la réversion. Il en est de même pour l'art. 862, qui oblige les cohéritiers à tenir compte au donataire des impenses nécessaires qu'il a faites pour la conservation de la chose, encore qu'elles n'aient point amélioré le fonds. *Toull. préc.; Chab. préc.; Dur.* 6, *n.* 246.

22. M. Chabot dit que les fermages du fonds soumis au retour, échus avant la mort du donataire, n'appartiennent pas au donateur. La proposition est incontestable. M. Toullier enseigne que la récolte pendante au décès est comprise dans le retour. Ce point est également vrai : la récolte fait partie du fonds, tant qu'elle est sur pied. Mais l'auteur ajoute qu'elle appartient au donateur, sans qu'il soit tenu de faire compte aux autres héritiers des frais de culture et de semence. C'est la règle spéciale de l'usufruit qui s'éteint ; et nous avons reconnu, avec M. Toullier lui-même, au numéro précédent, que les dispositions de la loi sur l'usufruit, ne conviennent point à la réversion. L'auteur ne fonde sa décision nouvelle que sur le principe qu'il s'est fait pour les améliorations. Le principe différent que nous avons appliqué aux améliorations, nous fait décider ici pour la récompense. *Chab.*, *n.* 18.

23. Les interprètes des anciennes coutumes enseignaient que les biens qui avaient été aliénés par le donataire, et qui ne se trouvaient dans sa succession que parce qu'il les avait acquis de nouveau, par achat ou autrement, n'étaient pas soumis au retour. M. Merlin, M. Chabot, M. Favard et M. Malpel adoptent cette décision. M. Delvincourt, M. Toullier, et M. Duranton la rejettent avec raison. La loi ne considère pas les mutations qui ont pu faire sortir temporairement les biens de la donation des mains du donataire; elle s'attache au seul fait de l'existence de ces biens dans la succession de celui qui en fut gratifié. Quand ils sont hors de cette succession, la loi ne veut pas que les acquéreurs soient recherchés; s'ils se trouvent dans l'hérédité, il n'y a plus de motifs pour les soustraire au retour. M. Merlin accorde seulement, d'après Lebrun, que le retour doit s'opérer dans deux cas d'exception : 1° si le donataire vendeur n'a fait qu'exercer le rachat qu'il s'était réservé, parce qu'alors il n'y avait pas d'aliénation définitive; 2° si le donataire n'avait disposé qu'en fraude du retour, soit dans l'intention de racheter, soit dans l'espérance de retrouver le bien comme héritier de l'acquéreur. M. Dalloz a de la peine à fixer son avis; cependant l'opinion de MM. Toullier et Duranton lui semble erronée, en ce qu'elle ne veut pas du tout qu'on ait égard à la cause de la propriété. Si le descendant, dit-il, avait disposé des biens au profit d'un autre ascendant, et que celui-ci les lui eût donnés à son tour, lequel des deux ascendans aurait droit d'y succéder? Le second, sans doute : c'est lui qui a fait entrer les biens dans la succession. On se rattachera donc ici à la cause immédiate de la propriété. Pourquoi le même principe serait-il sans influence dans les autres cas? Cette position bizare, imaginée par M. Delvincourt, et pour laquelle il n'admet la réversion qu'au profit du dernier donateur, entre dans le second cas d'exception posé par Lebrun, et adopté par M. Merlin, qui promet le retour au premier donateur; elle peut servir à justifier la règle générale enseignée par M. Toullier, M. Duranton et M. Delvincourt. *Rép. Merl., révers., sect.* 3; *Rép. Fav.*, *sect.* 3, § 2, *n.* 9; *Chab.*, *n.* 21; *Malp.*, *n.* 135, *p.* 215; *Toull.* 4, *n.* 233; *Delv.* 2, *p.* 37; *Dur.* 6, *n.* 232 ; *Dall., Rép. méth., succ.*, *ch.* 3, *sect.* 4, *art.* 2, *n.* 20.

24. Lorsque la donation comprenait un immeuble que le donataire a échangé pour un autre, on ne révoque pas en doute que le fonds reçu en échange ne soit soumis au retour comme substitué à celui de la donation. Mais quand le donataire, qui a

reçu de l'argent, a fait une acquisition d'immeubles, pour une somme égale à celle qui lui a été donnée, il est fort douteux que les fonds acquis puissent représenter l'argent donné et subir le retour. M. de Maleville admet cette représentation et sa conséquence. La décision semble équitable, mais elle ne peut s'appliquer, suivant M. Toullier, M. Chabot et M. Duranton, qu'alors que l'acquisition a été faite avec déclaration d'emploi. On pourrait l'appliquer aussi, sans déclaration formelle d'emploi, dans toutes circonstances où des écrits établiraient clairement que ce sont les deniers de la donation qui ont payé l'acquisition, comme si le donateur délégué avait la quittance du vendeur. Dans ces positions, il n'importerait pas grandement que le prix de l'acquisition fût égal au montant de la donation. Si ce prix était inférieur, le retour se ferait aisément pour la totalité des fonds. S'il était notablement supérieur, l'immeuble serait commun aux deux successions, et il devrait être divisé ou licité, pour fournir à chacun la part proportionnelle qui lui revient. Une légère contribution d'un côté ou de l'autre ne devrait, au plus, donner lieu qu'à sa reprise. *Rép. Merl.*, *réversion*, *sect.* 2, § 2; *Malev.; Chab.*, *n.* 22; *Dur.* 6, *n.* 240; *Delv.* 2, *p.* 38; *Malp.*, *n.* 135.

25. L'ascendant donateur reprendra-t-il dans la succession du donataire, l'objet du don que celui-ci a fait entrer en communauté avec son conjoint? M. Delvincourt fait, un peu sèchement, une réponse négative. M. Chabot fait des distinctions: 1° l'ascendant reprendra la moitié des biens donnés, si le donataire l'a recueillie, ou si elle peut être attribuée à la succession, dans le partage de la communauté. L'aliénation de cette moitié par la mise en communauté, n'était qu'éventuelle, subordonnée au cas où le conjoint l'emporterait par ses reprises. Ce cas n'étant point arrivé, il n'y a point eu d'aliénation; 2° si le donataire avait reçu, au partage, ou si sa succession recevait d'autres biens que ceux qui lui avaient été donnés, ce serait un échange: l'ascendant aurait le droit d'exercer la réversion jusqu'à due concurrence, sur les biens pris en échange; 3° si le mari étant donataire, la femme renonce à la communauté, l'ascendant reprendra toute la chose donnée; 4° si le conjoint du donataire absorbe, par ses reprises, tous les biens de la communauté, le donateur n'a rien à réclamer. Il ne pourrait pas demander que les reprises du conjoint s'exerçassent préférablement sur les biens personnels du défunt, parce que la loi veut qu'on épuise d'abord tous les biens de la communauté; 5° si les biens de la communauté ne sont point

absorbés par les reprises ou les indemnités du conjoint, et si la femme, usant du droit que lui confère l'art. 1741, prend les biens de la donation, elle ne peut pas, par ce fait, anéantir les droits de l'ascendant; il doit être admis à reprendre d'autres biens de la communauté, en remplacement des siens. Ces diverses décisions nous paraissent justes. *Chab.*, *n.* 23; *Delv.* 2, *p.* 33.

26. Le numéraire est toujours représenté par d'autre numéraire. Les choses fongibles sont toujours représentées par d'autres choses fongibles de la même nature. *Art.* 587. Ainsi, sans difficulté l'argent et les choses fongibles qui se trouvent dans la succession du donataire, fournissent, autant qu'ils peuvent s'étendre ou jusqu'à concurrence, à la réversion des objets semblables, compris dans la donation. Des billets ou des actes d'obligations, pour sommes prêtées, des actions, soit sur l'État, soit sur des établissemens publics, soit sur des particuliers, et tous effets négociables, représentent, dans la succession, l'argent donné; et réciproquement, l'argent y représente des billets, des obligations, des effets publics ou particuliers, négociables. Cette doctrine indiquée par M. de Maleville, développée par M. Chabot et M. Massé, suivie par M. Toullier, M. Grenier, M. Favard et M. Malpel, se trouve consacrée par un arrêt de la Cour de cassation, du 30 juin 1817. M. Duranton, pourtant, la conteste dans sa généralité, et n'admet la représentation que lorsqu'il y a stipulation ou déclaration de placement ou d'emploi. Ses argumens paraissent d'une grande force à M. Dalloz. Ils ont bien quelque chose de spécieux; mais l'équité d'une part, et, d'un autre côté, l'usage qui, comme l'a déclaré la Cour régulatrice, attribue aux effets de commerce et aux obligations ordinaires mêmes, la valeur du numéraire, dont ils font si souvent l'office, doivent faire prévaloir la doctrine combattue par M. Duranton. M. Delvincourt ne s'est pas fait une juste idée de l'arrêt précité. Il le croit contraire au texte de l'art. 747, et uniquement fondé sur la grande faveur de l'ascendant. *Malv.; Chab.*, *n.* 722; *Toull.* 4, *n.* 245; *Gren.*, *donat.* 2, *n.* 598, 5°; *Fav.*, *sect.* 3, § 2, *n.* 11; *Malp.*, *n.* 135; *Parfait notaire* 3, *p.* 54; *Dur.* 6, *n.* 234, *etc.*; *Delv.* 2, *p.* 39; *Dall.*, *succ.*, *ch.* 3, *sect.* 4, *art.* 2, *n.* 24.

27. Les auteurs ne parlent pas des contrats de rente sur particuliers. M. Toullier a dit que les expressions de l'art. 747 sont trop laconiques pour qu'on puisse résoudre, avec certitude, toutes les questions de la matière; que la jurisprudence doit fixer l'interprétation qu'il faut lui donner, et décider si l'on doit s'atta-

cher scrupuleusement à la lettre ou suivre l'esprit de la loi.
M. Toullier préfère ce dernier mode d'interprétation; et le préférant aussi, nous avouons qu'il offre des difficultés; nous aimerions bien mieux voir refaire la loi. Quant aux contrats de rentes
sur particuliers, ils ne sont pas des effets réalisables et une sorte
de monnaie comme les billets, les promesses, les effets publics.
Cependant, nous admettrions volontiers qu'ils fussent représentés
par l'argent et par les effets réalisables, d'une date postérieure,
qui se trouvent dans la succession; mais nous sommes portés à
croire qu'ils ne peuvent représenter l'argent et les valeurs couran-
tes, que lorsqu'on prouve l'emploi, comme pour les acquisitions
d'immeubles. *Toull. préc.*

28. Qu'entend la loi par ces mots: *Ils succèdent aussi à l'action en
reprise que pouvait avoir le donataire?* Cette disposition s'applique
certainement aux reprises des époux. Sous le régime de la communauté, l'ascendant a pour les choses qu'il avait données à sa
fille défunte, les mêmes droits de reprise qu'elle aurait eus,
survivant à son mari. L'ascendant reprendra la totalité ou une
partie des choses données, en répudiant ou en partageant la communauté, selon les art. 1467 et 1492, etc. L'ascendant reprendra
contre la veuve de son fils donataire, les sommes données ou le
prix de la vente des objets donnés, que le mari aura employés au
profit de sa femme, d'après les art. 1407, 1469, etc. Sous le régime
dotal, l'ascendant a contre le mari de la fille défunte qu'il avait
dotée, le même droit à la restitution de la dot qu'aurait eue la
femme survivant à son mari, suivant les art. 1564, etc., conférés
aux art. 1557, etc. L'ascendant aura également la reprise des biens
donnés, ou de la valeur de ces biens que la femme s'était réservés
en paraphernal, si le mari en a disposé, ou si la femme en a fait
emploi pour les affaires du mari. M. Chabot borne là l'effet de
l'action en reprise, accordée par la loi dans les termes indéfinis
que nous venons de rappeler; et cependant il reconnaît, avec les
autres interprètes, le droit, pour le donateur, d'exercer le rachat
des biens qu'il a donnés, et que le donataire a vendus sous réserve
du reméré, de poursuivre la résolution, la nullité ou la rescision
de tous actes d'aliénation, à titre gratuit ou onéreux, de la totalité ou de partie des biens donnés. Ce droit résulte bien aussi des
termes généraux de la loi, qui détermine l'action en reprise. Il
n'est pas besoin de remarquer que l'ascendant ne peut en user
qu'à la charge de faire compte à l'acquéreur, des sommes qu'il
pourrait avoir payées au vendeur. *Chab., n.* 18, 19, 23, 24;

Toull. 4 , *n.* 230 ; *Delv.* 2 , *p.* 38, 39, 40 ; *Gren., donat.,* 2 , *n.* 598 ; *Malp.*, *n.* 137 ; *Dur.* 6 , *n.* 241 , *etc.*

29. La réversion d'une dot constituée par des époux, conjointement, ou par l'un d'eux seulement , dans les termes des art. 1438 , 1439, 1544, 1545, s'opère en faveur de ceux-là même qui l'ont faite, ou qui sont censés l'avoir faite, suivant les explications de ces mêmes articles. *Chab.*, *n.* 6. *V. infra, observ.*, art. 850.

30. Nous avons vu que le retour légal est un droit d'hérédité : il en résulte qu'on ne peut pas renoncer à ce droit avant qu'il ne soit ouvert. Toute stipulation dans l'acte de donation, pour en interdire l'usage, serait absolument nulle. Stipulé pour une partie seulement des objets donnés, le retour ne s'opérerait pas moins pour la totalité, à l'ouverture de la succession. *Art.* 791 , 930. *Chab.* , *n.* 8.

ARTICLE 748.

Lorsque les père et mère d'une personne morte sans postérité lui ont survécu, si elle a laissé des frères, sœurs, ou descendans d'eux, la succession se divise en deux portions égales, dont moitié seulement est déférée au père et à la mère, qui la partagent entre eux également.

L'autre moitié appartient aux frères, sœurs ou descendans d'eux, ainsi qu'il sera expliqué dans la section V du présent chapitre.

1. Les descendans d'un frère sont appelés directement et viennent à la succession de leur chef, quand il n'y a point d'autres frères ni neveux. Dans ce cas, l'indignité ou la renonciation de leur père ne fait rien contre eux, parce qu'ils succèdent avec les ascendans, comme collatéraux du premier ordre, sans le secours de la représentation. Mais s'il existait d'autres frères ou neveux du défunt, les enfans de l'indigne ou du renonçant seraient exclus par eux. *V. supra , observ.*, art. 730.

2. Les frères consanguins ou utérins n'ont , relativement aux germains, que le droit simple, dont nous avons parlé à l'art. 742 , et que nous verrons réglé à l'art. 751. Mais seuls, vis-à-vis des père et mère du défunt, ils ont autant de droit que des germains. *V. infra, art.* 750 ; *Toull.* 4, *n.* 211, 213, 216, *etc.*; *Delv.* 2, *p.* 32 ; *Malp.*, *n.* 144 ; *Dur.* 6, *n.* 194, 247, *etc.*; *Rép. Fav.* , *succ.* , *sect.* 2 , §2, *art.* 1 , *n.* 6, 7.

ARTICLE 749.

Dans le cas où la personne morte sans postérité laisse

des frères , sœurs, ou des descendans d'eux , si le père
ou la mère est prédécédé, la portion qui lui aurait été
dévolue conformément au précédent article, se réunit
à la moitié déférée aux frères, sœurs ou à leurs représentans , ainsi qu'il sera expliqué à la section V du présent
chapitre.

1. Suivant la remarque faite sur l'article précédent, les demi-
frères recueillent, comme des germains, les trois quarts de la
succession, s'ils sont seuls en concours avec l'un des deux ascendans, le père ou la mère.

2. Le mot *représentans* employé dans cet article, ne se rapporte
point à la représentation légale, définie par l'art. 739; il n'a que
la même signification des mots *descendans d'eux ,* à l'art. 748. Il
est généralement reconnu que les descendans du frère ou de la
sœur, germain, utérin ou consanguin, n'ont pas besoin de la représentation légale, pour concourir avec aucun ascendant. *Chab.,*
art. 747 et 750, *n.* 5, *et auteurs cités sur l'art.* 748; *infra, art.* 750.

SECTION V. — *Des successions collatérales.*

ARTICLE 750.

En cas de prédécès des père et mère d'une personne
morte sans postérité , ses frères, sœurs ou leurs descendans sont appelés à la succession , à l'exclusion des ascendans et des autres collatéraux.

Ils succèdent, ou de leur chef, ou par représentation,
ainsi qu'il a été réglé dans la section II du présent chapitre.

1. Les frères et leurs descendans, consanguins ou utérins, ou
germains, ne peuvent que concourir avec les père et mère ; mais
par leur qualité personnelle, indépendamment de la proximité,
ils excluent tous autres parens, ascendans ou collatéraux. Ils
forment une classe distincte et privilégiée dans l'ordre collatéral. Le petit-neveu, le plus éloigné, sans le secours de la représentation, et par sa qualité propre de descendant de frère, succède à l'exclusion d'un cousin germain, d'un oncle, d'un aïeul
même. Dans les premières années de l'émission du Code, quelques légistes ont cru que les frères d'un seul coté et leurs descendans ne devaient exclure les aïeuls et les autres collatéraux
que dans la ligne paternelle ou maternelle, où ils s'étaient trou-

vés liés avec le défunt. Aucun des interprètes du Code n'a partagé cette erreur; et elle a été condamnée par la Cour de Bruxelles, le 28 thermidor an XII et le 18 mai 1807; par celle de Nancy, le 8 frimaire an XIII; par celle de Caen, le 25 frimaire an XIV, et enfin par la Cour de cassation, le 27 décembre 1809. *J. p.*, *éd. n., t.* 10, *p.* 886; *D.* 1810, *p.* 27; *Sir., t.* 10, *p.* 102.

2. La représentation et la proximité, dont les descendans des frères n'ont pas besoin pour concourir avec les père et mère, et pour exclure les ascendans supérieurs, ainsi que les collatéraux du second ordre, leur est nécessaire pour concourir avec des frères du défunt ou d'autres représentans de frères moins éloignés qu'eux. Le fils d'un frère indigne exclura le petit-fils d'un autre indigne; et ce neveu, issu du frère indigne, serait repoussé par le petit-fils d'un autre frère précédé, et qui vivant, eût succédé. Mais ici, l'exclusion ne va pas d'une ligne à l'autre: le frère consanguin n'écartera point, dans la ligne maternelle, le petit-fils d'un frère utérin, qui, privé de représentation, s'y trouve, par lui-même, au degré le plus proche. *V. supra, art.* 733, 734, 742, 743; *infra, art.* 752; *Malev.; Chab., n.* 4, *etc.; Toull.* 4, *n.* 216, *etc.; Delv.* 2, *p.* 33; *Malp., n.* 139, *etc.; Dur.* 6, *n.* 247, *etc.; Fav. préc., n.* 7.

ARTICLE 751.

Si les père et mère de la personne morte sans postérité lui ont survécu, ses frères, sœurs ou leurs représentans ne sont appelés qu'à la moitié de la succession. Si le père ou la mère seulement a survécu, ils sont appelés à recueillir les trois quarts.

1. Cet article ne fait que répéter, en allant des frères et sœurs au père et à la mère, les règles établies par les art. 748 et 749, en allant du père et de la mère aux frères et sœurs.

ARTICLE 752.

Le partage de la moitié ou des trois quarts dévolus aux frères ou sœurs, aux termes de l'article précédent, s'opère entre eux par égales portions, s'ils sont tous du même lit. S'ils sont de lits différens, la division se fait par moitié entre les deux lignes paternelle et maternelle du défunt; les germains prennent part dans les deux lignes, et les utérins ou consanguins chacun dans

leur ligne seulement : s'il n'y a de frères ou sœurs que
d'un côté, ils succèdent à la totalité, à l'exclusion de
tous autres parens de l'autre ligne.

1. Les frères qui sont tous germains, ou tous consanguins, ou
tous utérins, partagent entre eux par égales portions, toute la
succession, s'il n'y a plus ni père ni mère; la moitié, s'il y a père
et mère; les trois quarts, s'il n'existe que l'un de ces ascendans.
A défaut de germains, la succession ou la partie de succession
dévolue à des frères consanguins et à des frères utérins, se divise en deux portions égales, l'une pour la ligne paternelle des
consanguins, l'autre pour la ligne maternelle des utérins. Dans
chaque ligne, ensuite, il se fait une subdivision quand il s'y
trouve plus d'un héritier. Le concours des germains avec des
frères d'un autre lit ou de plusieurs lits différens, ne rend l'o-
pération ni plus difficile à comprendre, ni plus difficile à faire :
la loi l'a clairement déterminée. Les branches que peut avoir
formées la descendance des frères, rendent nécessaires d'autres
subdivisions par tête, dans chaque branche, ainsi que nous l'a-
vons indiqué sur l'art. 743. *Chab.*; *Toull.* 4, *n.* 221, *etc.*; *Delv.* 2,
p. 33 *et* 47; *Malp.*, *n.* 139, *etc.*; *Dur.* 6, *n.* 252, *etc.*

ARTICLE 753.

A défaut de frères ou sœurs ou de descendans d'eux,
ou à défaut d'ascendans, dans l'une ou l'autre ligne, la
succession est déférée pour moitié aux ascendans survi-
vans; et pour l'autre moitié, aux parens les plus proches
de l'autre ligne.

S'il y a concours de parens collatéraux au même degré, ils partagent par tête.

1. Le frère consanguin ou utérin succède dans la ligne à laquelle
il n'appartient point, à l'exclusion des collatéraux du second ordre de cette ligne. L'ascendant, sans exception du père et de la
mère, ne succède que dans sa ligne; et ainsi, à défaut de frères, il
partage la succession avec les collatéraux, les plus éloignés, de
l'autre ligne dans laquelle il ne se trouve pas d'autres ascendans.

2. Si avec tous ascendans, les frères et les neveux, qui forment la première classe des collatéraux, manquent entièrement,
la succession, en totalité, est dévolue aux collatéraux de la seconde classe. Suivant l'art. 733, ils se distinguent en deux lignes,
paternelle et maternelle; et la succession est partagée également

entre ces deux lignes. Comme il n'y a point de représentation dans cette classe de collatéraux, les plus proches de chaque ligne sont les héritiers. Le parent qui est seul au plus haut degré, obtient toute la moitié attribuée à sa ligne. S'il s'en trouve plusieurs au même degré, ils partagent entre eux cette moitié, par égales portions.

5. Nous avons vu, à l'art. 733, que la même personne peut tenir aux deux lignes et prendre part dans chacune. Une même personne peut aussi tenir à plusieurs branches de la même ligne; mais comme la loi n'ordonne pas de refente, qu'elle accorde l'avantage à la proximité, sans considération du double lien, le parent qui pourrait appartenir à plusieurs branches de la même ligne, n'en a pas plus de droits. Qu'il descende d'un frère germain du père du défunt, il n'aura, par la subdivision, qu'une part égale à celle du descendant, au même degré que lui, d'un autre frère du défunt, consanguin ou utérin; et il serait exclu par ce dernier, s'il était à un degré plus éloigné.

V. art. 904, *arr. Brux.*, 20 *avril* 1809, *J. p.*, *éd. n.*, *t.* 10, *p.* 304; *Sir.* 12, 2, 197; *Malev.*; *Chab.*; *Toull.* 4, *n.* 223, *etc.*; *Delv. préc.*, *et p.* 147; *Malp. préc.*; *Dur.* 6, *n.* 255, *etc.*

ARTICLE 754.

Dans le cas de l'article précédent, le père ou la mère survivant, a l'usufruit du tiers des biens auxquels il ne succède pas en propriété.

1. Les collatéraux de la seconde classe sont seuls soumis à cet usufruit. Les ascendans supérieurs, les frères et les neveux du défunt, qui partagent avec son père ou sa mère, en sont exempts. Les dispositions que le défunt peut avoir faites, en faveur de son père ou de sa mère pour ajouter à celle de la loi, n'empêchent pas l'usufruit sur le tiers de l'amendement réduit de ces collatéraux.

2. Le père ou la mère qui a l'usufruit d'une partie de la succession collatérale de son enfant décédé, n'est pas, comme le père ou la mère qui a l'usufruit légal des biens de son enfant vivant, dispensé de la caution.

Pand. franç., *art.* 754, *t.* 3, *p.* 98; *Malev.*; *Chab.*; *Dur.* 4, *n.* 257

ARTICLE 755.

Les parens au delà du douzième degré, ne succèdent pas.

A défaut de parens au degré successible dans une ligne, les parens de l'autre ligne succèdent pour le tout.

1. Cet article explique la dernière disposition de l'art. 733. On a vu, aux art. 736, 737, 738, comment se comptent les degrés. Les parens d'une ligne, exclus par leur indignité ou par la renonciation qu'ils ont faite, ne sauraient empêcher la dévolution. *V. Chab.; Malp., n.* 148, 149; *Dur.* 6, *n.* 259, 260.

CHAPITRE IV.
Des Successions irrégulières.

SECTION PREMIÈRE. — *Des droits des enfans naturels sur les biens de leur père ou mère, et de la succession aux enfans naturels décédés sans postérité.*

ARTICLE 756.

Les enfans naturels ne sont point héritiers ; la loi ne leur accorde de droit sur les biens de leur père ou mère décédés, que lorsqu'ils ont été légalement reconnus. Elle ne leur accorde aucun droit sur les biens des parens de leur père ou mère.

1. Au titre de la paternité et de la filiation, la loi s'est occupée de l'état des enfans naturels. Ici elle a voulu déterminer leurs droits. La reconnaissance du père et de la mère ne les fait entrer dans la famille de l'un ni de l'autre; elle les laisse également étrangers aux parens de leurs auteurs immédiats; mais elle leur confère des droits à la succession de ces derniers, qui leur ont donné une existence à soutenir. Ils n'ont pourtant pas le titre d'héritiers : par honneur pour le mariage, ce nom leur est refusé; mais par un sentiment d'humanité, une succession irrégulière leur est accordée. Ils sont donc des successeurs irréguliers, et, sous cette dénomination, ils ont, dans la réalité, les droits et les charges de l'héritier légitime. Toutefois, comme, durant la vie de leurs auteurs, ils n'ont pas ordinairement une évidence d'état, semblable à celle des enfans légitimes, qui les signale bien au public, la saisine légale ne leur est point attribuée: par la disposition des art. 724 et 773, c'est de la justice qu'ils doivent tenir leur saisine. *Malev.; Chab., n.* 1, 10, 11; *Toull.* 4, *n.* 249, 250, 268, 351; *Loiseau, p.* 203, 615 *et* 714; *Rép. Merl., bâtard,* § 4, *et représental., sect.* 4, § 7; *Rép. Fav., succ.;*

sect. 4, § 1, *n.* 14; *Delv.* 2, *p.* 47; *Dur.* 6, *n.* 266, 269; *Malp.*, *n.* 158, 183 *et* 199.

2. Il importe à l'enfant naturel de réclamer promptement la saisine, car, avant la manifestation de sa qualité en justice, il pourrait être écarté des opérations relatives aux scellés et à l'inventaire. D'ailleurs, un arrêt de la Cour de Paris, du 14 fructidor an XII, approuvé dans cette disposition, par la Cour de cassation, le 20 mai 1806, a jugé valables, en faveur des tiers acquéreurs de bonne foi, les ventes consenties par l'héritier apparent, avant que l'enfant naturel se fût fait connaître et eût réclamé ses droits. La doctrine de M. Chabot, de M. Delvincourt et de M. Malpel est conforme à cette décision. Ces auteurs la disent fondée sur un principe admis anciennement, et suivant lequel le successeur régulier, même, qui ne se présente qu'après qu'un autre héritier, apparent, a vendu, transigé ou plaidé, est tenu d'exécuter les ventes consenties, les transactions signées, et les jugemens rendus. La Cour de cassation avait déjà fait l'application de ce prétendu principe, le 11 frimaire an IX; et elle l'a encore appliqué depuis, le 3 août 1815, en succession régulière. La Cour royale de Paris en a fait une nouvelle application, le 12 avril 1823, contre un enfant naturel. *J. p.*, *éd. n.*, *t.* 7, *p.* 310, *et t.* 17, *p.* 519; *D.* 1823, *s. p.* 120; *Rép. Merl.*, *bâtard*, *sect.* 2, § 4; *héritier*, § 3; *succ.*, *sect.* 1, § 5, *n.* 2; *Quest. alph.*, *héritier*, § 3; *Chab.*, *n.* 12, *etc.*; *Delv.* 2, *p.* 48 *et* 542; *Malp.*, *n.* 210, 211, 319, *etc.*

M. Toullier enseigne aussi (*t.* 4, *n.* 285), d'après les arrêts de l'an XII et de 1806, que les ventes faites, de bonne foi, avant que l'enfant naturel ait fait connaître son état et réclamé ses droits, doivent être maintenues; que l'enfant naturel doit prendre les choses dans l'état où elles se trouvent; qu'il n'a de droit contre les tiers acquéreurs que pour en obtenir sa portion du prix non payé, sauf à reprendre contre le vendeur la part qui lui revient dans le prix payé. Mais M. Toullier ajoute, n. 286, que si le vendeur était insolvable, l'enfant naturel pourrait revendiquer les biens contre les acquéreurs, tandis que M. Chabot et M. Malpel soutiennent que l'insolvabilité du vendeur n'autorise pas la revendication. Ces deux auteurs sont conséquens: si l'héritier apparent a pu vendre, son insolvabilité ne rend pas la vente nulle. Aussi, M. Toullier, pour soutenir sa seconde thèse, est obligé de prouver contre la première. Dans cette partie de son ouvrage, et au tome 7, n. 26, etc., ce savant professeur dé-

montre clairement l'inefficacité des aliénations faites par l'héritier apparent, ou le cohéritier légitime, respectivement à l'héritier réel, ou à l'autre cohéritier. Il reconnaît, et nous reconnaissons de même, que celui qui est notoirement en possession,
comme héritier, quand on ne connaît pas d'autre héritier, fait
valablement tous les actes de l'administration la plus étendue.
Il peut exercer les actions de l'hérédité, défendre aux demandes, consentir des baux à ferme ou à loyer, faire des comptes
et des liquidations, accorder hypothèque aux créanciers de la
succession, recevoir le payement de toutes créances ainsi que
des fermes, compromettre sur toutes choses, transiger relativement aux choses mobilières, sauf à rendre compte à l'héritier
ou au cohéritier qui pourrait survenir. Tous les actes que les
tiers auront faits de bonne foi, avec l'héritier apparent, dans ce
cercle d'administration, et tous jugemens rendus entre eux,
doivent avoir leur plein effet contre l'héritier réel ou le cohéritier, légitime, testamentaire, régulier ou irrégulier; mais aussi
nous pensons, comme M. Toullier, que le possesseur de la succession, bien que réputé héritier et seul héritier, ne peut pas
la diminuer ou la dénaturer par des aliénations d'immeubles, ni
la grever d'hypothèques, pour ses propres dettes, ni la charger
d'aucunes servitudes, au préjudice du véritable héritier qui
vient ou l'évincer ou partager avec lui cette succession; et nous
ajoutons: que ne pouvant pas vendre directement les immeubles, il ne doit pas lui être permis de les aliéner par transaction
volontaire. Il peut donner un titre pour la prescription décennale; mais il ne saurait conférer à des tiers la propriété d'autrui. M. Toullier a fort bien développé les raisons de ce système,
fondé sur les art. 137, 883, 1599, 2125, 2182 et 2265 de notre
Code civil. M. Grenier et M. Loiseau l'ont embrassé; M. Merlin
et M. Malpel l'ont combattu. M. Duranton s'est jeté dans la lice
pour quereller l'habile professeur de Rennes, tout en soutenant
la même thèse contre M. Merlin. *Chab.; Toull. préc.; Gren.,
hyp., n. 101 ; Merl., Quest. alph., héritier, § 3; Malp., préc.;
Loiseau, p. 202; Dur. 1, n. 559, etc.; V. infra, art. 772, n. 4.*
Nous ne voyons qu'un reproche grave à faire à M. Toullier;
et celui-là, M. Duranton l'a omis: M. Toullier n'a pas tiré, relativement aux enfans naturels, la juste conséquence de sa doctrine. Il rappelle que, dans le droit romain, bien que le légitimaire ne fût pas héritier, il pouvait revendiquer contre les tiers
acquéreurs les biens de sa légitime, que l'héritier s'était per-

mis d'aliéner. L'auteur dit ensuite : Le légataire n'est pas héritier ; et cependant si, avant qu'il ait formé sa demande en délivrance, l'héritier aliène les biens compris dans le legs, le légataire peut faire annuler l'aliénation et forcer le tiers-acquéreur
à les lui délivrer. Ce n'est point à la qualité d'héritier, mais à
celle de propriétaire, qu'est attachée l'action en revendication.
L'auteur avait reconnu déjà, que *l'enfant naturel est dès l'instant
de la mort de ses père ou mère, propriétaire de la portion de biens
que la loi lui attribue ; qu'il a sur ces biens un droit réel*, JUS IN RE.
Pour être conséquent, M. Toullier devait conclure que l'enfant
naturel a l'action en revendication, contre les tiers qni ont acquis avant même qu'il eût formé aucune demande d'envoi en
possession ou de partage. La Cour de Poitiers a jugé dans ce
sens, par un arrêt fortement motivé, du 18 avril 1832. *D.* 1832,
s. p. 51 ; *V. art. suivant, n.* 9, 10, *art.* 772, *n.* 5.

3. Il n'existe pas légalement de lien de parenté entre l'enfant naturel et les parens de ses auteurs immédiats ; et la loi
déclare formellement, qu'elle n'accorde aucun droit aux enfans naturels sur les biens des parens de leur père ou mère.
Cependant la Cour de Douai condamna un père à payer une
pension alimentaire à deux enfans naturels de son fils ; mais
l'arrêt, bien qu'approuvé par M. Palliet, a été cassé le 17 juillet 1817. *D.* 1817, *p.* 516 ; *Delv.* 2, *p.* 53 ; *Dur.* 6, *n.* 268 ; *Vaz.*,
mariage, etc., 2, *n.* 501.

4. Si, légalement étrangers à l'enfant naturel, les parens de
son père et de sa mère ne lui doivent rien, leur est-il interdit
de lui créer des droits sur la portion disponible de leurs biens ?
Par un arrêt du 25 juin 1808, la Cour de Besançon a déclaré :
« Que l'art. 756 est conçu en termes généraux, qui doivent embrasser tous les cas ; qu'on ne peut, sans ajouter à sa disposition,
l'appliquer seulement aux successions *ab intestat*, des ascendans
ou parens, les enfans naturels en étant exclus de droit, sans que
le législateur s'en expliquât ; — que l'art. 908 est absolu ; qu'il
y est dit que les enfans naturels ne pourront, par donation entre-vifs, ou par testament, rien recevoir au delà de ce qui leur
est accordé au titre des successions ; — que si le législateur eût
entendu que leur incapacité ne fût relative qu'à leurs père et
mère, il l'aurait dit expressément ; mais qu'en se bornant à ces
expressions, *rien recevoir*, sans expliquer de quelles personnes
il a voulu qu'il ne pût leur être fait des donations ou des legs
par aucuns de ceux de la succession desquels ils sont exclus ; et

que pour attribuer à la loi un autre but, il faudrait à ces mots : *rien recevoir*, ajouter encore ceux-ci : de leurs père et mère. » *J. p.*, *éd. n.*, *t.* 9, *p.* 374; *Dall.*, *Rép. méth.*, *succ.*, *ch.* 4, *sect.* 1, *art.* 1ᵉʳ, *note du n°* 29.

M. Dalloz présente sans observations, dans son Répertoire méthodique, l'autorité de cet arrêt. On en a fait une juste critique dans le Journal du palais. La doctrine de M. Grenier et celle de M. Loiseau sont contraires à la décision. « On sent aisément (dit M. Grenier) que cette incapacité de recevoir, de la part des enfans naturels, est établie à l'égard de leurs père et mère seulement....... En sorte qu'ils peuvent recevoir des dons de toutes personnes, autres que les auteurs de leurs jours. » M. Loiseau montre, par le défaut de parenté civile, par la disposition des art. 760 et 850, que l'enfant naturel peut recevoir de ses aïeuls toute espèce d'avantages, et qu'il n'est pas tenu de les rapporter à la succession de son père. En effet, l'exclusion de la succession légitime, n'emporte pas, de droit, l'incapacité de recevoir des libéralités volontaires ; et la prohibition de l'art. 908, établie respectivement au père et à la mère, ne peut pas être étendue à leurs parens, qui, dans l'ordre civil, sont étrangers à l'enfant naturel. Les incapacités et les prohibitions forment un droit rigoureux qui se renferme dans ses termes précis. L'art. 760 n'oblige l'enfant naturel à l'imputation ou au rapport, que des seuls dons qu'il a reçus de son père, et l'art. 850 ne commande le rapport qu'à la succession du donateur ; la loi est sévère, en ne laissant à l'enfant naturel qu'une faible part dans les biens de ses auteurs immédiats ; mais sa sévérité est nécessaire pour faire rechercher et honorer le mariage. Ceux qui procréent hors du mariage, offensent l'ordre public et leur famille ; mais ce ne sont pas les parens offensés qui font craindre à la loi des libéralités dangereuses, en faveur des enfans provenus de ces écarts. En les offensant, on ne peut pas compter sur leur bienveillance ; mais, offensée avec eux, la société leur remet le plein pouvoir d'une vengeance commune ou d'une sorte de grâce ; la loi prononce, à regret, la peine qui est un profit pour eux ; elle devait leur laisser la faculté d'en faire l'abandon. C'était assez d'armer leur intérêt individuel ; il ne pouvait pas leur être interdit de déposer les armes ; ils ne pouvaient pas être contraints de réclamer la nullité des dispositions faites par les pères aux enfans naturels, au delà d'une mesure bien exiguë. Libres de ne point tirer profit de cette nullité, ils sont libres aussi de faire, sur leurs propres biens, dans les termes de la quotité disponible, des libéralités à des êtres innocens, qu'ils ne sont pas condamnés à haïr. *V. infra, art.* 908; *Gren., donat.*, 1, *n.* 130; *Loiseau, p.* 700; *Vaz., Presc.*, 2, *n.* 485 *et* 544.

ARTICLE 757.

Le droit de l'enfant naturel sur les biens de ses père ou mère décédés, est réglé ainsi qu'il suit :

Si le père ou la mère a laissé des descendans légitimes, ce droit est d'un tiers de la portion héréditaire que l'enfant naturel aurait eue, s'il eût été légitime ; il est de la moitié, lorsque les père ou mère ne laissent pas de descendans, mais bien des ascendans ou des frères ou sœurs ; il est des trois quarts, lorsque les père ou mère ne laissent ni descendans ni ascendans, ni frères ni sœurs.

1. Le Code civil nous présente une législation toute nouvelle, et bien imparfaite, pourtant, sur les droits des enfans naturels. Il a fait naître une infinité de questions et bien des avis divers. La jurisprudence s'est formée sur des points importans ; mais il en reste encore sur lesquels on n'est pas généralement d'accord.

2. Quand la succession tombe entre diverses branches de descendans légitimes, les enfans de l'indigne et ceux du renonçant, privés du secours de la représentation, se trouvent exclus de l'hérédité. Mais la renonciation ni l'indignité du père ne font pas repousser leurs descendans légitimes, lorsqu'il n'existe, au premier degré, que des enfans naturels. Dans cette position, ces descendans sont appelés directement, viennent à la succession de leur chef et succèdent par tête. Les enfans naturels, quoique plus proches en degré, ne les excluent pas ; ils ne font que concourir avec eux. Les petits enfans légitimes succèdent par tête ; et, toutefois, chacun ne compte pas comme s'il était au premier degré des descendans. Si les enfans naturels ne profitent pas, pour les exclure, de l'indignité ou de la renonciation de leur père, ceux-ci ne doivent pas en profiter pour diminuer la portion des enfans naturels. M. Chabot et M. Duranton décident que, dans cette position, les petits-enfans légitimes font diverses têtes entre eux, et n'en forment qu'une respectivement aux enfans naturels, parce qu'aucuns ne doivent gagner ni perdre par

l'indignité ou la renonciation de l'enfant légitime du premier
degré. Ainsi, d'après ces auteurs, un enfant naturel seul retire le
tiers de la moitié ou un sixième ; deux enfans naturels, les deux
tiers d'un tiers ou un neuvième chacun. M. Malpel ne compte
pas de cette manière ; il dit : « Si l'enfant naturel eût été légitime , il aurait recueilli, dans l'espèce donnée, toute la succession, car il aurait exclu tous les petits-enfans. Il doit donc obtenir un tiers des biens ; et les deux autres tiers seront partagés
entre les descendans légitimes, par égales portions. » L'argument
et la conclusion nous paraissent bien selon la loi ; et ils justifient
la proposition, qui d'abord pouvait surprendre, de ne compter
que pour une tête, au regard des enfans naturels, tous les descendans du légitime, indigne ou renonçant. Mis de leur chef en
concours avec les enfans naturels, ils compteraient par tête dans
ce concours même, si la loi, en déterminant la part de l'enfant
naturel, ne l'avait pas fixée au tiers de ce qu'il aurait eu s'il avait
été légitime, et si par cela même, elle n'eût pas réduit, au surplus, la portion des petits-enfans légitimes, privés de l'avantage
de la représentation. *Chab.*, n. 5 ; *Dur.* 6, n. 274 ; *Malp.*, n. 159.

3. S'il se trouvait, en outre, avec l'enfant naturel, d'autres
enfans légitimes, existans ou représentés, les descendans de l'indigne ou du renonçant seraient exclus par eux ; et ceux-ci, cependant, ne profiteraient pas seuls de l'exclusion. Les exclus devraient être considérés comme s'ils n'existaient point ; et la part
de l'enfant naturel, déterminée d'après le nombre des enfans légitimes, qui succèdent, au premier degré, serait accrue proportionnellement comme celle de ses cosuccesseurs. *Chab.*, n. 6 ;
Dur., précité.

4. Pour trouver la part de succession afférente aux enfans naturels, lorsqu'ils sont en concours avec des enfans légitimes, il
faut d'abord compter tous les enfans comme légitimes, faire un
nombre de portions égal à celui de tous ces enfans, et ensuite réduire au tiers autant de ces portions qu'il y a d'enfans naturels.
Chacune des portions réduites est l'amendement de chaque enfant
naturel. L'opération peut être simplifiée de cette manière : on
multiplie par trois le nombre des enfans légitimes et naturels ;
le chiffre résultant de la multiplication marque la part de l'enfant naturel. Ainsi, à deux enfans, l'un légitime et l'autre naturel, la part de celui-ci est d'un sixième. A trois enfans, deux
légitimes et un naturel, ou un légitime et deux naturels, la part
d'enfant naturel est d'un neuvième ; à trois légitimes et un natu-

rel , ou deux légitimes et deux naturels , ou un légitime et trois. naturels , la part de chaque enfant naturel est d'un douzième. *Chab.*, *n.* 3 *et* 4; *Loiseau*, *p.* 624; *Toull.* 4, *n.* 251, 252; *Delv.* 2, *p.* 48; *Malp.*, *n.* 159; *Dur.* 6, *n.* 275, *etc.*

5. Avec des ascendans ou des frères de son père , la portion de l'enfant naturel ne varie pas : quel que soit le nombre des cosuccesseurs réguliers, elle est toujours de la moitié de ce qu'il aurait eu s'il eût été légitime. L'indignité ou la renonciation de quelqu'un de ces héritiers réguliers, ne peut profiter qu'aux cohéritiers du même ordre : la part de l'enfant naturel n'en est point accrue. Elle ne le serait pas non plus par la défaillance d'une ligne : la dévolution ne se ferait que pour les parens de l'autre ligne , héritiers légitimes. Entre un aïeul maternel , par exemple , et des enfans naturels du défunt , sans aucuns collatéraux dans la ligne paternelle , l'aïeul qui n'aurait qu'un quart , s'il existait des collatéraux, aura la moitié , à leur défaut. *Loiseau*, *p.* 626 , 653; *Chab.*, *n.* 7 , 8, *et art.* 758, *n.* 4; *Toull.* 4, *n.* 253; *Delv.* 2 , *p.* 52 ; *Dur.* 6 , *n.* 284.

6. La survie d'un seul frère suffit pour déterminer à une moitié , la portion héréditaire de l'enfant naturel. S'il existe des descendans d'autres frères prédécédés , ces descendans auront certainement le bénéfice de la représentation , pour concourir avec leur oncle au partage de la moitié de la succession. Mais s'il n'existait que des neveux à l'ouverture de l'hérédité, pourrait-on invoquer la représentation pour réduire encore à moitié au lieu de trois quarts, la portion de l'enfant naturel? M. Grenier, M. Favard , M. Loiseau et M. Malpel se sont élevés contre cette représentation. M. de Maleville, M. Merlin , M. Chabot, M. Toullier et M. Delvincourt l'ont soutenue. Mais sept arrêts des Cours de Bruxelles , Bordeaux , Douai , Riom , Paris , Montpellier et Rouen , et trois arrêts de rejet de la Cour de cassation , des 6 avril 1813 , 20 février 1823 , et 28 mars 1833 , l'ont repoussée. Un seul, de la Cour de Pau , du 10 avril 1808 , l'a admise. M. Chabot et M. Toullier ont examiné les décisions contraires au système qu'ils avaient embrassé , et ils ont tenu à leur opinion. M. Duranton et M. Dalloz sont venus l'adopter. M. Loiseau même s'y est conformé par une consultation rapportée au supplément de son Traité. On dit de ce côté : Si l'art. 757 ne nomme que les frères et sœurs, il n'exclut pas la représentation établie précédemment par une disposition générale en faveur de leurs descendans. En vain oppose-t-on que la loi n'admet pas la représentation quand

il s'agit de succession irrégulière. D'une part, la proposition n'est pas exacte, car l'art. 759 appelle les descendans de l'enfant naturel décédé, à la place de leur père; et d'ailleurs, pour les neveux qui veulent hériter de leur oncle, au lieu de leur père, la succession n'est pas irrégulière. L'art. 757 n'est pas le seul qui laisse sous-entendue la règle de représentation : elle l'est aussi dans les art. 752 et 767. Bien que le premier de ces articles déclare que s'il n'y a de frères ou sœurs que d'un côté, ils succèdent à la totalité, à l'exclusion de tous parens de l'autre ligne; il est reconnu que les neveux ont le secours de la représentation, pour exclure ces mêmes parens. On reconnaît de même que les descendans légitimes, au moins, de l'enfant naturel, écartent le conjoint, quoique l'art. 767 appelle le conjoint. *J. p.*, *éd. n.*, *t.* 13, *p.* 690, *et t.* 14, *p.* 319; *D.* 1812, *p.* 231, *et* 1823, *p.* 130; *Sir.*, *t.* 10, *p.* 2 *et* 239, *t.* 13, *p.* 161, *et t.* 23, *p.* 166; *Gren.*, *donat.* 2, *n.* 668; *Fav.*, *Rép.*, *lég. du notariat*, *p.* 360; *et Manuel des successions*, *p.* 134; *Malp.*, *n.* 159; *Loiseau*, *p.* 648; *et app.*, *p.* 108; *Malev.*, *art.* 757; *Chab. id.*, *n.* 9; *Rép. Merl.*, *représentat.*, *sect.* 4, § 7; *Toull.* 4, *n.* 254; *Delv.* 2, *p.* 50; *Dur.* 6, *n.* 288; *Dall.*, *Rép. méth.*, *succ.*, *ch.* 4, *sect.* 1, *art.* 1, *n.* 9, *et Rec. pér.* 1833, *p.* 167.

Les partisans de la représentation rappellent qu'au Conseil d'état, la section de législation proposait de n'accorder qu'aux ascendans le droit de réduire l'enfant naturel à la moitié; que M. de Maleville dit : « que les trois quarts sont trop pour les enfans naturels, lorsqu'ils sont en concurrence avec les frères ou sœurs; que d'ailleurs l'article n'est pas concordant avec la disposition qui règle le concours dans les successions, entre les frères et les ascendans. » M. Cambacérès appuya l'observation, demanda la réduction à moitié; et l'amendement fut adopté. Ainsi, dit-on, le législateur a mis en harmonie les art. 757, 748 et 751, pour faire que l'ascendant n'eût pas plus que le frère, dans la succession à laquelle un enfant naturel est appelé; et il résulte de cette concordance que vis-à-vis de l'enfant naturel, de même que vis-à-vis d'un oncle, les neveux prennent toujours la place de leur père décédé, et qu'au partage entre eux et l'enfant naturel, ils ne doivent pas être réduits à une part moindre que celle qu'aurait eue un aïeul, à leur défaut. La représentation est établie, en règle générale, par l'art. 742; le législateur n'a pas eu besoin de répéter cette règle à chaque article où elle doit être appliquée; c'est pour éviter une redite inutile, qu'à l'art. 757, on s'est abstenu de dénommer les frères et sœurs. Le dessein de la loi est bien marqué par M. Treilhard, disant au Corps législatif, que les droits des enfans naturels sont plus étendus quand le père ne laisse que des collatéraux, plus restreints quand il laisse des enfans légitimes, des frères *ou descendans*.

Ces argumens ne nous semblent pas décisifs. Il est certain que la représentation n'est établie, en règle générale, dans le Code, qu'à l'égard des successions régulières, déférées aux seuls parens légitimes, et qu'elle n'est pas rappelée au chapitre qui traite des successions irrégulières. Ici la loi présente un régime spécial, pour les enfans naturels; le législateur a réglé leurs droits en atténuant ceux qu'il avait déjà déterminés pour les parens légitimes entre eux; et, sans renvoyer aux règles de représentation, prenant les parens légitimes dans diverses classes, ou à des degrés divers, pour les mettre en comparaison avec les enfans naturels, il a fixé les droits héréditaires de ces enfans, selon la mesure de faveur que lui semblait mériter chaque ordre marqué de parens légitimes. Les descendans légitimes du défunt sont au premier rang, les ascendans au second, les frères et sœurs au troisième, les neveux et tous autres parens successibles au quatrième. Dans la balance avec les enfans naturels, les neveux du défunt, seuls, ne pèsent pas autant que des frères ou sœurs. Si le législateur eût trouvé le même poids à ceux-là et à ceux-ci, il lui eût été très-facile de leur donner clairement les mêmes droits, en ajoutant, comme M. Treilhard l'a fait ensuite par interprétation, les mots *et descendans*, à ceux de frères ou sœurs. Dans la ligne directe, on n'emploie pas l'expression d'enfant, bien que générique: ne voulant pas renvoyer à l'art. 740, pour son explication, le mot est abandonné, et l'on fait la vocation précise et claire des descendans. A plus forte raison, l'expression de frères et sœurs, n'ayant pas, en soi, comme celle d'enfans, une valeur générique qui en étende la signification aux neveux, si le législateur avait voulu accorder autant au degré des neveux qu'à celui des frères, il n'aurait pas manqué de réunir les uns et les autres dans la même classe, par cette locution si facile à trouver, *des frères ou sœurs et de leurs descendans*. M. Treilhard a expliqué la loi comme il l'a entendue, et non pas comme elle a été faite. Dans la délibération du Conseil d'état, rien n'indique l'intention d'accorder aux neveux, lorsqu'ils se trouvent seuls, la part de succession déterminée pour les frères. Le nom de neveux n'est jamais prononcé; et la représentation n'est rappelée par per-

sonne. Toujours on voit restreint, par l'expression, aux frères
ou sœurs, l'avantage réclamé et concédé, par préférence aux enfans naturels, d'une moitié de la succession au lieu du quart.
M. Grenier, et ensuite la Cour régulatrice ont très-bien dit, que
l'existence des frères ou sœurs est l'unique terme de démarca-
tion indiqué par la loi.

7. A défaut de frères et sœurs du défunt, ses enfans naturels succédant avec des collatéraux plus éloignés, ont toujours
trois quarts fixes, quel que soit leur nombre. Un seul enfant aurait cette quotité tout comme deux, trois enfans et un plus grand
nombre encore. L'autre quart se partage, suivant la règle générale, entre les deux lignes de collatéraux, paternelle et maternelle; et la défaillance d'une ligne profite à l'autre; mais l'indignité, l'incapacité et la renonciation des ascendans, des frères
et sœurs, qui détermine la vocation des collatéraux inférieurs,
augmentent l'amendement des enfans naturels et leur fait
attribuer trois quarts au lieu de moitié. *Chab.*, n. 10, 11,
12, *et art.* 758, *n.* 4; *Loiseau*, *p.* 655; *Toull.* 4, *n.* 255; *Delv.* 2,
p. 51; *Dur.* 6, *n.* 284, 289.

8. Respectivement aux ascendans et aux frères, la portion des
enfans naturels est de moitié; elle est des trois quarts respectivement aux collatéraux inférieurs. Mais il peut se trouver
en même temps des ascendans d'un côté, et de l'autre des collatéraux au-dessous des frères. M. Chabot, M. Toullier et
M. Delvincourt décident que, dans ce concours, une moitié
de la succession doit se partager en deux parts égales, entre
les ascendans et les enfans naturels, et que l'autre moitié doit
se diviser inégalement, entre les enfans naturels qui en prendront trois quarts, et les collatéraux qui n'en auront qu'un
quart. M. Favard dit, au contraire: « Le droit des enfans naturels est déterminé, dans ce cas, à la moitié de la succession, par
l'art. 757, qui ne fait aucune distinction, et l'autre moitié leur
est tout à fait étrangère; l'existence ou la non-existence d'ascendans dans les deux lignes ne fait que régler et modifier les
rapports entre les ascendans de ces mêmes lignes, rapports auxquels l'enfant naturel n'a aucun droit de se mêler. » M. Duranton rapporte et approuve cette décision; il est étonné qu'on ait
pu émettre une opinion contraire; mais il n'ajoute pas de fortes raisons à l'argument de M. Favard. Qu'importe à la question,
qu'un seul ascendant obtienne une aussi forte part qu'un grand
nombre d'enfans naturels ensemble? Un seul de ces enfans ob-

tient la même part que plusieurs ascendans! Qu'importe à la
question, qu'en réduisant la portion des collatéraux au huitième
de l'hérédité, l'usufruit attribué au père, par l'art. 754, soit réduit de moitié? L'existence de l'enfant naturel ne peut-elle
donc pas opérer la diminution sur la part d'usufruit des ascendans aussi-bien que sur leur part de propriété? Nous ne voyons
ici que la lettre de la loi contre la doctrine de MM. Chabot,
Toullier et Delvincourt, son esprit est pour eux. Il est certain
qu'entre les enfans naturels et les ascendans, la balance du législateur a marqué deux parts égales, qu'entre ces mêmes enfans
et les collatéraux au-dessous des frères, la balance essayée encore, a marqué deux parts inégales et que le législateur a voulu,
en conséquence, accorder à ceux-là deux fois plus qu'à ceux-ci.
Comment ce vœu très-explicite pour les enfans naturels, en
regard des collatéraux seuls, ne se trouve-t-il plus exprimé,
lorsque les collatéraux sont, avec des ascendans, opposés aux
enfans naturels? La présence des ascendans n'élève pas le mérite
des collatéraux et la défaveur des enfans. Il est pourtant vrai
que, par sa lettre, la finale de l'art. 757 ne confère trois quarts
aux enfans naturels qu'alors que, pour l'hérédité entière,
ils ne sont en concours qu'avec des collatéraux inférieurs, au
défaut d'ascendans et de frères. Ce n'est probablement qu'une
erreur dans la rédaction de la loi. Cette règle littérale, contraire
au vœu du législateur, n'est-elle pas susceptible d'être corrigée
par voie d'interprétation? Le système de MM. Chabot, Toullier
et Delvincourt paraît à M. Dalloz concilier les droits et les intérêts divers des copartageans, et remplir le vœu du législateur,
qui n'a pas été de traiter, à l'égal de l'enfant naturel, les collatéraux du degré le plus éloigné. *Chab.*, *n.* 13; *Toull.* 4, *n.* 256;
Delv. 2, *p.* 52; *Dur.* 6, *n.* 287; *D. Rép. méth.*, *succ.*, *chap.* 3,
sect. 1, *art.* 4, *n.* 13. *V. infra*, *art.* 761, *n.* 3.

9. L'art. 724 déclare que les enfans naturels n'ont pas la saisine de droit, et qu'ils doivent demander l'envoi en possession,
dans les formes qui seront déterminées. Il n'a été établi de formes ultérieurement, par l'art. 770, que pour le cas où les enfans
naturels ont toute la succession, à défaut d'autres parens,
(*Art.* 773.) Il en résulte que lorsqu'il y a des héritiers avec lesquels
ils concourent, les enfans, successeurs irréguliers, peuvent se
borner à la demande en partage, contre leurs cosuccesseurs légitimes, car elle emporte, en soi, demande d'envoi en possession.
Mais quoiqu'ils n'aient pas la saisine de droit, ils ne sont pas

moins propriétaires de la partie de succession que la loi leur
confère, du jour de l'ouverture de cette succession; et quelque
retardée que soit leur demande, tant qu'elle n'est pas prescrite,
on leur doit compte des revenus depuis cette époque. M. Chabot, qui leur conteste le droit de revendication contre les tiers
qui ont acquis de l'héritier légitime, avant leur demande, reconnaît pourtant leur droit de propriété dès l'ouverture de la
succession, avec les conséquences que nous venons d'indiquer.
Mais si l'enfant naturel se trouvait dans la position marquée
par l'art. 136, si son existence n'était pas reconnue, il ne pourrait, aux termes de l'art. 138, obtenir les fruits que du jour où
il se représenterait; c'est pour ce cas seulement, qu'on peut admettre la doctrine de M. Malpel, qui laisse au possesseur de
bonne foi tous les fruits qu'il a recueillis. *Chab., art.* 756,
n. 11 *et* 12, *et art.* 757, *n.* 14; *Toull.* 4, *n.* 280, 286; *Loiseau,*
p. 708, 716; *Delv.* 2, *p.* 62, 63; *Malp., n.* 319.

M. Toullier n'accorde d'abord aux enfans naturels qu'une
simple demande en délivrance de la portion que la loi leur assigne, avec le droit, pourtant, d'assister à leurs frais aux opérations préliminaires du partage, à la levée des scellés, à l'inventaire, à l'estimation des biens et à la formation des lots.
Mais l'auteur dit ensuite: Ils ont même le droit, comme un légataire à titre universel, de provoquer et de hâter les opérations
du partage, auquel ils doivent assister, pour veiller à leurs
droits. L'auteur ajoute: Quand les lots sont faits, ils ne doivent
pas être tirés au sort; l'héritier désigne à l'enfant naturel, comme
au légataire à titre universel, le lot qu'il veut lui donner, suivant la maxime *electio est debitoris.* M. Chabot n'admet pas ce
prétendu droit d'élection. Repoussé par la raison et l'équité, il
l'est également par l'esprit et par la lettre de la loi, pour l'enfant naturel ainsi que pour le légataire à titre universel. Nous
l'avons dit déjà: si la loi ne donne que le nom de successeur
irrégulier à l'enfant naturel, il n'en a pas moins réellement les
droits et les charges d'un véritable héritier; et dans l'usage,
en effet, il est reçu à provoquer toutes les opérations de scellés,
d'inventaire et de partage, aux frais de la succession, comme
tout autre successeur; et il a droit d'exiger que son lot lui soit
désigné par le sort. La Cour d'appel de Paris a jugé dans ce sens,
par un arrêt du 22 mai 1823. *Sir.* 18, 2, 323; *J. p., éd. n., t.* 14,
p. 589; *Toull.* 4, *n.* 282; *Chab., n.* 15; *Loiseau, p.* 616; *Malp.,*
n. 198, 247, 260, 323.

10. Nous ne déciderons pas, comme M. Toullier, que l'héritier légitime pourrait, même depuis la demande en délivrance, faire des aliénations valables, jusqu'à concurrence de son droit héréditaire. Ce serait composer et désigner le lot de l'enfant naturel : la loi ne rend pas le cosuccesseur régulier, maître absolu du partage. Cependant, les ventes ne seraient pas nulles, de droit ; mais les biens vendus seraient soumis au partage, comme les autres ; et les acquéreurs seraient évincés de ceux que le sort ferait échoir à l'enfant naturel. *Toull.* 4, *n.* 283 ; *V. supra, art.* 756, *n.* 2.

11. Pour les actes conservatoires et pour toute action relative à l'hérédité qui lui est dévolue, l'enfant naturel, mineur, est représenté par le père qui l'a reconnu, s'il s'agit de la succession de la mère, et par celle-ci, quand il s'agit de la succession du père. A défaut d'un auteur survivant, il lui est nommé un tuteur, par une sorte de conseil de famille, composé, selon le vœu de l'art. 409, de personnes connues pour avoir eu des relations habituelles d'amitié avec le père et la mère du mineur. Des parens de ceux-ci peuvent entrer dans le conseil, comme amis ; mais le juge de paix n'est point obligé de les appeler, de préférence à d'autres amis, car ils n'ont pas légalement de parenté avec l'enfant naturel de leur parent. *V. arr. rej. cass.,* 5 *septembre* 1806 ; *J. p. éd. n.,* t. 7 ; *Loiseau, p.* 537 *et* 616 ; *Vaz., Traité du mariage, etc.,* t. 2, *n.* 473, *etc.*

12. M. Loiseau enseigne que le tuteur, quel qu'il soit, ne peut pas provoquer le partage sans l'autorisation d'un conseil de famille. Il avoue bien que, sauf son père et sa mère, l'enfant naturel, selon la loi, n'a point de parens qui puissent composer ce conseil ; mais l'auteur démontre la généralité de la disposition de l'article 817, et la possibilité de composer un conseil d'amis, tenant lieu de conseil de famille. *V. C. c., art.* 467, 817 ; *Loiseau, préc.*

13. L'enfant naturel prenant une partie de la succession, doit contribuer proportionnellement au paiement des dettes. C'est un point sur lequel tout le monde est d'accord. Il n'en est pas de même quant au mode d'exécution de cette obligation. Suivant M. Delvincourt, l'enfant naturel n'étant ni héritier, ni saisi, n'est obligé que *propter bona,* jusqu'à concurrence de ce qu'il a reçu, si toutefois il peut en justifier par un inventaire, ou par un acte de partage. Les créanciers peuvent diviser leur action entre l'héritier légitime et le successeur irrégulier, mais

6

ils ont droit de ne poursuivre que l'héritier, parce qu'il est saisi
de toute la succession, et tenu de la totalité des dettes, sauf son
recours contre son successeur. M. Duranton s'explique à peu
près de même, et ajoute : « D'après cela, les héritiers légitimes
seraient bien fondés à ne remettre à l'enfant naturel la portion
qui lui revient, qu'après l'acquittement de sa part de dettes, ou
la remise de sûretés suffisantes pour en assurer le paiement, afin
de n'être exposé à aucune perte à cet égard. » *Delv.* 2, *p.* 25,
62, 63; *Dur.* 6, *n.* 290, *etc.*

M. Malpel ne veut pas même que les créanciers aient la faculté
d'agir contre l'enfant naturel, soit avant, soit après le partage;
il ne leur laisse d'action que contre les héritiers légitimes qui,
à son avis, doivent prélever au partage le montant des dettes
connues. Quant aux dettes qui se découvriraient ensuite, l'auteur dit que les héritiers légitimes auront une garantie à réclamer contre l'enfant naturel; et, dans ce cas, il croit qu'en exerçant les droits des héritiers légitimes, les créanciers seraient
autorisés à poursuivre directement l'enfant naturel. *Malp.*,
n. 325.

M. Chabot nous paraît avoir mieux conçu la chose : il présente l'enfant naturel comme un successeur à titre universel,
parce qu'il est appelé à recueillir une quote part de la succession; et l'assimilant au légataire à titre universel, il lui applique les règles établies par les art. 871 et suivans, et par
l'art. 1012, qui lui sont, en effet, communes avec tous héritiers
et tous successeurs. La loi, dans ces articles, parle également
de successeurs à titre universel et d'héritiers, de cosuccesseurs
et de cohéritiers. M. Chabot conclut justement, que les créanciers
ont une action directe contre l'enfant naturel successeur, et que,
sauf le cas d'hypothèque, chaque cosuccesseur ne peut être poursuivi que *pro modo emolumenti,* pour sa part des dettes et des
charges de l'hérédité; qu'ainsi, *l'héritier légitime* n'aurait pas le
droit de prélever, sur l'actif de la succession, le montant des dettes
et des charges, et de ne donner à l'enfant naturel sa quote part
que dans ce qui reste net. M. Chabot conclut aussi, avec raison,
que l'enfant naturel serait tenu, *ultrà vira hereditatis,* de sa portion des dettes et charges, s'il n'avait pas fait constater, par un
bon et fidèle inventaire, l'état et la valeur de la succession. Mais
il faut aller plus loin, il faut dire que la déclaration expresse
de l'acceptation sous bénéfice d'inventaire est nécessaire à l'en-

fant naturel successeur, comme à tout autre successeur ou héritier. *Chab.*, *n*. 18; *infra*, *art.* 870, *etc.*

ARTICLE 758.

L'enfant naturel a droit à la totalité des biens, lorsque ses père ou mère ne laissent pas de parens au degré
successible.

1. A défaut de parens au douzième degré, soit qu'il n'en existe
pas, soit qu'il ne s'en présente pas, soit que ceux qui existent
se trouvent incapables ou indignes, ou qu'ils renoncent, la succession est entièrement déférée aux enfans naturels. Mais ils
n'en sont pas saisis de droit; ils doivent demander leur envoi
en possession au tribunal de première instance, dans le ressort
duquel la succession est ouverte. Nous verrons, aux art. 769,
770, etc., les formes de la demande et les conditions à remplir
avant et après le jugement.
2. L'absence de parens successibles dans une ligne, quand il
s'en trouve dans l'autre ligne, ne fait pas succéder l'enfant naturel à la place de ceux qui manquent. D'après l'art. 735, la
dévolution s'opère en faveur des successibles de cette autre ligne;
et l'enfant naturel alors, n'a que les trois quarts de la succession.
Chab.; Toull. 4, *n*. 257, 268; *Delv.* 2, *p.* 51, 52; *Dur.* 6, *n*. 293.
V. supra, *art.* 757, *n*. 8.

ARTICLE 759.

En cas de prédécès de l'enfant naturel, ses enfans ou
descendans peuvent réclamer les droits fixés par les articles précédens.

1. Voilà bien la représentation admise en faveur du descendant
de l'enfant naturel. Le législateur ici n'a pas marqué de restriction, au sens du mot descendant; et si l'art. 756 ne déclarait pas
que les enfans naturels n'ont aucun droit sur les biens des parens
de leurs père et mère, on pourrait penser que ceux dont l'auteur
immédiat n'était lui-même qu'un enfant naturel, représentent cet
auteur à la succession du père ou de la mère qui l'avait reconnu.
M. de Maleville, se fondant sur des explications données dans la
délibération du Conseil d'état, soutient que le législateur a voulu
conférer ce droit aux descendans naturels des enfans naturels,
par exception à la règle de l'art. 756. C'est l'avis des auteurs des
Pandectes françaises, qui vont jusqu'à décider que l'enfant natu-

6.

rel de l'enfant naturel, prend toute la part qu'aurait eue son père survivant. M. de Maleville ne va pas aussi loin; il n'accorde à ces descendans naturels, dans la succession du père ou de la mère naturel de leur auteur, qu'un amendement égal à celui qu'ils ont pu avoir dans sa propre succession. M. Favard, M. Delvincourt et M. Duranton, adoptent pleinement l'opinion de M. de Maleville. M. Loiseau ne la partage point; et elle est combattue ouvertement par M. Chabot, ainsi que par M. Toullier. M. Dalloz se range à ce parti. *Malev.; Rép. Fav., succ., sect.* 4, § 1 , *n.* 18 ; *Delv.* 2 , *p.* 53 ; *Dur.* 6 , *n.* 294, etc. ; *Chab.*, *n.* 1, 2 ; *Toull.* 4 , *n.* 259; *Dall.*, *Rép. méth.*, *succ.*, *chap.* 4, *sect.* 1 , *art.* 1 , *n.* 26.

En voyant si rapprochés, dans le même chapitre, les art. 756 et 759, on n'est pas disposé à croire que celui-ci ait été porté pour déroger à celui-là. On ne pourrait reconnaître une dérogation qu'autant qu'elle serait clairement exprimée; et l'art. 759 n'a pas cette expression. Son absence fit demander, par M. Cambacérès, au Conseil d'état, si l'enfant naturel du bâtard, jouirait du bénéfice de la représentation? M. Berlier répondit, il est vrai: « L'article ne peut s'appliquer , dans toute sa latitude, à un tel enfant, puisqu'on a décidé 1° qu'il n'était pas héritier, mais simplement créancier; 2° que cette créance, réduite à une quotité des biens et droits du père, ne les représente conséquemment point en entier. » Voilà les dires de deux conseillers. Quelle a été la décision du Conseil? M. Toullier remarque justement que le Conseil n'a rien décidé; que d'ailleurs, il n'avait mission que pour préparer des projets de loi, et que la loi ne pouvait exister que par le décret du Corps législatif. M. Toullier, M. Chabot et M. Loiseau, démontrent que l'art. 759 s'explique par l'art. 756, et ne dispose que pour les descendans légitimes de l'enfant naturel.

M. Duranton se plaît à chercher quelqu'inexactitude dans les détails de la discussion du Conseil d'état, pour en venir à conclure que l'observation de M. Berlier doit être regardée comme tacitement adoptée par le Conseil, et qu'elle renferme une dérogation bien positive, au principe établi par l'art. 756. Eh quoi ! une observation tacitement adoptée par les rédacteurs d'un projet de loi, formerait-elle donc une loi? Non pas précisément, dit-on, mais elle explique la loi... Soit, nous adopterons l'explication, si elle est juste; nous la rejetterons, si elle va contre l'esprit de la législation, et suppose une règle contraire au principe établi. Que voit-on au Conseil d'état? Deux de ses membres exprimant, l'un son vœu, l'autre son opinion, qui n'étaient pas bien réfléchis; et le Conseil, qui ne prend pas la peine d'examiner, et qui ne décide rien. La règle que l'un des conseillers voulait et que l'autre supposait dans l'art. 759, ne s'y trouve pas, et ne devait pas s'y trouver. La représentation rappelée dans cet article, est pour la totalité du droit qui n'a pu se réaliser sur la tête de l'enfant prédécédé; elle n'est pas restreinte à une portion égale à celle que les descendans naturels ont pu avoir dans sa propre succession, et conséquemment elle n'est applicable qu'à ses descendans légitimes, capables d'une représentation entière. Les dires de deux conseillers d'état et l'inattention du Conseil, ne peuvent nous faire ajouter à la loi une mauvaise explication, que le pouvoir législatif n'a point adoptée et qui ne lui a pas même été soumise. En nous offrant l'addition, M. Duranton avoue *qu'elle doit paraître extraordinaire, car le fils naturel de l'enfant naturel recueillera des biens qu'il n'aurait point recueillis, si son père prédécédé eût été lui-même légitime.* En effet, l'explication qu'on nous donne, dans le parti de M. Duranton, n'apporterait de dérogation à l'art. 756, qu'en faveur des descendans naturels de l'enfant naturel, et laisserait subsister la prohibition de cet article contre l'enfant naturel du fils légitime. Une différence aussi bizarre, aussi choquante, ne peut sortir des art. 756 et 759, par la voie de l'interprétation; il faudrait qu'elle fût bien littéralement exprimée, pour qu'on pût croire que le législateur a pu commettre une aussi grande faute.

2. On est forcé de reconnaître avec M. Chabot, qu'il n'y a point dans la loi de vocation directe, *proprio jure*, à la succession de l'aïeul, pour les descendans de l'enfant naturel reconnu, comme il y en a pour les descendans de l'enfant légitime. Nous ne dirons pourtant pas, avec M. Chabot et M. Dalloz, qu'il n'existe aucun lien civil entre les descendans légitimes de l'enfant naturel, et le père qui l'a reconnu. Cette reconnaissance que la loi avait permise, a formé le lien civil entre le père et le fils au premier degré; et ce lien prend nécessairement toute la descendance légitime de l'enfant reconnu. Il devait en résulter pour ces descendans, une vocation directe à la succession irrégulière de l'aïeul, dans les mêmes circonstances où les descendans légitimes sont appelés de leur chef, sans représentation. La loi n'accorde que la représentation dans le chapitre qu'elle a consacré aux successions irrégulières; et puisqu'elle a, pour cette sorte d'hérédité, un régime tout spécial, on ne peut pas étendre aux successeurs irréguliers l'avantage

de la vocation directe, qu'elle n'a établi que pour les héritiers réguliers. Ainsi, le fils de l'enfant naturel n'est jamais admis *jure suo* à la succession de l'aïeul, et il est privé de la représentation, quand le père s'est rendu indigne de succéder, ou quand il a fait une répudiation. Cette position est fâcheuse; le législateur ne l'a point envisagée; si elle fût entrée dans sa prévoyance, il aurait appelé le petit-fils, plutôt que de laisser la succession passer à son préjudice à des parens du douzième degré. Mais au moins, cette succession ne passerait point au fisc, ni même au conjoint survivant, parce que le conjoint et l'État ne sont appelés qu'au défaut de tous parens successibles et des enfans naturels. On sait que les descendans sont compris sous la dénomination générique d'enfans, lorsqu'il n'y a pas d'autres termes qui restreignent sa signification. *V. infra, art.* 767, 768; *Chab.,* *n.* 4; *Dall., Rép. méth., succ., chap.* 4 *, sect.* 1 *, art.* 1 *, n.* 27.

ARTICLE 760.

L'enfant naturel ou ses descendans sont tenus d'imputer sur ce qu'ils ont droit de prétendre, tout ce qu'ils ont reçu du père ou de la mère dont la succession est ouverte, et qui serait sujet à rapport, d'après les règles établies à la section II du chapitre VI du présent titre.

1. Les enfans naturels sont exclus de la distribution de la quotité disponible. L'art. 908 déclare qu'ils ne peuvent, par donation entre-vifs ou par testament, rien recevoir au delà de ce qui leur est accordé au titre des successions. Mais la fixation de leur amendement héréditaire ne se fait, comme pour tous autres héritiers donataires, qu'après le décès du donateur. Pendant sa vie, ils jouissent de la donation telle qu'ils l'ont reçue, forte ou faible. Quand la succession est ouverte, ils imputent, sur leur amendement, le don qui lui est inférieur; et ils subissent un retranchement s'il est supérieur. *Loiseau, p.* 673; *Malp., n.* 163; *infra, art.* 920, 921.

2. Le mot d'imputation employé par la loi, au lieu de celui de rapport, a fait dire à M. Chabot, que les choses reçues ne comptent pas dans la succession pour la fixation de l'amendement de l'enfant naturel; en sorte que, si le père laisse 12,000 fr., un enfant légitime, et un enfant naturel auquel il avait donné 1,200 fr., celui-ci n'a pas le sixième de 13,200 fr., qui ferait 3,200 fr., réduits à 1,000 fr. par l'imputation des 1,200 fr. re-

çus, mais seulement 2,000 fr. réduits à 800 fr. par cette imputation. M. Chabot convient que dans ce mode d'opération il y a
injustice et incohérence, en ce que l'enfant naturel se trouve avoir
moins que la portion déterminée par l'art. 757. Mais parce que
imputer n'est pas *rapporter*, l'auteur en infère que la loi veut
laisser la somme payée, hors de la masse des biens du père, et
n'attribuer de part à l'enfant naturel, que sur les biens de cette
masse. Nous ne pouvons croire que le législateur ait eu cette intention; et il ne nous paraît pas que le seul mot d'imputation
doive produire nécessairement l'effet que suppose M. Chabot. Assurément, l'imputation n'est pas la même chose qu'un rapport
effectif; mais pourquoi ne pourrait-elle pas être l'équivalent du
rapport en moins prenant? Pour l'enfant naturel, comme pour
le donataire, quand il faut juger, si le don est excessif, la loi
n'ordonne pas de rapport. Suivant la disposition générale de
l'art. 922, tous les biens donnés sont compris fictivement dans
la masse. La règle, par la nature des choses, est essentiellement réciproque. Pour savoir si l'enfant naturel a reçu une valeur égale à son amendement, pour déterminer ce qui peut lui
revenir, aussi-bien que ce qu'il peut avoir à rendre, si l'on veut
être juste, il faut également comprendre dans la masse, d'une
manière fictive, tout ce qu'il a reçu en avancement de sa part héréditaire. La loi, dans l'art. 760, n'a employé le mot d'imputation que parce qu'elle dit, à l'art. 857, qu'il ne se fait de rapport qu'entre cohéritiers, et qu'elle refuse aux enfans naturels
le nom d'héritier, tout en leur accordant l'hérédité, sous la dénomination de successeurs irréguliers. Sauf la différence du rapport fictif, en moins prenant, au rapport réel, le mot *d'imputation*, dans l'art. 760, est au mot *rapport*, ce que le nom de successeur irrégulier est au nom d'héritier dans l'art. 756; aussi
l'art. 760 même, veut-il que l'imputation se fasse d'après les règles du rapport. Nous les verrons aux art. 851, 852, etc. *Chab.*,
n. 1; *Loiseau, p.* 697.

3. Les descendans de l'enfant naturel doivent l'imputation,
tant de ce qu'ils ont reçu eux-mêmes, que de ce qui a été reçu
par leur père ou par leur mère. Sur ce point, la disposition de
la loi n'est pas équivoque.

4. Entre divers enfans naturels qui ont le même auteur, les
droits et les obligations se divisent. Chacun agit et répond pour
son compte. S'il en est dont l'avancement surpasse la portion

héréditaire, les autres ne sont pas tenus d'imputer l'excédant sur leur part; ceux qui l'ont reçu en doivent la restitution à la succession; et s'ils sont insolvables, la perte porte sur tous les copartageans. *Dur.* 6, *n.* 297.

5. Les droits des enfans naturels s'exerçant sur la succession de leurs père et mère, la mort civile qui donne ouverture à cette succession, amène l'exercice de ce droit. Cette proposition de M. Toullier est incontestable. La doctrine de l'auteur n'est pas aussi certaine lorsqu'il ajoute: « Leur absence sans nouvelles, quelque longue qu'elle fût, ne suffirait pas pour l'autoriser à réclamer la portion que la loi lui assigne dans leurs biens. » M. Toullier convient que l'enfant pourrait agir, afin de faire déclarer l'absence, puisque l'art. 115 permet l'action à toutes personnes intéressées; mais, considérant les enfans naturels comme des *tiers*, il leur dénie, d'après la lettre de l'art. 123, le droit de réclamer l'envoi en possession; il dit que si les héritiers ne se faisaient pas envoyer en possession, l'enfant naturel ne pourrait pas demander la délivrance. Cette décision ne tient qu'à un mot, elle n'a pour fondement que le refus du nom d'héritiers fait aux enfans naturels, par la loi qui leur confère l'hérédité. Si, sous la dénomination de successeurs irréguliers, ils peuvent agir d'ailleurs en héritiers, pourquoi n'auraient-ils pas cette faculté ici. Au surplus, nous pensons comme M. Duranton, que les légataires, les donataires, les enfans naturels et autres qui auraient droit dans la succession, si elle était ouverte, ne doivent pas être condamnés à l'inaction par le refus des héritiers présomptifs, de poursuivre l'envoi en possession. Nous sommes portés à croire, avec M. Duranton, que par ces mots : « *auront obtenu l'envoi en possession*, » la loi a plutôt voulu fixer une époque pour les cas ordinaires, qu'elle n'a entendu établir un préalable indispensable, subordonné au pur arbitre des héritiers.... Non, les héritiers légitimes ne peuvent point paralyser ainsi les droits des autres successeurs; les art. 788 et 1166, au moins, donnent la possibilité d'exercer les actions que ces héritiers abandonnent ou négligent. *Toull.* 4, *n.* 270; *Dur.* 1, *n.* 420.

ARTICLE 761.

Toute réclamation leur est interdite, lorsqu'ils ont reçu, du vivant de leur père ou de leur mère, la moitié de ce qui leur est attribué par les articles précédens, avec déclaration expresse, de la part de leur père ou mère, que leur intention est de réduire l'enfant naturel à la portion qu'ils lui ont assignée.

1. La dernière partie de cet article établit clairement que le père ne peut pas priver son enfant naturel de toute participation à sa fortune. On est étonné, à la lecture de cette disposition, que M. Chabot ait pu soutenir, et que la Cour de Rouen ait pu juger, le 31 juillet 1820, qu'il n'y a pas de réserve pour les enfans naturels. Ils sont, quant à la succession du père et de la mère qui les ont reconnus, comme une fraction d'enfant légitime; et sauf la règle tracée dans la première partie de l'article que nous examinons, ils ont, proportionnellement, le même droit que les enfans légitimes, à la réserve légale. Ainsi l'a jugé un arrêt de cassation, du 26 juin 1809. M. Levasseur, M. Grenier, M. Loiseau, M. Merlin, M. Favard, M. Duranton et M. Malpel, ont toujours reconnu pleinement ce droit, à l'égard des donataires entre-vifs, aussi-bien qu'à l'égard des légataires. M. de Maleville, M. Delvincourt et les auteurs des Pandectes françaises accordent la réserve contre les légataires, et la refusent contre les donataires entre-vifs. M. Toullier avait d'abord admis cette distinction; mais il en est venu à la condamner, comme l'ont fait les Cours de Douai et d'Angers, et la Cour de cassation, par leurs arrêts des 14 août et 26 novembre 1811, 27 avril 1830, et 28 juin 1831. M. Dalloz reconnaît à l'enfant naturel, pour sa réserve, tous les droits au rapport et à la réduction qui appartiennent à l'enfant légitime. *J. p.*, *éd. n.*, *t.* 12, *p.* 673; *Sir.*, 9, 337; *et* 10, 2, 219, 12, 2, 1, *et* 411; *D.* 1830, *p.* 226; *et* 1831, *p.* 217; *Rép. Merl.*, *réserve*, *sect.* 4, *et Quest. alph.*, *réserve; Rép. Fav.*, *succes.*, *sect.* 4, § 1, *n.* 12; *Pand. franç.*, *t.* 3, *p.* 108; *Chab.*, *art.* 756, *n.* 17; *Malev.*, *art.* 756; *Delv.* 2, *p.* 54, *etc.; Levas.*, *port. disp.*, *p.* 52; *Gren.*, *donat.* 2, *n.* 657, *etc.; Loiseau*, *p.* 677, *et append.*, *p.* 96; *Toull.* 4, *n.* 263; *Malp.*, *n.* 160; *Dur.* 6, *n.* 309, *etc.; Dall.; Rép. Merl.*, *succes.*, *ch.* 4, *sect.* 1, *art.* 1, *n.* 19.

2. L'enfant naturel compte pour la réserve comme une fraction d'enfant légitime. D'après cette règle et l'indication que nous avons présentée sur l'art. 757, il n'est pas très-difficile de déterminer respectivement la quotité disponible et les réserves, soit qu'il n'y ait, pour successeurs à réserve, que des enfans naturels, soit qu'il existe ensemble des enfans légitimes et des enfans naturels, ou que ces derniers concourent avec des ascendans. La réserve de l'enfant naturel doit diminuer, en même temps,

celle des descendans légitimes ou celle des ascendans, et la quotité disponible qui s'élèverait au-dessus d'un quart, jusqu'à la position de trois enfans légitimes exclusivement. On arrive à cette double diminution proportionnelle, en calculant d'abord la réserve de l'enfant naturel, pour la prélever sur la masse des biens. Ce prélèvement fait, on prend sur l'autre partie de la masse, les autres réserves; et ce qui reste forme la quotité disponible.

Ainsi, dans le cas de l'art. 758, où l'enfant naturel est appelé à toute la succession, sa réserve, comme celle de l'enfant légitime, est de moitié. Dans la dernière position de l'art. 757, avec des collatéraux du second ordre, légitime, sa réserve serait de moitié; naturel, il ne peut avoir que les trois quarts de cette quotité, ou trois huitièmes du tout. La quotité disponible serait donc alors de cinq huitièmes. S'il existait des collatéraux du premier ordre, frères, sœurs; légitime, sa réserve serait de moitié; naturel, il n'a qu'un quart réservé; la quotité disponible s'étend aux trois quarts. En concours avec des ascendans, sa réserve est encore d'un quart. Celle des ascendans se prend sur les autres trois quarts. Par exemple, entre un enfant naturel, le père et la mère du défunt, la réserve de l'enfant étant d'un quart, celle de chacun des ascendans est du quart de trois quarts, ou trois seizièmes, et la quotité disponible de six seizièmes. S'il n'y avait qu'un ascendant, la réserve de l'un ni de l'autre ne serait augmentée, c'est la quotité disponible qui s'accroîtrait de trois seizièmes et qui serait alors de neuf seizièmes.

Entre un enfant naturel et un légitime, la réserve du premier, s'il était légitime aussi, serait d'un tiers; elle n'est que du tiers de ce tiers, ou un neuvième, puisqu'il est naturel seulement. Les huit neuvièmes restans se divisent en deux portions égales; quatre neuvièmes pour la réserve de l'enfant légitime, et quatre pour la quotité disponible. A deux enfans naturels et un légitime, la portion héréditaire de chacun des premiers est d'un neuvième ou quatre trente-sixièmes, que la disposition de l'homme peut réduire d'un quart; et par conséquent, la réserve de chaque enfant naturel n'est que de trois trente-sixièmes ou un douzième. La moitié des onze douzièmes restans forme la réserve de l'enfant légitime; l'autre moitié est la quotité disponible. A deux enfans légitimes et un naturel, la portion ab intestat de celui-ci est d'un neuvième, et la réserve des trois quarts de ce neuvième, ou un douzième, parce que relativement au nombre de trois enfans, la quotité disponible est d'un quart. Il reste pour les enfans légitimes et pour la quotité disponible, onze douzièmes. Fixée maintenant sur le nombre de deux enfans légitimes, cette quotité disponible est du tiers des onze douzièmes, et la réserve de chacun de ces enfans d'un autre tiers. A deux enfans légitimes, deux naturels, et un plus grand nombre même, quel qu'il soit, la manière d'opérer est toujours la même; mais elle change dès qu'on trouve trois enfans légitimes, parce que la quotité disponible, dans ces positions, ne peut être au-dessus ni au-dessous d'un quart de la masse entière des biens du défunt, à leur égard comme vis-à-vis des enfans naturels, et qu'on l'affaiblirait si l'on ne prenait ce quart que sur le montant de la masse, après avoir retiré la portion des enfans naturels. Il faut donc alors la prendre sur la masse du patrimoine; et par ce moyen, tous les enfans légitimes et naturels ont trois quarts qui se partagent entre eux de la manière indiquée plus haut, art. 757. *Chab.*, *art.* 756, *n.* 21, *etc.*; *Loiseau, p.* 691, *et les tableaux, p.* 717; *Toull.* 4, *n.* 264, *etc.*; *Delv.* 2, *p.* 59; *Gren., donat.* 2, *n.* 666, *etc.*; *Malp., n.* 161; *Dur.* 6, *n.* 160 *et* 314.

3. Si le père naturel ne laissant pas d'héritiers légitimes à réserve, exclut de sa succession ses collatéraux par des dispositions testamentaires universelles, en faveur d'étrangers, ces collatéraux exclus devront-ils compter encore pour la fixation de la réserve de l'enfant naturel? M. Chabot supposant le droit de réserve qu'il a contesté, et M. Delvincourt qui l'admet contre les légataires, décident que les collatéraux sont, par rapport à l'enfant naturel, comme s'ils n'existaient pas, et que sa réserve déterminée en conséquence, emporte la moitié des biens légués. M. Loiseau, M. Delvincourt et M. Dalloz en jugent de même. M. Toullier et M. Grenier n'ont pas suivi cette doctrine; ils mesurent le legs universel sur l'existence des parens, et le déterminent ainsi à la moitié des trois quarts. M. Malpel a combattu le système de M. Chabot; un arrêt de la Cour de Nancy, du 25 août 1831, l'a condamné; et nous croyons cette décision exacte. Il n'en est pas de l'exclusion des collatéraux par la volonté du disposant, comme de leur exclusion par leur propre volonté. La loi, pour honorer et faire rechercher le mariage, donne des droits aux collatéraux dans la succession, *ab intestat*, au préjudice des enfans naturels. S'ils ne veulent pas en profiter, l'enfant naturel profite de leur abandon; mais la loi règle la quotité disponible sur l'existence et la proximité des héritiers du sang, et non pas sur la disposition

qui les exclut. N'ayant que des parens collatéraux, on a la libre
disposition de tous ses biens. Si avec des collatéraux, on a des
enfans naturels, la réserve de ceux-ci est déterminée par
le degré de proximité de ceux-là ; et la quotité disponible comprend tout ce qui n'est pas dans la réserve : cette quotité fixée au
décès du disposant, reste invariable. Mise pour borne à la libéralité, elle est toujours la même, soit que la disposition se trouve
au profit d'étrangers ou de collatéraux successibles. Quand des
étrangers sont appelés, ces légataires se trouvent subrogés aux collatéraux ; le testateur ne pouvait pas priver ceux-ci de sa succession pour augmenter la part de ses enfans naturels ; mais il a pu
les en priver pour gratifier d'autres personnes. *Chab.*, *art.* 756,
n. 29; *Delv.* 2, *p.* 52 *et* 58; *Loiseau*, *p.* 674; *Gren.*, *donat.* 2, *n.* 677;
Toull. 4, *n.* 264; *Malp.*, *n.* 161, *p.* 289; *Dur.* 6, *n.* 322; *D.* 1832,
s., *p.* 4; *Rép. méth.*, *succ.*, *ch.* 4, *sect.* 1, *art.* 1, *n.* 23.

4. Par une conséquence du principe qui fait compter l'enfant
naturel, comme une fraction d'enfant légitime, et qui le fait ainsi
participer à la réserve légale, il a droit, de même que l'enfant légitime, à prendre part dans les rapports qui se font à la masse de la
succession. Cependant, M. Toullier accordant le droit de réserve
aux enfans naturels, leur dénie toute participation dans les
rapports. M. Delvincourt ne les exclut des rapports, que parce
qu'il les repousse de la réserve. M. Chabot, qui leur a contesté
la réserve, reconnaît pourtant leur droit aux rapports. M. Grenier, M. Loiseau, M. Malpel et M. Duranton, admettent ce droit
avec la réserve. En vain dit-on que, d'après l'art. 857, le rapport n'est dû que par le cohéritier à son cohéritier, nous l'avons
remarqué déjà, le nom de successeurs irréguliers, donné aux
enfans naturels, n'empêche pas qu'ils ne soient véritablement
héritiers de droit et de fait, et comme nous venons de le voir,
héritiers à réserve ; or, toute réserve devant se déterminer, selon
l'art. 922, sur la masse des biens, dans laquelle on fait entrer
réellement ou fictivement tous les biens dont il a été disposé
entre-vifs, les enfans naturels héritiers à réserve ont nécessairement droit aux rapports. Comment seraient-ils étrangers à ces rapports, quand les collatéraux, exclus de la réserve,
sont reçus à prendre part dans les rapports. Si la cour de Bordeaux, par un arrêt du 19 juin 1806, a méconnu ce droit des
enfans naturels, la cour d'Amiens l'a consacré par un autre arrêt du 26 novembre 1811. *V. Jurisp. C. civ.*, *t.* 8, *p.* 283; *J. p.*,
éd. n., *t.* 12, *p.* 900.; *Toull.* 4, *n.* 258; *Delv.* 2, *p.* 61; *Chab.*,

art. 757, *n.* 17; *Gren.*, *donat.* 2, *n.* 675; *Loiseau, p.* 695; *Malp.*, *n.* 324; *Dur.* 6, *n.* 298.

Suivant ces principes, la cour de Rouen a jugé, le 17 mars 1813, que l'enfant naturel peut, comme l'héritier légitime, quereller les actes faits par ses père et mère décédés en état de démence. *Sir.*, 13, 2, 230.

5. Une autre conséquence du principe qui fait compter l'enfant naturel comme une fraction d'enfant légitime, semble devoir faire porter, au besoin, sa réserve sur les donations antérieures à sa reconnaissance. En lui accordant un droit aux rapports de ses cosuccesseurs, en avouant que sa réserve se fixe sur la même masse que celle des enfans légitimes, n'avoue-t-on pas implicitement, que les donations qui ont précédé la reconnaissance doivent concourir, dans cette massse, avec les donations postérieures, pour la fixation de sa réserve, puisqu'elles concourent à la fixation de la réserve des enfans légitimes? Ce n'est pourtant pas ce qu'a entendu M. Grenier : en admettant le droit de l'enfant naturel aux rapports, il exempte les donations faites avant la reconnaissance, de toute contribution à la réserve de cet enfant. M. Grenier prend le motif de sa décision dans l'art. 337, portant :« La reconnaissance faite pendant le mariage, par l'un des époux, au profit d'un enfant naturel qu'il aurait eu avant son mariage, d'un autre que de son époux, ne pourra nuire ni à celui-ci, ni aux enfans nés de ce mariage. » On ne voit là qu'une modification des effets de la reconnaissance pour la position particulière qui est indiquée. Cette règle spéciale d'exception, pour un cas prévu, n'autorise point à créer une autre exception pour un cas différent.

M. Chabot, M. Toullier et M. Loiseau enseignent aussi que les donations faites avant la reconnaissance de l'enfant naturel, sont à l'abri de la réduction. D'autres légistes ont soutenu la même chose. M. Dalloz ne se range à leur parti qu'en hésitant. M. Favard, M. Duranton et M. Malpel l'ont repoussé. Voici le principal argument réfuté par M. Malpel : « La reconnaissance ne peut, pas plus que l'adoption, avoir d'effet rétroactif; et comme l'adopté ne peut exercer aucun droit sur les donations qui ont précédé l'adoption, l'enfant naturel ne peut non plus demander aucun retranchement sur les donations qui ont précédé la reconnaissance. » M. Malpel ne croit pas qu'il soit exact de dire que l'enfant adoptif n'a aucun droit de réserve sur les biens donnés avant son adoption. Il invoque l'arrêt rendu par la Cour de Montpellier, dans l'affaire Carion-Nisas, qui juge que l'enfant adoptif étant considéré comme l'enfant né du mariage, peut exercer les mêmes droits que celui-ci, et exiger aussi-bien que lui sa réserve entière, à laquelle doivent contribuer, au besoin, toutes donations entre-vifs, dans quelque temps qu'elles aient été faites. M. Malpel conclut ainsi : « L'enfant naturel n'a, sans doute, qu'une fraction de la réserve qu'il aurait eue, s'il eût été légitime ; mais cette fraction est une portion de la totalité de cette réserve. » L'arrêt de Montpellier a reçu l'approbation de la Cour régulatrice, le 29 juin 1825. *D.* 1825, *p.* 222.

Il est certain que les donations antérieures à la naissance de l'enfant naturel et légitime, quand elles ne sont point atteintes par la révocation, restent sujettes à la réduction, pour la formation de la réserve. Si donc, d'un côté, la loi fait à l'égard de l'adoptant, un enfant légitime de l'enfant adoptif ; si, d'un autre côté, il est établi que l'enfant naturel reconnu, a pour réserve une portion de celle qui revient à l'enfant légitime, on est bien amené à conclure, que la réserve de l'enfant adoptif et celle de l'enfant naturel ont les mêmes élémens, et portent sur les mêmes biens que la réserve de l'enfant naturel et légitime. *Gren.*, *donat.* 2, *n.* 665 ; *Chab.*, *art.* 756, *n.* 20 ; *Toull.* 4, *n.* 258 ; *Loiseau*, *p.* 698 ; *Dall.*, *Rép. méth.*, *succ.*, *cap.* 4, *sect.* 1, *art.* 1, *n.* 20 ; *Rép. Fav.*, *succ.*, *sect.* 4, § 11, *n.* 12 ; *Malp.*, *n.* 162 ; *Dur.* 6, *n.* 311, *note.*

6. Par l'effet des dispositions formelles de son père ou de sa mère, en faveur de tierces personnes, l'enfant naturel peut être réduit à la réserve que nous venons d'indiquer. Sans aucunes dispositions même, et pour grossir sa succession régulière *ab intestat*, l'auteur de l'enfant naturel peut encore le réduire à la moitié de l'amendement déterminé par les art. 757 et 758, si, de son vivant, il lui fait l'abandon de cette portion réduite, avec déclaration expresse de forclusion. Dans tous les cas, où il pourrait y avoir concours avec des ascendans ou des collatéraux, le taux de cet apanage se trouve égal à celui de la réserve. Dans les cas de concours avec des descendans légitimes, l'apanage est toujours inférieur à la réserve.

Sous ce rapport, M. Duranton entend comme nous, la disposition de l'art. 761 ; mais M. Toullier et M. Grenier ne s'expliquent pas de même. M. Toullier enseigne que la réduction, permise par cet article, est indépendante de celle qui peut résulter des dispositions faites jusqu'à concurrence de la quotité disponible, *en sorte*, dit-il, *que l'enfant, déjà réduit à ne prendre part que dans les biens indisponibles, ou dont les père et mère n'ont pas disposé, peut encore être réduit à n'avoir dans ces biens que la moitié des droits déterminés par les art.* 757 *et* 758. L'auteur ne donne pas les motifs de cette règle prétendue; et M. Grenier la suit sans la justifier, se bornant à indiquer cette conséquence, que la réserve d'un neuvième peut être réduite au dix-huitième. Rien n'annonce que le législateur ait eu la pensée d'une réduction redoublée; et nous voyons clairement, par la lettre de l'art. 761, que la réduction ne doit s'opérer que sur la portion, fixée par les articles précédens. Or, ces articles 757 et 758, que M. Toullier lui-même désigne, sont étrangers à la quotité disponible et à la réserve. Le règlement de ces deux objets ne se trouve que dans des dispositions subséquentes, du titre des donations, auxquelles l'art. 761 ne se réfère pas. La réduction, permise par cet art. 761, est un droit tout spécial, uniquement relatif aux enfans naturels. Celle qu'autorisent les art. 913, 915 et 916, est un droit général, que sa généralité seule leur rend commun. Ce droit commun ne peut être exercé par les parens naturels, qu'alors qu'ils n'ont point usé du droit spécial qui a plus d'étendue. Quand on n'a distribué que la quotité disponible de l'art. 913, moins forte que la réduction de l'art. 761, il est permis, sans doute, d'affaiblir encore la réserve de l'enfant naturel, jusqu'à la mesure de cette réduction; mais on ne pourra jamais ajouter entièrement l'une à l'autre. C'est bien assez de la plus forte. La loi eût été trop sévère, en permettant de réduire à moitié une réserve déjà bien mince. L'art. 761 ne se réfère nécessairement qu'aux art. 557 et 558; et ce n'est que sur la portion d'hérédité.qu'ils déterminent qu'on peut opérer la réduction de moitié, par un don actuel, qui apporte sa compensation. *Toull.* 4, *n.* 262; *Gren.* 2, *n.* 674; *Dur.* 6, *n.* 301.

7. M. de Maleville, M. Chabot, M. Grenier, M. Favard et M. Malpel enseignent que la réduction ne peut s'opérer que par le concours de la volonté du père et de l'enfant, par une convention entre eux, qui dépouille l'un et saisisse l'autre. Suivant M. Duranton, rien n'indique dans l'esprit de la loi, que la déclaration de réduire doive être faite dans l'acte de donation; rien n'indique non plus que le père ait besoin du consentement du fils. La condition de ce consentement paralyserait trop souvent l'exercice du droit; et d'ailleurs, elle ne serait point en harmonie avec la prohibition des pactes sur les successions futures. Nous ne ju-

geons point ainsi du vœu de la loi, exprimé par l'art. 761. Son esprit nous paraît bien manifesté par son texte; et, d'après ce texte, il faut que l'enfant ait reçu la chose donnée; il faut donc une donation acceptée et une tradition effectuée; choses qui excluent l'idée du droit pour le père de contraindre l'enfant à se contenter d'une attribution restreinte. M. Chabot remarque justement, avec M. Siméon, orateur du Tribunat, que le législateur, dans l'art. 761, ne s'est pas uniquement occupé des intérêts du père ou de la mère, qu'il a envisagé aussi les intérêts de l'enfant. On a voulu pourvoir à ses besoins pour un établissement avantageux; et c'est afin de déterminer le père ou la mère à lui donner par anticipation, qu'il leur est permis alors de donner moins. Cette transaction est utile à l'enfant qu'elle fait jouir plus tôt, et à la famille du donateur qu'elle délivre d'un cosuccesseur qui pourrait lui être odieux. Un tel pacte interdit, en règle générale, par les art. 791 et 1130, est permis, par exception, entre les parens et leurs enfans naturels. On a généralement blâmé un arrêt de la Cour de Pau, du 24 mai 1806, qui décidait, dans ses motifs, que la réduction à moitié pouvait résulter de la disposition d'un acte testamentaire; et l'on a ensuite applaudi à l'arrêt rendu, dans le sens opposé, par la Cour royale de Paris, le 2 janvier 1819. *D.* 1806, *s.*, *p.* 193; *et* 1819, *s.*, *p.* 19; *J. p.*, *éd. n.*, *t.* 21, *p.* 1; *Malev.*; *Chab.*, *n.* 1, 2, 3; *Gren.*, *donat.* 2, *n.* 674; *Rép. Fav.*, *succ.*, *sect.* 4, § 1, *n.* 17; *Dur.* 6, *n.* 330, *etc.*; *Malp.*, *n.* 163.

. M. Toullier n'admet pas la nécessité d'une convention. La loi ne présente à ses yeux que la faculté, pour les pères et mères naturels, d'une disposition, dans l'intérêt de la société et des familles, soit pour retenir l'enfant dans le devoir, soit pour débarrasser les héritiers légitimes de la présence d'un créancier odieux. L'auteur convient toutefois que la disposition ne peut se faire qu'entre-vifs; que l'enfant doit avoir reçu le don; et il voit naître des difficultés pour le contraindre à recevoir. Afin de lever ces difficultés, l'auteur propose le recours aux tribunaux, qui pourraient ordonner que la donation *sera tenue pour acceptée.* Nous aimons à croire que le législateur a été plus généreux; nous sommes persuadés qu'il a voulu, par un arrangement amiable, concilier l'intérêt de l'enfant naturel avec celui du père et de sa famille légitime. Les tribunaux ne pourraient pas faire seuls cette conciliation; la loi ne les en a pas chargés spécialement. En général, ils ne doivent s'occuper de ces actes qu'alors que l'enfant naturel est mineur, après le conseil de famille, et pour juger s'il convient d'homologuer la délibération qui autorise le tuteur à accepter la donation pour son pupille. M. Chabot a fait une remarque juste, en disant que cette acceptation emporte aliénation de droits, et que la seule délibération du conseil de famille ne peut pas suffire pour l'autoriser. V. art. 463, 935; Chab., préc.; Toull. 4, préc.

8. Si le consentement de l'enfant naturel, ou d'un conseil de famille pour lui, quand il est mineur, est nécessaire pour que la réduction soit valablement établie, on peut être porté à décider, comme l'ont fait M. Chabot, M. Toullier, qu'une réserve de la jouissance des choses données n'empêche pas l'efficacité de la clause de réduction. M. Toullier ajoute que la stipulation d'un terme de paiement, pourvu qu'il ne soit pas reculé jusqu'à la mort du donateur, n'annule pas la stipulation de réduction. M. Duranton fait justement observer qu'il n'y a pas de différence réelle entre la réserve d'usufruit pendant la vie du donateur et le terme de paiement renvoyé à sa mort. Au reste, M. Duranton ne résout pas nettement la question de l'influence d'une réserve d'usufruit ou d'un terme de paiement jusqu'au décès, sur la clause de réduction. Si le mot *reçu* qui se trouve dans la loi devait s'expliquer par la tradition de droit, en attendant la tradition de fait qui est différée, nous penserions que la réserve d'usufruit pendant la vie, ni le terme de paiement après la mort ne nuisent point à la clause de réduction. Mais nous avons plus de penchant à croire que la loi, par le mot *reçu*, veut une tradition de fait ou un paiement effectif. M. Siméon donnait ce sens à la loi, lorsqu'au nom du Tribunat, il disait: « Si pour la tranquillité et le repos de leur famille, les père et mère ont eu soin d'acquitter, *de leur vivant*, leur dette envers leur enfant naturel; si, *en la payant par anticipation*, ils ont déclaré ne vouloir pas qu'il vînt, après eux, troubler leur succession, le Code maintient cette disposition, lors même que ce don anticipé n'arriverait qu'à la moitié de la créance. » Nous n'irons pas jusqu'à soutenir que la remise de l'objet donné doit être faite au moment même de la donation et constatée aussitôt par le même acte. Nous pensons bien qu'un terme peut être convenu; mais il nous semble qu'il ne peut pas être renvoyé valablement au décès du donateur, et que la réserve d'usufruit enseignée par M. Toullier n'est point admissible. A l'ouverture de la succession, l'enfant qui n'a pas eu l'avantage d'une hoirie anticipée, pourrait bien obtenir la portion entière, déterminée par l'art. 755 ou par

7

l'art. 758. Si cette proposition est contestée, personne, au moins, ne révoque en doute qu'une donation de biens à venir, ou de biens qui se trouveront au décès, ne rende nulle la condition de réduction qui l'accompagne. *V. Chab.*, *n.* 4; *Toull.*, *préc.* ; *Delv.* 2, *p.* 53.

9. Mais quand le père ou la mère a fait un don effectif en propriété et jouissance à la fois, quelqu'inférieur qu'il se trouve, au décès du donateur, à la moitié de la portion marquée par l'un ou l'autre des articles précités, l'enfant qui l'a reçu n'en pourra conclure la nullité de la réduction convenue. La dernière disposition de l'art. 761 ne lui laisse, dans ce cas, que le droit de faire compléter la moitié à laquelle il a voulu se réduire. Comme la consistance de cette quotité ne pouvait pas se faire, au juste, avant la mort du donateur, la loi ne devait tenir compte de la différence en moins, que pour établir un droit de supplément à l'ouverture de la succession. Le droit de l'enfant à réclamer un supplément, au décès du père ou de la mère, a été contesté devant la Cour de Bruxelles; mais l'arrêt rendu le 18 février 1813, l'a reconnu positivement. *J. p.*, *éd. n.*, *t.* 14, *p.* 227. *V. aut. préc.*

10. Si, au lieu de recevoir moins, l'enfant naturel avait reçu plus de la moitié, aurait-il à rendre l'excédant à la succession du donateur? Avec une simple clause de réduction aux objets donnés, il n'y aurait de retranchement à subir par le donataire, qu'autant que ces objets surpasseraient en valeur la portion entière de la succession, fixée par l'art. 757 ou par l'art. 758, et pour la partie seulement qui serait au-dessus de cette portion héréditaire. La restitution, dans ce cas, est commandée par l'art. 908. Pour que le donataire eût à restituer l'excédant de la moitié de part héréditaire qui n'en dépasserait point la totalité, il faudrait, à notre avis, que le donateur, craignant de se tromper sur la valeur de sa fortune, ou envisageant sa diminution, eût expressément stipulé la restitution éventuelle.

11. Si de divers enfans naturels, en concours avec des descendans légitimes, tous n'ont pas été soumis à la réduction, ceux qui l'ont éprouvée n'en comptent pas moins au partage de la succession pour déterminer l'amendement des autres enfans naturels. Puisqu'ils comptent, représentés par la portion qu'ils ont reçue, la part de ces autres enfans naturels n'en est point augmentée: la réduction ne profite qu'aux descendans légitimes. Il en est autrement lorsqu'il n'y a que des enfans naturels, en con-

cours avec des ascendans ou des collatéraux, parce qu'alors la succession se divise par masses, et que, dans la masse affectée aux enfans naturels, les uns profitent de ce que les autres ne prennent pas. *Dur.* 6, *n.* 307, 308.

12. La réduction stipulée produirait-elle son effet, si le donateur mourait sans avoir disposé de sa succession, ne laissant point de parens au degré successible? M. Delvincourt *pense* que la réduction serait insignifiante pour le fisc, mais qu'elle profiterait au conjoint non divorcé. L'auteur ne donne pas les motifs de sa pensée. Nous concevons la raison de repousser le fisc; mais cette raison repousse également le conjoint. L'art. 767 n'appelle le conjoint survivant qu'à défaut d'enfans naturels, et l'art. 768 n'appelle l'État qu'à défaut de conjoint. Les orateurs du Gouvernement et du Tribunat nous ont fait connaître la cause et le but de la loi, dans l'art. 761; c'est à la tranquilité de la famille du donateur, qu'on a voulu pourvoir; le conjoint survivant et le fisc n'ont été d'aucune considération; et comme ce n'est pas pour eux que la permission de réduire a été accordée, ce n'est point à eux que la réduction doit profiter. Les art. 767, 768, ont été rédigés dans cet esprit. C'est l'absence totale des enfans naturels, et non pas la réduction à laquelle ils ont pu se soumettre, qui donne ouverture au droit du conjoint ou de l'État. *Delv.* 2, *p.* 54.

13. Quand la loi a conféré aux enfans naturels reconnus des droits dans la succession de leurs père et mère, on est étonné qu'elle n'ait aucune disposition pour établir contre ces parens, durant leur vie, l'obligation de fournir aux besoins des enfans. En exposant les titres du Code sur le mariage, et sur la paternité et la filiation, les orateurs du gouvernement annoncèrent cette obligation et le projet du législateur pour la régler. Mais le projet conçu, bientôt oublié, est resté sans exécution. Conclura-t-on du silence de la loi que les enfans naturels simples n'ont rien à prétendre de leurs père et mère vivans? Dans la jurisprudence ancienne, les enfans naturels, réduits au secours des alimens, les obtenaient de leurs père et mère même. La législation nouvelle a voulu leur accorder davantage. En leur donnant des droits successifs, elle a nécessairement sous-entendu le droit antérieur aux alimens. C'est ce qu'ont bien compris les commentateurs, qui ont remarqué l'absence d'une règle positive; et c'est ce que la jurisprudence nouvelle a bien établi. *Loiseau, p.* 552; *Chab.*, *art.* 756, *n.* 36, *etc.*; *Delv.* 1, *p.* 244; *Dur.* 2. *n.* 377,

3, *n.* 243, *et* 6, *n.* 268; *Vaz.*, *Traité du mariage*, etc., 2, *n.* 499.

ARTICLE 762.

Les dispositions des articles 757 et 758 ne sont pas applicables aux enfans adultérins ou incestueux. La loi ne leur accorde que des alimens.

1. Ici se présente la question de savoir sur quel titre les enfans incestueux ou adultérins établiront leur droit aux alimens. La recherche de la paternité leur est interdite, et il est défendu de les reconnaître. Parmi les interprètes, les uns ont pensé que l'art. 762 donnant droit à des alimens, suppose la reconnaissance et modifie, sous ce rapport, la disposition de l'art. 335, qui l'interdit. Les autres ont décidé que la reconnaissance directe était absolument nulle et sans effets aucuns; et ils ont concilié nos deux articles, en disant que l'enfant ne peut trouver de titre aux alimens que dans les circonstances d'une recherche de maternité comme légitime ou simplement naturelle, d'un désaveu de paternité dans le mariage, d'une condamnation d'adultère, de l'annulation d'un mariage pour cause d'inceste ou de bigamie; toutes circonstances qui signalent les auteurs incestueux ou adultérins.

M. Jaubert, dans son rapport au Tribunat sur le titre des successions, disait : « Quant aux adultérins ou incestueux, dans les cas rares ou extraordinaires où il pourrait s'en découvrir, par suite ou de la nullité du mariage, ou d'un désaveu de paternité, ou *d'une reconnaissance illégale*, ils ne pourront non plus recevoir que des alimens. »

M. Siméon, dans son discours au Corps législatif, a dit : « Un homme aura signé, comme père, un acte de naissance, sans faire connaître qu'il est marié à une autre femme que la mère du nouveau-né, ou que la mère est sa sœur : il aura voulu faire fraude à la loi. L'enfant ignorant le vice de sa naissance se présentera dans la succession pour y exercer les droits d'un enfant naturel; on le repoussera, par la preuve qu'il est né d'un père qui ne pouvait l'avouer; mais l'aveu du fait, écrit dans son acte de naissance, lui restera et lui procurera des alimens. Cette disposition est conforme à l'ancien droit; il était nécessaire de la conserver; car enfin, les enfans adultérins ou incestueux n'en sont pas moins des hommes; et tout homme a droit de recevoir, au moins, des alimens de ceux qui lui ont donné la vie. »

M. Merlin a adopté et soutenu cette explication. M. Grenier et M. Toullier l'ont également admise ; et nous l'avons suivie, dans notre Traité du mariage, etc. (*t.* 2 , *p.* 234.) M. Delvincourt s'en éloigne peu, s'il ne la suit pas, car il dit qu'il faut entendre l'art. 335 dans le sens que les enfans adultérins ou incestueux ne peuvent jamais être reconnus en cette qualité, mais seulement d'une manière indirecte. Il n'y a pas d'exemple de reconnaissance qui déclare que l'enfant est le fruit de l'adultère ou de l'inceste. Ce n'est qu'en rapprochant l'acte de reconnaissance d'un autre acte, qui constate l'état des parens, qu'on prouve l'état incestueux ou adultérin de l'enfant. Mais ce n'est pas seulement la reconnaissance de cette qualité de l'enfant, c'est la reconnaissance de l'enfant lui-même, que la loi interdit. La question ne peut donc porter que sur la modification de l'art. 335 par l'art. 762, à l'égard des alimens, modification que les uns affirment et que les autres dénient. La Cour de Bruxelles, en jugeant bonne pour les alimens, le 29 juillet 1811, une reconnaissance d'enfant adultérin, faite comme s'il était légitime, a cru à cette modification et en a fait la base de son jugement. Auparavant, le 28 prairial an xiii, la Cour de cassation avait reconnu, nulle pour un legs de part de succession et bonne pour des alimens, la reconnaissance, comme enfant naturel, d'une fille adultérine, qui précédait le legs dans le même acte testamentaire. Depuis, la 20 mai 1816, la Cour de Nancy a jugé que la reconnaissance d'un enfant naturel, qui se trouvait adultérin, faite par un acte sous seing privé, établissait une cause et un titre d'obligation naturelle et civile à la prestation des alimens. *J. p.*, *éd. n.*, *t.* 6, *p.* 257, *t.* 12, *p.* 607; *D.* 1817, *s. p.* 91; *Rép. Merl.*, filiation, *n.* 21; *Toull.* 2, *n.* 96, et 4, *n.* 246; *Gren.*, donat. 1, *n.* 130; *Delv.* 1, *p.* 234, 235.

Dans un rapport au Tribunat, M. Chabot avait dit : « Quant aux enfans adultérins ou incestueux, la loi ne s'en occupe qu'avec regret. Ils existent : il faut bien qu'elle leur assure des alimens ; mais elle ne leur confère aucun autre droit. Le crime qui leur a donné naissance ne permettait pas de les traiter comme les enfans nés de personnes libres. » Dans la première édition de son commentaire, M. Chabot a soutenu conséquemment la proposition de M. Siméon ; mais à la dernière édition, il a changé d'avis, et combattant, avec force, la distinction du droit aux alimens et du droit de succéder, il refuse tout effet à la reconnaissance. Il fait observer que la prohibition de l'art. 335 est géné-

râle et sans exception. Il soutient qu'on la dénature en restreignant ses effets; que si elle n'avait eu pour objet que d'interdire
la succession irrégulière, elle aurait été inutile, puisque cette
interdiction est dans l'art. 762. Le but évident, et annoncé d'ailleurs, de l'art. 335, est de prévenir et d'empêcher des déclarations honteuses qui révèlent l'inceste ou l'adultère, portent la
désolation dans les familles et causent des scandales publics.
Pour atteindre à ce but, il était nécessaire de n'attacher aucuns
droits à la reconnaissance; et l'art. 335 l'a privée de tous en la
prohibant. La disposition de l'art. 762 n'a été faite qu'en vue des
enfans adultérins ou incestueux, dont la filiation est prouvée
d'une manière indirecte, indépendamment de toute reconnaissance volontaire. La discussion du Conseil d'état et les discours
des orateurs du Gouvernement le témoignent clairement. On ne
pourrait voir dans l'art. 762 de dérogation à l'art. 335, qu'autant
qu'il serait impossible de concilier ces deux articles; mais ils se
concilient parfaitement par la distinction de la preuve indirecte
de la filiation d'avec la reconnaissance volontaire. *Chab.*, *n.* 3;
Locré, art. 335.

Cette nouvelle opinion de M. Chabot était celle de M. de Maleville et de M. Loiseau. Elle a été embrassée par M. Malpel et
par M. Duranton; et la Cour de Rouen l'a suivie dans un arrêt
du 8 juillet 1820. Divers arrêts de la Cour de cassation, que
nous examinerons, au numéro suivant, présentent la disposition
de l'art. 335 comme générale, et lui attribuent une force de prohibition absolue, telle que la reconnaissance interdite ne doit
pas obtenir plus d'effet contre l'enfant reconnu, que pour lui-
même, en aucune manière. *Malev.; Malp.*, *n.* 168; *Dur.* 3,
n. 78, 195 à 209, *et* 6, *n.* 331; *Sir.* 20, 2, 261; *Dall., Rép. méth.,
succ.*, *ch.* 4, *sect.* 1, *art.* 3.

M. Grenier n'a pas connu la nouvelle doctrine de M. Chabot;
il recommande toujours la règle offerte par l'ancienne, comme
une modification heureuse qui doit être accueillie en jurisprudence. Le changement de M. Chabot n'a point échappé à M. Merlin; et il l'a critiqué assez vivement. M. Merlin a repoussé des
objections, mais il n'a peut-être pas détruit les plus fortes. Il
lui semble que la loi permet de remplir une obligation naturelle
en donnant des alimens aux enfans adultérins et aux incestueux, car il dit que la reconnaissance n'est pas la cause de
l'obligation; que c'est au contraire l'obligation qui est la cause
de la reconnaissance, et que c'est seulement pour assurer l'exécu-

tion de cette obligation, que la reconnaissance est souscrite.
V. Gren. préc.; Merl. préc.

M. Merlin voit bien la chose en soi ; son raisonnement est bon
en théorie ; mais a-t-il fait la règle du Code ? L'art. 762, isolé de
l'art. 335, permet aussi-bien à l'enfant reconnu de réclamer des
alimens en justice, qu'au père ou à la mère de lui en donner
volontairement ; et l'art. 335 prohibe autant la donation que la
demande qui tient à la reconnaissance. Chacun de ces articles
présente une disposition générale, sans faire de distinction par sa
lettre. L'antinomie est certaine ; et M. Merlin tâche de montrer
que la délibération du Conseil d'état ne témoigne pas clairement
l'intention de restreindre l'effet de la disposition générale de
l'art. 762. L'auteur en conclut la nécessité de chercher une conciliation entre les deux textes opposés. Le moyen qu'il propose, de
considérer l'aveu formel de la paternité ou de la maternité, comme
obligation alimentaire, est sans contredit celui qui s'accorde le
mieux avec le vœu de la nature et de l'humanité. On satisfait à la
morale publique, en refusant à la reconnaissance formelle l'effet de
donner un nom, un état civil et des droits successifs. On offenserait
la morale publique, si l'on ne faisait pas résulter de l'aveu que
renferme cet acte, l'obligation des alimens. Que dans l'intérêt
général, l'enfant, malgré son innocence, doive souffrir de la faute
des auteurs de ses jours, la peine ne doit point aller jusqu'à lui
interdire la vie. Ces considérations sont puissantes ; laissons
quelques dires de conseillers d'état, qui ne sont pas entrés dans
le texte de l'art. 762 ; et ne nous arrêtons point à la disposition
trop générale de l'art. 335, puisque la disposition postérieure
est assez générale dans son objet précis ; tenons-nous à cette
dernière disposition, qui a dû déroger à la précédente. Un arrêt
rendu par la Cour royale de Paris, le 22 mars 1828, a jugé selon
ces vues, qu'il était dû des alimens à une fille adultérine reconnue volontairement. Mais la Cour de Montpellier, au contraire,
le 19 janvier 1832, a rejeté la demande alimentaire fondée sur
une reconnaissance semblable. *D.* 1829, *s., p.* 128, *et* 1833, *s., p.* 7.

2. Il nous reste à examiner maintenant la question, non moins
importante, de savoir si la reconnaissance faite, au mépris de
la loi, ne peut pas plus nuire que profiter à l'enfant ; et si tout
en l'avouant, le père et la mère peuvent lui faire les mêmes
avantages que s'il leur était étranger. Divers arrêts de Cours
royales et de la Cour de cassation, M. Chabot, M. Loiseau, M. Duranton et M. Malpel donnent une résolution affirmative, qui nous

semble opposée aux raisons de l'ordre public qu'ils invoquent. Il résulte de ces décisions qu'en se déclarant père ou mère de l'enfant qui est le fruit de l'inceste ou de l'adultère, on peut lui faire des libéralités valables, parce que la reconnaissance doit être réputée non écrite. Nous admettons, avec les auteurs et avec les arrêts de la Cour de cassation, des 14 mai 1810, 14 mai 1811, 17 décembre 1816 et 6 avril 1820, que lorsqu'il n'existe pas de reconnaissance positive, il ne saurait être permis de faire la recherche d'aucune postérité illégitime et d'une maternité adultérine ou incestueuse, pour en conclure la réduction ou la nullité des donations ou des legs faits aux individus qu'on prétend être enfans naturels, simples, adultérins ou incestueux. C'est la juste conséquence du principe et de la règle des art. 340 et 342. Mais, quand la paternité ou la maternité est avouée dans un acte formel de reconnaissance ou dans l'acte qui contient la donation, l'exécution de cette libéralité va contre les bonnes mœurs et contre la loi qui l'interdit. En prohibant la reconnaissance, la loi a voulu prévenir le scandale qui naîtrait d'une révélation honteuse. En frappant l'enfant d'incapacité pour hériter et pour recevoir des donations, elle a voulu honorer, favoriser, faire rechercher et respecter le mariage. Est-ce qu'on atteint ce but lorsqu'on valide les institutions d'héritier qui, par l'aveu même des instituans, portent sur leurs enfans nés hors du mariage, d'un commerce incestueux ou adultérin? Est-ce ainsi qu'on excite aux bonnes mœurs? C'est pourtant l'intérêt des mœurs, qu'on invoque à l'appui du système que nous accusons! On dit aussi que la loi a voulu empêcher des révélations honteuses d'inceste ou d'adultère. Mais quelle inconséquence! On encourage, on provoque la reconnaissance, la déclarant impuissante contre la donation qui vient à sa suite. Jugée non avenue en droit, elle reste en fait; et ce fait demeure lié à la donation qui constitue un droit. On prend la loi à rebours; on la tourne contre elle-même. C'est au préjudice de la bienveillance des parens; c'est au préjudice de l'intérêt de l'enfant, que la loi prohibe la reconnaissance et la libéralité; et l'on juge la reconnaissance interdite et la libéralité permise pour l'intérêt de l'enfant! Le plus sûr moyen d'empêcher les révélations scandaleuses, se trouve dans l'annulation des libéralités faites par les parens qui se révèlent! Et malgré leur révélation d'un commerce criminel, malgré tous les actes qui publient leur affection, leurs soins et la destination de leurs biens pour l'enfant né de ce commerce, on juge que cet enfant si notoirement adultérin, incestueux, recueillera leurs biens. Il pourra donc être l'héritier et le représentant de ceux dont il ne devait, au plus dans le besoin, recevoir que des secours alimentaires. Ainsi, dans un pays où les plus hauts exemples ont prouvé que certaines mœurs ne sont pas toujours condamnées par l'opinion du monde, comme par les lois, on se portera, non-seulement sans crainte, mais avec joie, à faire ensemble la reconnaissance et la donation légalement interdites, puisque l'une sera vainement déclarée nulle, et que l'autre sera jugée valable. La reconnaissance restera, en fait, pour constater et publier les rapports de paternité et de filiation; et l'enfant reconnu du public comme par ses auteurs, jouira sûrement de leur succession; et, dans le monde, il tiendra leur place. *D.* 1810, *p.* 292; 1813, *p.* 265; 1817, *p.* 175; 1820, *p.* 330.

Ces résultats sont bien véritablement ceux qui sortent ou peuvent sortir de la jurisprudence établie par les arrêts des Cours royales de Paris, du 13 août 1812, de Dijon, du 29 août 1818, de Riom, du 6 août 1821, et par les arrêts de la Cour de cassation, du 28 juin 1815, du 11 novembre 1819 et du 9 mars 1824. M. Merlin attaque le système qui a produit ces décisions; mais il fait usage de moyens *de cause fausse, ou illicite,* qui ont donné prise à la critique, et qui, en effet, sont sans valeur si la reconnaissance doit être absolument réputée non avenue. Ces mêmes moyens ont été enseignés par M. Toullier. Employés devant la Cour de Riom, ils furent écartés par le motif, très-juste, qu'ils rentraient dans la question de la reconnaissance. En déclarant qu'il n'y a point de preuve de paternité, on considère le donateur et le donataire comme étrangers l'un à l'autre; et trouvant la donation déterminée par l'affection et la bienveillance, on n'a pas besoin de vérifier la cause de ce sentiment. M. Grenier, rendant compte de l'arrêt de Riom, annonce que les juges ont cru devoir suivre l'impulsion donnée par la Cour régulatrice; d'ailleurs, il fait ensuite des réflexions peu favorables au système qui a prévalu; mais il pense qu'il faut céder à la jurisprudence établie par un assez grand nombre d'arrêts. M. Delvincourt n'est pas d'aussi bonne composition; il s'élève ouvertement contre cette jurisprudence; les principes, en effet, ne doivent jamais s'effacer devant le nombre des arrêts. Plus d'une fois la Cour de cassation est revenue de plus loin. L'art. 335 ne fait point obstacle, dans l'usage, à ce qu'on applique aux enfans adultérins ou incestueux les empéchemens de mariage des

art. 161 et 162. Pourquoi donc rendrait-il sans effet la prohibition de donner à ces enfans plus que des alimens ? *Sir.*, *t.* 15;
p. 322, *t.* 20, *p.* 226; *D.* 1815, *p.* 348; 1820, *p.* 180; 1824,
p. 17. *Gren.*, *donat.* 1, *n.* 130, 130 *bis; Rép. Merl.*, *filiation*,
n. 20 et 22; *Toull.* 2, *n.* 967, et 4, *n.* 246; *Delv.* 1, *p.* 228; *Chab.*,
n. 1, 2, 3, 4; *Loiseau*, *p.* 740, et *App.*, *p.* 61; *Malp.*, *n.* 168,
169, 170; *Dur.* 3, *n.* 195 et 209, et 6, *n.* 331; *Vaz.*, *mariage, etc.*, 1,
n. 128.

Ces réflexions étaient écrites depuis un assez long temps,
lorsqu'un arrêt de rejet, du 4 janvier 1832, a répondu à notre
attente. La Cour régulatrice a dit : « Que faire résulter de la
prohibition portée dans l'art. 335, la capacité pour l'enfant adultérin ou incestueux, reconnu par acte testamentaire, de recevoir au delà des alimens que l'art. 762 lui accorde, ce serait
établir une contradiction manifeste dans l'objet et l'esprit de
ces deux articles, et introduire dans la loi une anomalie choquante que sa sagesse désavoue. » *D.* 1832, *p.* 48.

ARTICLE 763.

Ces alimens sont réglés, eu égard aux facultés du père
ou de la mère, au nombre et à la qualité des héritiers légitimes.

1. Les alimens ne sont dus qu'aux besoins, et l'enfant n'en
pourra point obtenir quand il aura des moyens suffisans de sub-
sistance, de quelque part qu'ils lui soient venus. Ce droit et
cette obligation des alimens reçoivent l'application des règles
générales établies par les art. 208, 209, 210 et 211, auxquelles le
présent art. 763 ajoute la considération du nombre et de la qualité des héritiers légitimes. Les facultés du père, divisées entre
un grand nombre d'enfans légitimes, et même de collatéraux,
fournissent moins à l'enfant illégitime qu'alors qu'elles étaient
réunies. Le degré de proximité des héritiers, qui recueillent la
succession, est ce que la loi entend par la qualité des héritiers;
on fera peser la dette sur des collatéraux plus fortement que sur
des descendans et des ascendans; et les collatéraux plus éloignés, payeront toujours plus cher, proportionnellement, que
ceux qui seraient plus rapprochés. On ne saurait mieux faire,
que de suivre pour la fixation du taux des alimens, en ce qui
regarde la qualité des héritiers, l'ordre de l'art. 757, pour le
règlement de la portion héréditaire de l'enfant naturel simple.

Les légataires universels ou à titre universel, qui n'étaient point appelés à la succession par la loi, les successeurs irréguliers, et le fisc surtout, seront plus imposés que les héritiers légitimes.

2. M. Chabot fait observer que l'enfant n'a pas le droit d'exiger un capital une fois payé, pour lui tenir lieu d'alimens. Mais s'il ne peut pas l'exiger, on pourrait le lui accorder, sauf la réduction, en faveur des héritiers légitimes, quand il a été donné par le père ou par la mère, si le don excède la mesure convenable. V. arr. Toulouse, 30 avril 1828; D. 1830, 1, p. 28.

Le donateur ne pourrait pas obtenir la réduction de ce don, comme trop fort, et cependant, s'il était trop faible, il ne le libérerait pas sûrement. Si des malheurs, si des fautes mêmes, réduisaient l'enfant à l'indigence, il aurait encore droit à des secours de leur part, suivant la règle générale. D'après cette même règle, et l'article ci-après, l'obligation du secours passerait aux héritiers. Mais si les héritiers avaient traité eux-mêmes avec l'enfant, pour un capital fixe, ils se trouveraient vis-à-vis de lui, dans la même position qu'ils seraient vis-à-vis de l'enfant naturel, simple, qui aurait obtenu une portion héréditaire. Le divertissement ou la perte accidentelle du capital donné, ne ferait pas renaître le droit aux alimens.

· V. Chab., art. 762, n. 5, etc., et art. 763; Loiseau, p. 552 et 749; Delv. 2, p. 67; Vaz., mariage, etc., 2, chap. 9.

ARTICLE 764.

Lorsque le père ou la mère de l'enfant adultérin ou incestueux lui auront fait apprendre un art mécanique, ou lorsque l'un d'eux lui aura assuré des alimens de son vivant, l'enfant ne pourra élever aucune réclamation contre leur succession.

1. La réclamation est interdite contre les héritiers du père et de la mère également, soit que tous deux, ou l'un d'eux seulement, lui aient fait apprendre un art mécanique, ou assuré des alimens. Mais il faut toujours dire que si l'enfant, durant la vie de ses auteurs, ne peut pas tirer de ressources du métier qu'ils lui ont fait apprendre, ou si par quelque événement que ce soit, il se trouve privé des alimens qu'on avait cherché à lui assurer, il aura droit à un autre secours du père et de la mère ou de l'un d'eux. V. arrêt, Toulouse, du 30 avril 1828, précité; Chab., n. 2, 3.

2. Les dernières expressions de l'article, ne permettent pas de douter que l'obligation des alimens, qui n'a point été remplie,

ne reste une dette de la succession du père ou de la mère qui les devait. Il faut aller jusqu'à dire, avec M. Chabot, que l'obligation subsiste pour les héritiers, dans le cas même où le parent auquel ils succèdent avait fait un don, ou procuré un état propre à les fournir, si, par le fait, l'enfant se trouve dans le dénûment au décès de son auteur. *Chab.*, *n.* 4.

3. Les héritiers institués par acte entre-vifs, ou par testament, et tous donataires, considérés comme successeurs, assimilés à ce titre aux héritiers, sont soumis à l'obligation de ces alimens, de même que les héritiers du sang. Mais nous ne dirons pas comme M. Merlin, M. Malpel et M. Duranton, que le droit alimentaire des enfans, fruit de l'inceste ou de l'adultère, est pour eux une réserve légale. La loi n'a point établi cette réserve ; elle ne fait porter, à leur profit, ni retranchement ni charges aucunes, sur les dispositions particulières de leurs auteurs ; les donataires et légataires particuliers, et les tiers-acquéreurs sont à l'abri de toute recherche, de la part de ces enfans. M. Chabot et M. Dalloz ne voient pas de réserve dans le droit aux alimens des enfans incestueux ou adultérins.

4. La même raison, qui nous a fait penser, sur l'article précédent, que les père et mère peuvent donner un capital pour faire le fond des alimens, sans qu'ils puissent ensuite faire réduire le don comme excessif, nous porte à décider, avec M. Chabot, qu'ils ne pourraient pas davantage obtenir la réduction, et encore moins la suppression d'une rente ou d'une pension qu'ils lui auraient constituée, indéfiniment, à titre d'alimens, alors même que l'enfant aurait acquis d'autres facultés suffisantes pour ses besoins. En accordant la rente, sans réserve de la retirer ou de la diminuer, le donataire est censé avoir renoncé à cette faculté, pour rendre le don pur et irrévocable. Les héritiers même ne seraient point admis à réclamer la suppression de la rente ; ils ne pourraient guères obtenir que sa réduction, si elle avait été constituée trop forte, eu égard aux facultés du donateur, au temps de la donation. Nous croyons pourtant, comme l'enseigne M. Chabot, que si le donateur avait éprouvé des pertes, qui ne lui permissent pas de payer la rente, sauf une trop grande gêne, il pourrait, équitablement, être dispensé de son service, en totalité ou en partie.

Chab., *n.* 4 ; *Loiseau ; Delv.* 2, *p.* 67 ; *Merl.*, *quest. alph.*, *réserve ; Malp.*, *n.* 171, etc. ; *Dur.* 6, *n.* 329, etc. ; *D.*, *Rép. méth.*, *succ.*, *chap.* 4, *sect.* 1, *art.* 3, *n.* 5.

ARTICLE 765.

La succession de l'enfant naturel décédé sans postérité est dévolue au père ou à la mère qui l'a reconnu ; ou par moitié à tous les deux, s'il a été reconnu par l'un et par l'autre.

1. Dans cet article, la loi ne nomme que le père et la mère qui ont reconnu l'enfant; mais M. Chabot remarque très-bien que la paternité et la maternité, établies dans les cas et de la manière indiquée par les art. 340 et 341 produisent, entre les parens et les enfans, le droit réciproque de succession. Ces deux articles n'ont permis la recherche de la paternité et de la maternité, que pour donner à la preuve l'effet de la reconnaissance. La Cour de Paris l'a justement décidé, le 27 juin 1812; et la Cour de Rouen, le 25 août de la même année, a reçu à la preuve de la maternité, une fille qui réclamait la succession de sa prétendue mère naturelle. *J. p., éd. n., t.* 13, *p.* 603 *et* 804; *Chab., art.* 756, *n.* 3.

2. La loi, accordant la succession de l'enfant naturel au père ou à la mère *qui l'a reconnu*, semble, par ces termes, qui se rapportent au passé, rejeter, comme titre de succession, la reconnaissance qui n'est faite qu'après la mort de l'enfant. Cependant, M. Loiseau et M. Malpel décident que la reconnaissance n'est pas nulle pour être postérieure au décès de l'enfant, et qu'elle peut donner droit à la succession. Ils disent que si elle est suspecte de fraude, celle qui précède la mort n'est pas elle-même exempte de suspicion, et que le législateur a fait assez, pour obvier à tous les inconvéniens, en disposant, art. 339, que toute reconnaissance pourra être contestée par tous ceux qui y ont intérêt. Nous voyons une intention généreuse, dans la reconnaissance posthume de l'enfant qui laisse des descendans; c'est pour eux qu'elle est faite : mais, en général, on ne peut voir qu'un sentiment de cupidité dans cette reconnaissance, lorsque l'enfant est mort sans postérité; elle n'est faite que pour obtenir la succession. L'esprit de la loi la repousse aussi-bien que sa lettre ; mais le fisc a si peu de faveur ! Il pourrait bien arriver que l'auteur d'une reconnaissance tardive l'emportât sur lui, si le fait qu'elle déclare paraissait signalé d'ailleurs. Nous ne saurions croire que la reconnaissance posthume puisse être admise jamais contre le conjoint survivant. *V. Loiseau, p.* 444; *Malp., n.* 165.

3. Les enfans naturels de l'enfant naturel, forment sa postérité et lui succèdent plutôt que son père et sa mère. M. de Maleville, M. Loiseau, M. Chabot, M. Delvincourt et M. Dalloz admettent également cette règle. M. Duranton la rejette pour appliquer celle de l'article 757, tout comme si le père et la mère etaient légitimes. L'auteur ne voit aucune raison d'accorder aux enfans d'autres droits, ni moindres ni plus étendus ; car, dit-il ce sont toujours des enfans naturels. Mais le père et la mère sont-ils donc légitimes? Ils furent coupables, et leurs petits-enfans naturels sont innocens. Aussi, l'art. 765 n'appelle les père et mère naturels, que dans le cas où l'enfant est mort sans postérité aucune : la loi, ici, ne fait pas de distinction. *Malev.; Loiseau, p.* 63o; *Chab., n.* 3; *Delv.* 2, *p.* 67; *Malp., n.* 164; *Dur.* 6, *n.* 336; *Dal., Rép. méth., succ., ch.* 4, *sect.* 1, *art.* 2, *n.* 2.

4. Le père et la mère sont, devant la loi, les seuls ascendans de l'enfant naturel. Aussi, seuls, ils jouissent, à ce titre, du bénéfice accordé par l'art 747, aux ascendans. Ils reprennent dans la succession de l'enfant qu'ils ont reconnu les choses qu'ils lui avaient données, suivant la règle expliquée plus haut, *art.* 747, *n.* 10. *V. infra, art.* 766.

5. Pour les pères et mères naturels, comme pour les enfans, on a mis en question s'ils ont une réserve. M. Chabot ne l'accorde pas plus aux pères qu'aux enfans. M. Delvincourt, qui en reconnaît une à ceux-ci contre les légataires, n'en admet contre personne, en faveur des pères et mères. M. Malpel s'est décidé à reconnaître pleinement le droit de réserve des enfans naturels, parce qu'il a cru trouver, dans les art. 757 et 913, la preuve de la volonté positive du législateur, pour leur conférer ce droit ; mais il ne voit aucun texte qui présente le même vœu, en faveur des pères et mères naturels; et il lui paraît que la loi devait moins aux parens dont le commerce illicite a produit l'illégitimité des enfans, qu'à ces enfans à qui l'on ne peut reprocher le vice de leur naissance. Cette observation, ajoute l'auteur, aura bien plus de poids, si l'on considère que la loi n'ayant pas limité la réserve qui serait due aux pères naturels, il faudrait les traiter à l'égal des pères légitimes, et plus favorablement que l'enfant naturel. Ces considérations de M. Malpel, sont d'une grande force. Elles devaient porter le législateur à refuser une réserve aux pères et mères naturels. Mais ont-elles amené ce résultat? La lettre de l'art. 915 semble plus favorable aux pères naturels, que celle de l'art. 913 aux enfans. L'un ne parle que

des enfans légitimes, l'autre appelle les ascendans indistincte-ment. Sa vocation comprend donc les pères et mères naturels, qui sont des ascendans. Mais elle ne comprend qu'eux, dans l'ordre naturel, parce qu'il n'y a pas d'autres ascendans qu'eux, appelés à la succession. M. Loiseau, M. Grenier et M. Merlin, pensent que la réserve est un droit réciproque entre les pères et les enfans naturels. M. Dalloz n'admet pas cette réciprocité. *Chab.*, *n.* 5; *Delv.*, 2, *p.* 66; *Malp.*, *n.* 167; *Loiseau*, *p.* 692 *et Append.*, *p.* 80; *Gren.* 96, *donat.* 2, *n.* 676; *Rép. Merl.*, *réserve*, *sect.* 4, *n.* 20; *Dall.*, *Rép. méth.*, *succ.*, *ch.* 4, *sect.* 1, *art.* 2, *n.* 4.

6. La quotité de cette réserve ne varie pas comme celle des enfans. L'une et l'autre sont, en raison de l'étendue ou de la limite du droit de succession *ab intestat;* et c'est ce qui fait que le taux de la réserve est toujours le même pour les ascendans, parce qu'ils n'ont jamais de cohéritiers dans la succession *ab intestat* de leurs enfans naturels, tandis que ces derniers peuvent être en concours, pour la succession de leurs pères, avec des cosuccesseurs de différens degrés, et que leur amendement est déterminé progressivement d'après ces degrés. La réserve des pères et mères naturels est toujours celle des pères et mères légitimes, toujours d'un quart pour chacun d'eux. C'est une chose fâcheuse; les parens naturels ne méritaient pas autant d'égards. *V. Loiseau, préc.*

7. Après avoir vu la disposition de l'art. 762, on n'a pas besoin de démontrer que les pères et mères d'enfans adultérins ou incestueux n'ont pas plus de droit à la succession des enfans de cette classe, que ceux-ci n'en ont à la succession de leurs auteurs. La chose est évidente par cet art. 762, et le devient encore plus par l'art. 765, qui n'appelle à hériter de leurs enfans naturels, que les parens qui les ont reconnus, puisque la reconnaissance est interdite aux pères et mères adultérins ou incestueux. M. Chabot en fait la remarque. Cependant, M. Loiseau avait soutenu qu'à défaut de descendans, les pères et mères des enfans incestueux ou adultérins recueillent leur succession. Dans son appendice, il s'est rendu à l'avis de M. Chabot, qui est aussi adopté par M. Malpel. *Loiseau, p.* 758, *et App.*, *p.* 97; *Chab.*, *n.* 7; *Malp.*, *n.* 173.

8. Au reste, bien que la loi ne l'ait pas déclaré spécialement, la succession des enfans adultérins et des incestueux passe, comme toutes les autres, dans la ligne descendante. A défaut de tous descendans, la succession est dévolue au conjoint survivant, et à

l'État, s'il n'y a pas de conjoint. *Chab.*, *n.* 3 *et* 7; *Loiseau*, *préc.*; *Malp.*, *n.* 173, 174.

9. Le père et la mère de l'enfant naturel ne sont, par rapport à lui, que des successeurs irréguliers, à cause de leur qualité d'auteurs illégitimes, et parce que la loi n'établit leur droit qu'au chapitre des successions irrégulières. Les auteurs des Pandectes n'en jugent point ainsi: à cause de ces mots: *la succession est dévolue*, ils font des pères et mères naturels de véritables héritiers *saisis par la loi*. M. Loiseau, M. Chabot, M. Delvincourt et M. Malpel ne les considèrent que comme successeurs irréguliers; mais M. Delvincourt décide qu'ils ne sont point obligés à l'envoi en possession par la justice, puisque les art. 724 et 773 ne l'ordonnent que pour les enfans, tandis que M. Chabot, M. Loiseau et M. Malpel jugent l'envoi en possession nécessaire. Ces ascendans, toutefois, ne sont pas soumis aux formalités prescrites par les art. 769, 770, 771, 773; ils n'ont qu'une simple demande à présenter au tribunal. Cette opinion, émise par M. Chabot et adoptée par M. Loiseau et par M. Dalloz, nous paraît juste en tout point. L'art. 724 n'accorde la saisine légale qu'aux héritiers légitimes; et si les pères et mères naturels ne sont pas compris nommément dans l'indication des successeurs qui doivent demander l'envoi en possession, ils ne sont pas pour cela dispensés de cette obligation; elle est la conséquence forcée du défaut de saisine légale. On ne peut pas conclure la dispense des articles précités, en ce qu'ils ne leur rendent pas communes les formalités d'envoi en possession établies pour les enfans naturels, le conjoint survivant, et l'État, parce que l'obligation de réclamer l'envoi en possession est indépendante de ces formalités, et que la demande peut se faire par une simple requête. Les formalités sont nécessaires à l'égard des enfans naturels, pour s'assurer s'il n'existe pas, en quelque lieu, des héritiers légitimes. Il n'en est pas de même pour les pères et mères naturels, parce qu'ils ne peuvent être exclus que par les descendans de leurs enfans, et qu'il ne peut guère arriver que ces descendans soient ignorés, s'ils existent; ou qu'eux-mêmes restent dans l'ignorance de la mort de leur père ou de leur mère. *Chab.*, *n.* 4; *Loiseau*, *App.*, *p.* 84; *Delv.* 2, *p.* 66; *Malp.*, *n.* 184; *Dall.*, *Rép. méth.*, *succ.*, *ch.* 4, *sect.* 1, *art.* 2.

ARTICLE 766.

En cas de prédécès des père et mère de l'enfant natu-

rel, les biens qu'il en avait reçus, passent aux frères ou
sœurs légitimes, s'ils se retrouvent en nature dans la succession : les actions en reprise, s'il en existe, ou le prix
de ces biens aliénés, s'il est encore dû, retournent également aux frères et sœurs légitimes. Tous les autres
biens passent aux frères et sœurs naturels, ou à leurs
descendans.

1. Il n'y a pas de parenté, selon la loi, entre les enfans légitimes et les enfans naturels d'un même père ou d'une même
mère; et aussi il n'y a pas proprement de droit de succession des
uns aux autres. Mais, lorsque l'enfant naturel meurt sans postérité, après le père ou la mère dont il a eu des biens, il est
juste que ces biens, s'ils existent en nature, ou, s'ils ont été aliénés, que les sommes dues sur le prix de l'aliénation, reviennent
aux enfans légitimes du donateur. Cette réversion est établie
dans les mêmes termes que celle qui est accordée aux ascendans légitimes, par l'art. 747. Elle reçoit, conséquemment, les explications qui ont été présentées sur cet art. 747. *V. Loiseau,*
p. 635; *Pand. franç.,* t. 3, *p.* 125; *Chab.,* n. 1, *etc; Malp.,* n. 164.

2. L'emploi de la conjonctive *et,* au lieu de la disjonctive
ou, dans la première ligne de l'art. 766, a produit une confusion apparente qui n'est pas dans le vœu de la loi. M. Chabot
l'a bien démêlée; mais elle a trompé la Cour de Riom. Par un
arrêt du 4 août 1820, cette Cour a jugé que la réversion, aux enfans légitimes du donateur, est subordonnée non-seulement au
prédécès de ce donateur, mais encore à celui de l'autre parent
qui n'a pas donné; et qu'ainsi le père survivant recueille dans
la succession de l'enfant naturel, les biens que lui avait donnés sa mère prédécédée. M. Duranton fait la critique de cet arrêt, fondé sur une expression irréfléchie et contraire à la raison
de la loi, comme à la raison naturelle et à l'équité. Le législateur a établi, confusément pour le père et la mère, une même
règle, qui s'applique distributivement à chacun d'eux. De chaque
côté, le retour se fait au donateur ou à ses enfans légitimes.
C'est encore l'avis de M. Malpel. *D.* 1820, *p.* 14; *Sir.,* 21,
2, 313. — *Chab.,* n. 1, 2, 3; *Dur.* 6, n. 338; *Malp.,* n. 164.

3. Cette réversion ne s'arrête point au premier degré des enfans du donateur; elle suit toute la ligne descendante. M. Chabot a remarqué, avec raison, que l'expression de *frères et sœurs*
légitimes, qui est dans la loi, n'est point exacte; il fallait dire *en-*

8

fans légitimes du donateur, et encore mieux *descendans*, pour marquer ici l'effet de la représentation. Bien qu'elle ne soit pas rappelée en ce lieu, la représentation n'en est pas moins certaine; elle est ici dans l'esprit de la loi. M. Chabot, M. Toullier, M. Delvincourt et M. Duranton s'accordent à l'admettre. M. Grenier et M. Malpel la repoussent. Aux yeux de M. Malpel, il n'y a pas même de réversion; il ne voit que la succession des enfans légitimes du donateur, au premier degré. Il importerait peu qu'on ne donnât pas le nom de réversion au droit des enfans légitimes, bien qu'il produise véritablement un retour; mais il importe beaucoup que les petits-enfans légitimes du donateur, succèdent, par représentation de leur père, aux choses que leur aïeul a données, parce que ce retour successoral est dans l'ordre de la raison et de la justice. *Chab.*, *n. 4 et 5*; *Toull. 4*, *n.* 269; *Delv.* 2, *p.* 67; *Dur.* 6, *n.* 337; *Gren.*, *donat.* 2, *n.* 677; *Malp.*, *n.* 164.

4. M. Malpel raisonne bien mieux, lorsqu'il ajoute que la disposition de l'art. 766 ne doit pas être restreinte aux biens compris dans une donation, mais qu'elle doit s'étendre, selon l'esprit et le but de la loi, manifestés au Conseil d'état, aux biens que l'enfant naturel avait obtenus par succession de son père ou de sa mère. La vocation des enfans légitimes, et de leurs descendans, est pour eux la réparation de la perte que leur avait fait éprouver l'enfant naturel, en prenant une portion de l'héritage de leur père. *Malp. préc.*

5. Les biens qui n'entrent pas dans la réversion, passent aux frères et sœurs naturels, ou à leurs descendans, à l'exclusion des descendans légitimes du père et de la mère du défunt. Les premiers sont dans une position qui fait présumer pour eux un plus grand besoin de la succession.

Les frères et sœurs, enfans naturels, peuvent avoir tenu au défunt par un double ou par un simple lien; les uns germains, d'autres consanguins, et d'autres utérins. Dans cette position, M. Chabot, M. Loiseau, M. Toullier et M. Delvincourt expriment tous la même opinion, très-raisonnable, qu'il faut suivre les règles établies par l'art. 733, et diviser la succession en deux portions égales, l'une pour la ligne paternelle et l'autre pour la ligne maternelle; faire prendre part aux germains dans les deux lignes, et aux demi-frères dans la ligne seulement à laquelle ils appartiennent. *Chab.*, *n.* 6, 7; *Loiseau*, *p.* 637; *Toull. 4*, *n.* 269; *Delv.* 2, *p.* 67; *Dur.* 6, *n.* 339.

6. Les frères et sœurs naturels, prédécédés, indignes ou renonçant, sont représentés par leurs descendans. L'art. 766 établit indéfiniment cette représentation spéciale, sans dire si elle embrasse les descendans naturels. A l'art. 759, M. Chabot nous a fait observer qu'il n'y a point là de vocation directe pour les descendans naturels de l'enfant naturel. Ici M. Chabot enseigne que : « Le mot descendans s'applique aux descendans naturels, comme aux descendans légitimes, parce qu'il ne s'agit pas dans l'espèce, comme dans le cas prévu par l'art. 759, d'un concours avec des parens légitimes, et que si, dans l'espèce, les descendans naturels des frères ou sœurs naturels étaient exclus, ce ne pourrait être qu'au profit du conjoint survivant, ou du fisc, puisqu'il est supposé que l'enfant naturel duquel il s'agit est décédé sans postérité, après ses père et mère, et que les frères et sœurs légitimes ont pris ce qui leur était attribué par l'art. 766, ou n'ont rien eu à prendre. » *Chab.*, *n. préc.*

Cette doctrine est admissible lorsqu'en effet il s'agit uniquement de savoir à qui, de l'enfant naturel d'un frère naturel, ou du conjoint, ou du fisc, la succession sera dévolue. On peut dire que la loi qui préfère le frère naturel au conjoint et au fisc, est présumée par la signification illimitée du mot descendans, leur avoir préféré aussi l'enfant naturel de ce frère naturel. La doctrine de M. Chabot peut encore être applicable entre un frère naturel et l'enfant naturel d'un autre frère de même qualité, parce qu'il n'y a pas de raison de préférence pour le premier, et que vis-à-vis de lui le second trouve sa vocation, à la place de son père, dans l'appellation indéfinie des descendans. Mais, si l'un des frères naturels a laissé des enfans légitimes, tandis qu'il n'existe que des enfans naturels de l'autre, ou s'il reste d'un même frère des enfans légitimes et des enfans naturels, accordera-t-on une préférence, et le droit d'exclure les autres, à ceux qui ont l'avantage de la légitimité? Le législateur n'a pas eu l'idée de ces positions précises; mais ce qui demeure indéterminé dans l'art. 766, nous semble devoir se régler suivant les principes et les explications présentées plus haut (*art.* 759, *n.* 1). Le frère naturel, qui a sa vocation propre et directe ne peut, sans doute, être exclu par les enfans légitimes d'un autre frère naturel, parce qu'ils ne font que représenter leur père; mais il exclura, lui-même, les enfans de son frère, s'ils ne sont que naturels, parce que la représentation n'est point attachée à ce titre. Ses enfans légitimes auront le même droit d'exclusion. Entre des enfans légitimes et des enfans naturels d'un même frère, la représentation n'appartient qu'aux premiers.

7. A défaut de frères et sœurs, enfans naturels, et de leurs descendans, les frères et sœurs, enfans légitimes et leurs descendans, recueillent-ils la succession, de préférence au conjoint survivant et au fisc? La loi ne règle pas directement cette situation; mais l'ordre de distribution qu'elle a tracée, laisse tout-à-fait à l'écart, les descendans légitimes du père et de la mère de l'enfant naturel, et suivant une discussion du Conseil, que M. de Maleville rapporte, on a bien entendu donner la préférence au conjoint survivant ou au fisc. Qu'il y ait justice par rapport au conjoint, nous l'admettons. A l'égard du fisc, nous n'en jugeons pas de même. Une ancienne maxime, que M. Delvincourt rappelle, portait: *fiscus post omnes*. M. Duranton en propose encore l'application ici; mais nous ne la croyons guère possible. *Malev.; Dur.* 6, *n.* 339. *V. supra, art.* 759, *n.* 2.

SECTION II. — *Des droits du conjoint survivant, et de l'État.*

ARTICLE 767.

Lorsque le défunt ne laisse ni parens au degré successible, ni enfans naturels, les biens de la succession appartiennent au conjoint non divorcé qui lui survit.

1. Cet article n'a pas été rédigé avec beaucoup d'attention. Pris isolément, il ferait succéder le conjoint au préjudice du père, de la mère, des frères et sœurs naturels et de leurs descendans. Il faut le conférer aux deux articles précédens; et de cette combinaison, il résulte que le conjoint n'est appelé qu'au défaut de tous les parens naturels, désignés par ces premiers articles. C'est dans cet ordre que M. Chabot, M. Toullier, M. Delvincourt et M. Duranton présentent le droit successif du conjoint survivant. *Malv.; Chab., n.* 1, 2; *Toull.* 4, *n.* 269; *Delv.* 2, *p.* 68; *Dur.* 6, *n.* 341; *Malp., n.* 93.

2. La loi privait l'époux divorcé de ce droit de succession; mais en ne l'interdisant point à l'époux séparé de corps, elle l'a laissé subsister en sa faveur; et en cela, elle a fait une innovation fâcheuse. Les auteurs des Pandectes ne croient point à ce changement par la loi nouvelle; les autres interprètes du Code le reconnaissent. *Pand. franç., t.* 3, *p.* 130; *Malv.; Chab.,*

n. 3, 4; Toull. 4, n. 272; Delv. 2, p. 68; Dur. 6, n. 343; Rép. Fav., succ., sect. 4, § 2 ; Vaz., mariage, etc., 2, n. 589.

3. Le mariage nul n'empêche pas l'époux qui l'a contracté de bonne foi, de jouir du droit de succession, si ce mariage n'a point été annulé avant la mort de son conjoint ; mais, l'annulation antérieure faisant que ceux qui avaient été unis n'étaient plus époux au décès de l'un d'eux, l'autre n'a pu lui succéder. Cette décision, de M. Chabot, de M. Delvincourt et des auteurs des Pandectes françaises, est très-exacte. *Chab., n. 5; Delv. 2, p. 68; Pand. franç., t. 3, p. 132.*

4. M. de Maleville et M. Delvincourt rappellent les dispositions du droit romain et la jurisprudence ancienne du royaume, qui accordaient au conjoint survivant, qui se trouvait dans l'indigence, l'usufruit d'une partie de la succession de l'époux prédécédé. Il est à regretter, que le Code civil n'ait rien fait pour ce conjoint indigent, c'est un oubli grave. Nos deux auteurs pensent que les tribunaux peuvent équitablement suppler à cette omission de la loi. M. Malpel et les auteurs des Pandectes ne le croient pas possible ; et nous ne le croyons pas davantage. *Malv.; Delv. préc.; Malp., n. 175; Pand. franç., t. 3, p. 131.*

ARTICLE 768.

A défaut de conjoint survivant, la succession est acquise à l'Etat.

1. L'état ne succède que lorsqu'il n'y a point de parens successibles au douzième degré, d'enfans naturels, de frères ou sœurs naturels, et de descendans d'eux, de conjoint survivant, ni aucun héritier contractuel ou testamentaire. Ce droit de succession de l'Etat, est une conséquence du principe de l'art. 539. *Malv.; Chab.; Dur. 6, n. 344, etc.; supra, art. 759, n. 2, et art. 761, n. 12; infra, art. 811.*

2. Un avis du Conseil d'état, approuvé le 8 novembre 1809, ajoute à la loi : « 1° Que les effets mobiliers, apportés dans les hospices par les malades qui ont été traités gratuitement, doivent appartenir auxdits hospices, à l'exclusion des héritiers et du domaine, en cas de déshérence.

» 2° Qu'à l'égard des malades ou des personnes valides, dont le traitement et l'entretien ont été acquittés de quelque manière que ce soit, les héritiers et légataires peuvent exercer leurs droits sur tous les effets apportés dans les hospices par lesdites per-

sonnes malades ou valides ; mais que dans le cas de déshérence,
les mêmes effets doivent appartenir aux hospices, au préjudice
du domaine.

» 3° Qu'il ne doit être rien innové à l'égard des militaires
décédés dans les hospices. »

Si le chef de l'Etat a pu céder aux hospices, des effets reve-
nans à l'Etat, il n'a point eu le pouvoir d'enlever aux héritiers les effets de leurs parens, morts dans les hospices, pour
en faire hériter ces hospices. Le décret pouvait seulement les autoriser à les retenir en payement, jusqu'à concurrence de la valeur du traitement. Des héritiers, qui réclameraient en justice
ces effets, en offrant de payer le traitement, les obtiendraient
sans difficulté.

ARTICLE 769.

Le conjoint survivant, et l'administration des domaines,
qui prétendent droit à la succession, sont tenus de faire
apposer les scellés, et de faire faire inventaire dans les
formes prescrites pour l'acceptation des successions sous
bénéfice d'inventaire.

1. Hors de la classe des enfans naturels, il est rare qu'il ne
se trouve pas de parens au-dessus du treizième degré, pour recueillir une succession ; mais il arrive assez souvent que les successibles sont éloignés, qu'ils ignorent l'ouverture de la succession, ou qu'ils n'ont pas à leur disposition les titres nécessaires
pour établir leur parenté et leurs droits. Pendant trente années,
ils peuvent se présenter, et réclamer la succession que leur silence avait fait passer à des successeurs irréguliers. La loi pré-
voyante, veut assurer leurs intérêts, par l'opération des scellés
et de l'inventaire. Ces scellés sont apposés et levés ; et l'inventaire est fait dans les formes prescrites au Code de procédure,
IIᵉ partie et IIᵉ livre, titres 1, 2, 3, 4. *V. infra, art.* 773.

2. Ces formalités de scellés et d'inventaires, qui ne sont relatives qu'aux héritiers possibles, ne produisent pas, de droit, vis-
à-vis des créanciers le bénéfice d'inventaire ; mais la régie des
domaines, par des instructions qu'elle a données à ses agens,
et qui ont obtenu l'approbation des ministres des finances et de la
justice, s'assimile à l'héritier bénéficiaire ; et elle ne paye les dettes
qu'à concurrrence des valeurs qu'elle trouve dans la succession.
Il n'y aurait pas de sûreté pour les autres successeurs irréguliers,

à prendre cette licence. La plupart des commentateurs les réputent bien, de droit, héritiers bénéficiaires; mais la loi ne les ayant pas dispensés de la déclaration, au greffe, d'acceptation sous bénéfice d'inventaire, prudemment ils doivent remplir cette formalité, afin de n'être pas héritiers purs et simples. Elle est pour les créanciers un acte qui les avertit de veiller à leurs droits. *V. infra, art.* 793, *n.* 9.

ARTICLE 770.

Ils doivent demander l'envoi en possession au tribunal de première instance dans le ressort duquel la succession est ouverte. Le tribunal ne peut statuer sur la demande, qu'après trois publications et affiches dans les formes usitées, et après avoir entendu le procureur du roi.

1. Quelles sont ces formes usitées dont parle la loi? Elle n'en indique aucune. Le Code civil n'en a tracé que pour d'autres matières. M. Chabot pense que le mode d'affiches et de publications, établi pour la vente des immeubles en justice, est celui qui convient le mieux à la demande d'envoi en possession, prescrite par le présent article. Une décision du ministre des finances, rendue pour la régie des domaines, et recommandée par une circulaire du ministre de la justice, le 8 juillet 1806, porte que le premier acte du tribunal, sur la demande d'envoi en possession, sera inséré dans le Moniteur; que les trois affiches qui doivent précéder le jugement d'envoi en possession, seront apposées dans le ressort du tribunal, de trois mois en trois mois, et que le jugement ne sera prononcé qu'un an après la demande. Ces formalités ne sont commandées qu'à la régie des domaines; mais, suivant l'observation de M. Toullier, comme elles ne sont que la manière d'exécuter l'art. 770, dont la disposition est commune aux enfans naturels et au conjoint survivant, il convient que ceux-ci suivent la marche tracée par la circulaire. Les juges pourraient aussi en ordonner de plus simples et moins dispendieuses, pour les successions d'une mince valeur. M. Duranton en fait la remarque. *Chab., n.* 1, 2, 3, 4, *et art.* 773, *n.* 3; *Toull.* 4, *n.* 292, *etc.; Dur.* 6, *n.* 353.

2. Que deviendront les biens de la succession, par qui et comment seront-ils administrés, en attendant le jugement d'envoi en possession? M. Toullier enseigne qu'il doit être nommé un curateur comme pour une succession vacante, que ce curateur régira les biens et exercera les actions, et que la demande d'en-

voi en possession sera dirigée contre lui, afin qu'il examine et conteste, s'il y a lieu, les qualités et les droits des réclamans. L'auteur ajoute que les jugemens rendus avec le curateur, ont la même force que s'ils avaient été rendus contre les héritiers existans, parce qu'il les représente, et que c'est dans sa personne que résident toutes les actions et tous les droits actifs et passifs de la succession. *Toull.* 4, *n.* 392.

M. Chabot, M. Malpel, M. Duranton, M. Favard et M. Dalloz, rejettent le curateur, parce que la loi ne l'ordonne que pour les successions vacantes; qu'il n'y a pas plus de vacance pour l'hérédité à laquelle prétend un successeur irrégulier, que pour celle qui peut venir au successeur régulier; qu'aussi, la régie des domaines distingue bien les successions en déshérence et les successions vacantes, prescrivant la main-mise, et l'administration à ses agens pour les premiers, aussitôt après leur ouverture, et l'interdisant pour les autres. On remarque, en effet, dans la circulaire précitée, qu'il est défendu aux agens du domaine de faire, avant le jugement d'envoi en possession, aucun acte translatif de propriété ou de jouissance, sans l'autorisation du tribunal. Si le curateur n'est pas nécessaire à la régie, il ne l'est pas davantage aux autres successeurs irréguliers. La loi ne l'impose à personne; et pour l'établir avec les attributions que lui accorde M. Toullier, il faudrait que la loi l'eût ordonné. Le législateur aurait mieux fait en l'accordant; mais il n'a point eu cette attention, et il en résulte que, jusqu'au jugement d'envoi en possession définitive, les successeurs irréguliers, dont le titre n'est pas contesté, ont, de droit et par le fait, une possession provisoire; qu'ils sont autorisés et obligés en même temps à tous les actes conservatoires comme l'héritier en général, dans le délai qui lui est donné pour faire inventaire et pour délibérer. Si le titre ou la qualité était contesté, le tribunal statuerait au provisoire entre les contendans. *V. Chab.*, *art.* 773, *n.* 4; *Malp. n.* 159.

3. M. Chabot et M. Toullier sont encore divisés sur un autre point. M. Toullier affirme que les prétendans à la succession irrégulière doivent prouver qu'il n'existe pas d'héritiers réguliers, pour obtenir l'envoi en possession. M. Chabot soutient, avec plus de fondement, que la loi n'exige pas d'eux cette preuve, qui serait négative et par conséquent impossible à faire; que les publications et affiches sont prescrites comme un appel aux héritiers, et qu'il suffit qu'ils ne répondent point à

l'appel, pour faire douter au moins de leur existence, et autoriser l'envoi en possession. M. Malpel, M. Duranton et M. Dalloz se rangent à l'avis de M. Chabot, qui, d'ailleurs, se trouve conforme à la décision d'un arrêt de la Cour de Paris, du 20 germinal an XIII. Cet arrêt a jugé que lorsqu'il n'apparaît aucun successeur régulier, l'enfant naturel doit obtenir l'envoi en possession définitive. *Sir., t. 7, p. 933; Chab., art. 773, n. 3; Toull. 4, n. 293 à 300; Dur. 6, n. 352; Malp., n. 201; Rép. Fav., succ., sect. 4, § 4, n. 3; Dur., Rép. méth., succ., chap. 4, sect. 3, n. 4.*

4. Le successeur irrégulier qui meurt avant d'avoir obtenu l'envoi en possession, transmet, sans contredit, son droit à ses héritiers. Les auteurs des Pandectes françaises ont soutenu la proposition contraire. Celle que nous présentons, si forte en raison, est d'ailleurs, recommandée par MM. Chabot, Toullier, Delvincourt, Duranton. *Pand. franç., art. 724; Chab., art. 724; Toull. 4, n. 90; Delv. 2, p. 63; Dur. 6, n. 63; Malp., n. 201.*

On dira, sur l'art. 672, quels sont les effets de l'envoi en possession.

ARTICLE 771.

L'époux survivant est encore tenu de faire emploi du mobilier, ou de donner caution suffisante pour en assurer la restitution, au cas où il se présenterait des héritiers du défunt, dans l'intervalle de trois ans : après ce délai, la caution est déchargée.

1. Avant le terme de la prescription, les immeubles se retrouvent toujours dans quelques mains qu'ils aient passé ; et pour ces biens, au fond, des sûretés n'étaient pas nécessaires ; mais elles auraient été bonnes pour garantir des dégradations et de tous abus d'administration. La loi n'en a point prescrit, et les juges ne peuvent pas en ordonner. Restreint au mobilier, l'engagement de la caution ne dure même que trois ans, non qu'après ce terme, le successeur irrégulier ne soit plus exposé à la restitution, mais parce que la présomption de l'existence d'aucun ayant droit à la succession, est alors assez affaiblie, pour qu'on ne laisse plus le possesseur dans la gêne d'un cautionnement. Il pourra, pendant vingt-sept ans encore, être obligé à la restitution; mais il n'y sera tenu que sous sa responsabilité personnelle, comme pour les dégradations et les malversations qu'il aurait commises.

Si la caution est attaquée avant le terme de trois ans, l'action

peut se continuer après ce terme ; mais alors , si l'instance vient
à périmer , l'action est éteinte et la caution libérée.   .

2. La caution doit faire sa soumission au greffe, et remplir les
conditions exigées par les art. 2018 , 2019 et 2040 du Code. A
l'égard de l'enfant naturel, qui conservera toujours une part de
l'hérédité, la solvabilité de la caution n'a pas besoin d'être aussi
forte que pour d'autres successeurs irréguliers, exposés à tout
rendre.

3. L'emploi est l'équivalent de la caution ; il ne peut se faire
que par la vente des meubles , le placement de leur prix, ainsi
que des espèces trouvées dans la succession. L'emploi ne serait pas
sûr, s'il ne consistait dans une acquisition d'immeubles, ou dans
un prêt, garanti par l'hypothèque. De même qu'après trois ans,
il n'y a plus de caution obligée ; de même , il peut n'y
avoir plus d'emploi. A ce terme, le successeur, qui n'a point
été recherché, à la libre disposition du mobilier ; il peut le vendre à son gré, s'il l'a conservé jusque-là ; et, s'il l'avait vendu,
il peut en retirer le prix prêté, ou disposer du fonds acquis par
l'emploi de ce prix. La loi ne marque pas cette conséquence ;
mais elle va de soi ; et M. Chabot l'admet.

4. L'État est toujours réputé solvable : il n'est pas soumis à
l'obligation de l'emploi ou de la caution. La loi du 21 février 1827 a consacré ce principe, en déclarant l'art. 2185 du
Code civil inapplicable à l'État. La régie des domaines ne manque pas de faire vendre à l'enchère le mobilier des successions
advenant à l'État. Le prix payé à ses receveurs entre dans le trésor public qui en demeure responsable.

5. L'obligation de vendre le mobilier aux enchères, imposée
par la régie des domaines à ses agens, s'étend-elle aux particuliers, possesseurs de successions irrégulières ? M. Chabot,
M. Toullier et M. Duranton enseignent que la vente doit se
faire par le successeur irrégulier, comme par l'héritier bénéficiaire, avec les mêmes formalités. La loi n'établit pas cette obligation. A moins de fraude, les tribunaux ne feraient pas résulter de condamnation à des dommages-intérêts, d'une vente faite
librement de gré à gré. Le législateur a pensé, probablement,
que c'était assez de l'inventaire estimatif, pour l'intérêt d'héritiers inconnus et incertains.

6. M. Chabot dit plus exactement qu'il faut compter comme
un héritier, le successeur irrégulier absent, qui est à un degré
plus proche que celui qui a obtenu l'envoi en possession. Pen-

dant trente années, le premier peut venir dépouiller l'autre.
*V. Malev.; Chab.; Toull.*4, *n.* 300, *etc.; Malp., n.* 201; *Dur.* 6,
n. 354 *à* 360.

ARTICLE 772.

L'époux survivant ou l'administration des domaines qui
n'aurait pas rempli les formalités qui leur sont respectivement prescrites, pourront être condamnés aux dommages et intérêts envers les héritiers, s'il s'en représente.

1. Les formalités prescrites aux successeurs irréguliers sont
trop importantes dans l'intérêt des héritiers ou autres successeurs
plus proches qui pourraient exister, pour que leur inobservation
reste impunie. La loi ne prononce d'autre peine que celle des
dommages-intérêts, parce qu'il ne faut au véritable héritier que
la réparation des pertes que ce manquement lui a fait éprouver. Mais cette réparation doit être complète. Le défaut de scellés et d'inventaire peut obliger à une enquête et à l'estimation
de commune renommée, qui ne peuvent présenter que des approximations, et qui laissent souvent beaucoup d'incertitude.
Le doute et les approximations, tout se décide ou se fixe au plus
grand désavantage du détenteur qui est en faute. S'il n'a pas demandé l'envoi en possession, c'était pour éviter les affiches et publications, et les informations du procureur du roi. Son manquement à ces devoirs le met en présomption de mauvaise foi, et le
soumet à toute la responsabilité qui pèse sur les possesseurs de
mauvaise foi. Envoyé en possession après des scellés, un inventaire et des publications, il a fait appel aux héritiers qui pouvaient l'exclure ou entrer en partage avec lui; il a fait preuve
de bonne foi; et il doit avoir tous les avantages du possesseur
de bonne foi. Si ces héritiers existent, ne s'étant pas présentés,
ils sont, de droit, réputés inconnus ou absens; et alors, sous la
condition de l'art. 137 du Code civil, le successeur irrégulier a
pour lui le bénéfice des art. 136 et 138. La succession lui appartient; mais sa propriété n'est pas irrévocable; il peut la perdre
en totalité ou en partie, s'il survient, avant le terme de la prescription, un successible d'un ordre ou d'un degré qui doive lui
faire attribuer toute la succession, ou le faire admettre au partage. Mais jusque-là, possesseur de bonne foi, le détenteur des
biens a gagné les fruits qu'il en a retirés; et il ne doit restituer,
ou représenter au partage que le fonds de l'hérédité en meubles
et en immeubles. *Malev.; Chab., art.* 722 *et art.* 773, *n.* 6;

Toull. 4. *n.* 3o3; *Delv.* 2 , *p.* 64, 66 ; *Loiseau, p.* 714 ; *Malp.,*
n. 201 ; *Dur.* 6, *n.* 359, 360, *etc.*

2. Le possesseur de mauvaise foi est comptable de tous les
fruits qu'il a perçus et, encore, de ceux qu'il a négligé de percevoir. Il répond de toutes les pertes qui ne sont point accidentelles ou de force majeure, des dégradations qu'il a commises
et de celles qui résultent d'un défaut de réparations. Il ne peut
répéter les dépenses qu'il a faites dans les fonds de l'hérédité
qu'autant qu'elles leur ont donné une plus grande valeur présente, et seulement jusqu'à concurrence de cette valeur.

3. Le successeur irrégulier qui a possédé de bonne foi ne doit
les fruits qu'à partir de la demande du véritable héritier. L'opinion de M. de Maleville, qui le rend comptable des fruits perçus dans les trois premières années, n'a point eu de partisans.
On ne suit pas non plus la doctrine de M. Delvincourt qui accorde les fruits à l'héritier qui réclame dans les trois ans. Le
possesseur de bonne foi ne répond ni des pertes ni des dégradations causées par sa négligence, ou par sa faute, parce qu'il n'a
point eu l'intention de nuire à des tiers dont il ne connaissait
ni les droits ni l'existence. Ainsi, qu'il ait laissé acquérir des
prescriptions; qu'il ait laissé des débiteurs devenir insolvables;
qu'il n'ait pas réparé des bâtimens qui seront tombés en ruine;
qu'il en ait démoli ; il ne doit les choses que dans l'état où elles
se trouvent. Il n'est pas même comptable de la valeur des maté-
riaux, s'il l'a dissipée; mais il la doit, s'il les a employés à quelque construction subsistante dans ses propres fonds, ou si, les
ayant vendus, le prix a augmenté sa fortune, *in quantum locu-*
pletior factus est.

M. Chabot propose ces règles du droit romain et de notre ancienne jurisprudence, en ajoutant cette modification : « Cependant, s'il s'agissait de fautes graves qui manifestent le dol, le
successeur irrégulier pourrait en être tenu, lors même qu'il aurait rempli toutes les formalités prescrites par les art. 769, 770,
771. Par exemple, s'il avait fait exploiter des bois avant les époques ordinaires des coupes; s'il les avait vendues et en avait reçu
le prix, on pourrait soupçonner, que par ces anticipations, il aurait eu l'intention de s'enrichir au préjudice des héritiers dont il
aurait appris l'existence; et il pourrait être condamné non-seulement à restituer ce qu'il aurait reçu, mais encore à des dommages-intérêts, car le dol et la fraude, lorsqu'ils sont prouvés,
font toujours exception aux règles générales. » Oui, lorsqu'ils

sont prouvés ; mais M. Chabot n'a parlé d'abord que de soupçons ; et des soupçons ne font pas preuve, *fraus non præsumitur.* Sans doute la bonne foi présumée du possesseur cesse lorsqu'il vient à connaître l'existence et les droits d'un autre héritier ; mais le fait de cette connaissance ne se juge pas sur des soupçons, il faut qu'il soit prouvé d'une manière positive et certaine. Ce n'est pas parce que le possesseur a fait des anticipations, qu'on jugera qu'il a connu les droits d'autrui ; ce n'est que parce qu'on aura vérifié que ces droits lui étaient connus, qu'on pourra le juger coupable de dol.

Le successeur de bonne foi répète toutes les dépenses de grosses réparations et de constructions utiles qu'il a faites, bien qu'au demeurant, le fonds n'en ait pas plus de valeur, ou que le temps les ait détruites, sans qu'on puisse lui opposer qu'elles n'étaient pas nécessaires ou qu'elles n'avaient pas un degré d'utilité suffisante. Mais comme il ne rend pas les revenus, les réparations d'entretien que la loi met à la charge de l'usufruitier, ne lui sont point allouées. On ne lui fait pas compte, non plus, des dépenses de volupté qu'il a faites pour son propre agrément, si elles n'ont pas augmenté la valeur du fonds. Seulement il lui est permis d'emporter les ornemens qui peuvent être retirés sans dégradation.

Ces diverses règles de détail ne se trouvent pas explicitement dans le Code civil ; mais son esprit les indique et les confirme ; et elles sont toujours observées. *Malev.*, art. 771 ; *Chab.*, art. 773, n. 6 ; *Toull.* 4, n. 303, etc.; *Delv.* 2, p. 65, 66 ; *Malp.*, n. 204, etc.; *Dur.* 6, n. 359, et 1, n. 583 ; *Pand. franç.* 3, p. 137.

4. Le successeur irrégulier, de bonne foi, peut vendre les meubles, ainsi que nous l'avons vu ; et quand il les a vendus, il ne doit à l'héritier que le montant de leur estimation dans l'inventaire. Quant aux immeubles, pourrait-il les aliéner valablement ? Nous venons de le dire, n. 1er. Le successeur irrégulier, lorsque les autres successeurs manquent, a le même droit, avec les mêmes conditions qu'un héritier régulier, dans la position marquée par l'art. 136. Il est propriétaire ; mais sa propriété est résoluble ; il peut en disposer, la grever d'hypothèques et d'autres charges, mais sans préjudice de la résolution. Son acquéreur à titre onéreux ou gratuit, et tous ceux à qui il a conféré des droits sur les biens de la succession, courent les chances de cette résolution. Toutefois, l'acquéreur qui ne le représente pas comme héritier ou successeur, a sur lui un grand avantage, car,

après une possession de dix ou de vingt ans depuis l'acquisition, faite en bonne foi, la prescription consolide sa propriété et le met à l'abri de toute recherche de la part du véritable héritier, tandis que le successeur qui a conservé la chose est exposé, pendant trente années, à la restitution, et que l'ayant aliénée, il est, durant le même espace de temps, comptable de la valeur de cette chose. Sauf quelque différence dans l'expression, M. Toullier admet, comme nous, l'aliénation résoluble, et le bénéfice de la prescription décennale pour l'acquéreur. *Toull.* 4, *n.* 277, 278.

M. Chabot place le successeur irrégulier, comme l'héritier bénéficiaire, dans l'impuissance absolue d'aliéner, sans l'autorisation de la justice; autorisation qui ne se donne que dans les cas de nécessité pour le payement des dettes. Mais la loi n'étend point au successeur irrégulier les dispositions de l'art. 806, faites pour l'héritier bénéficiaire spécialement; et nulle part, elle ne prononce, contre ce successeur, l'interdiction d'aliéner. M. Chabot invoque la circulaire de la régie des domaines, du 10 prairial an VI, qui, à l'instruction que nous avons citée (*art.* 769, *n.* 2), ajoute: «Que la déshérence n'établit point, avant la prescription légale, l'État propriétaire incommutable des biens qu'il acquiert à ce titre; qu'il n'a qu'une propriété flottante et incertaine, dont il a sans doute le droit de jouir, mais non de disposer. » M. Malpel invoque aussi la circulaire de la régie, et soutient que l'enfant naturel et le conjoint survivant, bien qu'envoyés en possession, ne peuvent, non plus que l'État, faire aucunes aliénations d'immeubles. *Chab., art.* 773, *n.* 5; *Malp., n.* 327.

La doctrine de cette circulaire, antérieure au Code civil, ne peut pas lui servir de commentaire, pour établir contre les parens naturels et le conjoint survivant, l'interdiction absolue de toute disposition. La circulaire présente toujours une règle d'ordre, bonne pour la régie des domaines, parce qu'il ne doit jamais convenir à l'État de s'exposer à des actions en garantie, par des aliénations résolubles. Mais cette circulaire, fût-elle postérieure au Code, ne pourrait altérer ni modifier les droits qu'il accorde aux parens naturels, et au conjoint survivant. D'ailleurs, l'instruction de la régie ne saurait empêcher le bénéfice de la prescription décennale établie par l'art. 2265 du Code.

M. de Maleville, M. Delvincourt et les auteurs des Pandectes françaises, tiennent pour incapable d'aliénation, tant qu'il n'a pas prescrit contre l'héritier véritable, le successeur irrégulier qui n'a point rempli les formalités ordonnées. Ces formalités accomplies, nos deux auteurs pensent que l'aliénation n'est pas possible dans les trois ans de l'envoi en possession ; mais après ce terme, ils attribuent au possesseur le plein pouvoir de faire des aliénations valables, qui mettent aussitôt l'acquéreur hors l'atteinte de l'héritier qui pourrait survenir. M. Dalloz semble adopter la première proposition, et s'élève contre la seconde. M. Delvincourt veut que l'instruction de la régie soit renfermée dans son objet ; faite pour l'administration des domaines, elle lui paraît sans force contre les particuliers possesseurs de successions irrégulières. Le conjoint succédait anciennement ; et l'on n'a jamais prétendu qu'il n'eût le droit de disposer des biens de la succession, qu'après les avoir acquis une seconde fois par la prescription. La doctrine de la circulaire tendrait à laisser trop long-temps les propriétés hors du commerce ; elle est entièrement contraire à l'esprit général du Code. M. Delvincourt croit son opinion consacrée par un arrêt de cassation, du 5 août 1815. *J. p., éd. n., t.* 17, *p.* 232 ; *Malev., art.* 773 ; *Delv.* 2, *p.* 64 *et* 542 ; *Rép. méth., succ., ch.* 4, *sect.* 3, *n.* 6.

Cet arrêt a seulement jugé que, pendant sa possession à titre de déshérence, l'État était partie capable pour représenter en justice l'hérédité, et que l'héritier qui n'est survenu qu'après des jugemens rendus contre la régie des domaines, n'était pas recevable à les attaquer par tierce opposition. La décision eût été la même pour des jugemens rendus contre le simple curateur, pendant la vacance de la succession. Dans une position, comme dans l'autre, on ne peut pas conclure du pouvoir d'agir et de défendre en justice, au droit de faire des aliénations que l'héritier doive respecter avant qu'elles aient trouvé l'appui de la prescription. Légalement en possession, le successeur irrégulier peut, comme tous autres héritiers, disposer des biens de la succession. La loi ne lui interdit pas la disposition des propriétés durant les trois années d'emploi ou de cautionnement pour la valeur des meubles ; mais, avant ainsi qu'après ce terme de trois ans, il ne fait, quant aux immeubles, que des aliénations susceptibles d'être résolues. En cela, il n'est pas dans une position différente de celle du successible régulier qui, ayant recueilli la succession entière à son ouverture, se trouve plus tard éconduit par un autre héritier plus proche, ou obligé de faire une part à un cohéritier.

5. Mais ici, nous sommes ramenés à la grande controverse dont

nous avons parlé plus haut (*art.* 756, *n.* •), et dans laquelle on remarque principalement d'un côté M. Toullier et M. Duranton, et de l'autre M. Merlin, secondé de M. Malpel qui soutient en faveur de l'héritier apparent, en général, le droit d'aliénation, qu'il refuse, en particulier, au successeur irrégulier, légalement en possession. La plupart de ces auteurs nous présentent de longues dissertations sur le droit romain et la jurisprudence ancienne, plutôt que sur le Code qui nous régit. La raison naturelle, l'esprit de notre Code et sa lettre, nous dispensent de l'examen d'une foule d'observations et d'argumentations minutieuses ou subtiles sur le droit antérieur. Les art. 1599 et 2182 pourraient suffire à la solution de la difficulté qu'on a fait naître; mais la décision qu'ils fournissent est appuyée par plus d'un autre. *La vente de la chose d'autrui est nulle* (1599). *Le vendeur ne transmet à l'acquéreur que la propriété et les droits qu'il avait lui-même sur la chose vendue.* Ces règles si justes, sont là si simples et si claires! Pourquoi leur chercher des explications au dehors? Elles sont aussi dans le droit romain, à la vérité, mais avec tant de distinctions, d'exceptions, de modifications, qu'il devient difficile de savoir où les appliquer; et puisque nous les avons simples dans notre droit réformé, tenons-nous à leur simplicité. Si l'héritier apparent n'est pas le véritable héritier, en vendant les immeubles de la succession, il a fait une vente nulle, qui ne depouillera point le véritable héritier. Si le vendeur ne peut transmettre que la propriété qu'il a sur la chose vendue, quand il n'est pas propriétaire, il ne transmet pas de propriété. S'il lui revient une portion de la chose, à déterminer pour la voie du partage, son acheteur de toute cette chose, n'acquiert sûrement que ce même droit au partage.

Le Code a marqué souvent l'application de ces principes; et s'il ne l'a pas fait toujours, on ne saurait en conclure qu'il y a des principes différens et tout contraires pour les cas auxquels cette application n'est pas positivement déterminée par la loi. C'est dans les circonstances qui pouvaient présenter du doute, que la loi a marqué elle-même l'application. C'est ainsi, qu'à l'art. 930, le législateur déclare que l'action en réduction des libéralités excessives se poursuit contre les tiers détenteurs. Le donataire avait un titre réel; et l'on aurait pu penser que l'acquéreur, qui a traité avec lui sur la foi de ce titre, ne devait pas être exposé à la recherche d'un héritier du donateur. C'est par la même raison, que les art. 954, 963 et 966 étendent aux tiers-détenteurs l'effet de la révocation des libéralités pour cause d'inexécution des conditions, et pour cause de survenance d'enfant. La loi n'avait pas besoin de dire à l'art. 1664, que la faculté de rachat se poursuit contre les tiers-acquéreurs; mais il pouvait être bon d'avancer, comme elle l'a fait, que ce droit de suite existe quand même la faculté de réméré n'aurait pas été déclarée dans le second contrat. Le tiers-acquéreur est soumis à la rescision, pour cause de lésion, de la vente faite à son vendeur : la loi ne le dit point; elle le suppose; et en conséquence, elle se borne à déclarer, art. 1681, que le tiers-possesseur a, comme l'acquéreur direct, le droit de rendre la chose, ou de payer le supplément de prix. La loi n'étend pas précisément aux tiers-acquéreurs, la nullité de l'aliénation des biens substitués ou grevés de restitution; mais supposant cette extension, parce qu'elle est de droit, l'art. 1070 modifie son effet, en déclarant que les tiers-acquéreurs peuvent opposer le défaut de transcription de l'acte contenant la substitution.

Dans d'autres circonstances, la loi n'indique l'application du principe, en aucune manière; mais la chose va de soi. Ainsi la résolution des ventes, pour défaut de payement du prix, accordée par l'art. 1654, se poursuit contre les sous-acquéreurs, sans que la loi ait expressément autorisé cette poursuite. Il en est de même pour les sous-acquéreurs de biens de mineurs, d'interdits, de femmes en puissance de mari. Pourquoi l'héritier véritable aurait-il moins de droit contre l'acquéreur d'un héritier apparent? La loi ne donne-t-elle point au premier l'action en pétition d'hérédité pendant trente ans? (art. 137, 2262) l'héritier apparent exposé au délaissement de la succession n'a qu'une propriété conditionnelle et résoluble, comme le donataire qui est exposé à l'action en nullité, ou à la révocation, ou à la réduction; comme l'acquéreur qui est exposé à l'effet de la nullité de son acquisition, ou à la rescision, ou à la résolution. Aucun d'eux n'a pu faire de disposition irrévocable; et lorsque l'événement a détruit ou effacé leur propriété putative, les dispositions qu'ils ont faites emportent toutes également aliénation de la chose d'autrui; elles sont toutes également nulles par la force des principes consignés dans les art. 1599, 2125, 2182. Pour qu'il n'y eût pas de nullité dans un cas ou dans l'autre, il né suffirait point que la loi n'en eût pas prononcé spécialement, il faudrait qu'elle eût confirmé les aliénations, comme elle l'a fait à l'art. 132, à l'égard de l'absent qui ne reparaît qu'après l'envoi en possession définitive de son héritier présomptif ; et par l'art. 959, relativement à la révocation des libéralités, pour cause d'ingratitude. La loi a fait assez pour les autres tiers-acquéreurs, en leur accordant le bénéfice de la prescription de dix ou vingt ans. Art. 2265. *V. supra, art. 756, n. 2.*

ARTICLE 773.

Les dispositions des art. 769, 770, 771 et 772, sont communes aux enfans naturels appelés à défaut de parens.

1. Les enfans naturels qui succèdent en concours avec des parens légitimes, selon l'art. 757, ne sont pas soumis à ces formalités, ils n'ont qu'une simple demande d'envoi en possession, à former contre les héritiers du sang ou contre les légataires universels. Ils peuvent même, comme nous l'avons observé déjà, former directement une demande en partage, qui comprend en elle l'envoi en possession. Les seuls enfans naturels, appelés à recueillir toute la succession à défaut de parens légitimes, sont spécialement soumis à l'obligation des scellés, de l'inventaire, et de cette demande formelle de l'envoi en possession, qui ne s'accorde qu'après trois publications et affiches. Ils sont aussi obligés à l'emploi du mobilier ou à la caution. Ils ne peuvent se dispenser de ces obligations sans courir le risque de dommages-intérêts envers les héritiers qui pourraient se présenter dans les trente ans de l'ouverture de la succession. *V. supra, observ., art. 769 etc.*

2. L'art. 773 ne comprend, dans sa disposition, ni les pères et mères naturels, ni les frères et sœurs naturels qui recueillent la succession de l'enfant naturel. S'il n'y avait pas autant de raison pour les soumettre aux formalités des articles précédens, il y en avait pourtant de suffisantes. L'enfant naturel défunt peut avoir eu des enfans légitimes ou naturels, qui ne sont qu'absens, et pour lesquels les publications et les autres mesures de précaution seraient intéressantes.

V. Loiseau, p. 714 ; Chab. ; Toull. 4, n. 297, etc. ; Delv. 2, p. 62, etc. ; Malp., n. 197, etc. ; Lur. 6, n. 293, 349, etc.

CHAPITRE V.

De l'Acceptation et de la Répudiation des Successions.

SECTION PREMIÈRE. — De l'Acceptation.

ARTICLE 774,

Une succession peut être acceptée purement et simplement, ou sous bénéfice d'inventaire.

1. On ne peut pas mettre d'autre condition à l'acceptation d'une hérédité, que celle du bénéfice d'inventaire. Cette règle existait dans le droit romain par les lois 77, *ff. de reg. jur.*, et 51, § 2, *de acq., vel. omit. hæred.* Nous en avons une application remarquable depuis le Code civil. La Cour régulatrice a maintenu, le 3 août 1808, un arrêt de la Cour d'appel d'Ajaccio, qui rejeta l'option faite par la dame Bradi, donataire et successible, pour une part d'hérédité, dans le cas où des biens, objet d'un fidéicommis, rentreraient dans la succession, et où la renonciation d'une dame Celami aurait son effet. *D.* 1808, *p.* 398; *Sir.* 8, 4, 490 ; *Dur.* 6, *n.* 368.

Sur le bénéfice d'inventaire, *V. infra*, art. 793, *etc.*

ARTICLE 775.

Nul n'est tenu d'accepter une succession qui lui est échue.

1. Dans l'ancien droit romain, les enfans qui se trouvaient sous la puissance paternelle, étaient nécessairement héritiers de leur père ; mais les préteurs en vinrent à permettre la répudiation, et la loi consacra cet usage. En France, on a toujours eu pour maxime : *n'est héritier qui ne veut.*

2. Ce n'est qu'après l'ouverture d'une succession, qu'on peut valablement l'accepter ou la répudier. La loi ne reconnaît plus les pactes sur les successions futures, qui se faisaient anciennement dans les contrats de mariage. Art. 791, 1130.

Dans nos principes conformes à la loi 27, *ff. de acq., vel. omit. hæred.*, la personne qui, croyant décédé le parent dont elle attendait la succession, se porte héritière, fait une acceptation nulle, et dont la nullité subsiste, lorsque, dans la suite, la succession vient à s'ouvrir en sa faveur. Il en est de même pour la renonciation anticipée. Le 22 juillet 1828, la Cour de Bourges a jugé nulle la répudiation de la succession d'un père absent, dont

9.

le décès n'était pas prouvé. L'arrêt déclare que les enfans n'a-
vaient, dans cette position, que le droit de réclamer l'envoi en
possession des biens. *D.*, 1830; *S.*, *p.* 287.

5. Ce n'est point assez que la succession soit ouverte, pour
qu'elle soit acceptée ou répudiée efficacement; il faut que celui
qui est appelé à la recueillir, connaisse l'ouverture et son droit,
au moment où il fait une option. Un acte qui pourrait être un
fait d'addition d'hérédité, si le successible était instruit de l'ouverture de la succession, ne sera regardé que comme une gestion
officieuse, s'il peut être reconnu que l'auteur de ce fait ignorait
la mort qui a produit l'hérédité. Ainsi l'acceptation, faite par
un parent qui se croyait appelé à la succession, et qui est ensuite
exclu par un autre parent plus proche, est insignifiante.

Malev.; Pand. franç. 3, *n.* 144; *Chab.*, art. 774, *n.* 1, 2, etc., et
art. 775; *Toull.* 4, *n.* 315; *Delv.* 2, *p.* 79; *Malp.*, *n.* 186; *Dur.* 6,
n. 364, *etc.*

Par deux arrêts du 3 termidor an 12, et du 31 mars 1806, la
Cour de cassation a décidé que des enfans qui s'étaient déclarés
héritiers de leur père, mort inscrit sur la liste des émigrés, et
n'ayant alors d'autres héritiers que le fisc, avaient pu renoncer
à cette succession, après l'amnistie qui la leur référait. Par un
autre arrêt, du 16 mai 1815, la même Cour a jugé nulle l'acceptation faite par un émigré, pendant sa mort civile. *Rép. Merl.*,
héritier, *sect.* 2, § 3, *n.* 3; *D.*, 1806, 320; *Sir.*, 15, 1, 191.

4. Mais quand le successible du degré supérieur, qui pouvait
exclure celui qui a fait une acceptation, vient à renoncer, cette
acceptation ne doit-elle pas produire son effet? M. Toullier répond que l'acceptation ne peut point alors être rétractée, sous prétexte que l'acceptant n'était point appelé, parce que l'héritier,
qui renonce, est censé n'avoir jamais été héritier. M. Malpel
suit cette décision. M. Chabot, M. Duranton et M. Dalloz la rejettent. « Si l'héritier qui renonce, dit M. Dalloz, est censé n'a-
voir jamais été héritier, c'est qu'on a voulu qu'il ne pût, en aucune manière, retenir des fruits ou d'autres objets de la succession. De même, on a fait remonter l'effet de l'acceptation au
jour de l'ouverture, afin que l'héritier profitât de tous les bénéfices, et fût tenu de supporter toutes les pertes survenues avant
son acceptation. Mais cette double règle n'a jamais eu pour objet
de légitimer une acceptation nulle dans l'origine. L'effet de
remonter au jour de l'ouverture, n'est attribué qu'à l'addition
d'hérédité, régulièrement faite. » *Toull.* 4, *n.* 316; *Malp.*, *n.* 186;

Chab., art. 774, n. 6 ; Rép. méth., succ., chap. 5, sect. 1, n. 8. V. infra, art. 777.

Cette argumentation n'est pas concluante. Les effets, remarqués par M. Dalloz, ne sont pas donnés, par la loi, comme les seuls que sa disposition doive produire; d'autres peuvent résulter de la généralité de son expression ; et celui que montre M. Toullier, en sort tout naturellement, avoué par la raison. La succession est déférée conditionnellement, par les art. 116, 137, au parent qui apparaît comme le plus proche. Pendant trente années, il pourra être dépossédé, si d'autres surviennent, plus rapprochés que lui. S'il ne s'en présente pas, ou, ce qui est la même chose, s'il n'en vient que pour dire qu'ils ne veulent pas être héritiers, la succession reste au successible qui l'a recueillie.

ARTICLE 776.

Les femmes mariées ne peuvent pas valablement accepter une succession sans l'autorisation de leur mari ou de justice, conformément aux dispositions du chap. VI du titre du*Mariage*.

Les successions échues aux mineurs et aux interdits ne pourront être valablement acceptées que conformément aux dispositions du titre *de la Minorité, de la Tutelle et de l'Emancipation.*

1, L'acceptation d'une succession produit des engagemens; il faut donc être capable de s'engager pour faire une acceptation valable. Les femmes qui, en général, ne peuvent pas s'obliger sans l'autorisation de leur mari ou de la justice, sont spécialement soumises à cette autorisation, pour accepter les successions qui leur sont dévolues. Il faut ajouter, d'après la règle générale de l'art. 219, quoique la loi ne le déclare pas ici, qu'elles ne peuvent pas renoncer sans autorisation. Si le mari ne veut ou ne peut autoriser, soit pour l'acceptation, soit pour la renonciation, la justice décide de l'une ou de l'autre. *Chab., n.* 1, *etc.; Delv.* 2, *p.* 82 ; *Malp., n.* 187 ; *Dur.* 6, *n.* 413, *etc.; Vaz., mariage, etc.,* 2, *n.* 341.

2. Le mari, mineur ou interdit, incapable de faire pour lui-même une option valable, ne saurait autoriser celle de sa femme. L'autorisation, dans ce cas, ne peut venir que de la justice. Si la femme est mineure aussi, il lui faut un tuteur, qui ne pourra renoncer ou accepter que suivant une délibération du conseil de famille. L'autorisation du mari majeur, ne suffirait point à

la femme mineure ; elle est émancipée par le mariage, et le mari est, de droit, son curateur ; mais, à ce titre, il ne peut que l'assister pour l'acte que le conseil de famille doit autoriser. *V. infra*, *n.* 5 ; *Chab.*, *Dur.*, *Malp. précités* ; *Vaz.*, *Mariage*, *etc.* 2, *n.* 341, 348.

3. Par la jurisprudence ancienne, le mari était reçu, dans son intérêt, à accepter la succession refusée par sa femme. Le Code civil ne s'xplique pas positivement sur ce point. Qu'en conclurat-on ? M. Chabot enseigne que le mari intéressé à l'acceptation comme donataire de sa femme, ou comme usufruitier de ses biens dotaux, ou encore, à raison de la communauté, lorsqu'elle peut en recevoir de l'accroissement, doit être assimilé au créancier, qui, d'après l'art. 788, peut obtenir de la justice l'autorisation d'accepter la succession répudiée par son débiteur. Mais l'auteur ajoute que, si la femme, par son refus, ne doit pas préjudicier au mari, le mari, par son acceptation, ne peut pas nuire à sa femme, et que l'acceptation reste aux risques et périls de l'acceptant. M. Toullier et M. Delvincourt, sans mettre la condition de l'art. 788, soutiennent le droit d'acceptation du mari, à ses risques et périls. M. Duranton adopte et justifie ce parti : il donne des motifs très-concluans pour écarter cette condition de l'art. 788. On doit reconnaître avec l'auteur, que le mari trouve dans son titre de chef, administrateur de la communauté, ou de maître du revenu des biens dotaux, le droit d'accepter, seul, dans son intérêt, toute succession échue à sa femme, qui n'est pas pour elle un bien paraphernal. *V. Chab.*, *n.* 3 et 4 ; *Toull.* 4, *n.* 318 ; *Pand. franç.*, 3, *n.* 149 ; *Delv.* 2, *p.* 62 ; *Dur.* 6, *n.* 423, *etc.*

3. Nous avons marqué ailleurs les conséquences diverses de l'acceptation faite par la femme, autorisée de la justice, au refus de l'époux, et de celle qui émane des deux époux ensemble, ou de la femme autorisée du mari. Rappelons ces conséquences, en y ajoutant l'indication des effets de l'acceptation faite par le mari seul. M. Duranton a donné beaucoup de développement à ce sujet. Au résumé, la femme qui accepte sans l'autorisation du mari, sous quelque régime que ce soit, n'oblige que ses biens propres aux charges de la succession acceptée, et encore sauf l'usufruit que le mari pourrait avoir. Faisant l'acceptation avec l'autorisation du mari, sous le régime dotal, elle engage ses biens dotaux, sans réserve de l'usufruit de l'époux. Si la femme est séparée de biens, l'autorisation du mari ne l'oblige en aucune

manière : l'acceptation ne devant lui faire acquérir ni propriété, ni revenus, ne doit l'exposer à rien perdre. En communauté, on distingue les successions purement mobilières, les successions en partie mobilières et en partie immobilières, et les successions immobilières seulement. Celles qui ne sont que mobilières devant tomber entièrement dans la communauté pour le passif, comme pour l'actif, si le mari fait ou autorise l'acceptation, les dettes de l'hérédité sont pour le tout à la charge de la communauté. Dans les successions qui comprennent des biens mobiliers et immobiliers, quoique les dettes ne soient à la charge de la communauté, selon l'art. 1414, que jusqu'à concurrence de la valeur du mobilier comparée à la valeur des immeubles, si le mari a consenti à l'acceptation, le payement des dettes peut être poursuivi en totalité sur les biens de la communauté, sauf récompense pour le mari. (1416, 1417.) Dans ces deux positions, si l'acceptation de la femme n'a été autorisée que par la justice, et s'il a été fait inventaire du mobilier, la charge des dettes ne porte que sur la nue propriété des biens propres de la femme; mais si le mobilier de la succession a été confondu dans celui de la communauté sans inventaire préalable, les biens de la communauté sont soumis à l'action des créanciers. Pour les successions qui ne comprennent que des immeubles, l'acceptation conjointe des époux, ou de l'épouse autorisée du mari, soumet aux dettes les biens personnels de l'une, sans égard à l'usufruit de l'autre. Si la femme n'a fait l'acceptation qu'autorisée de la justice, la nue propriété de ses biens propres est seulement affectée. (*Art.* 1413.) *V. Pand. fr.* 3, *p.* 149; *Chab.*, *Toull.*, *Delv.* *préc.*; *Dur.* 6, *n.* 427; *Vaz.*, *Mariage, etc.*, 2, *n.* 357, 368, 375.

4. Quant aux mineurs en tutelle et aux interdits, les art. 461 et 509, auxquels le présent article renvoie, disposent que le tuteur ne peut accepter ni répudier sans une autorisation préalable du conseil de famille, et que l'acceptation ne peut être faite que sous bénéfice d'inventaire. La loi n'exige pas que la délibération du conseil soit homologuée en justice. La puissance paternelle renferme en soi la tutelle; et le père ou la mère qui l'exerce ne peut, comme tout autre tuteur, accepter ni répudier la succession échue à son enfant mineur, sans l'autorisation du conseil de famille. *V. Aut.*, *préc.*; *Malp.*, *n.* 195.

L'art. 484 soumet implicitement le mineur émancipé à la même condition de l'autorisation du conseil de famille, puisqu'il l'oblige pour l'aliénation de ses immeubles et pour tous actes autres que ceux de pure administration, l'observation des formes prescrites au mineur non émancipé. *Malev.*, art. 461, 462, 463; *Chab.*, *n.* 5; *Delv.* 2, *p.* 82; *Malp.*, *préc.*; *Dur.* 6, *n.* 415, *etc.*

5. L'individu interdit, par l'effet d'une condamnation criminelle, ne peut, non plus que l'interdit pour cause de démence, faire ni autoriser d'acceptation. C'est son tuteur, autorisé par le conseil de famille, qui accepte pour lui. C'est la justice qui donne l'autorisation à sa femme. Mais dans l'interdiction pour crime, il faut distinguer celle qui résulte d'une condamnation contradictoire, de celle qui frappe le contumax. Ce que nous venons de dire ne convient parfaitement qu'à la première. Le contumax, qui n'est point atteint par la mort civile, peut sans doute être héritier; mais à qui appartient-il de faire pour lui l'acceptation ou la répudiation? La régie des domaines a l'administration de ses biens et peut être considérée comme investie de sa tutelle. En prouvant son existence, la régie pourra bien accepter ou répudier; mais elle ne le fera valablement qu'avec l'autorisation du conseil de famille. Si la régie n'agissait pas, ce conseil pourrait nommer un tuteur *ad hoc*, spécialement chargé de cet acte, et même, au besoin, en cas d'acceptation, de réclamer et d'administrer la succession. Si l'existence du contumax n'était pas prouvée ou reconnue, personne n'aurait le droit d'accepter l'hérédité en son nom. La succession serait réglée selon les dispositions des art. 135 et suivans. *V. Pand. franç.* 3, *n.* 1507; *Chab.*, *n.* 9; *Dur.* 6, *n.* 421, *etc.; Vaz.*, *mariage*, 2, *n.* 84 *et* 233.

6. L'individu placé sous la direction d'un conseil judiciaire ne peut faire d'acceptation ni de répudiation valable qu'avec l'assistance de ce conseil; mais il n'a pas besoin de l'autorisation du conseil de famille. *V. art.* 499, 513; *Pand. franç.* 3, *n.* 159; *Chab.*, *n.* 10; *Dur.* 6, *n.* 419, 420; *Malp.*, *n.* 187.

7. La disposition de l'art. 776 s'applique comme celle de l'art. 775 à toutes successions *ab intestat*, testamentaires ou contractuelles. *Chab.*, *n.* 11.

ARTICLE 777.

L'effet de l'acceptation remonte au jour de l'ouverture de la succession.

1. A l'art. 724, nous avons observé que la saisine légale est de droit, au moment de l'ouverture de la succession, en faveur du successible le plus proche. Mais elle ne lui est donnée que dans la supposition qu'il acceptera l'hérédité, et elle s'efface pour lui par sa renonciation. Celui qui, à son refus, prend la succession, en est saisi à sa place, comme si, au décès, il avait été lui-même le plus proche successible. Il en résulte que cet héritier profite des bénéfices survenus avant son acceptation et qu'il est tenu de supporter les pertes. Ainsi, en règle générale, les fruits et les revenus produits par les biens de la succession lui appartiennent et doivent lui être restituées. De son côté, il doit le remboursement des sommes employées pour la conservation ou l'amélioration des biens et pour l'acquit des dettes. Mais cette règle générale a son exception positivement établie par les art. 136 et 138, en faveur du successible qui, se croyant héritier seul, a joui, en bonne foi, de la succession, dans l'absence d'un autre successible plus proche ou d'un degré égal, qu'on ne connaissait pas, ou dont la survie était ignorée. Le premier qui a possédé de bonne foi, conserve les fruits qu'il a perçus avant la représentation de l'héritier qu'il ignorait. Il a d'ailleurs tous les avantages qui s'attachent à la nature de sa possession, et que nous avons indiqués plus haut. *Art.* 722, *n*. 1.

Aux art. 785, 786, 790, 883, nous retrouverons, avec ses conséquences, le principe posé à l'art. 777. L'art. 1300 lui fournit une autre application ; et nous en avons marqué encore d'autres dans notre traité des prescriptions.

2. Quelque retardée qu'elle soit dans l'espace de temps nécessaire à la prescription, l'acceptation de l'hérédité fait remonter au jour de son ouverture, la confusion des qualités de créancier et de débiteur réunies dans la personne de l'héritier.

3. La possession du successible évincé sert à l'héritier qui l'évince pour l'action possessoire et pour toute prescription contre des tiers. Mais aussi la prescription a pu courir contre l'heritier pendant l'occupation du successible qu'il évince. Toutefois, durant l'absence de l'héritier, les tiers-acquéreurs ont besoin d'un double espace de temps pour former la prescription de l'art. 2265. Quand la succession a été vacante, le curateur qui la remet à l'héritier, le saisit également de la possession qu'il a eue, et lui laisse de même le bénéfice et la perte résultant des prescriptions qui n'ont cessé de courir. *Vaz.*, *Prescrip.*, *n.* 71 *à* 77, 247, 310, 315, 501, *etc.*

V. Chab., *n.* 3; *Toull.* 4, *n.* 334; *Delv.* 2, *p.* 77; *Malp.*, *n.* 202, etc.; *Dur.* 6, *n.* 435, etc.

ARTICLE 778.

L'acceptation peut être expresse ou tacite : elle est expresse, quand on prend le titre ou la qualité d'héritier dans un acte authentique ou privé : elle est tacite, quand l'héritier fait un acte qui suppose nécessairement son intention d'accepter, et qu'il n'aurait droit de faire qu'en sa qualité d'héritier.

1. Pour qu'il y ait acceptation expresse, il ne suffit pas, suivant la remarque de M. Chabot, que l'héritier présomptif ait employé dans un acte des expressions qui annoncent de sa part, l'intention d'accepter, il faut qu'il ait pris expressément le titre et la qualité d'héritier. M. Toullier étend les termes de la proposition, il dit: « Que le titre d'héritier n'en imprime pas nécessairement le caractère; qu'il ne constitue l'acceptation que lorsqu'il a été pris dans l'intention d'accepter la succession, et de s'obliger aux charges qu'elle impose; ce qu'on peut discerner par la manière dont le successible s'est exprimé, par la nature et l'objet de l'écrit dans lequel il s'est qualifié héritier. » *V. Chab.*, *n.* 4; *Toull.* 4, *n.* 324, 325; *Pand. franç.* 3, *n.* 151; *Malp,*, *n.* 191; *Dur.* 6, *n.* 371, etc.

Cette proposition est vraie; mais l'application de la règle n'est pas sans difficulté. Dans un acte direct fait avec un cohéritier ou avec un créancier de la succession, la qualité d'héritier, sans explication qui la modifie, ne peut guère témoigner autre chose qu'une acceptation. Dans un acte fait avec une personne étrangère à la succession, cette qualité ne peut point, à la rigueur, constituer l'acceptation. En donnant, sous le nom d'héritier, procuration à une personne de confiance, pour requérir l'opposition, puis la rémotion des scellés, et pour faire procéder à l'inventaire, le successible ne se constitue pas véritablement héritier, parce que les opérations qu'il demande sont un droit que la loi donne au successible, précisément pour qu'il parvienne à décider, en connaissance de cause, s'il doit accepter ou répudier la succession, et que le nom d'héritier, dans l'usage du monde, désigne autant l'habile à succéder ou l'héritier présomptif, que l'héritier qui a recueilli ou qui recueille la succession. L'acceptation ne résulterait pas de cet acte quand bien même le fondé de

pouvoir serait un créancier de la succession. Un arrêt de la Cour
de Bordeaux a été cassé le 1er août 1809, pour avoir fait résulter
l'acceptation d'un mandat donné à fin de rémotion de scellés,
inventaire, vente de meubles et effets, réception du prix, sous
réserve d'accepter par bénéfice, ou de répudier. *D.* 1809, *p.* 390;
Sir. 10, *p.* 8.

Le successible ne fait pas encore d'acceptation effective en
donnant pouvoir à quelque personne étrangère à la succession,
d'accepter pour lui. L'acceptation ne résulte pas immédiatement
du mandat pour accepter; ce n'est qu'un dessein qui peut changer, tant qu'il n'est pas exécuté. M. Chabot ne juge pas de même
du mandat donné sous le nom d'héritier, et portant pouvoir de
faire des actes d'hérédité. Il trouve là une acceptation définitive,
que la révocation du mandat ne peut pas effacer. Nous ne voyons
pas de différence essentielle entre ces deux mandats; dans l'un
comme dans l'autre, il n'y a pas d'obligation prise, on ne voit
que le dessein d'être héritier; et ce dessein peut changer par la
révocation du mandat avant un commencement d'exécution.
Mais si la procuration avait été donnée à quelque personne qui
eût intérêt dans la succession, et par suite à l'exécution du mandat, elle emporterait engagement; et il faudrait appliquer la distinction de M. Chabot, n. 26 et 27. *Dur.*, n. 379.

2. Bien qu'une lettre missive ne soit pas proprement un acte,
elle peut constater une obligation; et contre l'avis de M. de Maleville et des auteurs des Pandectes françaises, on décide avec la
loi 65, § 3, ff. *ad senat. c. trebel.*, que la lettre peut fournir une
preuve d'acceptation d'hérédité; mais elle ne donne cette preuve
qu'alors qu'elle est adressée à une personne intéressée à l'acceptation, et qu'elle déclare positivement l'obligation de l'héritier.
Que le successible annonce à son ami, la mort de son parent, et
lui fasse part de ses projets pour la disposition de l'héritage, il
ne fait point d'acceptation, parce qu'il ne contracte d'engagement envers personne, et que d'ailleurs il laisse sous-entendue
la réserve du droit d'examiner les choses pour accepter ou répudier. Adressée même à un créancier de la succession, cette
lettre, non plus que celle qui marquerait que le successible se
croit héritier, et qu'il ira bientôt régler les affaires de la succession, ne détruirait pas le droit de délibération accordé par la
loi. Mais si, par sa lettre, le successible promettait de payer la
dette à son échéance, ou s'il demandait un délai pour s'acquitter, il y aurait acceptation de l'hérédité, sinon expresse, au

moins tacite. *Malev.; Pand. franç.* 3, *n.* 151; *Chab.*, *n.* 4, 5; *Toull.* 4, *n.* 325; *Delv.* 2, *p.* 77; *Malp.*, *n.* 191; *Dur.* 6, *n.* 373; *Rép. méth.*, *succes.*, *ch.* 5, *sect.* 1, *n.* 15.

3. On ne peut pas être en doute sur l'effet de la qualité d'héritier, prise soit dans des actes de poursuite, contre les débiteurs de la succession, de demande en partage ou en licitation contre des cohéritiers, soit dans des traités ou des compromis, relatifs aux intérêts de la succession, et dans tous actes où l'on stipule comme héritier. Un arrêt rendu par la Cour d'Agen, le 13 juin 1823, a jugé que l'acceptation résultait d'un compromis sur les difficultés du partage à faire, bien que les arbitres n'eussent pas rempli leur mission. *Rép. méth.*, *succ.*, *ch.* 5, *sect.* 1, *n.* 18.

Mais on n'est point héritier pour avoir reçu, dans des actes signifiées, la qualification d'héritier, si l'on ne s'est pas défendu et si l'on n'a pas subi de condamnation en cette qualité. Une fille est poursuivie comme héritière, en expropriation des biens de son père; elle renonce à la succession, et prend inscription pour les reprises de sa mère. Négligente ensuite, elle ne fait pas notifier sa répudiation, et laisse faire par défaut l'adjudication des biens saisis. Un ordre est ouvert, et elle s'y présente comme créancière; on s'efforce vainement de la repousser, comme héritière, par l'exception de confusion; un jugement, confirmé par la Cour de Riom, le 13 février 1821, décide que, dans tous les actes qui lui ont été signifiés, *elle n'a figuré que passivement et non activement;* que si elle n'a pu ignorer qu'on lui donnait la qualité d'héritière, elle n'a fait expressément ni tacitement aucun acte qui suppose nécessairement son intention d'accepter la succession. *Sir.*, 22, 2, 160; *D.*, 1822, *s. p.* 149.

La Cour d'appel de Paris a même jugé, le 29 pluviose an IV, que le successible qui, sur les poursuites d'un créancier de la succession, donne des défenses au fond, ne fait pas un acte d'acceptation de l'hérédité qui l'empêche de la répudier. Ces défenses, en effet, peuvent bien n'être qu'un acte conservatoire. *Sir.*, 7, 2, 1216.

V. Chab. ibid, et n. 12, 13, 14, 18; *Toull.*, *n.* 326; *Dur.*, *n.* 384, *etc.*; *Malp.*, *n.* 190.

4. Après ce que l'on vient de remarquer, on pourrait se dispenser de dire que l'acceptation verbale, sans fait d'addition d'hérédité, n'est point à considérer. Ici, la loi veut un acte authentique ou privé, et en règle générale, on n'admet point la preuve testimoniale des engagemens pour choses d'une valeur

au-dessus de 150 francs, ou d'une valeur indéterminée. *V. Malp.*, n. 190; *Dur.* 6, n. 372.

5. Si l'acceptation expresse peut résulter, quelquefois sans faits précis d'adition d'hérédité, de la simple qualité d'héritier, prise dans les actes, l'acceptation tacite ne peut s'établir que par des faits, et ces faits doivent être tels, qu'ils témoignent nécessairement l'intention d'être héritier. Pour que les faits marquent certainement cette intention, il faut qu'ils ne puissent le rapporter à aucun autre titre que celui d'héritier.

La seconde disposition de l'art. 778 n'est peut-être pas rédigée parfaitement. La conjonction *et*, qui se trouve entre deux membres de phrases, a fait conclure à M. Chabot, que « la loi exige pour l'acceptation tacite, la réunion de deux conditions : 1° que l'héritier présomptif ait fait un acte qui suppose nécessairement son intention d'accepter ; 2° qu'il n'ait eu droit de faire cet acte qu'en sa qualité d'héritier. » M. Duranton prétend que cette interprétation prête au législateur une volonté absurde et même des vues contradictoires, car, dit-il, « si l'acte de l'hérédité manifeste nécessairement son intention d'accepter, il n'importe pas qu'il eût pu le faire dans une autre qualité ; il est clair qu'il ne l'a pas fait dans cette dernière qualité. Les termes de la loi n'expriment donc pas une seconde condition consultative ; ils sont simplement démonstratifs des caractères que doit avoir l'acte, pour qu'on puisse y voir que l'intention de l'héritier en le faisant a été nécessairement d'accepter l'hérédité..... » Cette querelle, qui commence par quelque chose de spécieux, se réduit à rien au demeurant. M. Duranton n'exige pas moins que M. Chabot, pour déterminer l'acceptation ; il entend que l'acte ne soit pas fait dans de telles circonstances qu'on pût, à la rigueur, supposer que l'héritier a entendu le faire dans une autre qualité que celle d'héritier. Précisément c'est ce qu'a voulu la loi, et c'est ce que M. Chabot demande. La rédaction de l'article n'est pas excellente, mais son sens est évident. La loi exige un acte qui suppose nécessairement l'intention d'accepter ; et pour éviter la méprise du juge, dans l'application de l'acte, la loi ne veut pas qu'on croie à cette intention, si le successible a pu le faire dans une autre qualité que celle d'héritier. *Chab.*, n. 6; *Dur.* 6, n. 375.

6. Suivant ce principe, qu'il n'y a point d'acceptation, si l'acte duquel on voudrait la faire résulter peut se rapporter à tout autre titre que celui d'héritier, la Cour d'Amiens a jugé, le 11 juin

1814, que le successible, donataire de meubles et immeubles dont il jouissait, avant l'ouverture de la succession, a pu continuer d'en jouir postérieurement, sans faire acte d'héritier, encore même que la donation fût affectée de nullité. *Sir.*, 15, 2, 69; *D.*, 1815, *p.* 57.

La Cour royale de Paris avait jugé, le 11 décembre 1818, que sans faire acte d'héritier, un fils avait pu obtenir du roi la remise d'une collection de tableaux confisqués sur son père. Le pourvoi dirigé contre cette décision a été rejeté le 19 août 1822. On a vu ici un acte de la munificence royale, une donation, plutôt qu'une restitution d'hérédité. *Sir.*, 23, *p.* 127, *D.*, 1822, *p.* 20.

La qualité de possesseur que des successibles avaient, par usurpation, avant la mort de leur parent, n'a pas semblé à la Cour de Riom un titre auquel on dût faire rapporter la continuation de jouissance après l'ouverture de la succession. Par arrêt du 29 mars 1810, ils ont été déclarés héritiers. Cette décision ne nous paraît pas selon la loi. Il existe bien de la différence entre un titre formel, dont la nullité n'est pas prononcée, et un fait d'usurpation, qui n'est pas couvert par la prescription; mais l'art. 778 ne considère pas cette différence, il ne demande pas un titre de propriété pour servir de fondement à l'acte du successible, et empêcher qu'on ne le rapporte à la qualité d'héritier; il veut, pour reconnaître l'hérédité, que son acte suppose *nécessairement* la qualité d'héritier. Or, l'usurpateur qui jouissait avant l'ouverture de la succession, ne change pas *nécessairement* sa qualité, par la seule continuation de sa jouissance après cette ouverture; il peut n'être toujours qu'un usurpateur qui cherche un titre dans la prescription que le temps peut amener. S'il ne peut avoir, présentement, de droit pour une détention légitime que dans la qualité d'héritier, qu'il lui est permis de prendre, il a dans sa possession antécédente une cause de possession subséquente; et cette cause est suffisante pour qu'on ne doive pas décider qu'il jouit *nécessairement* en qualité d'héritier. *V. Sir.*, *t.* 1, *p.* 2, *part.* 325, *et t.* 15, *p.* 159; *aussi arr. Rép.*, 16 *août* 1830, *et* 13 *janvier* 1831; *D.*, 1830, *p.* 374, *et* 1831, *p.* 353.

7. D'après le même principe, posé à la fin de l'art. 778, M. Chabot et M. Duranton décident qu'il n'y a point d'acceptation tacite, lorsque l'héritier présomptif jouit d'une chose indivisible, telle qu'une servitude de passage, qui était commune entre lui et le défunt; mais dans le même esprit qui a dicté l'arrêt

DES SUCCESSIONS. [ART. 778.]

précité de Riom, l'auteur pense que si la chose était divisible,
pour ne pas faire acte d'hérédité, le successible devrait se restreindre à ne jouir que jusqu'à concurrence de la portion qui
lui appartient. Il y a trop de rigueur dans cette décision ; et nous
ne saurions l'admettre, bien qu'elle soit appuyée sur la loi 78, *ff.
de acq. vel amitt. hæredit.* Le copropriétaire ne peut pas faire seul
le partage de la chose commune : en attendant la division
amiable ou en justice, il peut continuer sa jouissance provisoire,
sans se rendre héritier ; il a toujours une cause de possession
qui écarte l'idée que sa jouissance est nécessairement faite à
titre d'héritier. *Chab.*, *n.* 8 *et* 15 ; *Dur.* 6, *n.* 378, 379.

8. M. Delvincourt enseigne très-justement que le successible,
mandataire du défunt, ne fait point acte d'héritier, en continuant sa gestion après le décès qu'il ignore, et qu'instruit du décès, cette continuation ne le rend point héritier, si elle ne tient
qu'à des actes qui ne pouvaient être interrompus sans péril,
puisque l'art. 1991 lui en fait un devoir. Par la même raison,
ajoute l'auteur, s'il était en société avec le défunt, et que postérieurement au décès, il ait usé des choses communes, il ne
sera pas censé avoir fait acte d'héritier, puisque, par l'art. 1859,
il avait ce droit, du vivant même de son coassocié. M. Chabot
n'accorde pas cette conséquence ; il rappelle la loi 42, § 1, *ff. de
acq. vel amitt. hæredit.*, déclarant que l'héritier présomptif est
censé avoir fait acte d'hérédité, lorsqu'il a continué une chose
commencée en société avec le défunt, et qu'il en est autrement,
si, après la mort, il a commencé une nouvelle opération, indépendante de la première. M. Chabot avoue pourtant que cette
règle ne pourrait pas être admise sans exception. Par exemple,
dit-il, si une opération était indivisible dans son exécution, ou
si elle était de nature à ne pouvoir être interrompue à l'égard
des tiers avec lesquels la société aurait contracté, ou enfin, s'il
était de l'intérêt commun qu'elle fût terminée, l'associé survivant pourrait, sans faire acte d'héritier, suivre et terminer l'o-
pération commencée, pourvu d'ailleurs qu'en continuant cette
opération, il ne fît rien qui sortît des bornes d'une administration provisoire. *Chab.*, *n.* 21.

Les modifications proposées par M. Chabot, et la loi du digeste qu'il rappelle, ne nous font point adopter, au surplus, la
distinction faite par cette loi. Malgré la dissolution de la société,
par la mort de l'un des associés, le survivant, appelé à la succession du défunt, peut très-bien ne pas entendre faire un acte d'hé-

ritier, en entreprenant une nouvelle opération sous le nom ou avec les fonds de la société dissoute. On peut plutôt croire qu'il agit dans son intérêt propre, indépendant de celui qu'il pourrait avoir comme héritier. En se servant du nom social, il éloigne l'idée d'une succession, puisque de droit la société ne se continue pas avec les héritiers de l'associé défunt; il dissimule la dissolution pour jouir personnellement du crédit que la société s'était acquise. Si laissant le nom social, il emploie les fonds de la société, il est dans la position de l'individu que nous venons de présenter pour exemple au n° 7, et qui jouit de la chose commune, en attendant le partage. Nous croyons, comme M. Delvincourt, que ces actes de continuation d'affaires, ou de jouissances de choses qui étaient communes, n'emportent pas nécessairement, par eux-mêmes, l'acceptation de l'hérédité, et qu'elle ne peut en résulter avec certitude, qu'autant que le successible les a fait en prenant la qualité d'héritier : c'est alors l'acceptation expresse. *Delv.* 2, *p.* 78, 79.

9. Sans prendre la qualité d'héritier, on fait des actes d'adition d'hérédité, en disposant ou en jouissant des biens de la succession, de quelque manière que ce soit, par vente, donation, échange, bail à ferme ou à loyer, et en recevant les sommes ou les choses dues à la succession. Mais comme l'intention ne doit pas être séparée du fait, si le successible a disposé d'une chose qu'il ne savait pas être un objet de la succession, il ne s'est pas rendu héritier. Au contraire, il a fait acte d'héritier s'il a disposé de la chose d'un tiers qui s'est trouvée parmi les objets de la succession, ignorant qu'elle n'en dépendait point. Dans le premier cas, c'est à lui de prouver son ignorance; dans le second cas, elle doit être prouvée par ceux qui veulent le constituer héritier. *Chab.*, *n.* 9; *Toull.* 4, *n.* 327, 328, 331; *Delv.* 2, *p.* 77, 78; *Dur.* 6, *n.* 380 *et* 383; *Malp.*, *n.* 190, *etc.*

10. D'anciens auteurs ont pensé, et l'on jugeait au Parlement de Toulouse, que l'enfant héritier de sa mère, pouvait, à la mort de son père, sans se rendre son héritier, se mettre en possession de biens de cette dernière succession, pour représenter ou garantir ses reprises maternelles. On disait à l'appui de ce système, que l'enfant était présumé posséder *titulo utiliori;* que se trouvant créancier de la succession de son père, et pouvant, en conséquence, posséder en qualité de créancier, comme en qualité d'héritier, le titre de la possession était au moins douteux, et que, dans le doute, il ne fallait pas supposer l'adition d'héré-

dité. Ces raisons bonnes dans les usages du Parlement de Toulouse, qui autorisaient la jouissance pignorative de la femme et
des enfans, choquaient la jurisprudence contraire des autres
pays du royaume. Dans l'état présent de notre législation, d'a-
près notre régime hypothécaire, elles sont partout sans valeur.
Sauf la condition d'antichrèse, la loi ne permet point au créancier d'avoir la possession des biens de son débiteur, affectés à la
créance. Créancier de son père avec hypothèque légale, avec
une hypothèque spéciale, l'enfant qui se mettrait en possession
de biens quelconque de la succession paternelle, ferait nécessairement acte d'héritier. M. Chabot et M. Duranton portent
également cette décision. *V. Chab.*, *n.* 16; *Dur.*, *n.* 401.

11. M. Chabot, M. Toullier et les Pandectes françaises, suivant la doctrine de Pothier, appliquent la même règle au successible, légataire, qui se met, de son autorité, en possession de
la chose léguée. M. Toullier étend l'application au créancier
d'une somme ou d'une chose fixe. M. Duranton n'accorde pas
cette application; il soutient que le légataire tout successible, créancier de chose déterminée, peut prendre possession
du legs ou de la chose qui lui est dùe, sans se rendre héritier.
« Il a tort de le faire, dit le professeur, soit; mais doit-on conclure de là, que l'acte qu'il a fait suppose *nécessairement* son intention d'accepter? Non certainement; or, c'est ce qu'exige formellement le Code, pour qu'il y ait acceptation tacite. » Nous en
jugeons de même. Ces positions nous paraissent bien différentes
de celle du créancier qui n'a qu'une hypothèque sur les biens
de la succession. Ces biens ne sont pas sa chose; il ne peut pas
les exiger, il n'a le droit que d'en poursuivre la vente pour être
payé sur le prix; et si, au lieu de les faire saisir et vendre, il
s'en met en possession, il prend la chose qu'il ne peut avoir que
comme héritier; il fait acte d'héritier nécessairement. Le légataire et le créancier d'une chose certaine, d'une chose fixe, en
prenant cette chose, sans la demander, commet un manquement
de forme, mais il ne prend que ce qui lui appartient à un titre qui n'est pas celui d'héritier; il est donc loin de faire un
acte qui suppose nécessairement l'intention d'être héritier. Si
d'ailleurs, la loi n'inflige point à son manquement la peine du
fardeau de l'hérédité, on n'a point de raison pour le constituer
héritier. *Chab. et Dur.*, *préc; Toull.* 4, *n.* 330; *Pand. franç.* 3,
p. 154.

Mais le successible, donataire ou légataire, sans dispense de

10

rapport, ne pouvant rester à la fois donataire et héritier, fait acceptation de l'hérédité, s'il reçoit le payement d'une créance de la succession. Un arrêt de cassation, du 27 janvier 1817, a rappelé la Cour de Montpellier à l'observation de cette règle. *D.*, 1817, *p.* 137.

12. M. Chabot reconnaît que l'héritier présomptif, créancier du défunt, ne fait point d'acceptation en retenant, après l'ouverture de la succession, la chose mobilière ou immobilière, qu'il avait reçue en nantissement; il a droit de la garder, tant qu'il n'est pas payé, comme tout autre créancier. Cette proposition ne pouvait pas être contestée. *Chab.*, *n.* 17.

13. Si l'habile à succéder, fait des actes évidens d'hérédité, comme s'il se met en possession des biens, s'il dispose de la propriété, s'il délivre des legs, s'il traite avec les débiteurs de la succession, il protesterait vainement qu'il n'entend point accepter cette succession; il serait héritier malgré ses protestations. Les anciens auteurs n'ont pas manqué de l'observer; appelé à la succession, il ne peut agir en maître, tirer profit de l'hérédité et n'être pas héritier. *Contra actum protestatio non valet.* La protestation est démentie par le fait; et le fait l'emporte. Ainsi l'a décidé la Cour de cassation, le 13 avril 1815. Mais s'il se borne à des actes de conservation ou d'utilité pour la succession; pendant qu'il délibère sur l'acceptation ou la renonciation, ou bien, dans quelque temps que ce soit, s'il n'agit que par honneur pour la mémoire du défunt, ou par intérêt pour ceux qui peuvent être héritiers à son refus, *animo gerendi hereditatis,* sans profit pour son compte, ses protestations doivent produire leur effet. *Sir.*, 15, *p.* 202; *D.*, 1815, *p.* 222; *Chab.*, *n.* 14 et 28; *Delv.* 2, *p.* 79; *Dur.* 6, *n.* 402 etc.; *Malp.*, *n.* 190.

On est quelquefois très-sévère pour la mainmise sur des objets mobiliers. La cour de Bourges, le 23 janvier 1828, a déclaré héritiers purs et simples des enfans qui, avant l'inventaire, avaient donné de mauvaises hardes de leur mère défunte, à une pauvre femme, sa filleule, et qui avaient pris, chacun, de menus objets, de très-mince valeur. *D.*, 1829, *s.*, *p.* 142. *V. aussi* arr. d'Agen, 6 *juin* 1829; *D.*, 1830, *n.* 5, *p.* 12.

Mais la Cour de Lyon, le 17 avril 1829, n'a pas vu d'acte d'héritier simple, dans le fait de successibles qui avaient pris les hardes de leur père décédé, en les faisant reconnaître à des témoins, et déclarant qu'ils ne les emportaient que pour vider la chambre qu'il avait eue en location, et qu'ils se chargeaient de représenter ces objets. D., 1829, s., p. 160.

14. En règle générale, suivant l'art. 1236, on peut payer la dette d'autrui; et cette faculté n'est pas plus interdite au successible à l'égard de la succession, qu'à toute autre personne. Il est hors de doute, qu'en payant, de ses deniers, des dettes de la succession, l'héritier présomptif ne fait point acte d'héritier, s'il se fait subroger au droit des créanciers, ou seulement, s'il déclare se réserver la répétition contre la succession, ou s'il annonce qu'il n'entend pas faire d'acceptation, ou s'il se réserve le droit de délibérer. M. Chabot et M. Toullier ne poussent pas plus loin ici les conséquences du principe, qui permet de payer pour autrui. M. Delvincourt ne demande ni subrogation ni protestation, ni réserve; il dit tout simplement que si l'héritier présomptif a payé de ses deniers, il a pu le faire *animo gerendi negotia hæreditatis*. L'acte ne suppose donc pas nécessairement de sa part, l'intention d'accepter. M. Duranton développe cette thèse; et l'on reconnaît, à travers sa discussion, que la difficulté se résout par les art. 1236 et 778; qu'ainsi il faut mettre de côté certaines lois romaines, et quelques coutumes suivies anciennement, et la doctrine des interprètes de ces lois; qu'étant établi, d'une part, qu'on peut payer pour autrui, et de l'autre part, que l'acceptation de l'hérédité ne ressort que de l'acte, qui ne peut se rapporter à d'autre cause que la qualité d'héritier, et qui fait ainsi supposer nécessairement l'intention d'être héritier, l'acceptation ne résulte pas nécessairement du payement que l'individu, appelé à la succession, a pu faire comme tout autre. *Chab.*, n. 18, 19; *Toull.*, n. 328, 331; *Del.* 2, p. 78; *Dur.* 6, n. 402.

Une règle aussi large, rend inutile l'examen des exceptions que pouvait comporter la règle ancienne. On enseignait que les payemens déterminés par un sentiment de piété ou d'humanité, comme ceux des frais funéraires, de legs modiques à des serviteurs, à l'Eglise, aux pauvres ou à des établissemens de charité, quoique faits sans protestation ni réserve, ne devaient pas être réputés acte d'héritier. Mais il restait un assez grand champ à l'arbitraire, pour fixer l'étendue et les bornes de la piété ou de l'humanité, la nature des créances, la qualité et les besoins du légataire, la qualité et la valeur des legs. On avouait que le payement intégral de l'obligation commune et solidaire, entre le défunt et l'héritier, ne devait pas constituer l'accep-

10.

tation ; mais on paraissait vouloir la faire résulter de ce payement, si la dette n'était que commune, sans solidarité, à moins, dit M. Chabot, qu'il n'eût été fait *custodiræ causâ*, et avec des protestations, après des poursuites, pour éviter de plus grandes pertes à la succession. Nous aurions pensé que, par la seule crainte des poursuites, le successible codébiteur devait toujours être censé avoir agi *custodiæ causa*, et qu'il n'avait besoin, ni de subrogation, ni de protection pour n'être pas héritier. Mais nous croyons bien qu'aujourd'hui, selon notre Code, l'acceptation d'hérédité ne peut pas résulter du simple payement d'une dette quelconque de la succession, fait par l'héritier présomptif, même sans réserve ni protestation, s'il ne l'a pas fait expressément en qualité d'héritier. Toutefois, M. Duranton avertit qu'il est prudent de se faire subroger au créancier en le payant, ou de stipuler des réserves. *V. auteurs préc.*

La Cour de Caen, le 17 janvier 1824, a fait résulter l'adition d'hérédité du payement des droits de mutation, fait au receveur de l'enregistrement, à la suite d'une déclaration de succession. *D.*, 1825, *s.*, *p.* 6.

La Cour de Grenoble, au contraire, avait décidé, le 12 août 1826, que le payement des droits de mutation ne peut jamais être un obstacle, soit à la répudiation, soit à l'acceptation bénéficiaire, parce que ce droit est dû au moment de l'ouverture de la succession, et que, quelle que soit la détermination ultérieure de l'héritier, elle ne peut, ni faire cesser, ni modifier le droit ouvert par le seul fait du décès. *D.*, 1827, *s.*, *p.* 192.

Il est certain que le délai pour faire inscrire et délibérer, n'est pas donné contre la régie des domaines ; mais il est vrai aussi qu'en payant, sans réserves, comme héritier, on fait un acte d'acceptation de l'hérédité. Cependant, des circonstances peuvent autoriser à dire que le payement du droit de mutation ne détermine pas l'acceptation de l'hérédité. Ainsi la Cour de Riom a jugé que le payement de 25 centimes par un cultivateur, après une contrainte, ne constituait pas suffisament un acte d'adition d'hérédité ; qu'il peut être considéré comme un acte d'administration provisoire, auquel un simple cultivateur a pu se croire obligé par une contrainte ; que les termes de la quittance sont le seul fait du receveur, et qu'on ne voit pas que le successible ait d'ailleurs pris ou accepté la qualité d'héritier. La régie a vainement dénoncé cet arrêt à la Cour de cassation. Son pourvoi a été rejeté le 24 décembre 1823. « Attendu que cette décision est le résultat d'une interprétation des actes et d'une appréciation des faits et des circonstances de la cause..... » *D.*, 1829, *p.* 80.

La Cour de Toulouse a jugé, dans le même sens, le 7 juin 1830, *D.*, 1829, *s.*, *p.* 75. Un arrêt rendu par la Cour de Lyon, le 17 juillet 1829, a fait de la qualité d'héritier, prise par une femme majeure, en acquittant les droits de succession, le synonyme de celle de successible. *D.*, 1829, *s.*, *p.* 162.

15. L'héritier présomptif qui poursuit le meurtre du défunt ne fait point d'acceptation. Cette poursuite n'est qu'un acte préliminaire de l'acceptation possible, sans lequel on serait exclu de l'hérédité, et qui laisse la faculté de délibérer. On le considère d'ailleurs comme un acte de piété, aussi-bien que le soin de la sépulture. On va même jusqu'à décider que le successible peut obtenir et garder les réparations civiles, sans se rendre héritier. Cette dernière décision est susceptible d'être contestée. *Rép. Merl.*, *répar. civiles*, § 6; *Malv.*, *art.* 779; *Chab.*, *n.* 19; *Toull.* 4, *n.* 333; *Delv.* 2, *p.* 72, 78; *Dur.* 6, *n.* 398.

16. Mais un successible fait nécessairement acte d'héritier en formant l'action d'indignité contre un autre successible plus proche, ou au même degré que lui. Cette action ne peut être exercée que par des parens, et elle a pour objet de faire exclure de la succession celui qu'on prétend indigne, pour la faire attribuer à celui-là qui le poursuit. *V. Chab.*, *n.* 23; *Dur. préc.*

17. Par la même raison, l'héritier présomptif fait acte d'acceptation, en poursuivant la nullité du testament laissé par le défunt. *Delv.* 2, *p.* 78.

18. L'ascendant donateur, qui a stipulé le retour, ne fait point acte d'héritier en le réclamant. Celui qui ne le demande qu'en vertu de l'art. 747, se rend héritier, puisqu'il ne peut l'avoir qu'à ce titre; mais, suivant l'observation que nous avons faite plus haut, l'acceptation résultant de cette demande seule, se borne à la succession *in re singulari*, qui ne comprend que les choses données, et n'est chargée que d'une portion des dettes du défunt. *Chab.*, *n.* 24; *supra*, *art.* 747, *n.* 2 et 4.

19. L'héritier présomptif d'un absent, qui n'avait obtenu que l'envoi en possession provisoire, à l'époque où la succession s'est ouverte réellement, n'est pas irrévocablement héritier; il peut répudier, après la mort connue de l'absent. M. Chabot établit

cette règle ; mais il pense qu'elle ne doit pas s'étendre au cas de
l'envoi en possession définitive , parce que cet envoi a conféré à
l'héritier présomptif qui l'a obtenu, la pleine propriété des biens,
conformément aux art. 129, 132. Cette dernière opinion n'est
point admissible, d'après l'art. 132, même, que l'auteur invoque.
Le retour ou la preuve de l'existence postérieure de l'absent, efface, autant qu'il est possible, les effets de l'envoi en possession.
Sa mort ensuite, ouvre une autre succession certaine, qui peut
comprendre d'autres biens et d'autres charges, et se trouver
dévolue à d'autres personnes. S'il se rencontre que ce soit toujours le même héritier, ce n'est plus la même succession ; et
avec la succession nouvelle, il faut un nouveau droit d'acceptation ou de renonciation. *Chab.*, *n.* 25.

ARTICLE 779.

Les actes purement conservatoires, de surveillance et
d'administration provisoire, ne sont pas des actes d'adition
d'hérédité , si l'on n'y a pas pris le titre ou la qualité
d'héritier.

1. L'art. 795 donne des délais à l'héritier présomptif pour délibérer sur l'acceptation ou la renonciation. Pendant ces délais,
il ne peut disposer en maître, ni des immeubles, ni des meubles, ni même des revenus. Mais la succession exige ordinairement des soins pour sa conservation, et la loi autorise le successible à les donner, sans se rendre héritier. Le Code n'a pas
déterminé ces actes de surveillance et de conservation ; les interprètes et l'usage les ont indiqués.

L'héritier présomptif peut prendre les clefs de la maison, et
l'habiter pour veiller à la conservation des effets qu'elle renferme. Il peut payer les frais funéraires avec les deniers que le
défunt a laissés, comme avec ses propres deniers ; il peut payer
de même ces dettes pressantes qu'on appelle vulgairement
criardes. Il peut faire des saisies mobilières pour assurer les
créances de la succession qui sont en péril, prendre des inscriptions hypothécaires, former des demandes pour interrompre la
prescription, pour réprimer les dégradations qui se commettent
sur les biens, faire les réparations urgentes, s'opposer au démé-
nagement des locataires qui n'ont pas payé les loyers, recevoir en
dépôt le montant de ces loyers lorsque les locataires veulent le
payer pour se retirer avec leurs meubles. Cette énumération ne

présente pas tous les actes de conservation nécessaires en toute
occasion : ils peuvent varier selon les circonstances. On sera toujours porté facilement à regarder comme conservatoires, les actes
de simple administration, quand l'héritier présomptif aura procédé franchement et fidèlement. Pour les divers actes de surveillance et d'administration provisoire, sa qualité d'habile à succéder lui suffit; et de droit, il est censé ne les faire qu'en cette
qualité. Si, sans autre explication, il s'est dit héritier en les faisant, on regarde comme sous-entendue la qualification de *présomptif*. M. Toullier dit bien que le successible qui veut se réserver
le droit de n'être pas héritier, ne doit pas en prendre la qualité,
ou qu'il doit déterminer le sens de cette dénomination équivoque.
Ce n'est pas une nécessité pour les actes que nous venons d'indiquer; mais c'est une mesure de prudence, bonne à recom-
mander, parce qu'il y a quelquefois de la difficulté à bien
distinguer les actes d'administration provisoire de ceux qui
n'appartiennent qu'à l'administration du maitre, et que si le
successible n'a rien détourné, le doute se lève plus aisément
par le titre qu'il a pris, ou par les protestations qu'il a faites.
Chab., *n.* 1, 2, 5; *Toull.* 4, *n.* 327; *Delv.* 2, *p.* 78, 81.

La Cour de Nancy, le 9 mai 1828, n'a vu qu'un acte conservatoire dans la demande de l'indemnité revenant à la succession
d'un père émigré. *D.*, 1829, *s.*, *p.* 111.

2. Mais il est des actes sur lesquels il pourrait rester encore du
doute, et que cependant l'état de la succession pourrait rendre
nécessaires ou d'une assez grande utilité. Suivant l'art. 796, la
justice doit autoriser l'héritier présomptif à vendre les objets
susceptibles de dépérir ou dispendieux à conserver; et la vente
doit être faite par officier public, après affiches et publications.
Le renouvellement des baux à ferme ou à loyer, la perception
des revenus, le recouvrement des créances ne peuvent pas trop
être considérés comme des actes de simple administration provisoire; et pourtant ils pourraient être nécessaires et urgens.
L'héritier procédera de même que dans les circonstances prévues
par l'art. 796 : il demandera à la justice son autorisation pour
faire en général ces actes. Il convient qu'il prenne cette précaution
toutes les fois qu'il peut avoir à craindre de se compromettre en
faisant un acte de quelqu'importance, qu'il croit nécessaire et
urgent pour l'intérêt de la succession. S'il manquait à ces précautions, il pourrait. suivant les circonstances, paraitre excusable ou être déclaré héritier.

V. Malev.; Pand. franç. 3, *n.* 193; *supra, art.* 78, *n.* 14; *Chab.*, *n.* 3, 4; *Toull.*, *n.* 331; *Malev.; Delv.* 2, *p.* 81; *Malp.*, *n.* 190; *Dur.* 6, *n.* 403, 404; *infra, art.* 796.

ARTICLE 780.

La donation, vente ou transport que fait de ses droits successifs un des cohéritiers, soit à un étranger, soit à tous ses cohéritiers, soit à quelques-uns d'eux, emporte de sa part acceptation de la succession.

Il en est de même, 1° de la renonciation, même gratuite, que fait un des héritiers au profit d'un ou de plusieurs de ses cohéritiers;

2° De la renonciation qu'il fait même au profit de tous ses cohéritiers indistinctement, lorsqu'il reçoit le prix de sa renonciation.

1. La vente de droits successifs est un acte de propriété encore plus prononcé que celle d'un objet particulier : elle emporte nécessairement acceptation de l'hérédité. Sauf son recours contre l'acquéreur, le vendeur est soumis envers les tiers aux obligations de l'héritier.

2. La renonciation gratuite au profit d'une partie des cohéritiers est une donation; et comme on ne peut sûrement donner que les choses dont on a la propriété, cette renonciation produit l'acceptation de l'hérédité. Elle prive les autres cohéritiers de la part qu'ils auraient dans l'effet d'une répudiation absolue. *V. Arr. rej. cass.*, 17 *août* 1815; *Sir.*, 15, 1, 413; *D.*, 1815, *p.* 486.

3. La renonciation moyennant un prix, soit en faveur de tous les cohéritiers, soit en faveur d'une partie, est une vente de droits successifs. Faite sans prix, de la manière déterminée par l'art. 786, au profit de tous les cohéritiers, dénommés individuellement. cette renonciation n'est pas différente de celle qui ne désigne pas les individus qui doivent en profiter. Dans un cas comme dans l'autre, il peut y avoir donation, en réalité, mais la loi n'y voit que la répudiation.

V. Malev.; Chab.; Toull. 4, *n.* 328; *Delv.* 2, *p.* 80; *Malp.*, *n.* 190; *Dur.* 6, *n.* 391, *etc.*

ARTICLE 781.

Lorsque celui à qui une succession est échue, est décédé sans l'avoir répudiée ou sans l'avoir acceptée expres-

sément ou tacitement, ses héritiers peuvent l'accepter ou
la répudier de son chef.

1. L'héritier présomptif qui meurt après avoir fait son acceptation, en transmet l'effet à ses successeurs. S'il avait renoncé,
la succession répudiée par lui et acceptée par d'autres leur serait
étrangère. Mais si personne ne l'avait acceptée, ils pourraient
user du droit, qu'il aurait eu lui-même, de rétracter sa renonciation, ainsi que nous le verrons à l'art. 790. Si l'héritier présomptif meurt avant de s'être déclaré pour l'acceptation ou la
répudiation, il transmet à ses héritiers, avec sa succession, le
droit qu'il avait d'accepter ou de répudier. En refusant son hérédité, ils répudient celle qui lui était advenue; mais ils peuvent renoncer à celle-ci et accepter l'autre. *Malev.; Chab.; Toull.,
n. 187; Dur. 6, n. 406, 407, 408.*

ARTICLE 782.

Si ces héritiers ne sont pas d'accord pour accepter ou
pour répudier la succession, elle doit être acceptée sous
bénéfice d'inventaire.

1. L'art. 1475 établit une règle différente pour les héritiers de
la femme morte avant d'avoir accepté ou répudié la communauté. Chacun peut faire l'acceptation ou la répudiation pour
une part de communauté, en proportion avec celle qui lui revient dans la succession de la femme. Si la loi eût appliqué
cette règle à la position de l'art. 781, elle aurait prévenu la difficulté remarquée par M. Delvincourt, sur la question du rapport de la donation faite à l'héritier présomptif décédé. Nous
verrons à l'art. 802, que l'acceptation sous bénéfice oblige au
rapport aussi-bien que l'acceptation pure et simple. Si la donation excédait la part héréditaire, un seul des héritiers du donataire, dans un grand nombre, pourrait, par mauvais calcul ou
par connivence avec les autres héritiers du donateur, forcer au
rapport ses cohéritiers, représentans avec lui du donataire, en
les obligeant à la succession sous bénéfice d'inventaire au lieu
de la renonciation. M. Delvincourt croit que, dans cette conjoncture, les cohéritiers qui veulent renoncer absolument à la succession du donateur pour conserver la donation, ne devraient
pas être contraints à l'acceptation bénéficiaire, qui oblige au
rapport, et que s'ils peuvent être forcés à cette acceptation, ils

ne doivent être tenus au rapport, que jusqu'à concurrence de ce qu'ils retireront de la succession après l'acquittement des dettes. L'auteur fait observer, qu'en rédigeant l'art. 782, on n'avait en vue que l'obligation de contribuer aux dettes *ultra vires*, et qu'on n'a nullement pensé à l'obligation du rapport. L'observation est juste; mais elle n'efface pas la règle positive de la loi. Dans l'ancienne jurisprudence, le défaut d'accord entre les héritiers de l'héritier, faisait adopter le parti qui était le plus utile à la succession de celui qu'ils représentaient. Il était souvent bien difficile de juger le *quid utilius*. On a dû changer cet usage, mais a-t-on fait beaucoup mieux? A-t-on atteint le but proposé d'une règle simple, qui ne nuise à personne? M. Duranton reconnaît que l'avis de M. Delvincourt est contraire à la règle de la loi précitée; et quelque vicieuse qu'elle lui semble, dans le cas proposé du rapport, il croit qu'il faut la suivre; mais par compensation, il demande encore l'application de cette autre règle du Code (*art.* 1382), qui oblige à réparer le dommage qu'on cause à autrui. Suivant le professeur, si les tribunaux ordonnaient l'acceptation sous bénéfice d'inventaire, ils devraient condamner le cohéritier qui l'exige à des dommages-intérêts, pour le tort qu'il cause aux autres. M. Dalloz admet le raisonnement de M. Duranton et conclut comme M. Delvincourt. Le parti proposé par M. Duranton ne nous paraît pas plus admissible que celui de M. Delvincourt. La loi autorise chacun des cohéritiers à forcer les autres au rapport, par l'acceptation sous bénéfice d'inventaire; et quand on use de son droit, on ne doit pas de dédommagement à ceux qui pourraient en souffrir, si la loi n'en a point ordonné spécialement. *Chab.; Locré, lég. civ., t.* 10, *p.* 108; *Delv.* 2, *p.* 82; *Dur.* 6, *n.* 409, *etc.; Rép. méth., ch.* 5, *sect.* 1, *n.* 3.

ARTICLE 783.

Le majeur ne peut attaquer l'acceptation expresse ou tacite qu'il a faite d'une succession, que dans le cas où cette acceptation aurait été la suite d'un dol pratiqué envers lui : il ne peut jamais réclamer sous prétexte de lésion, excepté seulement dans le cas où la succession se trouverait absorbée ou diminuée de plus de moitié par la découverte d'un testament inconnu au moment de l'acceptation.

1. M. Chabot enseigne que le majeur qui s'est placé sous la

sauve-garde du bénéfice d'inventaire, et le mineur qui s'y trouve de droit, n'avaient pas besoin de la restitution accordée par cet article, et qu'aussi la voie n'est ouverte qu'au majeur qui a fait une acceptation pure et simple. M. Toullier ne s'occupe pas de cette distinction, pour le majeur, entre l'acceptation sous bénéfice et l'acceptation pure et simple; il ne fait guère que répéter les termes de la loi. Pour le mineur, il ajoute seulement ces mots: *Le mineur au contraire peut être restitué en prouvant qu'il a été lésé.* M. Duranton explique un peu plus sa pensée. Il déclare que le mineur peut être relevé de son acceptation bénéficiaire, si elle lui cause une véritable perte, et si elle n'a été produite que par des manœuvres pratiquées auprès du conseil de famille qui l'a autorisée. L'auteur affirme, en outre, que: « le mineur lui-même, qui n'aurait accepté, même bénéficiairement, que par suite d'un dol pratiqué envers lui, par exemple, par un cohéritier, dans la vue de l'obliger à rapporter ce que le défunt lui aurait donné en avancement d'hoirie, pourrait également se faire restituer contre son acceptation. » *Chab.*, *n.* 1; *Toull.* 4, *n.* 335; *Dur.* 6, *n.* 450.

Nous ne croyons pas, comme paraît le faire M. Toullier, que n'ouvrant au majeur qu'une voie resserrée de restitution, la loi en laisse une plus large, ouverte au mineur, et qu'elle lui permette, pour une simple lésion, de se faire relever d'une acceptation sous bénéfice d'inventaire. Quelle serait la mesure de cette lésion? Quelle lésion pourrait résulter d'une acceptation conditionnelle, qui a pour objet d'éviter les pertes et de présenter l'expectative du bénéfice? Les droits de rescision ou de restitution sont tous positifs; ils ne peuvent exister qu'autant qu'ils sont expressément conférés par la loi. L'art. 1305 du Code accorde bien aux mineurs la rescision, pour simple lésion, contre toutes sortes de conventions, mais les acceptations d'hérédité ne sont pas rangées dans la classe des conventions; elles ont un régime spécial, des règles particulières qui pourvoient, autant qu'il a paru convenable, à l'intérêt des mineurs et des majeurs. Le législateur a cru faire assez pour défendre les mineurs de la simple lésion, en statuant, qu'ils ne peuvent être héritiers que sous bénéfice d'inventaire, et que l'abandon de la chance de ce bénéfice ne pourra se faire qu'autorisé par le conseil de famille.

2. Quant à la restitution dans les cas extraordinaires de dol et de découverte d'un testament ignoré d'abord, il y a plus de difficulté à savoir si l'action est donnée à l'héritier bénéficiaire,

majeur ou mineur, aussi-bien qu'au majeur, héritier pur et simple. La raison naturelle, la raison universelle ont fait reconnaitre, par la loi positive, la nullité des engagemens produits par le dol ou la violence, et par l'erreur. En réglant l'application de ce principe, le législateur a pu le modifier plus ou moins; mais pouvait-il, convenablement, l'écarter tout-à-fait dans quelque position? Pour le rendre inerte, il fallait chercher un moyen d'empécher le dol, la violence et l'erreur, ou au moins leurs effets. Si le législateur a prévenu ces effets ou a cru les prévenir par l'établissement de l'acceptation sous bénéfice d'inventaire, l'art. 783 n'a dû laisser de restitution qu'au majeur, héritier pur et simple. Il est certain qu'en accordant le bénéfice d'inventaire, le législateur a eu pour objet de prémunir l'héritier contre les pertes possibles; et par là, il semble bien avoir voulu rendre la restitution inutile et inapplicable, mais il n'a pas positivement exprimé ce vœu. S'il a dit à l'art. 783, que le majeur ne pourra attaquer son acceptation que dans deux circonstances, en conclura-t-on que le mineur n'aura jamais cette faculté restreinte, et qu'elle est refusée au majeur qui n'a fait d'acceptation que sous bénéfice d'inventaire? Cette conclusion n'est pas forcée; la lettre de la loi ne repoussant pas l'héritier bénéficiaire, on peut, au besoin, l'admettre à la restitution. Ce besoin ne doit pas se trouver dans le poids des legs et des dettes qui absorbent la succession, puisque la condition du bénéfice d'inventaire y a pourvu; il doit tenir à une autre cause. La seule dont nous ayons l'idée, et à laquelle le législateur ne paraît point avoir pensé, c'est la circonstance de l'avancement d'hoirie, que l'acceptation bénéficiaire ferait rapporter dans une masse épuisée, et partager avec des cohéritiers qui n'en auraient rien retiré, ou qui n'en auraient retranché qu'une faible partie, si le donataire eût répudié la succession. Ainsi, la restitution peut être accordée à l'héritier majeur ou mineur, que le dol aurait poussé à confondre les biens d'une donation dans une succession dont ils formeraient, en totalité ou en partie, le restant net à partager. Ainsi, le même héritier que l'erreur résultant de l'ignorance d'un testament, découvert ensuite, aurait déterminé à ce rapport, peut être restitué si la portion qui lui serait revenue, sans le testament, se trouve réduite de moitié par cet acte.

3. L'art. 783 ne nomme que le dol comme première cause de restitution, mais la dénomination de dol comprend la violence, qui n'est qu'un de ses moyens. La loi 85, *ff. de acq. vel. amitt.*

hœred., l'avait enseigné ; et les commentateurs du Code civil le reconnaissent : *metus dolum in se recipit.* C'est la violence qui inspire la crainte et qui produit le dol. Si, au titre des contrats ou des obligations conventionnelles, la loi distingue et règle différemment le dol par violence, et le dol par manœuvres, c'est que, par rapport à ces obligations, ces deux sortes de dol peuvent être envisagés différemment dans leurs conséquences. L'art. 1115 veut que la violence fasse annuler le contrat, bien qu'elle n'ait été exercée que par un tiers, sans la participation de l'un des contractans, parce que la violence, de quelque côté qu'elle vienne, n'amène que l'expression de la volonté d'autrui, un faux engagement dont personne ne doit profiter. L'art. 1116 veut que le dol, résultant de manœuvres, n'annulle la convention, que dans le cas où ces manœuvres sont préparées par l'un des contractans, parce que la volonté, bien que surprise, a existé pour l'engagement exprimé, et que celui-là seul qui a causé l'égarement de cette volonté, doit répondre des conséquences de son dol, par des dommages-intérêts. Dans les acceptations d'hérédité, il n'y a point, en général, de parties opposées traitant ensembles. La loi considère particulièrement l'intention trompée, sans s'inquiéter d'où vient la surprise, ou plutôt, supposant qu'elle vient de personnes intéressées, la loi ordonne la réparation de la perte causée par ce dol. Les légataires et les créanciers de la succession n'en éprouvent pas de lésion; ils ont toujours les mêmes droits sur les biens du défunt, ils voient seulement échapper un gage nouveau, sur lequel ils n'avaient pas dû compter, et que la surprise et l'erreur seulement leur avaient présenté. M. Chabot propose pourtant ici la distinction établie dans les art. 1115 et 1116. M. Delvincourt l'admet, M. Duranton et M. Dalloz la repoussent. *Chab., n.* 5; *Delv.* 2, *p.* 82; *Dur.* 6, *n.* 452; *Rép. méth., succ., ch.* 5, *sect.* 1, *n.* 29.

4. L'acceptation annulée, les effets immédiats qu'elle a eus, doivent s'anéantir. Les actes, les traités, les engagemens particuliers qu'elle a déterminés envers les créanciers et les légataires de la succession, demeurant comme non-avenus, l'acceptant restitué est remis dans l'état où il était avant son acceptation. Peu importe qu'il ait contracté de nouvelles obligations conventionnelles, pour les charges de l'hérédité, avec des créanciers, ou des légataires tout à fait innocens du dol qui lui a fait obtenir la restitution! On ne leur fera point, pour ces actes particuliers, l'application de l'art. 1115, parce que ces actes dé-

pendent de l'acceptation, qu'ils n'en sont que l'effet, qu'ils ne peuvent être soumis à une règle différente, et que l'accessoire doit subir le sort du principal : *Cessante causâ, cessat effectus.* *Dur.* 6, *n.* 466, *etc.; Malp.*, *n.* 312.

5. Au reste, la vérification et l'appréciation du dol appartiennent aux tribunaux. En cette partie, il n'est pas de règles particulières, pour l'acceptation d'hérédité; on suit la marche ordinaire. Celui qui se plaint du dol doit en donner la preuve. *V. art.* 1112, 1113, 1114, 1115, 1116, 1117 ; *Chab.*, *n.* 4.

6. Le testament qu'on ignorait à l'époque de l'acceptation, et qui vient réduire, de moitié au moins, la consistance de la succession, est la seule cause d'erreur que la loi admette pour la restitution. Au Conseil-d'État, on avait bien proposé d'étendre l'exception à la circonstances de dettes, dont l'apparition inattendue viendrait produire le même effet que le testament. Mais M. Tronchet observa que cette exception embarrasserait trop la marche des affaires; qu'on avait le bénéfice d'inventaire pour se prémunir contre les dettes. *Malv.; Chab.*, *n.* 7 ; *Dur.* 6, *n.* 458, *etc.; Delv.* 2, *p.* 84; *Malp.*, *n.* 196 *et* 313.

7. La loi ne détermine pas la preuve à faire, pour obtenir la restitution établie par le second chef de l'art. 783. Faudra-t-il prouver positivement qu'on a ignoré le testament? C'est un fait négatif, qui n'est pas susceptible de ce genre de preuve. Il suffira, d'une part, de montrer que l'acte ne s'est pas trouvé dans les papiers du défunt, et n'a point été produit à l'inventaire, en présentant les procès verbaux d'apposition et de rémotion de scellés et d'inventaire, qui n'en font pas mention, et de faire voir, d'un autre côté, que le testament n'a été notifié à l'héritier qu'après son acceptation. Si l'on prétend que cet héritier a connu l'acte avant qu'il lui ait été notifié formellement et avant son acceptation, l'auteur de l'allégation devra en apporter la preuve. *Dur.* 6, *n.* 457.

8. On a mis en question, si la découverte du testament opère la restitution à l'égard des créanciers, aussi-bien que contre les légataires institués par cet acte? M. Delvincourt et M. Duranton décident que la restitution n'a d'effet que vis-à-vis les légataires, parce que la loi ne l'accorde point à raison des dettes. Qu'importe aux créanciers, disent les deux professeurs, qu'il y ait un testament, et qu'il y ait ou non des légataires, puisqu'ils doivent toujours être payés avant les légataires, et que la découverte du testament est pour eux, une chose tout à fait étrangère,

qui ne peut, sous aucun rapport, leur préjudicier ? M. Chabot réfute cet argument, et démontre que la loi ne divise pas l'effet de la restitution, qu'elle l'accorde pleinement à l'égard de toutes personnes. La cause qui l'a fait établir par exception, ne peut pas être étrangère aux créanciers dans ses effets. Si l'ignorance de leur titre, seulement, ne doit pas produire la restitution, l'ignorance d'un testament qui n'a point paru à l'ouverture de la succession, et qui vient ensuite, ou diminuer l'amendement de l'héritier, ou augmenter ses charges outre mesure, a dû déterminer la restitution entière. C'est à l'intérêt de l'héritier trompé, par une ignorance excusable, que le législateur a voulu pourvoir; le but n'eût pas été atteint par une restitution imparfaite, qui l'aurait privé de la succession, pour l'exempter des charges du testament, et laissé, sans compensation, obligé envers les créanciers. En accordant à l'héritier une pleine restitution, la loi ne fait rien perdre aux créanciers de leur gage naturel : les biens de la succession répondent toujours de leurs créances, dans quelques mains qu'ils passent ; et jamais ils n'ont à redouter les légataires qui ne peuvent rien recevoir qu'après l'acquittement des dettes. M. Malpel et M. Dalloz partagent l'opinion de M. Chabot, qui paraît être aussi celle des auteurs des Pandectes françaises.

V. Deb. 2, *p.* 84; *Dur.* 6, *n.* 456, *etc. ; Chab., n.* 7; *Pand. franç.,* 3, *p.* 161; *Malp., n.* 196; *Rép. méth., succ., ch.* 5, *sect.* 1, *n.* 31.

9. L'héritier du sang, évincé par un légataire universel, n'est plus héritier; il perd les biens, il perd la représentation du défunt, il ne peut pas rester soumis au payement de ses dettes. Il n'a pas besoin de demander aux tribunaux de le restituer contre son acceptation, il en est relevé de droit et de fait par la substitution qui s'opère de l'héritier testamentaire à l'héritier du sang. Les droits et les charges passent ensemble, en totalité, au successeur que s'est choisi le défunt. La transmission s'opérerait toujours aussi complétement, quand bien même l'héritier du sang aurait connu le testament lorsqu'il a fait son acceptation.

Au lieu d'un légataire universel qui dépouille entièrement l'héritier du sang, s'il n'y a qu'un légataire à titre universel qui devient son cohéritier, les dettes se divisent entre eux comme les biens, malgré toute acceptation de la succession entière, sans le secours d'aucune restitution. Les legs particuliers qui ajoutent aux charges de l'hérédité, ou qui en retranchent des biens certains, peuvent seuls rendre la restitution nécessaire.

M. Duranton convient que la restitution que la justice doit prononcer, ne peut être déterminée que par des legs particuliers;
et cependant il ne fait pas résulter, de la substitution de l'héritier testamentaire à l'héritier du sang, une pleine décharge des
dettes pour celui-ci. L'auteur prétend que l'un ayant fait une
acceptation pure et simple, et l'autre n'acceptant que sous bénéfice d'inventaire, la portion des dettes qui excéderait la valeur
des biens, resterait à la charge du parent dépouillé. L'auteur
croit même que les créanciers conserveraient, pour le tout, action contre ce dernier, sauf sa reprise contre celui qui l'évince
pour la portion du passif qui n'excède pas l'actif. L'auteur dit
positivement: « L'héritier serait toujours bien fondé, quoiqu'il
ne lui fût pas dû de réserve, et qu'en pareil cas, le légataire universel soit saisi, à ne lui point relâcher la possession des biens,
tant qu'il ne serait point déchargé des obligations qu'il a contractées envers les créanciers par son acceptation. » Il ajoute en
note: « Du moins, tant que lui légataire ne rapporterait pas à
l'héritier sa décharge d'autant de dettes qu'il y a de biens dans
la succession..... Quant au surplus, il resterait à sa charge personnelle et non à celle du légataire universel qui n'a point voulu
être privé des avantages de l'acceptation bénéficiaire, et qui n'a
pas dû, en effet, en être privé. » *Dur.* 6, *n.* 462, 463.

Nous avons de la peine à croire que cette doctrine trouve des
partisans. Comment se pourrait-il qu'une obligation dépendant
de la qualité et des droits d'héritier subsistât, contre la personne à qui cette qualité et ces droits ont été enlevés? L'héritier
présomptif a fait son acceptation pour jouir de l'hérédité; et sans
doute, dans la succession, il ne pouvait avoir les biens qu'avec
les charges. Mais quand il s'est abusé, quand il a accepté une
succession qui ne lui revenait pas, il a fait une acceptation qui
ne peut avoir aucun effet, ni pour lui ni contre lui; elle doit
être comme non avenue. L'acceptation du véritable héritier qui
l'expulse fait porter sur celui-là, du jour même de l'ouverture
de la succession, les bénéfices et les charges. (*Art.* 777.) L'héritier déchu ne peut plus être recherché pour les dettes de la succession; et il ne saurait retenir les biens pour contraindre l'héritier véritable à s'en libérer. Tout au plus, en certains cas, s'il
avait déjà payé des dettes, la justice pourrait l'autoriser à continuer sa détention jusqu'au remboursement. Il pourrait obtenir
cette autorisation, s'il avait acquitté les dettes en totalité; et
dans ce cas, le remboursement devrait être intégral, si l'héritier

qui vient l'expulser faisait une acceptation simple. Il ne serait remboursé que selon les forces de la succession, si l'héritier n'acceptait que sous bénéfice d'inventaire. Avec cette acceptation conditionnelle, si l'héritier déchu n'avait payé qu'une partie des dettes connues, comme il n'avait pas eu le pouvoir de faire l'ordre entre les créanciers, il serait obligé d'abandonner aussitôt les biens, sauf sa répétition contre l'héritier bénéficiaire, en concours avec les autres créanciers, ou encore mieux contre les créanciers auxquels il se trouve avoir payé une dette qui n'était pas la sienne. (*Art.* 1377.) *Dur.* 6, *n.* 466.

M. Chabot décide justement, que l'héritier qui a fait annuler son acceptation pure et simple, retrouve le droit de faire une autre acceptation sous bénéfice d'inventaire. La restitution qu'il a obtenue l'a remis dans l'état où il était avant l'acceptation révoquée. *V. Chab. préc.*

10. Au reste, disons, comme M. Duranton, que l'héritier qui, après avoir acquis la connaissance du dol ou du testament propre à déterminer la restitution, fait de nouveaux actes d'adition d'hérédité, confirme son acceptation et se rend non-recevable à la révoquer. Mais ces actes doivent être tels qu'ils témoignent clairement la volonté de demeurer héritier. S'ils n'étaient que la suite ou la dépendance d'actes antérieurs, ou des faits de conservation, d'administration nécessaire, ils n'opéreraient pas de fins de non-recevoir. L'héritier ne doit, ni avant sa réclamation, ni avant qu'elle soit jugée, abandonner l'administration des biens; il doit seulement s'abstenir des actes de propriété. Toutefois, la prudence lui conseille de faire des réserves ou des protestations dans les actes écrits. *Dur.* 6, *n.* 465.

11. L'art. 783 ne règle pas comment et contre quelles personnes la restitution sera réclamée. Par ce silence, la loi semble avoir entendu qu'elle serait opposée par exception aux poursuites des légataires ou des créanciers. On peut certainement attendre leur poursuite qui n'est pas retardée ordinairement, si l'on a l'attention de ne pas faire de ces actes de propriété qui marquent l'intention de rester héritier; on peut aussi certainement, et c'est le parti le plus sûr, solliciter la restitution par action principale. Mais alors à qui s'adressera la demande ? S'il la fonde sur le dol ou la violence, il l'exercera contre les personnes intéressées qui peuvent avoir pratiqué ou exécuté les manœuvres qui constituent ce dol, et il mettra en cause toutes autres personnes envers lesquelles il pourrait avoir contracté

11

des obligations spéciales comme héritier, afin de faire prononcer l'annulation de ces actes, en conséquence de la nullité de son acceptation. Si sa demande est fondée sur la découverte d'un testament, il la dirigera contre les légataires institués par cet acte, et aussi, comme dans le cas précédent, contre tous autres ayant droit sur la succession, auxquels il aurait donné de nouveaux titres, en qualité d'héritier. Réclamant la restitution, par exception aux demandes formées contre lui, il devra de même, appeler en cause, les légataires ou les créanciers qui ont reçu de lui de nouveaux titres. M. Duranton conseille à l'héritier de mettre en cause tous ceux qui peuvent avoir intérêt à combattre sa prétention, afin de prévenir les conséquences de la règle établie par l'art. 1351, qui n'admet l'autorité de la chose jugée qu'entre les parties et leurs héritiers respectifs. En prenant cette marche, on pourrait aller bien loin, faire beaucoup de frais, et encore ne pas trouver toutes les personnes intéressées à la contestation. Pour se mettre à l'abri de la tierce-opposition, il suffit d'avoir en cause les personnes qu'on vient d'indiquer. L'acceptation qui s'est faite hors de la présence des autres peut être révoquée en leur absence, quand l'héritier n'a pris aucun engagement particulier envers eux. De même qu'il n'était pas obligé d'accepter pour devenir leur débiteur, de même qu'il pouvait renoncer malgré eux, de même il peut, sans eux, faire prononcer la nullité de son acceptation. Ils n'ont point à se plaindre; le renonçant leur laisse les biens de la succession, le seul gage qui ne devait pas leur échapper. *Dur.* 6, *n.* 467.

Section II. — *De la renonciation aux successions.*

Article 784.

La renonciation à une succession ne se présume pas : elle ne peut plus être faite qu'au greffe du tribunal de première instance dans l'arrondissement duquel la succession s'est ouverte, sur un registre particulier tenu à cet effet.

1. On n'est pas héritier malgré soi; mais pendant trente années, sans répudiation, le successible le plus proche en degré, est, de droit, présumé héritier, et peut être poursuivi comme tel. Un acte de renonciation est nécessaire pour faire cesser cette présomption légale, et empêcher les poursuites des créanciers et de tous prétendans droit contre la succession. L'acceptation peut être tacite; mais la renonciation ne se présume pas; elle

doit être expresse, dans un acte spécial, inscrit sur les registres du greffe. Faite ailleurs, la renonciation serait sans valeur contre les personnes intéressées à la contester. Les effets de la nullité ne sont pas très-graves ; ils ne vont point à rendre nécessairement héritier le successible qui, par le fait, s'est abstenu de la succession : il a la faculté de faire une nouvelle répudiation régulière. Seulement, il sera passible des frais de poursuite et d'instance jusqu'à la notification de la renonciation régulière. *Rép. Merl., renonc. à succ., n.* 5 ; *Rép. Fav., renonc.,* § 1, *n.* 3 ; *Pand. franç.* 3, *p.* 155 ; *Chab., n.* 1, 2, 3, 4 ; *Toull.* 4, *n.* 337, 338, 339 ; *Delv.* 2, *p.* 105 ; *Malp., n.* 329 ; *Dur.* 6, *n.* 469, 472.

2. Les interprètes avaient décidé, en général, que la renonciation qui n'était pas faite au greffe, ne pouvait pas plus nuire que servir à son auteur. La Cour de Lyon a jugé, avec plus de raison, qu'un successible avait pu se priver de la succession, par une transaction faite avec d'autres successibles. La Cour régulatrice a maintenu cette décision, en déclarant que, par l'art. 784 : « Il n'est nullement défendu à l'un ou plusieurs des successibles, de s'obliger en vertu de contrats particuliers, et notamment par voie de transaction, envers les autres successibles, de ne pas se porter héritier. » Pour l'art. 1457, qui, relativement à la communauté, a une disposition semblable à celle de l'art. 784, la Cour de cassation a jugé de même, le 6 novembre 1827, que le vice résultant de ce que la renonciation n'a pas été faite au greffe, n'opère la nullité que dans l'intérêt des tiers intéressés, et que la femme renonçant ne peut pas la faire prononcer. M. Favard rend compte de ces décisions et les trouve exactes. *Rép. Fav., renonc.,* § 1, *n.* 3 ; *Rép. méth.; Dall., succ., ch.* 5, *sect.* 2, *n.* 1.

3. La loi n'exigeant pas que la renonciation soit faite par l'héritier en personne, il peut se faire représenter au greffe par un fondé de pouvoir. Selon l'art. 1988, la procuration doit être spéciale ; et bien que l'art. 1985 admette, en général, la procuration sous seing privé, il est fort convenable ici qu'elle soit constatée par un acte authentique. Le greffier ne devrait pas s'en rapporter à un écrit privé. M. Chabot et les Pandectes françaises veulent une procuration authentique. M. Favard la trouve authentique, si la signature est certifiée et légalisée par le maire et le sous-préfet. Dans ce cas, en effet, le greffier n'aurait pas de raison pour douter de sa sincérité, et il ne pourrait refuser de faire l'acte de répudiation. M. Duranton et M. Dalloz regar-

11.

dent comme suffisante toute procuration sous seing privé,
pourvu qu'elle soit annexée au registre. Une répudiation ainsi
faite ne serait certainement pas nulle radicalement ; elle dépendrait d'une simple vérification de signature. Le greffier
peut bien refuser de faire l'acte quand la signature de la procuration n'est pas certifiée. *Chab.*, *n.* 4; *Pand. franç.* 3, *p.* 164;
Rép. Fav., *renonc.*, § 1, *n.* 3; *Dur.*, *n.* 472; *Rép. méth.*, *succ.*,
ch. 5, *sect.* 2, *n.* 2.

4. Comme l'acceptation, la répudiation ne se fait que d'une
succession ouverte, par le successible actuellement appelé à la
recueillir et qui connaît son ouverture. Ainsi l'héritier institué,
ou le légataire gratifié sous une condition, ne fait pas de renonciation valable avant l'événement de la condition. Après avoir
exposé cette dernière règle, M. Toullier ajoute: « Si ce n'est pas
une convention faite avec les héritiers légitimes. » Par une note,
l'auteur apprend qu'il a tiré cette exception des explications de
Bronchorst et de Furgole sur diverses lois romaines ; mais
M. Toullier la présente trop vaguement; M. Malpel l'a rendue
plus claire; il dit : « L'héritier ou le légataire institué sous une
condition suspensive, ne peut valablement renoncer avant l'é-
vénement de la condition ; mais comme rien n'empêche qu'il ne
puisse renoncer aux droits éventuels à la succession d'une personne décédée, le traité qui interviendrait à ce sujet, entre l'héritier institué ou le légataire et les héritiers légitimes serait considéré comme un contrat aléatoire à l'abri de toute atteinte. »
Ainsi expliquée, la règle est admissible. *V. infra*, *art.* 791;
V. art. 1130; *Toull.* 4, *n.* 340; *Malp.*, *n.* 330; *Chab.*, *n.* 5; *Dur.* 6,
n. 473, *etc.*; *Delv.* 2, *p.* 105.

5. Comme l'acceptation, la renonciation est indivisible, embrassant toute l'hérédité, ou toute la portion d'hérédité à laquelle on pourrait avoir droit; on ne saurait la restreindre à
telle ou telle autre partie de la succession, ou de la part qu'on
pourrait avoir dans la succession. *Chab.*, *n.* 5; *Dur.*, *n.* 477.

6. La renonciation, emportant aliénation, ne peut, ainsi que
l'acceptation, être faite valablement que par les personnes capables d'aliéner. La femme mariée ne peut renoncer qu'avec l'autorisation de son mari ou de la justice; le tuteur d'un mineur
ou d'un interdit, qu'avec l'autorisation du conseil de famille; le
mineur émancipé et l'individu soumis au conseil judiciaire,
qu'avec l'assistance de son curateur ou de son conseil. Nous

renvoyons aux explications que nous avons présentées sur l'art. 776. *Chab.*, *n.* 5; *Malp.*, *n.* 332; *Dur.*, *n.* 476; *Delv. préc.*

7. M. Toullier enseigne, que le mari étant le maître des droits mobiliers de son épouse, peut renoncer sans elle à la succession qui lui est échue, si elle ne consiste qu'en mobilier ou autres biens, qui tombent dans la communauté. L'auteur ne cite aucun texte de loi à l'appui de sa doctrine; mais par les motifs qu'il expose, on voit qu'elle se fonde sur les art. 818 et 1421. Nous ne la croyons pas exacte. Si le mari peut provoquer, seul, le partage des biens qui doivent entrer dans la communauté; si après le partage, lorsque leur consistance est fixée, il peut les grever d'hypothèques, les aliéner, il est comptable envers sa femme. En renonçant à la succession, il les aliène à titre gratuit, sans compte ni mesure, comme si la femme devait les perdre. Nous avons vu plus haut, qu'il ne peut contraindre sa femme à être héritière; qu'il n'est admis à accepter que pour lui-même, à ses risques et périls, la succession mobilière qu'elle refuse; serait-il plus juste qu'il pût la forcer à n'être point héritière? La loi ne permet pas la répudiation au mari. *Toull.* 4, *n.* 341, *et supra.*, *art.* 776.

8. Entre divers cohéritiers, un seul peut forcer tous les autres à l'acceptation ou à la renonciation, en formant contre eux une demande en partage. Le successible du degré subséquent ne peut, en aucune manière, contraindre celui du degré supérieur à s'expliquer, mais après l'expiration des délais pour faire inventaire et pour délibérer, il peut se mettre en possession de l'hérédité, pour courir la chance de restituer ou de garder, si le successible plus proche revendique dans l'espace de trente ans, ou laisse écouler ce temps sans faire de réclamation. *Toull.* 4, *n.* 345.

ARTICLE 785.

L'héritier qui renonce, est censé n'avoir jamais été héritier.

1. La renonciation ainsi que l'acceptation, remonte à l'ouverture de l'hérédité. Considéré comme s'il avait toujours été étranger à la succession, le renonçant ne doit en supporter aucune charge, ni en retirer aucun profit. S'il en a eu l'administration provisoire pendant les délais donnés pour l'inventaire et pour délibérer, il en doit compte à l'héritier qui accepte à son refus, ou au curateur de la succession, si elle reste vacante. Le compte

pourra embrasser plus d'objets, devenir plus compliqué et plus grave, si le renonçant avait fait d'abord une acceptation, qui a été annulée après quelque temps de possession de sa part. *Chab.; Delv.*, *p.* 77 *et* 105; *Toull.* 4, *n.* 342.

ARTICLE 786.

La part du renonçant accroît à ses cohéritiers; s'il est seul, elle est dévolue au degré subséquent.

1. Le renonçant doit être considéré comme s'il n'eût pas existé à l'ouverture de la succession. Ainsi, pour savoir quels autres héritiers, doivent ou peuvent recueillir la part qu'il laisse, il faut revenir aux articles qui déterminent l'ordre de succession entre les parens et autres successibles.

Entre des descendans, la part de celui qui renonce, accroît à ceux qui restent héritiers. Art. 731, 744, 787.

Si la succession est échue à des ascendans, la part du renonçant accroît aux autres ascendans de sa ligne paternelle ou maternelle; s'il n'y a pas d'autres ascendans de sa ligne, la part qu'il laisse passe aux collatéraux de la même ligne. Art. 733, 746, 753.

Dans la succession advenue à des frères ou sœurs, quand ils sont germains, la renonciation de l'un profite à tous les autres également. S'ils sont de lits différens, on observe la distinction des lignes paternelle et maternelle. Les germains ont l'accroissement dans les deux lignes; les consanguins dans la ligne paternelle, et les utérins dans la ligne maternelle. Art. 733, 742, 750, 752.

Quand la succession est échue au père, à la mère et à des frères et sœurs, si le père ou la mère renonce, celui des deux qui accepte ne profite point de la part du renonçant; elle accroît aux frères et sœurs, fussent-ils même d'une autre ligne que le renonçant. Art. 748, 749, 751.

En succession échue à des ascendans et à des collatéraux, autres que des frères ou sœurs, la portion du renonçant accroît toujours aux cohéritiers de sa ligne. Ainsi, entre un ascendant paternel et deux cousins maternels, la renonciation de l'un des cousins profite à l'autre: celle de l'ascendant ne profite ni à l'un ni à l'autre; elle passe aux héritiers du degré subséquent de sa ligne. L'accroissement ne peut aller d'une ligne à l'autre, qu'à défaut de parens du douzième degré, d'un côté. Art. 733, 734.

Entre des collatéraux d'une classe inférieure aux frères et sœurs, l'accroissement se fait de la même manière, en faveur de ceux de la ligne qui auraient partagé avec le renonçant, ou de ceux du degré inférieur qu'il aurait exclus, s'il avait accepté. Art. 733, 734.

Si le renonçant, comme fils ou frère unique du défunt, était seul appelé à la succession, sa renonciation la fait passer aux héritiers qui auraient succédé immédiatement, s'il n'avait pas existé, et elle va, sans chercher de représentation, aux parens les plus proches dans chaque ligne, ou dans la seule ligne existante. Il en serait de même dans sa ligne, si un collatéral de seconde classe, appelé à toute la succession, à défaut de successibles dans l'autre ligne, répudiait l'hérédité. A défaut de parens légitimes au douzième degré, l'hérédité suivrait l'ordre des successions irrégulières. Art. 733, 734, 741, 744, 756, etc.

V. Chab., n. 1, *etc.; Toull.* 4, *n.* 163 *et* 342; *Delv.* 2, *p.* 104; *Dur.* 6, *n.* 490, *etc.; Malp., n.* 337.

2. L'accroissement est-il, à la fois, un droit et une obligation, ou n'est-il qu'un droit facultatif, qu'on peut accepter ou abandonner à son gré? Dans le Code civil, l'art. 786, ni aucun autre ne décide positivement la question. Par les lois 31, 32 et 53, *ff. de acq. vel omitt. hœred.*, l'accroissement était forcé; mais la loi 61 *eod.* établit une exception, en disposant que la part de succession délaissée par le mineur qui s'était fait relever de son acceptation, n'accroîtrait aux autres héritiers, qu'autant qu'ils voudraient l'accroissement. Lebrun et Pothier faisaient de cette exception une règle applicable au cas de la restitution, obtenue par le majeur, pour cause de dol ou de violence. M. Toullier fait encore la même application. *Toull. préc.*

M. Chabot et M. Delvincourt établissent une distinction: lorsque l'acceptation subsistante des cohéritiers a été faite en même temps que l'acceptation annulée, ou postérieurement, nos auteurs ne croient pas que l'accroissement soit obligé; ils le jugent forcé, quand l'acceptation restante a précédé celle qui a été annulée. « Dans le premier cas, dit M. Chabot, les cohéritiers sont fondés à soutenir qu'ils n'ont accepté, que parce que leur cohéritier avait déjà accepté, ou acceptait en même temps qu'eux; qu'ils ont entendu n'avoir que la portion de biens qui restait, et ne se soumettre qu'à une portion correspondante des dettes et des charges; qu'ils ne savaient pas que l'acceptation, faite par leur cohéritier, n'était que l'effet du dol ou de la violence ; qu'ils ne pouvaient pas prévoir la restitution qui lui a été accordée, et qu'ils ne doivent point en souffrir. Dans le second cas, ils n'ont pas les mêmes motifs à faire valoir. En acceptant les premiers, ils se sont soumis à toutes les conséquences de cette acceptation, qui embrassait la succession entière ; et de même que si leur cohéritier avait ensuite renoncé, ils auraient été incontestablement héritiers pour le tout, de même, ils doivent l'être, lorsque le cohéritier, qui n'a accepté qu'après eux, a fait ensuite révoquer son acceptation. » *Chab.*, *art.* 783, *n.* 8, *et art* 786, *n.* 9 ; *Delv.* 2, *p.* 83.

M. Duranton approuve cette doctrine : la distinction lui paraît juste. « Avec cette modification, toutefois, que si le cohéritier ignorait, au moment où il a accepté, l'acceptation du restitué, il ne pourrait user de l'option dont il s'agit, puisqu'il ne pourrait dire qu'il n'a lui-même accepté que parce qu'un autre en avait déjà fait autant. » M. Duranton n'explique pas comment on prouverait l'ignorance du cohéritier. *Dur.* 6, *n.* 464.

M. Chabot traite encore de l'accroissement pour le cas de la restitution fondée sur la découverte d'un testament. Il décide que chaque cohéritier a le droit de se faire relever de son acceptation, et que ceux qui négligent ce droit, consentent à être héritiers pour la part de ceux qui en usent. *Chab.*, *art.* 786, *n.* 9.

M. Dalloz juge l'accroissement forcé dans toutes les positions. Il dit : « L'effet de l'acceptation remonte au jour de l'ouverture de la succession. On ne peut accepter en partie la succession. La part du renonçant doit accroître à tous les cohéritiers non restitués, d'après le principe de l'art. 784, qui déclare, en termes absolus, que la part du renonçant accroît à ses cohéritiers. Les auteurs des Pandectes présentent des doutes, et ne décident rien. *Pand. franç.* 3, *p.* 161 ; *Rép. méth.*, *succ.*, *ch.* 5, *sect.* 1, *n.* 32.

Les règles proposées par MM. Chabot, Delvincourt et Duranton, peuvent sembler bonnes en théorie ; mais on ne trouve dans le Code civil, aucun texte d'où l'on puisse les faire découler clairement. Elles conviendraient au cas de la renonciation immédiate, aussi-bien qu'à l'égard de la renonciation qui est la suite d'une nullité d'acceptation. M. Malpel, qui les approuve, leur donne, en effet, cette application générale. Discutées devant les tribunaux, on ne leur trouverait pas de fondement selon la loi.

Il est plus aisé de démontrer la concession générale, par le Code civil, d'un simple droit facultatif, semblable à celui qui existait antérieurement à l'égard de l'acceptation annulée, suivant l'extension donnée à la règle d'exception de la loi 61 précitée. Notre Code abroge les lois et les usages antérieurs, relatifs aux matières qu'il a traitées; le droit romain, les coutumes et la jurisprudence ne sont donc plus nos lois en matière d'accroissement. Nous pourrions bien y chercher des explications sur des règles qui seraient conformes entre elles dans les deux législations; mais nous n'en pouvons tirer de celle qui n'est plus ni concession ni prohibition de droits. Pour que le cohéritier ne pût pas refuser l'accroissement, il a fallu chez les Romains que cette incapacité fût établie positivement; il le faudrait de même parmi nous. La loi 53, 51, précitée portait : *Qui semel aliqua ex parte hæres existerit, deficientium partes etiam invitus excipit, id est tacitè si deficientium partes etiam invitè adcrescunt.* L'art. 786 est-il conçu dans ces termes? A-t-il quelque mot qui puisse rendre *etiam invitus, etiam invitè?* Il n'y a rien dans sa lettre qui exprime l'obligation; et, en le lisant, on n'en aurait pas eu l'idée, si l'ancienne règle générale du droit romain, ne l'avait pas laissée dans les esprits. Eh! pourquoi l'accroissement serait-il une nécessité? La vacance ne saurait-elle exister pour une part de succession, comme pour la succession entière? Cette division se faisait bien chez les Romains, dans la circonstance particulière du mineur relevé de son acceptation. La part qu'il laissait pouvait être refusée par ses cohéritiers et rester vacante. Parmi nous, la vacance pouvait s'appliquer à la part de tout héritier dont l'acceptation était révoquée. Un arrêt de la Cour de cassation, du 24 mars 1814, a reconnu, pour des renonciations antérieures au Code, que de deux renonçans, celui qui revenait à la succession, pouvait borner son acceptation à la part seulement qu'il avait d'abord abandonnée. On a jugé d'ailleurs, sous un autre rapport, contre la règle de l'art. 790, en suivant l'ancienne jurisprudence du Parlement de Paris. *D.,* 1814, *p.* 342; *Sir.,* 14, 288.

La règle de ces situations particulières qu'on vient d'indiquer, devrait s'étendre et faire une bonne règle générale. Le législateur, dit-on, n'a point entendu établir cette règle générale dans le Code; il ne l'a point annoncée, il ne l'a point exprimée. On ne sait trop quelle fut l'intention du Conseil-d'État; ses orateurs proposèrent l'art. 786 sans l'expliquer; et le Corps législatif l'a reçu et nous l'a donné dans le sens naturel qu'il présente, d'un droit facultatif. Si le Tribunat ne demanda point la déclaration, dans la loi, de la faculté du refus, c'est que la chose va de soi. Les droits sont offerts; ils peuvent être refusés quand ils ne sont point accompagnés de charges, et à plus forte raison lorsqu'il s'y attache des obligations qui peuvent les rendre nuls ou onéreux. Appelé à prendre part dans une succession grevée de charges qui paraissent l'absorber ou même en excéder la valeur, si l'on a du respect pour la mémoire du défunt, on calcule ses ressources propres, et si elles le permettent, on fait un sacrifice honorable, en acceptant cette part d'hérédité. On promet à un créancier pressant, de lui payer sa quote-part de la dette, un dixième par exemple; et s'il arrive que les cohéritiers, moins pieux, répudient la succession, serait-il juste que l'héritier qui n'a fait d'acceptation que pour un dixième, se trouvât, malgré lui, grevé de la totalité des dettes, et ruiné pour avoir suivi trop vite l'impulsion d'un sentiment de piété? Si l'on accorde que l'acceptation ainsi restreinte par l'expression, ne doit pas être étendue forcément, la loi n'ayant pas fait de distinction, l'on reconnaît que la loi n'a point établi l'accroissement comme une obligation indispensable; et il en résulte qu'elle permet de le refuser à tous ceux qui n'ont pas déclaré d'acceptation pour l'hérédité entière, car si elle n'interdit expressément le refus à personne, il ne peut être denié qu'à ceux qui se le sont interdit eux-mêmes, par l'acceptation certaine de toute la succession.

3. Au surplus, personne n'a révoqué en doute que les successibles du degré inférieur, appelés au refus de ceux du degré supérieur, n'aient le droit de répudier la succession. Pour eux, il est vrai, il ne s'agit pas d'accroissement, c'est le remplacement qui est déféré à leur acceptation. *Chab.*, *n.* 9.

4. Un arrêt de la Cour de Paris, du 1ᵉʳ juillet 1811, a jugé que les héritiers d'une ligne ne peuvent pas faire considérer comme part héréditaire, exclusive de l'accroissement, la donation faite à l'un des parens de l'autre ligne, qui, pour la conserver, a répudié la succession; que cette renonciation l'a rendu étranger à la succession, et l'a laissé donataire, comme le serait tout autre individu, hors de la classe des héritiers, qui aurait reçu la donation, et que conséquemment la succession composée des biens libres du défunt, devait se partager également entre les héritiers des deux lignes. Cette décision est exacte; on l'a généralement approuvée. *D.*, 1811, *s.*, *p.* 196; *Sir.*, *t.* 11, *p.* 2, *p.* 398; *Chab.*, *n.* 10; *Delv.* 2, *p.* 104; *Dur.* 6, *n.* 501.

5. M. Delvincourt examine une question controversée entre les anciens auteurs; savoir à qui, du vendeur de droits successifs ou de l'acquéreur, appartient le droit d'accroissement, et il

la décide pour le vendeur, comme Cujas, Vinnius et Pothier principalement. Malgré des noms aussi imposans, la décision ne nous paraît pas sûre. On fait acte d'héritier, sans doute, en vendant ses droits successifs; mais si l'on reste obligé à ce titre envers les créanciers et les légataires, on a tout recours contre l'acquéreur. Les droits lui ont été transportés, et il doit remplir les obligations qui s'y rattachent. Mais on dit: L'héritier n'est censé vendre que ce qui lui appartient au moment de la vente, et non pas ce qui pourrait lui appartenir un jour, par l'effet d'un événement qu'il ne peut pas prévoir, et qui ne dépend, en aucune manière, de sa volonté. L'objection n'est pas forte. Dans les droits successifs se trouve l'expectative de l'accroissement, par l'effet de la renonciation des cohéritiers; c'est là un droit éventuel, et l'événement qui réalise ce droit est facile à prévoir. Peu importe qu'il ne dépende pas de sa volonté, le vendeur n'a pas moins la faculté de l'envisager. On doit aisément présumer que l'expectative du profit ou de la perte qui peut en résulter est dans sa pensée et dans celle de l'acquéreur; et quand la vente comprend sans exception tous droits successifs, on ne peut pas en excepter le droit d'accroissement. Une vente de cette nature porte sur l'acquéreur la chance de tous profits et de toutes pertes attachés à la qualité d'héritier. *Delv.* 3, *p.* 175.

ARTICLE 787.

On ne vient jamais par représentation d'un héritier qui a renoncé : si le renonçant est seul héritier de son degré, ou si tous ses cohéritiers renoncent, les enfans viennent de leur chef, et succèdent par tête.

1. La loi répète ici, en d'autres termes, la première disposition de l'art. 744; et elle lui donne ensuite l'explication qui lui convient. La renonciation du père ne fait pas perdre aux enfans leur parenté, et ne doit pas les empêcher de venir à la succession, *de leur* propre chef, s'ils se trouvent les plus proches successibles, sans le secours de la représentation. *V. supra,* *art.* 744; *Malv.; Chab.; Toull., n.* 342.

ARTICLE 788.

Les créanciers de celui qui renonce au préjudice de leurs droits, peuvent se faire autoriser en justice à accepter la succession du chef de leur débiteur, en son lieu et place.

Dans ce cas , la renonciation n'est annulée qu'en faveur des créanciers, et jusqu'à concurrence seulement de leurs créances : elle ne l'est pas au profit de l'héritier qui a renoncé.

1. La loi devait un secours aux créanciers contre la fraude et même contre les faux calculs de leur débiteur. Ils peuvent être autorisés par la justice, à l'acceptation de l'hérédité qu'il répudie. S'il s'abstient de la succession , sans faire de renonciation formelle , c'est un abandon qui tient de la répudiation, et qui en produit les effets. M. Toullier enseigne avec raison que, dans ce cas , les créanciers peuvent demander l'autorisation d'accepter; mais il veut qu'avant de la réclamer, ils fassent sommation au débiteur, de prendre qualité, pour présenter son refus à la justice. Si par sa lettre, la loi ne donne pas précisément cette étendue au droit des créanciers, l'extension ressort bien au moins de son esprit. L'autorisation qui ne pourrait être accordée qu'après une renonciation spontanée au greffe, laisserait au débiteur, la faculté de l'abandon de fait, et de la fraude envers ses créanciers. M. Duranton va plus loin que M. Toullier; il prétend que les créanciers, dans cette occurrence, ont, pour l'acceptation, la même faculté que pour tous autres droits, négligés par leurs débiteurs , d'agir sans l'autorisation de la justice. L'auteur attribue aussi ce droit aux créanciers, lorsque la succession n'a encore été acceptée par aucun cohéritier. La raison et la lettre des art. 788 et 1167, repoussent cette proposition. *Chab.*, *n.* 1, 2; *Toull.* 4, *n.* 319; *Dur.* 6, *n.* 519, 520; *Malp.*, *n.* 334.

2. La rédaction de notre article n'est point parfaite. Ces mots : *les créanciers peuvent se faire autoriser*, semblent placer la justice dans la nécessité de prononcer l'autorisation, lorsqu'elle est demandée. Ce n'est pourtant pas ce que le législateur a entendu; et ce n'est même pas ce qu'exprime la lettre de la loi, bien vue dans son ensemble; car avant d'accorder la faculté de demander l'autorisation , la loi a posé la condition *du préjudice*. Elle n'a commandé le recours à la justice qu'afin de faire examiner aux juges si les créanciers ont besoin de l'acceptation pour n'être pas frustrés dans leurs droits. Il faut donc que les créanciers montrent le tort que peut leur causer la répudiation ou l'abstention de leur débiteur, pour qu'ils puissent obtenir l'autori-

sation d'accepter M. Toullier a justement remarqué qu'ils doivent établir l'insolvabilité du débiteur, par la discussion préalable de ses biens, parce que, s'il ait solvable, sa renonciation
ne leur causerait pas de préjudice. M. Delvincourt et M. Duranton sont également d'avis que l'insolvabilité du débiteur
doit être constatée. M. Duranton ajoute : que les frais de la
discussion doivent être payés par les créanciers, sauf à les comprendre dans leur créance. Il est certain qu'ils ne peuvent pas
être à la charge des héritiers acceptans. *Toull.* 4, *n.* 348;
Delv. 2, *p.* 106 ; *Dur.* 6, *n.* 512 517.

3. Mais nous ne croyons pas, comme M. Chabot et M. Delvincourt, qu'il soit entré dans l'intention du législateur, que si la
succession était *mauvaise*, les créanciers ne fussent point autorisés à faire l'acceptation. En vain, l'auteur avance que, dans
ce cas, l'acceptation ne produrait d'autre résultat que de rendre plus difficile et plus dispendieuse la liquidation de l'hérédité, au préjudice des autres héritiers et des créanciers de la
succession. Pour juger la valeur de la succession il faut en examiner l'actif et le passif, et préparer les élémens d'une liquidation. Cet examen préalable des forces de la succession, occasionne plus de frais que M. Chabot ne voulait en éviter, car
en général, le partage de la succession ne doit pas être plus
coûteux avec les créanciers du renonçant, qu'il ne le serait avec
lui-même. Si la succession est acceptée par d'autres héritiers,
même sous bénéfice d'inventaire seulement, il y a lieu de présumer qu'elle offre des espérances de profit; et, pourquoi défen-
drait-on aux créanciers du renonçant, de rechercher ce profit.
Si l'hérédité est délaissée par tous successibles, il n'y a plus en
présence que l'intérêt des créanciers de la succession et des
créanciers du renonçant; et si ces derniers entrevoient quelqu'avantage pour eux dans la liquidation de la succession,
quel motif encore pourrait leur en faire interdire la recherche?
Ils vaudront bien un curateur à la succession vacante. *Chab.*,
n. 2.

4. M. Chabot enseigne, avec plus de raison, que les cohéritiers de celui qui renonce, ou les héritiers qui succéderaient à
son défaut, peuvent empêcher l'intervention de ses créanciers,
en les désintéressant. Cette proposition ne pouvait pas être contestée. M. Delvincourt, M. Duranton et M. Malpel l'ont adoptée.
Chab., *n.* 3; *Delv.* 2, *p.* 106; *Malp.*, *n.* 334; *Dur.*, *n.* 517.

5. En exerçant les droits de succession, abandonnés par leurs

débiteurs, les créanciers pavent examiner et contester tous les actes par lesquels on voudrait altérer ces droits. Ainsi, la Cour royale de Paris a très bien jugé, le 24 messidor an XII, que des créanciers devaier être admis à contester un legs qui tendait à diminuer la sucession répudiée par leur débiteur, dans la circonstance même où la délivrance de ce legs avait été faite. *Sir.* 4, 2, 167; *Rép. nith.*, *ch.* 5, *sect.* 2, *art.* 2, *n.* 9.

6. La demande de l'autoriation pour accepter peut se faire par une simple requête, au tibunal du lieu où la succession s'est ouverte. La loi n'ordonne l'assignation ni des héritiers, ni des créanciers de la successio. Mais le jugement rendu sur cette requête, ne peut pas obliger ceux qui pourraient avoir intérêt à contester l'acceptation ; ls peuvent toujours, tant qu'ils ne l'ont point admise, s'oppose, à son effet ; la justice décide de leur opposition. Pour la prévenr, il est bon de suivre l'avis de M. Duranton et de former la demande contre les cohéritiers acceptans, s'il en existe. Quand la uccession se divise entre deux lignes, il suffit de mettre en cause les héritiers de la ligne du renonçant ; les autres n'ont pas l'intérêt à empêcher l'acceptation de ses créanciers. Ils auraient intérêt, s'il était seul dans sa ligne ; il importerait alors, de former la demande contre eux. Un seul créancier du renonçant peut demander l'autorisation d'accepter ; mais aussi l'acceptation qui lui est permise ne sert point aux autres. *Chab.*, *n.* 3, 4 ; *Delv.* 2, *p.* 106 ; *Dur.* 6, *n.* 518, 519.

7. Pour être autorisé à faire l'acceptation, il faut avoir une créance antérieure à la renonciation. Le titre sous seing privé qui n'aurait point acquis une date certaine avant cette répudiation, ferait rejeter la demande du créancier. La répudiation n'a pas pu se faire au préjudice de créanciers qui n'existaient pas ; et pour les tiers, on répute non-existans ceux qui n'avaient pas de titre d'une date certaine. *V. art.* 1328 ; *Chab.*, *n.* 5 ; *Toull.* 4, *n.* 348 ; *Delv.* 2, *p.* 106 ; *Dur.*, *n.* 512 ; *Rép. Fav.*, *renonc.*, *n.* 15, § 1.

8. Bien qu'elle permette l'acceptation aux créanciers, la loi ne les fait pas héritiers à la place du renonçant, elle ne leur accorde que le droit de prendre dans la part de succession qu'il aurait pu avoir, le montant de leurs créances, autant qu'il peut s'y trouver. Les biens qui forment cette part ne deviennent pas leur propriété ; ils doivent les faire vendre en justice, comme des héritiers bénéficiaires, pour être payés avec le prix de la

vente. S'il reste des deniers, ils passeront dans les mains des héritiers acceptans. Un partage est nécessaire pour déterminer cette portion de biens qui doit fournir à leurs créances; ils ont droit de le provoquer, comme on peut le réclamer contre eux. Au partage, ils doivent faire les rapports ou les imputations auxquels leur débiteur aurait été obligé lui-même, en acceptant. Ils doivent contribuer au payement de toutes les charges de l'hérédité. Si avant l'expédition des lots, les dettes de la succession ne sont point acquittées, leur lot demeure affecté envers les créanciers de la succession. Obligé de faire vendre les biens en justice, le prix de la vente sert d'abord à payer leur part contributive dans les dettes de la succession. Si les créanciers du renonçant négligent la poursuite de la vente, elle peut être faite par les créanciers de la succession, et même par les héritiers. *Malev.; Chab., n.* 7, 8; *Toull. et Delv., préc.; Malp., n.* 334; *Dur.* 6, *n.* 515, 516.

9. Exclus du droit d'accepter la succession, les créanciers du renonçant, postérieurs à sa renonciation, sont aussi exclus de la distribution du prix de la vente des biens qu'ont obtenus les créanciers antérieurs. Ceux-là ne peuvent même rien prétendre sur les deniers restans après le payement de ceux-ci. La renonciation devait tourner au profit des cohéritiers du renonçant ou des héritiers du degré subséquent; et la loi ne l'a privée de son effet qu'en faveur des créanciers qui existaient au temps où elle s'est déclarée. Ceux qui sont survenus ensuite n'ont pas pu empêcher, pour le surplus, l'accroissement et la dévolution. *Dur., n.* 512, 513; *Chab., n.* 5, 6.

10. Il est impossible de ne pas convenir avec M. Duranton que, pour le droit à l'acceptation et à la distribution, il n'y a point de distinction à établir entre les divers créanciers de l'héritier qui s'abstient, sans faire de renonciation. Mais on peut bien révoquer en doute l'exactitude de la doctrine du professeur, quand il dit que si la succession n'a point encore été acceptée par les cohéritiers du renonçant, ses créanciers, postérieurs ou antérieurs peuvent tous également, en vertu de l'art. 1166, exercer le droit que l'art. 770 lui accorde, de reprendre la succession, et concourir tous ensemble à la distribution du produit de cette succession. Contre cette décision, ne dira-t-on pas que l'héritier qui a renoncé peut persévérer dans sa renonciation; que si d'autres héritiers n'ont pas encore accepté, à son refus, ils peuvent le faire, même après l'acceptation des créanciers, parce

que ceux-ci ne sauraient être héritiers; qu'ils n'ont de droit que pour être payés sur les biens que laisse le renonçant? Ne conclura-t-on pas que pour priver les héritiers de ces biens, ou plutôt pour faire porter sur ces biens le poids de leurs créances, il faut que les créanciers montrent qu'ils ont besoin de ces mêmes biens pour être payés? Ainsi, il faut que les créanciers du renonçant fassent vérifier ce besoin par la justice et obtiennent l'autorisation d'accepter. Si l'acceptation est permise, ce n'est donc qu'afin de ramener aux créanciers le nouveau gage qui s'était présenté pour eux, et que le débiteur avait voulu leur soustraire. La loi tient plus à la réparation de ce préjudice qu'à la garantie du bénéfice que d'autres héritiers pouvaient attendre. Mais la loi ne s'est pas inquiétée des créanciers futurs du renonçant; sa répudiation faite, ceux qui sont venus lui faire contracter des obligations, n'ont pas dû compter, pour leur garantie, sur la succession répudiée; et il ne leur a point été permis d'en disputer les biens aux autres héritiers à qui elle est dévolue; ce n'est qu'autant qu'elle reste vacante, qu'ils peuvent y avoir des droits, après les créanciers du défunt, et après ceux du renonçant qui ont fait révoquer la renonciation dans leur intérêt seulement. Les dettes de la succession et celles du renonçant, au temps de la renonciation, acquittées, le surplus des biens reste dans la succession, pour les héritiers qui l'ont acceptée ou qui voudront l'accepter. Si tous renoncent, il y a vacance; et les créanciers du premier renonçant peuvent alors se présenter. *V. Dur.* 6, *n.* 519, 520, *supra, n.* 1.

Mais la vacance peut s'établir plus tôt, par une suite de la répudiation, avant l'acceptation des créanciers d'un premier renonçant. Dans cette conjoncture, on pourrait être plus facilement porté à soutenir l'application de la doctrine de M. Duranton. Nous doutons pourtant encore qu'elle soit admissible. Le nombre des renonciations qui accompagnent ou qui suivent celle des premiers successibles, ne doit pas changer la condition de ses créanciers existans à l'époque où il a répudié. L'autorisation pour accepter doit toujours être donnée par la justice; et elle ne doit être accordée qu'aux créanciers à qui la renonciation est venue porter préjudice; et comme elle n'a pu en apporter qu'à ceux qui existaient, c'est à eux seuls que la réparation est donnée. Que si, après leur payement, il reste des biens dans la succession, n'étant pas héritiers, ils ne peuvent pas les garder. Alors si cette succession se trouve abandonnée par tous successibles, autre que la loi ; comme le fisc ne tire de profit qu'alors qu'il n'y a plus personne à satisfaire, les créanciers restans, quoique postérieurs à la renonciation, peuvent, à leur tour, accepter ou plutôt reprendre à la place de leur débiteur, pour son résidu, la succession dont personne autre n'a voulu. *V. supra, n.* 1.

11. M. Chabot a mis en question, si lorsqu'il n'y a pas d'héritiers acceptans, l'acceptation des créanciers empêche la vacance de l'hérédité et la nomination d'un curateur. L'auteur répond que ces créanciers tiennent la place de l'héritier, qu'ils exercent ses droits, et que les droits d'autrui contre la succession sont exercés contre eux. La loi n'a rien réglé positivement sur ce point. Mais comme elle ne met pas complétement les créanciers à la place du débiteur ; comme elle ne les fait point héritiers, et qu'ils ne représentent pas le défunt, tout se réduisant pour eux à rechercher et à obtenir le payement de leurs créances, un curateur pourrait sembler nécessaire. Toutefois, le curateur, ordinairement étranger à la succession, n'offre pas une grande garantie de bonne administration ; et l'on peut bien décider, que les créanciers acceptans, obligés de liquider la succession, tiennent lieu de curateur. Ils devront compte de leurs opérations aux successibles qui voudront se rendre héritiers, ou à la régie des domaines pour l'État, ou à des créanciers postérieurs à la renonciation, qui voudraient chercher leur payement dans un résidu de succession. *Chab., n.* 8.

12. M. Chabot croit les créanciers acceptans obligés à faire inventaire, et décide qu'à défaut de cet acte, ils peuvent être tenus personnellement des dettes et charges de la succession. La loi ne leur impose pas cette obligation ; ils ne sont pas héritiers, et ils ne sont pas soumis aux dettes de la succession, comme représentans du défunt. Avec des copartageans, l'inventaire pour eux est dans l'acte de partage qui constate les biens qui leur sont expédiés. Seuls, à la place du renonçant qui pouvait avoir toute la succession, l'inventaire serait d'une grande utilité pour eux et pour les créanciers de la succession. Mais il ne leur est pas commandé comme à l'héritier, sous peine du fardeau de toutes les charges de la succession ; le défaut de cet acte peut seulement les exposer à des dépens. S'il faut une preuve de commune renommée, ils en payeront les frais. S'ils ont détourné des effets de la succession, ils seront condamnés à les restituer ou à faire compte de leur valeur, et à des dommages-intérêts s'il y a lieu. *Chab., n.* 7.

ARTICLE 789.

La faculté d'accepter ou de répudier une succession se prescrit par le laps de temps requis pour la prescription la plus longue des droits immobiliers.

1. A la manière dont il est rédigé, cet article présente une disposition qui ne se peut concevoir, et qu'il est impossible d'appliquer. Par sa lettre, la loi établit deux règles contraires entre elles, et dont l'une détruit nécessairement l'autre. Comment la prescription pourrait-elle faire perdre en même-temps le droit d'accepter et le droit de répudier? Refuser l'acceptation, c'est interdire la succession; refuser la renonciation, c'est imposer la succession. M. de Maleville ne s'est point arrêté à cette monstruosité des termes de l'article: ne comprenant pas la loi nouvelle, il l'abandonne, et présente la règle ancienne, suivant laquelle la prescription faisait perdre à l'héritier, le droit d'accepter et de réclamer la succession, quand depuis trente années, les droits ou les biens qui la composent étaient dans la possession d'autrui, ce qui lui laissait, tant qu'il n'avait pas fait d'acte d'hérédité, le droit de la répudier, pour se défendre des poursuites dirigées contre lui, comme héritier. *Malev.*

M. Delvincourt et les auteurs des Pandectes françaises voyant l'impossibilité de tirer de la loi nouvelle une règle générale d'acceptation ou de renonciation, scindent sa disposition, amènent deux hypothèses, et appliquent à l'une la privation du droit d'accepter, et à l'autre la privation du droit de renoncer. M. Delvincourt dit qu'après le temps fixé pour la prescription, l'héritier est présumé acceptant ou renonçant, selon l'intérêt de celui qu'il attaque, ou par qui il est attaqué; qu'ainsi, par exemple, s'il attaque l'héritier d'un degré inférieur qui s'est emparé de la succession, ce possesseur lui opposera que la faculté d'accepter est prescrite; que si, au contraire, la succession est restée vacante, l'héritier qui n'a pas fait de renonciation, et qui est poursuivi par des créanciers de la succession, dont la créance n'est pas prescrite, ne pourra se soustraire à leur action en renonçant, parce qu'ils lui opposeront que la faculté de renoncer est prescrite. M. Delvincourt convient que cette dernière application ne s'accorde ni avec le principe qui exempte de la prescription les actes de pure faculté, ni avec celui qui veut qu'on ne soit pas héritier malgré soi. La faculté de renoncer ne lui aurait paru prescriptible sous aucun rapport; et il voit des inconvéniens graves résulter de la prescription; mais il dit: La loi est claire; il est impossible de l'entendre autrement. Toutefois, pour adoucir son effet exorbitant, l'auteur propose de distinguer entre les deux espèces d'acceptation, et d'accorder la faculté du bénéfice d'inventaire à l'héritier qui aura laissé prescrire la faculté de répudier. *Delv.* 2, *p.* 87; *Pand. franç.* 3, *p.* 170.

M. Chabot lutte avec beaucoup d'efforts contre la mauvaise rédaction de l'art. 789, et ne peut pas parvenir à lui donner un sens raisonnable. Il rejette l'interprétation de M. Delvincourt, qui serait que le même individu serait comme deux personnes différentes, héritier et non héritier, obligé de payer les dettes existantes, et privé du droit d'évincer le possesseur de la succession. M. Chabot rejette aussi une autre interprétation qui n'applique l'art. 789 qu'au cas où la succession est occupée par un autre successible que l'héritier appelé en premier ordre, et de laquelle il résulterait: 1° que si ce premier appelé n'a point accepté dans les trente ans, le second appelé peut, après ce terme, accepter lui-même, et n'a plus à craindre d'être évincé par l'autre qui a perdu le droit d'accepter; 2° que si le second appelé n'a point accepté dans les trente ans, il pourrait, avant l'expiration de ces trente années, être évincé par le premier appelé, et qu'il n'aurait plus à craindre l'éviction, lorsque ce terme serait expiré; 3° que l'étranger qui se serait emparé de la succession dans le cours des trente années, depuis son ouverture, pourrait être évincé, non-seulement avant leur expiration, mais encore dans le même espace de trente ans, à compter du fait de sa mise en possession; 4° qu'il n'y aurait pas de prescription du droit de renoncer à l'égard des créanciers de la succession. M. Chabot trouve que cette interprétation pèche, en ce qu'elle présente des distinctions qui ne sont pas dans la loi, et qu'elle limite à des cas particuliers la disposition de la loi qui est générale et qui établit indistinctement, à l'égard de toutes personnes, la prescription du droit d'accepter ou de renoncer.

M. Chabot expose et soutient une troisième interprétation, qu'adopte M. Dalloz, et d'après laquelle la disposition de l'article 789 doit être entendue distributivement, en ce sens: 1° que la prescription de la faculté de renoncer est acquise contre l'héritier présomptif, qui, pendant trente années, n'a point manifesté, par une renonciation expresse, sa volonté de n'être pas héritier; qu'il est censé avoir accepté tacitement, et qu'il est définitive-

12.

ment héritier, obligé au payement des dettes, sauf le bénéfice d'inventaire dont il n'est pas exclu; 2° que la faculté d'accepter n'est prescrite, après les trente ans, que contre l'héritier qui, dans cet intervalle de temps, a renoncé, et qu'en conséquence cet héritier ne peut plus user du bénéfice accordé par l'art. 790; 3° que, respectivement aux étrangers, détenteurs des biens de la succession, l'héritier peut revendiquer ces biens avant que leur possession soit devenue trentenaire, parce que si, pendant trente années, il n'a point eu lui-même de possession de fait, il a eu la saisine légale, jusqu'au moment où a commencé la jouissance du détenteur; que si cette jouissance, lorsqu'elle date de trente ans, lui fait perdre la propriété, ce n'est pas parce qu'il est déchu du droit d'accepter et d'être héritier, c'est seulement parce que toute action en désistement se prescrit par trente ans. M. Chabot a bien senti que son système n'était pas exempt de critique; il convient que l'art. 789 est si vague, qu'il peut se prêter aux deux premières interprétations; mais l'auteur est persuadé que la sienne est celle qui se rapproche le plus des principes de la matière. Nous croyons que, dans son premier résultat, elle ne s'accorde pas mieux avec les principes qu'avec la justice; que pour le second résultat, l'auteur s'est mis en opposition avec lui-même, limitant la disposition de l'art. 789 au cas particulier de l'art. 790, après avoir dit que cette disposition est générale, et avoir condamné la distinction et les limitations des autres systèmes. Au demeurant, la troisième explication de M. Chabot est, en soi, fort raisonnable; mais encore, elle contrarie la lettre de la loi. *Chab.*, n. 1; *Dall., Rép. méth., succ., ch.* 5, *sect.* 2, *art.* 1, *n.* 6.

M. Duranton examine ces divers systèmes d'interprétation, en rappelant quelques variantes que nous avons omises; il les trouve tous plus ou moins vicieux, et se décide pour un quatrième parti, qu'il déclare ne pas présenter l'interprétation qui ressort le plus clairement du texte de l'art. 789; mais qu'il croit le plus en harmonie avec l'esprit général de la loi. Le professeur enseigne, que la saisine légale est établie seulement dans l'intérêt des héritiers ou de leurs représentans; que s'il est vrai que la renonciation ne se présume pas, cela n'est pas également vrai quand l'héritier a laissé passer trente ans sans toucher aux biens; que, dans ce cas, sa longue abstention emporte renonciation, et qu'ainsi la loi veut qu'il ne puisse plus accepter parce qu'il a renoncé, et qu'il ne puisse plus renoncer parce qu'il a déjà fait sa renonciation. L'auteur ne peut pas justifier cette explication ,. d'un reproche de frivolité, ou plutôt de niaiserie qu'on lui a adressée. M. Malpel, qui avait auparavant offert la même inter- prétation, dissimule un peu ce défaut, par ces termes dont il se sert : « L'habile à succéder devient, après trente ans, étranger à la succession ; et il doit être considéré comme n'ayant jamais été appelé à la recueillir : il ne peut donc pas l'accepter après ce laps de temps ; et c'est par ce motif seulement qu'il ne peut pas y renoncer, suivant la règle *quidquis,. si velit habere non potest , repudiare non potest* ; et c'est en ce sens qu'il est vrai de dire, que la faculté d'accepter ou de répudier une succession se prescrit par trente ans. Ainsi, l'effet de la prescription consiste à dé- pouiller l'habile à succéder ,. de tous les droits dont la saisine l'avait investi : d'où il suit,. par voie de conséquence , que les prétentions de ceux qui avaient intérêt à considérer l'habile à succéder comme acceptant, et les prétentions de ceux qui au- raient intérêt à le considérer comme renonçant,. n'ont plus de fondement. » N'y avait-il pas une grande inutilité, une vraie puérilité à dire, ici, qu'on ne peut plus renoncer, parce qu'on n'a plus de saisine, ou , ce qui est tout un ,. que parce qu'on ne peut être héritier, on ne peut déclarer un refus de l'hérédité. La sen- tence latine, de la loi 174, § 1, *ff. de reg. jur.*,. invoquée par M. Malpel, ne se rapporte qu'à la nullité de la renonciation, faite dans la fausse croyance d'une vocation à l'hérédité qui est dévo- lue à tout autre. Nous avons vu plus haut (art. 775 ;. n. 2), l'ap- plication de cette règle. Si le législateur n'avait eu dans la pensée que la perte du droit à l'hérédité , par l'effet de la prescription , cette idée simple aurait produit une expression très-simple. On n'aurait pas mis dans la loi l'alternative si équivoque de répu- dier. *Dur.* 6, 483, etc.; *Malp.*,. n. 336.

M. Toullier n'a pas voulu prendre la peine d'examiner la dif- ficulté; il se contente de reconnaître, par une note (n. 331 bis), que l'art. 789 présente des questions assez difficiles, et de ren- voyer au commentaire de M. Chabot. Dans notre Traité des Pres- criptions, n. 372 , nous avons marqué notre étonnement de ce que la loi unit indéfiniment pour la prescription , la faculté de répudier à la faculté d'accepter. Nous disions : « En cherchant le but de la loi , et un effet à sa disposition, nous n'avons vu qu'une situation qui est dans l'ordre des choses possibles , mais qui doit être si rare qu'elle n'était pas propre à fixer l'attention du légis- lateur...... On peut supposer que l'art. 789 a pour objet de mettre un terme à l'hésitation du successible qui délibère, et de faire que lorsqu'il a été poursuivi, et que les délais qu'il a obtenus sont expirés, il perd la faculté de répudier, et soit inévitablement héritier, quand il est arrivé au terme de trente ans, depuis l'ouverture de la succession. Dans une telle situation, si elle peut se rencontrer, l'art. 189 sera applicable. Hors de là, on ne lui voit pas de juste application, relativement à la faculté de répudier. »

Cette critique de la loi a fait dire par M. Malpel : « Le cas prévu est si rare, que l'auteur doute lui-même qu'il puisse jamais se réaliser. Comment donc penser que le législateur l'a eu en vue dans l'art. 789, et qu'il s'y est occupé d'une hypothèse chimérique ? *Quod bis aut semel extitit prætereunt legislatores.* » Bien que nous ne regardions pas l'hypothèse comme chimérique absolument, nous n'avons pas la conviction qu'elle soit venue à l'esprit du législateur ; il nous semble qu'il a dû avoir d'autres vues ; mais nous ne pouvons encore nous persuader que la loi n'a établi la prescription du droit de répudier avec la prescription du droit d'accepter, que pour donner ce vain enseignement, qu'il est inutile de renoncer, quand on ne peut plus accepter. Nous aimons mieux croire qu'une faute lourde s'est glissée dans la rédaction de l'art. 789, et dire que, puisqu'il n'y a point eu de changement annoncé, il faut la corriger, suivant la jurisprudence ancienne, par l'application des principes du droit commun. Ainsi nous dirons : L'on n'est point héritier malgré soi ; en général, la faculté de répudier n'est donc pas susceptible de prescrire ; elle ne peut se perdre que par l'acceptation. Les mots *ou répudier*, qu'on lit dans l'art. 789, n'y ont été placés indéfiniment, au moins, que par erreur. Regardons-les comme non écrits, ou bornons l'application de la règle qu'ils concourent à former, au cas possible de l'habile à succéder qui, trente ans après l'ouverture de la succession et l'expiration des délais qui lui ont été donnés, n'a point encore répudié.

Il reste dans la loi la prescription du droit d'accepter ; mais elle y est établie vaguement, et elle doit être déterminée selon les règles générales de la matière des prescriptions. Pour perdre une chose existante, il faut qu'un autre ait pu l'acquérir. Le successible du degré inférieur acquiert l'hérédité que celui du degré supérieur refuse ; et ce refus se déclare par la renonciation expresse, ou par la prescription qui l'a fait présumer légalement. A la suite d'une répudiation formelle par le premier appelé, l'acceptation du second le constitue aussitôt, et irrévocablement, héritier. A défaut de cette répudiation, l'hérédité n'est assurée, sans retour, à celui-ci, qu'alors que le temps de prescrire s'est écoulé sans réclamation de la part de l'autre; mais aussi, pour acquérir le bénéfice de cette prescription, le second successible n'a pas besoin d'une possession trentenaire, il lui suffit d'avoir la possession présente. C'est pour lui qu'un abandon de trente ans par le premier a fait présumer sa renonciation.

Un arrêt rendu par la Cour de Douai, le 16 novembre 1830, semble reconnaître cette règle, d'après le Code civil; car en jugeant dans le sens opposé, pour une succession ouverte en 1793, il décide que cette succession ne peut être régie par les dispositions du Code civil, et que, sous l'empire de l'ancien droit, l'héritier présomptif ne perdait, par la prescription, la faculté d'accepter la succession à laquelle il était appelé par la loi, qu'autant qu'un autre héritier avait possédé l'hérédité pendant le temps requis pour la prescription. La Cour de Riom a fait une application semblable de la règle ancienne, sans dire qu'elle ait été changée par le Code civil. *D.* 1832, *s., p.* 36; *J. pal., éd. n., t.* 11, *p.* 526.

La succession peut toujours être acceptée quand elle est restée vacante, en dépôt dans les mains d'un curateur. Nous avons rappelé, au n° 372 de notre Traité des prescriptions, qu'il était de règle, avant le Code civil, qu'aucune prescription ne pouvait priver l'héritier, même renonçant, du droit d'accepter la succession, si elle était toujours régie par un curateur. M. de Maleville a cru que cette règle devait encore être suivie; et nous l'avons pensé aussi, quoique l'art. 790, combiné avec l'art. 2262, n'accorde que trente ans pour revenir contre la renonciation. Qui pourrait, en effet, contester l'acceptation comme tardive? Les créanciers! Ils ne peuvent jamais devenir héritiers, ils n'ont qu'un gage dans les mains du curateur. Le curateur! Il n'est que l'agent des créanciers; et il ne peut, non plus qu'eux, acquérir par la prescription la qualité d'héritier, ni la propriété du gage.

De simples détenteurs, non successibles, qui se seraient emparés depuis moins de trente ans des biens de la succession, ne pourraient pas mieux opposer la prescription à l'héritier qui viendrait revendiquer ces biens après ce laps de temps, depuis l'ouverture de l'hérédité sans acceptation antérieure de sa part. Pour des tiers, étrangers à la succession, il faut une possession trentenaire; ce n'est qu'aux cohéritiers ou aux héritiers des dogrés inférieurs, que la renonciation peut profiter; et eux seuls peuvent l'invoquer, résultant de la prescription comme d'une déclaration formelle. Par la même raison, des débiteurs de la succession que les poursuites d'un curateur, d'un usufruitier, d'un cocréancier solidaire auraient frappé dans le cours du temps nécessaire à la prescription, et qui ne seraient recherchés que plus de trente ans après l'ouverture de la succession, par l'héritier qui ne l'avait point accepté avant ce terme, n'auraient pas de prescription à lui opposer.

Au reste, nous ne faisions pas de doute que l'héritier qui peut venir ou revenir à la succession après trente ans, ne puisse accepter sous bénéfice d'inventaire. Il aurait ce droit, ainsi que le décide M. Delvincourt, même quand on admettrait que la prescription l'a privé du droit de renoncer; car quoi qu'en dise M. Chabot en terminant sa dissertation, la déchéance de la faculté de répudier n'entraînerait pas la déchéance de la faculté de n'être héritier que sous bénéfice d'inventaire. Tant qu'on n'a point fait d'acte d'héritier et qu'on peut accepter, l'acceptation peut être faite, au choix de l'héritier, purement ou bien sous bénéfice d'inventaire.

V. Malev.; Chab.; Toull. 4, *n.* 344, 351; *Delv.* 2, *p.* 87, *etc.; Malp., n.* 336; *Dur.* 6, *n.* 483, *etc.; Tr. des Prescrip., t.* 1, *n.* 365, *etc.*

ARTICLE 790.

Tant que la prescription du droit d'accepter n'est pas acquise contre les héritiers qui ont renoncé, ils ont la faculté d'accepter encore la succession, si elle n'a pas été déjà acceptée par d'autres héritiers; sans préjudice néanmoins des droits qui peuvent être acquis à des tiers sur les biens de la succession, soit par prescription, soit par actes valablement faits avec le curateur à la succession vacante.

1. En règle générale, la renonciation est irrévocable aussi-bien que l'acceptation. L'art. 790 confirme une exception du droit antérieur pour le cas où la succession est restée vacante. On ne fait de tort à personne, en reprenant un droit successif dont personne n'a voulu. *V. Arr. rej. cass.,* 17 *avril* 1818; *Sir.,* 19, 1, 216; *D.,* 1819, *p.* 136.

La faculté reconnue à tous héritiers, ici, se trouve appliquée

aux mineurs déjà, par l'art. 462. Les observations que nous venons de présenter sur l'art. 789, servent à l'explication des deux
autres art. 462 et 790.

2. La règle d'exception à l'irrévocabilité de l'acceptation, posée par l'art. 783, pour le cas du dol, qui comprend la violence,
est, de droit, commune à la renonciation, parce que le dol et la
violence sont, pour tous actes, une cause de restitution. Art. 1108,
1109. Mais bien qu'en général, l'erreur soit aussi une cause de
restitution, la loi ayant établi le bénéfice d'inventaire pour sauve-
garde, l'erreur sur les forces de la succession ne peut être cause
de restitution, soit contre l'acceptation, soit contre la renonciation, que par la déclaration positive de la loi. L'art. 783 n'admet l'erreur, comme cause de restitution de l'acceptation, que
dans le seul cas de la découverte d'un testament qui était inconnu
au moment où l'on a accepté, et qui enlèverait à l'acceptant plus
de la moitié des biens de la succession. Hors de ce cas, la faculté
du bénéfice d'inventaire a paru au législateur une garantie suffisante contre l'erreur ; et elle est véritablement une garantie qui
doit porter encore mieux à ne pas faire de renonciation, qu'à
s'abstenir d'acceptation pure et simple. M. Favard enseigne que
l'art. 783 consacre une exception, qui, de sa nature, ne doit pas
s'étendre ; que si le législateur eût voulu la rendre commune à la
renonciation, il n'aurait pas manqué de la reproduire sous la
section de la renonciation. *Rép. Fav.*, *renonc.*, *n.* 19.

Dans notre ancienne jurisprudence, Lebrun affirmait, que suivant la loi 4, *ff.*, *de jur. et facti ignor*, la restitution était admise
contre la renonciation, 1° lorsque l'héritier avait renoncé par
erreur de fait ; par exemple, s'il avait paru un testament faux
qui, s'il eût été valable, aurait absorbé la totalité ou la plus
grande partie de la succession ; 2° lorsque la renonciation avait
été déterminée pour un testament que n'avait pas vu le renonçant.
M. Chabot pense que ces deux causes de révocation ne sont plus
proposables sous le Code. Au premier cas, dit l'auteur, l'héritier
peut, avant de renoncer, examiner et constater si le testament
est vrai ; au second cas, il peut en demander la représentation.
M. Toullier, M. Delvincourt et M. Malpel admettent la première
cause et rejettent la seconde. Par analogie, la règle finale de
l'art. 783, pour l'acceptation, leur semble devoir s'étendre à la
rescision. Nous avons montré avec M. Favard, que l'extension
n'est pas permise. Mais sans hésiter, nous voyons un cas de dol
dans la production d'un testament faux, et nous croyons que sans

considérer le degré de la lésion, il suffit, pour faire annuler la renonciation, qu'on puisse reconnaître qu'il avait déterminé la renonciation. *Chab.*, *n.* 1; *Toull.* 4, *n.* 351; *Delv.* 2, *p.* 106; *Malp.*, *n.* 338.

Mais rien ne nous porte, comme M. Dalloz, à voir dans la découverte d'un actif, excédant de plus de moitié la succession connue, une cause de révocation de la renonciation. Ainsi nous n'adoptons pas, comme doctrine, un arrêt rendu par la Cour royale de Paris, le 5 décembre 1814, qui a jugé que la remise de biens considérables faite à la succession d'un émigré, en exécution de la loi du 5 décembre 1814, a dû autoriser la révocation de la renonciation de l'un des héritiers, et le faire admettre au partage avec un autre héritier qui avait accepté sous bénéfice d'inventaire. Il n'y avait pas de vacance; toute la succession était restée à l'héritier acceptant, et l'art. 790 repoussait le retour du renonçant. Le jugement de première instance déclare que la renonciation n'avait pu s'appliquer qu'à la succession telle qu'elle se comportait à l'époque de la radiation de l'émigré; que par la remise ultérieure des biens confisqués, il s'est ouvert une nouvelle succession à laquelle ont été appelés les héritiers de l'émigré. L'arrêt est fondé sur des motifs différens; il reconnaît qu'on ne peut admettre deux successions d'une même personne; que l'effet de la restitution des biens dont il s'agit est de les faire considérer comme n'ayant jamais cessé d'appartenir à l'émigré et faisant partie de son hérédité; mais on ajoute que le renonçant a cru et a eu juste raison de croire, qu'il n'y avait, dans la succession de son frère, que les biens qui s'y trouvaient à l'époque de son élimination, et paraissaient insuffisans pour en acquitter les charges; que la restitution d'autres biens à changé inopinément l'état de la succession, et que, dans ces circonstances, il y a lieu de relever d'une renonciation qui a eu pour cause une ignorance invincible du fait. *Sir.*, 16, 2, 375; *Rép. méth.*, *succ.*, *ch.* 5, *sect.* 2, *n.* 8.

Cette cause d'ignorance invincible n'est pas plus dans l'esprit que dans la lettre de notre législation présente. La loi suppose toujours de l'incertitude sur les forces d'une succession; et c'est la pensée de cette incertitude qui a fait excepter les ventes de droits successifs, de la rescision pour lésion, et accorder la faculté de l'acceptation sous bénéfice d'inventaire.

3. Pour que l'héritier renonçant puisse revenir à la succession, il n'est pas besoin que le successible, qui pouvait

prendre sa place, l'ait répudiée, il suffit qu'il n'ait pas fait d'acceptation.

4. L'accroissement s'opère, de droit, comme la succession première. De ce principe, il résulte bien, ainsi que l'observe M. Chabot, qu'entre deux renonçans de la même ligne, le premier qui revient accepter la succession, empêche le retour de l'autre. M. Durauton en conclut aussi que quoiqu'il n'y ait point eu, par l'un, d'acceptation spéciale de la portion abandonnée par l'autre, la renonciation demeure irrévocable. Cette proposition est exacte, sans distinction, si l'accroissement est une nécessité pour le cohéritier ; mais si, comme nous nous sommes montrés disposés à le croire (*Art.* 786, *n.* 2.), l'accroissement est un droit facultatif, la renonciation sera révocable, tant qu'il paraîtra que le cohéritier n'a pas voulu en profiter. Ainsi, de deux cohéritiers, l'un acceptant d'abord, l'autre renonçant ensuite, que le premier n'ait toujours agi que comme héritier pour moitié, ne réclamant, ne-recevant que cette portion des revenus et des créances de la succession, la révocation faite, il ne pourra plus prétendre à la totalité de l'héritage. Entre deux cohéritiers, si l'un accepte indéfiniment, après la renonciation de l'autre, son acceptation embrasse la succession entière ; et il n'y a plus de retour possible pour celui qui a renoncé. Mais l'acceptation faite par un successible, qui ne serait point en degré pour profiter de la renonciation, ne pourrait empêcher le retour du renonçant, quand bien même les autres successibles supérieurs à l'acceptant, auraient répudié après son acceptation. *V. supra, art.* 775, *n.* 2; *Chab.*, *n.* 2; *Dur.* 6, *n.* 507.

4. Si par la renonciation du premier successible, la succession tombait en partage à deux lignes d'héritiers, nous n'hésitons point à dire que l'acceptation dans l'une des lignes, et le défaut d'acceptation dans l'autre, auraient deux effets différens pour la révocation : le renonçant exclu d'un côté, pourrait revenir de l'autre côté, et verrait ainsi son droit successif réduit de moitié.

5. Pour empêcher le retour du renonçant, il n'est pas nécessaire que l'acceptation des autres héritiers soit pure et simple. La loi accorde à l'acceptant, d'une manière indéfinie, le droit exécutif de ce retour ; et comme elle permet deux sortes d'acceptations, l'une et l'autre ont ici la même vertu. *Chab.*, *n.* 3; *Delv.* 2, *p.* 107; *Dur.* 6, *n.* 507.

6. Dans les premières éditions de son commentaire, M. Chabot avait enseigné que l'héritier renonçant conservait, pendant

trente ans, la faculté de revenir à l'acceptation, lorsque l'hérédité n'était recueillie que par des successeurs irréguliers. Cette doctrine n'était pas celle de M. de Maleville, des auteurs des Pandectes françaises, de M. Toullier et de M. Delvincourt; et nous l'avons combattue dans notre Traité des Prescriptions, n. 374; mais M. Chabot l'a abandonnée, convenant avec franchise, qu'on avait eu raison de la critiquer, et décidant cette fois, d'une manière générale, que l'héritier renonçant, ne peut revenir à la succession, qu'autant qu'elle est vacante. M. Malpel, M. Favard et M. Dalloz adoptent, sans restriction, cette nouvelle doctrine. M. Duranton n'ose pas d'abord, et ensuite, décidément, ne veut pas l'appliquer à l'État, qui ne doit avoir les biens de la succession qu'à défaut de tous héritiers. Nous avons dit, en contestant la première opinion de M. Chabot : « La loi aurait pu ne pas accorder la même faveur à l'État; mais elle n'a pas fait de différence; elle l'a mis sur la même ligne que les autres héritiers irréguliers : on doit lui appliquer la même décision. *Malev.; Pand. franç.* 3, p. 177; *Chab.*, n. 4, *Toull.* 4, n. 347; *Delv.* 2, p. 107; *Malp.*, n. 338; *Rép. Fav.*, renonc., § 1, n. 27, *Rép. méth.*, succ., ch. 5, sect. 2, art. 2, n. 5; *Dur.* 6, n. 507.

7. M. Toullier observe très-justement, que l'héritier à réserve, renonçant, qui a laissé mettre en possession un légataire universel, ou un héritier institué, ne pourrait plus, en révoquant sa renonciation, venir réclamer sa réserve. *Toull. préc.*

8. L'héritier qui révoque sa répudiation et retire la succession des mains du curateur, a le droit de lui demander un compte, dans lequel doivent être compris les fruits et tous revenus des biens qu'il a gérés; mais en reprenant la succession, l'héritier doit respecter les actes valablement faits par le curateur; il pourrait seulement attaquer ceux que cet administrateur a faits irrégulièrement, soit hors de la limite de ses attributions, soit dans l'absence des formalités ou de l'autorisation nécessaire. L'héritier doit respecter aussi les droits que des tiers ont acquis par prescription, car la vacance de l'hérédité n'arrête pas le cours des prescriptions, même lorsqu'il n'y a pas de curateur : l'art. 2258 le déclare positivement. *Chab.*, n. 1, 5; *Malp.*, n. 338; *Dur.* 6, n. 508, 509.

9. Mais serait-il vrai, comme l'enseigne M. Duranton, que la minorité de l'héritier, qui revient à la succession, ne fasse point exception à cette dernière règle? L'art. 2252 déclare que la prescription ne court contre les mineurs et les interdits, que

dans les cas déterminés par la loi. Y a-t-il donc, dans l'art. 790,
un cas de prescription déterminée contre les mineurs? Non, il
n'y a qu'une règle générale dont les mineurs sont affranchis de
plein droit; et loin qu'on trouve ailleurs la règle spéciale qui
manque en ce lieu, on voit que l'art 462, tout particulier aux
mineurs, n'est pas dans les mêmes termes que l'art. 790, qu'il
ne parle point de la prescription, et qu'il se borne à défendre
d'attaquer les ventes et autres actes légalement faits durant la
vacance. La prescription ne pouvait pas être comprise sous les
noms de ventes et d'actes; elle n'est point un fait positif; elle
n'est point un acte; elle tient à un fait négatif, à l'absence des
actes et des actions; et par là elle se trouve souvent une peine
imposée à la négligence. Appliquée, en termes généraux, à la
succession vacante, par les art. 790 et 2258, les mineurs n'y sont
pas soumis par l'art. 462; et ils en sont garantis par l'art. 2252.
Conviendrait-il bien que la prescription, qui ne court pas ordinairement contre le mineur pourvu de tuteur, courût contre
la succession qui lui est dévolue, pendant qu'elle est vacante,
et sans curateur même? Son acceptation, faite en temps utile,
après une répudiation révoquée, comme après une simple abstention prolongée, remonte au jour où la succession s'est ouverte, aussi-bien que l'acceptation faite dans les délais donnés,
pour faire inventaire et pour délibérer. Dès ce jour, la prescription s'est trouvée suspendue pour l'héritier mineur. L'art. 2259
déclare bien que la prescription court pendant les trois mois
pour faire inventaire, et les quarante jours pour délibérer;
mais on entend cette disposition de la manière dont il faut
entendre celle de l'art. 790, sauf les exceptions particulières,
établies par la loi; c'est-à-dire, que par eux-mêmes, les délais
de l'inventaire et du délibéré, et la vacance de la succession,
n'arrêtent pas le cours de la prescription et ne font pas, non
plus, cesser les suspensions établies par la loi. Ainsi, notre proposition n'est pas bornée aux mineurs et aux interdits, elle
s'étend aux femmes mariées, dans les positions marquées par
la loi, et à toutes autres positions, pour lesquelles la loi déclare la prescription suspendue. *Dur.* 6, *n.* 508; *Malp.*, *n.* 338.

10. Parmi les droits acquis à des tiers, que l'art. 790 protége,
on doit, sans doute, placer ceux des donataires et légataires qui
les ont fait reconnaître en justice, ou qui ont possédé, assez
long-temps pour prescrire, l'objet donné ou légué. Le retour à
la succession par l'héritier qui l'avait abdiquée, ne peut certai-

nement pas remettre en question ces droits confirmés par la justice en présence du curateur, ou bien par la prescription : la donation ou le testament qui les a conférés reste inattaquable.

ARTICLE 791.

On ne peut, même par contrat de mariage, renoncer à la succession d'un homme vivant, ni aliéner les droits éventuels qu'on peut avoir à cette succession.

1. Les renonciations aux successions futures, prohibées dans le droit romain, étaient admises par les coutumes du royaume, et avaient gagné les pays de droit écrit. Quelques coutumes ne se bornaient point à permettre leur stipulation ; elles établissaient la forclusion, de droit, des filles mariées. La loi du 8 avril 1791, abolit ces forclusions et l'usage de toutes renonciations conventionnelles anticipées. Le Code civil a sagement consacré cette abolition. La défense de la renonciation aux successions futures est répétée dans l'art. 1130, qui ajoute l'interdiction de toute stipulation à cet égard, même avec le consentement de la personne sur la succession de laquelle on voudrait traiter. Ces renonciations et ces stipulations sont regardées, maintenant, comme contraires aux bonnes mœurs ; et leur nullité est radicale et absolue. Nous avons vu une exception à cette règle, dans l'article 761. Nous la verrons encore modifiée par les art. 918 et 1076.

Par un arrêt du 13 messidor an XIII, la Cour d'appel de Paris a jugé nulle, comme contraire à la règle d'interdiction du traité sur une succession future, la condition imposée à l'enfant donataire, sous l'empire de la loi du 17 nivôse an II, de laisser jouir le survivant des père et mère donateurs, de tous les biens du prédécédé. *J. p., éd. n., t.* 6, *p.* 294; *Sir.,* 5 , 2 , 195.

V. Rép. Merl., renonc. à succ. fut.; Malv.; Chab.; Toull. 4, *n.* 340; *Malp. n.* 330; *Dur* 6, *n.* 473,*etc.; Vaz., prescrip.* 2, *n.* 547.

ARTICLE 792.

Les héritiers qui auraient diverti ou recélé des effets d'une succession, sont déchus de la faculté d'y renoncer : ils demeurent héritiers purs et simples, nonobstant leur renonciation, sans pouvoir prétendre aucune part dans les objets divertis ou recélés.

1. On fait acte d'héritier, et l'on s'interdit la renonciation,

puisque l'acceptation est irrévocable, quand on dispose ouvertement des effets de la succession à laquelle on est appelé. Lorsqu'on les détourne pour en priver ses cohéritiers, ou pour ravir le gage des créanciers, on doit bien, à plus forte raison, perdre le droit de renoncer et rester héritier pur et simple.

2. La disposition de la loi ne se rapporte évidemment qu'aux soustractions commises avant la renonciation. Les interprètes du Code ont généralement pensé que, dans notre législation présente, les soustractions postérieures ne devaient être regardées, ainsi qu'elles l'étaient par la jurisprudence ancienne, que comme des larcins qui donnent lieu aux poursuites, et aux peines établies par les Codes criminels, sans reporter la qualité d'héritier sur l'auteur de ces vols. Mais M. Chabot, M. Toullier et M. Delvincourt observent que la loi permettant de révoquer la répudiation, lorsque la succession n'a pas été acceptée par d'autres héritiers, le renonçant qui commet des soustractions, doit être considéré comme s'il avait révoqué sa renonciation, et dès-lors déclaré héritier pur et simple, si les créanciers le demandent. On observe d'ailleurs que le divertissement qui a précédé la répudiation, ne la rend pas, de droit, sans effet; qu'elle n'est nulle qu'autant que l'annulation en est prononcée par la justice, sur la demande des personnes intéressées. On peut, en effet, se borner à poursuivre la restitution des objets enlevés, et une condamnation de dommages-intérêts qui pourraient être dus selon les circonstances. Ces explications nous paraissent assez justes; elles feront probablement la règle des tribunaux. *Rép. Merl., préc.; Malev.; Chab., art.* 784, *n.* 7, *et art.* 792; *Toull.* 4, *n.* 350; *Delv.* 2, *p.* 105; *Malp., n.* 331; *Dur.* 6, *n.* 479, *etc.*

3. Les mineurs, même émancipés, ne pouvant accepter ou renoncer, qu'avec l'autorisation du conseil de famille, et ne pouvant être héritiers que sous bénéfice d'inventaire, leurs soustractions ne les rendraient pas héritiers purs et simples; ils seraient condamnés au rapport des objets donnés, et même, selon leur âge et les circonstances, à la privation du droit de prendre part dans ces objets, ou à des dommages-intérêts. *V. infra, art.* 794, *n.* 3; *Arr. Bruxelles,* 9 *décembre* 1813; *D., Rép. méth., ch.* 5, *sect.* 2, *n.* 8; *Chab., n.* 5; *Dur.* 6, *n.* 480; *Malp., préc.*

4. Les femmes mariées sous quelque régime que ce soit, ne peuvent accepter qu'avec l'autorisation de leur mari ou de la justice, les successions qui leur sont échues. Faisant des soustractions, de complicité avec son mari, la femme devient héri-

tière pure et simple et ne peut plus répudier. Si la femme sans la complicité du mari, ou le mari sans la complicité de la femme, détourne des effets de la succession, il n'en résulte pas d'acceptation ; mais le coupable sera contraint à la restitution, et il pourra être condamné à des dommages-intérêts. La femme perdra sa part dans les effets détournés. *V. infra, art.* 794, *n.* 3.

5. Avant comme après la renonciation, les soustractions d'effets héréditaires peuvent donner lieu à des poursuites criminelles ; mais les époux, les ascendans et les descendans ne sont exposés qu'à l'action civile. Les frères n'en sont pas exempts. *V. art.* 380 *préc.; Arr. rej. cas.*, 14 *mars* 1818; *Sir.*, *t.* 8, 1, 189; *D.*, 1818, *p.* 159.

6. Pour jouir de la faculté de renoncer, et pour que la renonciation soit valable, il n'est pas besoin d'avoir fait inventaire ni de prouver qu'on n'a point fait acte d'héritier, ni rien détourné des effets de la succession. C'est sur ceux qui veulent constituer le successible héritier pur et simple que porte l'obligation de la preuve de l'adition d'hérédité ou de divertissement. *V. Arr. Paris*, 16 *juillet* 1814; *J. pal.*, *éd. n.*, *t.* 12, *p.* 508.

SECTION III. — *Du bénéfice d'inventaire, de ses effets, et des obligations de l'héritier bénéficiaire.*

ARTICLE 793.

La déclaration d'un héritier, qu'il entend ne prendre cette qualité que sous bénéfice d'inventaire, doit être faite au greffe du tribunal de première instance dans l'arrondissement duquel la succession s'est ouverte : elle doit être inscrite sur le registre destiné à recevoir les actes de renonciation.

1. Il n'y a pas d'héritiers obligés ; on peut accepter ou répudier la succession à laquelle on est appelé, et la loi donne des délais pour en examiner les forces et délibérer sur le parti qu'il convient de prendre. Mais ce n'était point assez : la valeur des successions n'est pas toujours facile à reconnaître ; quelquefois elles sont grevées de dettes qui se laissent long-temps ignorer ; il fallait donner au successible, incertain sur les forces de l'hérédité, le moyen de se prémunir contre une acceptation ruineuse, sans s'exposer à perdre une succession profitable. Ce moyen se trouve dans le bénéfice d'inventaire, qui peut être réclamé par tout successible

sans exception. *V. infra, art.* 802; *Chab., n.* 12 ; *Toull. 4, n.* 352, *etc. ; Malp.,* 221; *Dur.* 7 , *n.* 3, 4, 10.

2. Aucune disposition particulière de l'homme, par acte entre-vifs, ni par testament , ne peut interdire cette faculté naturelle et légale. On le jugeait anciennement, et il y a toujours la même raison de décider. Mais M. Delvincourt attaque la jurisprudence ancienne et l'opinion de ceux qui la recommandent. Suivant lui, il n'y a rien de contraire aux bonnes mœurs et à l'ordre public dans l'interdiction du bénéfice d'inventaire. Toutefois, l'auteur convient que la prohibition ne pourrait pas engager les mineurs et les interdits. M. Duranton rejette l'exception des mineurs , et en propose une autre pour les biens réservés aux descendans et aux ascendans; il soutient, au surplus, la doctrine de son collègue. M. Dalloz , sans faire mention des mineurs, mais sous l'exception de la réserve , admet la faculté d'interdire l'acceptation bénéficiaire. M. Chabot défend la règle ancienne, rappelle l'inefficacité des dispositions et des conditions contraires à la réserve, et démontre que la faculté de l'acceptation bénéficiaire, institution de la loi, comme la réserve, est établie par un puissant motif d'équité, pour le bon ordre dans les familles, toujours important à l'ordre public; et qu'ainsi , même pour les biens de la quotité disponible, il ne peut pas être permis à l'auteur d'une institution d'héritier, d'interdire la faculté légale du bénéfice d'inventaire. Son institution ne doit pas être un piége. *V. Chab., art.* 774, *n.* 15; *Delv.* 2, *p.* 90; *Dur.* 7, *n.* 15; *Rép. méth., succ., ch.* 5, *sect.* 3, *n.* 19.

3. La faculté de l'acceptation sous bénéfice d'inventaire, n'est pas donnée collectivement aux cohéritiers; elle est un droit individuel, conféré à chacun des héritiers, indépendamment des autres. Le cohéritier, et encore moins le successible du degré inférieur, qui accepterait purement et simplement, n'exclurait pas de la succession celui qui n'aurait fait que l'acceptation conditionnelle. *Chab., art.* 774, *n.* 13; *Dur.* 7, *n.* 7, 8 *et* 9.

4. Anciennement, pour jouir du bénéfice d'inventaire, il fallait obtenir des lettres royaux, délivrés par la chancellerie des Cours de justice. L'usage de ces lettres, supprimé en 1790 , n'a pas été rétabli par le Code civil. La loi nouvelle ne demande qu'une déclaration de l'héritier, au greffe du tribunal dans le ressort duquel la succession s'est ouverte. En tout autre lieu , la déclaration serait sans valeur. Ainsi que nous l'avons remarqué pour la renonciation , la loi n'ordonne pas que la déclaration soit faite par l'héritier en personne; il peut être représenté au greffe par

13

un fondé de pouvoir. La procuration doit être spéciale, et il est bon qu'elle soit constatée par un acte authentique. *V. supra*, *art.* 784, *n.* 2; *Chab.*, *art.* 793, *n.* 4, 6; *Malp.*, *n.* 193, 224; *Dur.* 7, *n.* 4, 17.

5. Les femmes mariées ne peuvent faire aucune sorte d'acceptation, sans l'autorisation de leur mari ou de la justice. Les observations que nous avons présentées plus haut sur l'acceptation simple, s'appliquent à l'acceptation sous bénéfice d'inventaire. *V. supra*, *art.* 776, *n.* 1, 2, 3.

6. Les mineurs et les interdits ne pouvant jamais être héritiers purs et simples, la déclaration du bénéfice d'inventaire est inutile pour eux. La cour d'Angers l'a jugé avec raison, le 11 août 1809. Elle est nécessaire à l'individu placé sous la direction d'un conseil judiciaire. *V. supra*, *art.* 776, *n.* 4, 5, 6; *Chab.*, *art.* 774, *n.* 12; *et* 776, *n.* 7; *Malp.*, *n.* 195; *Dur.* 7, *n.* 5; *Rép. méth.*, *succ.*, *ch.* 5, *sect.* 3, *n.* 9.

7. Les représentans de l'héritier qui est mort avant d'avoir accepté ou répudié, ont l'option qui lui appartenait. S'ils ne sont pas d'accord sur le parti à prendre, l'acceptation, d'après l'art. 782, doit être faite sous bénéfice d'inventaire; mais il faut qu'elle soit déclarée au greffe, pour l'avertissement des créanciers de la succession.

8. La régie des domaines considère l'État, lorsqu'il succède à défaut d'héritiers successibles, comme héritier bénéficiaire de droit, ainsi que les mineurs et les interdits; et elle se dispense de la déclaration au greffe, mais elle ne manque point à la formalité de l'inventaire. *V. supra*, *art.* 769, *n.* 2.

9. Tous les commentateurs reconnaissent que les successeurs irréguliers ne peuvent obtenir l'actif sans être chargés du passif; mais parce que la loi ne leur donne ni le nom d'héritier, ni la saisine immédiate, et qu'elle les oblige aux formalités de scellés et d'inventaire, la plupart des interprètes décident que ces successeurs ne peuvent être engagés *ultra vires hæreditatis*, et que, de plein droit, ils ont les avantages du bénéfice d'inventaire. M. Chabot, M. Delvincourt et M. Malpel exceptent cependant les enfans naturels, lorsqu'ils partagent la succession avec des héritiers légitimes, parce qu'alors ils ne sont point astreints à l'inventaire. M. Duranton n'admet pas cette exception, et déclarant simples successeurs aux biens, comme les autres successeurs irréguliers, les enfans naturels en concours avec des héritiers légitimes, il leur accorde une sorte de droit inné au bénéfice

d'inventaire, sous la condition forcée néanmoins de l'acte d'inventaire. M. Malpel pousse plus loin encore la conséquence de cette qualification de successeur aux biens : il soutient qu'aucune formalité n'est nécessaire pour dispenser le successeur irrégulier du payement des dettes, *ultra vires emolumenti*, parce qu'il n'est pas héritier, et qu'il ne peut le devenir par une omission de formalités ; que l'obligation à toutes les dettes serait une peine, et qu'il n'est pas permis de lui imposer une peine que la loi n'a pas prononcée.... Le vice de ces raisonnemens est facile à concevoir : c'est l'abus d'un mot. Les parens naturels et le conjoint survivant ont les droits et les obligations de l'héritier, sous la dénomination de successeurs irréguliers. S'ils ne représentent pas le défunt, qui est-ce donc qui le représente, quand ils sont seuls ? Peut-on être successeur universel ou à titre universel, sans avoir l'hérédité, sans tenir la place du défunt, sans avoir la charge de ses dettes ? Qu'ont de plus les successeurs réguliers ? Le nom d'héritiers et la saisine légale. Les autres, dans le langage de la loi, n'ont pas l'honneur de ce nom, et ils ne sont saisis que par l'effet d'une demande d'envoi en possession ou en délivrance. Du reste, cette saisine obtenue, comme les successeurs réguliers, ils ont bien l'hérédité, et leur droit remonte bien à l'ouverture de la succession. Alors, au moins, leur condition est la même que celle des autres successeurs, auxquels la loi a cru pouvoir réserver le nom d'héritiers ; ils ont la succession, et ils sont véritablement héritiers, par le fait, sous le nom de successeurs irréguliers. Quelle étrange vertu va-t-on attribuer à cette vaine différence de nom ? et comment pourrait-il en résulter que ceux qui sont moins prisés, par la loi, doivent être plus favorisés, et avoir, de plein droit, l'avantage de n'être soumis aux dettes que jusqu'à concurrence des valeurs de la succession, tandis que les autres ne peuvent l'obtenir que par un avertissement officiel donné aux créanciers, par des formalités spéciales, en s'abstenant de l'exercice du droit de propriété, et se constituant administrateurs comptables. La loi n'accorde pas ce privilége aux héritiers qu'elle appelle successeurs irréguliers.

Si la privation légale du nom d'héritier, pour les parens naturels et pour le conjoint survivant, ne peut pas les constituer, de droit, successeurs bénéficiaires, l'obligation d'un inventaire imposée à tout conjoint, et aux parens naturels lorsqu'ils succèdent seuls, ne peut pas mieux produire cet effet. L'inventaire prescrit par les articles 769 et 773, n'est pas ordonné en vue des créanciers, il leur est étranger; et d'ailleurs un acte d'inventaire ne pourrait suffire à leur égard. Il faut qu'ils soient avertis par les registres du greffe, pour qu'ils puissent faire opposition aux scellés et à l'inventaire, et se rendre parties contradictoires; et il faut ensuite, dans leur intérêt, comme dans l'intérêt de l'hérédité, des opérations et une gestion dont le compte leur sera dû. *Chab.*, *art.* 773, *n.* 7; *Delv.* 2, *p.* 62; *Malp.*, *n.* 326; *Dur.* 7, *n.* 12, 13, 14.

10. Les donataires contractuels, universels ou à titre universel, de biens présens et à venir, ou de biens qui se trouveront au décès, et les légataires universels et à titre universel, sont aussi des successeurs, avec les droits et les obligations des héritiers du sang : ils tiennent lieu d'héritiers également; et, au vrai, ils sont, de même, des héritiers purs et simples, s'ils n'invoquent le bénéfice d'inventaire dans les formes prescrites. M. Chabot, M. Favard, M. Delvincourt et M. Duranton ne considèrent comme héritier soumis à la déclaration et aux formalités de l'inventaire, pour n'être pas obligé *ultra vires*, que le légataire universel, lorsqu'il a la saisine légale, au défaut d'héritiers à réserve. Ces jurisconsultes ne voient dans tous autres donataires et légataires universels ou à titre universel, que des successeurs aux biens qui ne sont point héritiers, qui ne sont obligés aux dettes qu'à cause de ces biens, et qui sont, de droit, sans formalités, successeurs bénéficiaires. Il n'y a que de la subtilité dans cette distinction. Le défaut de saisine immédiate, pour les donataires et légataires que la volonté de l'homme appelle à la succession, est, comme pour les successeurs irréguliers, une circonstance qui ne change, au fond, ni leurs droits, ni leurs obligations. Nous ne nous arrêtons point aux enseignemens d'anciens auteurs; nous ne voyons que le Code, qui assimile aux héritiers légitimes ceux qu'il a permis à l'homme de nommer, qui leur reconnaît les mêmes droits, et qui les soumet aux mêmes charges. *Chab.*, *art.* 774, *n.* 14, *et art.* 873, *n.* 26; *Delv.* 2, *p.* 360; *Dur.* 7, *n.* 14; *Rép. Fav.*, *testament*, *sect.* 2, § 1, *n.* 9.

M. Chabot reconnaît pourtant la nécessité d'un inventaire, pour les successeurs dépourvus de la saisine légale, car, sans cette précaution, pourrait-on avoir la preuve que les biens reçus par le légataire, ne suffisent pas pour acquitter sa portion dans la totalité des dettes et des charges. Mais l'auteur le dispense des deux autres conditions de l'acceptation bénéficiaire. *Chab.*, *art.* 873, *n.* 26.

M. Toullier se borne à dire que : « L'héritier institué ou léga taire universel, et l'héritier institué par contrat de mariage, peuvent, comme l'héritier du sang, accepter sous bénéfice d'inventaire; il cite, en note, un décret du 25 mai 1813, qui autorise l'acceptation, sous bénéfice d'inventaire, d'une succession léguée à l'hospice de Beaulieu. Le droit est facultatif pour tous, et son exercice est une nécessité, si l'on ne veut payer les dettes qu'avec les biens de la succession. *Toull.* 4, *n.* 395.

M. Grenier est plus positif; il ne fait pas de distinction, et décide que les légataires universels et à titre universel, sont tenus, *ultra vires*, des dettes et des legs. L'auteur convient que : « Dans l'ancienne jurisprudence, cette proposition souffrait quelques difficultés en théorie, d'après les lois romaines, suivant lesquelles on pouvait soutenir qu'il n'y avait, à proprement parler, de véritables successeurs à titre universel, que les héritiers. Mais en pratique, il devenait indispensable d'assimiler ces légataires aux héritiers : la seule différence provenant de ce que les uns tenaient leurs droits de la disposition de l'homme, et les autres, de celle de la loi; et notre législation considère les légataires universels, ou à titre universel, comme de véritables successeurs à titre universel. » *Gren., donat.* 1, *n.* 313.

ARTICLE 794.

Cette déclaration n'a d'effet qu'autant qu'elle est précédée ou suivie d'un inventaire fidèle et exact des biens de la succession, dans les formes réglées par les lois sur la procédure, et dans les délais qui seront ci-après déterminés.

1. L'inventaire des biens meubles, titres et papiers de la succession est indispensable à l'héritier qui veut compter avec les créanciers, et ne leur rien donner au delà des choses qui forment leur gage. L'inventaire peut également précéder ou suivre la déclaration d'acceptation conditionnelle. La loi le demande exact et fidèle; et elle fait perdre la qualité d'héritier bénéficiaire à celui qui se rend coupable de recélé ou qui omet de mauvaise foi des effets de la succession. Il devient héritier pur et simple; et, s'il a des cohéritiers, il ne peut prendre aucune part dans les objets qu'il a divertis ou recélés. *Chab.*, *art.* 792, *n.* 2 ; 794, *n.* 6; *et* 801, *n.* 4; *Toull.*, *t.* 4, *n.* 362; *Delv.*, *t.* 2, *p.* 92; *Dur.* 7, *n.* 24; *Malp*, *n.* 188, 193.

2. L'omission qui n'est l'effet que de l'ignorance ou de l'er-

reur, doit être réparée par un supplément d'inventaire, lorsque l'ignorance cesse, ou lorsque l'erreur se découvre. L'héritier serait certainement en mauvaise foi et encourrait la déchéance si, après qu'il est éclairé, il présentait un compte dans lequel il ne porterait pas les objets omis d'abord. Il pourrait même, suivant les circonstances, être constitué en mauvaise foi, avant tout compte, et privé du bénéfice d'inventaire, s'il dissimulait trop long-temps l'existence de ces objets. *Chab.*, *art.* 801, *n.* 3; *Arr. rejet., cass.,* 16 *février* 1832; *D.,* 1832, *p.* 106.

3. Les mineurs ne pouvant être héritiers que sous bénéfice d'inventaire, ne sont pas exposés à la déchéance pour omission ou soustraction, ni pour aucune autre cause. Tant qu'ils sont en tutelle, l'obligation de l'inventaire porte sur leur tuteur, qui doit répondre personnellement de son infidélité. Émancipés, ils sont responsables eux-mêmes; ils peuvent être condamnés à des réparations; mais on ne saurait en faire des héritiers purs et simples. M. Delvincourt croit que la déchéance devrait être prononcée contre le mineur *doli capax*. M. Chabot borne la peine de ce mineur à la restitution des choses soustraites et à la perte de sa portion dans ces choses, s'il a des cohéritiers. La peine pourrait bien, dans quelques circonstances, aller au delà, en dommages-intérêts; mais en aucun cas, comme l'a jugé la Cour de Limoges, le 30 juillet 1827, elle ne peut emporter la déchéance du bénéfice d'inventaire. *D.,* 1828, *s., p.* 174; *Chab.*, *art.* 792, *n.* 5; *et art.* 801, *n.* 2 *et* 4; *Delv.* 2, *p.* 92 *et* 105; *Malp., n.* 331; *Dur.* 6, *n.* 480.

4. Sous les deux régimes, les femmes mariées peuvent, avec l'autorisation de leur mari ou de la justice, accepter toutes successions. Elles peuvent, conséquemment, perdre, par leur fait, le bénéfice d'inventaire. Coupables d'omissions ou de recélés, elles sont responsables, même sur leurs biens dotaux, car l'inaliénabilité de ces biens fléchit devant l'obligation de réparer les torts causés par des délits ou des quasi-délits. La Cour de Rouen, le 12 janvier 1822, a déclaré héritière pure et simple et obligée sur ses biens dotaux, la dame Asselin, qui, après avoir accepté la succession de son père, sous bénéfice d'inventaire, avait commis des soustractions. Mais il faut noter que si le mari n'avait pas participé aux manquemens de sa femme, les réparations dues ne pourraient pas s'exécuter au préjudice de son usufruit. *Dal.,* 1822, *s., p.* 96; *Vaz., mariage, etc. t.* 2.

5. La femme est-elle également responsable quand la faute a

été commise par le mari ? S'il est le mandataire légal de sa femme, il ne tire pas de ce mandat le pouvoir de faire des actes contraires à la volonté qu'elle a pu avoir, et qu'elle a formellement exprimée. A moins de complicité certaine de la part de la femme, les fautes de son mari ne l'obligent en aucune manière. C'est ainsi que, par l'arrêt du 19 avril 1828, cité déjà, sur l'art. 776, la Cour de Riom a maintenu l'effet de la renonciation d'une femme, malgré des actes d'immixtion du mari.

6. La loi n'ordonne pas, en général, que l'inventaire soit précédé par une apposition de scellés. Cette précaution n'est commandée, par l'art. 819 du Code civil, que pour le cas où il y a des héritiers mineurs, interdits ou absens. Mais les créanciers, d'après l'art. 920 du même Code, et l'art. 909 du Code de procédure, peuvent requérir l'apposition des scellés; et prudemment, pour éloigner les soupçons de fraude, l'héritier fera toujours bien, sans attendre de réquisition, de se placer à l'abri des scellés. L'art. 816 en met les frais à la charge de la succession. L'apposition, la levée des scellés et la forme de l'inventaire sont réglées dans les chap. 1, 2, 3, 4, du titre 1er, liv. 2, du Code de procédure. *Pand. franç.* 3, *p.* 188; *Chab.*, *n.* 7; *Toull.* 4, *n.* 363; *Dur.* 7, *n.* 17, 23, 24, 26.

7. Par un arrêt du 14 août 1819, la Cour de Turin a jugé que le choix du notaire qui doit procéder à l'inventaire, appartient à l'héritier. Entre divers cohéritiers qui ne seraient pas d'accord sur le choix à faire, il pourrait convenir, comme le propose M. Duranton, de donner la préférence au suffrage de ceux qui auraient l'intérêt le plus considérable. C'est aux tribunaux d'en juger et de choisir parmi les notaires désignés. *Sir.* 10, 2, 229; *Dur.* 7, *n.* 24.

8. Les créanciers, bien que les scellés aient été apposés sur leur demande, ou qu'ils aient fait opposition aux scellés, ne sont pas au nombre des personnes dont l'art. 942 du Code de procédure ordonne de provoquer la présence à l'inventaire. Cependant M. Delvincourt décide qu'on doit y appeler les opposans. C'est une démarche convenable; ce n'est pas une nécessité. L'art. 931 ne demande la citation de ces deux classes de créanciers que pour la levée des scellés; mais tout créancier peut requérir l'inventaire. Ceux qui ont fait apposer les scellés, et les opposans, peuvent assister à la première vacation, aux frais de la succession; et il ne leur est pas interdit d'assister à leurs frais

aux autres vacations. *Delv.* 2, *p.* 90; *Chab.*, *art.* 794, *n.* 7; *Toull.* 4, *n.* 363, 372.

9. L'observation des formes prescrites pour la confection de l'inventaire, est une condition de sa validité; et leur défaut produit la qualité et les obligations de l'héritier pur et simple. M. Chabot présente cette règle d'une manière absolue. M. Toullier, s'appuyant d'un arrêt de cassation, du 18 fructidor an XII, la modifie en ces termes : « Si l'inventaire était irrégulier; par exemple, si le notaire avait oublié de le signer, s'il était incompétent, les imperfections pourraient, suivant les circonstances, n'être pas tirées à conséquence, si elles n'étaient pas du fait de l'héritier, s'il n'y avait de sa part ni fraude, ni soustractions. » Cette doctrine est contestée. L'affaire Livri, objet de l'arrêt de cassation, présentait bien un inventaire que le notaire avait omis de signer; mais on a jugé la cause d'après les dispositions de la coutume de Normandie; et M. Merlin, qui rend compte de l'arrêt, soutient qu'aujourd'hui l'héritier bénéficiaire devient héritier pur et simple, lorsqu'il manque aux formes prescrites pour l'inventaire. M. Delvincourt pense que s'il n'y a aucune fraude de la part de l'héritier, il doit être autorisé à recommencer l'inventaire. Ce tempérament pourrait être admis en condamnant l'héritier, sauf recours contre le notaire, aux frais de l'inventaire nul, des actes et de la procédure qui l'ont suivi. *Malev.; Pand. franç.* 3, *p.* 188; *Chab.*, *n.* 2, *etc; Toull.* 4, *n.* 365; *Rép. Merl.*, *bénéf. d'invent.*, *n.* 6; *Delv.* 2, *p.* 92.

10. Un arrêt rendu par la Cour de Limoges, le 3 janvier 1820, a déclaré héritier pur et simple, l'héritier institué qui n'avait point appelé à l'inventaire un légataire, héritier présomptif. M. Duranton supposant l'inventaire fidèle et exact, ne voit pas comment cette omission pourrait autoriser les créanciers *à poursuivre l'institué au delà des forces réelles de la succession.* Nous en avons dit la raison au commencement de ce numéro; elle est dans le texte même de l'article 794. Mais on a fait une application très-rigoureuse de cet article; on aurait pu fort bien autoriser l'héritier à faire un nouvel inventaire à ses frais. *Sir.* 21, 2, 21; *Dur.* 7, *n.* 24.

11. La Cour de Lyon, par un arrêt qui a reçu l'approbation de la Cour régulatrice, a porté bien loin la peine de l'inventaire infidèle. Elle a jugé que pour avoir omis sciemment des objets de la succession, des héritiers à réserve, qui n'avaient accepté que sous bénéfice, s'étaient rendus non recevables à de-

mander la réduction des libéralités qu'ils disaient excessives. Ils offraient d'établir la consistance par commune renommée. Ce genre de preuve n'a point paru admissible, après le vice de l'inventaire. En rejetant le pourvoi, la Cour de cassation a dit : « Que c'est par leur propre fait que les héritiers se sont mis dans l'impuissance de composer le patrimoine du défunt de manière à établir que leur réserve était entamée;.... Que la Cour de Lyon a rendu hommage aux principes qui ne permettent pas aux tribunaux de laisser profiter de la fraude ceux qui s'en sont rendus coupables, et n'a violé aucune loi. » Cependant l'héritier pur et simple n'a pas besoin d'inventaire pour réclamer la réduction des libéralités qui portent atteinte à sa réserve. *V. J. p.*, *éd. n.*, t. 23, p. 49.

12. En disposant des biens qu'on laissera, on ne peut dispenser son héritier de l'obligation de l'inventaire, car cette dispense serait un moyen de tromper les créanciers. On ne peut pas non plus imposer un inventaire qu'on aurait fait soi-même; et les créanciers ne sont pas forcés de se contenter de l'inventaire auquel un premier héritier présomptif renonçant, un curateur à la succession momentanément vacante, ou toute autre personne, aurait fait procéder. Mais si cet inventaire avait été fait avec les créanciers, nous admettrions, comme M. Chabot, qu'on peut se contenter d'un procès verbal de récolement dans lequel l'héritier aurait l'attention de faire comprendre les objets omis; s'il en existait, et dont il ferait distraire les objets inventoriés qui ne se retrouveraient plus dans la succession. Si l'héritier adoptait, sans correction, l'inventaire fait par un autre, le sachant infidèle, il n'obtiendrait pas le bénéfice d'inventaire. Sans récolement, entre divers héritiers, l'inventaire fait par l'un peut servir aux autres; mais s'il était infidèle ou nul, ils encourraient la déchéance, à moins qu'ils ne prouvassent qu'ils ont ignoré ses vices, et qu'ils ont agi de bonne foi. *Chab.*, art. 794, *n.* 8; *Delv.* 2, *p.* 90; *Pand. franç.*, 3, *p.* 188.

13. S'il n'existait dans la succession ni meubles, ni papiers, ni effets mobiliers quelconques, ce qui ne peut guère se rencontrer, il serait bon, il serait nécessaire même, de suivre la disposition de l'article 924 du Code de procédure, portée pour les mineurs et les interdits, et de faire dresser, par le juge de paix ou par un notaire, un procès verbal de carence. *Pand. franç.* 3, p. 188; *Toull.* 4, *n.* 365.

ARTICLE 795.

L'héritier a trois mois pour faire inventaire, à compter du jour de l'ouverture de la succession.

Il a de plus, pour délibérer sur son acceptation ou sur sa renonciation, un délai de quarante jours, qui commencent à courir du jour de l'expiration des trois mois donnés pour l'inventaire, ou du jour de la clôture de l'inventaire, s'il a été terminé avant les trois mois.

1. La loi reproduit ici, et à l'art. 174 du Code de procédure, l'art 1er, titre 7, de l'ordonnance de 1667, qui donnait à l'héritier un délai de trois mois pour faire inventaire, et ensuite un autre délai de quarante jours, afin de délibérer. La loi permet d'ailleurs au juge, par l'article 798, d'accorder, au besoin, un nouveau délai, qui peut être prorogé, quand l'événement montre qu'il n'avait pas été fixé assez long; et encore même, ainsi que nous le verrons à l'art. 800, après l'expiration de tout délai, l'héritier présomptif n'est pas nécessairement héritier pur et simple. Pendant trente années, à compter de l'ouverture de la succession, il peut toujours se porter héritier bénéficiaire, s'il n'a pas fait acte d'héritier sous condition, et s'il n'existe pas contre lui de jugement irrévocable qui le condamne comme héritier pur et simple. *Chab.*, *art.* 795, 798 *et* 800.

2. La loi fait courir les délais du jour où la succession s'est ouverte; mais cette règle ne peut s'appliquer raisonnablement qu'aux héritiers du premier degré. Pour ceux des degrés inférieurs, qui ne sont appelés que par l'effet de la renonciation des premiers, les délais ne peuvent courir que du jour de leur vocation. La loi ne le déclare pas, mais la chose va de soi. Dira-t-on qu'il faut, dans ces circonstances, recourir à la justice, pour obtenir de nouveaux délais? Il le faudra bien, si les créanciers n'en veulent point admettre; mais aussi les frais de la contestation devront être à leur charge. *Dur.* 6, *n.* 470.

3. Pour l'acceptation sous bénéfice d'inventaire, comme pour l'acceptation pure et simple, l'héritier présomptif qui meurt avant d'avoir déclaré sa volonté, transmet à ses héritiers le droit qu'il avait d'accepter ou de renoncer. Nous savons, par l'art. 782, que si les divers héritiers de celui qui est décédé ne sont pas d'accord entre eux pour accepter ou pour répudier,

la succession doit être acceptée, sous bénéfice d'inventaire. *V. supra; art.* 781, 782 ; *Chab., sur cet art. et le* 795e.

4. Les héritiers appelés par l'effet d'une condition de restitution ou de substitution, profitent du bénéfice d'inventaire obtenu par l'héritier grevé. Que celui-ci renonce, ils pourront accepter et recueillir immédiatement la succession ; s'il accepte purement, les effets de cette acceptation ne porteront que sur lui ; les substitués, à l'ouverture de la substitution, pourront retirer les biens des mains de ses héritiers et ne leur faire compte des charges que jusqu'à concurrence de la valeur des biens. Si le grevé meurt avant de s'être expliqué, les substitués seront des héritiers immédiats et auront aussitôt toute liberté d'accepter purement ou conditionnellement, ou de renoncer. *Delv.* 2, *p.* 91.

ARTICLE 796.

Si cependant il existe dans la succession des objets susceptibles de dépérir, ou dispendieux à conserver, l'héritier peut, en sa qualité d'habile à succéder, et sans qu'on puisse en induire de sa part une acceptation, se faire autoriser par la justice à procéder à la vente de ces effets.

Cette vente doit être faite par officier public, après les affiches et publications réglées par les lois sur la procédure.

1. Pendant les délais que la loi lui donne ou que le juge peut lui accorder, l'héritier présomptif ne peut pas toucher à la succession ; il ne pourrait le faire sans se rendre héritier pur et simple. Toutefois, dans l'intérêt des créanciers, comme dans l'intérêt qu'il envisage pour son compte, s'il existe des objets susceptibles de dépérir, il peut obtenir de la justice l'autorisation de les vendre. La demande de cette autorisation doit être formée par requête au président du tribunal. La vente se fait par un officier public, dans les formes établies pour la vente des objets provenant des saisies-exécutions. Si le successible vendait sans observer ces formalités, la vente ne serait pas nulle, mais il deviendrait héritier pur et simple. *V. Code procéd., art.* 986, 945, 617 ; *Chab., art.* 796, 797 ; *Toull.* 4, *n.* 366.

ARTICLE 797.

Pendant la durée des délais pour faire inventaire et pour délibérer, l'héritier ne peut être contraint à prendre qualité, et il ne peut être obtenu contre lui de condamnation: s'il renonce lorsque les délais sont expirés ou avant, les frais par lui faits légitimement jusqu'à cette époque, sont à la charge de la succession.

1. On ne peut pas poursuivre de condamnation contre l'héritier présomptif dans le temps qui lui est donné pour faire inventaire et pour délibérer; mais on peut faire des actes et exercer des actions conservatoires, tels que protêts et saisies, demandes afin d'empêcher la prescription d'arriver à son terme, demande en délivrance de legs pour donner cours aux revenus ou aux intérêts, au profit du légataire. Une saisie-exécution a pu être faite, mais elle ne peut être mise à fin avant l'expiration des délais donnés à l'héritier; ainsi l'a jugé la Cour royale de Paris, le 29 décembre 1814. *J. p.*, *éd. n.*, *t.* 16, *p.* 801 ; *Malev.; Chab.; Toull.* 4, *n.* 367; *Dur.* 7, *n.* 22.

2. On regarde comme un acte conservatoire, la demande en aveu d'écriture. L'héritier délibérant ne peut pas s'opposer à la vérification réclamée, il peut seulement empêcher qu'on le condamne au payement de la dette vérifiée. La Cour régulatrice a solidement établi ce point de droit, par un arrêt de cassation du 10 juin 1807. *V. supra*, *art.* 779; *Dur.* 7, *n.* 20.

3. La prorogation de délai accordé à l'héritier pour faire inventaire et pour délibérer, n'empêche pas la régie de l'enregistrement de poursuivre, sur les biens de la succession, contre l'héritier présomptif, le payement des droits de mutation, parce que ces droits se perçoivent sans considération des dettes, et par préférence à tous créanciers. La Cour de Douai a pu porter cette décision en faveur de la régie, le 4 mars 1812; elle ne convient point à d'autres positions. *Sir.* 12, *p.* 2, *p.* 292.

ARTICLE 798.

Après l'expiration des délais ci-dessus, l'héritier, en cas de poursuite dirigée contre lui, peut demander un nouveau délai, que le tribunal saisi de la contestation accorde ou refuse selon les circonstances.

1. L'état de la succession d'un sieur Bourdon de Neuville et le dérangement de la santé de sa veuve, héritière, ont fait accorder à cette dame, par les tribunaux de Paris, une double prorogation de délais. *V. Arrêt*, 11 *fructidor an* XIII; *Sir.* 7, *p.* 884; *supra*, *art.* 797, *n.* 3.

ARTICLE 799.

Les frais de poursuite, dans le cas de l'article précédent, sont à la charge de la succession, si l'héritier justifie, ou qu'il n'avait pas eu connaissance du décès, ou que les délais ont été insuffisans, soit à raison de la situation des biens, soit à raison des contestations survenues : s'il n'en justifie pas, les frais restent à sa charge personnelle.

1. Le délai de la loi est un droit; celui qu'accorde le juge peut n'être qu'une grâce. *V. l'article suivant.*

ARTICLE 800.

L'héritier conserve néanmoins, après l'expiration des délais accordés par l'art. 795, même de ceux donnés par le juge, conformément à l'art. 798, la faculté de faire encore inventaire, et de se porter héritier bénéficiaire, s'il n'a pas fait d'ailleurs acte d'héritier, ou s'il n'existe pas contre lui de jugement passé en force de chose jugée, qui le condamne en qualité d'héritier pur et simple.

1. Les termes de cet article se trouvent dans l'art. 178 du Code de procédure. Ils peuvent sembler en opposition avec ceux des art. 795, 798. Ici le juge peut refuser un nouveau délai après l'expiration de ceux que la loi a donnés; la déchéance de tous délais n'enlève pas la faculté de faire inventaire et de se porter héritier sous bénéfice. Ces articles ne sont pas très-bien rédigés; mais il est possible de montrer qu'il n'y a pas de contradiction réelle entre leurs dispositions. M. de Maleville observe justement, d'abord, que les mots de l'art. 794, *les délais ci-après,* se rapportent au temps marqué par l'art. 800, aussi-bien qu'aux délais de l'art. 795. L'auteur tombe ensuite dans l'erreur en disant que l'art. 800 parle du cas où n'ayant été exercé aucune poursuite contre l'héritier, il n'aurait eu besoin de prendre aucune précaution, et n'aurait pas été forcé de s'expliquer sur sa qualité. L'art. 800 se réfère expressément aux délais accordés par le juge, conformément à l'art. 798, qui les autorise *en cas de poursuite. V. Malev.*

L'examen attentif des articles de cette section du Code que nous venons de parcourir, et les explications données par les au-

tres commentateurs amènent à ces résultats: La loi veut empêcher le successible d'être poursuivi comme héritier pur et simple, avant qu'il ait pu se décider à l'acceptation pure, et comme
héritier bénéficiaire, quand il a fait l'acceptation conditionnelle,
avant qu'il ait pu faire l'inventaire. S'il laisse expirer les délais
de l'art. 795 sans opter entre la répudiation et l'acceptation, soit
conditionnelle, soit simple, les juges ne peuvent le déclarer héritier pur qu'autant qu'il a fait des actes qui supposent nécessairement cette qualité. Qu'il n'ait rien fait, ou qu'il se soit ren-
fermé dans les limites des actes conservatoires, la justice lui
accordera un nouveau délai en le condamnant aux frais, si, jusque-là, il a mis de la négligence. Il aura un délai plus ou moins
long, suivant les circonstances, et laissera les frais à la charge de
la succession, s'il fait les justifications marquées par l'art. 799.
Qu'un nouveau délai soit refusé à une trop grande négligence,
ou que tous délais soient expirés sans que l'héritier ait pris un
parti, ou bien qu'il ait accepté conditionnellement sans avoir fait
d'inventaire après de très-long délais, il ne sera point encore
nécessairement héritier pur et simple. S'il n'a point agi, ou s'il
n'a point été condamné en cette qualité; il pourra toujours, dans
les trente ans de l'ouverture de la succession, répudier ou accepter conditionnellement; et, dans ce dernier cas, faire l'inventaire et liquider la succession; mais il n'arrêtera plus qu'en renonçant, les poursuites des créanciers et des ayant-droit contre
la succession; et, jusqu'à sa renonciation, il en supportera les
frais. Ne renonçant pas, il sera contraint, même personnellement sur ses propres biens, à satisfaire toutes réclamations fondées, tant qu'il n'aura pas terminé l'inventaire et présenté un
compte fidèle. Dans cette position, en payant les dettes de la succession, il sera subrogé aux créanciers et il emploira leurs
créances dans son compte vis-à-vis d'autres créanciers ou ayant-
droit. Si les biens de la succession ne suffisent point à son remboursement, il restera en perte, et il portera la peine de sa négligence. *Malev.*, art. 800; *Chab.*, art. 800; *Toull.* 4, *n.* 370;
Dur. 7, *n.* 21.

Un arrêt de la Cour de Toulouse, rapporté et approuvé par
M. Malpel, n'est pas conforme à ces principes. L'héritier qui
avait déclaré une acceptation sous bénéfice, et laissé écouler qua-
torze années sans faire d'inventaire, mais aussi sans toucher à
la succession, a été condamné, par l'arrêt, comme héritier pur et
simple, envers un créancier, sorti d'un profond sommeil après

ce laps de temps. L'héritier pouvait être condamné personnellement pour cause de négligence, mais il ne devait pas subir la
condamnation comme héritier pur et simple. *Malp.*, *n.* 193.

2. Cette observation nous amène à l'examen d'une difficulté
grave qu'ont fait naître les dernières expressions de l'art. 800
comparées à la disposition de l'art. 1351. On a demandé si l'héritier qui, sur la poursuite d'un créancier, a été condamné par
jugement irrévocable, comme héritier pur et simple, n'est privé
du bénéfice d'inventaire que respectivement à celui qui l'a fait
condamner, ou s'il a définitivement, à l'égard de tous intéressés,
la qualité que lui donne ce jugement. La disposition de l'art. 800
est en termes généraux et absolus, sans distinction et sans exception; et si on ne la rapprochait pas de l'art. 1351, qui borne le
droit de la chose jugée aux personnes qui ont obtenu le jugement, il n'existerait pas de question. L'habile à succéder, une
fois déclaré héritier pur et simple, aurait sans contredit, généralement, à l'égard de toutes personnes, cette qualité indivisible avec toutes les obligations qui en résultent. C'était bien l'intention de la commission qui a préparé le Code civil; seulement
elle restreignait l'effet de la règle aux jugemens contradictoires.
La section de législation du Conseil d'État eut une vue tout opposée; elle proposa un article portant : « Celui contre lequel un
créancier de la succession a obtenu un jugement même contradictoire, passé en force de chose jugée, qui le condamne comme
héritier, n'est réputé héritier en vertu de ce jugement qu'à l'é-
gard du créancier qui l'a obtenu. » Cet article n'a pas été adopté;
et sauf la suppression du mot *contradictoire*, le projet de la commission est devenu le texte de la loi qui nous régit.

Cependant il est fort douteux que l'article proposé par la section, n'ait été écarté que pour faire prévaloir le vœu de la commission. La manière dont s'est terminée la discussion du Conseil
d'État, peut porter à croire que le retranchement de l'article de
la section n'a été décidé que par l'observation de M. Berlier, qu'il
deviendrait inutile, si l'on admettait l'art. 1351, qui, en effet, a
été adopté ultérieurement. Mais M. de Maleville pense qu'il y a
du doute, et que le parti le plus sage est de considérer la disposition de l'art. 800 comme une règle spéciale qui doit être exécutée dans son cas particulier; et celle de l'art. 1351 comme une
règle générale applicable à tous les autres cas.

Les auteurs des Pandectes françaises, M. Delvincourt, M. Duranton et M. Dalloz, sont d'un avis contraire. A l'exemple de

M. Berlier, ils expliquent l'art. 800 par l'art. 1351. M. Chabot qui, dans sa première édition, avait partagé l'opinion de M. de Maleville, expose la raison des deux partis, et finit par se ranger à celui de M. Berlier. C'était bien l'avis de Pothier avant le Code, et d'autres auteurs l'avaient soutenu ; mais il a été vivement contredit au Conseil d'état par MM. Tronchet, Bigot, Muraire, Regnaud, Boulai, Defermon, ainsi que par M. de Maleville. Leurs argumens, auxquels M. Chabot ajouta d'autres raisons, nous semblent d'une grande force. La qualité, les droits et les obligations de l'héritier doivent être chose indivisible ; et il importe de ne pas multiplier les procès. On ne juge la qualité d'héritier que sur des actes et sur des faits ; et il ne faut pas que l'héritier soit excité à de nouvelles contestations ; et pour les soutenir, à faire perdre la preuve des actes et des faits qui avaient motivé sa condamnation. La Cour de cassation, par quelques arrêts relatifs au règlement du premier ou du dernier ressort, a paru regarder la qualité d'héritier comme divisible, tandis que, par d'autres arrêts, elle l'a supposée indivisible. La différence de ces décisions ne tient qu'à une vaine distinction, savoir : si on juge la qualité d'héritier sur action principale, ou incidemment. Il n'y a point là de principes surs ; et comme les termes de l'art. 800 présentent une disposition raisonnable, qui repousse la division d'une chose indivisible, d'une qualité qui ne peut exister de deux manières opposées, la jurisprudence pourrait bien en venir à consacrer l'explication de M. de Maleville. *Malev.*, art. 783 ; *Pand. franç.*, 3, *p.* 155 ; *Delv.* 2, *p.* 89 ; *Chab.*, art. 800 ; *Dur.* 7, *n.* 25 ; *Rép. méth.*, *succ.*, *chap.* 5, *sect.* 3, *art.* 1, *n.* 16.

M. Toullier reste dans le doute ; M. Merlin, M. Favard et M. Malpel soutiennent l'avis de M. de Maleville, malgré les arrêts de la Cour de cassation, qui admettent le dernier ressort pour le jugement de la qualité d'héritier. A l'occasion d'une demande qui n'excédait pas 1,000 fr., M. Merlin se reproche d'avoir concouru à l'établissement de cette jurisprudence, et il approuve deux arrêts contraires des Cours de Bruxelles et de Douai, du 9 novembre 1805, et du 29 juillet 1816. Nous sommes très-portés à croire, comme M. Merlin, que les jugemens sur la qualité d'héritier doivent toujours être susceptibles d'appel. Mais si l'on admet le dernier ressort pour les jugemens qui n'ont statué qu'incidemment à la demande principale d'une valeur au dessous de 1,000 fr., il convient, dans ce cas, comme l'a fait encore la cour de Montpellier, le 1er juillet 1818, de restreindre l'effet du jugement entre les parties pour lesquelles il a été rendu. *V. Dal.,* 1829, *s.*, *p.* 170; *Toull.* 4, *n.* 344; *Merl., quest. alph., héritier,* § 8 ; *Rép. Fav., renonc., n.* 16, § 1; *Malp., n.* 194.

5. Au reste, il faut admettre, ainsi que l'a fait la Cour royale de Paris, par un arrêt du 8 janvier 1808, que la condamnation prononcée contre l'héritier bénéficiaire, sous la seule dénomination d'héritier, sans autre qualification, et sans le déclarer héritier pur et simple, ne le frappe que comme héritier sous bénéfice d'inventaire, la dénomination se référant à la qualité qu'il a prise antérieurement. *Sir.* 10, *part.* 2, *p.* 504; *J. p., éd. n., t.* 19, *p.* 26.

ARTICLE 801.

L'héritier qui s'est rendu coupable de recélé, ou qui a omis, sciemment et de mauvaise foi, de comprendre dans l'inventaire des effets de la succession, est déchu du bénéfice d'inventaire.

1. Nous avons déjà indiqué ces dispositions, à l'article 794. Il en est du divertissement et du recélé, par rapport à l'acceptation bénéficiaire, comme pour la renonciation. La conséquence dans les deux cas, est toujours l'obligation d'être héritier pur et simple. Les observations faites sur les art. 792 et 794 sont applicables sur celui-ci. *V. Chab., sur ces trois art.*

2. L'héritier est encore déchu du bénéfice d'inventaire et considéré comme héritier pur et simple, s'il a vendu des meubles ou des immeubles, sans remplir les conditions et les formalités prescrites. *V. infra, art.* 805, 806, *etc.; C. proc. civ., art.* 988, 989.

ARTICLE 802.

L'effet du bénéfice d'inventaire est de donner à l'héritier l'avantage :

1° De n'être tenu du payement des dettes de la succession que jusqu'à concurrence de la valeur des biens qu'il a recueillis, même de pouvoir se décharger du payement des dettes, en abandonnant tous les biens de la succession aux créanciers et aux légataires;

2° De ne pas confondre ses biens personnels avec ceux

14

de la succession, et de conserver contre elle le droit de réclamer le payement de ses créances.

1. Par le bénéfice d'inventaire, l'héritier n'emploie que les biens de la succession au payement des dettes et de toutes les charges dont elle est grevée. S'il a lui-même des droits contre cette succession, exempt de la confusion il les conserve comme s'il était étranger, et les fait valoir de même que tous autres ayant droit. Il peut former contre des tiers des actions dont la succession est garante. Ainsi, il revendique des fonds qui lui appartenaient, et que le défunt a vendus sans mandat; il agit hypothécairement contre les tiers détenteurs des fonds que le défunt, son débiteur, lui avait hypothéqués; il poursuit des cautions qui avaient répondu solidairement de la dette du défunt envers lui. Ces tiers sont condamnés au désistement ou au payement qu'il réclame; et de son côté, puisqu'il a double qualité, il est condamné à la garantie comme héritier bénéficiaire; ce qui donne à ces tiers le droit au compte et à la distribution des valeurs de la succession. Les cautions qui se sont réservé le bénéfice de discussion, peuvent refuser le payement jusqu'après le compte du bénéfice d'inventaire. *Malev.*, art. 802; *Chab.*, *id.*, *n.* 1, 2; *Toull.* 4, *n.* 355, 357; *Malp.*, *n.* 221; *Dur.* 7, *n.* 41, 48, *etc.*

La Cour de Riom a méconnu ces principes, le 13 décembre 1807, en repoussant, par l'exception de garantie, l'héritier sous bénéfice qui réclamait contre un tiers détenteur ses propres immeubles, aliénés par son auteur. La Cour de Montpellier, et la Cour de cassation, qui approuva son arrêt le 1er décembre 1812, ont consacré formellement ces principes. Leurs arrêts décident, clairement, que la caution ne peut point arrêter, par l'exception de garantie, l'action de l'héritier bénéficiaire. M. Delvincourt s'est élevé contre l'arrêt de Riom, et sa doctrine est aussi celle de M. Chabot. La Cour de Montpellier a jugé suivant cette doctrine, et son arrêt a reçu l'approbation de la Cour régulatrice, le 1er décembre 1812. *D.*, 1813, *p.* 92; *Delv.* 2, *p.* 97; *Toull.* 4, *n.* 357.

La Cour d'Aix, par un arrêt du 30 juillet 1828, n'a pas jugé comme celle de Riom, que l'action n'était pas recevable; elle en a seulement suspendu l'effet jusqu'après le compte du bénéfice d'inventaire. Mais cette décision encore n'est pas selon les vrais principes; on a confondu ici les administrateurs d'une succession bénéficiaire, avec les débiteurs personnels des indemnités revenant au détenteur qui est évincé; quand c'est précisément cette confusion que la loi repousse. Comme héritiers purs et simples de leur mère, les frères Jaubert devaient obtenir sans délai, ses biens dotaux, aliénés par leur père; comme héritiers bénéficiaires de leur père, ils devaient être condamnés à la garantie; mais cette garantie, subordonnée à un compte, et dont ils pouvaient s'affranchir d'ailleurs, en délaissant les biens paternels, ne devait empêcher ni retarder les droits certains qu'ils tenaient de leur mère. *Dal.*, 1829, *s.*, *p.* 298.

2. Anciennement on jugeait que, de droit, l'héritier n'était obligé envers les légataires qu'à concurrence de l'actif de la succession; les auteurs des Pandectes françaises proposent la même règle, sous l'empire du Code civil. MM. Chabot, Delvincourt, Duranton, Malpel et Dalloz ne la croient pas conciliable avec notre législation présente. Nous en jugeons comme eux. L'art 724 donne la saisine à l'héritier, en lui imposant l'obligation de toutes les charges de l'hérédité. Les legs sont certainement des charges de la succession; les charges sont des dettes, et les dettes sont des charges. Si le mot dettes a une signification propre, correspondant aux créances, il s'emploie aussi comme expression générique; il a cette valeur dans l'art. 802, qui permet à l'héritier de se décharger du payement des *dettes*, en abandonnant les biens aux créanciers et aux *légataires*. Ainsi, pour l'obligation et la décharge de l'héritier, les legs sont sur la même ligne que les dettes ordinaires. D'autres argumens pris dans les art. 809 et 783, et inutiles à reproduire, tant la chose est évidente, concourent à prouver que, sans l'acceptation bénéficiaire, les legs seraient dus *ultra vires hæreditatis. Chab.*, *art.* 873, *n.* 32; *Delv.* 2, *p.* 100; *Dur.* 6, *n.* 462; *Malp.*, *n.* 215; *Rép. méth.*, *succ.*, *ch.* 61, *sect.* 2, *n.* 4.

5. Pour les droits qui frappent directement sur la succession, l'héritier bénéficiaire dirige ses actions contre ses cohéritiers purs et simples, ou bénéficiaires comme lui. S'il est seul héritier, ou si l'action est commune à tous les héritiers, elle s'exerce contre un curateur au bénéfice d'inventaire, nommé en la même forme que le curateur à la succession vacante. *C. pr.*, 996; *C. civ.*, 812; *Chab.*, *art.* 802, *n.* 3; *Toull.* 4, *n.* 356; *Dur.* 7, *n.* 53.

4. La prescription ne court pas contre l'héritier bénéficiaire, à l'égard des créances qu'il a contre la succession (2258). Il semble à M. Chabot que si cet héritier a des cohéritiers en possession comme lui, la prescription court à l'égard des portions de sa créance qui sont à la charge des cohéritiers. La loi ne fait pas

14.

cette distinction; elle serait contraire au principe de tous les temps, d'après lequel la prescription ne court pas entre cohéritiers pendant leur jouissance commune; toutes leurs actions se réunissent à l'action en partage; et les reprises de chacun s'exercent par prélèvement. Ces reprises ne peuvent prescrire qu'avec le droit au partage. *V. Chab.*, *n.* 4; *Vaz.*, *prescript.* 1, *n.* 306, 378.

5. Si l'héritier bénéficiaire est à la fois débiteur et créancier de la succession, la compensation s'opère pour lui, de même que pour tout autre étranger à cette succession, suivant les règles du droit commun. A l'ordre, bien que sa dette ne fût point à terme, il n'en ferait pas moins la compensation, en renonçant au terme. Si c'était la créance qui ne fût point échue, il pourrait toujours se payer lui-même par compensation, sauf à faire raison des intérêts, s'il recevait à l'avance le montant d'une créance qui ne portait point intérêt. *Dur.* 7, *n.* 50; *et infra*, *art.* 808, *n.* 3.

6. Les biens de la succession ne devant profiter à l'héritier bénéficiaire qu'après le payement des dettes, il les administre pour les créanciers et les légataires, aussi-bien que pour lui-même. Conséquemment, il leur doit compte de son administration; mais s'il trouve le fardeau trop pesant, il peut s'en décharger en faisant aux créanciers et aux légataires l'abandon de tous les biens de l'hérédité, ou de la portion qui peut lui revenir dans ces biens, s'il a des cohéritiers, car le droit est individuel.

7. Dans le nombre de ces biens dont il doit compte, et qu'il est tenu d'abandonner pour n'avoir plus de gestion et de comptabilité, on ne comprend pas, 1° ceux qui lui ont été donnés entre-vifs, quoiqu'il en doive le rapport à ses cohéritiers, s'il n'est pas seul héritier; 2° la part qu'il prend dans les rapports de ses cohéritiers eux-mêmes; 3° les biens qu'il retire par l'effet du retranchement des donations entre-vifs, qu'ils ont reçues, et qui excèdent la quotité disponible. D'une part, l'art. 857 dispose que le rapport n'est dû ni aux légataires, ni aux créanciers. D'un autre côté, l'art. 921 leur refuse l'avantage de la réduction, pour ne l'accorder qu'aux héritiers à réserve. Ces biens donnés étaient hors de la succession; et ils n'y rentrent, en totalité ou en partie, qu'en faveur des héritiers, afin de compléter leur réserve, ou d'établir l'égalité entre eux.

M. Delvincourt, d'accord sur ces points avec M. Chabot, excepte aussi les réparations civiles obtenues des meurtriers du défunt; mais l'auteur comprend dans les biens affectés aux créan-

ciers, les réparations qui ont pour cause des dommages occasionés aux biens de la succession. M. Delvincourt enseigne ensuite
que si l'héritier a vendu ses droits successifs bénéficiaires, il
n'est point obligé de tenir compte aux créanciers de ce qu'il a
reçu pour le prix de la vente. Toutes ces propositions peuvent
être admises; mais pour la dernière, il faut supposer que la vente
ne constitue pas le vendeur héritier pur et simple. Nous éta-
blirons ce point de droit plus bas, art. 806; *Malev; Chab.*,
n. 5, 6; *Toull.*, n. 358; *Delv.* 2, p. 94; *Malp.*, n. 223; *Dur.* 7,
n. 42, etc.

8. L'abandon qu'autorise l'art. 802 équivaut-il à la répudiation? Des Parlemens jugeaient nulles les renonciations à la qualité d'héritier bénéficiaire; d'autres les admettaient à l'égard des
créanciers. M. Delvincourt et M. Chabot, invoquant l'autorité
de Bacquet, Basnage, Pothier, et d'un acte de notoriété du Châ-
telet de Paris, disent que l'héritier bénéficiaire, de même que
l'héritier pur et simple, a une qualité indélébile: *semel hæres
semper hæres;* qu'aussi la loi ne parle ni de répudiation, ni de
renonciation; qu'elle n'autorise qu'un abandon des biens, sorte
de cession qui doit avoir quelque chose de semblable à celle qui
est établie pour les débiteurs malheureux par les art. 1265 et suivans; que de là il résulte qu'il ne se fait, pour les biens abandonnés, ni accroissement aux cohéritiers, ni transport aux héritiers d'un degré inférieur. L'abandon n'est et ne peut être,
d'après les termes de la loi, que pour les créanciers et les légataires, afin qu'ils s'efforcent eux-mêmes de tirer des biens abandonnés, le payement de ce qui leur est dû. M. Delaporte, M. Grenier, M. Duranton et M. Dalloz ont adopté ces explications.
Chab., n. 8; *Delv.* 2, p. 93; *Dur.* 7, n. 43, 45; *Gren. don.*, 2,
n. 505; *Pand. franç.* 3, p. 202; *Rép. méth.*, succ., ch. 5, sect. 3,
art. 2, n. 4.

M. de Maleville paraît en juger autrement. Pour expliquer
l'art. 802, il substitue les mots: *Répudiation de l'hérédité, en l'a-
bandonnant aux créanciers et aux légataires*, à ceux *d'abandon des
biens*. Suivant M. Merlin, l'art. 802 « réduit la question, sur laquelle étaient divisés les Parlemens, à une question de mots.
Dès que l'héritier bénéficiaire peut abandonner tous les biens de
la succession aux créanciers et légataires, il est évident qu'il
peut faire l'équipollent d'une renonciation effective à sa qualité
d'héritier. » *V. Malv.*, art. 803; *Rép. jur.*, bénéf. d'inv., n. 5.

M. Toullier enseigne d'abord positivement «que l'héritier bénéficiaire ne peut renoncer, ni attaquer l'acceptation qu'il a faite, que dans le cas où elle aurait été la suite d'un dol ; qu'il lui est seulement permis, comme à tous ceux qui ne sont pas personnellement obligés, de se décharger du payement des dettes, en abandonnant tous les biens de la succession aux créanciers et aux légataires. » Mais, entraîné par le préjugé d'un arrêt de la Cour de cassation, du 6 juin 1815 ; il dit bientôt: « Il faut avouer que la différence ne consiste que dans le mot.... L'héritier qui abandonne est censé n'avoir jamais été héritier. La propriété des biens ne réside plus sur sa tête ; et s'il meurt après l'abandon, il n'est dû aucun droit de mutation..... L'héritier le plus proche en degré peut accepter purement et simplement, ou sous bénéfice d'inventaire, la succession abandonnée. » *Toull.* 4, *n.* 358.

Dans la notice de l'arrêt que suit M. Toullier, on voit qu'une demoiselle Blanchet avait accepté la succession de son père, sous bénéfice d'inventaire ; qu'après son décès, ses frères, héritiers, ne comprirent pas dans leur déclaration à la régie de l'enregistrement, les biens paternels, et que sur la réclamation de la régie, ils firent au greffe, du chef de leur sœur, une répudiation de l'hérédité paternelle. Le tribunal de Montpellier admit cette renonciation comme l'équivalent de l'abandon prescrit par l'art. 802 ; et la Cour de cassation a sanctionné ce jugement, attendu que le droit de faire l'abandon est le même que celui de renoncer à la succession. *J. pal.*, *éd. n.*, *t.* 14, *p.* 542 ; *D.*, 1815, *p.* 309.

Un arrêt de Lyon avait déjà décidé, le 14 mars 1813, qu'un donataire entre-vifs sans préciput, qui s'était d'abord porté héritier bénéficiaire du donateur, avait pu ensuite répudier la succession, et se dispenser par là du rapport de la donation. *Sir.*, *t.* 13, *p.* 2, *p.* 364.

Ces décisions sont combattues et repoussées par d'autres ; M. Delvincourt conteste leur mérite. En rapportant l'arrêt de 1815, dans le Journal du palais, l'arrêtiste en fait la critique, et l'on trouve, dans le sens contraire, un plus grand nombre d'autres arrêts. Il en est deux de la Cour royale de Paris, du 10 août 1809, et du 26 décembre 1815 ; un de Metz, du 22 mai 1817 ; un de Colmar, du 8 mars 1820 ; un de Douai, du 29 juillet 1816. Enfin, la Cour d'Orléans ayant jugé positivement qu'après l'acceptation bénéficiaire, il n'y a plus de répudiation admissible, la Cour de cassation a proclamé, le 21 décembre 1829, qu'en jugeant ainsi, l'arrêt d'Orléans, loin de violer les principes du Code civil, et notamment l'art. 802, s'y est exactement conformé. *V. J. p., éd. n., t.* 17, *n.* 588; *D.*, 1816, *s., p.* 48; 1817, *s., p.* 3; 1818, *s., p.* 10; *D.*, 1830, *p.* 19; *Dur.* 7, *n.* 43.

9. Si l'abandon ne regarde que les créanciers et laisse subsister la qualité d'héritier bénéficiaire, il ne fait que décharger cet héritier du fardeau de l'administration et de la comptabilité, sur les créanciers, qui deviennent administrateurs, et qui pourront lui devoir compte, s'il le demande, car un simple abandon ne peut les constituer héritiers de leur débiteur défunt, ni même acquéreurs de ses biens. Il en est ici comme de la cession de biens de l'art. 1265, et du délaissement hypothécaire de l'art. 2174. Administrateurs, les créanciers seront soumis aux mêmes conditions que l'héritier, pour la vente des meubles et des immeubles. Toute aliénation de leur part, faite sans formalités, serait absolument nulle.

M. Chabot pense qu'ils doivent faire nommer un curateur au bénéfice d'inventaire, et diriger leurs actions contre lui. M. Toullier veut aussi le curateur, comme dans le cas du délaissement par hypothèque. Pour être conséquent, l'habile professeur aurait dû dire que les créanciers doivent rechercher un héritier du sang jusqu'au douzième degré, et à son défaut, le conjoint survivant ou le fisc, pour ne faire nommer de curateur qu'à la succession vacante, s'il y avait renonciation dans tous les degrés de successeurs réguliers ou irréguliers. Nous ne croyons pas même que les créanciers soient obligés de faire nommer un curateur au bénéfice d'inventaire; la loi ne l'a point ordonné. Il nous semble, comme à M. Delvincourt, que les créanciers doivent s'arranger entre eux pour les soins de l'administration. S'ils ne s'accordent pas, ils s'adresseront à la justice, qui pourra bien alors leur donner un curateur, chargé de l'administration. Mais leurs actions devront toujours être exercées contre l'héritier bénéficiaire qui les discutera ou fera défaut, et avec lequel ils pourront, dans tous les cas, avoir un jugement régulier. *Chab., n.* 8; *Toull.* 4, *n.* 358; *Delv.* 2, *p.* 94; *infra, art.* 857.

ARTICLE 803.

L'héritier bénéficiaire est tenu d'administrer les biens de la succession, et doit rendre compte de son administration aux créanciers et aux légataires.

Il ne peut être contraint sur ses biens personnels qu'après avoir été mis en demeure de présenter son compte, et faute d'avoir satisfait à cette obligation.

Après l'apurement du compte, il ne peut être contraint sur ses biens que jusqu'à concurrence seulement des sommes dont il se trouve reliquataire.

1. La loi n'a pas déterminé minutieusement le mode d'administration de l'héritier bénéficiaire ; elle a seulement établi les formalités qu'il doit observer pour la vente des meubles et des immeubles. M. Chabot fait remarquer que sa gestion est celle d'un propriétaire, soumis à des obligations, dans l'intérêt des créanciers, et qu'elle s'étend à toutes les affaires de l'hérédité, activement et passivement.

2. Sans l'autorisation de personne, il intente ou il reprend toutes les actions de l'hérédité. C'est pour lui un devoir important d'interrompre le cours des prescriptions et de prévenir l'insolvabilité des débiteurs. Il répond ou défend aux demandes qui sont formées contre la succession ; mais il n'est pas interdit aux créanciers et aux légataires d'intervenir, à leurs frais, dans les instances pour l'assister et veiller à leurs intérêts. Les frais du procès qu'il ne répète pas contre ses adversaires, sont à la charge de la succession, à moins qu'il n'ait élevé des contestations évidemment mauvaises qui l'ont fait condamner personnellement aux dépens. Suivant la disposition de l'art. 132 du Code de procédure en usage avant le Code civil, l'héritier qui avait plaidé à l'aide de la consultation d'un avocat connu, ne courait pas les risques des dépens pour son compte. M. Malpel, M. Toullier et M. Dalloz voudraient ramener cet ancien usage. Nous ne croyons pas qu'on doive ainsi lier la conscience des juges ; nous aimons mieux la latitude que leur laisse l'art. 132 précité. M. Chabot, M. Delaporte, M. Favard et M. Duranton croient, comme nous, que les juges ne doivent mettre les dépens à la charge de l'héritier que lorsqu'il est reconnu qu'il a intenté un procès insoutenable. L'art. 804 ne le rend responsable que des fautes graves. *Chab.*, n. 2 ; *Toull.* 4, n. 390 ; *Malp.*, n. 237 ; *Rép. Fav., bénéf. d'inv.; Pand. franç.* 3, n. 204 ; *Dur.* 7, n. 36 ; *Rép. méth., succ., ch.* 5, *sect.* 3, *art.* 3, n. 2.

3. La Cour de Paris a jugé, le 23 novembre 1825, que les créanciers ne sont pas recevables à se pourvoir, par tierce opposition, contre les jugemens rendus entre des tiers et l'héritier

bénéficiaire. M. Duranton pense qu'on peut très-bien contester la justice de cette décision. Nous ne le croyons pas. L'héritier bénéficiaire a le même droit que l'héritier pur et simple, pour l'action et la défense en justice. Ni l'un, ni l'autre, n'est obligé d'appeler au jugement les créanciers de la succession ; ces créanciers sont également représentés par l'un comme par l'autre ; et l'art. 474 du Code de procédure ne permet la tierce-opposition qu'aux personnes intéressées, qui n'ont été ni parties, ni représentées au jugement. Mais l'héritier, objecte M. Duranton, peut avoir négligé ou trahi la défense ; il peut avoir frauduleusement accordé le jugement !.. Il est vrai que l'oubli est possible à l'héritier ; mais nous venons de le dire, les créanciers ont le droit d'intervention. Du chef de l'héritier, d'après les art. 1166, 1167, ils ont les voies ordinaires d'opposition, d'appel, de recours en cassation, et la voie extraordinaire de la requête civile. *Sir.*, *t.* 26, *p.* 2 ; *Dur.* 7, *n.* 39.

4. Les créanciers ont d'ailleurs le droit de faire des actes conservatoires auprès des débiteurs de la succession. L'héritier doit bien poursuivre et recouvrer les sommes dues, pour en faire la distribution aux créanciers ; et la caution qu'ils peuvent exiger de lui, répond bien de ces recouvremens ; mais comme il vaut mieux prévenir le mal que d'avoir à chercher sa réparation, la loi ne défend point aux créanciers de faire des saisies entre les mains des débiteurs. On leur a souvent contesté ce droit ; il leur a été dénié, notamment par la Cour royale de Paris, le 30 juillet 1816 et le 27 juin 1820 ; et par celle de Rouen, le 12 août 1826 ; mais il a été reconnu par les Cours de Douai, le 4 mars 1812 et le 3 mars 1830 ; de Bourges, le 9 mars 1813 ; de Bordeaux, le 19 avril 1822 ; et l'arrêt de Bourges a obtenu la sanction de la Cour de cassation, le 8 décembre 1814. M. Duranton et M. Dalloz admettent ce droit de saisie pour les créanciers. *Sir.*, *t.* 12, *p.* 2, *p.* 392, *et t.* 15, *p.* 153 ; *t.* 20, *p.* 2, *p.* 242 ; *t.* 22, *p.* 2, *p.* 195 ; *D.*, 1815, *p.* 132, *et* 1823, *p.* 10 ; 1828, *s.*, *p.* 256 ; 1830, *s.*, *p.* 285 ; *Dur.* 7, *n.* 37, 38 ; *Rép. méth.*, *succ.*, *ch.* 5, *sect.* 3, *art.* 3, *n.* 4.

Il est bon de remarquer que s'il y a d'autres créanciers opposans, la saisie ne donne pas de préférence à celui qui l'a faite ; elle produit seulement l'effet de soumettre le débiteur à payer suivant un ordre de distribution. *V. infra, art.* 808.

5. L'héritier bénéficiaire passe les baux à ferme et en perçoit le prix, ou il fait cultiver les fonds, vend les fruits et reçoit le

montant de la vente. Il reçoit, en général, le payement de tout
ce qui est dû à la succession, en capital, intérêts ou arrérages.
Il paye les frais funéraires, les droits de mutation par décès,
les rentes et les prestations périodiques dont la succession est
grevée. Il fait aux biens les réparations d'entretien ou de nécessité. Nous ne tarderons point à voir comment il doit satisfaire
aux autres charges de l'hérédité. En tout, il doit agir en bon
père de famille, sous sa responsabilité envers les créanciers.
V. infra, art. 804, etc.; Malev., art. 803; Chab. id., n. 1, 2 ;
Toull. 4, n. 373; Malp., n. 224; Dur. 7, n. 36.

6. L'héritier bénéficiaire, comptable, n'ayant pas la libre disposition des biens de l'hérédité, ne peut, par cette raison, aux
termes des art. 2045 du Code civil et 1003 du Code de procédure, transiger ni compromettre sur les contestations relatives à ces biens. S'il le fait, excédant ses pouvoirs d'héritier
sous bénéfice d'inventaire, il se rend héritier pur et simple.
M. Chabot présente la règle sans modification, et cite, pour
exemple d'application, un arrêt de la Cour de cassation, du
20 juillet 1814, c'est une héritière sous bénéfice, qui, à cause d'un
compromis sur des contestations relatives à une société, a été
déchue du bénéfice, et constituée héritière pur et simple. J. p.,
éd. n., t. 16, p. 525; D., 1814, p. 463; Chab., n. 2; Rép. Merl.,
bénéf. d'inv., n. 26; Delv. 2, p. 95; Malp., n. 237; Dur. 7, n. 55.

M. Toullier enseigne que le compromis et la transaction qui
ont pour objet de terminer des contestations ou des procès,
et par conséquent de liquider la succession, peuvent se faire
sans déroger à la qualité de bénéficiaire; que ces actes sont valides, sauf aux créanciers à faire prononcer la déchéance, si
l'héritier a excédé ses pouvoirs, en qualité d'administrateur.
Dans une note, l'auteur indique comme justification de sa doctrine, un arrêt rendu par la Cour de Paris, le 3 juin 1808. L'arrêt
dit que quelques bornes qu'on puisse mettre au pouvoir de l'héritier bénéficiaire, il n'a jamais été douteux qu'il peut faire seul,
sans formalités et sans le concours des créanciers, tous les actes
d'administration, toucher les revenus, faire les comptes avec les
fermiers et les régisseurs, et par conséquent compromettre sur
toutes les difficultés relatives à ces comptes. Ainsi M. Toullier
et l'arrêt dont il s'étaye, ont entendu distinguer les compromis
et les transactions qui n'ont trait qu'à des revenus, de ceux qui
portent sur la propriété, pour déclarer les uns permis à l'héritier

bénéficiaire, et les autres constitutifs de la qualité d'héritier simple. *Toull.* 4, *n.* 361, 362; *J. p., éd. n., t.* 9, *p.* 339.

La loi ne présente pas cette distinction dans sa lettre, et l'on ne peut pas la déduire de son esprit comme une règle certaine, absolue. L'héritier bénéficiaire doit compte aux créanciers des revenus aussi-bien que des capitaux. Il ne lui est pas laissé de les anéantir ni de les diminuer par des transactions ou par l'effet des compromis. Il peut, sans doute, et il doit même, faire des règlemens avec les fermiers et les régisseurs; mais il en doit compte aux créanciers, qui pourront en obtenir la réforme contre lui, s'ils sont fautifs, le forcer en recette, et même le faire juger héritier pur et simple, bien que l'acte ne soit pas qualifié transaction, si le règlement qu'il constate est fait en mauvaise foi, pour frustrer ces créanciers. La transaction et le compromis font supposer des contestations assez graves, et, quoique bornées à des revenus, leurs effets pourraient être fort préjudiciables aux créanciers. Il semblerait que le seul fait du consentement à ces actes par l'héritier bénéficiaire, doit le constituer héritier pur et simple. Cependant des circonstances peuvent se rencontrer de nature à le justifier et à faire valider ses actes. Si le traité ou le jugement arbitral n'a fait qu'une simple liquidation équitable, on n'y verra que le règlement nécessaire que les parties ont pu arrêter elles-mêmes ou confier à des personnes plus instruites qu'elles-mêmes. Dans l'affaire jugée par l'arrêt de 1808, une sentence arbitrale avait fait une liquidation de revenus, avantageuse à la succession. Cette sentence n'était attaquée que par le régisseurs en *débet*. Deux créanciers, loin de réclamer la déchéance du bénéfice d'inventaire, s'étaient joints à l'héritier pour repousser l'attaque du régisseur. Il faut donc tenir à la règle certaine de l'interdiction du traité et du compromis et de ses suites, pour l'héritier bénéficiaire; mais aussi, quoique les actes se produisent sous l'apparence de la transaction ou de la sentence arbitrale, il faut ne les compter au bénéficiaire que comme actes d'administration, quand, évidemment, ils ne sont rien de plus par leur résultat.

7. Mais, il peut se rencontrer des circonstances qui rendraient une transaction intéressante pour la succession bénéficiaire. Sera-t-il impossible de traiter dans toute position? M. Malpel, cité par M. Dalloz, pense que l'héritier pourrait s'adresser au tribunal, qui l'autoriserait à transiger, après avoir entendu le ministère public. L'auteur ajoute que le procureur du roi aurait

le droit de nommer trois jurisconsultes, chargés de donner leur avis sur le projet de transaction. C'est un moyen emprunté de l'art. 467, touchant les mineurs. La loi devait le donner ce moyen ; et ne l'ayant pas fait, il est douteux qu'il soit au pouvoir des juges de le prendre à l'art. 467. Si la demande d'autorisation était faite par l'héritier, de concert avec les créanciers, la chose serait sans difficulté. Le refus du consentement d'un seul créancier semble devoir empêcher l'autorisation de transiger. *Malp.*, n. 237 ; *Rép. méth.*, ch. 5, sect. 3, art. 3, n. 16.

8. Le compte de l'héritier bénéficiaire peut être rendu à l'amiable, si toutes les parties intéressées ont le libre exercice de leurs droits. S'il y a des mineurs ou des interdits, le compte ne peut être rendu régulièrement que dans les formes prescrites par le Code de procédure, art. 995, 527 et suivans. *Chab.*, art. 803, n. 2 ; *Malp.*, n. 228.

Le chapitre de recette doit comprendre les meubles et effets portés dans l'inventaire, ou leur prix, ou leur valeur ; le prix de la vente d'immeubles, les revenus des biens, les arrérages de rentes, les capitaux et intérêts, et toutes sommes dues à la succession et reçues par l'héritier.

Dans le chapitre des dépenses, l'héritier porte les frais funéraires du défunt, frais que les créanciers pourraient faire réduire, s'ils étaient excessifs ; les frais de scellés et d'inventaire, les droits de mutation payés à la régie de l'enregistrement, les frais des procès auxquels il n'a pas été condamné personnellement, les frais d'ordre et de distribution entre les créanciers, les payemens de contributions publiques, de rentes et de toutes charges des biens, les dépenses de réparations nécessaires, et les frais du compte même. S'il y a des créanciers opposans, et s'il n'a pas été fait d'ordre entre eux, il ne portera point en dépense le montant de ses créances, ni les sommes qu'il aurait avancées à d'autres créanciers, car il faut que ses droits et ceux de tous les opposans soient réglés, et que chacun soit payé à son rang de collocation. S'il n'y a point eu d'opposition, ou s'il a pu payer tous les opposans, il portera en dépense sa créance propre et les autres qu'il a acquittées. *V. infra*, art. 808, 809.

9. L'héritier bénéficiaire ne peut rien retenir pour sa nourriture et pour son logement ; il ne répète que les déboursés qu'il a faits, et il ne lui est pas dû d'indemnité pour les peines et les soins de sa gestion, quelque grands qu'ils aient été, et lors même que tous les biens seraient absorbés par les dettes et par les charges

de la succession. En acceptant sous bénéfice d'inventaire, s'il
visait à son profit, il a bien voulu courir les risques d'une administration infructueuse. *Chab.*, *n.* 4 ; *Toull.* 4, *n.* 389; *Delv.*, 2 ,
p. 97.

10. La loi déclare l'obligation du compte , sans dire à quelle
époque il sera rendu. Il est dans la nature de la chose que le
comptable soit toujours prêt à présenter, au moins, un état
de situation, à tout créancier réclamant ; et il paraît qu'il doit
un compte déterminé, quand la liquidation de la succession est
achevée, ou quand la justice l'ordonne, et dans les délais qu'elle
fixe. S'il a été négligent, un délai est une grâce qu'il ne devrait
obtenir qu'en payant des dépens. A l'expiration du terme, si
le compte n'est pas rendu, il n'est pas héritier pur et simple,
mais il peut être contraint sur ses biens personnels, au payement des dettes réclamées. Le compte apuré, s'il reste en *debet*,
il en est tenu personnellement, et sur tous ses biens. *Chab.*, *ibid.*,
n. 7; *Toull.*, *n.* 387; *Malp.*, *n.* 229, 230.

11. L'héritier bénéficiaire, poursuivi par des créanciers, les
paye quelquefois, sans les renvoyer au compte ou à l'ordre, et se
fait subroger à leurs droits. Pour obtenir cette subrogation, s'il
a des cohéritiers, il n'est pas dans l'obligation d'épuiser la part
de biens qu'il a recueillis pour solder une dette considérable,
qui grève toute la succession. Sauf l'action hypothécaire sur les
immeubles qu'il possède, affectés à cette dette, il n'est tenu,
comme l'héritier pur et simple, que d'une part proportionnelle
à son amendement. De même, quand il rend son compte, il ne
peut être chargé envers la masse des créanciers, ainsi qu'à l'égard
de chacun d'eux, que de la portion de dette qui correspond à sa
part héréditaire. La règle de l'art. 873, sur la division des dettes
entre les divers héritiers, est générale; elle s'applique à tous
héritiers indistinctement, aux bénéficiaires autant qu'aux héritiers purs et simples. Cette règle, qui se trouvait dans la Coutume
de Paris, comme elle est dans le Code civil, avait pourtant été
méconnue par la Cour de Paris; mais l'arrêt qui la violait a été
cassé, le 22 juillet 1812, suivant les conclusions de M. Merlin.
La Cour de Colmar n'avait pas attendu cette cassation, pour appliquer convenablement le principe qui l'a déterminée. Son arrêt
est du 23 novembre 1810. *Rép. Merl.*, *bénéf. d'inv.*, *n.* 25; *Sir.*,
t. 11,*p.*2,*p.* 77; *t.* 12, *p.* 305; *Rép. méth.*, *succ.*, *ch.* 5, *sect.* 3, *art.* 2,
n. 3; *Chab.*, *n.* 5; *Pand. franç.* 3,*p.* 186; *Delv.* 2 , *p.* 167; *Malp.*
n. 289; *Dur.* 7, *n.* 41.

ARTICLE 804.

Il n'est tenu que des fautes graves dans l'administration dont il est chargé.

1. Nous avons observé que, dans son administration, l'héritier bénéficiaire doit agir en bon père de famille. Mais il n'est responsable que des fautes graves qui ont causé des pertes. La faute grave n'est pas seulement celle que les Romains appelaient *culpa lata quæ dolo æquiparatur;* c'est toute faute grossière, qui est un manquement aux soins que, sans beaucoup d'ardeur, on apporte ordinairement à ses affaires. *Chab.; Delv.* 2, *p.* 92; *Rép. Fav., bénéf. d'inv., n.* 9.

2. M. de Maleville a pensé que de trop grandes fautes, la mauvaise foi, la dilapidation, pourraient faire déchoir l'héritier du bénéfice d'inventaire. La loi n'établit pas cette déchéance ; et quoiqu'elle pût être juste en soi, comme elle serait une peine, les tribunaux ne pourraient pas la prononcer. *Malev., art.* 803; *Chab., art.* 804; *Delv.* 2, *p.* 92.

3. M. Duranton indique, comme fautes graves, le manquement de l'héritier qui a conservé des objets dispendieux, ou laissé dépérir ceux qui ne pouvaient être conservés, au lieu de solliciter l'autorisation de les vendre et de faire la vente ; le défaut d'interruption des prescriptions, d'exercice des actions possessoires, de renouvellement des inscriptions hypothécaires, de poursuites contre les débiteurs dans le temps où ils étaient solvables, de location des maisons, l'abandon des biens sans culture, et les actions en justice évidemment mal fondées. *Dur.* 7, *n.* 37. *V. supra, art.* 803, *n.* 2.

Il n'y a pas nécessairement faute grave dans toutes ces positions: les circonstances peuvent excuser l'héritier. S'il ignorait les droits de la succession, s'il n'avait pas les titres de propriété ou de créance, il n'a pu ni renouveler les inscriptions, ni agir pour interrompre la prescription, ou pour prévenir l'insolvabilité des débiteurs. Si des fermiers ne l'ont point averti du trouble, comment aurait-il formé des actions possessoires ?

4. On a débattu devant la Cour royale de Paris, la question de savoir si les intérêts des intérêts peuvent être adjugés soit contre la succession, soit contre l'héritier bénéficiaire, personnellement. L'arrêt rendu le 14 mai 1819, a jugé négativement la question sous les deux rapports. Pour motiver cette décision, les juges on dit : « Que la condamnation des intérêts d'intérêts échus est une véritable condamnation de dommages-intérêts, et réputée telle par la loi ; que le débiteur ne peut devenir passible de dommages-intérêts qu'autant qu'il est en demeure de remplir son obligation ; que l'héritier bénéficiaire n'est pas personnellement débiteur ; qu'il n'est responsable que des fautes graves qu'il peut commettre dans l'administration qui lui est confiée par la loi, et n'est obligé vis-à-vis des créanciers, qu'à leur rendre compte de son administration ; que la demande n'est basée ni sur faute grave, ni sur retard de rendre compte... » *D.*, 1821, *s.*, *p.* 14 ; *Sir.* 20, 2, 190.

Il faut voir dans les recueils indiqués, les moyens qu'on avait employés pour démontrer que les successions bénéficiaires ne sont point exemptes de l'application de l'art. 1154 ; ils semblent d'une grande force. Quant à l'héritier bénéficiaire, personnellement, dans les circonstances de la cause jugée, il n'a pas paru coupable de faute grave. Mais cette faute peut se rencontrer ailleurs et mériter une condamnation personnelle aux intérêts des intérêts. Si, par exemple, l'héritier ayant en mains sommes suffisantes pour acquitter les dettes, a refusé de rendre son compte, ou s'il n'a rendu qu'un compte infidèle, une faute grave, qui demande réparation, se trouve dans cette conduite.

ARTICLE 805.

Il ne peut vendre les meubles de la succession que par le ministère d'un officier public, aux enchères, et après les affiches et publications accoutumées.

S'il les représente en nature, il n'est tenu que de la dépréciation ou de la détérioration causée par sa négligence.

1. Pour la vente des meubles après l'inventaire, comme auparavant pour les objets susceptibles de périr ou de décroître, l'héritier doit observer les formalités prescrites par le Code de procédure, au titre des saisies-exécutions. *Art.* 989, 945, 607, *etc.*

Bien que la loi ne l'ordonne pas, M. Duranton pense que la vente doit être autorisée par la justice, comme dans le cas de l'art. 796. Nous ne partageons pas cet avis ; les positions sont différentes, et la règle de l'art. 796 ne leur est pas commune. Le recours à la justice ne produirait que des frais frustratoires. *Dur.* 7, *n.* 26.

2. L'expression *ne peut vendre* pouvait faire croire que la vente faite sans les formalités voulues était nulle; mais ces termes sont expliqués par l'art. 989 du Code de procédure, qui ne fait résulter de ce manquement que la privation du bénéfice d'inventaire. *Chab.*, art. 805, *n.* 2; *Toull.* 4, *n.* 373; *Delv.* 2, *p.* 95; *Malp.*, *n.* 233; *Dur.* 7, *n.* 27.

La Cour de Dijon avait confirmé la disposition d'un jugement qui, doublant le prix donné aux meubles dans l'inventaire, laissait à l'héritier bénéficiaire l'option de les faire vendre aux enchères, ou de les retenir au prix fixé. L'arrêt de Dijon a été cassé, le 19 février 1821, pour violation de l'art. 805, par l'introduction d'un nouveau mode de vente. *D.*, 1821, *p.* 138; *Sir.*, 21, 1, 208.

3. Le mot *meubles*, employé dans l'art. 805, sans addition ni désignation, a fait décider à M. Chabot, d'après l'art. 533, que l'héritier bénéficiaire peut vendre comme il lui plaît, sans remplir aucunes formalités, les pierreries, les médailles, les instrumens des sciences, des arts et des métiers, le linge de corps, les chevaux, équipages, armes, grains, vins, foins et autres denrées, et les marchandises qui sont l'objet d'un commerce. L'auteur, ici, abandonne l'esprit et le vœu de la loi, sur l'unique fondement d'une expression irréfléchie. Le législateur n'a point entendu dispenser des formalités qui sont la garantie des créanciers, pour les objets importans qu'énumère l'art. 533. Une exception pouvait être bonne pour les denrées dont la valeur se fixe assez bien par le taux des marchés publics, mais elle ne convenait pas pour les autres objets sur le prix desquels l'héritier pourrait tromper grandement les créanciers. Ce n'est que par un défaut d'attention qu'on a dit simplement *meubles*, au lieu de *biens meubles*. Le rapprochement et la comparaison des deux articles 805 et 806, montrent clairement que le législateur a distingué les biens de la succession en deux classes, meubles et immeubles; que le mot meubles, dans l'art. 805, est l'opposé de celui d'immeubles dans l'art. 806, et comprend tous les biens qui ne sont pas immeubles. Cette explication, conforme à l'usage, est justifiée par les art. 989 et 990 du Code de procédure, qui statuent sur la vente du mobilier et non pas des meubles seulement. *Chab.*, *n.* 4.

4. Cependant les rentes dues par des particuliers, non plus que les rentes sur l'État, ne se vendent pas comme les autres effets mobiliers. Il y a pour les premières des formes détermi-

nées par l'art. 642 et les suivans du Code de procédure, auxquels renvoie l'art. 989. Les rentes sur l'État se vendent à la bourse, par l'intermédiaire des agens de change. Un avis du Conseil d'état, approuvé le 11 janvier 1808, déclare applicable à l'héritier bénéficiaire, la disposition de la loi du 24 mars 1806, qui ne permet aux tuteurs de transférer les rentes au-dessus de 50 fr., appartenant à leurs pupilles, qu'en vertu d'une autorisation préalable. Pour les mineurs, c'est le conseil de famille qui donne l'autorisation. L'avis ne décide pas d'où viendra cette autorisation à l'héritier bénéficiaire. M. Toullier et M. Delvincourt ont pensé qu'elle devait émaner du tribunal. Cela doit être, si les créanciers ne s'accordent pas pour la donner, ou s'il y a parmi eux des personnes incapables d'un consentement valable. *Chab.*, n. 4; *Toull.*, n. 374; *Delv.* 2, p. 96.

5. La loi n'a prescrit des formes et la publicité pour l'aliénation des rentes sur les particuliers, qu'afin de l'amener plus sûrement à un prix qui se rapproche, autant que possible, de leur capital, parce que cette sorte de propriété est aujourd'hui dépréciée, et que les ventes, de gré à gré, sont ordinairement d'un prix au-dessous du capital. Par ces considérations, la Cour de Riom a jugé, le 7 mai 1819, que l'héritier bénéficiaire qui avait donné des rentes en payement à des créanciers de la succession, pour le montant de leur capital, avait fait une opération avantageuse, qui ne pouvait, par conséquent, lui faire infliger la déchéance. La Cour régulatrice a sanctionné cette décision, le 25 décembre 1820. *D.*, 1821, p. 305.

6. La vente des meubles et des immeubles n'est pas, de droit, une nécessité. L'héritier bénéficiaire peut faire, aux créanciers et aux légataires, des payemens de ses propres deniers, dans l'espoir de trouver son remboursement dans les biens de la succession. Il arrive qu'après avoir bien examiné les choses, il acquitte toutes les dettes, s'il croit que les biens peuvent suffire à ce remboursement, ou qu'il compose avec les créanciers, obtient des remises et quittance finale, si les biens paraissent insuffisans pour fournir à la totalité des dettes. Avec ces arrangemens, l'héritier peut tout garder, meubles et immeubles. Mais, s'il n'y a pas d'accord avec eux, les créanciers exigent la représentation des meubles, leur vente et celle des immeubles, pour avoir leur payement sur le prix. A la représentation des meubles, l'héritier est tenu de la dépréciation ou de la détérioration causée par sa négligence; c'est-à-dire, comme le remarquent très-bien

15

M. Chabot et M. Delvincourt, que si les meubles ne peuvent plus être vendus avec autant d'avantage qu'ils l'auraient été précédemment, soit à cause de leur dégradation, soit parce que le prix en aurait baissé dans le commerce, l'héritier bénéficiaire doit une indemnité aux créanciers. *Chab.*, n. 3; *Delv.* 2, p. 96; *Toull.* 4, n. 375; *Malp.*, n. 225.

7. Le défaut de représentation des meubles, s'il n'est pas justifié par leur perte accidentelle, suppose leur vente irrégulière, ou leur divertissement, et fait perdre le bénéfice d'inventaire, à moins qu'il ne se rencontre des causes propres à excuser l'héritier. M. Toullier pense que l'excuse pourrait sortir des circonstances du temps qui se serait écoulé depuis l'ouverture de la succession jusqu'au moment où les créanciers se sont fait connaître, et du nombre, de la nature ou de l'importance des meubles qu'il ne représente pas. Il appartient aux tribunaux d'apprécier des circonstances de cet ordre et d'autres semblables. *Toull.*, n. 375.

ARTICLE 806.

Il ne peut vendre les immeubles que dans les formes prescrites par les lois sur la procédure; il est tenu d'en déléguer le prix aux créanciers hypothécaires qui se sont fait connaître.

1. Le règlement des formalités pour la vente des immeubles est dans le Code de procédure, art. 987, 988, 967 à 972, 955 à 965, 701 et suivans. Comme pour les meubles, le défaut d'accomplissement de ces formalités ne laisse pas la vente nulle; mais, suivant la disposition expresse de l'art. 988 du Code de procédure, ce défaut rend le vendeur héritier pur et simple. Un arrêt de la Cour de Paris a fait l'application de ce point de droit, le 17 décembre 1822. *D.*, 1823, s., p. 112; *Chab.*, art. 806, n. 2; *Toull.* 4, n. 373; *Delv.* 2, p. 95; *Dur.* 7, n. 28; *Malp.*, n. 233, 238.

2. L'hypothèque mène à l'aliénation. L'héritier bénéficiaire qui la donne sur les biens de la succession, pour ses dettes personnelles, dispose en maître et se constitue héritier pur et simple. Elle serait sans valeur, et ne changerait pas sa qualité, s'il l'accordait à des créanciers de la succession. *Delv.* 2, p. 95; *Toull.* 4, n. 360; *Dall.*, *Rép. méth.*, *succ.*, ch. 5, sect. 3, art. 3, n. 17.

Cependant, par un arrêt du 8 avril 1826, la Cour royale de Paris a jugé que des héritiers sous bénéfice d'inventaire, n'ont

renoncé ni voulu renoncer à ce bénéfice en hypothéquant leurs
parts indivises et purement *éventuelles*, dans les immeubles de
la succession ; que le contraire résulte de tous les jugemens, arrêts et pièces qui sont au procès, et dans lesquels ils n'ont cessé
d'être qualifiés et reconnus héritiers bénéficiaires.... On peut
admettre cette modification. Dans les termes et dans les circonstances spécifiés, l'hypothèque n'est conférée que conditionnellement, pour le cas où, par l'événement du compte, les biens
resteraient libres à l'héritier bénéficiaire. *Dall.*, 1827, *s.*, *p.* 68.

5. Par un arrêt du 2 mai 1806, la Cour d'Amiens a jugé héritier pur et simple le successible qui, après avoir accepté sous
bénéfice d'inventaire et rempli les formalités prescrites, avait
vendu ses droits successifs. M. Merlin s'est élevé contre cette
décision, que d'autres ont crue justifiée par l'art. 780. M. Merlin
montre que cet article, par la place qu'il occupe, et par la raison de la loi, ne dispose que pour le cas où l'héritier présomptif
n'a point encore pris qualité ; qu'il décide seulement, pour ce
cas où les choses sont entières, qu'on se déclare héritier pur et
simple, en donnant ou vendant ses droits successifs. Il n'en peut
être de même lorsqu'on s'est déclaré auparavant pour l'acceptation bénéficiaire, parce qu'alors la vente se rapportant à la qualité qui est fixée, n'exprime que la cession de cette qualité et
des droits qui en dépendent. L'héritier bénéficiaire ne peut pas
disposer arbitrairement, sans formalités, des biens qui sont le
gage des créanciers ; mais il peut vendre ses droits successifs en
masse. Par cette vente, il ne change rien à la nature et à la consistance des biens de l'hérédité ; il ne porte aucune atteinte aux
droits des créanciers ; il ne fait que céder sa place. Le cessionnaire le représente en tous points ; il lui est subrogé à tous
égards, pour les obligations, comme pour les droits. M. Favard,
M. Duranton et M. Malpel ont suivi cette doctrine. *J. p.*, *éd. n.*,
t. 7, *p.* 280 ; *Quest. dr.*, *hérit.*, § 11 ; *Rép. Fav.*, *bénéf. d'inv.*,
n. 17 ; *Dur. 7*, *n.* 54 ; *Malp.*, *n.* 239.

M. Merlin parle d'une décision du même genre, mais dans
des termes un peu différens, rendue précédemment par la Cour
de Paris, le 9 janvier 1806. Après son acceptation conditionnelle, et avant d'avoir fait inventaire, l'héritier avait vendu ses
droits successifs bénéficiaires. L'acquéreur avait aussi négligé
l'inventaire. Le considérant de l'arrêt déclare que l'héritier bénéficiaire qui vend ses droits successifs, sans avoir fait bon et fidèle
inventaire, ou sans le faire faire par son acquéreur, est réputé,

héritier pur ét simple. Par le dispositif, le vendeur et l'acquéreur sont condamnés solidairement à payer la créance réclamée.
M. Merlin trouve dans le considérant la confirmation de sa doctrine ; il dit : « Donc, d'après cet arrêt, l'acquéreur aurait pu
réparer, en faisant inventaire, le premier défaut dans lequel
était à cet égard son cédant ; donc cet arrêt juge, implicitement,
que le cédant n'était point devenu héritier pur et simple par le
seul fait de sa cession. » Oui, mais nous avons vu (*Art.* 800,
n. 1), que la seule négligence de l'inventaire ne rend pas héritier pur ét simple ; qu'elle est réparable jusqu'au terme de la
prescription. S'il n'y avait point eu d'adition d'hérédité, on
devait ordonner l'inventaire dans un délai fixe. Le délai expiré
sans inventaire, le vendeur ou l'acquéreur n'était pas nécessairement héritier simple ; il pouvait renoncer. M. Duranton donne
sa pleine adhésion à l'arrêt. *Sir.* 6, *part.* 2, *p.* 211 ; *Quest. de dr.*,
précité ; *Dur.* 7, *n.* 54.

4. On a reproduit la question résolue négativement par un arrêt
du Parlement de Paris, en 1667 : si l'héritier bénéficiaire doit
compte aux créanciers du prix qu'il a obtenu pour sa cession de
droits ? M. Merlin, M. Favard, M. Delvincourt et M. Dalloz décident, comme l'arrêt, que l'héritier est quitte envers les créanciers, en leur rendant, ou faisant rendre, par son cessionnaire,
le compte de la succession. *Q. de dr.*, *héritier*, § 2 ; *Rép. Fav.*,
bénéf. d'inv., *n.* 17 ; *Delv.* 2, *p*, 94 ; *Rép. méth.*, *n.* 15, *ch.* 5, *sect.* 3,
art. 3.

5. Nous n'adoptons pas la doctrine d'un arrêt de Nîmes, du
28 décembre 1825, qui a jugé que le mode d'aliénation prescrit
à l'héritier bénéficiaire, est attaché à sa personne, exclusivement
aux créanciers. Ce mode d'aliénation nous semble établi dans
l'intérêt de tous les ayant droit sur la succession ; et nous croyons
que la vente ne peut être livrée absolument au caprice et à la
mauvaise volonté de l'héritier bénéficiaire. Agent de la succession, s'il manque à son devoir, il est juste, et dans le vœu de
la loi, que les créanciers puissent agir à son défaut, comme il
devrait le faire lui-même. On veut les renvoyer nécessairement à
la saisie immobilière et à l'expropriation forcée... La loi, il est
vrai, leur a laissé ce mode funeste d'action, mais comme un
droit, et non comme une nécessité. Elle ne leur a point interdit, elle leur permet au contraire (*Art.* 1166) de réclamer, par
subrogation, l'exercice d'un autre mode plus simple et moins
dispendieux, commandé à l'héritier, dans leur intérêt commun.

6. Les Cours de Bourges et de Toulouse ont été en division avec celle de Paris, sur la question de savoir si les créanciers ont droit, en toute position, de poursuivre contre l'héritier bénéficiaire la saisie et l'expropriation des immeubles de l'hérédité. A Paris, le 20 septembre 1821, dans la position d'un héritier qui avait provoqué partage et licitation contre ses cohéritiers, on a jugé que le créancier ne pouvait que se faire subroger aux poursuites commencées, si l'héritier les négligeait, et l'on a prononcé la nullité de la saisie immobilière faite par ce créancier. Cet arrêt dénoncé à la Cour de cassation, le pourvoi a été rejeté, le 4 décembre 1822. A Bourges, dans une situation semblable, le 15 mars 1822, la saisie immobilière a obtenu la préférence. A Toulouse, le 17 août 1822, l'héritier bénéficiaire qui avait reçu l'autorisation spéciale de vendre les immeubles, par adjudication volontaire, n'a pas pu empêcher la saisie immobilière d'un créancier. On a dit, avec vérité, que l'héritier bénéficiaire est investi des biens de la succession, et que les créanciers ont contre lui les mêmes droits d'action qu'ils avaient contre leur débiteur défunt. Voilà un principe; mais est-il tellement absolu, qu'il doive être appliqué dans toute circonstance, contre toute raison, contre l'intérêt et le but même de celui qui l'invoque? La loi n'ayant pas réglé que le mode de vente prescrit à l'héritier bénéficiaire, serait aussi seul à l'usage des créanciers, on doit convenir que si l'héritier n'agit pas, les juges ne peuvent pas interdire aux créanciers la voie extrême de la saisie et de l'expropriation forcée. C'est dans ce sens que la Cour de Paris a statué, par un nouvel arrêt du 24 février 1825. Mais, quand un mode simple, prompt et peu coûteux est employé par l'héritier, les juges ne sauraient excéder leurs pouvoirs, en disant au créancier, que sa violence pousse à la rigueur : Faites mettre à fin la procédure commencée, et laissez la voie embarrassée, longue et ruineuse de la saisie immobilière.

La Cour de cassation a très-bien déclaré, dans son arrêt de rejet du 4 décembre 1822 : « Que s'il est vrai que le bénéfice d'inventaire et le droit donné, par l'art. 806, à l'héritier bénéficiaire, de vendre les immeubles, ne fait point obstacle à ce que les créanciers exercent leurs droits par toutes voies légales, cependant il appartient aux tribunaux d'empêcher que des poursuites faites par diverses personnes, et dirigées vers le même but, se trouvent en collision, et de prévenir des frais frustratoires et inutiles. » *Sir.* 22, 2, 118, 269; *et* 26, 2, 31, 573; *D.*, 1813, *s.*, *p.* 122; *V. supra*, *art.* 803, *n.* 4; *Dur.* 7, *n.* 37, 38.

7. On ne doutait pas anciennement que l'héritier bénéficiaire ne pût devenir adjudicataire des biens de la succession; l'on n'a été incertain que sur le point de savoir si l'adjudication opérait mutation, et si elle donnait lieu aux droits de lods et ventes, si elle faisait un acquêt, ou laissait un propre dans la fortune de l'adjudicataire? Deux arrêts du Parlement de Paris, en 1662 et 1696, avaient jugé pour les lods et ventes. M. Merlin blâme ces décisions et rapporte un autre arrêt du même Parlement, prononcé le 26 mars 1782, qui a décidé que les biens adjugés à l'héritier bénéficiaire n'opéraient pas de mutation, et restaient propres à l'adjudicataire. Ces biens, dit M. Merlin, lui appartenaient auparavant comme héritier; l'adjudication ne lui donne rien de plus que ce qu'il avait; mais elle lui en assure la conservation; elle ne sert qu'à écarter toute propriété étrangère, confirmer l'ancienne, et fixer la valeur due aux créanciers. *V. Quest. dr., propre*, § 2.

M. Delvincourt élève la question de capacité, dans l'héritier, pour être adjudicataire; et il la résout par l'affirmative, si la vente est poursuivie par les créanciers ou même par l'héritier, les créanciers présens ou appelés; mais il décide l'incapacité de l'héritier, s'il poursuit la vente sans avoir provoqué la présence des créanciers, pour qu'ils veillent à leurs intérêts contre toute fraude possible. L'auteur dit qu'il y a deux personnes dans l'héritier bénéficiaire, qu'il est héritier et créancier ou agent des créanciers. Il peut vendre en une qualité et acheter en l'autre; ou plutôt cette réunion des deux qualités l'autorise à faire fixer par la justice, sous la forme d'une vente, la somme qu'il doit compter aux créanciers, pour conserver les biens; aussi l'art. 1596 ne met-il pas l'héritier bénéficiaire au nombre des personnes à qui l'adjudication est interdite; et l'art. 1594 déclare que tous ceux auxquels la loi ne l'interdit pas, peuvent acheter ou vendre. D'après ces observations, si l'héritier n'est point incapable pour devenir adjudicataire, il faut aller plus loin que M. Delvincourt, et dire : la loi n'exige pas que les créanciers soient appelés à la vente, parce que leur intérêt est suffisamment garanti par les affiches et les publications, les enchères et l'adjudication faites en justice. L'héritier bénéficiaire, bien que poursuivant, peut donc obtenir cette adju-

dication, qu'il ait appelé ou non les créanciers à la vente.
Delr. 2, *p.* 95.

Il y a plus de difficulté lorsque la vente se fait sur la poursuite des créanciers, après saisie immobilière. Si l'on décidait
autrefois que l'héritier bénéficiaire, quoique saisi, ne pouvait
être adjudicataire, on n'avait pas de loi expresse, qui, comme
l'art. 713 du Code de procédure, exclut le saisi de l'adjudication.
Nous croyons pourtant que l'exclusion ne doit pas l'atteindre,
à cause de sa double qualité. Ce n'est pas lui qui est personnellement débiteur, et véritablement saisi; c'est la succession qui
est débitrice et saisie réellement, entre des créanciers et l'héritier bénéficiaire; pourquoi celui-ci ne pourrait-il pas être adjudicataire, aussi-bien que tout héritier qui poursuit une licitation,
vis-à-vis de ses cohéritiers? Mais l'héritier bénéficiaire n'est-il pas
compris textuellement dans l'exclusion prononcée par l'art. 1596,
contre les mandataires et les administrateurs? M. Dalloz trouve
ici des termes généraux qui peuvent embrasser l'héritier bénéficiaire. Nous avons vu que cet héritier n'est pas regardé
précisément comme le mandataire des créanciers; et l'art. 1596
ne parle que des administrateurs des biens des communes et
des établissemens publics. Ainsi on peut conclure qu'admis par
la raison et les convenances à devenir adjudicataire, l'héritier
sous bénéfice d'inventaire, bien que poursuivant, n'est pas
repoussé par la lettre de la loi. *Rép. méth., succ., ch. 5, sect. 3,
art. 3, n.* 9.

8. Si l'on a pu juger, dans l'ancienne, jurisprudence que
l'adjudication faite à l'héritier bénéficiaire ne produisait pas de
droits de lods, on devrait juger de même aujourd'hui, qu'elle
ne donne pas lieu au droit proportionnel de vente, pour la régie
de l'enregistrement.

9. M. Toullier enseignait, et la Cour de Rouen avait jugé, que
la surenchère du quart, autorisée par l'art. 710 du Code de procédure, est applicable à la vente des immeubles de la succession bénéficiaire, faite sur les poursuites de l'héritier; mais l'arrêt
de Rouen a été cassé, le 16 novembre 1819, « attendu que
l'art. 710 du Code de procédure n'introduit la surenchère du
quart que *pour le cas de la vente par expropriation forcée;* qu'il
résulte de la nature de cette surenchère et des formes qui lui
sont spéciales, qu'elle est un droit exorbitant, dont l'exercice
ne peut être étendu au delà de la limite que la loi lui assigne. »
C'est la surenchère du dixième permise par l'art. 2185, qui s'ap-

plique à cette vente, de même qu'à celle que l'héritier aurait faite sans formalités. Mais s'il y avait expropriation forcée, sur la poursuite des créanciers, d'après le droit que nous leur avons reconnu, il y aurait bien lieu à la surenchère du quart. *D*., 1819, *p.* 630; *supra, art.* 803, *n.* 2; *Toull.* 4, *n.* 378; *Dur.* 7, *n.* 29.

10. La disposition de l'art. 806, qui prescrit à l'héritier bénéficiaire de déléguer le prix des immeubles aux créanciers hypothécaires, est devenue insignifiante, par l'effet du régime hypothécaire établi ultérieurement. La délégation est de droit; l'acquéreur ne peut payer valablement, au préjudice des créanciers inscrits; et l'art. 991 du Code de procédure dispose que le prix de la vente des immeubles sera distribué suivant l'ordre des priviléges et hypothèques. Cet ordre peut se faire amiablement, selon l'art. 789 du même Code; mais si les créanciers et l'héritier ne s'entendent par pour ce règlement, l'ordre se fait en justice, suivant la forme déterminée par les art. 751 et suivans. Nous avons observé déjà que l'héritier bénéficiaire qui est créancier aussi, est colloqué à son rang, s'il est hypothécaire. *Pand. franç.*, 3, *p.* 208; *Chab.*, *art.* 806, *n.* 3, *art.* 808, *n.* 2, 3; *Toull.*, *t.* 4, *n.* 379; *Delv.*, *t.* 2, *p.* 2, *p.* 96.; *Malp.*, *n.* 232, 234; *Dur.* 7, *n.* 32.

11. L'état et les droits des créanciers restent fixés entre eux tels qu'ils sont à l'ouverture de la succession, qui n'est acceptée que sous bénéfice d'inventaire, d'après l'art. 2146. Non-seulement un créancier chirographaire ne peut plus acquérir d'hypothèques sur les biens de cette succession; mais celui qui avait auparavant un titre hypothécaire, non encore inscrit, ne peut plus le faire inscrire, et manque, par là, l'efficacité de son hypothèque. La loi est rigoureuse et sans motifs suffisans dans cette seconde application; mais sa disposition est certaine, et les tribunaux la font exécuter. Deux arrêts, l'un de la Cour de Limoges et l'autre de la Cour de Riom, approuvés par la Cour régulatrice, le 19 décembre 1809 et le 11 juillet 1817, ont donné à la loi cette exécution sévère. Dans le cas de la faillite, l'inscription, pour être valable, doit être prise dans les dix jours de son ouverture. Pour la succession bénéficiaire, il suffit que l'inscription ait précédé le décès du débiteur. La chose est évidente, par les termes de l'art. 2146; mais M. Grenier, supposant qu'elle pouvait être contestée, a pris la peine de la démontrer par beaucoup de raisonnemens. Il résulte de ces dispositions, que les seuls créanciers inscrits avant le décès de leur débiteur, concourent

à l'ordre du prix de ses immeubles, et que les créanciers qui avaient une hypothèque, si elle n'a pas été inscrite dans ce même temps, sont confondus avec les chirographaires et ne peuvent, comme eux, avoir de droit sur le prix des immeubles, qu'autant qu'il n'est point absorbé par les créanciers hypothécaires, valablement inscrits. *Toull.* 4, *n.* 392; *Gren., hypoth., t.* 1, *n.* 60 *et* 120.

M. Persil voit, dans l'art. 2146, une règle générale également applicable à toutes successions bénéficiaires, tant à celles qui sont dévolues, à ce titre, aux mineurs, qu'à celles qui sont acceptées, au même titre, par des majeurs. L'auteur ne parait pas croire que la loi soit excellente, pour la première de ces positions; mais il dit : la loi est là, elle ne distingue pas, nous ne pouvons pas distinguer plus qu'elle. Le législateur savait que les mineurs ne pouvaient jamais accepter que sous bénéfice d'inventaire, et il n'a pas fait d'exception en faveur des créanciers de ceux-ci, c'est qu'il a voulu les traiter comme les autres.

M. Grenier (*t.* 1, *n.* 122) trouve M. Persil trop timide dans sa solution; et il décide que la règle n'est faite que pour les successions acceptées sous bénéfice par des majeurs, parce que, dans ce cas, l'insolvabilité de la succession se présume, tandis que, dans l'autre, l'art. 461 n'a fait qu'envisager sa possibilité, et parce que c'est seulement de la présomption d'insolvabilité que naît le principe de la nullité de l'inscription. L'argument n'est pas décisif; il ne détruit pas celui de M. Persil; on peut toujours dire : la loi n'est pas bonne, mais elle existe, et elle ne fait pas de distinction. Il n'y avait pas d'inconvénient à permettre, dans toute position, l'inscription de l'hypothèque stipulée ou adjugée avant l'ouverture de la succession. Le créancier chirographaire n'aurait pas pu s'en plaindre; il a été négligent ou imprévoyant en ne stipulant pas d'hypothèque; la loi n'est dure que pour celui qui, prévoyant et soigneux, a fait cette stipulation et se trouve trompé dans son attente, parce que la mort de son débiteur arrive avant qu'il ait pu faire inscrire son hypothèque, et qu'un héritier, trop méticuleux souvent, n'accepte la succession que sous bénéfice d'inventaire. Dans deux successions de force inégale, la plus faible est acceptée purement et simplement, et l'inscription de l'hypothèque, donnée par le défunt, est pleinement efficace, quoique prise long-temps après son décès; l'autre, quoique plus forte, n'est acceptée que sous bénéfice d'inventaire, quatre mois et dix jours, un an, deux ans, trois ans, etc., après son ouverture; et l'inscription prise le lendemain de cette ouverture reste sans valeur!..

12. Les priviléges et les hypothèques qui existent indépendamment de l'inscription, restent étrangers à la disposition de l'art. 2146. Tels sont les priviléges spécifiés par l'art. 2101; telle est l'hypothèque des mineurs et des interdits sur les biens de leurs tuteurs, et celle des femmes sur les biens de leurs maris. Ces hypothèques subsistent après la mort du tuteur ou du mari comme auparavant, quoique la succession ne soit acceptée que sous bénéfice d'inventaire. Ce point de droit n'est révoqué en doute par personne, et M. Grenier le présente comme incontestable. Mais, relativement au privilége soumis à l'inscription, l'auteur fait cette distinction : « Ou le créancier était encore dans le délai pour inscrire à l'ouverture de la succession, ou ce délai était expiré. Au premier cas, le créancier peut exercer son privilége tel que la loi l'a déterminé : au second cas, le privilége a dégénéré en simple hypothèque, et rentre dans les principes relatifs aux hypothèques en général, dont l'inscription sur les biens de l'hérédité bénéficiaire est sans valeur. »

Cette distinction, et les conséquences que l'auteur en tire, sont très-susceptibles d'être contestées comme règle générale. « L'inscription, dit-il, ne constitue pas le privilége, comme elle constitue l'hypothèque. Elle ne lui donne point rang du jour qu'elle est prise, comme elle le fait à l'égard de l'hypothèque. Le privilége existe par la nature seule de la créance, et l'inscription n'est qu'une formalité pour lui donner effet et non pour le créer. » Mais, quest-ce qu'exister sans effet? L'ar. 2106 déclare qu'entre les créanciers, les priviléges ne produisent d'effet à l'égard des immeubles, qu'autant qu'ils sont rendus publics par inscription... et à compter de la date de cette inscription, sous les seules exceptions qui suivent. L'art. 2107 fait exception absolue, pour les créances de l'art. 2101; les art. 2108, 2109, 2110, 2111 établissent d'autres exceptions, restreintes ou modifiées, dont aucune ne fait produire au délai fixé et non expiré, ou indéfini, l'effet d'écarter l'application de l'art. 2146. Cet art. 2146 comprend dans sa disposition les priviléges à inscrire, aussi bien que les hypothèques soumises à l'inscription. Pour le privilége, pas mieux que pour l'hypothèque, il ne statue point que le créancier qui était dans le délai de l'inscription, à l'ouverture de la succession bénéficiaire, peut s'inscrire valablement dans ce délai. Tout privilége subordonné à l'inscription, qui ne se soutient pas par d'autres moyens, reste inefficace, s'il n'est inscrit qu'après l'ouverture de la succession. Parcourons les différens priviléges : il en est qui, par leur nature, ne sont pas sujets à la nullité de cet art. 2146.

13. Le privilége du trésor public sur les biens des comptables, et celui qu'il a, pour les frais de justice, sur les biens des condamnés, établis par la loi du 5 septembre 1807; celui du trésor de la couronne, auquel cette loi est jugée appliquable, par avis du Conseil d'état, du 25 février 1808, sont soumis à l'inscription et à la nullité de l'art. 2146 : M. Grenier le reconnaît.

14. Le privilége du vendeur est déclaré sujet à cette nullité, par l'un des considérans d'un arrêt de rejet en cassation, rendu le 1er juillet 1818; mais nous croyons, avec M. Grenier, que cette décision n'est pas propre à faire jurisprudence. Le vendeur n'a pas d'inscription à faire contre son acquéreur direct; la loi qui le protége, a chargé le conservateur des hypothèques de la faire pour lui d'office, lorsque le contrat de vente est présenté à la transcription. Au décès de l'acquéreur, si la transcription n'est pas faite, ses héritiers ne recueillent pas un droit plein de propriété, qui leur permette d'affecter à leurs propres dettes, l'immeuble qu'il a acquis; il faut qu'ils transcrivent pour l'obtenir; et quand ils feront la transcription, l'inscription d'office viendra en temps utile. Si le contrat était transcrit lorsque la succession s'est ouverte, l'inscription d'office doit exister. Si le conservateur l'a négligée, elle ne peut être faite, mais cet officier est responsable. D'ailleurs, il reste au vendeur l'action en résolution de la vente, et cela rend les créanciers des héritiers sans intérêt pour exciper du défaut d'inscription.

15. Le cohéritier pouvait être assimilé au vendeur, pour les prix de licitation, soulte ou retour de lots; mais l'art. 2109 l'oblige à l'inscription, dans un délai de soixante jours; mais aussi l'art. 2146 ne déroge pas à cette disposition de l'art. 2109, qui déclare que, durant le délai, aucune hypothèque ne peut avoir lieu au préjudice du créancier, sur les biens chargés de soulte, ou adjugés par licitation. C'est une sorte de séparation de patrimoines, pendant soixante jours; et le délai est indépendant de la mort du débiteur et du genre d'acceptation de la succession. Après les soixante jours, le décès et le bénéfice d'inventaire ont toute leur influence sur le privilége; il ne peut plus être inscrit, ni comme privilége, ni comme hypothèque; il ne reste qu'une créance chirographaire.

16. Le privilége accordé par l'art. 2110 aux architectes, entrepreneurs, etc., date du procès verbal de l'état des lieux ; mais il n'a d'effet que par l'inscription. La loi ne détermine pas de délai pour cette inscription ; et M. Grenier en conclut que le privilége n'est pas sujet à la nullité de l'art. 2146. Il ne devrait pas l'être, non plus qu'aucune hypothèque de la succession ; mais la loi ne l'en a point excepté ; elle l'embrasse dans sa disposition générale, qui est la même pour le privilége et pour les hypothèques.

17. Le droit à la séparation des patrimoines, établi par l'art. 878, et soumis à l'inscription par l'art. 2111, est pourtant à l'abri de la nullité que prononce l'art. 2146. L'obligation d'inscrire dans les six mois du décès, ne se rapporte qu'aux successions acceptées purement. Elle a pour objet d'empêcher, en faveur des créanciers du défunt, la confusion qui affecterait les biens qu'il a laissés, aux dettes de son héritier. Cette séparation est, de droit, sans formalités, de la part des créanciers du défunt, la condition essentielle du bénéfice d'inventaire. Que le droit à ce bénéfice paraisse concédé comme une formalité personnelle à l'héritier, il n'a pas moins un effet important au profit des créanciers de la succession, quel que soit leur titre, chirographaire, ou hypothécaire. L'héritier ne peut rien avoir de la succession, avant qu'elle ne soit libérée de toutes ses charges ; et conséquemment, elle ne saurait être affectée à ses créanciers personnels avant cette libération. Les créanciers de la succession ne peuvent pas plus perdre l'avantage de la séparation, par un défaut d'inscription pendant la vie de leur débiteur, qu'ils n'ont besoin, pour en jouir, de l'inscription postérieure dans les six mois du décès. La Cour de Paris a parfaitement jugé, le 20 juillet 1811, et le 8 avril 1826, que l'acceptation d'une succession sous bénéfice d'inventaire produit, de droit, la séparation des patrimoines, indépendamment de toutes formalités de la part des créanciers du défunt, et qu'en conséquence les créanciers de l'héritier, inscrits sur les biens de la succession, étaient exclus par les premiers, qui pourtant n'avaient pas pris sur ses biens l'inscription prescrite par l'art. 2111. La Cour de Riom a jugé de même le 8 août 1828. La Cour de Bordeaux a posé le principe dans les motifs d'un arrêt du 24 juillet 1831. *V. J. pal., éd. n., t.* 12 , *p.* 582 ; *Sir.*, 11, 2, 385 ; *D.*, 1827, *s., p.* 51 ; *et* 1829, *s., p.* 31, 51 ; 1831 , *s., p.* 162.

M. Delvincourt combat cette décision , tandis que M. Grenier,

M. Delaporte et M. Malpel l'approuvent. Le plus grand argument
du professeur de Paris, se tire du danger auquel s'exposent les
créanciers du défunt, en ne se conformant point à l'art. 2111; il
prétend que les patrimoines ne sont séparés qu'à l'égard de
l'héritier, qui peut faire cesser la séparation d'un moment à
l'autre, soit en acceptant purement et simplement, soit en
commettant sciemment des inexactitudes dans l'inventaire,
soit en n'observant pas les formalités prescrites pour la vente
des biens, et que, dans ce cas, les créanciers de l'héritier qui auront pris inscription sur les immeubles de la succession, seront
préférés aux créanciers du défunt, qui n'auront pas fait inscrire
dans les six mois. *Delv.* 2, *p.* 98; *Gren., hypoth.*, 2, *n.* 433;
Pand. franç., 3, *p.* 201; *Malp., n.* 240.

Le législateur n'a point envisagé cette position en établissant
la séparation de biens comme une condition indispensable du
bénéfice d'inventaire; et parce que l'héritier peut faire cesser
cette séparation, et par là, mettre en doute le sort des créances
qui existaient, non inscrites, contre le défunt, on n'en doit pas
conclure que, durant la séparation des patrimoines, les créanciers du défunt puissent être repoussés par ceux de l'héritier. Il
est fâcheux que le législateur n'ait pas prévu et réglé l'état des
créanciers de la succession, lorsque le bénéfice d'inventaire est
abandonné ou perdu. Cette omission de la loi est un motif puissant pour engager les créanciers à faire, par précaution, leur
inscription dans les six mois; mais ce n'est pas un motif pour
que le bénéfice d'inventaire existant, la séparation des patrimoines, établie comme son effet indispensable, doive cesser pour faire
place à la confusion et amener une préférence des créanciers de
l'héritier sur les créanciers du défunt. Ceux-ci, incertains sur la
détermination et sur la conduite de l'héritier, feront toujours
très-prudemment de prendre inscription dans les six mois: s'ils
ne le font point parce qu'avant ce terme le bénéfice d'inventaire
est déclaré, la renonciation expresse à ce bénéfice doit les remettre dans leur délai. Cette dernière proposition est justifiée par
l'arrêt de la Cour de Bordeaux, cité un peu plus haut.

Quant à la déchéance, elle ne peut être demandée que par eux;
et ou ils ne la réclameront pas, ou ils ne la demanderont que sous
la réserve de prendre inscription dans le même délai de six mois.
Si ce terme de six mois était expiré, sans inscription de leur
part, lorsque la succession a été acceptée sous bénéfice, ils n'en
auront pas moins l'avantage de la séparation des patrimoines,

tant que l'héritier conservera ce bénéfice, mais ils le perdront, s'il en vient à l'acceptation formelle, pure et simple. S'il encourt la déchéance, ils pourront avoir intérêt à ne pas la demander, car en le constituant héritier pur et simple, ils n'auront plus de droit à la séparation des patrimoines. *V. l'arrêt précité de Bordeaux.*

M. Duranton et M. Dalloz ont voulu appuyer la proposition de M. Delvincourt, et ne lui ont pas donné plus de force. *Dur.* 7, *n.* 47; *Rép. méth., succ., ch.* 5, *sect.* 3, *art.* 2, *n.* 5.

18. La loi ne défend pas la transcription après le décès du vendeur, dont la succession n'est acceptée que sous bénéfice d'inventaire, comme elle défend les inscriptions. M. Grenier (*t.* 2, *n.* 362) en fait la remarque, et il ajoute que la prohibition d'inscrire n'a trait qu'aux biens que laisse le débiteur, et à ses créanciers entre eux, pour que les hypothécaires non inscrits au décès, ne puissent pas avoir de droit sur les immeubles au préjudice des chirographaires. Sur ces bases, et suivant la faculté donnée par l'art. 834 du Code de procédure, l'auteur établit sa réponse affirmative à la question, qu'il élève, de savoir si les créanciers qui n'ont qu'un titre nu d'hypothèque, peuvent le faire inscrire après le décès, dans la quinzaine de la transcription de la vente faite par le défunt, et non inscrite de son vivant? En substance, M. Grenier dit: Les biens compris dans cette vente ne sont pas dans la succession du défunt, et ils ne peuvent être le gage de ses créanciers chirographaires. Les inscriptions qui seraient prises par les créanciers hypothécaires, ne nuiraient point aux autres; conséquemment, elles ne touchent que le tiers-détenteur, dont la condition ne doit pas changer par la mort du vendeur. Il est vrai que l'exercice de l'action hypothécaire peut amener contre la succession, une action récursoire qui semblerait grever indirectement les chirographaires; mais, dans le fait, ils ne perdraient rien, car le payement que les créanciers dernièrement inscrits obtiendraient, par le résultat de leur action hypothécaire, éteindrait ou diminuerait leur créance, et par là, écarterait ou affaiblirait leur concours avec les chirographaires, sur les biens restés dans la succession.

Quoique ces argumens et la décision puissent paraître ne pas s'accorder en tous points avec la lettre de la loi, ils sont dans sa raison; et la règle tracée par l'auteur mérite d'être suivie. Mais il faut observer qu'elle ne peut avoir d'application, vis-à-vis des créanciers chirographaires, que relativement au prix payé au vendeur sans égard à ses créanciers. Si le prix de la vente est resté entièrement ou en partie dans la succession, les chirographaires pourront y prétendre, en concours avec les hypothécaires non inscrits au décès. Toutefois, cette prétention ou ce droit des uns n'empêcherait pas l'inscription des autres, et son effet pour la surenchère et la revente, afin d'obtenir un prix plus considérable que celui qui fut convenu avec le vendeur défunt; mais les chirographaires n'auraient pas plus de droit à l'accroissement du prix, par la revente, qu'au prix stipulé dans le contrat et payé au vendeur. Ils ne pourraient concourir que sur la portion du nouveau prix, égale à celle de la première vente qui était restée due, suivant le contrat de cette vente. Ces explications et ces décisions sont très-délicates, et l'on ne serait point étonné si elles n'étaient pas goûtées par tous les esprits. La loi n'a pas tout prévu, et son imperfection a rendu l'interprétation nécessaire. En y réfléchissant bien, le plus grand nombre trouvera peut-être que celle qu'on vient de donner, accorde, le plus qu'il est possible, la lettre et la raison de la loi.

ARTICLE 807.

Il est tenu, si les créanciers ou autres personnes intéressées l'exigent, de donner caution bonne et solvable de la valeur du mobilier compris dans l'inventaire, et de la portion du prix des immeubles non délégués aux créanciers hypothécaires.

Faute par lui de fournir cette caution, les meubles sont vendus, et leur prix est déposé, ainsi que la portion non déléguée du prix des immeubles, pour être employés à l'acquit des charges de la succession.

1. La valeur ou le prix des immeubles ne peut pas échapper aux créanciers inscrits; mais ce qui peut en rester après leur payement, et la valeur ou le prix des meubles, pourraient être soustraits par un héritier insolvable, ou dont la fortune est difficile à discuter. La loi a voulu donner le moyen de parer à ce danger, et elle autorise les créanciers et les légataires à contraindre l'héritier, en attendant le compte, à leur donner, pour ces objets, bonne et solvable caution. Par l'art. 990 du Code de procédure, une seule des personnes intéressées peut exiger cette caution. A défaut par l'héritier de la fournir, les meubles sont vendus, et leur prix, auquel on réunit la partie de celui des im-

meubles qui pourrait rester pour la distribution mobilière, est déposé entre les mains d'un tiers désigné par la justice, pour être employé, suivant les règles déjà marquées, à l'acquit des dettes et charges de la succession.

Le mode de réquisition et de réception de caution est réglé dans le Code de procédure, par les art. 992, 993, 518 et suivans.

2. La Cour de Paris a jugé, le 15 avril 1820, que l'héritier qui avait présenté une caution insuffisante, était recevable à fournir un supplément de garantie. Cette décision est juste: la loi n'a point établi de fin de non recevoir. Il n'en est pas de même d'une seconde disposition de l'arrêt, qui juge qu'on a pu fournir ce cautionnement supplémentaire en créances, quoique la chose à garantir fût considérable. L'art. 2019 du Code civil déclare que la solvabilité d'une caution ne s'estime qu'eu égard à ses propriétés foncières, excepté en matière de commerce, ou lorsque la dette est modique. *D.*, 1820, *s.*, *p.* 49.

3. L'héritier bénéficiaire qui offre, pour caution hypothécaire, de ses immeubles propres en valeur suffisante, remplit la condition de la loi. L'engagement d'un tiers n'est point indispensable. L'art. 2041 déclare que celui qui ne peut trouver une caution est reçu à donner à la place un gage ou nantissement suffisant. L'engagement, par hypothèque, des biens libres de l'héritier, plus commode et moins dispendieux pour lui, est une sorte de caution plus sûre pour les créanciers, que l'obligation d'un tiers. Nous décidons ici comme M. Delvincourt et M. Dalloz, sans être arrêté par un arrêt de la Cour royale de Paris, du 19 juillet 1808, qui a rejeté la simple garantie annoncée sur des immeubles acquis par l'héritier. *Delv.* 2, *p.* 97; *Rép. méth.*, *succ.*, *ch.* 5, *sect.* 3, *art.* 2, *n.* 18; *Sir.*, 12, 2, 445; *Malp.*, *n.* 225, *etc.*

ARTICLE 808.

S'il y a des créanciers opposans, l'héritier bénéficiaire ne peut payer que dans l'ordre et de la manière réglés par le juge.

S'il n'y a pas de créanciers opposans, il paye les créanciers et les légataires à mesure qu'ils se présentent.

1. Tous les créanciers hypothécaires et chirographaires ont droit au prix des meubles; mais ici, l'inscription au bureau des hypothèques est sans effet; elle ne donne pas de préférence, elle ne détermine pas de rang, et elle ne dispense pas le créan-

cier de s'annoncer par une opposition. L'héritier n'est obligé
d'appeler à la distribution de ce prix que les créanciers qui ont
fait leur opposition. La loi n'a pas marqué la forme de l'opposition ; et il faut dire avec M. Chabot, que la simple notification
de ses titres par un créancier à l'héritier bénéficiaire, doit valoir comme opposition. Les saisies-arrêt dénoncées, ont encore
mieux cette vertu. Les demandes d'apposition de scellés, les oppositions aux scellés et l'intervention à l'inventaire, qui ne peuvent se faire sans déclarer un titre ou une prétention, doivent
aussi être considérées comme opposition sur le prix des meubles.
L'opposition peut encore être faite entre les mains de l'officier
qui a procédé à la vente, conformément à l'art. 660 du Code de
procédure. Au surplus, la distribution qui n'a pas été réglée
amiablement se fait selon les règles établies au titre dans lequel
se trouve placé cet art. 660. Ainsi l'ordonne l'art. 990 du même
Code. Quand le prix des immeubles n'est point absorbé par les
créanciers hypothécaires, la somme restante se distribue entre
les autres créanciers opposans. *Chab.*, *art.* 808, *n.* 1, 2, *etc.*

2. Le Code civil n'a pas réglé le droit de concours des créanciers hypothécaires dans les deux ordres ; mais ce règlement
existe pour la faillite, dans le Code de commerce, art. 539 et suivans. Il y a beaucoup d'analogie entre l'état d'une faillite et celui d'une succession acceptée sous bénéfice d'inventaire ; les règles faites pour une situation conviennent à l'autre et doivent
s'y appliquer. *Toull.* 4, *n.* 382 ; *Malp.*, *n.* 231, 232, 234.

3. Avec des créances qui ne sont point arrivées à leur terme,
on a droit, sans doute, à concourir à l'ordre et à la distribution ; mais peut-on obtenir une collocation payable avant
l'échéance du terme? M. Duranton répond affirmativement, et
ajoute : « Il serait juste, au surplus, que les créanciers fissent
raison de l'escompte, sur le pied de l'intérêt légal, sinon, ce qui
leur reviendrait dans la distribution, devrait être déposé à la caisse
des consignations, jusqu'à l'époque de l'exigibilité, pour y produire les intérêts de droit, au profit de la succession. » *Dur.* 7, *n.* 33.

La mesure est sans objet, quand la dette atermoyée est déjà
productive d'intérêts ; elle est bonne à prendre lorsque la dette
est sans intérêts avant le terme. S'il y avait dans la succession
des valeurs à venir ou à recouvrer, ceux qui ont des créances
exigibles, pourraient bien faire renvoyer le payement des
dettes à terme, au temps de la rentrée des sommes dues à
la succession.

16

4. Quant aux créances conditionnelles, M. Duranton propose deux partis, au choix de l'héritier ou des créanciers certains : 1° le payement sous caution, afin d'amener la restitution au besoin ; 2° le dépôt à la caisse des consignations, jusqu'au jour de l'acceptation ou de la défaillance de la condition. L'on pourrait aussi, dans bien des cas, laisser la somme dans les mains d'un acquéreur, ou de tout autre débiteur. *Dur.* 7, *n.* 33.

5. La loi n'attache pas la déchéance du bénéfice d'inventaire, au payement fait sans ordre régulier, et sans observer une proportion exacte entre les créanciers opposans; mais ces payemens sont exposés à l'annulation, sur la demande des créanciers lésés, qui ne les ont point approuvés. Ceux-ci peuvent faire ordonner une distribution régulière, et obliger les autres au rapport des sommes qu'ils ont reçues. L'héritier fait le rapport à la place des insolvables. Il doit, d'ailleurs, être obligé personnellement aux frais occasionés par sa répartition arbitraire. La Cour de Riom a refusé, le 7 mai 1819, la déchéance réclamée, dans ces circonstances, contre l'héritier bénéficiaire; et son arrêt a obtenu l'approbation de la Cour régulatrice, le 27 décembre 1820. M. Chabot avait émis une décision contraire; M. Delvincourt et M. Duranton recommandent celle des deux arrêts. *D.*, 1821, *p.* 305; *Chab.*, *n.* 2; *Delv.* 2, *p.* 97; *Dur.* 7, *n.* 32.

6. S'il n'y a pas d'opposant, l'héritier paye les créanciers, à mesure qu'ils se présentent. Il n'est pas obligé de les chercher, et il ne peut, sous prétexte qu'il en existe d'autres en retard, refuser le payement de ceux qui sont diligens. D'un autre côté, les procès qu'il soutient ne peuvent arrêter la distribution qu'il doit aux créanciers, que pour les biens et les choses qui en sont l'objet. *Chab.*, *n.* 4; *Toull.* 4, *n.* 391; *Malp. préc.*

7. L'héritier bénéficiaire, qui est en même temps créancier de la succession, fait valoir sa créance à l'ordre de distribution. S'il ne se fait pas d'ordre, payant les créanciers à mesure qu'ils se présentent, il se paye lui-même, à son tour; et alors, faisant apurer son compte, il n'est plus exposé à la réclamation des créanciers qui n'ont pas fait d'opposition, que pour le reliquat du compte, s'il en existe.

L'apurement se fait par un compte rendu en justice, et arrêté par les juges, ou par un compte amiablement arrêté avec les créanciers opposans, ou même avec le dernier de ces créanciers qui réclame son payement; car, pour les autres, qui ont été payés antérieurement, l'héritier porteur de leur quittance, les représentant tous, n'a plus d'intérêt à régler qu'avec celui qui reste. En le payant, il déclare s'être payé ou se payer aussi, et son compte se trouve ainsi apuré. Mais, dans ce dernier cas, où le créancier qui a reçu son payement n'a point eu à discuter la créance de l'héritier, les créanciers non opposans, qui peuvent avoir droit au reliquat, doivent être admis à vérifier cette créance de l'héritier, pour savoir si elle est sincère, et s'il n'a retenu que ce qui lui revenait légitimement.

ARTICLE 809.

Les créanciers non opposans, qui ne se présentent qu'après l'apurement du compte et le payement du reliquat, n'ont de recours à exercer que contre les légataires.

Dans l'un et l'autre cas, le recours se prescrit par le laps de trois ans, à compter du jour de l'apurement du compte et du payement du reliquat.

1. La seconde disposition de cet article se rapporte à deux cas, et la première n'en embrasse qu'un. Il y a sûrement là quelque chose qui avait occupé le législateur, et qui se trouve omis dans la rédaction. Il ne faut pas étendre ses regards bien loin, pour voir que l'omission porte sur la position inverse de celle que l'article a réglé. Tous les commentateurs ont reconnu la lacune, et en cherchant à la remplir, ils se sont divisés dans deux partis contraires. La commission spéciale qui a donné le projet du Code civil, avait tout prévu, et tout réglé en ces termes : « Les créanciers qui ne se présentent qu'après l'apurement du compte et le payement du reliquat, n'ont de recours à exercer que contre les légataires. Ceux qui se présentent avant l'apurement, peuvent aussi exercer un recours subsidiaire contre les créanciers payés à leur préjudice. Dans l'un et l'autre cas, le recours se prescrit par le laps de trois ans, à compter du jour de l'apurement du compte et du payement du reliquat. » Au Conseil d'état, il n'y eut pas une voix contre la différence de règle, entre les créanciers qui ne se présentent qu'après le compte, et ceux qui réclament auparavant. M. Tronchet proposa seulement de distinguer dans cet article, comme dans le précédent, *les créanciers opposans de ceux qui ne le sont pas*. La proposition fut adoptée. Elle ne touchait point à la disposition relative aux créanciers qui se présentent avant la fin du compte ; et les vœux de M. Tronchet étaient remplis, en ajoutant la qualification *non opposans*,

16.

à l'appellation indéterminée, *les créanciers*. Mais, sans que le Conseil d'état ni le Tribunat l'aient remarqué, la nouvelle rédaction , qui devait ne présenter que ce changement, a fait disparaître la seconde disposition du projet.

Cette suppression a-t-elle été faite à dessein ou par inadvertance? Dans quel dessein l'aurait-on faite? Elle ne vient probablement que d'une faute de copiste, à laquelle on n'a pas pris garde. La dernière partie, conservée, de l'article, avec les termes qui la font rapporter à deux cas, fait présumer cette simple faute. M. de Maleville paraît croire, on ne sait pourquoi, que l'amendement adopté, sur la proposition de M. Tronchet, devait amener la suppression de la seconde partie de l'article du projet, et faire changer la rédaction de la finale. Il ne voit d'oubli que dans ce défaut de changement. M. de Maleville ne donnant pas d'explication pour une cause rationnelle de la suppression, ne nous aide point à juger de ses conséquences.

Il a semblé à M. Chabot que cette seconde disposition du projet pouvait avoir été supprimée, comme rendue inutile par l'addition des mots *non opposans*. Il a dit: « Puisque la première disposition, telle qu'elle était maintenue, avec l'amendement de M. Tronchet, ne parlait que des créanciers non opposans, qui ne se présentaient qu'après l'apurement du compte et le payement du reliquat, elle ne pouvait nuire, en aucune manière, aux autres créanciers qui se présentaient avant. Puisque ce n'était qu'à l'égard des premiers qu'elle restreignait les droits à un simple recours contre les légataires, les seconds conservaient nécessairement leurs droits entiers; conséquemment, il était absolument inutile d'ajouter que les seconds conservaient un recours contre les créanciers payés à leur préjudice. »

La disposition n'était pas inutile; elle pouvait même paraître nécessaire, après celle de l'art. 808, qui autorise l'héritier, quand il n'y a pas d'opposans, à payer les créanciers à mesure qu'ils se présentent; aussi, M. Chabot en vient à penser que la suppression n'est que le résultat d'une faute de copiste. Dans tous les cas, il convient de suppléer, dans la lettre de l'art. 809, la disposition qui se trouvait dans le projet. Elle est appelée par l'esprit de la loi, l'équité, la raison, et par la finale de cet art. 809. M. Chabot observe justement, que les créanciers qui surviennent avant la fin du compte, méritent plus de faveur que ceux qui ne se présentent qu'après l'exécution. Il dit que « la loi est conçue dans des termes qui témoignent que, pour ces derniers, le recours réduit aux légataires, est une peine qu'elle impose au retard trop prolongé ; qu'il n'y avait pas de motifs pour étendre cette peine aux autres, et qu'elle se borne au cas exprimé ; que si l'on faisait l'extension, la loi n'ayant pas fixé de délai aux créanciers pour se présenter et entrer en contribution les uns avec les autres, il en résulterait que dès le moment même où l'héritier bénéficiaire prendrait l'administration des biens, les créanciers qui seraient les plus prompts à se présenter, pourraient tout absorber au préjudice d'autres créanciers, même privilégiés, qui n'auraient pas pu se présenter aussi vite, et que ce serait vraiment le prix de course. » *Chab., art.* 809, *n.* 3.

M. Toullier adopte le système de M. Chabot ; mais l'opinion de M. Delvincourt est tout opposée. Suivant lui, le droit commun est en faveur des créanciers qui ont reçu de l'héritier bénéficiaire chargé de les payer. Tous les créanciers *certant de damno vitando;* et en pareil cas *melior est causa possidentis.* Chaque créancier pouvait former opposition ; et l'on peut dire à ceux qui ne l'ont pas fait: *Jura vigilantibus prosunt.* L'art. 808 ne déclarant pas que les créanciers diligens ne recevront qu'un payement conditionnel, sa disposition est pure et simple: le projet de la commission, conçu dans un esprit contraire, a été rejeté; et depuis, l'art. 513 du Code de commerce a refusé, dans le cas de faillite, tout recours contre les répartitions consommées, aux créanciers qui n'ont pas comparu dans les délais fixés. M. Duranton avoue que l'opinion de M. Delvincourt n'est pas sans inconvénient, et cependant il l'adopte comme plus conforme aux principes généraux du droit et à l'esprit de l'art. 809. *Toull.* 4, *n.* 383, 384; *Delv.* 2, *p.* 102, 103; *Dur.* 7, *n.* 35.

M. Malpel trouve le projet de la commission conforme au droit ancien de la matière ; et, se fondant sur la résolution du Conseil d'état, il ne s'arrête point à la suppression accidentelle de la seconde disposition du projet qu'il voit d'ailleurs implicitement dans l'art. 809, malgré sa mauvaise rédaction. L'auteur répond bien à l'argument tiré de l'art. 513 du Code de commerce; il montre une grande différence entre le sujet de cet article et celui de l'article qui nous occupe. Les créanciers d'une faillite doivent faire vérifier leurs titres dans un délai déterminé; et ce n'est qu'entre ceux qui ont rempli cette formalité essentielle, que les répartitions peuvent être faites; au lieu que le Code civil n'indique aucun délai aux créanciers du défunt pour se présenter, jusqu'au payement du reliquat du compte du bénéfice d'inventaire. *Malp.*, *n.* 235, 236.

M. Dalloz entend de même l'art. 809; il voit certains créanciers réduits au recours contre les légataires. Mais quels créanciers? Ceux, dit-il, qui réunissent deux conditions : 1° qui ne seront pas opposans; 2° qui ne se présenteront qu'après l'apurement du compte. La loi ne s'applique donc pas aux créanciers qui se sont présentés avant l'apurement. Ces créanciers restent donc dans les termes du droit commun, qui leur permet d'user de leur privilége. *Rép. méth.*, *succ.*, *ch.* 5, *sect.* 3, *art.* 3, *n.* 21.

2. Rangerons-nous dans la classe des créanciers non opposans, au préjudice desquels l'héritier peut payer les opposans à mesure qu'ils se présentent, les créanciers hypothécaires qu'on n'a pu connaître que par la recherche de leur inscription au bureau des hypothèques? Ils sont sans doute comptés comme non opposans, par rapport au prix des meubles et à celui des immeubles sur lesquels leur hypothèque n'a pas frappé; mais quant aux immeubles sur lesquels ils ont une hypothèque inscrite, le prix de la vente ne peut leur échapper, par un défaut d'opposition expresse; leur inscription a la plus grande force possible d'opposition; car, en règle générale, l'acquéreur de fonds grevés d'hypothèques inscrites, ne peut payer valablement au vendeur, au mépris des inscriptions existantes; et ces mots de l'art. 806: *Il est tenu d'en déléguer le prix aux créanciers hypothécaires qui se sont fait connaître*, se référant à cette règle générale, ne peuvent vouloir d'autre connaissance que celle qui est donnée par l'inscription. Le créancier inscrit peut ignorer l'acceptation bénéficiaire et la succession même; mais il n'est pas permis à l'héritier vendeur, non plus qu'à l'acquéreur, d'ignorer l'inscription.

Cependant, M. Duranton a dit que les créanciers hypothécaires se font connaître par la notification de leurs inscriptions prises sur les immeubles. Et dans le répertoire de M. Dalloz, en rapportant un arrêt de la Cour royale de Paris, du 25 juin 1807, qu'approuve M. Duranton, l'arrêtiste annonce comme jugé, que les créanciers hypothécaires qui ne se sont opposés à la distribution du prix, ni des meubles ni des immeubles, ont perdu leurs droits, quoiqu'ils eussent sur les immeubles une inscription hypothécaire, antérieure à celle des créanciers payés, parce que cette inscription n'équivaut point à une opposition telle que l'entend l'art. 803. *Dur.* 7, *n.* 34, 35 ; *Rép. méth.*, *succ.*, *ch.* 5, *sect.* 3, *art.* 3, *n.* 20.

L'arrêt n'est pas dans ces termes. Les époux Decordouan, qui réclamaient le payement de leur créance sur la succession du sieur Lesénéchal, contre les sieur et dame d'Audiffret, héritiers bénéficiaires, avaient eu une hypothèque sur une maison de la succession ; mais cette maison avait été vendue, avant la loi du 11 brumaire an VII, et l'acquéreur avait obtenu des lettres de ratification, sans opposition de leur part. Leur hypothèque ainsi perdue, ils n'étaient plus que des créanciers ordinaires, obligés de se faire connaître par une opposition ; et ils avaient laissé liquider la succession, sans faire aucune sorte d'opposition. En l'an IX, un compte fut rendu à la veuve Lesénéchal ; ses reprises lui furent payées, et il resta aux époux d'Audiffret, créanciers aussi, une somme qui ne fit pas tout-à-fait le montant de leur créance. L'arrêt a simplement jugé qu'on avait pu liquider la succession, sans avoir égard aux époux Decordouan, et que la liquidation ne présentait aucune trace de fraude au préjudice des créanciers. M. Duranton ne fait ressortir de cette décision qu'un seul enseignement, savoir que l'héritier bénéficiaire qui s'est fait à lui-même, par acte authentique et de bonne foi, le payement de ce qui lui était dû, ne devait point être forcé au rapport. *Dur.* 7, *n.* 35 ; *Sir.* 7, 2, 996 ; *et* 22, 2, 206.

5. Le recours donné par l'art. 809, ne peut porter ni contre les créanciers payés, ni contre l'héritier qui a fait les payemens ; il n'est accordé que contre les légataires ; et il se prescrit par le laps de trois ans, à compter de l'apurement du compte et du payement du reliquat. Cette double condition, exprimée ici, fait dire à M. Duranton : « Nous aurions bien de la peine à croire, si le compte avait été rendu et apuré depuis trois ans, mais qu'il fût resté quelque reliquat entre les mains de l'héritier, qu'il aurait encore, ou dont il ne se serait libéré que depuis moins de trois ans, ce qui arrivera très-fréquemment, qu'un légataire qui aurait touché le montant de son legs, au moins depuis trois années, pût être recherché avec succès par un créancier négligent. L'esprit seul de la lettre de la loi repousserait fortement ce créancier........ C'est plutôt l'époque du payement fait au légataire duquel le créancier voudrait répéter, que celle du solde définitif du reliquat, n'importe à qui, qu'on a dû avoir en vue pour faire courir la prescription au profit de ce légataire. » *Dur.* 7, *n.* 35.

Quelque juste qne soit la considération présentée par M. Duranton, nous ne croyons pas qu'elle puisse autoriser les juges à refaire la loi; mais nous devons faire observer que, par ces mots *payement du reliquat*, la loi entend le payement intégral de ce qui revient aux créanciers opposans ou autres qui ont figuré au compte.

4. Si après ce payement, il est resté à l'héritier bénéficiaire des biens ou des deniers de la succession, les créanciers négligens qui n'ont pas été payés, ont tout le temps de la prescription ordinaire, applicable à leur genre de créance, pour en réclamer le payement contre cet héritier. La liquidation du compte qu'il a rendu ne le libère qu'à l'égard des créanciers avec lesquels il a procédé. Les retardataires, sans doute, ne peuvent pas contester ce qui a été fait régulièrement; ils doivent suivre le compte apuré; mais aussi l'héritier bénéficiaire ne peut pas leur refuser le compte et la distribution des valeurs que le premier compte a laissés dans la succession. Si, créancier lui-même, il a fait valoir sa créance, il restera payé: ce qui lui est revenu à titre de créancier, n'est plus dans la succession. *Chab.*, *n.* 2.

5. Si, dans l'intervalle du compte apuré et liquidé, à la survenance des créanciers en retard, l'héritier a disposé librement des biens meubles ou immeubles, ces créanciers seront obligés de respecter les dispositions faites, et leurs droits se réduiront au prix des choses vendues, ou à la valeur des choses données.

ARTICLE 810.

Les frais de scellés, s'il en a été apposé, sont à la charge de la succession.

1. Nous avons déjà énoncé cette règle, qui est simple et juste. Nous ajoutons seulement, avec M. Chabot, qu'alors même qu'il y aurait des héritiers purs et simples; les frais seraient encore à la charge de la succession, et non pas du cohéritier bénéficiaire, parce que la faculté du bénéfice d'inventaire est une faveur accordée par la loi, et que la disposition du présent article est générale, sans aucune exception.

SECTION IV. — *Des Successions vacantes.*

ARTICLE 811.

Lorsqu'après l'expiration des délais pour faire inventaire et pour délibérer, il ne se présente personne qui réclame une succession, qu'il n'y a pas d'héritier connu, ou que les héritiers connus y ont renoncé, cette succession est déclarée vacante.

1. Une succession est en déshérence, lorsqu'après les publications prescrites par l'art. 770, et le délai déterminé par les instructions que nous avons rappelées sur cet article, il ne s'est présenté pour la recueillir ni parens légitimes, au douzième degré au moins, ni enfans ou frères naturels, ni conjoint survivant. Une succession est vacante lorsque, dans l'espace de quatre mois et dix jours, il n'a paru personne pour la réclamer; qu'il n'y a pas d'héritiers connus, ou lorsque les héritiers connus l'ont répudiée. *Chab.*, *art.* 773, *n.* 3, *et art.* 811; *Toull.* 4, *n.* 294, 295 *et* 396; *Delv.* 2, *p.* 108; *Malp.*, *n.* 339, 340; *Dur.* 7, *n.* 56, *etc.*

La régie des domaines a marqué cette distinction dans une circulaire du 5 mars 1806. Dans une autre circulaire du 8 juillet 1806, prévoyant que ses agens ont pu s'y tromper encore, et prendre la vacance pour la déchéance, elle dit : « Si les biens provenant d'une succession vacante ont été mal à propos régis comme s'ils provenaient d'une succession en déshérence, le receveur remettra au curateur, qui sera nommé par le tribunal, copie du compte ouvert qu'il aura tenu pour cette succession. Il fera sur ses registres et sommiers les mentions nécessaires pour indiquer que les recettes et dépenses proviennent d'une succession vacante; et ensuite, il se bornera à recevoir et à payer, conformément à l'art. 813 du Code civil. *V. supra, art.* 770; *auteurs préc.*

ARTICLE 812.

Le tribunal de première instance dans l'arrondissement duquel elle est ouverte, nomme un curateur sur la demande des personnes intéressées, ou sur la réquisition du procureur du roi.

1. Le Parlement de Paris, par trois arrêts de 1702, 1705 et 1735, a jugé qu'après la renonciation des héritiers du premier degré, on peut considérer la succession comme vacante, et faire nommer un curateur, sans être obligé de diriger aucune action contre les autres successibles connus, de degré subséquent. La plupart des commentateurs, M. Merlin, M. Chabot, et M. Toullier

principalement, expliquent les art. 811 et 812 dans le sens de cette jurisprudence, à laquelle s'est conformé un arrêt de la Cour d'Aix, du 17 décembre 1807. On n'en finirait pas, dit M. Chabot, s'il fallait agir contre tous les parens des différens ordres, appelés à succéder, pour les obliger à s'expliquer les uns après les autres. Il paraît à M. Toullier que l'esprit et la lettre de la loi ne sont pas d'assujettir ainsi les créanciers à parcourir successivement tous les individus d'une famille. Il en résulterait qu'après avoir agi contre le père comme héritier présomptif, il faudrait, après sa renonciation, agir de nouveau contre lui, en sa qualité de tuteur de ses enfans mineurs. *Rép. Merl., curateur*, § 3; *Sir.* 7, 2, 667; *Chab., n.* 2; *Toull., n.* 397; *Malp., n.* 339; *Dur.* 7, *n.* 62, 63; *Rép. Fav., succ., sect.* 5, *n.* 2; *Rép. méth.; Dal., succ., ch.* 5, *sect.* 4, *n.* 3.

M. Delvincourt dit, avec plus de raison, que pour la nomination du curateur, il faut que les héritiers connus les plus proches, aient renoncé. L'art. 811 demande, en effet, qu'il n'y ait pas d'héritiers connus. On est présumé ne point connaître des successibles éloignés; mais la présomption n'existe pas pour les proches qui sont présens. Pourrait-on négliger les enfans de celui qui a renoncé, quand on les a sous les yeux? Le père peut n'avoir répudié, que pour qu'ils puissent accepter. Le ministère public, instruit de l'existence de proches parens qui n'ont pas renoncé, doit s'opposer, soit à la nomination du curateur, soit à l'action de la régie des domaines, pour obtenir l'envoi en possession, sous prétexte de déshérence. Le tribunal peut même refuser d'office la nomination ou l'envoi en possession demandé. Le proche parent connu, que les créanciers ou la régie auraient feint d'ignorer, pourrait faire prononcer la nullité d'une nomination de curateur surprise à la justice, et des actes de ce curateur, comme la nullité de l'envoi en possession de la régie, et de ses suites. Les jugemens céderaient à l'attaque d'une tierce opposition. *Delv.* 2, *p.* 108.

Louis XVIII, Monsieur et la duchesse d'Angoulême, avaient répudié la succession de Madame Adélaïde, leur tante. Le duc d'Angoulême, et les enfans du duc de Berry n'avaient pas renoncé. Cependant la régie des domaines, supposant la déshérence, demanda l'envoi en possession de l'hérédité. Sa demande, rejetée en première instance, le jugement a été confirmé par arrêt de la Cour royale de Paris, le 31 août 1822. *Sir.*, 23, 2, 100, *Rép. méth, préc.*

2. La renonciation du successible, poursuivi par des créanciers, tandis que d'autres ont fait nommer un curateur, laisse entièrement valides la nomination et les actes de ce curateur. Il en serait de même si, sans poursuites de la part de personne contre l'héritier connu, le curateur avait été nommé et avait agi avant la renonciation de cet héritier. M. Toullier n'admet pas cette proposition; mais M. Delvincourt la soutient. M. Toullier prétend que « la nomination d'un curateur, avant d'avoir mis les héritiers connus en demeure d'accepter ou de répudier, serait nulle, et les jugemens rendus contre ce curateur, ne pourraient être opposés, ni aux héritiers, ni même au curateur qui serait nommé après leur renonciation. » M. Delvincourt répond avec l'art. 785, que le renonçant est censé n'avoir jamais été héritier. Ainsi on ne nommerait pas de nouveau curateur après la renonciation de l'héritier; la nomination faite auparavant resterait avec ses conséquences, sauf la survenance d'héritiers d'un degré inférieur. Pour ceux-ci, comme nous venons de l'observer au numéro précédent, ils feraient tout annuler, si leur proximité et leur existence étaient de notoriété. *Delv. préc.; Toull. id.*

3. M. Toullier donne un enseignement fort exact, en disant que les poursuites faites et les jugemens obtenus contre l'héritier renonçant, depuis sa renonciation, seraient nuls à l'égard de tous, comme faits contre une personne sans qualité. *Toull. préc.*

4. Quand le curateur a été convenablement établi à défaut d'héritiers connus, ceux qui viennent ensuite réclamer la succession, sont obligés de prendre les choses dans l'état où elles se trouvent par l'effet des opérations régulières du curateur. Il en est ici, comme dans le cas de l'art. 790. *Delv.* 2, *p.* 109.

ARTICLE 813.

Le curateur à une succession vacante est tenu, avant tout, d'en faire constater l'état par un inventaire : il en exerce et poursuit les droits; il répond aux demandes formées contre elle; il administre sous la charge de faire verser le numéraire qui se trouve dans la succession, ainsi que les deniers provenant du prix des meubles ou immeubles vendus, dans la caisse du receveur de la régie

royale , pour la conservation des droits , et à la charge
de rendre compte à qui il appartiendra.

1. L'art. 100 du Code de procédure règle et explique les dispositions de celui-ci ; et il ajoute l'obligation pour le curateur ,
de faire vendre les meubles. La vente s'opère suivant les formalités prescrites au titre de la vente du mobilier. Ce sont les mêmes que doit observer l'héritier bénéficiaire. Le curateur sera
dispensé de l'inventaire, s'il a été fait par un héritier renonçant. Pour le curateur comme pour l'héritier bénéficiaire , les
formes de l'inventaire sont encore celles qui sont déterminées
par le Code de procédure , au titre de l'inventaire. Un arrêt de
la Cour de Bordeaux, du 4 avril 1809, a reconnu que le curateur
n'est plus soumis au serment avant d'entrer en charge. *Sir.* 13,
2 , 333 ; *D.*, 1809, *s.*, *p.* 227 ; *V. supra, art.* 794, *n.* 5, *et art.* 805,
n. 1 *et* 3 ; *Chab.*, *n.* 4 ; *Delv.* 2 , *p.* 108 ; *Pand. franç.* 3 , *p.* 218 ;
Rép. Fav. , *curateur* , *n.* 4 ; *Dur.* 7 , *n.* 71.

2. Une loi du 18 janvier 1805, postérieure à celle des successions dans le Code civil, a chargé la caisse d'amortissement
du service de toutes les consignations, et un avis du Conseil
d'état, approuvé le 13 octobre 1809, a décidé que cette caisse se
trouvait ainsi substituée à celle de la régie des domaines, pour
recevoir les versemens des curateurs. Mais depuis, en conséquence de l'art. 110 de la loi du 28 avril 1816, l'art. 13 de l'ordonnance du 22 mai suivant a décidé que ces versemens
seraient faits à la caisse proprement dite des dépôts et consignations. *Chab.*, *n.* 2 ; *Toull.* 4, *n.* 402 ; *Delv.* 2 , *p.* 109 ; *Dur.* 7 ,
n. 69.

3. Suivant les instructions du ministre de la justice, dans une
circulaire du 2 juillet 1805, le prix des ventes judiciaires ne
doit entrer dans la caisse royale, qu'autant qu'il n'y a pas de
créanciers inscrits, ou s'il en existe, que pour les deniers restans après leur payement. Les adjudicataires gardent leur prix
en attendant l'ordre de distribution; et quand cet ordre est terminé, ils payent les créanciers colloqués. S'il leur reste des deniers qui n'aient pas été distribués, ils les versent à la caisse
d'amortissement. C'est un devoir pour le curateur, de faire
opérer ce versement. *V. infra, art.* 814, *n.* 4.

Un arrêt de cassation, du 6 juin 1809, a décidé que la régie
des domaines et le curateur sont également fondés à poursuivre
le débiteur de la succession, ou le détenteur de deniers apparte-

nant à la succession, pour l'obliger à en faire le versement dans la caisse des consignations. *D.*, 1807, *s., p.* 2, *et* 1809, *p.* 39; *Sir.* 9, 1, 261; *Toull.* 4, *n.* 402, 406; *Delv.* 2, *p.* 109; *Malp.*, *n.* 339; *Dur.* 7, *n.* 70.

4. Le curateur ne peut pas se dispenser de la vente des meubles, parce que la loi l'ordonne positivement. Mais elle ne commande pas de même la vente des immeubles; elle la suppose seulement de sa part; et, dans l'usage, le curateur demande et poursuit l'aliénation lorsqu'il le juge à propos, et souvent il la laisse poursuivre par les créanciers. Il vaudrait mieux que la vente des immeubles fût une nécessité pour lui, comme celle des meubles. Le mode qu'il suit est plus simple et moins coûteux que la saisie et l'expropriation dont usent les créanciers. L'art. 1001 du Code de procédure porte qu'il ne pourra être procédé à la vente des immeubles et rentes, que dans la forme prescrite au titre du bénéfice d'inventaire. Il est certain que cette règle n'a point été établie pour les créanciers. Vis-à-vis du curateur comme vis-à-vis de l'héritier bénéficiaire, ils conservent leurs droits d'action et de poursuite par les voies ordinaires. Mais quand le curateur poursuit la vente, les créanciers ne doivent pas être admis à la saisie immobilière, etc. *V. supra*, art. 806, *n.* 5.

ARTICLE 814.

Les dispositions de la section III du présent chapitre, sur les formes de l'inventaire, sur le mode d'administration et sur les comptes à rendre de la part de l'héritier bénéficiaire, sont, au surplus, communes aux curateurs aux successions vacantes.

1. L'art. 1002 du Code de procédure n'a rien ajouté à cette disposition, il l'a reproduite seulement avec quelque différence de rédaction. M. de Maleville, M. Chabot et M. Delvincourt observent qu'ici la loi ne parle pas du mode d'administration, et qu'il ne résulte pas de ses termes, que le curateur ne doive répondre que de ses fautes graves, comme l'héritier bénéficiaire. Celui-ci administre sa propre chose en même temps qu'il conserve le gage des créanciers, tandis que le curateur administre la chose d'autrui, qu'il est un véritable commis ou régisseur de qui l'on a droit d'exiger une grande vigilance, et qui est respon-

sable de toutes ses fautes. *Malev.*, *art.* 814 ; *Chab.*, *id.* ; *Delv.* 2 , *p.* 108 ; *Pand. franç.* 3 , *p.* 220 ; *Dur.* 7 , *n.* 71.

2. La succession vacante n'est point affranchie du droit de mutation par décès. Deux jugemens, l'un de Montpellier, l'autre de Tarbes, ont été cassés pour avoir porté une décision contraire. Le curateur doit fournir, dans les six mois du décès, la déclaration prescrite par l'art. 27 de la loi du 12 décembre 1798, sous peine d'être personnellement tenu au demi-droit en sus. Ainsi le décident, suivant la rigueur de la loi, les instructions de la régie, des 21 août 1795 et 14 avril 1804. *Sir.* 4 , *p.* 2 , *p.* 243 ; *et* 6 , *p.* 2 , *p.* 703 ; *D.*, *an* XII, *p.* 293 ; *Rép. Merl.*, *dr. d'enreg.*, § 43 , *et quest. dr.*, *succ. vacante*, § 2 ; *Toull.* 4 , *n.* 403 ; *Malp.*, *n.* 339.

Mais un arrêt rendu par la Cour d'appel de Paris, le 12 fructidor an XIII, a jugé que la régie n'a pas de privilége pour le droit de mutation, sur les créanciers hypothécaires, antérieurs de la succession, et qu'elle ne doit prendre rang qu'à la date de son inscription, dans l'ordre ouvert sur le prix des immeubles héréditaires. *J. p.*, *éd. n.*, *t.* 6 , *p.* 433 ; *D.*, *Rép. méth.*, *succ.*, *ch.* 5 , *sect.* 4 , *n.* 11.

3. Au reste, la circulaire précitée, du 8 juillet 1806, porte au n° 4 : « Quand le produit d'une succession vacante ou en déshérence, sera insuffisant pour acquitter les frais d'inhumation du décédé, et de conservation des biens, les actes de sépulture, apposition et levée des scellés, et les inventaires, seront faits sans frais ; les honoraires de l'officier public qui aura procédé à la vente seront payés sur son produit ou y seront réduits. Les frais d'inhumation seront acquittés sur le prix de la vente, ou demeureront, s'il est insuffisant, à la charge du domaine ; et, dans le même cas, les droits de timbre et d'enregistrement ne seront pas acquittés. » *Dur.* 7 , *n.* 70.

4. Le curateur peut, encore moins que l'héritier bénéficiaire, transiger ou compromettre valablement. La nullité des traités et des compromis qu'il aurait consentis ne serait pas seulement relative, comme pour les mineurs, elle serait absolue ; et elle pourrait être opposée par les personnes avec lesquelles les actes auraient été passés. *V. Arr. cass.*, 5 *octobre* 1818 ; *J. p.*, *éd. n.*, *t.* 9 , *p.* 586 ; *Toull.* 4 , *n.* 401.

5. Le curateur est assimilé à l'héritier bénéficiaire pour le mode de l'administration. Il y a pourtant cette différence entre eux, résultant de l'art. 813, et expliquée par une circulaire du ministre de la justice, du 6 juillet 1806, que le curateur ne peut rien

toucher des débiteurs de la succession; qu'il doit faire verser leurs payemens à la caisse des consignations, et qu'ainsi il n'a rien à payer aux créanciers de cette succession. Il doit seulement obtenir du tribunal, des ordonnances de payement sur la caisse, pour les créanciers, et pour les dépenses de sa gestion. Cependant, d'après les instructions de la régie, les frais de scellés, inventaire et vente, se payent sur simple mémoire quittancé des parties prenantes, certifié par le curateur et ordonnancé par le juge de paix, sauf à régulariser ensuite cette dépense par une ordonnance générale du tribunal de première instance. *V. outre les instructions précitées, celles des* 26 *janvier* 1805 *et* 6 *mars* 1806; *D.,* 1806, *s., p.* 203; *Delv.* 2, *p.* 2; *Dur.* 7, *n.* 71.

6. La loi assimile encore pour les comptes à rendre, le curateur à l'héritier bénéficiaire; mais le compte du curateur qui ne touche et ne paye rien lui-même, est bien facile à rendre. Il relate les versemens, les ordonnances de payement et les quittances des parties payées. Ce compte est dû aux créanciers, et il peut être demandé par la régie des domaines. Un jugement du tribunal de Barbezieux, approuvé par la Cour de cassation, le 20 janvier 1807, a décidé que le curateur d'une succession dans laquelle il ne s'était trouvé aucune sorte de meubles, ni effets mobiliers, et qui n'avait pu affermer deux mauvais immeubles dont elle se composait, était quitte de tout compte envers la régie, en établissant ces deux faits par un procès verbal de carence et un certificat du maire. *D.,* 1807, *p.* 19; *Chab.; Toull.* 4, *n.* 402.

CHAPITRE VI.

Du partage et des rapports.

SECTION PREMIÈRE. — *De l'action en partage et de sa forme.*

ARTICLE 815.

Nul ne peut être contraint à demeurer dans l'indivision; et le partage peut toujours être provoqué, nonobstant prohibitions et conventions contraires.

On peut cependant convenir de suspendre le partage pendant un temps limité : cette convention ne peut être obligatoire au delà de cinq ans; mais elle peut être renouvelée.

1. La première partie de cet article présente un principe ancien de raison naturelle, dont l'application n'est pas bornée

au partage des successions. C'est une règle générale qui s'étend à toutes choses indivises, sous les exceptions et les modifications que la loi établit ou permet, ou qui résultent nécessairement de la nature ou des règles particulières de certaines positions. *V. l.* 26, *ff. de cond. indebili.; Malev.; Chab., n.* 1; *Toull.* 4, *n.* 405; *Delv.* 2, *p.* 134, 135; *Malp., n.* 241; *Dur.* 7, *n.* 75, 77; *Pand. franç.* 3, *p.* 322.

2. Dans notre Traité des Prescriptions, n. 106, nous avons observé que ce principe de l'art. 805 ne touche ni aux biens des communautés d'habitans, ni à ceux qui appartiennent à des ordres religieux, ou autres, autorisés par le gouvernement.

3. Ce principe est fortement modifié pour les sociétés de commerce et pour celles qui sont l'objet du titre 9, liv. 3 du Code civil. Ces deux sortes de sociétés ont leurs règles spéciales, dans la loi ou dans les conventions que la loi autorise. Leur forme, leur durée, leur dissolution ou leur extinction sont déterminées; et ce n'est qu'au temps où elles doivent finir, que la règle générale de l'art 815 leur devient applicable. *Dur.* 7, *n.* 79.

Une association avait été faite entre deux personnes, pour l'exploitation de bains établis par elles dans leur propriété commune. L'un des associés fait faillite : ses créanciers conviennent avec l'autre que l'exploitation sera continuée, et les parties s'interdisent le droit de demander la licitation des bains pendant treize années. Après six ans, toutefois, cette licitation est réclamée par l'une des parties; contestée de l'autre part, elle est refusée, attendu que l'association est faite pour un temps limité, et ne peut être résolue que dans les cas prévus par l'art. 1871. Un arrêt du 5 juillet 1825 a rejeté le pourvoi dirigé contre cette décision. *D.*, 1825, *p.* 364.

4. Il est évident que la règle générale de l'art. 815 est sans application aux choses absolument indivisibles, comme des servitudes réciproques, établies sur des fonds pour d'autres fonds divers. Mais elle embrasse les choses qui, ne pouvant être partagées, peuvent être licitées. Pour l'exploitation de son champ, Paul a, sur le champ de son voisin, un passage de la largeur rigoureusement nécessaire. A sa mort, le fonds dominant est partagé entre ses deux fils; mais le passage est indivisible, il ne peut pas être licité, parce qu'il est, dans son entier, l'accessoire indispensable de chaque portion du champ divisé. En faisant la division d'un bâtiment, des cohéritiers étaient convenus que *le bac du moulin*, les issues et l'escalier

resteraient communs pour l'usage de chaque lot. C'étaient des
servitudes réciproques. Quelques années après, l'un d'eux demanda le partage ou la licitation des objets demeurés indivis.
Repoussé successivement par les juges de première instance et
par les juges d'appel, le demandeur s'est vainement pourvu en
cassation. La Cour régulatrice a déclaré, le 10 décembre 1823 :
« que, toutes les fois qu'entre deux propriétés et deux établissemens principaux, possédés séparément par deux différens
propriétaires, il existe un objet accessoire, une dépendance
tellement nécessaire à l'exploitation des deux propriétés principales, que sans sa possession et jouissance commune, lesdites propriétés principales seraient ou de nul usage, ou d'un
usage notablement détérioré; alors, pour ne pas sacrifier le
principal à l'accessoire, il n'y a pas lieu à partage dudit objet
accessoire, et les deux propriétaires sont censés demeurer à
cet égard, moins dans une division que dans une servitude
réciproque de l'un envers l'autre. V. l. 19, ff. de comm. divid.;
art. 653 et suiv., C. c.; D., 1823, p. 490; Rép. Merl., partage, § 10,
n. 2; Delv. 2, p. 134, 135; Dur. 7, n. 77.

5. Mais la convention des copropriétaires d'un terrain indivis,
pour en faire un pâturage commun, ne constitue pas proprement
la servitude réciproque; elle ne fait que continuer l'état d'indivision dans une jouissance commune, et elle ne peut empêcher le partage. La Cour d'Orléans l'a fort bien jugé, par un arrêt
qui a reçu l'approbation de la Cour régulatrice, le 18 novembre
1818. Sir. 19, 1, 229; D., 1819, p. 25.

6. Le partage peut être demandé pendant la jouissance de
l'usufruitier, alors même que l'usufruit porte sur la totalité des
biens indivis. Chaque cohéritier peut avoir intérêt à faire déterminer, par un partage, avant la fin de l'usufruit, les biens dont
il a la nue propriété, pour veiller particulièrement à leur conservation ou pour en disposer avec certitude, d'une manière fixe,
par donation, vente ou échange, ou pour la grever d'hypothèque. La loi n'a fait de l'usufruit, en aucun cas, un obstacle au
partage ni à la licitation. En adoptant cette doctrine de M. Chabot, nous devons ajouter que, si, pendant la durée de l'usufruit,
la loi n'interdit le partage ni la licitation, elle ne permet pas de
donner à ces actes des effets attentatoires aux droits de l'usufruitier. Il ne doit pas être privé, malgré lui, du droit de jouir
de la chose même soumise à son usufruit. Après le partage ou
après la licitation, les héritiers ou les acquéreurs ne peuvent

17

toujours en avoir que la nue propriété, jusqu'à l'extinction de l'usufruit. *V. Chab.*, *n.* 5; *Dur.* 7, *n.* 85.

7. Les héritiers d'une moitié d'immeuble indivisible, grevée d'usufruit envers le propriétaire de l'autre portion, peuvent-ils, par la licitation, réduire sa jouissance, comme sa propriété, à la moitié du prix de la vente pour chacun de ses titres? Cette question s'est présentée devant la Cour d'Orléans, et pourra se reproduire. N'envisageant que le copropriétaire des héritiers, leur droit était certain; considérant l'usufruitier, leur prétention était dénuée de fondement. Ce dernier consentait à la licitation, pourvu que la jouissance entière lui fût réservée, parce que son usufruit portait sur la chose, et que la chose était indivisible. Comme il tenait son droit d'usufruit de la personne représentée par ses adversaires, ceux-ci étaient dans l'obligation de respecter cet usufruit de la moitié, auquel la jouissance du propriétaire de l'autre moitié se trouvait liée inséparablement. La Cour d'Orléans n'a pas nié le principe; mais elle en a éludé l'application; elle a dit : « que la donation d'un usufruit sur les conquêts de la communauté, faite par la dame Barbé à son mari, ne frappe sur aucun immeuble déterminé ; d'où il suit qu'il n'y a pas lieu, dans l'espèce, à l'application des art. 599 et 621 du Code civil. » Cette explication, que la Cour régulatrice a encore expliquée, n'était pas bonne ; et cependant elle a sauvé l'arrêt de la cassation. Le pourvoi a été rejeté le 10 mai 1826, « attendu que l'arrêt attaqué, en interprétant les clauses de la donation..... en a inféré que l'intention de la donatrice n'avait pas été que le mari survivant jouirait de l'usufruit sur un immeuble déterminé appartenant à la communauté; mais bien, et en général, sur une portion de cette communauté appartenant à la donatrice, telle qu'elle serait liquidée et fixée d'après les opérations usitées en pareil cas, et par des partages exécutés en conformité de la loi. Que cette interprétation, quelle qu'elle puisse être, n'est pas susceptible d'être attaquée par la voie de la cassation..... » *D.*, 1826, *p.* 285.

L'interprétation appliquée à des clauses claires et certaines, est un abus que la Cour de cassation a quelquefois réprimé, et que trop souvent elle a consacré. Grand nombre d'usufruits se donnent sans détermination d'objets individuels, par disposition universelle ou à titre universel; et ils se déterminent naturellement sur les choses comprises dans l'universalité ou dans la portion assignée. La donation de l'usufruit de sa moitié de conquêts dans la communauté, faite par la dame Barbé à son mari, n'avait pas besoin d'interprétation ; elle devait porter sur les fonds mêmes dont l'acquisition avait été faite pendant la communauté ; et elle embrassait nécessairement la moitié du seul immeuble *conquêt* qui existait dans cette communauté. Mais on dit : Ce fonds indivis était indivisible, et la donation ne pouvait pas le soustraire aux effets actuels de la licitation ! Oui, si le copropriétaire eût été un étranger : la dame Barbé ne pouvant pas transférer plus de droits qu'elle n'en avait elle-même, sa disposition n'aurait pas pu empêcher ce copropriétaire de faire résoudre, par une licitation, l'usufruit de la moitié du fonds, en usufruit de la moitié du prix de la vente. La copropriété appartenant au donataire de l'usufruit, qui ne voulait pas de conversion, rien ne s'opposait à ce qu'il s'exerçât sur l'immeuble même. Les héritiers de la donatrice étaient obligés à la pleine exécution de sa disposition ; et puisqu'elle ne pouvait avoir un plein effet qu'en laissant la jouissance du fonds même, en totalité, à l'usufruitier copropriétaire, la licitation devait réserver cette jouissance.

8. Par un arrêt du 10 mars 1813, la Cour de Colmar a jugé que le principe de l'art. 815 est étranger au cas où des particuliers ont acquis un immeuble en commun, pour en conférer la jouissance à un tiers, et que le partage du fonds ne doit se faire qu'après la cessation de cette jouissance. Cette décision n'est selon la lettre ni selon l'esprit de la loi. Si l'immeuble était divisible, l'usufruit n'empêchait pas la division de la propriété. Si l'immeuble n'était pas divisible, on pouvait bien le liciter sous la réserve de l'usufruit. Pourquoi empêcher celui qui pouvait avoir besoin de vendre, de tirer parti de sa propriété? *Sir.*, *t.* 14, *p.* 7.

9. Mais la Cour de Paris a justement fait fléchir la règle générale de l'art. 815, le 31 août 1813, en refusant le partage d'une succession grevée d'usufruit, qui était réclamé par l'un des héritiers, et auquel les autres s'opposaient, par la raison que le titre de l'usufruitier lui donnait le droit d'abattre tels bois, arbres et bâtimens qu'il lui plairait ; voulant, avait dit le donateur, que mes héritiers prennent les biens dans l'état où ils se trouveront. Les opposans soutenaient que ce droit conféré au donataire ne permettait pas de fixer la valeur des biens et de faire un juste partage avant la mort du donataire ; l'arrêt a déclaré, en effet, que la faculté de dénaturer les immeubles, en abattant les maisons et coupant les bois, a modifié la nue propriété, et limité le droit commun, de sortir de l'indivision avant la mort du donataire. *J. pal.*, *éd, n.*, *t.* 15, *p.* 469.

17.

10. On pensait assez généralement, autrefois, qu'un testateur ne pouvait, par sa disposition, obliger ses héritiers à différer leur partage pendant un certain temps. M. Delvincourt, M. de Laporte et M. Duranton croient que l'art. 815 laisse au testateur le droit d'interdire le partage, au moins pour cinq ans. Quelques personnes, dit M. Delvincourt, ont soutenu la négative, fondée sur ce que la loi permet seulement la suspension du partage, par une convention entre les héritiers. C'est là une de ces interprétations littérales qui me paraissent devoir être proscrites. En général, le testateur peut imposer toutes les conditions qui ne sont pas prohibées par la loi. Or, celle de ne faire le partage qu'après cinq ans, est de ce nombre, puisque la loi en permet la stipulation aux héritiers. *Delv.* 2, *p.* 135; *Pand. franç.*, 3, *p.* 221; *Dur.* 7, *n.* 80.

Cette doctrine nous paraît erronée. La loi établit son principe *nonobstant prohibitions et conventions contraires;* et elle ne le modifie que pour permettre, entre les cohéritiers, la convention d'une suspension de cinq ans. La prohibition reste donc pour le testateur; et ce n'est pas sans raison. Chaque cohéritier observe sa position particulière; tous s'examinent réciproquement, et selon l'opinion qu'ils se forment les uns des autres; et, d'après la position de chacun, ils jugent si l'indivision, pendant cinq ans, peut s'accommoder à l'état de leurs affaires, et s'ils ont l'espoir d'une jouissance commune, en bonne intelligence. Un testateur ne saurait bien apprécier ces choses; il ne pourrait faire des amis, déterminés à bien user entre eux d'une communauté, de ceux qui sont portés à la haine et à l'abus.

M. Chabot avait embrassé le parti de la prohibition par le testateur. M. Merlin et M. Malpel l'ont suivi. M. Dalloz le combat; il dit que les anciens auteurs étaient divisés, et que la difficulté venait de ce que la loi ne limitait pas le sursis. Pothier, qui croyait la prohibition efficace, disait: Le cohéritier, qui sera lassé de jouir en commun, n'aura pas moins le droit de demander un partage provisionnel, afin que chacun possède séparément jusqu'au temps limité. M. Dalloz ajoute que, par la limitation de l'art. 815, l'on n'a plus à craindre d'abus. Qu'est-ce qu'une prohibition, qui, selon les auteurs que cite Lacombe, *vaut pour certain temps, s'il n'y a juste cause de faire le partage avant ledit temps,* et qui, d'après Pothier, se réduirait à faire précéder, d'un certain temps, le partage définitif par un partage provisionnel ? Et parce qu'aujourd'hui la convention des cohéritiers ne peut faire suspendre tout partage que pendant cinq années, quelle raison nouvelle de conclure que le testateur peut obliger ses héritiers à l'indivision durant le cours de cinq ans ? Il ne le peut pas, certainement, pour sa succession réservée, que la loi seule règle; il ne le peut pas, non plus, pour la succession qu'il lui est permis d'établir, parce que l'art. 815 reste avec sa règle générale et l'exception unique qu'il a portée pour la convention des héritiers. *Chab.*, *n.* 2; *Rép. Merl.*, *partage*, § 1, *n.* 1; *Malp.*, *n.* 242; *Rép. méth.*, *succ.*, *ch.* 6, *sect.* 3, *art.* 1, *n.* 3.

11. L'accord des cohéritiers, pour la suspension du partage, doit être constaté par écrit; la preuve testimoniale n'en serait point admissible. Il ne peut se faire valablement qu'entre personnes qui ont le libre exercice de leurs droits, ou qui procèdent avec les autorisations prescrites. Les mineurs, les interdits n'en sont pas capables; les femmes ne peuvent le souscrire qu'avec l'autorisation de leur mari ou de la justice. Mais le mari a capacité pour les successions dans lesquelles il ne revient à la femme que des biens qui tombent en communauté, ou dont il doit avoir l'administration et la jouissance. Le tuteur pourrait consentir à la suspension, s'il était autorisé à le faire par une délibération du conseil de famille, homologuée en justice. *Chab.*, *n.* 7, 8; *Dur.* 7, *n.* 82.

12. Pour suspendre purement le partage, la convention doit être faite entre toutes les personnes qui ont droit à la succession, héritiers du sang, héritiers contractuels, héritiers testamentaires. Si elle n'était le pacte que d'une partie des successeurs, elle n'obligerait que ceux qui l'auraient arrêtée ensemble; et le partage devrait se faire entièrement, aussitôt qu'il serait demandé par les autres. *Chab.*, *n.* 8; *Dur.* 7, *n.* 83.

13. Cette convention peut-elle mettre obstacle à l'exercice du droit que l'art. 2205 donne aux créanciers d'un cohéritier, de faire déterminer, par un partage, la portion de leur débiteur, afin de pouvoir en poursuivre l'expropriation? Elle est certainement sans force contre les créanciers antérieurs; mais elle arrête ceux qui n'ont acquis de droits que postérieurement; ils doivent prendre les choses dans l'état où elles se trouvaient légalement à l'époque où leur droit est né. *Chab.*, *n.* 9; *Dur.* 7, *n.* 84.

14. La convention, pour un terme de suspension au delà de cinq ans, n'est pas entièrement nulle; on décide, par argument de l'art. 1660, et dans l'esprit de l'art. 815 même, qu'il n'y a de

nullité que pour la prolongation du terme fixé par la loi. *Pand. franç.*, 3, *p.* 221 ; *Dur.* 7, *n.* 81.

ARTICLE 816.

Le partage peut être demandé, même quand l'un des cohéritiers aurait joui séparément de partie des biens de la succession, s'il n'y a eu un acte de partage, ou possession suffisante pour acquérir la prescription.

1. Tant que les cohéritiers jouissent en commun, il ne peut pas y avoir de prescription contre l'action en partage; mais une jouissance séparée pendant trente ans de majorité, produit l'effet du partage le plus régulier, soit qu'elle résulte d'une convention verbale, ou d'un acte de partage provisoire. Parmi les interprètes du Code civil, M. de Maleville est le seul qui soutienne, d'une manière absolue, suivant l'usage ancien de quelques pays, qu'entre cohéritiers, après une jouissance séparée de dix ans, le partage est irrévocablement établi. Nous avons réfuté cette doctrine, dans notre Traité des Prescriptions, *n.* 378. M. Duranton fait arrêter la prescription devant le partage provisoire, comme devant la jouissance commune. C'est une erreur : après trente années, quand les copartageans ont acquis l'exercice de leurs droits, le partage provisoire est devenu définitif. *Malev.*, *art.* 816; *Chab.*, *id.*, *n.* 1, 2; *Toull.* 4, *n.* 407; *Delv.* 2, *p.* 135, 136; *Pand. franç.*, 3, *p.* 88; *Rép. Merl.*, *partage*, § 1, *n.* 4; *Malp.*, *n.* 243; *Dur.* 7, *n.* 89 et 93.

2. Un arrêt de cassation, du 15 février 1813, décide que la jouissance alternative d'un moulin indivisible, par deux cohéritiers, convenue en 1763, et exercée jusqu'en 1809, n'a constitué tout au plus qu'un partage provisoire de cette même jouissance, qu'il y a toujours eu indivision de la propriété; et qu'aux termes de l'art. 815, chaque propriétaire a conservé le droit de la faire cesser, nonobstant toute possession et toute convention contraire. *D.*, 1813, *p.* 205 ; *Sir.*, 13, *p.* 316.

3. M. Delvincourt, qui n'admet que la prescription de trente ans à l'égard des successions composées de meubles et d'immeubles, croit que, pour les successions purement mobilières, toute jouissance séparée fait présumer un partage amiable et sans écrit, qui rend non recevable la demande de tout autre partage. L'auteur fonde son opinion sur l'art. 2279, portant qu'en fait de meubles, la possession vaut titre. L'art. 815 n'autorise pas cette distinction; sa règle est générale et s'applique à toutes suc-

cessions, sans exception, quelle que soit leur composition, mobilière ou immobilière. Nous avons montré, dans l'ouvrage précité, sur la prescription, *n.* 670, que l'art. 2279 ne s'applique qu'aux meubles corporels, considérés isolément sans dépendance d'un droit principal.

M. Duranton n'adopte ni ne rejette positivement l'avis de M. Delvincourt. Il voudrait que son collègue eût marqué dans quel temps, après l'ouverture de la succession, le partage pourra être présumé; il croit que cela dépendrait beaucoup des circonstances du fait; et il doute que la présomption pût avoir souvent son effet contre les mineurs... Si l'art. 2279 avait l'application que M. Delvincourt enseigne, le terme serait dans le simple fait de la possession; et il ne faudrait point en demander une à M. Delvincourt, ni aux circonstances. *Delv.* 2 , *p.* 135; *Dur.* 7 , *n.* 96.

4. Mais, la règle de l'art. 2279 peut servir aux tiers qui ont acheté des meubles d'une succession , avant un partage certain , comme la prescription de dix ou de vingt ans, de l'art. 2265, sert aux tiers qui ont acquis , en bonne foi, de quelqu'un des héritiers , des immeubles de la succession. L'acquéreur de droits successifs ne pourrait invoquer cette prescription décennale : tenant la place d'un héritier , il n'aurait que la prescription de trente ans. La prescription acquise aux tiers-acquéreurs, laisse pendant trente ans l'action personnelle contre les vendeurs, pour les obliger à rapporter au partage la valeur des fonds aliénés. *Chab.*, *n.* 2; *Dur.*, *n.* 94 ; *Delv.* 2 , *p.* 136 ; *Vaz.*, *prec.*, *n.* 520.

5. Il n'y a point d'action directe en partage à exercer contre les tiers-acquéreurs de fonds déterminés qui ne les ont pas prescrits; le partage doit être réclamé contre les cohéritiers vendeurs, ou contre les acquéreurs de leurs droits successifs. Les acquéreurs d'objets déterminés ne peuvent être appelés qu'en assistance de cause, pour faire rapport à la masse des fonds qu'ils détiennent. *V. Arr. rej.*, *cass.*, *6 décembre* 1825 ; *D.*, 1826, *p.* 45.

ARTICLE 817.

L'action en partage, à l'égard des cohéritiers mineurs ou interdits, peut être exercée par leurs tuteurs, spécialement autorisés par un conseil de famille.

A l'égard des cohéritiers absens, l'action appartient aux parens envoyés en possession.

1. L'art. 465 a déjà statué que l'autorisation du conseil de famille est nécessaire au tuteur pour provoquer un partage, mais

qu'il peut répondre sans autorisation à la demande dirigée contre le mineur. Dans ces deux articles, la loi ne fait pas de distinction entre les successions purement mobilières et celles qui comprennent des immeubles. *Chab.*, *n.* 2 ; *Toull.* 4, *n.* 408 ; *Rép. Merl.*, *partage,* § 3, *n.* 1 ; *Pand. franç.*, 3, *p.* 225 ; *Delv.* 2, *p.* 139 ; *Malp.*, *n.* 244 ; *Dur.* 7, *n.* 102, *etc.*

2. A l'art. 776, nous avons vu que le mineur émancipé ne peut accepter, ni répudier valablement une succession, avec la seule assistance de son curateur ; et qu'il a besoin, comme les tuteurs, de l'autorisation du conseil de famille. Ici nous remarquons que l'assistance du curateur lui suffit pour provoquer le partage en justice ; car, d'un côté, l'art. 482 lui laisse la faculté d'intenter une action immobilière avec l'assistance de son curateur, et l'art. 840 déclare définitifs les partages faits par les mineurs émancipés, assistés de leurs curateurs, conformément aux règles prescrites par les articles précédens. L'opinion contraire de M. Delvincourt est repoussée par tous les autres commentateurs. Le mineur émancipé est plus exposé à perdre, par l'acceptation ou la répudiation, que par le résultat du partage qui se fait en justice. On sait qu'amiablement, il ne peut faire qu'un partage provisionnel. Lebrun et Pothier enseignaient que le mineur émancipé pouvait, sans assistance de curateur, faire définitivement le partage d'une succession mobilière. M. de Laporte avait d'abord adopté cette doctrine ; mais il l'a bientôt abandonnée. *Delv.* 2, *p.* 139 ; *Chab.*, *n.* 3 ; *Toull.*, *n.* 408 ; *Malp.*, *préc.* ; *Dur.*, *n.* 105 ; *Pand. franç.*, *préc.* ; *Rép. Fav.*, *partage,* *sect.* 1.

3. L'individu placé sous la direction d'un conseil judiciaire, peut, avec l'assistance de ce conseil, faire plus que le mineur émancipé ; il a, dans cette condition, la même capacité que le majeur, pour faire un partage amiable ou en justice. *V. art.* 513.

4. M. Chabot reproche, non sans fondement, à la seconde disposition de l'art. 817, de n'être point assez développée. Pour la bien entendre et en faire une juste application, il faut la conférer avec les règles établies dans divers articles du titre des absens. On doit distinguer la succession ouverte après la disparition et les dernières nouvelles de l'absent, de celle qui s'est ouverte, soit avant la disparition, soit avant les dernières nouvelles. Dans la première position, l'existence de l'absent n'étant pas prouvée au temps de l'ouverture de la succession, suivant l'art. 136, personne ne peut y prétendre droit de son chef. Dans la seconde hypothèse, les art. 120, 125 et 817, combinés ensem-

ble, donnent l'action en partage aux héritiers présomptifs de l'absent qui ont été envoyés en possession de ses biens. *Chab.*, *n.* 4, 5; *Delv.* 2, *p.* 139; *Dur.* 7, *n.* 108.

5. L'art. 817, comme l'observe encore M. Chabot, garde le silence sur deux autres cas qui peuvent se présenter. Le premier, lorsqu'aucun parent n'a obtenu l'envoi en possession des biens de l'absent; le second, lorsque l'absence étant déclarée, l'époux commun en biens a fait, selon l'art. 124, option pour la continuation de communauté, et empêché, par là, l'envoi en possession des héritiers.

Dans le premier cas, si l'absent a laissé une procuration, d'après l'art. 121, elle s'oppose pendant dix années à la déclaration d'absence. Le fondé de pouvoirs aura donc le droit de former la demande en partage, au nom du mandant. Si la procuration a cessé, ou si elle vient à cesser, de même que si l'absent n'a pas laissé de procuration, il doit être pourvu à l'administration des biens de l'absent, suivant les règles des art. 112, 113 et 114, auxquels l'art. 122 se réfère. Mais la loi n'investit pas le notaire, qui doit représenter l'absent, du pouvoir d'un curateur; et, malgré l'affirmation de M. Merlin et de M. Malpel, nous ne croyons pas que cet officier ait le droit de provoquer un partage. Nous tenons pour bonne, avec M. Duranton, la décision de la Cour de Bruxelles, du 8 avril 1813, qui ne reconnaît au notaire commis que le pouvoir de représenter l'absent lorsque le partage est réclamé par d'autres personnes intéressées. M. Chabot n'accorde même pas à ce notaire le droit de défendre au partage. C'est aller trop loin; l'art. 113 veut qu'un notaire soit commis pour représenter les présumés absens, dans les inventaires, comptes, partages et liquidations. *Rép. Merl.*, *absent*, *n.* 4; *Malp.*, *n.* 244; *Chab.*, *n.* 8; *Dur.* 7, *n.* 111; *Sir.*, 14, 2, 16.

La demande en partage pour un individu présumé absent, n'est pas toujours urgente. Elle pourra bien, le plus souvent, attendre la déclaration d'absence et l'envoi en possession; mais si les circonstances la rendaient pressante, la justice pourrait nommer un curateur, indépendamment du notaire déjà commis pour former cette demande. M. Bigot avait indiqué ce moyen; M. Chabot et M. Duranton le recommandent. La mission peut être confiée spécialement au notaire commis; et convenablement, elle doit lui être donnée, s'il n'existe pas de causes particulières qui le rendent suspect. *Chab.*, *n.* 5, *etc*; *Dur.* 7, *n.* 111.

Il faudra même un curateur à l'absent présumé, bien qu'il ait laissé une procuration, si les intérêts du mandant et du mandataire se trouvent en opposition. *V. arr. Metz*, 15 *mars* 1823; *Sir.* 23, 2, 307.

6. Dans le cas où l'époux de l'absent a pris ou conservé l'administration de ses biens, c'est contre cet époux qu'on pourra diriger les demandes en partage, et c'est lui qui pourra, et qui devra même, réclamer le partage auquel on ne l'appellerait pas. M. Delvincourt reconnaît ce droit pleinement au mari de l'absent; mais il ne l'accorde à la femme de l'absent qu'avec le concours des héritiers présomptifs. M. Chabot le lui donne sans ce concours, pensant toutefois que les héritiers peuvent intervenir dans l'instance et au partage pour veiller à la conservation de leurs droits éventuels. Nous admettons le pouvoir de la femme sans le concours nécessaire des héritiers présomptifs; et bien que l'art. 124 n'attribue qu'à elle seule la représentation de l'absent, nous ne pensons pas qu'elle puisse empêcher que ces héritiers n'interviennent à leurs frais dans l'instance que sa demande fait naître. De leur part, ce n'est pas la représentation, ce n'est pas l'action, c'est une surveillance, qui ne peut nuire aux droits légitimes de la femme. *Chab.*, *n.* 8; *Delv.* 2, *p.* 139; *Malp.*, *n.* 244; *Dur.* 1, *n.* 395, *et* 7, *n.* 111 *et* 112; *Rép. j.*, *abs.*, *n.* 4.

ARTICLE 818.

Le mari ne peut, sans le concours de sa femme, provoquer le partage des objets meubles ou immeubles à elle échus, qui tombent dans la communauté. A l'égard des objets qui ne tombent pas en communauté, le mari ne peut en provoquer le partage sans le concours de la femme; il peut seulement, s'il a le droit de jouir de ses biens, demander un partage provisionnel.

Les cohéritiers de la femme ne peuvent provoquer le partage définitif qu'en mettant en cause le mari et la femme.

1. Le droit du mari à provoquer seul le partage, est le même, soit que les biens échus à la femme tombent dans la communauté par l'effet des conventions matrimoniales, ou par l'effet des dispositions de la loi. L'art. 1421 lui donne, sans distinction, le droit d'administrer les biens de la communauté, et de les aliéner même, malgré la faculté qu'a la femme de renoncer à cette communauté pour reprendre ses apports.

C'est principalement parce qu'il peut les aliéner, qu'il lui est
permis de poursuivre, contre les héritiers de la femme, le partage des biens qui doivent entrer dans la communauté. M. Chabot observe justement que la clause qui autorise la reprise de la
femme, en renonçant à la communauté, ne donne lieu qu'à une
simple indemnité entre le mari ou ses héritiers, si les biens que
la femme renonçante devrait reprendre, ont été aliénés durant
la communauté. *V. supra, art.* 776, *n.* 2, 3, *et art.* 784, *n.* 6;
Chab., *n.* 1, 2, *Toull.* 4, *n.* 408; *Delv.* 2, *p.* 139; *Malp.*, *n.* 244;
Dur. 7, *n.* 113, *etc.*

2. Quant aux objets qui n'entrent pas en communauté, meubles ou immeubles, sans distinction, il résulte bien de l'art. 818,
que le mari, sous l'un comme sous l'autre régime, ne peut en provoquer le partage qu'avec le concours de la femme; mais cette
règle n'est-elle pas modifiée, pour les meubles, par l'art. 1421,
qui accorde au mari la faculté d'exercer seul toutes les actions
mobilières et possessoires qui appartiennent à la femme? M. Toullier et M. Chabot décident que non; et si leur décision est juste,
les motifs qu'ils lui donnent ne semblent point avoir ce mérite.
Ils disent que la disposition de l'art. 1428 est relative à la communauté légale, dans laquelle tombent tous les meubles échus à
la femme, et qu'il ne faut pas étendre cette disposition à des
meubles qui n'entrent pas dans la communauté. Mais l'art. 1428
est fait précisément pour les biens personnels de la femme, qui
sont hors de la communauté: il donne au mari l'administration des immeubles et des meubles également, lui interdit l'a-
liénation des immeubles sans le consentement de sa femme, et
lui permet d'exercer seul les actions mobilières et personnelles.
La demande en partage d'une succession qui ne comprend que
des meubles, est sans doute une action mobilière. Nous n'en
conclurons pas cependant, que par l'art. 1428, le législateur
ait entendu établir, pour le partage des successions mobilières,
une exception à la règle de l'art. 818. Cet article exige. indistinctement, le consentement de la femme pour tout partage de
biens qui n'entrent pas dans la communauté. L'action en partage, quoique bornée à des biens meubles, forme une espèce
importante dans les actions mobilières, qui a dû la faire distinguer des autres, pour la soumettre, dans l'intérêt de la femme,
aussi-bien que dans l'intérêt des mineurs, à la même règle que
les immeubles. Nous avons vu, aux art. 464 et 465, que le tuteur qui exerce les actions mobilières, en général, sans auto-

risation du conseil de famille, ne peut provoquer aucun partage de meubles, non plus que d'immeubles, sans cette autorisation. Il faut donc considérer la règle de l'art. 1428 comme générale et applicable à toutes actions pour lesquelles il n'existe pas d'autre règle particulière, et la disposition de l'art. 818 comme spéciale pour l'action en partage de biens meubles. *Chab.*, *n.* 4; *Toull.* 4, *n.* 408; *Dur.* 7, *n.* 122 *à* 130; *Malp.*, *n.* 244.

3. Nous faisons le même raisonnement et nous tirons la même conséquence en comparant l'art. 1549 à l'art. 818. L'un, en général, attribue au mari le droit de poursuivre les détenteurs des biens dotaux; l'autre, en particulier, lui refuse le droit de provoquer seul le partage de ces biens dotaux, puisqu'ils ne tombent pas dans la communauté. Ainsi, nous ne partageons pas l'approbation que M. Delvincourt donne à l'arrêt par lequel la Cour d'Aix a jugé, le 9 janvier 1810, que le mari peut, sous le régime dotal, procéder, sans le concours de sa femme, au partage des successions qui lui apportent des biens dotaux. Cette décision, qu'on trouve aussi dans les Pandectes françaises, aurait pu être bonne selon quelques textes du droit romain, et douteuse selon d'autres; mais elle est certainement contraire à la seconde disposition de l'art. 818, conçue en termes généraux qui la rendent applicable à tous les biens de la femme, qui n'entrent pas dans la communauté, quoiqu'ils puissent tomber sous l'administration du mari. M. Chabot, M. Duranton, M. Malpel et M. Dalloz voient comme nous, dans l'art. 818, l'incapacité du mari pour procéder, sans le concours de sa femme, au partage définitif des biens dotaux. *D.*, 1811, *s.*, *p.* 79; *Sir.*, 11, 2, 269; *Delr.* 2, *p.* 140; *Pand. franç.*, 3, *p.* 230; *Chab.*, *n.* 4; *Dur.* 7, *n.* 123, etc.; *Malp.*, *n.* 244; *Rép. méth.*, *succ.*, *ch.* 6, *sect.* 2, *art.* 2, *n.* 13.

4. M. Delvincourt dit, avec raison, que le mari peut faire, sans le concours de sa femme, le partage des immeubles ameublis pour entrer dans la communauté; mais il n'est plus dans le vrai, lorsqu'il ajoute: « Je pense qu'il en doit être de même, toutefois que la succession est mobilière, quand même, par l'effet d'une clause de réalisation, elle se trouverait exclue de la communauté. Nous verrons, au titre du contrat de mariage, que cette clause n'a aucun effet à l'égard des tiers, et n'a d'effet même entre les époux, qu'au moment de la dissolution de la communauté. » Qu'importe? La femme a toujours un intérêt bien marqué; et ce n'est pas pour l'intérêt des tiers, que la loi veut son concours au partage. La loi ordonne ce concours sans distinction, sans excep-

tion, pour tous les objets qui ne tombent pas dans la communauté.
M. Duranton a remarqué l'erreur de son collègue. *Delv.* 2,
p. 140; *Dur.* 7, *n.* 121.

5. Quand il y a séparation de biens entre les époux, l'action
en partage appartient à la femme; mais elle ne peut l'exercer
sans l'autorisation de son mari ou de la justice. Il en est de même
à l'égard des biens paraphernaux. *Malev. ; Pand. franç.*, 3,
n. 230; *Chab.*, *n.* 9; *Touil.* 4, *n.* 408; *Rép. Fav., partage, sect.* 1,
n. 2; *Malp., n.* 244; *Dur.* 7, *n.* 128.

6. M. Toullier enseigne que l'autorisation du mari n'est pas
nécessaire à la femme séparée de biens, pour le partage d'une
succession mobilière, puisque l'art. 1449 lui donne la libre disposition de son mobilier. On peut admettre la capacité de la
femme pour consentir seule un acte amiable de partage de meubles; mais pour procéder en justice, l'autorisation lui est indispensable suivant, l'art. 215. *Chab.; Dur., préc.*

7. Le simple droit d'administration et de jouissance des biens
de la femme qui n'entrent pas dans la communauté, n'emporte
pour le mari que le droit de provoquer un partage provisionnel,
sans le concours de sa femme. Mais les cohéritiers ne sont point
obligés d'accepter ce partage provisionnel; ils peuvent l'exiger
définitif; et pour l'opérer ainsi, ils doivent agir contre le mari
et la femme conjointement, ou mettre la femme en cause, si le
mari a formé seul la demande. C'est devant le Tribunal de première instance, que la femme doit être mise en cause; devant
la Cour d'appel, il serait trop tard pour l'amener dans l'instance.
Auprès des juges supérieurs, les cohéritiers actionnés par le
mari pour un partage définitif, peuvent faire annuler sa demande, s'ils ne veulent pas consentir à ce qu'elle soit réduite
au partage provisionnel. C'est par ces motifs, plutôt que par
ceux qu'ils présentent, qu'on peut justifier deux arrêts de la Cour
de Bruxelles, des 15 messidor an XIII et 23 brumaire an XIV, qui
ont rejeté la conversion faite en appel, de la demande du partage
définitif, en simple demande d'un partage provisionnel. *D., an* XIII,
s., p. 64; *Sir.*, 6, *p.* 2, *p.* 58.

8. A la manière dont l'art. 818 est rédigé, il semblerait que
les cohéritiers de la femme ne peuvent jamais réclamer aucun
partage sans la mettre en cause; mais M. Chabot a raison de
dire qu'il faut accorder cette partie de la loi avec sa première
disposition, et décider que les cohéritiers peuvent agir contre
le mari seul, dans les mêmes cas où il peut agir seul contre eux.

S'ils ne lui demandent qu'un partage provisionnel, il peut faire intervenir sa femme, et l'exiger définitif. *Chab.*, *n.* 5, 6 ; *Malp.*, *n.* 244 ; *Dur.* 7, *n.* 115.

S'il a été fait avec le mari seul, un partage auquel la femme aurait dû concourir, il n'y a point, tant que le mariage dure, de prescription possible contre la femme, à cause de la garantie due par le mari, qui ferait réfléchir sur lui-même l'action de sa femme. *Toull.* 4, *n.* 408 ; *Malev.* ; *Delv.* 2, *p.* 140 ; *Rép. Fav.*, *partage*, *sect.* 1, *n.* 2.

ARTICLE 819.

Si tous les héritiers sont présens et majeurs, l'apposition des scellés sur les effets de la succession n'est pas nécessaire, et le partage peut être fait dans la forme et par tel acte que les parties intéressées jugent convenable. *V.* art. 985, *C. proc.* ; *infra*, art. 840.

Si tous les héritiers ne sont pas présens, s'il y a parmi eux des mineurs ou des interdits, le scellé doit être apposé dans le plus bref délai, soit à la requête des héritiers, soit à la diligence du procureur du roi près le tribunal de première instance, soit d'office, par le juge de paix dans l'arrondissement duquel la succession est ouverte.

1. L'art. 838 correspond à celui-ci. Dans l'un ni dans l'autre, le législateur n'a employé le mot d'*absens* ; il ne parle que d'héritiers présens ou non-présens. Ainsi, les héritiers non présens ne sont pas seulement ceux qui ont disparu du lieu de leur domicile et qui ne donnent pas de leurs nouvelles ; ce sont tous héritiers qui ne se trouvent pas actuellement dans le lieu de l'ouverture de la succession ou dans un lieu rapproché. On ne considérerait pas comme non présent, l'héritier qui étant dans un autre lieu, à quelqu'éloignement que ce fût, aurait un fondé de pouvoirs à l'endroit de l'ouverture de la succession, chargé de le représenter dans les affaires de cette succession. *Chab.*, *n.* 2.

2. Les art. 910 et 911 du Code de procédure se combinent, pour ce qui regarde les mineurs et les interdits, avec la seconde partie de l'art. 819 du Code civil. De cette combinaison, il résulte que les mineurs émancipés peuvent requérir l'apposition des scellés sans l'assistance de leur curateur ; que pour les mineurs en tutelle, la réquisition doit être faite par leur tuteur, et que s'ils n'ont pas de tuteur, ou s'il est absent, elle peut être

faite par un de leurs parens; qu'au défaut du tuteur et de la réquisition d'un parent, le scellé doit être apposé sur la déclaration
du maire ou de l'adjoint de la commune, aussi-bien qu'à la diligence du procureur du roi; et que, dans tous les cas, le ministère public peut la requérir, et que même le juge de paix
peut l'apposer d'office. *Chab.*, n. 1, *etc*; *Toull.* 4, n. 409, *etc.*;
Pand. franç., art. 819; *Malp.*, n. 257; *Dur.* 7, n. 132.

3. Une circulaire du ministre de la justice, datée du 5 novembre 1808, enseigne que dans une succession à laquelle des mineurs sont appelés, il n'y a pas lieu à l'apposition des scellés,
dans les termes de l'art. 911 du Code de procédure, si les mineurs
sont pourvus de tuteurs, et si ces tuteurs ne requièrent pas les
scellés; qu'ici la disposition de l'art. 911 doit être entendue dans
un sens restrictif ou modificatif de l'art. 819 du Code civil. *Sir.*,
13, 2, 321.

4. Les règles sur l'apposition des scellés, l'opposition aux scellés et sur leur rémotion, sont établies au titre premier, livre deux
de la deuxième partie du Code de procédure, où se trouvent les
art. 910 et 911 précités, et dans les titres deux et trois, qui viennent à la suite.

5. L'art. 923 du Code de procédure défend l'apposition des
scellés après l'inventaire, à moins que cet inventaire ne soit attaqué. Ainsi, la Cour de Bruxelles a jugé, le 26 mars 1810, que
l'inventaire irrégulier et fait en fraude des héritiers absens, ne
pouvait pas empêcher l'apposition des scellés. *D.*, 1810, *s.*, *p.* 111;
Sir., *t.* 10, *p.* 2, *p.* 299.

6. La loi veut les scellés dans diverses positions, mais elle ne
les commande jamais, sous peine de nullité du partage. La loi
ne donne pas même de recours contre le juge de paix ou le
procureur du roi négligent. M. de Laporte en fait la remarque,
et cite un arrêt rendu par la Cour de Bruxelles, le 20 mars 1810,
qui a jugé dans ce sens. *Pand. franç.*, *préc.*

7. Les femmes en puissance de mari, auxquelles il advient,
par succession, des biens dotaux, ne sont pas exclues par la loi,
du nombre des majeurs qui peuvent faire un partage amiable,
par quelqu'acte que ce soit. L'art. 838 n'exige le partage en
justice qu'à l'égard des absens, des mineurs et des interdits.
Quoique les biens dotaux soient inaliénables, en général, et
bien que par une division inégale, ou contraire aux proportions
données, il puisse s'opérer une aliénation au préjudice de la

femme, le partage amiable lui a toujours été permis, avec
le consentement de son mari. La loi ne lui laisse, comme à tous
autres majeurs, que la rescision pour cause de violence, dol
ou lésion.

M. Duranton dénie pourtant à la femme la faculté du partage
amiable pour des biens dotaux. Il fonde son refus sur les art. 1554,
1558; l'un portant la règle générale de l'inaliénabilité des biens
dotaux, l'autre une exception pour la licitation nécessaire, qui
ne peut s'opérer qu'avec la permission de la justice, et par l'effet des enchères. Suivant M. Duranton, « la raison est la même
pour un partage ordinaire, puisque la loi met sur la même ligne,
quant à leurs effets, ces deux manières de sortir de l'indivision. » Ce raisonnement n'est pas juste. L'auteur confond le
partage en soi, l'ensemble de son opération, avec l'un de ses
accidens, qui est une cause et un moyen de division particulière. Toutes sortes de difficultés peuvent se rencontrer dans un
partage; et il en est qu'on ne peut faire lever que par les tribunaux, sans être, pour cela, dans la nécessité de leur soumettre
toute l'opération du partage, souvent si lente avec toutes les
formes de la justice, toujours si dispendieuses. La loi ne
considère pas le partage, en soi, comme une aliénation. Par
ses vices, il peut la produire; mais le danger n'a pas paru
assez grand pour faire assimiler au mineur, la femme qui
recueille une succession dotale. Elle n'est pas naturellement
incapable, pour tous actes, comme le mineur; elle n'a qu'une
incapacité de convention, relativement à ses biens dotaux; et
l'on a pu très-bien ne pas étendre au partage, en général, cette
sorte d'incapacité. La crainte de quelques abus possibles, pour
amener dans le partage quelqu'aliénation de partie d'immeubles dotaux, ne devait pas l'emporter sur le mal certain, pour la
femme et ses cohéritiers, d'un partage dans les grandes formes,
qui consume en frais une bonne portion des héritages mé-
diocres. La licitation seule, produit une aliénation bien déterminée; et pour l'aliénation seule, la loi a commandé l'intervention de la justice. C'est un incident du partage amiable, qui s'en
détache, se vérifie et se règle par la justice. Son objet, sous une
nouvelle forme, rentre ensuite dans les élémens de ce partage. De la règle particulière d'une situation qui se rapporte au
partage, on ne peut tirer la règle générale du partage. *Dur.* 7,
n. 127.

8. Il est évident qu'on ne peut pas faire de partage amiable,

ni d'aucune autre manière, qui soit solide, sans le concours de tous les héritiers. Quand il en est qui ne se présentent pas, il faut bien les appeler en justice, s'ils sont connus. Un arrêt de cassation, du 9 juillet 1809, décide que le partage, nul à l'égard de l'un des cohéritiers, doit être refait avec tous. La Cour d'Aix avait jugé dans ce sens, le 2 nivôse an IV. *D.*, 1806, *s.*, *p.* 234; *et* 1809, *p.* 300; *Sir.*, *t.* 9, *p.* 403; *et t.* 13, *p.* 2, *p.* 325.

9. Le partage amiable, entre cohéritiers capables, peut se faire par acte sous seing privé. L'acte doit avoir autant d'exemplaires qu'il y a de parties intéressées. Un arrêt de la Cour de Bruxelles, du 20 mai 1807, juge très-bien que l'acte qui ne présente pas la signature de toutes les parties, est nul, à l'égard même de celles qui l'ont signé. *Sir.* 7, 2, 766; *Chab.*, *n.* 5; *Toull.* 4, *n.* 409; *Gren.*, *Hyp.*, *p.* 402; *Dur.* 7, *n.* 99.

ART. 820.

Les créanciers peuvent aussi requérir l'apposition des scellés en vertu d'un titre exécutoire ou d'une permission du juge.

1. L'art. 909 du Code de procédure présente les additions et les explications suivantes : L'apposition des scellés pourra être requise, 1° par tous ceux qui prétendent droit dans la succession ou dans la communauté; 2° par tous créanciers fondés en titres exécutoires, ou autorisés par une permission, soit du président du tribunal de première instance, soit du juge de paix du canton où le scellé doit être apposé; 3° en cas d'absence, soit du conjoint, soit des héritiers ou de l'un d'eux, par les personnes qui demeuraient avec le défunt, et par les serviteurs et domestiques.

L'art. 911 ajoute encore que le scellé sera apposé, soit à la diligence du ministère public, soit sur la déclaration du maire ou adjoint de la commune, et même d'office, par le juge de paix, si le conjoint, ou les héritiers, ou l'un d'eux, sont absens, et si le défunt était dépositaire public; auquel cas, le scellé ne sera apposé que pour raison de ce dépôt, et sur les objets qui le composent.

Le mot *absent*, dans ces articles du Code de procédure, doit être entendu comme les mots *non présens*, dans les art. 819 et 838 du Code civil.

18

2. Le légataire universel ne peut éloigner des scellés ou de l'inventaire, l'héritier du sang, même sans réserve. Cet héritier pouvant attaquer son titre, a droit aux actes conservatoires. M. Toullier émet cette opinion, qui nous paraît juste, et l'appuie sur trois arrêts, l'un de Nîmes, du 27 décembre 1810 ; les autres de Bruxelles, des 28 novembre 1810, et 9 mars 1811. *Toull.* 5, *n.* 504; *J. p.*, *éd. n.*, *t.* 11, *p.* 1021.

3. M. Toullier enseigne d'ailleurs que les créanciers personnels de l'un des héritiers, peuvent aussi requérir l'apposition des scellés, sur les effets des successions qui sont échues à leur débiteur. Cette doctrine est bien justifiée par les art. 788, 882 et 1166. M. de Laporte, qui la repoussait d'abord, l'a ensuite adoptée. M. Dalloz l'adopte aussi. M. Chabot se fait pourtant quelques doutes sur son exactitude, et dit, qu'en l'admettant, il faudrait au moins décider que les frais de l'apposition et de la levée des scellés, ainsi que de l'inventaire, doivent être entièrement à la charge de l'héritier débiteur. M. Toullier repousse cette condition, en rappelant que le créancier de l'héritier débiteur ne fait qu'user des droits de ce dernier, qui, autorisé à faire apposer les scellés, et procéder à l'inventaire, à frais communs, ne peut pas plus être tenu seul de ces frais, lorsqu'ils sont causés par la réquisition de son débiteur, que lorsqu'ils sont causés par sa propre réquisition. *Toull.* 4, *n.* 411; *Chab.*, *n.* 5 ; *Pand. franç.* 3, *p.* 233; *Rép. méth.*, *succ.*, *sect.* 3, *art.* 3, *n.* 5.

M. Malpel, sans s'occuper de la question des frais, admet le droit des créanciers de l'héritier, à requérir l'apposition des scellés, et signale un arrêt de la Cour de Nancy, du 9 janvier 1817, qui porte une décision contraire. Pour effacer ce préjugé, l'auteur dit qu'il paraît que, dans l'espèce, le créancier, au lieu d'agir comme exerçant les droits de son débiteur, requerrait, de son chef propre, l'apposition des scellés. Les longs motifs de l'arrêt ne font pas mention de cette circonstance. Elle était insignifiante, car, autorisée par l'art. 1166, l'action du créancier était toujours justifiée par cette autorisation. Mais c'est peut-être bien l'oubli de l'art. 1166, dans la défense, et dans la délibération des premiers juges, qui a causé l'erreur de l'arrêt. M. Carré a raison de croire qu'il ne fera point autorité. *J. p.*, *éd. n.*, *t.* 19, *p.* 34; *Lois de la procéd.*, *t.* 3, *p.* 288; *Malp.*, *n.* 257.

ARTICLE 821.

Lorsque le scellé a été apposé, tous les créanciers peuvent y former opposition, encore qu'ils n'aient ni titre exécutoire, ni permission du juge.

Les formalités pour la levée des scellés et la confection de l'inventaire, sont réglées par les lois sur la procédure.

1. L'opposition aux scellés ne pouvant pas nuire aux héritiers autant que l'apposition, est permise à tous créanciers. La forme de cette opposition est réglée par les art. 926 et 927 du Code de procédure. La levée des scellés doit être suivie d'un inventaire, à moins que tous les héritiers et tous intéressés, majeurs, jouissant de leurs droits, ne soient d'accord pour s'en dispenser. C'est par les articles compris dans les titres 3 et 4 de la seconde partie du Code de procédure, que sont réglées les formalités de la rémotion des scellés et de la confection de l'inventaire. *Chab.; Toull.* 4, *n.* 410.

2. Si les créanciers de l'héritier ont, comme ceux du défunt, le droit de requérir l'apposition des scellés, ils ont de même le droit d'opposition à leur levée. M. Chabot et M. Malpel disent, que si leurs titres n'étaient pas sincères, ils s'exposeraient à une condamnation de dépens. La réquisition des scellés, dans cette position, pourrait aussi les faire condamner à des dépens. Dans l'un et l'autre cas, suivant les circonstances, la condamnation pourrait aller jusqu'aux dommages-intérêts. *Chab; Malp.,* *n.* 257.

ARTICLE 822.

L'action en partage, et les contestations qui s'élèvent pendant le cours des opérations, sont soumises au tribunal du lieu de l'ouverture de la succession.

C'est devant ce tribunal qu'il est procédé aux licitations, et que doivent être portées les demandes relatives à la garantie des lots entre copartageans, et celles en rescision du partage.

1. A ces dispositions, se réunissent, pour les développer, celles du sixième alinéa de l'art. 59 du Code de procédure, portant que le défendeur sera assigné, « en matière de suc-

session , 1° sur les demandes entre héritiers, jusqu'au partage inclusivement; 2° sur les demandes qui seraient intentées, par des créanciers du défunt, avant le partage; 3° sur les demandes relatives à l'exécution des dispositions à cause de mort, jusqu'au jugement définitif, devant le tribunal du lieu où la succession est ouverte. » *Chab.*, n. 1.

2. Ces mots du Code de procédure : *sur la demande entre cohéritiers, jusqu'à partage inclusivement*, ont fait dire à M. Duranton : « Si ce n'est que jusqu'au partage inclusivement, que le tribunal de l'ouverture de la succession connaît des demandes entre héritiers, il ne connaît donc pas de celles en rescision de partage et en garantie de lots, lesquelles sont donc nécessairement postérieures au partage; et sous ce rapport, il y aurait antinomie entre le Code de procédure et le Code civil. » Pour concilier les deux articles, l'auteur distribue entre eux l'objet du différent. A la seconde disposition de l'art. 822 du Code civil, M. Duranton laisse la garantie des lots et la rescision, quand les partages ont été faits en justice, parce que *cette seconde partie statue évidemment dans l'hypothèse de la première, où le partage a eu lieu en justice;* il livre à la restriction supposée de l'art. 59 du Code de procédure, pour les faire rentrer dans la règle générale de l'attribution au juge du domicile, la garantie et la rescision, quand les partages ont été faits *extrajudiciairement. Dur.* 7 , *n.* 37.

Nous ne pouvons adopter cette transaction. Convaincus de la généralité et de la sagesse de la disposition qui termine l'art. 822 du Code civil, nous sommes surpris de la légèreté de rédaction, dans ces mots du Code de procédure : *jusqu'au partage inclusivement.* Nous n'y voyons qu'un défaut d'attention, et l'absence de termes propres à marquer clairement le respect d'une bonne règle, à laquelle on n'entendait pas toucher. Sans déroger à cette règle, et seulement pour ajouter à la première disposition de l'article du Code civil, on a pu déclarer que les demandes entre cohéritiers seraient portées, jusqu'au partage inclusivement, au tribunal de l'ouverture de la succession. Le Code civil ne parlant que du partage et des contestations qu'il amène, le Code de procédure a voulu plus de généralité, et il emploie le mot *demandes*, qui exprime bien davantage. Un ancien adage annonçait qu'entre cohéritiers, il n'y a que l'action en partage. Cela voulait dire, qu'avant le partage, toute répétition que des cohéritiers pourraient avoir contre la succession, ou que la succession pourrait

avoir contre eux, ne doivent s'exercer qu'au partage, par prélèvemens, reprises ou rapports. Ce sont les demandes relatives
à ces objets, que le Code de procédure appelle, jusqu'au partage,
devant le tribunal de l'ouverture de la succession. Le partage
fait, il ne resterait aux copartageans, qui les auraient négligées, comme à des étrangers, que l'action individuelle contre
chacun des autres, selon les règles du droit commun. Mais le
partage peut n'être pas consommé; il peut être à refaire, quand
l'événement amène une demande en garantie des lots, ou une
demande en rescision; et c'est alors le tribunal du lieu de l'ouverture de la succession, qui doit vérifier ces demandes, statuer
sur les changemens à faire au partage, ou sur le nouveau partage à opérer. Le Code civil le veut ainsi avec la raison; et
le Code de procédure n'a pas voulu établir une règle contraire.
M. Duranton est le seul auteur qui ait eu l'idée de cette contrariété. *Malev.*, art. 822; *Chab. id.*, *n.* 1, 2, 3; *Toull.* 4, *n.* 413;
Delv. 2, *p.* 141.

3. Le lieu de l'ouverture de la succession n'est pas nécessairement l'endroit où le décès est arrivé; c'est, d'après l'art. 110,
celui où le défunt avait son domicile. C'est au tribunal de ce
lieu, que la demande en partage et toutes les réclamations des
cohéritiers entre eux, jusqu'au partage, doivent être déférées.
C'est aussi à ce même tribunal que, jusqu'au partage, toutes
les réclamations des tiers contre la succession, doivent être portées. Après le partage, il n'y a que les actions de nature à frapper
sur la succession entière, qui soient attribuées à la connaissance
du juge du lieu où le défunt avait son domicile. Les demandes
relatives à l'exécution des dernières dispositions du défunt,
comme les demandes en garantie des lots, et celles qui tendent
à la rescision du partage fait, portant sur la succession entière,
restent dans les attributions du tribunal dans le ressort duquel
la succession s'est ouverte. Mais les autres actions entre les cohéritiers, et de la part des tiers, se trouvent divisées comme la
succession, et doivent, suivant la règle générale, être portées
devant le tribunal de la situation des biens, en matière réelle, et
devant celui du domicile du défendeur, en matière personnelle.
Auteurs préc.

4. De la compétence certaine des juges du lieu de l'ouverture
de la succession, il ne résulte pas l'incompétence absolue, *ra-
tione materiæ*, de tout autre tribunal; c'est pour la facilité des
héritiers et des ayant-droit sur les biens de l'hérédité, que la

juridiction est donnée au tribunal du lieu où la succession s'est ouverte. Mais si les parties intéressées ont consenti à procéder, soit devant le tribunal de la situation des biens, soit devant le tribunal du domicile du défendeur, les jugemens de ce tribunal ne pourront pas être annulés pour cause d'incompétence. Dans une telle position, la Cour d'appel de Florence a pu juger, par un arrêt du 9 mai 1810, que le déclinatoire devait être proposé avant la défense au fond. *Sir.*, 12, 2, 415.

5. Dans le cas d'une succession bénéficiaire, ouverte à Paris, qui comprend la moitié d'une autre succession ouverte à Montauban; l'instance pendante à Paris, entre l'héritier bénéficiaire et le curateur nommé au bénéfice d'inventaire, pour la composition de deux successions, la liquidation de la seconde et le compte de l'héritier, les créanciers de cette succession bénéficiaire ne peuvent pas poursuivre à Montauban le partage de la première succession. Le curateur, représentant le défunt et ses créanciers, ayant engagé l'instance à Paris, les créanciers de la succession ne peuvent qu'intervenir dans cette instance. Ainsi l'a décidé un arrêt en règlement de juges, rendu par la Cour de cassation, le 13 avril 1820. *D.*, 1820, *p.* 460.

6. Il n'est pas interdit aux héritiers d'attribuer juridiction au tribunal de la situation d'immeubles de la succession, pour les difficultés relatives au partage de ces biens; mais il faut dire, avec la Cour de cassation, dans un arrêt du 23 janvier 1827, que les réserves de ces héritiers, *aux fins de faire juger, devant tous autres tribunaux compétens, les contestations qui pourraient s'élever, soit entre eux, soit avec des tiers, pour affaires de la succession, qui ne seraient pas relatives à ce partage,* s'opposent à ce que l'un des héritiers porte au tribunal de la situation des immeubles partagés, la demande en liquidation, et partage complet de la succession. Il faut même ajouter que, sans réserves, le tribunal de l'ouverture de la succession reste compétent pour toutes affaires qui n'ont pas été expressément distraites de sa juridiction. *D.*, 1827, *p.* 119.

7. Selon les principes posés au n. 3, si les héritiers, en procédant au partage de l'hérédité, ont laissé indivis quelques immeubles; l'action ultérieure pour la division ou la licitation de ces immeubles, ne sera plus de la compétence des juges du lieu où la succession s'est ouverte. Par un arrêt du 11 mai 1807, la Cour de cassation a décidé que, dans cette position, il n'y a plus lieu au partage héréditaire, *familiæ erciscundæ*, mais seulement à la di-

vision de la chose commune, *communi dividundo*. Rép. Mert., licitation , § 2 , *n*. 2 ; *Sir*. 7 , 1267 ; *D*. , 1807 , *p*. 267 ; *Chab*. , *n*. 3 ;
Toull. 4, *n*. 413, 414 ; *Dur*. 7 , *n*. 137.

8. Lorsque la succession est recueillie par un seul héritier ,
comme il n'y a point de partage ni de licitation à faire, les créanciers du défunt peuvent poursuivre cet héritier unique devant le
tribunal de son domicile, quand bien même il n'aurait accepté
que sous bénéfice d'inventaire. Ainsi l'a jugé la Cour de cassation,
le 18 juin 1807. Mais il faut dire, avec M. Toullier, que s'il existait d'autres instances relatives au bénéfice d'inventaire, devant
le tribunal du lieu de l'ouverture de la succession, toutes les
autres actions devraient être portées devant ce même tribunal.
Il faut dire aussi que le compte de bénéfice d'inventaire se
rend devant le tribunal de l'ouverture de la succession, et que ,
condamné au tribunal de son domicile, l'héritier bénéficiaire
peut renvoyer l'exécution du jugement au compte qu'il rendra
devant le premier de ces tribunaux. Un arrêt de la Cour de Paris, du 27 novembre 1817, a jugé dans ce sens. *J. pal*., éd. *n*.,
t. 19, *p*. 942; *Toull*. 4, *n*. 414 ; *Chab*., *n*. 6; *Delv*. 2 , *p*. 141.

9. Si l'héritier unique peut être cité devant le tribunal de son
domicile , ne peut-il pas l'être également devant les juges du lieu
de l'ouverture de la succession ? M. Toullier et M. Delvincourt
font cette distinction, qui nous paraît assez juste : si les créanciers ont fait opposition aux scellés, l'héritier assigné au tribunal du lieu où la succession s'est ouverte, ne pourra pas demander de renvoi au tribunal de son domicile. Si les créanciers
n'avaient pas fait d'opposition ; si l'héritier avait vendu ou en-
levé les meubles sans obstacle de leur part, il pourrait décliner
le tribunal de l'ouverture de la succession. *Toull*., *n*. 414;
Delv. 2 , *p*. 141.

10. Le deuxième numéro de l'art. 59 du Code de procédure ne
parle que des demandes formées par les créanciers. M. Duranton
en a conclu que les demandes en revendication d'immeubles ,
même avant le partage, restent attribuées au tribunal de leur situation. Il est vrai que la loi , par sa lettre, n'a pas changé cette
attribution ; mais son esprit donne compétence aux juges de la
succession ; et l'on peut décider que le demandeur a le choix
d'agir devant l'un ou l'autre tribunal. *Dur*. 7, *n*. 138.

11. L'héritier qui a vendu ses droits successifs et qui veut attaquer la vente , pour quelque cause que ce soit, doit agir devant
le tribunal du domicile de l'acquéreur, parce que sa demande ne

rentre aucunement dans les contestations relatives au partage. Ce point est aussi décidé par un arrêt de la Cour de cassation , du 13 messidor an XIII. *Sir.* 5, 2, 241 ; *D.,* *an* XIII, *p.* 478; *Chab.,* *n.* 5; *Delv.* 2 , *p.* 142.

12. La Cour de cassation a jugé encore, le 29 octobre 1807, que l'art. 822 du Code civil et l'art. 59 du Code de procédure ne dérogent point aux règles qui font diriger la poursuite des expropriations devant les tribunaux de la situation des biens; qu'ainsi, alors même que les héritiers ont provoqué la licitation d'un immeuble devant le tribunal de l'ouverture de la succession , les créanciers hypothécaires conservent le droit de poursuivre l'expropriation de ces immeubles devant le tribunal de leur situation. *Sir.* 8, *p.* 83; *D.,* 1807, *p.* 512; *Chab., n.* 4; *Toull.* 4, *n.* 414; *Dur., n.* 138; *V. supra, art.* 806, *n.* 5, 6.

13. Mais un arrêt de cassation, du 22 juillet 1822, déclare : « Que si la loi attribue au tribunal du lieu de la situation d'un immeuble saisi la connaissance des questions incidentes qui concernent la validité de la saisie, elle attribue pareillement au tribunal du lieu où une succession s'est ouverte, la connaissance de toutes les contestations relatives au partage de cette succession; que la question de savoir si l'on a saisi valablement , sur le détenteur , un immeuble que des héritiers prétendent appartenir par indivis à une succession ouverte, est nécessairement subordonnée à celle de savoir si cet immeuble fait ou non partie des effets partageables de la succsssion ; que la solution de cette dernière question appartient nécessairement et exclusivement au tribunal du lieu où la succession s'est ouverte ; et que , dès-lors, si elle est portée devant le tribunal de la situation de l'immeuble saisi , même incidemment à la saisie réelle , ce tribunal est tenu de surseoir à statuer sur toute demande qui y serait relative, jusqu'à ce que les juges de la succession aient prononcé sur la propriété et l'indivision prétendue de l'immeuble saisi. » *D.,* 1824, *p.* 434.

14. Qu'un légataire universel soit poursuivi, par l'héritier du sang, au tribunal de son domicile, pour cause de soustractions , s'il forme la demande en délivrance de son legs devant le tribunal du lieu de l'ouverture de la succession , ce dernier tribunal est seul compétent pour connaître des deux demandes. Cette proposition est justifiée par un arrêt de la Cour régulatrice, du 6 août 1823, que rapporte M. Dalloz. *Rép. méth. , succ., ch.* 6, *sect.* 3, *art.* 4, *n.* 8.

15. Un autre arrêt, rendu par la même Cour de cassation, le 18 avril 1809, a décidé que l'ordre et la distribution du prix de la vente des biens de la succession devaient être poursuivis devant le tribunal de la situation de ces biens, dans la circonstance même où la vente avait été faite judiciairement devant le tribunal de l'ouverture de la succession. Cette décision, que M. Chabot présente comme une règle, est très-susceptible d'être critiquée. Pourquoi deux tribunaux différens? Reconnu compétent pour la vente, compétent pour connaître des réclamations des créanciers, le tribunal du lieu où la succession s'était ouverte, devait-il être dépouillé du règlement de l'ordre. *J. pal.*, *éd.* *n.*, *t.* 10, *p.* 294; *Sir.*, 1, *p.* 226; *Chab.*, *n.* 4; *Delv.* 2, *p.* 142.

16. Enfin, la Cour de Colmar a jugé, le 12 août 1827, que les art. 822 du Code civil et 59 du Code de procédure ne s'appliquent qu'aux successions ouvertes dans le royaume, et que pour des biens situés en France et dépendant d'une succession ouverte en pays étranger, l'action en partage de ces biens doit être portée devant le tribunal français du lieu de leur situation; « Attendu que l'art. 3 du Code civil soumettant les immeubles situés en France, même possédés par des étrangers, à la loi française, soumet, par une conséquence nécessaire, ces mêmes immeubles à la juridiction française, le droit de juridiction étant, comme celui de législation, une émanation de la souveraineté; et l'un embrassant, comme l'autre, toute l'étendue du territoire. » *J. pal., éd. n., t.* 19, *p.* 813; *Delv.* 2, *p.* 142.

17. La loi n'a pas décidé si la demande en délaissement de la succession contre le possesseur qu'on prétend n'être pas héritier, serait portée, comme la demande en partage, devant les juges du lieu de l'ouverture. M. Delvincourt pense, et son avis semble assez fondé, que l'action peut être intentée conformément à la disposition du quatrième alinéa de l'art. 59 du Code de procédure, au choix du demandeur, ou devant le tribunal de la situation des biens, ou devant celui du domicile du défendeur. Mais s'il y a des biens dans divers arrondissemens, on ne peut agir qu'au tribunal du domicile. Nous ne croyons pas, toutefois, qu'avant un partage, les détenteurs de la succession puissent décliner la juridiction du tribunal du lieu de son ouverture. *V. supra*, *n.* 5; *Delv.* 2, *p.* 142.

18. Au reste, les demandes en partage ou en pétition d'hérédité sont soumises à la règle générale du préliminaire de la

tentative de conciliation au bureau de paix. Elles n'en sont
dispensées que dans les cas d'exception marqués par l'art. 49
du Code de procédure. *V. art.* 966, *etc.; C. proc. civ.; Toull. 4,
n.* 415; *Delv.* 2 , *p.* 143; *Malp., n.* 258 ; *Dur.* 7, *n.* 141, *etc.*

ARTICLE 823.

Si l'un des cohéritiers refuse de consentir au partage ,
ou s'il s'élève des contestations sur le mode d'y procéder ,
soit sur la manière de le terminer, le tribunal prononce
comme en matière sommaire , ou commet , s'il y a lieu ,
pour les opérations du partage , un des juges, sur le rapport duquel il décide les contestations. *V. infra, art.* 858.

1. Ce ne sont pas toutes contestations entre héritiers , qui
doivent être jugées sommairement. Les termes de la loi marquent
assez que la procédure sommaire ne s'applique qu'aux contestations relatives au refus de partage , ou aux moyens à prendre
pour opérer la division. Les différens qui peuvent s'élever
sur les qualités de prétendans, sur le droit à la succession , sur
la validité d'une donation ou d'un testament, sur les prélèvemens
et les rapports , et toutes contestations relatives à la propriété, ne
sont plus matière sommaire. On doit les instruire et les juger
selon les règles ordinaires de la procédure. *Malev.; Chab., n.* 1;
Delv. 2 , *p.* 141; *Malp., n.* 257, *etc.; Dur.* 7, *n.* 144.

2. L'art. 969 du Code de procédure , ajoute à la disposition
du Code civil, que le juge commissaire sera nommé, s'il y
a lieu , par le même jugement qui prononcera sur la demande
en partage. Pour que le partage soit ordonné, il faut que
les parties soient d'accord, sur leurs qualités respectivement
prétendues, et qu'elles reconnaissent la demande recevable et
fondée, ou que le tribunal , statuant d'abord sur les fins de
non recevoir opposées à la demande , juge les qualités, et ac-
cueille l'action comme recevable et fondée. Il est des successions
dont le partage ne présente pas de difficultés, et pour lesquelles la commission d'un juge peut être inutile; mais dans
la pratique des tribunaux , le commissaire est toujours nommé,
afin qu'au besoin il dirige les opérations du partage. Quand il y
a des difficultés, les explications se font devant lui. Il doit
chercher à concilier les parties; et, s'il ne réussit point à les
mettre d'accord , ne pouvant pas juger seul, il renvoie les contes-

tations au tribunal, qui les juge sur son rapport. *Chab.*, *n.* 2, 3; *Toull.* 4, *n.* 419; *Dur.* 7, *n.* 97, 139.

ARTICLE 824.

L'estimation des immeubles est faite par experts choisis par les parties intéressées, ou, à leur refus, nommés d'office.

Le procès verbal des experts doit présenter les bases de l'estimation; il doit indiquer si l'objet peut être commodément partagé; de quelle manière; fixer enfin, en cas de division, chacune des parts qu'on peut en former, et leur valeur.

1. Suivant l'art. 969 du Code de procédure, c'est par le même jugement qui ordonne le partage et nomme le juge commissaire, que l'estimation des biens est ordonnée. L'art. 971 du même Code dispose qu'il sera procédé aux nominations, prestations de serment et rapports d'experts, suivant les formes prescrites au titre des rapports d'experts. Dans ce titre, l'art. 303 veut trois experts, à moins que les parites ne consentent à ce qu'il soit procédé par un seul; mais, d'après l'art. 971 même, ce consentement ne peut être donné que par les majeurs. Ainsi, pour les mineurs, l'opération de trois experts est indispensable. *Chab.*, *n.* 1, *etc.*; *Toull.* 4, *n.* 420; *Dur.* 7, *n.* 144.

2. L'art. 466 du Code civil, relatif aux mineurs, remet directement aux juges la nomination des experts. L'art. 824 ne la confie au tribunal qu'au refus des parties. M. Proudhon et M. Delvincourt voient dans ce dernier article une dérogation au précédent. M. de Laporte et M. Dalloz pensent que les deux articles subsistent ensemble, l'un pour les majeurs, et l'autre pour les mineurs; et leur opinion est justement confirmée par deux arrêts de Poitiers et de Douai, du 18 août 1806, et du 12 mai 1827. Les mineurs ne peuvent pas choisir les experts, et le tuteur n'a pas mission de les choisir pour eux. *D.* 1827, *s.*, *p.* 134, *et Rép. méth.*, *succ.*, *ch.* 6, *sect.* 3, *art.* 4, *n.* 14; *Delv.* 2, *p.* 143; *Proud.*, *c. de. dr.* 1, *p.* 225; *Pand. franç.* 3, *p.* 239.

3. En ordonnant l'estimation, le tribunal doit ordonner aussi la licitation, pour le cas où l'objet ne pourrait pas être commodément partagé. L'art. 824 du Code civil pouvait seulement faire supposer que cette disposition devait être dans le jugement;

l'art. 970 du Code de procédure déclare positivement qu'elle y sera portée. L'obligation imposée aux experts, d'indiquer si l'objet estimé peut être commodément partagé, est la conséquence de cette disposition. *Chab.*, *n.* 2; *V. infra, art.* 827.

4. L'art. 466 du Code civil, avait prescrit, pour les mineurs, que les experts procéderaient à la division et à la formation des lots; et il paraît qu'en établissant cette règle, le législateur avait l'intention de la rendre générale. Mais, au chapitre du partage, ses vues ont changé; et il a réduit l'opération des experts à l'estimation des immeubles, et à l'indication de la manière dont les lots peuvent être formés. Ensuite, dans le Code de procédure, il a statué, art. 975, que si la demande en partage n'a pour objet que la division d'un ou de plusieurs immeubles, sur lesquels les droits des intéressés soient déjà liquidés, les experts, en procédant à l'estimation, composeront les lots ainsi qu'il est prescrit à l'art. 466 du Code civil. La règle de cet article n'est donc point abrogée; loin de là, elle est étendue aux majeurs, dans la position marquée. Cette règle est bonne, surtout pour les mineurs qui, ne pouvant pas former les lots eux-mêmes, se trouvent mieux de la composition opérée par trois experts, que de celle faite par un seul expert.

5. Lorsqu'une liquidation est à faire, conformément à l'art. 828, les lots ne peuvent être composés qu'après cette liquidation. S'il n'y a pas de liquidation à faire, les lots doivent être composés par les mêmes experts qui font l'estimation, et à la suite de cette estimation. M. Chabot croit que dans l'art. 975 du Code de procédure, il ne s'agit point du partage d'une succession entière, mais seulement d'un ou plusieurs immeubles indivis. L'article peut s'appliquer à toute la succession, si elle ne comprend pas de mobilier, et ne se compose que d'immeubles, comme elle s'applique à la partie immobilière de la succession, quand les meubles ont été partagés, et qu'il ne reste à faire ni rapports, ni prélèvemens, et aucune liquidation mobilière enfin. C'est ainsi que M. Toullier et M. Malpel paraissent l'avoir entendu. *Chab., n.* 3; *Toull.* 4, *n.* 421, 422; *Malp., n.* 258; *V. infra. art.* 828.

6. Le procès verbal des experts ne doit pas seulement présenter l'estimation, il doit encore en indiquer les bases, afin qu'on puisse vérifier sa justesse; car, si l'opération semble mal faite, le tribunal, suivant l'art. 322 du Code de procédure, peut en ordonner une nouvelle, même d'office, par d'autres

experts. Ces bases, évidemment, sont dans la nature, la situation et la production des biens. Les baux à ferme doivent être
consultés ; le prix des denrées et la valeur vénale des propriétés
doivent être recherchés. *Malev. ; Chab.*, *n.* 5; *Delv.* 2, *p.* 143;
Dur. 7, *n.* 145.

7. Les objets doivent être estimés à leur valeur actuelle et non
pas à la valeur qu'ils avaient à l'ouverture de la succession, à
cause des changemens que le temps peut avoir opéré aux uns
ou aux autres, et qui dérangent leurs proportions respectives.
Chab., *n.* 7 ; *V. infra, art.* 828, *n.* 8.

Mais si les experts ont été chargés d'estimer des jouissances,
dont la restitution est due par les cohéritiers, ils doivent donner
à ces revenus la valeur qu'ils avaient au temps de chaque perception. *V. infra, art.* 830, *n.* 2.

Les experts feront-ils toujours l'estimation détaillée de chaque corps de bâtiment et de chaque pièce de terre de la succession ? Au Conseil d'état, un projet d'article qui ordonnait
cette estimation en détail, fut rejeté sur la proposition de
M. Tronchet ; mais M. Treilhard fit remarquer que l'estimation
ne devait pas être faite en masse, parce qu'elle serait nécessairement inexacte. De ces mots de l'art. 824 : *il doit indiquer
si l'objet estimé peut être commodément partagé*, M. Chabot conclut
qu'il faut prendre un juste milieu, en estimant séparément
chaque corps de domaine, chaque objet distinct et indépendant
des autres. C'est bien, lorsque des domaines, des corps de bâtimens peuvent entrer dans chaque lot ; mais il n'est guère possible, quand un domaine doit être divisé, d'en faire une juste
distribution, sans l'estimation distincte des diverses parcelles
qui le composent. *Chab.*, *n.* 6.

ARTICLE 825.

L'estimation des meubles, s'il n'y a pas de prisée faite
dans un inventaire régulier, doit être faite par gens à ce
connaissant, à juste prix et sans crue.

1. D'après le plus grand nombre de nos anciennes coutumes,
l'héritier qui ne représentait pas les meubles qu'il devait restituer ou rapporter, devait ajouter, au montant de leur estimation, un supplément de prix, appelé *crue* ou *parisis*. Il était
généralement fixé au quart en sus. Cet usage s'était établi,

parce qu'on avait reconnu que, dans les estimations des meubles, on ne donnait presque jamais leur juste valeur. On a voulu faire cesser un usage qui ne corrigeait rien, puisqu'on pouvait présenter des estimations, au dessous des trois quarts de la valeur. L'art 943 du Code de procédure ordonne, dans les inventaires, l'estimation des effets, à juste valeur et sans crue; et l'art 825 du Code civil veut de même, au défaut de l'inventaire, que l'estimation soit faite à juste valeur et sans crue. Mais la loi ne dit pas par qui et comment seront nommés les appréciateurs. Comme les experts, ils pourront être nommés par les héritiers eux-mêmes, si tous sont majeurs, jouissant de leurs droits, et présens. Le tribunal fait la nomination, quand les héritiers ne peuvent pas la faire, ou ne s'accordent pas pour la faire. *V. Chabot; Delv.*, t. 2, *p.* 2, *p.* 143.

ARTICLE 826.

Chacun des cohéritiers peut demander sa part en nature, des meubles et immeubles de la succession : néanmoins, s'il y a des créanciers saisissans ou opposans, ou si la majorité des cohéritiers juge la vente nécessaire pour l'acquit des dettes et charges de la succession, les meubles sont vendus publiquement en la forme ordinaire.

1. Les dettes se divisent entre les héritiers. Si l'un d'eux offre au créancier saisissant sa part de la dette réclamée, il arrêtera la saisie pour son compte. De même, si la majorité des créanciers décide la vente des meubles, pour l'acquit des dettes, celui d'entre eux qui voudra sa part des meubles, pourra l'obtenir, en payant sa part de dettes; et la vente ne se fera que pour les autres portions. La majorité qui décide de la vente ne se détermine pas sur le vœu du plus grand nombre de personnes appelées à la succession; quand il s'en trouve qui n'y viennent que par l'effet de la représentation, on compte leurs voix par souche, et non par chaque individu. Trois ou quatre petits-enfans, qui représentent leur père dans la succession de l'aïeul, n'ont qu'une même voix; et cette voix, dans chaque souche, est celle de la pluralité. L'égalité dans le nombre des voix opposées, devrait s'expliquer pour la vente, puisqu'il dépend de ceux qui ne la veulent pas, de l'empêcher pour leur compte, en payant leur part des dettes.

M. Toullier, M. Delvincourt et M. Malpel ne font pas ré-

sulter la détermination du parti à prendre, de l'avis exprimé
par le plus grand nombre des cohéritiers; ils la tirent du vœu
de ceux qui prennent le plus dans la succession; en sorte qu'un
seul héritier pour sept douzièmes, l'emporterait sur cinq et un
plus grand nombre, qui n'auraient entre eux tous que cinq douzièmes. La loi ne demande pas ici, comme pour les concordats,
la majorité en somme, elle veut *la majorité des cohéritiers.*
Toull. 4, *n.* 416; *Delv.* 2, *p.* 143.

2. Pour un partage de communauté, les héritiers du mari
ne peuvent obliger la femme survivante à la vente des meubles.
Par l'art. 174, elle a, vis-à-vis d'eux, le même droit que ses
héritiers auraient, si elle fût prédécédée, de retirer sa moitié
des biens restant à la masse, après tous prélèvemens, à la charge
de la moitié des dettes. C'est seulement par la subdivision
de la moitié qui revient aux héritiers du mari, qu'il est donné à
la majorité d'entre eux de contraindre les autres à la vente des
meubles. Telle est la décision d'un arrêt de la Cour de Bruxelles,
du 13 novembre 1811, assez bien justifiée pour faire règle.
V. J. p., *éd. nouv.*, *t.* 12, *p.* 854; *Dal.*, *Rép. méth.*, *succ.*, *chap.* 6,
sect. 3, *art* 4, *n.* 21.

3. La vente ne devant s'opérer que pour le payement des
dettes, si la valeur des meubles excédait le montant de ces
dettes, un seul cohéritier pourrait obliger les autres à ne vendre
que jusqu'à concurrence de la somme nécessaire pour satisfaire
les créanciers, et encore en commençant la vente par les objets
périssables et les moins précieux. *V. Chab.*, *Toull.*, *ibid.*

4. La vente se fait suivant les formes établies au Code de
procédure, par les art. 945 et 951; mais l'art. 952 dispose que,
s'il n'y a pas de tiers intéressés, et si toutes les parties sont
majeures, présentes et d'accord, elles ne seront obligées à aucunes
formalités. On ne peut regarder comme tiers intéressés, faisant
obstacle à la vente de gré à gré, que les créanciers opposans.
V. Chab.; *Malp.*, *n.* 258; *Dur.* 7, *n.* 154, *etc.*

ARTICLE 827.

Si les immeubles ne peuvent pas se partager commodément, il doit être procédé à la vente par licitation devant le tribunal.

Cependant les parties, si elles sont toutes majeures,

peuvent consentir que la licitation soit faite devant un notaire, sur le choix duquel elles s'accordent.

1. La licitation ne doit pas être trop facilement ordonnée. Ce n'est pas une légère incommodité, dans la jouissance des lots qu'on pourrait faire, qui doit empêcher le partage. Chez les Romains, et dans notre ancienne jurisprudence, la licitation n'était déterminée que par l'impossibilité du partage, ou par une incommodité considérable ; et le Code civil n'a pas changé ce principe. Une simple inégalité dans les lots, et même la nécessité d'établir une servitude sur l'un, en faveur de l'autre, ne suffisent pas pour faire ordonner la vente, si d'ailleurs, le partage peut se faire commodément. Il faut au moins que la division ne puisse s'opérer sans produire la dépréciation de chacune ou de plusieurs des parties divisées, ou sans rendre leur jouissance d'une incommodité difficile à supporter.

Dans une succession qui se composerait de différens corps de domaines ou d'immeubles divers, il n'importe pas qu'un domaine ou un fonds ne soit pas susceptible de division, s'il peut être mis entier dans un lot. A l'art. 974 du Code civil, le législateur, envisageant les grandes successions, a statué que : « lorsque la situation des immeubles aura exigé plusieurs expertises distinctes, et que chaque immeuble aura été déclaré impartageable, il n'y aura cependant pas lieu à licitation, s'il résulte du rapprochement des rapports, que la totalité des immeubles peut se partager commodément. Il est évident que la règle doit être la même, pour un corps de domaine divisible dont quelques fonds et tous les fonds même pris isolement, seraient impartageables, si l'on peut faire des lots qui comprennent, dans leur entier, les fonds qui ne peuvent pas être partagés, en établissant au besoin des soultes et des servitudes. *Rép. Merl.*, *licitation*, § 1 ; *Chab.*, n. 1, 2, 4; *Toull.* 4, n. 417 ; *Dur.* 7, n. 165.

Qu'un domaine indivis entre trois cohéritiers, dont l'un amende moitié, et les autres un quart chacun, puisse se partager en deux lots égaux, s'il n'est pas possible d'en faire quatre, à tirer au sort, ce domaine doit être licité. Ainsi le décide un arrêt de cassation du 10 mai 1826, cité plus bas, *art.* 834, n. 3, *in fine*.

2. M. Chabot observe très-justement que les experts ne sont bien en état de décider de la possibilité du partage ou de la

nécessité de la licitation, que lorsqu'il a été statué sur toutes prétentions aux rapports ou aux prélèvemens d'immeubles en nature, et sur la validité des dons d'immeubles qui auraient été faits par le défunt. Il est certain que le rapport ou la distraction d'un immeuble peut influer beaucoup sur la commodité ou l'incommodité de la division des autres, et sur le partage en général. Quand ces questions existent, les experts ne peuvent opérer qu'après leur solution par les tribunaux, ou par une transaction, si les parties ont capacité pour traiter. S'il faut la décision de la justice, il est important que les difficultés lui soient soumises au commencement de l'instance, pour qu'elles soient décidées par le même jugement qui ordonne le partage et l'opération des experts. *Chab.*, *n.* 5.

3. Les héritiers présens, majeurs et non interdits, pouvant tous faire le partage à l'amiable, sans aucune des formalités marquées par la loi, peuvent aussi s'accorder quand ils sont en instance, pour négliger une partie de ces formalités. Ainsi, la licitation ordonnée par un jugement, peut se faire à leur gré, sans affiches ni publications, devant un notaire de leur choix. Mais s'ils ne sont pas d'accord, et lorsqu'il y a parmi eux des mineurs et des interdits, on doit remplir les formalités prescrites par la loi, au Code de procédure, art. 970 et suivans. Cet art. 970 a modifié la disposition de l'art. 827 du Code civil, qui voulait que la vente fût faite devant le tribunal même. Elle peut se faire devant un seul juge ou devant un notaire commis par le tribunal. *Malev.*; *Chab.*, *n.* 3 *et* 7; *Pand. franç.*, *art.* 824; *Delv.* 2, *p.* 143; *Dur.* 7, *n.* 140 *et* 173.

ARTICLE 828.

Après que les meubles et immeubles ont été estimés et vendus, s'il y a lieu, le juge commissaire renvoie les parties devant un notaire dont elles conviennent, ou nommé d'office, si les parties ne s'accordent pas sur le choix.

On procède, devant cet officier, aux comptes que les copartageans peuvent se devoir, à la formation de la masse générale, à la composition des lots, et aux fournissemens à faire à chacun des copartageans.

1. Selon cet article, avant le Code de procédure, le renvoi

devant un notaire était facultatif pour le juge. Au temps où l'on travaillait au second Code, les notaires de Paris demandèrent au Conseil d'état que leur ministère fût obligé ; et le Conseil décida, le 22 février 1806, *que les opérations du partage ne seraient pas faites par le juge commissaire, qui renverrait à cet effet devant un notaire.* Cette délibération, dit M. Chabot, produisit les articles 975 et suivans du Code de procédure, avec lesquels il faut coordonner les articles 466, 828 et 878 du Code civil ; aussi, un jugement du tribunal de Dreux, qui avait ordonné, après le rapport des experts, que toutes les opérations du partage seraient faites devant lui, a-t-il été infirmé par la Cour de Paris, le 17 août 1810. Il est fâcheux que l'intérêt des notaires l'ait emporté sur celui des héritiers. La facilité que le Code civil laissait aux juges était bien entendue. Il est de faibles successions qui ne peuvent pas payer le coût d'un compte de notaire. *Chab.*, n. 1, 2, 3, 4 ; *Delv.* 2, p. 144 ; *Rép. Fav.*, *partage*, sect. 1, n. 6.

Cependant, la Cour de Riom avait laissé aux experts des opérations de compte, et la Cour de cassation a sanctionné cet arrêt, en déclarant que la disposition de l'art. 828 est facultative. On a entendu dire qu'il laisse au juge non pas la faculté de faire le compte, mais d'en charger ou un notaire ou des experts. *D.*, 1, 1818, p. 209.

2. L'art. 976 du Code de procédure a donné un plus grand développement aux dispositions de l'art. 828 du Code civil. Du rapprochement de ces deux articles, il résulte que le notaire est nommé par les cohéritiers présens, majeurs, et non interdits, quand ils veulent s'accorder pour ce choix ; et que s'ils ne peuvent ou ne veulent pas faire la nomination, elle est faite d'office par le tribunal. *V. art.* 977, etc., *C. procéd ; Toull.* 4, n. 420, etc ; *Delv.* 2, p. 147 ; *Malp.*, n. 25 ; *Dur.* 7, n. 157.

3. Nous verrons bientôt, dans d'autres articles du Code civil, ses dispositions spéciales sur les rapports, les prélévemens, la formation de la masse, et la composition des lots. Présentement, nous bornons nos explications au compte des fournisseurs. Ce compte comprend les recettes et les dépenses que des cohéritiers peuvent avoir faites pour la succession, et les dommages qu'ils pourraient avoir causés par leur faute, aux choses dépendantes de la succession. *Chab.*, n. 5.

Chaque héritier doit faire raison à ses cohéritiers des som-

mes et des effets qu'il a reçus des acquéreurs, fermiers ou
locataires des biens communs et de tous débiteurs de la succession, ainsi que des jouissances qu'il pourrait avoir eues lui-
même de fonds communs. *Chab.*, n. 5, 6 ; *Dur.* 7, n. 158 ; *Pand.
franç.* 3, p. 251 ; *Delv.* 2, p. 144.

Mais si les sommes ou les effets reçus par l'un des héritiers n'excèdent pas sa portion héréditaire, il n'est obligé d'en
faire le rapport à ses cohéritiers, qu'autant qu'il a donné
quittance au nom de la succession, car il a pu recevoir pour
lui-même jusqu'à concurrence de cette portion, et il doit être
présumé n'avoir reçu que pour lui, s'il n'y a pas de preuve
qu'il ait entendu agir dans l'intérêt commun. Ses cohéritiers
ont pu se faire payer comme lui ; et si, l'ayant négligé, les
débiteurs sont devenus insolvables, la perte est pour ceux qui
n'ont point agi, sans qu'ils puissent rien reprendre de celui
qui a été diligent. L'art. 1849, qui porte une décision contraire, ne regarde que les associés qui, pour les choses de la
société, ne peuvent agir que dans l'intérêt commun. *Chab.*,
n. 6, et art. 831, n. 1 ; *Toull.* 4, n. 488 ; *Pand. franç.* 3, p. 252 ;
Delv. 2, p. 144.

4. Avant le Code civil, on décidait, assez généralement,
qu'un cohéritier qui traitait avec des tiers ayant droit sur la succession ou contre la succession, et qui obtenait la cession
de leurs droits, devait faire part à ses cohéritiers du bénéfice
qui pouvait résulter de son acquisition. Le Code civil n'ordonne
pas cette communication de bénéfice. L'art. 840 n'autorise les
cohéritiers du vendeur de droits successifs, à se faire subroger
à la vente, que lorsqu'elle a été consentie à un étranger ; et pour
la subrogation à la cession de droits litigieux, que l'art. 1699
autorise, l'art. 1701 établit une exception en faveur du cohéritier
ou copropriétaire du droit cédé. Ainsi, chaque cohéritier peut acquérir pour son compte des droits qui augmentent ceux qu'il a dans
la succession. Mais quand il a traité des choses qui concernent
la succession, s'il ne l'a pas fait en son nom personnel, les circonstances pourront faire juger qu'il a agi dans l'intérêt de l'hérédité,
et le rendre comptable envers ses cohéritiers. Si, par exemple,
il a composé avec un créancier de la succession, obtenu une
remise sur la dette et payé le surplus, sans avoir stipulé ni
cession ni subrogation pour son compte, il est censé avoir
traité et agi pour la succession ; et au compte, il ne pourra
pas porter le montant de la dette qu'il a éteinte ; il n'emploira

que la somme qu'il a payée pour l'éteindre. Si au contraire il a obtenu personnellement une cession de la créance, ou la subrogation aux droits du créancier, ou s'il n'a obtenu que la remise de sa contribution dans la dette, ou d'une partie seulement, ou s'il a stipulé que la remise ne profitera qu'à lui seul, ou encore, si la remise lui a été faite à titre de donation, il doit profiter seul de l'avantage de ces dispositions; et il pourra porter dans le compte, en reprise, toute la dette qu'il a éteinte. C'est à ces termes que la doctrine de M. Chabot, *n.* 7, nous semble devoir être réduite. *Rép. Merl., retrait de cohéritier, infra, art.* 841 *et* 856.

5. Le cohéritier qui a fait des dépenses pour la conservation ou l'entretien des biens de la succession, a sans difficulté le droit de les porter en compte. Toutefois, il ne peut répéter qne les sommes qu'il a dû raisonnablement payer pour les ouvrages qu'il a fait faire. Si, par sa faute ou son inexpérience, il a dépensé plus que ne l'aurait fait un père de famille attentif, les cohéritiers ne doivent pas être obligés à lui rembourser cet excédant. Mais aussi, il a droit à la reprise de ce qu'il a convenablement dépensé, quand bien même le temps ou des accidens auraient détruit ses ouvrages. *Chab., n.* 8.

6. Les dépenses qui n'étaient pas nécessaires ne doivent pas moins être remboursées, si elles étaient utiles, et quoique l'amélioration qu'elles avaient produite ne subsiste plus; mais le remboursement ne s'en fait que jusqu'à concurrence de l'augmentation de valeur qu'elles avaient donnée à la chose au moment de leur confection. *Chab., n.* 8.

7. Les dépenses de pur agrément ne peuvent être portées en compte, qu'autant qu'elles ont donné à la chose une plus grande valeur actuelle, et jusqu'à concurrence de cette augmentation de valeur. Dans le cas où l'héritier ne peut rien reprendre de sa dépense, il a le droit d'enlever les objets qu'il a ajoutés au fonds, s'il est possible de le faire sans nuire à ce fonds, et en rétablissant les choses dans le même état où le cohéritier les a trouvées. *Chab., n.* 8.

8. L'héritier qui a causé des dommages aux biens ou aux affaires de la succession, doit une indemnité à ses cohéritiers; il doit payer les dégradations qu'il a commises et celles qui sont provenues du défaut d'entretien ou de réparation des biens dont il a joui. Il doit le montant des créances dont il s'était chargé de faire le recouvrement, et qu'il a laissé perdre par un défaut de pour-

suites. En un mot, il doit indemniser ses cohéritiers de tous les dommages qu'il a causés à la chose commune, par sa faute ou par sa négligence. Mais, considéré comme procureur de ses cohéritiers, dans cette chose où il a son intérêt, ses obligations ne vont pas au delà des soins ordinaires d'un bon père de famille, et il n'est pas tenu des fautes légères. *Chab.*, *n.* 9 ; *V. infra*, *art.* 837.

ARTICLE 829.

Chaque cohéritier fait rapport à la masse, suivant les règles qui seront ci-après établies, des dons qui lui ont été faits, et des sommes dont il est débiteur.

1. La loi ne détermine pas encore quels sont les objets soumis au rapport; elle a voulu seulement marquer ici que les rapports doivent entrer dans le compte; et, pour leur détermination, elle renvoie aux règles que nous verrons dans la seconde section de ce titre. *V. observ. sur l'art. suivant.*

ARTICLE 830.

Si le rapport n'est pas fait en nature, les cohéritiers à qui il est dû, prélèvent une portion égale sur la masse de la succession.

Les prélèvemens se font, autant que possible, en objets de même nature, qualité et bonté, que les objets non rapportés en nature.

1. La loi dit, aux art. 859 et 860, quand le rapport doit se faire en nature, et quand il peut se faire en moins prenant ou en laissant des prélèvemens aux cohéritiers. Les héritiers qui donnent lieu au prélèvement, non plus que ceux qui l'exercent, ne peuvent le faire porter contre le gré les uns des autres, sur la nature des biens qui sont le plus à leur convenance; ils doivent suivre l'ordre établi par la loi, lorsqu'ils ne sont pas d'accord entre eux pour en adopter un autre. Avant les prélèvemens à faire entre les cohéritiers, il peut y en avoir en faveur des légataires. *Chab.; Malev.; Delv.* 2, *p.* 145; *Dur.* 7, *n.* 158.

2. La loi ordonne le rapport à la masse de la succession. Un arrêt de la Cour de Bordeaux a été cassé, le 2 février 1819, pour avoir fait imputer au cohéritier, légataire en préciput,

sur un legs de la quotité disponible, des sommes d'argent qu'il devait au défunt, et qui excédaient cette quotité. Sans cet excès, il n'y aurait pas eu lieu à cassation. Le préciput qui n'excède pas la quotité disponible, est entièrement prélevé sur la masse ; et en imputant sur le préciput les choses reçues, on fait, par cela même, rapport à la masse. *D.,* 1819, *p.* 191 ; *Sir.* 19, *p.* 267.

3. Les copartageans rapportent à la masse les fonds de l'hérédité qu'ils possèdent ; et s'il n'y a point eu de partage provisionnel pour la jouissance, on fait encore une masse qui comprend la valeur des jouissances qui ont été perçues depuis l'ouverture de la succession. Chacun prend dans cette masse, fictivement ou réellement ; mais ceux-là seuls y mettent, qui ont fait des jouissances. Ceux qui n'ont pas joui, ou qui n'ont joui que d'une portion inférieure à celle qui devait leur revenir, ont à prendre sur ceux qui ont perçu plus qu'ils ne devaient avoir. Le copartageant débiteur fait un payement effectif, en deniers qu'il débourse, ou par un retranchement sur son lot ; ou bien il retire sa part entière, et reste débiteur. S'il ne se libère pas de suite, en deniers déboursés, deux questions assez graves peuvent se présenter : 1° Au partage, le cohéritier à qui des jouissances sont dues, a-t-il, pour cette créance, un droit privilégié, à l'exclusion de tous tiers-créanciers ou ayant-droit, sur le lot ou sur les objets qui pourraient composer le lot du débiteur ? 2° Le partage opéré, sans payement, ce créancier a-t-il le privilége établi par l'art. 2103, et réglé par l'art. 2109 ?

Ces questions ont été résolues diversement. La Cour de Toulouse a jugé la première, trois fois dans le même sens, le 10 mars 1821, le 21 août 1822 et le 25 mars 1825. Elle déclare, par les considérans de son troisième arrêt, « qu'avant le Code civil, et d'après les lois romaines, on tenait pour constant, que les fruits perçus par l'un des cohéritiers, augmentaient la masse de l'hérédité ; de telle sorte que les cohéritiers à qui les fruits étaient dus, avaient des droits réels sur les immeubles, pour obtenir la restitution ; que cette doctrine résulte de la loi 20, *ff. de hœred. pet.,* des lois 9 et 17, *C. famil. ercisc.,* et de la loi unique *si communis res pignori data sit.* C'était aussi une maxime devenue triviale au palais : *fructus omnes augent hœreditatem, sive post aditam, sive ante aditam, hœreditatem.* Qu'il en est de même sous l'empire du Code, si l'on examine attentivement les dispositions qui se rattachent à la restitution des fruits dans le partage des successions ; que d'après l'art. 829, chaque cohéritier fait

rapport à la masse, soit des dons qui lui ont été faits , soit des
sommes dont il est débiteur , et par conséquent des fruits qu'il
a perçus au préjudice de ses cohéritiers , et qui doivent augmenter la masse héréditaire ; que ce rapport se fait en nature
ou moins prenant ; que, dans le premier cas , le cohéritier a
qui il est dû , prélève une portion égale sur la masse de la succession ; mais, dans le second cas , et surtout lorsque le cohéritier qui doit le rapport, est dans l'impossibilité de le faire
en argent, il faut nécessairement qu'il prenne moins sur les immeubles, afin que ses cohéritiers puissent recevoir leur lot tout
entier , sur l'héritage commun. Que ces principes ne sauraient
être changés dans l'intérêt des créanciers de celui qui a joui de
la succession à partager, parce que les créanciers ne peuvent
avoir des droits plus étendus que ceux de leurs débiteurs........ »
D., 1824, s., p. 80, et 1825, s., p. 196; Rép. méth., ch. 6, sect. 3,
art. 4 , n. 23.

Un arrêt de la Cour de Riom , du 14 février 1828, semble
fondé sur les même bases ; et cet arrêt a triomphé d'un pourvoi en cassation, le 11 août 1830. Déjà un arrêt d'Agen, qui ,
en faveur d'un créancier, refusait le payement des jouissances
en corps héréditaires , avait été cassé le 26 février 1829.
D., 1829 , p. 158, et 1830, p. 382.

Ces arrêts ne confondent-ils pas deux choses différentes :
Le rapport des biens laissés par le défunt, dû à la succession ,
et les restitutions de jouissances dues par un cohéritier à l'autre ? Au partage, ces restitutions sont bien une sorte de rapport ; et on leur donne bien ce nom ordinairement ; mais elles
ne sont pas de la masse héréditaire ; on ne les a pas trouvées
dans la succession ; et si l'on peut les réunir à cette masse,
quand elles peuvent se répartir comme l'hérédité, il faut en faire
l'objet de comptes particuliers, quand elles ne sont dues, par un
ou plusieurs cohéritiers, qu'à une partie des autres héritiers.
Jamais les immeubles qui pourraient revenir au cohéritier
comptable de jouissances, ne sont substitués de droit, aux deniers
qui lui manquent pour la restitution actuelle de ces jouissances.
Les lois romaines considéraient les fruits comme un accroissement de la succession , pour conclure que la demande de
l'hérédité comprend les fruits provenus des biens qui la composent (l. 20 , § 2 , 3 ff. de hæred. pet.) , ou qu'il n'est pas
douteux que le jugement qui condamne un héritier à délaisser
une portion héréditaire à son cohéritier, n'adjuge virtuellement

les fruits de cette portion *(l. 9, c. famil. ercisc.);* ou que dans un partage de famille, on ne peut nuire aux droits du cohéritier absent, et que celui-ci pourra prendre, avec la portion qui lui revient, les fruits qu'elle a donnés. *(l. 17, eod.).* Aucune loi romaine ne dispose que le cohéritier qui retire sa part de la succession, a droit, par privilége, de reprendre les jouissances que son cohéritier en a perçues, sur le lot de ce cohéritier.

M. Grenier, dans son Traité des Hypothèques, *n.* 159, dit qu'il a vu faire quelquefois une mauvaise application de la règle: *fructus augent hœreditatem,* mais qu'on ne voit ni dans le droit romain, ni dans le droit français, que la dette de jouissances d'un cohéritier, puisse donner lieu à une *adhésion ou réunion* de la portion en nature de ce cohéritier aux portions des autres, jusqu'à concurrence de la valeur de ces jouissances. L'auteur ajoute: Partout il n'est question que de restitution ; et les principes relatifs aux restitutions des fruits, lorsqu'il s'agit de possesseurs de bonne ou de mauvaise foi, sont appliqués aux héritiers qui ont été en possession de la succession, comme aux autres possesseurs. *Lebrun, succ., liv.* 2, *ch.* 7, *et addit. d'Espiard; Domat, liv.* 3, *tit.* 5, *sect.* 3, *n.* 9. *V. aussi C. civ., art.* 172 à 133 *et* 2265.

La reprise des jouissances opérée au partage, de quelque manière que ce soit, augmente par le fait le lot de l'héritier à qui elles étaient dues; mais dans le vrai, elles ne sont point une part de la succession. Faites par un cohéritier, elles ne sont pas d'une nature différente de celles qu'aurait eues un étranger. Aussi, aucun article du Code n'ordonne de rapport de jouissances à la masse de la succession. Les art. 829 et 830 ne font pas mention de fruits et d'intérêts ; et l'art. 850 n'en parle que pour dire qu'ils ne sont dus qu'à compter de l'ouverture de la succession. Il ne déclare pas qu'ils font partie de l'hérédité; il ne les unit pas, pour le rapport, aux fonds qui les ont produits ; il n'ordonne pas qu'ils entreront dans la masse commune de la succession. Les fonds ne sont pas naturellement, et de droit, affectés par privilége à la garantie des jouissances dues par un cohéritier. Un privilége de cet ordre ne peut exister que par la disposition expresse de la loi. On ne saurait l'admettre, d'après une vieille sentence, mal définie, que le Code n'a point répétée. M. Grenier ne voit qu'une créance ordinaire dans la répétition des fruits et intérêts entre cohéritiers. Cette créance nous a paru si peu favorable, que, dans notre Traité des Prescriptions, nous avons exprimé le désir qu'elle se prescrivît par cinq ans, comme les fermages.

Il est un privilége conféré positivement aux cohéritiers, par les art. 2103 et 2104; mais son objet fixe se renferme dans la garantie des partages, les prix de licitation, la soulte ou retour de lots; et ce privilége purement hypothécaire, est soumis à la condition de l'inscription, dans un délai de soixante jours, à dater de l'acte de partage ou de la licitation. Ce n'est pas pour le cohéritier à qui des jouissances sont dues, et qui n'en reçoit point la restitution effective, le droit de se saisir, au partage ni après le partage, en totalité ni en partie, de la propriété du lot de son cohéritier débiteur; c'est simplement, pour trois causes qui ne comprennent pas les reprises de jouissances, un privilége hypothécaire donnant pouvoir de faire saisir et vendre en justice, pour être payé sur le prix de la vente, par préférence à d'autres créanciers.

Pour le temps du partage, la Cour de Pau, à l'exemple de M. Grenier, a justement apprécié les choses, en disant, par son arrêt du 28 juillet 1828, « que lorsqu'un cohéritier a perçu des fruits qui devaient revenir à son cohéritier, et qu'il ne peut pas lui en faire raison, soit en argent, soit en nature, il est juste alors d'accorder au dernier des immeubles à prendre sur la portion de ce premier, jusqu'à concurrence de ce qui lui est dû; mais qu'il en doit être autrement lorsque des tiers sont intéressés au partage : leurs droits étant indépendans, ne sauraient être lésés par des prélèvemens qui leur sont étrangers, la loi n'accordant aucune espèce de privilége. » D., 1829, s., p. 77.

Pour le temps postérieur au partage, la Cour d'Aix a très-bien dit, le 12 juillet 1816, « que les priviléges sont exorbitans du droit commun, et qu'ils doivent être restreints dans les limites qui leur ont été assignées par le législateur ;...... qu'il a borné le privilége entre cohéritiers, et que n'ayant rien dit pour la restitution de fruits dus par suite de la possession, dans laquelle un héritier se serait maintenu, au préjudice de ses cohéritiers, il est impossible d'étendre le privilége à cette restitution. » D., 1829, s., p. 29.

La Cour de Grenoble, le 21 juillet 1826, et celle de Montpellier, le 24 août 1827, avaient déjà repoussé absolument le privilége prétendu. Les motifs de ces arrêts méritent d'être étudiés. D., 1827, s., p. 67 et 120 ; et 1833, s., p. 150.

La Cour de cassation, par son arrêt précité, du 11 août 1830, a décidé que la mise en possession des lots d'immeubles avant le compte, et la restitution des jouissances, n'opère qu'un partage provisionnel ; que les fonds attribués au cohéritier comptable de fruits, se trouvent grevés d'un droit réel et privilégié, pour la restitution de ces fruits ; et que c'est seulement dans les soixante jours du partage définitif, qu'on est obligé de prendre inscription pour conserver ce privilége.

Nous l'avons remarqué : dans les art. 2103, 2109, il n'y a point de droit *réel* privilégié ; on n'y trouve qu'un privilége hypothécaire, borné à la garantie du partage, au prix de licitation, et aux soultes. Mais, s'il était vrai que le cohéritier, à qui des jouissances doivent être restituées, eût, au temps du partage, le droit *réel privilégié*, de détacher du lot de son copartageant débiteur, pour faire entrer dans son propre lot, des fonds en payement de cette dette de jouissances, nous concevons qu'on pourrait, ou ne regarder que comme provisionnel le partage dans lequel cette opération ne s'est pas faite, ou considérer comme soulte, résultant d'un partage définitif d'immeubles, la somme restée due par le cohéritier qui a retiré la part d'immeubles que l'autre aurait pu prendre en payement. Sous le premier point de vue, c'est un partage à refaire ; sous le second point de vue, c'est le privilége des art. 2103, 2109, à faire inscrire dans les soixante jours de l'envoi en possession des lots.

Mais le *droit réel privilégié*, au temps du partage, ne peut pas résulter des art. 2103, 2109, qui ne donnent qu'un privilége d'hypothèque, après partage, pour les soultes ou retours de lots ; et nous avons montré que ce *droit réel privilégié*, au partage, ne sort pas des art. 829, 830, 858, ni d'aucun autre du Code civil. Si donc, à défaut de payement au temps du partage, la créance des fruits ne constitue pas un droit réel privilégié, qui doive alors diminuer nécessairement le lot du copartageant débiteur, sans égard à ses autres créanciers, pour augmenter celui du copartageant créancier, il ne peut y avoir, à cause de cette créance subsistant après le partage et l'envoi en possession des lots, ni partage à refaire, ni privilége quelconque à faire valoir.

4. Au reste, la composition définitive des lots doit bien être la dernière opération du partage ; tel est le vœu de la raison et de la loi, telle est la marche tracée par les art. 828,

829, 830 et 831 du Code civil, 976 et suivans du Code de procédure; et l'on ne peut pas s'écarter de cette voie sans inconvéniens. Le cohéritier qui doit à la succession, étant obligé de mettre le montant de sa dette dans la masse, ou de prendre moins dans son lot, comment former une masse complète et un lot juste sans l'opération du rapport réel ou fictif? Le cohéritier qui a des reprises contre la succession, a le droit d'en prélever le montant sur la masse, si ses copartageans ne viennent pas lui apporter leur quote part de cette dette de la succession. Comment réduire la masse et composer convenablement les lots, si les reprises ne sont pas liquidées, payées ou prélevées? Sans l'opération de tous rapports et de tous prélèvemens, et une liquidation entre les cohéritiers, on n'aura point un partage achevé; il restera des comptes et des fournissemens à faire; et l'on pourra être forcé de revenir à la composition de la masse des lots.

Il ne convient pas, comme on le pratique en certains lieux, et notamment dans une grande partie du ressort de la Cour royale de Riom, de partager d'abord les meubles qu'on a sous la main, et les immeubles, souvent même les immeubles seulement; de se hâter de mettre chaque copartageant en possession du lot qui lui a été fait, pour procéder ensuite, quelquefois très-tard, aux comptes ordonnés par l'art. 828, et arriver à établir des créances de l'un envers l'autre, pour le payement desquelles celui-là pourra être obligé de poursuivre l'expropriation des biens de celui-ci.

Dans cette position, la créance d'un cohéritier contre l'autre serait-elle réputée soulte de partage, et garantie par l'hypothèque privilégiée des art. 2103 et 2109 du Code civil? Ce privilége, s'il existait ainsi étendu, devrait-il se trouver inscrit, éventuellement, avant le compte, dans les soixante jours de l'envoi en possession des lots informes, qui aurait terminé un partage incomplet? Ce délai ne courrait-il que de la clôture du compte qui complète le partage, dix ans, peut-être vingt ans, et même plus de trente ans, s'il y a des minorités, après le partage incomplet?

On sait comment l'arrêt de la Cour de cassation, du 11 août 1830, a décidé sur cette matière, relativement aux restitutions de jouissances qu'il répute objets de rapport à la masse du partage. Nous voyons certainement un partage incomplet, mais nous ne saurions voir un simple partage provisionnel dans

l'opération bornée à la division des immeubles et à l'envoi
en possession des lots. Cette opération s'est faite définitive et
irrévocable, dans l'intention des parties, ou par l'ordre de la justice, sauf le privilége des art. 2103, 2109, pour les reprises à
faire et qui seront véritablement des soultes ou retours de lots;
créances soumises à l'inscription. Si le partage des immeubles
devient définitif par l'envoi en possession, c'est de ce jour que
le délai de l'inscription des cohéritiers doit courir, parce que
c'est de ce jour que le public peut reconnaître la propriété séparée de chacun, et qu'il doit croire qu'elle est sujette à l'inscription d'un privilége de cohéritier pendant les soixante jours qui
suivront.

Si l'on objecte que le copartageant créancier ne pourrait pas
faire d'inscription, parce que la créance n'est pas liquidée,
nous répondrons que la liquidation préalable n'est pas indispensable quand la créance est certaine; et que dans les cas où elle
ne peut s'établir que par les comptes du partage, le créancier
est en faute d'avoir consenti à la composition et à la distribution
des lots avant les opérations de compte et de liquidation, suivant
la marche tracée par la loi; et que s'il ne peut pas faire d'inscription valable, c'est une peine qu'il a méritée. Les tiers ne doivent
pas souffrir de sa faute: l'envoi en possession des lots doit leur
faire croire à la clôture du partage.

ARTICLE 831.

Après ces prélèvemens, il est procédé, sur ce qui reste
dans la masse, à la composition d'autant de lots égaux
qu'il y a d'héritiers copartageans, ou de souches copartageantes.

1. Les dettes de la succession qui ne sont pas payées par la vente
des meubles, selon l'art. 726, ne se prélèvent pas sur la masse.
Chaque héritier retire sa part de l'actif, et reste chargé d'une
part égale dans le passif. Mais, comme par l'effet de l'hypothèque, un cohéritier pourrait être poursuivi seul par le créancier
d'une rente, l'art. 872 autorise chaque cohéritier à exiger que
les rentes, affectées sur les immeubles, soient remboursées, et
que les fonds soient rendus libres, avant qu'il soit procédé au
partage. *Chab.*, n. 2; *Toull.* 4, n. 418; *V. infra*, art. 872.

2. On fait autant de lots qu'il y a de copartageans, lorsqu'ils

succèdent tous de leur chef, par portions égales. S'il y a des héritiers appelés par représentation, le nombre des lots doit être égal à celui des souches, de manière qu'il n'y ait qu'un même lot pour les divers représentans d'une même personne, qui en font ensuite, de la même manière, la subdivision entre eux. Quand il y a des parts inégales, entre les cohéritiers appelés de leur chef, on fait aussi deux opérations successives : la première, pour déterminer la part supérieure aux autres ; la seconde, pour la division de ces parts restantes, après la distraction de la première. Ainsi, pour le partage entre le père et les deux frères du défunt, quatre parts égales sont faites et tirées au sort, pour fixer le lot du père ; et les trois autres se réunissent, pour être divisées en deux lots égaux, qui se distribuent aussi par le sort. On détermine de la même manière, par une première opération, les quotes des portions disponibles qui reviennent en préciput à des cohéritiers, et celles que des donataires ou légataires étrangers ont à retirer. *V. supra, art.* 733, 734, 743; *infra, art.* 834, 836; *Chab., n.* 3 *et* 4; *Delv.* 2, *p.* 147; *Dur.* 7, *n.* 159.

ARTICLE 832.

Dans la formation et composition des lots, on doit éviter, autant que possible, de morceler les héritages et de diviser les exploitations ; et il convient de faire entrer dans chaque lot, s'il se peut, la même quantité de meubles, d'immeubles, de droits ou de créances de même nature et valeur.

1. Une grande attention et beaucoup de soins sont nécessaires de la part des experts, ou des héritiers qui indiquent ou qui établissent la composition des lots. Pour appliquer convenablement et avec équité les dispositions de cet article, il ne faut pas trop morceler les fonds ; il ne faut pas non plus qu'un cohéritier soit contraint à payer ou à recevoir une trop forte soulte en argent. *V. infra, art.* 875; *Malev.; Chab.; Delv.* 2, *p.* 143, *Toull.* 4, *n.* 429.

ARTICLE 833.

L'inégalité des lots en nature se compense par un retour, soit en rentes, soit en argent.

1. La compensation en rentes qui ne sont pas dans la

succession, et qu'un copartageant donne sur lui-même, ou sur ses débiteurs délégués, ne peut se faire valablement que par l'accord des cohéritiers capables des conventions du partage. Ceux qui ne voudraient pas, comme ceux qui ne pourraient pas donner de consentement, ne sauraient être contraints à ne recevoir qu'une rente de leur copartageant, pour la valeur de la partie des corps héréditaires qu'ils sont obligés de lui céder. C'est une somme exigible qui doit leur être accordée. *Chab.*, n. 1, 2, 3; *Toull.* 4, n. 429.

2. Il faut même reconnaître, avec M. Chabot, que les rentes constituées à perpétuité, appartenant à la succession, sont des propriétés peu avantageuses, qui ne forment pas une juste compensation avec des immeubles. On doit les distribuer dans les lots, également, autant que possible. *Chab.*, n. 2.

3. La soulte la plus convenable est dans l'obligation imposée au copartageant, qui a le lot le plus fort, de payer une plus forte portion des dettes. *Chab.*, n. 3; *Toull.* 4, n. 430.

4. Le partage n'est pas un titre d'acquisition, et conséquemment il ne donne pas ouverture au droit de mutation pour la régie du domaine; mais la soulte qu'un copartageant fait en deniers, ou par un délaissement d'autres biens, qui ne viennent pas de la succession, est un prix de vente, ou un objet d'échange, passible du droit proportionnel, fixé pour la vente et pour l'échange. On chercherait inutilement à se soustraire au droit, en donnant à l'acte la forme d'une transaction; le partage et la soulte se reconnaîtraient dans cet acte, qui fait cesser l'indivision. *Art.* 888. Si la soulte était dans la charge d'une plus forte portion de dettes, elle serait toujours un prix de vente pour le fisc. *Merl.*, *Rép.*, *partage*, § 11; *Toull.* 4, n. 430; *Delv.* 2, p. 145.

5. Comme prix de vente, la soulte produit intérêts, de plein droit, du jour de l'envoi en possession des lots. *Art.* 1652. Un arrêt de Bruxelles, du 13 juin 1821, cité par M. Dalloz, ne fait courir l'intérêt que du jour où la soulte est exigible. Oui, si telle est la convention. Sans cette stipulation, l'atermoiement du prix d'une vente ne renvoie pas, au terme fixé, le cours de l'intérêt. *Rép. méth.*, *chap.* 6, *sect.* 3, *art.* 4, n. 29.

6. Cependant, deux arrêts du 23 mars 1820 et du 25 juin 1828, de Metz et de Besançon, décident que la soulte de partage n'est point un prix de vente, et que le copartageant, à qui elle est due, n'est pas recevable à demander la résolution du

partage. Nous admettons la fin de non-recevoir, bien que la
soulte nous paraisse un prix de vente, parce que la vente,
accessoire du partage, suit le sort du principal, dans ses résultats essentiels, au lieu de le déterminer. *D.* 1822, *s., p.* 61; *et*
1828, *s., p.* 132; *Sir.* 21, 2, 338.

7. Pour la sûreté des soultes, l'art. 2103 a fait assez, en
donnant, au copartageant créancier, un privilége *sur les im-*
meubles de la succession. La loi devait ajouter : *que comprend le*
lot du débiteur. Il faut sous-entendre ces derniers mots, car
les lots qui ne sont pas soumis à la soulte, ne peuvent pas
raisonnablement être frappés de ce privilége.

8. Pour l'efficacité du privilége, le créancier doit le faire
inscrire dans les soixante jours du partage, durant lequel
temps, dit l'article 2109, aucune hypothèque ne peut avoir
lieu sur les biens chargés de soulte. M. Grenier et M. Delvincourt font remarquer qu'entre personnes capables, le partage pouvant se faire par acte sous seing privé, l'inscription
peut être prise en vertu de cet acte. Si le privilége n'est pas
inscrit dans le délai marqué, il dégénère en simple hypothèque,
qui n'a de rang que du jour où elle est inscrite. *Gren., hyp.,* 2,
n. 397, *etc.; Delv.* 2, *p.* 145; *Dur.* 7, *n.* 164. *V. supra, art.* 830,
n. 3.

9. L'art. 2109 interdit au copartageant, débiteur de soulte,
le droit de conférer hypothèque sur les immeubles de son
lot, pendant le délai de soixante jours; mais elle ne lui défend
pas l'aliénation avant ce terme. Si le cohéritier vend et si l'acquéreur transcrit, aussitôt après le partage, le créancier de la soulte
ne conservera la faculté de surenchérir, envers le nouvel acquéreur, qu'en accélérant son inscription, pour la placer dans
la quinzaine de la transcription de la vente. S'il n'inscrit
pas dans cette quinzaine, en perdant la faculté de surenchérir, il perd le droit de concourir à l'ordre, sur le prix de
la surenchère provoquée par un autre créancier. M. Tarrible,
M. Grenier et M. Delvincourt sont d'accord sur ce point, et leur
décision parait bien être la conséquence rigoureuse des dispositions des deux art. 834, 835 du Code de procédure. Mais M. Delvincourt va plus loin : il soutient que le défaut d'inscription, dans
l'espace de quinze jours, bien qu'il y ait inscription, ensuite,
avant le terme de soixante jours, fait perdre aussi tout droit
contre l'acquéreur; tellement que, si ce dernier a payé, soit
au vendeur lui-même, soit aux créanciers inscrits, le créan-

cier de la soulte n'a plus aucun droit à exercer contre l'acquéreur. Le professeur prétend que les autres droits du vendeur et des héritiers, réservés à la fin de l'art. 834, ne sont que des droits à exercer contre d'autres personnes que l'acquéreur, c'est-à-dire contre les créanciers. La loi n'établit pas cette distinction. L'art. 834 du Code de procédure, bien évidemment, ne touche au privilége de l'art. 2109 du Code civil, que pour marquer qu'il ne pourra faire participer à l'avantage de la surenchère, qu'autant qu'il sera inscrit dans la quinzaine. Ce privilége, réservé, demeure avec toutes ses autres conséquences, sous la condition de l'inscription, dans le délai de soixante jours, à compter du partage. *V. Tarrible, dans Locré, Espr. C. proc., art. 834, 835; Gren., hyp., 2, n. 400; Delv. 2, p. 146.*

ARTICLE 834.

Les lots sont faits par l'un des cohéritiers, s'ils peuvent convenir entre eux sur le choix, et si celui qu'ils avaient choisi accepte la commission ; dans le cas contraire, les lots sont faits par un expert que le juge commissaire désigne.

Ils sont ensuite tirés au sort.

1. Les experts nommés en exécution de l'art. 824, ne font les lots que dans le cas d'exception marqué par l'art. 975 du Code de procédure, lorsque le partage n'a pour objet que des immeubles sur lesquels les droits des intéressés sont déjà liquidés. En général, les lots sont faits par l'un des cohéritiers convenu entre tous, ou par un expert que le juge-commissaire désigne. La désignation peut porter sur l'un des trois experts qui ont fait l'estimation. Avant le Code de procédure, on a pu être incertain sur le point de savoir si la mission de composer les lots pouvait être donnée à l'un des cohéritiers, alors même qu'il y avait parmi eux des mineurs ou des interdits. L'art. 978 de ce Code a tranché la question : les lots ne peuvent être faits par l'un des cohéritiers, que lorsqu'ils sont tous majeurs. *V. cet art. et suiv.; Malev.; Chab., n. 1, 2; Toull. 4, n. 425; Dur. 7, n. 156, etc.; Delv. 2, p. 147.*

2. La loi ordonne, en termes généraux et sans exception, le tirage des lots au sort; mais elle ne s'oppose point à ce que des cohéritiers majeurs et non-interdits fassent volontai-

rement entre eux, des lots d'attribution. Un arrêt de la Cour
de cassation, du 9 mai 1827, leur reconnaît ce droit, qui
est bien la conséquence de la disposition de l'art. 819. La dernière disposition de l'art. 834 n'a pour objet que d'interdire
aux tribunaux d'ordonner ou d'admettre des attributions,
quand toutes les parties capables n'en sont pas convenues, ou
quand elles ne sont accordées que par des mineurs, des interdits ou par leurs tuteurs. Mais encore, avec les incapables
même, il peut être fait des lots d'attribution, par la voie de
la transaction qu'autorise l'art. 467 du Code civil. Un autre
arrêt de la Cour de cassation, rendu le 30 août 1815, a consacré ce point de droit. *Sir.* 15, 1, 404; *D.*, 1827, *p.* 236; *Malev. ;
Chab.*, *n.* 4, 5; *Toull.* 4, *n.* 428 ; *Delv.* 2, *p.* 147; *Malp.*, *n.* 259.

3. L'habitude des lots d'attribution, dans une multitude
de circonstances, avant le Code civil, en a fait admettre encore, après sa promulgation, par différens tribunaux, pour
fixer des portions inégales. La Cour de cassation elle-même,
en maintenant, le 11 août 1808, un arrêt de Lyon, a dit :
« que l'exécution de l'art. 834 est subordonnée à l'existence
d'une égalité parfaite dans les proportions et dans les chances
des copartageans, et que la Cour d'appel ayant pu valablement
décider que le sol sur lequel des constructions avaient été faites,
resterait dans le lot du constructeur, le tirage au sort était
inconciliable avec cette décision. » M. Chabot cite l'arrêt, en
ajoutant : « de même, si l'un des héritiers avait vendu un bien
de la succession, avant partage, lui ou ses acquéreurs pourraient obtenir, si d'ailleurs il n'y avait aucune présomption
de fraude, que le lot dans lequel serait compris ce bien, lui
fût attribué. » *Sir.* 8, 1, 529 ; *D.*, 1808, *p.* 462; *Chab.*, *n.* 5.

Dirigée par ces instructions, la Cour d'Angers, par un arrêt
du 7 décembre 1823, a refusé l'exécution, contre le tiers-détenteur, d'un partage amiable qui mettait au lot de l'un des cohéritiers, des fonds vendus par l'autre. L'arrêt déclare qu'une portion
de la chose commune a pu être aliénée par l'un des héritiers, s'il
est resté d'autres biens suffisans pour former la part de son
cohéritier. *Rép. méth.*, *chap.* 6, *sect.* 3, *art.* 4, *n.* 33.

L'arrêt du 11 août 1808 était relatif à une succession ouverte
avant le Code civil. Cette circonstance a pu influer sur la décision : M. Toullier ne veut pas voir là une règle d'interprétation pour le Code civil. Nous repoussons aussi cette interprétation. L'arrêt de la Cour de Lyon ne nous semble pas mieux

se concilier avec l'art. 834, qu'avec les art. 552 et suivans, 861 et 862 du Code civil. Nous aimons à publier, avec la Cour d'appel de Paris, dans les motifs d'un arrêt du 19 janvier 1808, « que la règle souveraine, en matière de partage, est l'égalité, dont la formation des lots et leur tirage au sort sont les seuls garans incontestables. » Nous sommes même peu disposés à l'admission du tempérament, indiqué par un autre motif de l'arrêt, d'un lot d'attribution, pour fixer une part infiniment petite. Il est vrai que la fixation, par la voie du sort, multiplie les opérations et augmente les frais ; mais nous voyons trop de danger à s'écarter de la règle rigoureuse de la loi. *J. p.*, *éd. n.*, *t.* 9, *p.* 64 ; *Toull.* 4, *n.* 428.

La Cour de Riom s'est quelquefois écartée de cette règle ; mais elle en a commandé l'application, par un arrêt du 17 juin 1829. *D.*, 1832, *s.*, *p.* 9.

On trouve dans les considérans d'un arrêt de cassation, du 10 mai 1816, un enseignement plus convenable à l'explication du Code civil, que celui de l'arrêt du 11 août 1808. On y déclare : « Que le législateur n'a pas voulu abandonner au pouvoir discrétionaire des tribunaux la forme et le mode des partages entre cohéritiers...... Que lorsqu'il est demeuré constant que les immeubles ne peuvent pas se partager commodément, les magistrats doivent ordonner qu'il sera procédé à la vente par licitation ; précepte qu'il leur est d'autant moins permis d'enfreindre, que l'inexécution de l'art. 827 entraîne nécessairement la violation des art. 826, 828, 830, 831, 832 et 834, dans lesquels est tracé le mode pour assurer, autant que possible, entre les cohéritiers, l'égalité qui est de l'essence des partages ;..... Qu'en refusant aux cohéritiers du sieur Turquin la faculté de faire vendre par licitation le domaine impartageable de Saussac, (en quatre lots) en se mettant, par ce refus, dans l'impossibilité de faire quatre lots égaux, de les composer de biens de même nature, de faire tirer au sort par chaque cohéritier, dans les quatre lots, celui qui aurait dû être fait postérieurement pour chacun d'eux ; en opérant, en un mot, de manière qu'il y aurait partage effectué, relativement au sieur Turquin, qui obtiendrait la motié du domaine pour le remplir de ses deux lots, et nécessité de vendre, par licitation, l'autre moitié du domaine, pour donner à chacun de ces cohéritiers, un lot qui ne serait composé que de deniers provenant de la vente, la Cour royale a violé expressément l'art. 827, et, par suite de cette contravention, les art. 826, 828, 83o, 831, 832 et 834.... » *D.*, 1826, *p.* 279.

Le pouvoir prétendu par la Cour d'Angers et par M. Chabot, de mettre au lot du cohéritier vendeur, les immeubles qu'il a vendus, est certainement contraire à ces principes. C'était autrefois un usage fort accrédité; on l'appelait un tempérament d'équité: c'était un acte d'injustice que le Code civil a sagement proscrit par la règle précise pour la composition des lots et le tirage au sort. Il ne devait être permis à aucun des héritiers, de choisir les biens de la succession, pour en disposer facilement, à son plus grand avantage, et laisser à ses cohéritiers les objets qui leur conviendraient le moins. L'acquéreur ne peut avoir que les droits du vendeur; il doit courir avec lui la chance du partage, qui confirmera ou anéantira la vente, suivant que le sort fera échoir la chose vendue au lot du vendeur ou au lot d'un autre copartageant. La Cour de Toulouse a jugé dans ce sens, le 15 janvier 183o. *D.*, 183o , *s.*, *p.* 286 ; *V. supra, art.* 834; *Chab., n.* 5 ; *Malp., n.* 259 ; *Pand. franç.* 3, *p.* 265.

4. Tous cosuccesseurs réguliers et irréguliers, héritiers institués par acte entre-vifs ou par testament, ont droit de faire déterminer leur portion afférente, de la même manière que les héritiers, vulgairement dits légitimes. Nous avons vu déjà que la doctrine de M. Toullier, qui réduit l'enfant naturel à recevoir le lot qu'il plaît à l'héritier légitime de lui désigner, n'a point eu de partisans. M. Toullier a commis la même erreur en prétendant qu'après des lots faits contradictoirement, l'héritier naturel peut désigner et délivrer au légataire de quote, celui des lots qu'il veut lui céder, et conserver les autres sans tirer au sort. C'est sur la disposition de l'art. 1021, faite pour le legs particulier d'une chose indéterminée, que M. Toullier fonde sa décision, comme s'il y avait un juste rapport entre la délivrance d'un legs de cette sorte, et le partage entre l'héritier du sang et l'héritier testamentaire. *Toull.* 5 , *n.* 53o. *V. supra, art.* 757 , *n.* 9.

ARTICLE 835.

Avant de procéder au tirage des lots, chaque copartageant est admis à proposer ses réclamations contre leur formation.

1. Les réclamations se font, soit devant le notaire liquida-

teur, qui les mentionne dans son procès verbal, soit devant le juge-commissaire, sur le rapport duquel le tribunal prononce, soit à l'audience même, par les avoués des parties. Le tribunal statue comme en matière sommaire. S'il juge les réclamations fondées, il ordonne une nouvelle formation de lots par un autre expert, qu'il nomme d'office. *V. infra*, art. 837; *C. proc.*, art. 977; *Chab.*, **n. 1**, *Toull.*, 4, *n.* 426; *Dur.* 7, *n.* 166; *Delv.* 2, *p.* 147.

2. Toutes réclamations se font valablement devant le notaire liquidateur. Un arrêt de cassation, du 8 février 1813, a jugé que la demande d'intérêts faite par un cohéritier, auprès de ce commissaire, pour des capitaux qui n'en produiraient pas de leur nature, est réputée judiciaire et fait courir ces intérêts, conformément à l'art. 1153. *J. p., éd. n., t. 14, p.* 237.

Les art. 980, 981, 982 du Code de procédure, règlent la clôture du procès verbal de partage, son homologation, et le tirage des lots au sort.

Article 836.

Les règles établies pour la division des masses à partager, sont également observées dans la subdivision à faire entre les souches copartageantes.

1. La disposition de cet article se confère avec celle de l'article 743, dont elle ne fait que marquer l'exécution pour les diverses opérations successives que nécessite la représentation et le partage par souche. Voici un exemple de ces divisions et subdivisions, pour lesquelles la même estimation des biens de la masse générale sert toujours en justice.

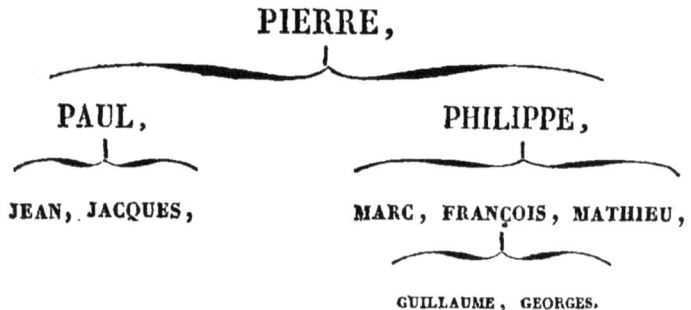

PIERRE,

PAUL,   PHILIPPE,

JEAN, JACQUES,   MARC, FRANÇOIS, MATHIEU,

GUILLAUME, GEORGES.

La succession de Pierre, ouverte après la mort de Paul et

de Philippe, ses fils, et de François, fils de Philippe, est à partager entre Jean et Jacques, représentans de Paul, d'une part, et Marc et Mathieu, représentans de Philippe, et Guillaume et Georges, aussi représentans de Philippe par représentation de François. Cette succession de Pierre amènera quatre partages : le premier en deux portions égales, entre les deux représentans de Paul, et les quatre représentans de Philippe. Jean et Jacques en feront un autre, pour la subdivision entre eux de la moitié qu'ils auront eue conjointement. De même, Marc, Mathieu, Guillaume et Georges subdiviseront l'autre moitié qu'ils auront eue conjointement; mais ici le partage se fera en trois parts, une pour Marc, une pour Mathieu, et l'autre pour Guillaume et Georges ensemble. Enfin, ce tiers de moitié, advenu à Guillaume et Georges, se subdivisera encore entre eux également. Dans chacune de ces divisions et subdivisions, les règles générales du partage doivent être observées, pour les fournissemens, rapports, prélèvemens, composition de masse, licitation, formation de lots, et tirage au sort. *Chab.* 1, 2.

ARTICLE 837.

Si, dans les opérations renvoyées devant un notaire, il s'élève des contestations, le notaire dressera procès verbal des difficultés et des dires respectifs des parties, les renverra devant le commissaire nommé pour le partage ; et, au surplus, il sera procédé suivant les formes prescrites par les lois sur la procédure.

1. Nous avons prévenu, déjà plus d'une fois, la disposition de cet article, qui se retrouve à peu près dans l'art. 977 du Code de procédure. Le notaire n'est pas juge des difficultés; il doit en rendre compte dans son procès verbal, et renvoyer les parties devant le juge-commissaire. Ce juge ne peut pas statuer seul sur les contestations, mais il doit chercher à les terminer par la conciliation ; et quand ses efforts sont infructueux, il fait son rapport en audience publique, au tribunal, qui porte son jugement. La manière de procéder devant le notaire, devant le juge-commissaire, et pour arriver au jugement, est réglée par l'article précité et les suivans, du Code de procédure. *Chab.; Toull.* 4, *n.* 423, *etc; Delv.* 2, *p.* 144; *Dur.* 7, *n.* 157.

ARTICLE 838.

Si tous les cohéritiers ne sont pas présens, ou s'il y a parmi eux des interdits, ou des mineurs, même émancipés, le partage doit être fait en justice, conformément aux règles prescrites par les art. 819 et suivans, jusques et compris l'article précédent. S'il y a plusieurs mineurs, qui aient des intérêts opposés, il doit leur être donné à chacun un tuteur spécial et particulier.

1. L'art. 819 laisse aux majeurs non interdits, la faculté de faire le partage à leur gré, et dans la forme qui leur convient. L'art. 466 a dit que pour obtenir, à l'égard du mineur, l'effet qu'il aurait entre majeurs, le partage doit être fait en justice; et le présent article, embrassant, d'une manière expresse, les interdits dans sa disposition, déclare que, pour les uns et les autres, le partage doit être fait conformément aux règles que nous avons examinées dans les art. 819 et suivans. L'art. 840 ajoutera que les partages dans lesquels ces formes n'ont pas été observées, ne sont que provisionnels. *Malev.; Chab.; Toull.* 4, *n.* 409, 413; *Dur.* 7, *n.* 98, 99, 173.

2. Cependant, la disposition générale de l'art. 467 du Code civil peut faire autoriser le tuteur à transiger sur un partage, comme sur toute autre sujet de contestation, et à le régler amiablement, sans l'observation des formalités spéciales, établies par les Codes civil et de procédure. On en a un exemple dans l'affaire Sallonier, jugée par la Cour de Bourges, le 7 juin 1810. L'arrêt rendu par ce tribunal a obtenu l'approbation de la Cour de cassation, le 30 août 1815. *D.* 1815, *s., p.* 465; *Chab.*, art. 834, *n.* 5.

3. Les héritiers présomptifs d'un absent, envoyés en possession de ses biens et de ses droits, ne sont point assez sûrement à sa place, relativement à la succession à laquelle il a été appelé, pour qu'ils puissent faire amiablement un partage valable, qui l'obligera à son retour. Ce partage amiable pourrait bien être définitif contre eux; mais pour lui, il ne sera que provisionnel, de même que celui qui serait fait sans l'observation des formes légales, par un notaire chargé de le représenter, conformément à l'art. 113. *Chab.*, *n.* 2.

4. Quoique l'absence, la minorité et l'interdiction obligent à des partages en justice, plus dispendieux que ceux qui se

font à l'amiable, les frais du partage fait avec des mineurs, des interdits ou des absens, n'en sont pas moins une charge de la succession, et supportés conséquemment par tous les cohéritiers, et par chacun, dans la proportion de sa part héréditaire. Une disposition, proposée à la suite de l'art. 466, pour mettre à la charge des mineurs les frais de justice, lorsque le partage serait provoqué par les tuteurs, a été rejetée par le Conseil d'état. *Chab.*, *n.* 4.

5. L'obligation de faire en justice les partages auxquels des mineurs, des interdits ou des absens sont intéressés, existe aussi bien pour les successions purement mobilières, que pour les autres successions; la loi n'a pas fait de distinction. *Chab.*, *n.* 6.

6. L'art. 968 du Code de procédure porte que le tuteur spécial et particulier, qui doit être donné à chaque mineur, ayant des intérêts opposés, sera nommé suivant les règles contenues au titre des avis de parens. *V. art.* 882, *etc.; Dur., n.*143.

Les mineurs qui succèdent par représentation, n'ont ordinairement, jusqu'à la subdivision, que le même intérêt. Venant de leur chef à la même succession, chacun a bien d'abord un intérêt particulier; mais ces divers intérêts ne sont pas toujours opposés entre eux; ils ne le sont que dans le cas où il peut y avoir des distributions inégales entre les copartageans, ou des rapports ou des prélèvemens. Le tuteur particulier est nommé, lorsque la contrariété d'intérêts se fait apercevoir. M. Chabot observe, avec beaucoup de raison, que la règle du tuteur spécial doit être commune aux interdits. *Chab.*, *n.* 7.

ARTICLE 839.

S'il y a lieu à licitation, dans le cas du précédent article, elle ne peut être faite qu'en justice, avec les formalités prescrites pour l'aliénation des biens des mineurs. Les étrangers y sont toujours admis.

1. L'art. 827 permet aux majeurs, non interdits, de faire la licitation devant un notaire de leur choix. L'article présent, fondé sur le même principe que celui qui le précède, décide expressément que, pour les mineurs, les interdits et les absens, la licitation ne peut se faire qu'en justice, avec les formalités prescrites pour l'aliénation des biens des mineurs. Ces formalités sont déterminées par le Code de procédure, art. 954, 970 et suivans. Pour les mineurs, comme pour les majeurs,

le juge peut charger un notaire de l'adjudication. *V. supra, art.* 827, *n.* 3; *Chab.; Delv.* 2, *p.* 143; *Dur.* 7, *n.* 147, *etc.*

ARTICLE 840.

Les partages faits conformément aux règles ci - dessus prescrites, soit par les tuteurs, avec l'autorisation d'un conseil de famille, soit par les mineurs émancipés, assistés de leurs curateurs, soit au nom des absens ou non présens, sont définitifs : ils ne sont que provisionnels, si les règles prescrites n'ont pas été observées.

1. En rédigeant cet article, on n'a pas fait attention à la distinction établie par l'art. 466, entre la demande et la défense en partage, pour l'autorisation du conseil de famille. M. de Maleville et M. Chabot s'accordent à dire, et nous disons comme eux, qu'à l'art. 840, le législateur n'a point entendu faire dépendre la validité du partage provoqué contre le mineur, d'une autorisation au tuteur, pour défendre à cette demande, et que la condition de l'autorisation du conseil de famille, pour rendre le partage définitif, ne s'applique qu'au cas où c'est le tuteur qui le provoque. *Malev., art.* 840; *Chab., id., n.* 2.

2. Les mêmes auteurs enseignent, avec plus de certitude encore, que le partage fait en justice, dans les formes prescrites, sur la demande du mineur émancipé, et assisté de son curateur, est définitif, bien qu'il n'y ait point eu d'autorisation du conseil de famille. Comme la femme mineure est émancipée par le mariage, et qu'elle a son mari pour curateur, la Cour de Bordeaux a dû décider, comme elle l'a fait, le 25 janvier 1826, que cette femme, autorisée seulement de son mari, avait pu faire, en justice, un partage valable et définitif. *D.* 1826, *s., p.* 179; *V. supra, art.* 817.

3. Les partages provisionnels n'ont pas la vertu de diviser la propriété; ils ne font que diviser la jouissance pour le temps de leur durée, et ils produisent cet effet irrévocable, jusqu'à ce qu'ils soient remplacés par un autre partage définitif. Ils deviennent eux-mêmes définitifs, si, dans les trente années utiles à la prescription, un nouveau partage n'a point été réclamé. Pour les mineurs, le délai court de leur majorité; pour les interdits, du jour de la mainlevée de l'interdiction, ou de leur décès; à l'égard des absens, qui ont

été représentés par leurs héritiers présomptifs, la perscription commence au jour de l'acte même.

M. Delvincourt avait enseigné d'abord, que le mineur devait former la demande d'un nouveau partage, comme une action rescisoire, dans le délai de dix ans; mais il a abandonné cette doctrine pour se réunir à celle de MM. Chabot, Toullier et Duranton, qui reconnaissent aux mineurs le droit de réclamer un nouveau partage définitif, durant trente années après leur majorité; c'est aussi celle que nous avons suivie, dans notre Traité des Prescriptions, n. 379. *Chab.*, *n.* 5; *Toull.* 4, *n.* 407; *Delv.* 2, *p.* 147; *Dur.* 7, *n.* 176; *Malp.*, *p.* 31, 8.

4. Le mineur n'est point obligé d'attendre sa majorité, pour demander ce nouveau partage. Émancipé, il peut le réclamer, avec l'assistance de son curateur, aussitôt qu'il se trouve lésé, sans avoir besoin de prouver la lésion. En tutelle, son tuteur le demandera pour lui, s'il est autorisé par le conseil de famille. Une demande ainsi formée par un tuteur, a été accueillie par la Cour d'Aix, le 22 frimaire an XIV. D. 1806, *s.*, *p.* 233; *Sir.* 7, 2, 1056; *Malp.*, *n.* 318.

5. Relativement à la prescription, M. Duranton distingue les partages qui sont provisionnels, *ex consensu*, de ceux qui le sont *ex lege*. Dans sa manière de voir, les partages amiables, stipulés provisionnels, emportant, de la part de chacun, reconnaissance du droit des autres, rendent la possession de tous précaire, et font obstacle à la prescription, même trentenaire. Quant aux partages pour des mineurs, des interdits ou des absens, que la loi déclare provisionnels, M. Duranton dit qu'ils n'emportent pas reconnaissance du droit de copropriété; que chacun possède *pro suo*, et non à titre précaire, et peut prescrire par trente ans. Cette différence n'est ni dans la lettre, ni dans l'esprit de la loi. La possession a le même caractère, après le partage stipulé provisionnel, et après le partage que la loi déclare provisionnel. Chacun jouit pour soi, sachant ou devant savoir que sa jouissance, séparée pendant l'espace de temps nécessaire à la prescription, effacera le provisoire, et produira l'effet d'un partage régulier et définitif. *Dur.* 7, *n.* 89 *et* 174.

6. Mais la cessation du provisoire et le partage définitif peuvent-ils être réclamés par les personnes qui étaient capables de s'engager, aussi-bien que par celles qui en étaient incapables? M. Chabot et M. Malpel invoquant l'art. 1125, dé-

cident que les incapables seuls peuvent se prévaloir de l'omission des formes, qui n'étaient prescrites rigoureusement que dans leur intérêt. M. Delvincourt porte une décision contraire, qui est appuyée par des argumens très-spécieux. L'art 1129 ne regarde que les actes nuls ou sujets à rescision, et les partages provisionnels ne sont pas dans cette classe. La loi leur accorde indistinctement, à l'égard de toutes parties, une vertu provisoire, qui n'a ni plus ni moins de force et de durée pour les uns que pour les autres. Ces partages, faits seulement pour diviser la jouissance, laissant la propriété indivise, ne peuvent acquérir que par le temps de la prescription, ou par une confirmation expresse, la puissance de diviser la propriété. *Chab.*, *n.* 7; *Malp.*, *n.* 318; *Delv.* 2, *p.* 147.

M. Duranton n'est entièrement de l'avis de M. Delvincourt, ni de MM. Chabot et Malpel; il ramène sa distinction entre les partages stipulés provisionnels, et tous ceux qui ont été faits sans l'observation des formes légales, par des tuteurs ou par des maris, et aussi ceux qui ont été faits de gré à gré, comme définitifs, par des femmes mariées, sans autorisation du mari; par des mineurs émancipés, sans autorisation du curateur; par l'individu soumis au conseil judiciaire, sans l'assistance de ce conseil; par des mineurs en tutelle même, et par des interdits. Dans la première position, l'auteur reconnaît à toutes les parties le droit de demander un partage définitif, et n'admet contre ce droit que la prescription de trente ans; il range ceux de la seconde position dans la classe des actes nuls, auxquels s'applique l'art. 1304, et dont la nullité ne peut être réclamée que dans le cours de dix ans, par ceux-là seulement qui étaient incapables, lorsqu'ils ont contracté. L'auteur dit : « Si l'acte ne portait pas que c'est simplement un partage provisionnel que les parties ont entendu faire, ou s'il ne résultait pas clairement des termes dont elles se sont servi en des circonstances particulières, dans lesquelles elles agissaient, que c'était un partage de cette sorte qu'elles voulaient opérer; bien certainement, il n'y aurait que l'incapable qui pourrait réclamer contre ce partage, et en demander un nouveau.... Pourquoi en serait-il autrement que des achats, des ventes et des transactions, etc.? *Dur.* 7, *n.* 177, *etc.*

M. Dalloz déclare son penchant pour cette distinction. Nous la croyons fondée, et nous l'admettons, avec toutes ses consé-

quences, quant aux actes des femmes mariées, faits sans autorisation, et à ceux de l'individu soumis au conseil judiciaire, qui
a procédé sans l'assistance de ce conseil; parce que, pour eux,
la loi n'établit pas que, hors des voies et des formes solennelles, rigoureusement suivies, il n'y aura que des partages
provisoires. Relativement aux mineurs, aux interdits et aux
absens, comme il résulte clairement de la combinaison des
art. 466, 467, 819, 829 et 840, qu'il ne peut se former pour eux
que des partages provisoires, lorsqu'on ne suit pas exactement
les voies et les formes commandées, tout en reconnaissant
que les majeurs qui ont voulu faire avec eux un partage définitif, se sont interdit la faculté d'en poursuivre un autre, nous
pensons que si ce partage n'est que provisionnel, selon la loi,
pour les mineurs, les interdits ou les absens, il a toujours
ce caractère en regard de la prescription, et qu'il repousse
l'application de l'art. 1304 du Code civil.

Nous jugeons de même, du partage provisionnel que l'art. 819
permet au mari. A moins de stipulation contraire, il a pour tous
le caractère marqué par la loi. Stipulé définitif, il le sera pour
les cohéritiers de la femme; et pour elle, il ne sera que provisoire pendant trente ans, après la dissolution de son mariage.
Vaz., *Prescrip.* 2, *n.* 554.

Les arrêts connus, sur la matière que nous venons d'examiner, ne s'accordent point avec nos solutions. Les Cours de
Lyon, d'Agen et de Colmar ont jugé, suivant la doctrine de
M. Chabot et de M. Malpel, sans distinction aucune, que les
personnes capables, qui ont fait deux partages que la loi déclare provisionnels, ne peuvent en demander d'autres dans aucun
temps. Il y a deux arrêts de Lyon, du 4 avril 1810 et du 16 juillet 1812. L'arrêt de Colmar, dont les motifs paraissent très-concluans à M. Malpel, est du 29 novembre 1816. D'autres arrêts,
invoqués par l'auteur, ne portent pas sur notre thèse. *J. p.*,
éd. n., *t.* 11, *p.* 319; *D.* 1817, *s.*, *p.* 24; *et Rép. méth.*, *succ.*,
ch. 6, *sect.* 3, *art.* 4, *n.* 39; *et art.* 6, *n.* 6.

7. Au partage définitif, qui vient remplacer le partage provisionnel, il ne se fait pas nécessairement des rapports de jouissances perçues en exécution du premier acte. Si cet acte n'a
pas pu produire la division de la propriété, il a eu la vertu de
diviser la jouissance; c'est pour cela même que la loi l'autorisait. Il est possible que le mineur perde à ce résultat; mais la
loi n'attache pas plus pour lui que pour le majeur, le compte

des fruits perçus, à la simple demande d'un nouveau partage ; elle ne restitue pas particulièrement le mineur contre la perte possible d'une portion de revenus, non plus que contre celle que son tuteur peut lui faire éprouver, en affermant ses biens au dessous de leur valeur. Lebrun admettait la restitution, pour cause de lésion déterminée, à l'égard du mineur qui demande la rescision dans le délai de dix ans. Nous l'admettrons encore, réclamée formellement, par l'action en rescision, dans ce temps utile, à la charge de prouver une lésion notable ; mais nous croyons qu'elle n'est de plein droit, en aucun temps, un effet de la demande du nouveau partage, et que, hors du terme de dix ans, bien qu'il soit possible encore d'obtenir un partage définitif, il n'est donné à personne d'exiger le rapport des fruits perçus avant la demande. Un arrêt rendu par la Cour de Nîmes, le 2 août 1827, l'a refusé au majeur, moins de dix ans après le partage provisionnel. *D.* 1828, *s., p.* 157; *Lebrun, succ., part.* 2, *p.* 245.

8. S'il est vrai que le partage provisionnel ne fasse que diviser la jouissance, laissant la propriété indivise, chaque copartageant, après cet acte, ne peut, pas plus qu'auparavant, faire d'aliénation sure des immeubles qui lui sont advenus. Les tiers qui les reçoivent de lui sont, comme il le serait lui-même, s'il les eût retenus, exposés à la chance du partage définitif.

9. Mais pourra-t-il lui-même réclamer ce partage, quand ses aliénations l'empêchent de faire un rapport réel ? La question est grave, délicate, et elle peut porter sur la demande d'un premier, comme sur celle d'un second partage. On ne voit que trop souvent des cohéritiers se saisir, par le fait, des fonds de l'hérédité les plus faciles à vendre, et les aliéner librement. M. Duranton n'envisage la question que relativement à la demande d'un nouveau partage définitif. Il n'en montre pas toutes les difficultés ; et il la résout, sans peine, en disant qu'on opposera au demandeur une fin de non-recevoir, tant qu'il ne rapportera pas en nature les objets qu'il a reçus. *Dur.* 7, *n.* 181.

Cette exception, que l'équité et la raison semblent signaler au premier aperçu, n'est pas positivement dans la loi ; et l'on sait qu'en matière de peines, de déchéances ou de fins de non-recevoir, le juge ne peut prononcer que selon la lettre de la loi. Mais, si la fin de non-recevoir sort nécessairement de la nature des choses, n'est-ce pas là une règle qui se déclare d'elle-même, et que la loi a pu, sans conséquence, ne pas déclarer? On dit, d'un côté: Comment refaire un partage, quand celui qui demande une part nouvelle, ne peut pas remettre en masse la part qu'il avait prise? La fin de non-recevoir est dans les conditions de la demande, qui ne peut avoir d'effet que sur une masse complète à recomposer. Les aliénations du demandeur, qui empêchent le rétablissement de cette masse, repoussent donc sa demande. De l'autre côté, on répond: La loi me laisse la faculté de rapporter en moins prenant; s'il n'est pas en mon pouvoir de représenter les objets en nature, je ferai donc un rapport fictif, et l'on mettra dans mon lot les objets que je ne rapporte pas réellement.

Mais on trouve un abus sensible dans cet arrangement; et l'on soutient que la loi ne l'autorise pas. L'art. 843 du Code, et ceux qui le suivent dans la même section, ne règlent les rapports que pour les choses données directement ou indirectement par le défunt. Le donataire les avait reçues pour ses besoins ou pour son agrément; il a pu les aliéner, et il faut qu'il puisse ne les rapporter qu'en moins prenant. Mais, quand la succession s'est ouverte, les cohéritiers l'ont eue en commun; et pendant cette communauté, aucun n'a eu le droit d'en rien détacher sans le consentement des autres. Il n'appartient point à l'un des cohéritiers de fixer lui-même sa part sur les objets de son choix, d'en disposer et de contraindre ses cohéritiers à se contenter de ce qu'il n'a pas voulu prendre. Ils exigeront un juste partage, et, pour cela, le rapport en nature à la masse, des objets qu'il a pris, sans égard aux aliénations qu'il a faites.

Cependant, ne pourront-ils pas, retenant les biens qu'il leur a laissés, le forcer à se tenir lui-même à la part qu'il s'est faite, quand ses aliénations, irrévocables pour lui, le mettent dans l'impuissance de la rapporter à la masse? Non! Ils ne pourraient, par ce moyen, repousser sa demande en partage. La fin de non-recevoir n'aurait rien de trop sévère, après un partage provisionnel, qui a dû faire des parts à peu près égales; la loi aurait pu l'établir. Mais elle serait dure et spoliatrice, lorsque, ce qui est le plus ordinaire, le cohéritier, avant partage, n'a aliéné qu'une partie des biens que le partage pouvait lui donner. S'il ne lui est pas permis de révoquer ses aliénations, si à la suite de la demande contre ses cohéritiers, il ne peut point appeler ses acquéreurs pour rapporter à sa place, les

cohéritiers peuvent le faire; et cette faculté résout contre eux
la question de fin de non-recevoir. Il n'y a point ici, en effet,
d'exceptions résultant de la nature des choses, il n'y en a point
d'établies par la loi; les juges n'en peuvent donc point admettre.

Mais on dira : Si les acquéreurs de bonne foi ont prescrit la
propriété par dix ou vingt ans de possession, ils seront dispensés du rapport!... Oui, c'est un accident qui peut se produire
avant tout partage, comme après un partage provisionnel ; il
réduira forcément au rapport fictif, en moins prenant, l'obligation du rapport en nature; mais il n'aura pas l'effet d'empêcher le partage que la loi a permis. Il en sera alors, par la
force du droit conféré aux tiers en l'art. 2265, de même
que dans le cas des objets donnés par le défunt et vendus par le
donataire; de même que dans le cas de la vente de son lot, par
le copartageant qui réclame la rescision du partage, pour
cause de lésion : il n'y aura pas de fin de non-recevoir à la
demande d'un juste partage ; on ne prononcera pas de forclusion contre un héritier, pour une partie de son amendement;
le rapport fictif, en moins prenant, arrangera les choses aussi-
bien qu'il est possible, convenablement. *Vaz., Presc., n.* 520;
infra, obs., art. 892.

10. Les immeubles devant être rapportés par les tiers-acquéreurs qui n'en ont pas prescrit la propriété, à plus forte raison, les hypothèques et toutes charges imposées sur les fonds,
par le cohéritier ou par ses acquéreurs, n'empêchent pas le rapport de ces fonds. S'ils passent au lot d'un autre cohéritier,
ils seront affranchis de ces charges. Ceux au profit desquels
on les avait créés peuvent intervenir au partage, pour y défendre leurs intérêts. *V. infra, art.* 882, 883; *Dur.* 7, *n.* 184.

ARTICLE 841.

Toute personne, même parente du défunt, qui n'est
pas son successible, et à laquelle un cohéritier aurait
cédé son droit à la succession, peut être écartée du partage, soit par tous les cohéritiers, soit par un seul, en
lui remboursant le prix de la cession.

1. Les lois *per diversas et ab Anastasio,* 22 *et* 23 *c. mandati,*
autorisaient les débiteurs de créances litigieuses, cédées à des
tiers, à se faire subroger à la cession, en remboursant le prix

de l'acquisition. La jurisprudence du royaume admit la règle et l'étendit aux cessions de droits successifs, en faveur des cohéritiers du cédant. Le Code civil a consacré cette jurisprudence, par ses art. 1699, 1700, 1701, et par le présent art. 841 ; mais celui-là manque de développemens ; et il a fait naître un grand nombre de difficultés. C'est en se pénétrant de son esprit, et en tirant les conséquences naturelles du principe qu'il a posé, qu'on parvient à de justes solutions.

Le but de la loi n'est pas de conserver les biens dans les familles ; et ce n'est pas un retrait successoral qu'elle établit. Le législateur a été frappé, uniquement, du trouble que peut apporter dans les partages, l'étranger qui a fait une spéculation, en achetant les droits d'un cohéritier. Il faut qu'on puisse le repousser quand il veut audacieusement pénétrer le secret des familles, à l'aide d'un acte que la cupidité ou l'envie de nuire lui a fait rechercher. Nos anciens auteurs disaient que la curiosité de savoir en quoi consiste une succession, à laquelle on n'est point appelé, cache toujours quelque mauvais dessein : *nemo curiosus nisi malevolus.* On ne fait pas de tort au cessionnaire, puisqu'on lui rembourse le prix de son acquisition ; et l'on tend à assurer le repos des cohéritiers qui s'arrangent plus facilement entre eux qu'avec le cessionnaire, étranger à l'esprit et à l'intérêt de leur famille. *Malev.; Rép. Merl., dr. succ., n.* 8 ; *Chab., n.* 1 ; *Toull.* 4, *n.* 435, *etc.; Malp., n.* 245 ; *Dur.* 7 , *n.* 187.

2. Le droit de subrogation est une exception qui repousse la demande de l'étranger, dans quelque temps qu'il la présente, et en tout état de cause, tant que le partage n'est pas fait. L'exercice de ce droit peut prévenir l'action du cessionaire ; et la subrogation peut être l'objet d'une demande principale. Un arrêt de la Cour régulatrice, du 9 août 1830, justifie cette dernière proposition. La première est appuyée sur un arrêt de la même Cour, du 14 juin 1820. *D.,* 1821, *p.* 38, *et* 1830, *p.* 383 ; *Rép. Merl., succ., n.* 10 ; *Chab., n.* 20 ; *Dur.* 7, *n.* 303.

On doit reconnaître, avec M. Toullier, que les héritiers du cédant ne peuvent repousser le cessionnaire quand ils ont approuvé le transport ; mais il ne faut pas craindre, comme M. Toullier, qu'en admettant le cessionaire à la rémotion des scellés et à l'inventaire, sans réserve de la subrogation, l'on puisse en perdre le droit. On procède avec le cessionnaire pour l'éprouver, et quand on se sent gêné par son concours, on réclame la subrogation. La Cour royale de Paris a fort bien jugé, le

26 février 1816, qu'il ne résultait pas de déchéance, de divers actes entre les héritiers et le cessionnaire, tendant au partage; et même d'un jugement qui l'ordonne et de la sommation de l'exécuter. *Toull.* 4, *n.* 448; *Dall.; Rép. méth.*, *succ.*, *ch.* 6, *sect.* 3, *art.* 3, § 3, *n.* 8; *V. infra, n.* 19.

3. La subrogation n'est donnée que contre les acquéreurs à titre onéreux, qu'on ne peut renvoyer indemnes, par le remboursement du prix et des frais de la cession. Elle ne s'applique point au donataire de droits successifs, que le donateur a voulu gratifier, et à qui l'on ne pourrait, sans injustice, enlever l'effet de cette bienveillance. Telle était la règle ancienne, prise dans le texte même des lois *per diversas*. La Cour de Lyon, par arrêt du 17 juin 1825, en a fait l'application sous l'empire du Code civil; mais on jugeait autrefois, et l'on décide aujourd'hui, que si le donataire vend à un étranger les droits qui lui ont été cédés gratuitement, l'acquéreur peut être obligé à la subrogation. *Chab.*, *n.* 10; *Toull.*, *n.* 446; *Delv.* 2, *p.* 137; *Rép. Merl.*, *dr. succ.*, *n.* 9; *D.*, 1825, *s.*, *p.* 224; *Rép. Fav.*, *dr. succ.*, *n.* 10; *Dur.* 7, *n.* 194; *V. infra, n.* 13.

Si le cessionnaire a deux titres, l'un onéreux et l'autre gratuit, il ne peut être contraint à la subrogation, car il ne servirait à rien de le repousser d'un côté, ne pouvant pas l'empêcher de venir par une autre voie. La Cour de Lyon a fait l'application de cette règle, par une disposition de son arrêt, du 17 juin 1825; et bien que l'arrêt ait été cassé, la règle reste intacte, parce que la cassation n'est fondée que sur un droit acquis à la subrogation, pour le titre onéreux, avant la survenance du titre gratuit.

4. De quelque manière que la subrogation soit demandée, elle s'applique aussi-bien aux cessions de droit dans les successions purement mobilières ou purement immobilières, qu'aux cessions qui portent sur des successions composées de meubles et d'immeubles, car la loi n'a pas fait de distinction. Ce sont les liquidations mobilières qui produisent le plus de difficultés. *Chab.*, *n.* 2, 4, 20.

5. Les successibles qu'on ne peut écarter du partage comme cessionnaires, dont les acquéreurs étrangers peuvent être repoussés par la subrogation, et qui peuvent eux-mêmes se faire subroger aux cessions consenties par des cohéritiers, ne sont pas seulement les héritiers du sang qu'on appelle légitimes; ce sont encore tous successeurs réguliers ou irréguliers, appelés par la loi, ou par la volonté de l'homme, à prendre part dans la

succession. Ainsi, il est généralement reconnu que les donataires et les légataires universels, ou à titre universel, peuvent acquérir sûrement les droits d'un autre héritier. Nous avons, en effet, toujours admis, en cette matière, l'explication de la loi 128, *ff.* § 1, *de reg. jur.: Hi qui in universum jus succedunt, hæredis loco habentur. Rép. Merl.*, *dr. succ.*, *n.* 9; *Chab.*, *n.* 6, 7, 14; *Toull.* 4, *n.* 439, *etc.; Malp.*, *n.* 247; *Dur.* 7, *n.* 186, 187, 190.

La Cour royale de Lyon, par un arrêt du 17 juin 1825, que nous examinerons bientôt sous d'autres rapports, a reconnu le droit de l'héritier testamentaire, à la subrogation. Le 19 juillet 1826, la Cour de Bordeaux l'a reconnu de même au donataire contractuel d'une quote part. Déjà, le 8 juin précédent, la Cour régulatrice avait décidé que ce droit appartenait à l'enfant naturel. *D.,* 1825, *s., p.* 224; 1827, *p.* 205; 1827, *s., p.* 17.

6. M. Delvincourt pose justement en principe que si le cessionnaire, sans être proprement successible, a un autre titre qui lui donne droit au partage, la subrogation ne peut point atteindre à sa cession. Un arrêt de cassation, du 14 mars 1810, a consacré ce principe, en décidant que deux sœurs Tassy, qui avaient une légitime à prendre dans la succession de leur père, n'étaient point étrangères à la succession de la mère prédécédée, quoiqu'il l'eût répudiée, parce qu'il était resté donataire de tous les biens qu'elle possédait en 1754, et que le bénéfice de cette donation ne pouvait être déterminé que par l'effet d'un partage avec l'héritier des biens libres; que les sœurs Tassy, par conséquent, ne pouvaient être privées, par la subrogation, de l'avantage d'une cession de droits que leur avait faite un héritier de leur aïeule. Un autre arrêt de cassation, du 3 mai 1830, a décidé, par la même raison, qu'une fille qui avait à rechercher sa légitime dans la succession de son père, confondue avec celle de l'héritier institué, avait droit à se faire subroger à l'acquéreur des droits du légataire universel de cet héritier institué. *D.,* 1810, *p.* 181, *et* 1830, *p.* 232; *Delv.* 2, *p.* 137.

7. On considère comme étranger le parent même du défunt, s'il n'est point appelé à la succession; et dans l'esprit de la loi, on doit dire que l'héritier présomptif qui renonce devient étranger à la succession, et qu'il peut être repoussé du partage, s'il se présente en qualité de cessionnaire d'un autre héritier, parce qu'alors il n'est plus qu'un spéculateur. *Chab.*, *n.* 5.

Mais M. Delvincourt veut mettre indéfiniment à l'abri de la subrogation le successible qui a renoncé à l'hérédité pour s'en

21

tenir aux dons qui lui ont été faits. Il faut distinguer les donations et les legs qui donnent droit au partage, des dispositions
particulières d'objets déterminés, qui s'exécutent par une simple
demande en délivrance contre l'héritier. Les successibles qui
ont abdiqué leur titre d'héritier pour conserver de simples donations de cette nature, se sont rendus étrangers à la succession,
et ne peuvent plus ni réclamer de subrogation contre aucun
cessionnaire, ni acquérir les droits d'un héritier, sans être
passibles de cette subrogation. L'arrêt de cassation, du 14
mars 1810, cité plus haut, que M. Delvincourt invoque à
l'appui de sa proposition, n'a, comme on l'a vu, jugé la subrogation inadmissible contre les sœurs Tassy, renonçantes, qu'à
raison de ce qu'elles avaient à rechercher, par un partage, la
succession de leur père dans celle de leur aïeule. D'ailleurs,
un arrêt de la Cour royale de Bourges a refusé la subrogation
à une fille donataire d'objets déterminés, qui avait renoncé à la
succession de son père ; et cette décision a reçu l'approbation
expresse de la Cour régulatrice, le 2 décembre 1829. *D.*, 1830,
p. 16 ; *Delv. préc.*

Cependant, M. Dalloz présentant comme générale, et faite
pour s'appliquer à tout successible qui a renoncé, la proposition
de M. Delvincourt, ne la croit pas sans fondement. Il n'approuve
pas l'argument du professeur ; mais il en offre un autre. M. Delvincourt a dit qu'il n'y a pas contre le successible, devenu cessionnaire après sa répudiation, le motif qui fait écarter l'étranger ;
qu'il est parent, qu'il a été successible, et qu'on ne doit pas le
croire susceptible de l'esprit de chicane qu'on redoute du spéculateur étranger. M. Dalloz ne trouve pas cette considération
déterminante ; car la subrogation repousse des parens assez proches, s'ils ne sont pas successibles, et celui qui a renoncé s'est
mis dans cette classe ; mais il semble à M. Dalloz qu'on peut
justifier la décision du professeur, en observant que le successible
a pu connaître les secrets de la famille avant sa reconciation. Cette
possibilité n'est pas le fait certain ; et elle n'a pas déterminé d'exception. Si le successible renonçant veut revenir à la succession,
il est probable qu'il ne la connaissait pas bien quand il l'a
répudiée. Qu'il en ait mieux présumé ensuite, lorsqu'il a
acheté le droit de redevenir héritier, ce retour recherché,
obtenu à prix d'argent, peut faire craindre aux cohéritiers
l'esprit de chicane, qui porterait le trouble parmi eux. La loi
les autorise à repousser ce parent qui s'était fait étranger à

la succession, et qui ne peut y prétendre que comme cessionnaire. La Cour régulatrice a justement marqué cette application de la loi, par son arrêt précité, du 2 décembre 1829. *Rép.
méth., succ., chap.* 6, *sect.* 3, *art.* 3, § 2, *n.* 19.

8. M. Delvincourt étend à une autre position, la décision
que nous venons de combattre. Il dit : « Et je pense qu'il en
doit être de même si le cessionnaire, sans être un successible,
se trouvait précisément être celui qui viendrait à la succession
à défaut du vendeur. » Nous n'admettons pas mieux cette opinion. Que, par une renonciation faite au greffe, le parent appelé à la succession doive faire place au parent du degré inférieur
qu'il pouvait exclure; ce n'est pas une raison pour qu'il puisse
lui vendre ses droits successifs, sans l'exposer à la subrogation.
La loi repousse le spéculateur qui a acheté le droit héréditaire.
Delv. 2, *p.* 137. *V. infra, n.* 11.

9. Nous rejetons également, d'accord ici avec M. Dalloz, l'exception proposée par M. Delvincourt et par M. Toullier, en
faveur du successible qui, exclu par les dispositions du défunt,
voudrait, au moyen de la cession d'une partie des héritiers
institués, partager la succession avec les autres. Il est étranger
à la succession; il n'aurait pas droit à la subrogation, et on
peut l'exercer contre lui. La Cour de Nimes a bien compris le
principe; mais elle l'avait mal appliqué, le 3 mars 1827. C'est
son arrêt qui a été cassé par celui du 3 mai 1830, que nous
avons cité un peu plus haut, à la fin du n° 6. La Cour de Nimes
avait fort bien dit que le successible, réduit au simple legs
d'une somme d'argent, ne pouvait pas repousser le cessionnaire de l'héritier institué; mais en fait, le légataire particulier avait une légitime à prendre dans la succession de son
père, qui était confondue avec celle de son frère, auteur de
l'institution. Un partage eût été nécessaire pour diviser les deux
successions ; et l'héritier légitimaire du père devait avoir le
bénéfice de la subrogation, pour être dispensé de ce partage
avec un étranger. *Delv.* 2, *p.* 137; *Toull.* 4, *n.* 441; *Rep. méth.,
succ., chap.* 6, *sect.* 3, *art.* 3, § 2, *n.* 10.

Mais la Cour de Lyon, par son arrêt du 17 juin 1825, que
nous avons annoncé au n° 1, a porté une décision contraire à
notre principe. Elle a jugé qu'on doit réputer successible, dans
le sens de l'art 841, et exempt de la subrogation, non pas seulement l'héritier qui vient au partage, mais encore tout parent

21.

appelé par la loi à la succession, et qui n'en est exclu que par les dispositions du défunt. Les juges de Lyon se sont mépris sur le but de la loi, et sur la signification du mot successible dans l'art. 841. Ils se sont encore mépris sur le préjugé de l'arrêt de la Cour de cassation, du 14 mars 1810, qu'ils invoquent à l'appui de leur décision. La loi veut que les successibles qui seuls ont droit à la succession, soit par l'effet de sa vocation générale, soit par l'effet des dispositions privées qu'elle autorise, puissent concentrer le partage entre eux, et repousser toute personne qui, sans droit direct, avec un simple titre de cessionnaire, chercherait à s'immiscer dans leurs affaires. L'arrêt de cassation, du 14 mars 1810, n'a jugé, encore une fois, la subrogation inadmissible contre les sœurs Tassy, qu'à raison de ce qu'elles avaient à rechercher, par un partage, la succession de leur père dans celle de leur grand'mère. *D.*, 1825, *s.*, *p.* 224; *Toull.* 4, *n.* 441.

10. Cet arrêt de la Cour de Lyon a été dénoncé à la Cour de cassation; mais, ce qui nous étonne, on ne l'a point attaqué pour avoir violé la loi, en affranchissant de la subrogation une personne qui n'avait de titre que dans sa cession, pour venir au partage. L'arrêt n'a été dénoncé et cassé que pour une autre décision qui nous avait paru bonne, selon le dessein de la loi. Les dames Fagnol et Montagnier étaient héritières universelles, testamentaires, de Rose de Lafont. La dame Fagnol céda les neuf dixièmes de ses droits à deux personnes différentes; l'une successible et héritière, s'il n'y eût point eu de testament, et l'autre tout à fait étrangère. La dame Montagnier demanda subrogation aux deux cessionnaires : un jugement l'accorda : il y eut appel; et bientôt les deux cessionnaires reçurent la donation du dixième que la cédante avait retenu d'abord. Elles soutinrent alors qu'il n'y avait plus de cause à la subrogation, puisque leur nouvelle qualité leur donnait un droit au partage, qu'il était impossible de dénier. L'arrêt a jugé 1° la cessionnaire parente, dispensée de la subrogation par sa qualité de successible; 2° les deux cessionaires ensemble, d'ailleurs, affranchies par leur nouvelle qualité de donataires.

La seconde décision seulement a été l'objet du pourvoi. Nous aurions cru, au contraire, qu'on devait la respecter comme fondée sur la loi; et qu'au besoin, par les raisons exprimées au numéro précédent, la première pouvait être attaquée comme violatrice de la loi. L'arrêt de cassation, prononcé le 4 mai 1829, déclare,

« vu l'art. 841, que lorsqu'un cohéritier a usé de la faculté que lui donne cet article, il a, quoique son offre n'ait pas été acceptée, un droit acquis à la subrogation, si cette offre est jugée régulière et valable; que pour juger du mérite de l'offre, il faut se reporter au moment où elle a été faite, et que le droit qui résulte pour le demandeur en subrogation, ne peut pas être compromis par les actes que le cédant et le cessionnaire ont faits dans l'intervalle de l'offre au jugement déclaratif de l'effet de cette offre....... » *D.*, 1829, *p.* 235.

Ce n'est assurément pas la lettre de l'art. 841, qui a déterminé cette décision; c'est l'esprit et le vœu tacite qu'on a supposé à la loi, car le texte n'a pas un mot du considérant de l'arrêt. La matière demande une nouvelle méditation. Les juges de Lyon ne se sont pas trompés, quand ils ont dit que l'art. 841 n'admet pas la subrogation contre les *donataires ou successeurs à titre gratuit.* Personne jamais n'a contesté cette proposition. Nous serions-nous trompés avec eux, en exposant plus haut, n. 1, le dessein de la loi? Les délibérations du Conseil d'état, les discours des orateurs du gouvernement et du Tribunat, qui ont présenté ou recommandé l'art. 841, et les explications des commentateurs, concourent à prouver que le but de la loi n'est pas de conserver les biens dans les familles; qu'elle tend seulement à éloigner d'elles une cause de trouble, en leur permettant de repousser de leurs partages des étrangers, acheteurs de droits successifs, qui, ne cherchant que le lucre, ne respecteraient rien, et pourraient tout brouiller. Voilà l'esprit et le but de la loi; et quand la Cour de Lyon, à la vue d'une donation certaine, reconnaît que ce but ne peut pas être atteint par la subrogation réclamée, parce que, repoussé au titre de cessionnaire, l'étranger reviendrait au titre de donataire de quote, qui le rend nécessairement successeur, sans subrogation possible, à quoi sert-il de vouloir que l'héritier soit subrogé à la cession? A rendre sa portion plus forte dans le partage qu'il sera forcé de faire avec son cosuccesseur! Mais la loi n'autorise la subrogation que pour éviter le partage, et ce n'est que l'exclusion du partage qui doit laisser à l'héritier les biens poursuivis par le cessionnaire. Où donc le législateur a-t-il marqué qu'une fois la subrogation demandée, avec offres de remboursement, le droit au bénéfice de la cession est acquis à l'héritier, bien qu'un événement postérieur s'oppose à l'exclusion du partage, qui est la cause et la fin de la subrogation? Le cessionnaire de quatre neuvièmes reçoit des offres de remboursement de l'un des héritiers auquel il revient un neuvième; le lendemain il hérite du cohéritier qui avait à prendre les autres quatre neuvièmes, faudra-t-il qu'obligés d'ordonner le partage avec lui, les juges le condamnent à laisser les quatre neuvièmes de la cession à son cohéritier du neuvième? Règle générale : tant qu'on est en instance, il n'y a point de droit acquis par la demande. L'art. 841 ne porte pas d'exception à cette règle. La cour de Lyon aurait pu, d'après des circonstances, juger la donation simulée ou nulle; mais la reconnaissant sincère et valable, il nous semble qu'elle devait lui reconnaître aussi l'effet d'empêcher la subrogation.

11. Si le cessionnaire était, dans une ligne, le successible, du degré inférieur, que la mort ou la répudiation du cédant eût fait succéder à sa place, il n'y aurait point lieu à la subrogation. La cession, en pareil cas, dit M. Toullier, n'a d'autre effet que la renonciation *in favorem aliquo dato*. Le cessionnaire n'a pas besoin de s'aider de la cession pour venir partager avec les héritiers de l'autre ligne; il lui suffit de prouver sa parenté. M. Toullier suppose deux lignes en présence; et il le faut bien, à la différence du cas marqué plus haut, n. 8, pour que le cessionnaire soit admis par un droit inhérent à sa personne; et encore même faut-il, ou que le cédant soit seul, à son degré, dans sa ligne, ou que la cession ait été faite par tous les héritiers du même degré; car s'il y avait plusieurs cohéritiers et un seul cédant, celui qui aurait conservé ses droits, exclurait le cessionnaire de l'autre, qui ne pourrait pas prendre son degré, parce qu'on ne représente pas une personne vivante. Mais, si la cession a été faite par l'héritier unique ou par tous les cohéritiers d'une ligne, au successible du degré inférieur, comme il ne s'opère de dévolution d'une ligne à l'autre, qu'au défaut d'héritiers d'un côté, le cessionnaire héritier, par l'abstention de ceux qui le précédaient, ne peut être exclu du partage par la subrogation. Cette position s'est rencontrée à la Cour de Grenoble, le 23 juillet 1824. L'arrêt a jugé positivement que le successible qui, exclu par des parens du degré supérieur dans sa ligne, avait acheté leurs droits, ne devait pas de subrogation aux héritiers de l'autre ligne. *D.*, 1825, s., p. 77; *Toull.* 4, n. 445. V. *infra*, n. 21.

12. Le droit à la subrogation appartient à l'héritier sous bénéfice d'inventaire, aussi-bien qu'à l'héritier pur et simple. Tout évident qu'est ce point de droit, il a été contesté, mais il est consacré par les arrêts de la Cour d'Amiens et de la Cour régu-

latrice, dans l'affaire Wargemont. *D.*, 1806, *p.* 689; *Sir.* 6, 2, 943; *Chab.*, *n.* 13; *Toull.* 4, *n.* 437; *Delv.* 2, *p.* 138; *Dur.* 7, *n.* 185; *Rép. Merl.*, *dr. succ.*, *n.* 9; *Pand. franç.* 3, *p.* 277.

13. Nous avons remarqué que le donataire des droits successifs d'un héritier, ne peut être repoussé du partage. Cependant, comme on peut mettre des charges aux donations, si par la grandeur de ces charges et par d'autres circonstances, il paraissait qu'il n'y a pas eu réellement de donation, et qu'on n'a fait que prêter ce nom à une véritable cession, pour la soustraire à la subrogation, les tribunaux pourraient très-bien déclarer la fraude et ordonner la subrogation.

La Cour d'Angers n'a pas vu de vente dans l'acte par lequel un vieillard de soixante-treize ans avait fait don de droits successifs immobiliers, évalués à plus de 800,000 fr., moyennant une rente viagère de 6,953 fr. L'arrêt déclare que, par la vente, ce vieillard valétudinaire aurait obtenu une rente plus considérable. En rejetant le pourvoi dirigé contre cette décision, la Cour régulatrice a dit que l'appréciation de l'acte comme donation ou comme vente, dépendant de ses clauses et de l'évaluation des charges qu'il impose, n'est pas dans les attributions de la Cour de cassation. *D.*, 1826, *p.* 12.

14. Si le cessionnaire se cachait derrière une procuration, ne se présentant au partage que comme mandataire, les héritiers seraient reçus à produire la preuve de cette fraude, pour déterminer la subrogation. Mais une preuve de ce genre est souvent difficile à faire, et le droit certain de déférer le serment à celui qu'on voudrait exclure, est un moyen d'une inutilité presque certaine. *Toull.* 4, *n.* 436; *Delv.* 2, *p.* 137; *Dur.* 7, *n.* 194, 196.

15. M. Delvincourt paraît croire que la cession faite par le donataire ou légataire d'une quote part d'usufruit n'est pas sujette à la subrogation, tandis que la cession consentie par l'usufruitier de tous les biens, peut y être soumise. Pour justifier cette différence l'auteur dit: L'usufruitier de quote a droit au partage nécessaire pour fixer les biens dont il doit jouir. Or, quand on est obligé de l'admettre au partage comme donataire, il n'y a plus de raison pour l'exclure comme cessionnaire. L'usufruitier universel, au contraire, n'a pas d'intérêt au partage, et conséquemment n'a pas le droit d'y intervenir. Peu lui importe de quelle manière seront faites les parts, et dans quelles mains elles seront placées; il a toujours son même droit de jouissance. *Delv.* 2, *p.* 137.

La Cour de Riom, par un arrêt du 23 avril 1818, et la Cour de Dijon, par un autre arrêt du 8 juillet 1826, ont ordonné la subrogation contre l'usufruitier de toute la succession, acquéreur des droits d'une partie des héritiers. *Sir.* 18, 2, 198; *et* 22, 2, 29; *D.*, 1829, *s., p.* 220.

Dans les mêmes circonstances, la subrogation a été refusée par la Cour royale de Paris, le 2 août 1821, et par celle de Nîmes, le 30 mars 1830. La Cour d'Angers a bien rejeté aussi, le 13 avril 1820, la demande en subrogation dirigée contre l'usufruitier de tous les biens, acquéreur des droits d'un héritier ; mais avec l'usufruit universel, cet acquéreur avait reçu la propriété des biens meubles, et cette seconde disposition l'avait fait certainement héritier. Un arrêt de la Cour de Caen, rendu dans le même sens que celui d'Angers, a été maintenu par la Cour de cassation, le 21 avril 1830. *D.*, 1822, *s., p.* 16; 1830, *p.* 214, *et s., p.* 182.

Les arrêts de Paris et de Nîmes s'appuient sur de forts motifs, qui se résument en ces termes : La succession étant la manière dont les titres, les droits, les dettes et charges des personnes qui meurent passent à d'autres qui entrent à leur place, il est évident que ces biens, que ces dettes et charges passent à l'usufruitier universel, comme au légataire de la nue propriété, puisque tous les deux sont obligés d'acquitter ces dettes et charges, et succèdent ainsi aux obligations du défunt. En vain on oppose à l'usufruitier universel que son lot étant fait par le testateur, il n'a rien à démêler avec l'héritier, réduit à la nue propriété. Il est entre eux des rapports nécessaires qui peuvent amener de nombreuses difficultés : 1° quant à l'actif, ou à l'exercice des droits d'usufruit, qui s'appliquant individuellement au même objet que la nue propriété, donne lieu, malgré la division des droits de la part du propriétaire, à une surveillance constante, et, s'il est processif, à des tracasseries continuelles ; 2° quant au passif, ou aux dettes et charges qui sont communes entre le propriétaire et l'usufruitier, et peuvent devenir une source abondante de querelles. L'usufruitier universel, en sa qualité d'héritier, doit forcément être appelé à connaître tout l'actif de la succession, pour le posséder, et en supporter les charges annuelles ; comme aussi à apprécier le passif, afin qu'on n'en grossisse pas l'état, qu'on ne simule pas des dettes, à l'acquitement desquelles il est tenu de concourir, d'après l'article 912 du Code civil. Ainsi, ayant incontestablement, par son titre et par la volonté expresse du défunt, le droit de s'immiscer dans toutes les affaires de la succession, il serait dérisoire et arbitraire d'admettre contre lui la subrogation, qui serait sans but plausible et sans motifs raisonnables, tandis qu'il y a de puissans motifs pour que *l'héritier en l'usufruit* puisse faire cesser l'indécision ou le mélange d'intérêts, par l'acquisition des parts des héritiers, *en la nue propriété.* Si l'usufruitier avait aliéné son legs d'usufruit en faveur d'un étranger, les autres héritiers auraient incontestablement le droit d'écarter cet étranger du partage, et de lui interdire la connaissance de la succession ; mais l'interdiction ne pouvait pas porter sur l'usufruitier, qui tient directement son droit du défunt ; la subrogation ne peut l'atteindre, quand il a acquis les droits d'un cohéritier.

M. Merlin, avant l'arrêt de Nîmes, qui présente les plus forts argumens, a comparé l'arrêt de Riom à celui de Paris, et donné la préférence au premier. Par une de ces raisons subtiles qu'il emploie trop souvent, il regarde comme insignifiant, que l'usufruit et la nue propriété portent sur le même objet, individuellement ; et pourtant, il ne conteste pas les rapports nécessaires, et les difficultés possibles résultant de ces droits différens sur la même chose. Toutefois, ce ne serait point assez si cette chose n'était pas la succession qu'il faut d'abord composer et liquider. M. Merlin ne prouve pas que le donataire de l'usufruit de tous les biens, ne soit point un successeur ; l'auteur dit seulement de cet usufruitier : « Qu'importe qu'il doive contribuer aux dettes, et qu'il ait, par suite, qualité pour être appelé à la liquidation du passif ? La liquidation du passif est bien une opération qui doit précéder le partage ; mais elle n'est pas le partage même ; et ce n'est pas pour écarter un cessionnaire étranger, de la liquidation du passif, c'est uniquement pour l'écarter du partage, que l'art. 841 a établi le retrait successoral. » *Rép. Merl.,* dr. succ., n. 13.

Qu'importe ?.... Il importe grandement. La liquidation du passif est une opération du partage ; et c'est là qu'on garde le plus de secrets. Mais encore, M. Merlin démontre-t-il que l'usufruitier n'a rien à voir dans la composition de l'actif ? A-t-on le droit de la faire pour lui et sans lui ? Aucune des affaires de la famille ne doit lui être cachée, parce que son intérêt se trouve dans toutes. A l'actif, il peut faire réparer des omissions et des soustractions. Au passif, il peut faire retrancher des charges simulées, des dettes éteintes.

16. Dans l'usage, la vente suivie de tradition, d'un objet dé-

terminé de la succession, consentie par un cohéritier, avant partage, fait appeler l'acquéreur au partage, pour y rapporter l'objet de son acquisition. Si l'acquéreur n'a point été mis en possession de la chose vendue, et s'il ne vient pas la réclamer, les héritiers procèdent valablement au partage sans sa présence. Mais comme ayant droit d'un cohéritier, et son créancier, si l'objet de la vente venait à passer à un autre cohéritier, il peut ou former opposition au partage, ce qui oblige à l'y appeler, ou intervenir au partage, à ses frais, pour veiller à ce qu'il n'y ait pas d'arrangemens frauduleux, contraires à ses droits. Dans les deux positions, les cohéritiers du vendeur, pour éviter la présence et le contrôle de son acquéreur au partage, ne peuvent-ils pas réclamer la subrogation à la vente qui lui a été faite? Tous les esprits ne s'accordent pas sur la décision à porter, mais jusqu'à présent, le plus grand nombre de voix est contre la subrogation.

La Cour de Dijon a rejeté, le 20 thermidor an XII, la demande en subrogation à la cession faite, avant partage, de la part d'un cohéritier dans un domaine déterminé. Des décisions semblables des Cours de Rouen et de Douai, ont été maintenues par la Cour de cassation, le 9 septembre 1806 et le 22 avril 1808. Aussi, la Cour de Besançon a-t-elle jugé comme celle de Douai, le 31 janvier 1809. *Sir.* 5, 2, 441, *et* 8, 1, 525, *et* 13, 2, 362 ; *J. p., éd. n., t.* 9, *p.* 262 ; *Rép. méth.; Dall., succ., ch.* 6, *sect.* 3, *art.* 3, § 2, *n.* 5.

Dans l'affaire Wargemont, M. Merlin tenait pour certaine la règle tracée par ces arrêts, puisqu'il plaidait qu'on ne pouvait échapper à la subrogation, en affectant de déclarer la vente de portion de divers objets déterminés, si ces objets désignés individuellement forment l'universalité de la succession; et la Cour régulatrice l'a jugé ainsi, le 1er décembre 1806. Encore plus tard, le 28 août 1827, la même Cour a cassé un arrêt qui avait refusé une subrogation, par le motif que la cession, quoique dite de droits successifs, ne pouvait s'appliquer, en fait, qu'à des objets déterminés. Ce n'est pourtant pas que les juges de cassation aient cru la vente d'objets désignés hors de l'atteinte de la subrogation ; c'est qu'ils ont pensé qu'on devait juger de la cession par les termes généraux qui l'exprimaient. *Rép. Merl., dr. succ., n.* 11 ; *Pand. fr.* 3, *p.* 270; *D.,* 1827, *p.* 491.

M. Delvincourt, et avec lui la Cour de Pau, dans un arrêt du 14 mai 1830, considérant le droit certain de l'acquéreur d'un objet fixe de la succession, d'être au partage de cette succession, concluent, d'après l'esprit et le vœu unanime de la loi, que les cohéritiers du vendeur ont le pouvoir de repousser cet acquéreur par la subrogation. Les juges de Pau admettent comme vrai, que le texte de l'art. 841 ne comprend que les droits successifs, et laisse en dehors les objets particuliers; mais ils rejettent la déduction tirée de la lettre bornée de la loi; ils disent: L'argument *à contrario sensu* est sans force lorsque les mêmes motifs s'appliquent au cas que l'on prétend exclure. La loi régit tous les cas qu'embrasse son esprit, bien que la lettre n'en comprenne que quelques-uns. Le but de la loi est de prévenir les inconvéniens du concours d'un étranger au partage; et ces inconvéniens sortent de la vente d'un corps certain, comme de celle des droits successifs. Dans l'un et l'autre cas, l'acquéreur peut porter sur toutes les affaires un œil scrutateur, et pénétrer tous les secrets, troubler la famille, et produire tout le mal que la loi a voulu prévenir.... M. Delvincourt voit même de plus grands dangers dans le premier cas; il dit: Dans le dernier cas, l'acquéreur n'a que le même intérêt qu'aurait eu le cohéritier vendeur, mais lorsque la vente est d'un objet majeur, l'acquéreur intéressé à faire tomber tel objet dans tel lot, peut entraver toutes les opérations, même les plus utiles, qui pourraient avoir un autre résultat. *Delv.* 2, *p.* 136; *D.*, 1831, *s.*, *p.* 83.

Nous avons remarqué de bonne heure, que l'art. 841 est trop peu explicatif; et nous avons vu déjà les auteurs et les arrêts expliquer sa lettre par son esprit. Ces termes *son droit à la succession*, pris à la lettre, ont paru généralement signifier *la totalité du droit*. Mais on a démontré facilement que la raison de la loi embrasse également la cession partielle et la cession universelle, puisque, pour une part quelconque, comme pour la totalité, le cessionnaire a droit au partage. Aussi la jurisprudence a-t-elle fait une règle certaine de la subrogation applicable aux ventes de partie du droit héréditaire. On pouvait dire d'ailleurs que le moins est dans le plus; et que le droit du cohéritier n'est pas moins fixe dans les parties que dans le tout. *Rép. Merl., dr. succ., n.* 9, ; *Chab., n.* 8; *Toull.* 4, *n.* 447; *Dur.* 7, *n.* 192.

Avant le partage, la vente faite par un cohéritier, d'un objet désigné de la succession, est consentie en vertu de son droit successif, et elle associe l'acquéreur, en quelque sorte, à l'exercice de ce droit. Mais il faut bien convenir qu'une telle vente ne rend pas nécessaire le concours de l'acquéreur au partage comme la vente du droit successif, et qu'elle n'emporte pas, en soi, l'idée de la résolution de l'acquéreur de venir s'immiscer dans les affaires du partage. Il peut bien s'en rapporter au vendeur, resté cohéritier, avec lequel se fera le partage, et qui, garant de la vente, est bien intéressé à la faire valoir. Ainsi l'on peut et l'on doit même ne pas faire résulter immédiatement du seul fait de la vente, le droit à la subrogation; il ne doit sortir raisonnablement que de l'opposition ou de l'intervention de l'acquéreur au partage.

M. Chabot propose un tempérament; il voudrait que l'acquéreur pût être au partage, s'il bornait son concours à l'opération simple, relative aux objets certains et déterminés, auxquels seul il a droit, sans prendre connaissance de toutes les affaires de la succession. L'auteur ajoute: «S'il exigeait lui-même cette communication, je pense qu'il pourrait encore être écarté du partage, puisqu'il faut toujours en venir au but et à l'intention de la loi, et appliquer sa disposition dans tous les cas auxquels ses motifs sont applicables. M. Malpel approuve cette doctrine. *Chab., n.* 9; *Malp., n.* 249.

Ce parti convient surtout dans la position de l'acquéreur qui possède l'objet de la vente: les cohéritiers sont en voie de partage; il ne demande point à intervenir. Va-t-on directement réclamer de lui la subrogation? On l'assigne en rapport à la masse du partage. S'il vient faire le rapport et veiller seulement à l'opération matérielle du partage, suivant les règles de la loi, pour que l'objet de son acquisition ne soit point attribué arbitrairement à un cohéritier, autre que son vendeur, il n'y aurait pas de raison pour l'éconduire par la subrogation. Mais on sera fondé à se délivrer de lui par ce moyen, s'il veut scruter et mettre en discussion les affaires de la famille.

Quant à l'acquéreur de portion dans un objet indivis, ou d'un fonds entier à prendre dans la succession, s'il s'annonce par une opposition, ou s'il intervient au partage, sans déclarer qu'il se bornera, dans son intérêt, à veiller à la régularité de sa marche, il donnera prise à la subrogation. Nous concevons cependant que le juge pourrait la refuser, si l'acquéreur s'empressait de répondre qu'il n'entend pas s'immiscer dans les affaires de la famille, qu'il ne veut que surveiller l'opération, pour empêcher des lots de convention qui anéantiraient la vente qui lui a été faite.

17. Après un partage définitif, la vente qu'un cohéritier

fait, dans quelques termes que ce soit, de la totalité ou de
partie de son lot, ou de ses droits héréditaires, n'est plus, en
aucune manière, sujette à la subrogation. Mais une demande en
rescision peut faire annuler ce partage, et la vente qu'un cohéritier ferait de ses droits, postérieurement à cette demande,
serait exposée à la subrogation, de la même manière que la vente
faite avant tout partage. Si la vente des biens déterminés au
partage avait été consentie avant la demande en rescision,
M. Chabot et M. Toullier soutiennent que l'art. 1699, non plus
que l'article 841, n'autoriserait la subrogation contre le cessionnaire, parce que son acquisition ne comprend ni droits litigieux ni droits successifs, et qu'elle se borne à des objets déterminés. M. Duranton n'adopte pas cette proposition ; il dit :
« Dès que le partage est rescindé, il n'y a plus de partage ; les
choses sont remises au même état qu'auparavant, et l'acheteur
ne se trouve plus qu'un cessionnaire des droits qu'avait son
vendeur, c'est-à-dire un cessionnaire de droits successifs. » Par
la rescision du partage, la nature et le caractère de la cession
ne sont pas changés. Quoique le partage soit annulé, l'acte qui
le constatait vaut toujours bien pour la détermination des objets compris dans la cession ; et le cessionnaire ne se trouve
pas plus acquéreur des droits successifs qu'il ne l'était avant la
rescision. Le *jus et nomen hæredis* ne lui ont pas été transportés
par cette rescision, ils sont bien restés au vendeur ; mais cessionnaire d'objets déterminés, l'acquéreur sera bien obligé de
les soumettre au nouveau partage, auquel il ne lui sera permis
d'assister que pour veiller à sa marche régulière suivant la
loi, s'exposant à la subrogation s'il prétendait s'ingérer dans
toutes les affaires de la succession, et pénétrer les secrets de la
famille. *V. le numéro précédent. Chab., n.* 12 ; *Toull.* 4 , *n.* 449 ;
Dur. 7, *n.* 187.

18. Si le partage, consommé, avait laissé indivis des objets
fixes, la division à faire de ces objets n'étant plus qu'une opération simple, qui ne peut attirer l'œil curieux de l'acquéreur
d'une portion, sur les affaires de la famille, il n'y aurait plus
de raison pour l'écarter par la subrogation. C'est là un point
de droit qui n'est plus contesté depuis l'arrêt rendu par la Cour
de cassation dans l'affaire Payan-Lafosse et Glaizot, le 9 septembre 1806. *Rép. Merl., dr. succ., n.* 11 ; *Chab., n.* 12 ; *Toull.* 4,
n. 447 ; *Dur.* 7, *n.* 201.

Alors même qu'il n'y a point eu de partage complet, en forme, si les immeubles de la succession ont été vendus par licitation, bien qu'adjugés confusément à tous les héritiers ensemble , ils sont hors de l'hérédité; le prix seulement pourrait entrer dans la succession. En conséquence, si l'un des adjudicataires vend à un étranger la portion qui lui revient dans ces immeubles, il n'y a point lieu à la subrogation en faveur des autres adjudicataires. Le partage à faire n'est plus celui d'une succession; c'est la division simple, entre copropriétaires, d'un objet commun. Ainsi l'a fort bien décidé la Cour de Paris, le 21 juin 1813. *D.*, 1814, *s.*, *p.* 97; *Sir.* 14, 2, 252.

19. Selon M. Chabot et M. Toullier, non-seulement la subrogation n'est plus admise après le partage consommé; mais encore les cohéritiers perdent le droit de la demander en admettant le cessionnaire aux premiers actes du partage, et même aux actes préliminaires, comme scellés et inventaire. Cette doctrine n'est pas celle de M. Duranton, et elle est en opposition avec un arrêt de la Cour régulatrice, du 14 juin 1820, dont le considérant porte « qu'il est reconnu en fait par l'arrêt attaqué, que la demande en subrogation avait été formée avant partage, et qu'en effet, il n'a pas été justifié d'un partage consommé et suivi d'exécution, en telle sorte que les copartageans fussent en possession de leurs lots, ce qui écarte la contravention alléguée à l'art. 841. » *Chab.*, *n.* 19; *Toull.* 4, *n.* 448; *D.* 1821, *p.* 38; *Dur.* 7, *n.* 203.

Il est très-vrai qu'on ne peut tirer de l'art. 841 d'autre fin de non-recevoir que celle qui tient au fond de la chose, et qui résulte du principe que la subrogation n'est donnée que pour écarter le cessionnaire du partage. M. Chabot et M. Toullier appliquent ici la règle générale du droit commun, qui ne permet pas de contester la qualité et les titres qu'on a reconnus. Mais la raison qui a fait établir la subrogation spéciale de l'art. 841 , nous enseigne que cette matière ne comporte pas les règles communes du droit et de la procédure pour les fins de non-recevoir. La loi veut épargner aux héritiers la gêne et le trouble qu'un étranger peut leur causer; et comme cette gêne et ce trouble ne sont pas toujours sentis au premier moment, qu'ils ne font souvent que se mieux manifester et s'accroître en avançant dans les opérations du partage, l'esprit et la lettre même de la loi donnent pour règle certaine que jusqu'au dernier acte du partage, susceptible de discussion, le cessionnaire peut être éconduit, en le renvoyant indemne. La Cour de cassation, par son arrêt précité,

semble porter plus loin le droit d'exclure l'étranger, et l'étendre
jusqu'à l'exécution du partage. Ce serait outrer les choses et
ajouter à la sévérité de la loi. C'est bien assez que ce droit puisse
être exercé jusqu'à l'acte qui fait le terme des discussions ; et
encore, faut-il dire qu'il peut se perdre auparavant par une
renonciation expresse. Il est en réserve tant qu'on ne fait qu'é-
prouver le cessionnaire, en procédant avec lui ; mais il doit se
perdre quand on l'abdique positivement.

Un arrêt rendu par la Cour de Colmar, le 17 mai 1820,
présente aussi une opposition, mais moins forte que celle de
MM. Chabot et Toullier, à l'arrêt de la Cour de cassation, du
14 juin de la même année 1820. La Cour de Colmar a jugé la
subrogation inadmissible, après un tirage de lots, quoiqu'il
restât quelques pièces de terre à partager, et la restitution de
jouissance de ces fonds pendant longues années, à évaluer et à
liquider. On ne pouvait pas dire avec vérité, ici, que les discussions du partage fussent terminées. Mais l'opération restant à
faire paraissait étrangère à l'acquéreur. Nous examinerons bientôt
cet arrêt de Colmar, sous un autre rapport. *D., 1822, s., p.* 18.

20. La subrogation peut être exercée par tous les héritiers,
par un seul, ou par plusieurs. L'arrêt précité de la Cour de cassation, du 14 juin 1820, porte encore sur ce point, et justifie la
proposition qui, d'ailleurs, n'est plus contestée. Quand la subrogation est exercée par un seul, tout l'avantage est pour lui seul.
Réclamée par tous ou par quelques-uns, M. Chabot et M. Toullier décident qu'elle droit profiter à chacun des demandeurs,
comme accroissement, dans la proportion de leurs droits héréditaires respectifs. *D., 1821, p.* 38 ; *Sir.* 21, 1, 92 ; *Chab., n.* 15 ;
Toull. 4, *n.* 437. *V. infra, n.* 22.

Ainsi, de six cohéritiers, deux pour un quart, et quatre pour
un huitième chacun, si l'un des premiers vend son droit à un
étranger, la subrogation, requise par les cinq autres, se divise
entre eux dans la proportion de deux à quatre ; deux huitièmes
pour l'héritier d'un quart, et quatre huitièmes pour les autres
ensemble, ou un huitième pour chacun ; ce qui est bien, pour la
part subrogée, le même rapport entre eux que pour la succession
entière, puisqu'ici et là l'amendement du premier est double
de chaque autre.

Si l'un des quatre héritiers de huitième, laisse la part qu'il
aurait pu avoir à la subrogation, elle sera, par accroissement, divisible, dans la même proportion, entre l'héritier du quart ou deux

huitièmes, et les trois héritiers de trois huitièmes; de manière que, devant faire cinq portions du huitième délaissé, l'un en aura deux cinquièmes, et les autres un cinquième chacun.

Si deux des moins prenans abandonnent leurs deux huitièmes dans la subrogation, ces parts abandonnées seront à diviser entre trois, par quarts; le premier en prendra deux, et un quart sera pris par chacun des autres.

Si trois, héritiers de huitième, laissent leurs trois huitièmes de subrogation, les trois portions se partageront entre deux cohéritiers, l'un devant avoir le double de l'autre, aura deux tiers, et le second, un tiers.

Supposant la vente de ses droits successifs faite par l'un des héritiers moins prenans, la subrogation exercée par les cinq autres, donnera un huitième à partager entre eux, dans la proportion, pour chacun des plus forts prenans, au moins prenant, de deux à un; ainsi il reviendra deux dixièmes à chacun des premiers, et un dixième à chacun des autres.

La portion d'un quart, laissée par l'un des plus forts ayant-droit, se partagerait entre cinq, de manière à donner deux dixièmes à l'autre héritier d'un quart de la succession, et un dixième à chacun des héritiers d'un huitième de cette succession.

Les deux quarts des plus forts ayant-droit, abandonnés, se partageraient en portions égales entre les quatre autres héritiers.

M. Toullier reconnaît que l'art. 841 n'a pas marqué ces règles de division, ni aucune autre; et il ajoute, avec un grand sens : « Il faut donc recourir aux règles ordinaires des sociétés, suivant lesquelles chaque associé participe aux profits et aux pertes, en proportion de la part qu'il a dans la société. Il existe entre les cohéritiers une société légale qui a une telle affinité avec les sociétés conventionnelles, que, suivant l'art. 872 du Code civil, les règles concernant le partage des successions, la forme de ce partage, et les obligations qui en résultent entre les cohéritiers, s'appliquent aux partages entre associés. *Toull.* 4, *n.* 437.

Mais ces règles que nous venons de marquer ne doivent être suivies qu'au défaut d'un règlement convenu; car les cohéritiers peuvent déterminer, dans une proportion tout autre que celle des quotités héréditaires respectives, selon les facultés de chacun, la contribution au remboursement, qui est le prix de la subrogation, et par suite la portion de chacun dans le droit qu'ils acquièrent ensemble. Quand il n'existe pas de convention pour un règlement, à la vue de cohéritiers qui poursuivent, de concert, un avantage commun, dérivant de leur qualité d'héritiers même, rien de plus naturel et de plus raisonnable que de supposer à chacun le dessein de rechercher, dans cet avantage, une part en rapport avec sa part héréditaire, un accroissement proportionnel à cette part. Les règles ordinaires des sociétés ont ici une application parfaite.

20. Que des héritiers divers aient réclamé séparément la subrogation, il n'y a point de préférence pour celui qui a formé la première demande; tous les réclamans y ont droit. C'est bien l'avis de M. Chabot et de M. Toullier; mais M. Duranton voudrait que, par une simple sommation, faite au cessionnaire par l'un des héritiers, la subrogation lui fût acquise, à l'exclusion des autres. C'est aller trop loin. Quoique l'art. 841 n'ait pas pour objet de procurer un bénéfice aux cohéritiers, quoiqu'il ne tende qu'à les préserver du dommage, il est vrai qu'un bénéfice peut résulter de la subrogation; et comme il est donné à tous de la réclamer, M. Chabot dit très-bien qu'elle ne doit pas être le prix de la course. *Chab.*, n. 19; *Toull.* 4, n. 437; *Dur.* 7, n. 199.

S'il y a plusieurs demandes portées devant les mêmes juges, elles doivent être jointes ensemble. Si, comme dans l'affaire Larivière, objet de l'arrêt de la Cour de cassation, du 14 juin 1820, déjà cité, elles sont en des tribunaux différens, le cohéritier qui le premier obtient un jugement, ne doit point avoir d'avantage sur les autres. Adjugées successivement à chaque demandeur pour la totalité, le bénéfice doit se diviser entre tous. L'arrêt du 14 juin 1820, et celui de la Cour de Limoges qu'il sanctionne, loin de contrarier cette décision, servent plutôt à la justifier. La subrogation, divisible entre les héritiers, est indivisible à l'égard du cessionnaire; les juges de Brives et de Limoges ont dû l'accorder entière aux héritiers qui la reclamaient devant eux, sans faire perdre le droit de l'obtenir, en participation, à leurs cohéritiers, qui l'avaient demandée les premiers, et qui la poursuivaient à la Cour de Poitiers, où les avait renvoyés la Cour de cassation. L'arrêt de Limoges et l'arrêt de rejet ont déclaré que la demande pendante à Poitiers, quoiqu'antérieure, n'empêchait pas d'adjuger celle qui avait été formée à Brives. Par le dernier considérant de la Cour de cassation, il est ajouté que si les cohéritiers en instance à Poitiers donnent suite à leur réclamation, le demandeur en cassation pourra employer les voies de droit pour se défendre. On ne les indique pas, ces voies de droit. Le sieur Larivière, qui sollicitait la cassation, avait à soutenir devant la Cour de Poitiers que, déjà condamné à Limoges à la subrogation totale en faveur d'une partie des héritiers, il ne devait pas être condamné une seconde fois à Poitiers envers d'autres héritiers; qu'on devait déclarer qu'il n'y avait plus lieu à statuer sur la demande, en réservant toutefois aux demandeurs la faculté de se pourvoir contre leurs cohéritiers, pour faire juger que cette demande leur donnait droit au partage de la subrogation.

22. Mais quand un héritier a obtenu la subrogation, par un acte volontaire ou par un jugement, avant aucune réclamation de ses cohéritiers, le droit exclusif lui est acquis: il n'est pas dans l'obligation de partager avec ses cohéritiers, le bénéfice qu'il a pu faire. Il pouvait être cessionnaire pour son compte; il l'est devenu par la subrogation. Le but de la loi est atteint : l'étranger ne sera point au partage de la famille. M. Merlin excepté, tous les interprètes de la loi s'accordent à porter cette décision; et c'est aussi celle d'un arrêt de la Cour de Riom, du 21 janvier 1809, et d'un autre de la Cour de Montpellier, du 7 juin 1824. *Sir.* 13, 2, 324 ; *J. pal.*, *éd. n.*, *t.* 10, *p.* 40 ; *Toull.* 4, *n.* 438 ; *Chab.*, *n.* 15: *Delv.* 2, *p.* 138 ; *Malp.*, *n.* 248 ; *Dur.* 7, *n.* 199 ; *Rép. Fav.*, *dr. succ.*, *n.* 13 ; *Rép. méth.*, *succ.*, *ch.* 6, *sect.* 3, *art.* 3, § 1. *V. supra*, *art.* 828, *n.* 4.

23. On a élevé la question de savoir si, lorsqu'une succession est divisible entre les deux lignes paternelle et maternelle, les héritiers de la ligne du cédant ont droit à la subrogation exclusivement à ceux de l'autre côté; ou si ce droit appartient également à tous héritiers des deux côtés. M. Chabot et M. Toullier pensent que les héritiers d'une ligne n'ayant, d'après l'art. 733, rien à prendre dans la moitié des biens qui est déférée à l'autre ligne, il en résulte la conséquence qu'ils ne peuvent être admis à la subrogation de la cession consentie dans cette ligne, qu'autant que le vendeur y était seul, ou que ses cohéritiers de ce côté ne veulent pas être subrogés. Cependant, nos auteurs admettent, comme l'a fait la Cour de Rouen, par un arrêt du 21 juillet 1807, que la cession de l'héritier d'une ligne à l'héritier de la ligne opposée, est exempte de la subrogation que voudraient exercer les cohéritiers du même côté que le cédant. Si la première décision est bonne, la seconde ne peut pas l'être. *Chab.*, *n.* 17 ; *Toull.* 4, *n.* 442, 443 ; *J. pal.*, *éd. n.*, *t.* 8, *p.* 497 ; *Sir.* 8, 249.

M. Merlin, M. Delvincourt et M. Duranton n'approuvent pas

cette première décision. Ils reconnaissent aux héritiers des deux lignes, des droits égaux à la subrogation, de quelque côté que vienne la cession ; et il nous semble que c'est avec raison. Les règles sur la dévolution ne s'opposent point à la vente des droits successifs ; et nous avons remarqué plus d'une fois, que la loi n'a point établi la subrogation pour conserver les biens dans les familles. Elle ne l'autorise pas pour assurer la séparation des biens dans les deux lignes ; elle ne la permet que pour écarter du partage, en général, ceux qui, par eux-mêmes, étrangers à la succession, n'auraient d'autre titre pour y prendre part, que la cession d'un cohéritier. La loi veut empêcher les recherches indiscrètes de l'étranger, le dérangement qu'il pourrait causer aux cohéritiers ; et son vœu est rempli, quand quelqu'un d'entre eux, à quelque ligne qu'il appartienne, se met à la place du cessionnaire. Si, comme l'a jugé la Cour de Rouen, le 21 janvier 1807, le cohéritier d'une ligne peut acquérir immédiatement, sans crainte de subrogation, les droits d'un cohéritier de l'autre ligne, pourquoi ne pourrait-il pas les acquérir immédiatement par sa subrogation à l'étranger, à qui d'abord ils avaient été vendus ? *Rép. Merl., dr. succ. ; Malp., n.* 246 ; *Delv.* 2, *p.* 138 ; *Dur.* 7, *n.* 188 ; *J. p. éd. n., t.* 10, *p.* 497.

24. M. Toullier, qui admet, par exception, la règle de l'arrêt de Rouen, par l'héritier d'une ligne, cessionnaire d'un héritier de l'autre ligne, dit : « Que si la cession était postérieure au partage consommé entre les lignes, la question souffrirait de la difficulté, parce qu'alors les héritiers d'une ligne sont devenus étrangers à ceux de l'autre ligne. » On jugerait sûrement qu'après le premier partage entre les lignes, le second partage restant à faire, entre le cohéritier de la ligne du cédant, le cessionnaire est devenu étranger à ces cohéritiers, et qu'ils peuvent l'exclure par la subrogation. *Toull., n.* 444.

25. De ce que les héritiers d'une ligne peuvent se faire subroger au cessionnaire de l'héritier de l'autre ligne, il ne faut pourtant pas pousser la rigueur jusqu'à conclure que si entre des compétiteurs sérieux de la même ligne, il se fait un traité par lequel celui qui peut être le plus proche, abandonne ses prétentions à l'autre pour une somme fixe, cette cession est nécessairement sujette à la subrogation, en faveur des héritiers de la ligne opposée. La Cour de Grenoble a pu juger le 3 juillet 1824, que : « les parens de la ligne paternelle sont sans qualité pour

quereller les actes particuliers qui interviennent entre les parens
de la ligne maternelle, et sont, par conséquent, non recevables
à demander la subrogation au bénéfice des traités ou cessions que
lesdits parens maternels jugent à propos de faire en faveur de
leurs parens de la même ligne au degré successible. » La subrogation devrait être admise, s'il était évident que c'est dans la
vue de l'empêcher, qu'on a imaginé une contestation et la forme
d'un traité. *D.*, 1825, *s.*, *p.* 77.

26. Dans la première édition du Répertoire de jurisprudence,
M. Dareau ne voyait pas de difficulté à l'application de la subrogation aux ventes de droits de communauté ou de société,
parce que les motifs qui l'ont fait introduire en faveur des cohéritiers, militent également en faveur des communs ou des associés. Autrement, ajoutait l'auteur, les premiers seraient exposés à mettre tous leurs secrets et toutes leurs affaires à découvert ; ce qui pourrait préjudicier, surtout en fait de commerce,
autant à leur fortune qu'à leur tranquillité. M. Merlin, au contraire, est venu dire que cette opinion aurait souffert beaucoup
de difficultés dans l'ancienne jurisprudence, et qu'elle ne serait
certainement pas accueillie sous le Code civil. Deux arrêts nouveaux, l'un rendu par la Cour de Metz, le 17 mai 1820, et l'autre
par la Cour de Bordeaux, le 19 juillet 1826, l'ont en effet jugé
inadmissible en matière de communauté, malgré les articles 1476
et 1872. *Rép. Merl., dr. success., n.* 13; *D.*, 1822, *s.*, *p.* 18; et 1827,
s., p. 17; *Sir.* 21, 2, 305.

Les motifs qui ont dicté l'art. 841, se rapportent aussi-bien
au partage des communautés et des sociétés, qu'au partage des
successions; et si les art. 1476, 1872, n'étendent pas clairement
sa règle aux deux premières positions, c'est peut-être par un
défaut de rédaction, qu'il n'est point interdit aux tribunaux
d'expliquer et de corriger. M. Pardessus trouve bien dans
l'art. 872, des termes assez expressifs pour rendre commune au
partage des sociétés, la disposition de l'art. 841. On remarque
dans l'art. 1872, ces mots : *les règles concernant le partage des
successions*, qui, par leur généralité, peuvent comprendre la
règle de l'art. 841; puisqu'elle se trouve parmi les règles du partage des successions. L'art. 1476 ne paraît point avoir, pour la
communauté, une expression aussi générale, mais son esprit
pourrait aider à sa lettre, et lui faire attribuer la même signification qu'à celle de l'article relatif aux sociétés, puisqu'il y a
même raison dans les trois positions diverses. La Cour royale de

Paris a pu dire, le 2 août 1821; « que par l'art. 1476, le partage de la communauté, pour ce qui concerne ses formes, la licitation des immeubles, les effets du partage, la garantie qui en résulte et les soultes, est soumis à toutes les règles qui sont établies au titre des successions, pour les partages entre cohéritiers : qu'ainsi, la loi ouvre aux communiers la même voie qu'aux co-successibles, pour sortir de l'indivision, celle d'acquérir les parts de leurs copartageans, sans être sujets au retrait. » *J. pal.*, éd. n., t. 23, p. 556; *Sir.* 22, 2, 29; *Pard.*, c. dr. com., 4, n. 1085.

27. Le résiliement de la cession, convenu entre le cédant et le cessionaire, après la demande en subrogation, ne peut pas paraître sincère; et nous pensons avec M. Merlin, qu'il ne doit pas empêcher l'effet de cette demande. C'est aussi ce qu'a jugé la Cour royale de Paris, le 16 mai 1823. Consenti dans un temps où il n'y avait pas de subrogation réclamée, le résiliement est de droit présumé sincère; et il produira tout son effet, tant que cette présomption ne sera pas détruite par une preuve contraire; mais l'acte sera jugé nul et la subrogation accordée, si l'on peut prouver, par les moyens usités en matière de fraude, que le cessionnaire et le cédant ont agi en mauvaise foi, et n'ont fait qu'un acte simulé. On résume ainsi une seconde décision de M. Merlin, conçue en termes un peu différens. *Rép. Merl., dr. succ.*, n. 14 et 15; *Sir.*, 23, 2, 244.

28. Si la simulation du résiliement ou de la retrocession, dans quelque temps qu'elle eût été faite, n'était reconnue qu'après le partage opéré, la subrogation pourrait-elle encore être exigée? M. Merlin répond : « Dans ce cas, le second acte de cession ne formerait évidemment qu'un seul et même titre avec le premier; et la postériorité du second au partage, ne ferait nul obstacle au retrait successoral. C'est ce qu'a jugé un arrêt de la Cour de cassation, du 14 décembre 1820, en maintenant un arrêt de la Cour royale de Caen, du 20 juin 1818. » La Cour de Caen a prononcé, en effet, la subrogation; mais les circonstances de l'affaire portent à penser que l'arrêt a été déterminé par la considération du cédant, victime d'une suite de fraude, et paraissant faire cause commune avec son frère cohéritier contestant, plutôt que par l'intérêt propre et le droit de ce cohéritier. Les considérans de la Cour de cassation n'ont pas dit un mot sur l'admission de la subrogation après le partage. La Cour de cassation ne considère que le premier acte de cession, susceptible de l'application de l'art. 841. Au reste, la Cour dit que les ju-

ges de Caen ont pu, sans violer la loi, apprécier les divers actes et déclarer qu'ils ne font qu'une seule et même chose. *D.*, 1821, *p.* 539; *Sir.* 22, 1, 74.

Il est bien certain que la subrogation était devenue insignifiante dans les vues du législateur; elle n'avait plus l'objet pour lequel la loi l'a instituée : le partage était consommé, et l'étranger n'y avait pas concouru. Il y a concouru, disait-on, devant la Cour de Caen, représenté par le cédant, comme par un mandataire!.... Qu'il fût mandataire, *in petto*, il était le fils de la personne dont la succession se divisait. Mais après le partage, tout étant consommé, la subrogation n'avait plus de trouble à prévenir, plus de secrets à cacher. On objectera que la subrogation peut prévenir des difficultés dans l'exécution! La sauve-garde de la loi ne va pas aussi loin, nous l'avons vu. Si l'on présente la possibilité de la rescision et d'un nouveau partage, l'on sera renvoyé à l'événement pour réclamer la subrogation. Mais on dit : s'il n'y a point de rescision, la fraude restera-t-elle impunie? Elle s'est exercée pour empêcher l'effet d'un droit légal, du droit acquis au cohéritier, de retirer des mains de l'acquéreur la portion d'hérédité vendue. La fraude doit être punie par la nullité de ses œuvres et le retour de la subrogation !.... Ces raisons ne nous paraissent pas concluantes. Le cohéritier a-t-il éprouvé du dommage par le fait du cessionnaire? Qu'il l'établisse et demande un dédommagement. Point de partage à faire, point de cessionnaire à repousser.

29. Pour obtenir la subrogation, il faut rembourser au cessionnaire le prix entier de la cession, lequel comprend la somme principale que l'acquéreur a payée, les intérêts depuis le payement, les frais et loyaux coûts de l'acte de cession. La loi n'exige pas que la demande soit accompagnée d'offres réelles de la somme à rembourser; et la Cour de cassation a décidé, le 8 frimaire an XII, que ces offres n'étaient pas nécessaires. La Cour de Colmar l'a jugé ensuite, le 11 mars 1807. Mais la subrogation, admise ou ordonnée, ne peut avoir d'effet que par le remboursement. Si la cession s'est faite par voie d'échange, ou si l'acquéreur a donné pour prix, non de l'argent, mais des objets mobiliers, corporels, l'héritier subrogé ne peut pas rendre identiquement ce prix; il n'est tenu que d'en payer la valeur en argent. Ainsi l'a jugé la Cour de Limoges, par un arrêt du 15 décembre 1812, et la Cour de cassation, en rejetant, le 19 octobre 1814, le pourvoi dirigé contre cet arrêt. *Sir.* 7, 2, 281.

et 15, 1, 112; *Rép. Fav., dr. succ., n.* 14; *Chab., n.* 21 *et* 23;
Toull. 4, *n.* 450; *Delv.* 2, *p.* 138; *Dur.* 7, *n.* 197, *etc.*

30. Le prix peut avoir été exagéré dans l'acte, pour mettre
obstacle à la subrogation; c'est là une fraude à découvrir. De
graves présomptions peuvent faire admettre la preuve testimoniale, à défaut de preuve écrite. Mais il est souvent difficile de
produire des témoignages suffisans, et alors on a recours au serment de l'acquéreur sur la sincérité du prix exprimé dans l'acte.
Deux arrêts, l'un de la Cour de Grenoble, du 11 juillet 1806, et
le second, de la Cour d'Aix, du 5 décembre 1809, ont admis le
serment de l'acquéreur. Mais le premier de ces arrêts a décidé
qu'on ne pouvait pas l'exiger du vendeur, attendu que la loi ne
donne pas d'action contre lui. *Jur., C. civ.* 1, *p.* 101; *Sir.* 12,
2, 379; *D.,* 1810, *s., p.* 78; *Chab., n.* 22; *Delv.* 2, *p.* 138; *Dur.* 7,
n. 195; *Pand. franç.* 3, *p.* 220.

31. Par la subrogation, les héritiers sont complétement mis à
la place du cessionnaire; et ils profitent des avantages éventuels,
qui se sont réalisés après la cession, tout comme s'ils avaient
traité directement avec le cédant. Si le prix de la cession consistait dans une rente viagère, ils n'en doivent pas le capital au
cessionaire; ils ne sont tenus qu'à lui rembourser le montant
des termes qu'il a payés, et à continuer le service de la rente.
Si elle s'est éteinte avant leur demande, ils profitent de l'extinction. Ce point de droit a pu paraître susceptible de quelque difficulté; mais il est solidement appuyé par les arrêts de la Cour
d'Amiens et de la Cour de cassation, dans l'affaire Wargemont,
dont nous avons déjà parlé. *Rép. Merl., dr. succ., n.* 9; *Sir.* 6,
2, 943; *D.,* 1806, *p.* 689; *Chab., n.* 24; *Toull.* 4, *n.* 451; *Dur.* 7,
n. 198.

ARTICLE 842.

Après le partage, remise doit être faite à chacun des
copartageans des titres particuliers aux objets qui lui
seront échus.

Les titres d'une propriété divisée restent à celui qui
a la plus grande part, à la charge d'en aider ceux de
ses copartageans qui y auront intérêt, quand il en sera
requis.

Les titres communs à toute l'hérédité sont remis à
celui que tous les héritiers ont choisi pour en être le

dépositaire[1], à la charge d'en aider les copartageans, à toute réquisition.

S'il y a difficulté sur ce choix, il est réglé par le juge.

1. Il est bon que l'acte de partage présente un bref inventaire des titres, et constate la remise qui en est faite, selon les règles marquées dans cet article. Il faut que les héritiers sachent bien ceux qui sont communs, en dépôt chez une tierce personne, ou dans les mains de l'un d'eux, et encore ceux que chacun a retirés pour soi, afin qu'il ne puisse plus en faire la demande.

Le dépositaire doit être choisi par tous les héritiers, ou nommé par la justice. Une nomination, à la majorité des voix, n'empêcherait pas les cohéritiers, qui ne l'ont point approuvée, d'en demander une autre au tribunal.

Le dépositaire des titres communs à tous les héritiers ou à plusieurs cohéritiers, qui refuserait de les communiquer à ceux qui en ont besoin, donnerait une action contre lui, en justice, pour le contraindre à remplir ce devoir. Son refus pourrait, selon les circonstances, le faire condamner à des dommages-intérêts; il doit au moins faire ordonner une nouvelle expédition des actes, à ses frais.

Chab.; Toull. 4, *n.* 442 ; *Pand. franç.* 3, *p.* 282; *Dur.* 7, *n.* 171.

2. Après le décès d'un sieur Girardin, au moment de l'inventaire, ses héritiers laissèrent les titres de propriété à la veuve usufruitière. Huit ans après, ils lui en demandent plusieurs. Sur son refus, elle a été condamnée à les rendre, par un jugement que la Cour royale de Paris a confirmé, le 9 avril 1828, attendu « que la remise des titres, lors de l'inventaire, est un acte provisoire et conservatoire, qui ne peut être considéré comme attributif d'un droit, en faveur de l'une ou de l'autre des parties; que le consentement des héritiers à ce que l'usufruitière gardât les titres, n'était pas indéfini et restait révocable; que le droit de l'usufruitier étant essentiellement distinct de celui du propriétaire, il ne peut être juste que ce dernier demeure privé de la possession des titres qui prouvent et assurent son droit, sauf à lui néanmoins à en aider l'usufruitier lorsqu'il en sera besoin, comme aussi à le défendre de tous troubles et évictions qui pourraient préjudicier à sa jouissance. » *D.*, 1828, *s.*, p. 97.

SECTION II. — *Des Rapports.*

ARTICLE 843.

Tout héritier, même benéficiaire, venant à une succession, doit rapporter à ses cohéritiers tout ce qu'il a reçu du défunt, par donation entre-vifs, directement ou indirectement : il ne peut retenir les dons ni réclamer les legs à lui faits par le défunt, à moins que les dons et les legs ne lui aient été faits expressément par préciput et hors part, ou avec dispense du rapport.

1. Les lois romaines et quelques-unes de nos coutumes avaient borné l'obligation du rapport aux héritiers de la ligne directe descendante. Le Code civil l'étend à tous héritiers descendans, ascendans et collatéraux, purs et simples, ou bénéficiaires. Cette obligation est établie pour assurer entre les cohéritiers l'égalité que la loi suppose dans l'intention de tout donateur, quand il n'a point exprimé une volonté contraire. Un arrêt de la Cour de Metz, maintenu par la Cour de cassation, le 5 mai 1812, accorda le rapport à des collatéraux. Un arrêt de la Cour de Paris, du 26 décembre 1815, a condamné au rapport l'héritier bénéficiaire. *Sir.*, 13, 1, 17, *et* 16, 2, 41; *D.*, 1812, *p.* 497; *v. infrà, art.* 857; *Malev.; Chab., n.* 1, 2, 3, 4, 5, 11; *Toull.* 4, *n.* 452, 454; *Gren., don.* 2, *n.* 467, *etc.; Dur.* 7, *n.* 209, 233, *etc.*

2. Le rapport ne convient proprement qu'aux donations entre-vifs; on ne rapporte pas des legs; on perd seulement le droit de les réclamer. Cette distinction est bien marquée dans l'art. 843; mais dans d'autres articles, le législateur n'emploie que la même expression de *rapport* pour les legs comme pour les donations. *Chab., n.* 10; *Del.* 2, *p.* 110; *Dur.* 7, *n.* 261.

3. Le droit de dispenser du rapport est inhérent au droit de disposer; et la dispense est valable, comme la libéralité qu'elle accompagne, jusqu'à concurrence de la quotité disponible. Cette dispense doit être déclarée dans l'acte qui porte la donation, ou dans un acte subséquent. Si le don est entre-vifs, il faut que la dispense soit acceptée comme le don qui l'a précédée. Si dans l'intervalle des deux actes, le donateur avait fait d'autres libéralités entre-vifs, emportant la quotité disponible, la dispense devien-

drait inefficace. *V. infra, art. 919; Chab., n. 8; Gren., don. 2, n. 490, etc.; Delv. 2, p. 120; Dur. 7, n. 222.*

4. La dispense doit être exprimée, mais elle ne tient point aux mots *par préciput, hors part, dispense de rapport*, qui se trouvent dans l'art. 843. Le législateur n'a point prescrit ces termes comme sacramentels; on peut en employer d'autres, équivalens; et la dispense existe quand elle est certainement déclarée par le disposant. *V. infra, art. 919; Levass., port. disp., p. 166; Pand. franç. 3, p. 305; Gren., don. 2, n. 484; Chab., n. 6, 7, 8; Toull. 4, n. 455; Dur. 7, n. 219, etc.; Rép. Merl., rapport à succ., § 2, art. 2, n. 2; Delv., préc.*

Ainsi la Cour royale de Paris a vu clairement le préciput dans la disposition par laquelle le sieur Colin léguait à des petits-fils *le quart de ses biens, pour les réunir à la moitié qu'ils étaient appelés à recueillir dans sa succession. Sir. 13, 2, 350; D., 1823; s., p. 19, note.*

Ainsi, dans le testament de Jean Bourbon, qui avait pour héritier un neveu et deux nièces, frère et sœurs, la Cour de Bourges a reconnu le préciput évident pour un legs considérable en faveur du neveu, fait à la charge de payer cinq mille francs à chacune de ses sœurs, qui avaient encore un legs particulier. La Cour de cassation a maintenu cet arrêt, le 20 février 1817. *D., 1817, p. 382; Sir. 18, 1, 64.*

Mais si le préciput peut être établi par d'autres expressions que celles de l'art. 843, il ne doit pas se juger sur une intention présumée, au lieu d'une intention déclarée. Le jugement par inductions porte à l'arbitraire et multiplie les procès; et la loi l'interdit en prescrivant la déclaration expresse du préciput. Les tribunaux se sont-ils bien conformés à ce vœu de la loi? En examinant leurs décisions, l'on peut en douter quelque fois. Il est vrai que c'est pour des legs seulement qu'on a supposé une intention de préciput qui n'était pas exprimée par la lettre de l'acte; et il est bien difficile de résister à l'idée que le don porté dans un testament, n'ait pas été hors part dans la pensée du testateur; car pourquoi le faire, s'il n'entendait pas le dispenser du rapport au partage. La loi est sévère, en n'exigeant pas moins pour les dons testamentaires que pour les dons entre-vifs. Ceux-ci emportent avec eux la présomption de l'avancement d'hoirie et du rapport, tandis que les legs donnent une présomption contraire. Dans le droit romain, les legs étaient réputés dons en préciput. *V. l.* 17, *ff. de lég.* 1 *et* 25; *eod. adim. lég.*; *Gren.*, *don.* 2, *n.* 470; *Dur.* 7, *n.* 214, etc.

Par un arrêt du 24 mars 1806, la Cour d'appel de Turin, statuant sur un legs particulier d'objets mobiliers, a fait résulter le préciput de l'institution universelle faite, à la suite de ce legs, en faveur du légataire et de deux autres personnes conjointement : « Attendu qu'en séparant ces meubles de la succession, par une disposition particulière, le testateur a marqué sûrement l'intention de les donner à titre de préciput. *J. p., éd. n., t.* 7, *p.* 186; *Sir.* 6, 2, 131; *D.*, 1810, *s., p.* 44.

Un autre arrêt rendu par la même Cour, le 28 août 1809, ayant jugé fait à titre de préciput, un legs particulier du père au fils, suivi d'institution universelle en faveur de ce même fils, la Cour de cassation a rejeté, le 25 août 1812, le pourvoi dirigé contre cet arrêt; déclarant que le testateur avait, par le sens de ses diverses dispositions et l'énergie des termes de l'institution qui les avait suivis, dispensé aussi expressément l'héritier institué du rapport de l'objet de la libéralité, que si la dispense avait été écrite littéralement. *Sir.* 12, 1, 386; *D.*, 1823, *s., p.* 19, *note.*

Le 6 juillet 1811, la Cour de Grenoble a jugé que le legs universel, fait à l'un des héritiers à réserve, emportait nécessairement la portion disponible hors part. M. Levasseur ne doutait pas de l'intention de la dispense, dans une disposition de cette nature; mais il disait que le testateur n'avait pas suivi la loi. Les auteurs des Pandectes n'ont exprimé que des doutes. M. Grenier et M. Toullier enseignent nettement que l'institution universelle d'un ou de plusieurs héritiers légitimes, marquant l'exclusion des autres, vaut dispense de rapport pour les institués jusqu'à concurrence de la quotité disponible; car qui veut le plus, veut le moins; et en leur donnant tout, l'instituant a témoigné qu'il voulait, au moins, qu'ils eussent hors part, la quotité disponible, si la loi les obligeait à partager sa succession avec d'autres héritiers. *Rép. méth., chap.* 6, *sect.* 1, *art.* 351, *n.* 3; *Lev., port. disp., p.* 163; *Pand. franç.* 3, *p.* 316; *Gren., don.* 2, *n.* 485; *Toull.* 4, *n.* 461; *V. infra, art.* 922.

Par la même raison, la Cour de Limoges, le 26 juin 1822, a vu le préciput sortir clairement, pour la quotité disponible, de la disposition par laquelle un père, après avoir fait des legs à deux de ses enfans, institue le troisième son héritier *seul et universel de tous les biens dont il mourra saisi et vêtu, et veut que sa*

succession soit recueillie en entier par lui, aux charges de droit.
D., 1823, *s.*, *p.* 17 ; *Sir.* 12, 2, 276.

La Cour de Douai a décidé, le 27 avril, que le préciput se trouvait nécessairement dans le legs de la quotité disponible, fait par un père à sa fille, à la charge par elle de rendre à ses enfans nés ou à naître ; attendu qu'il impliquerait contradiction que la donataire fût tenue de rapporter à la succession ce qu'elle doit restituer à ses enfans. Le 16 juin 1830, la Cour de cassation a rejeté le pourvoi dirigé contre une décision semblable de la Cour de Bastia. *D.*, 1820, *s.*, 75, *et* 1830, *p.* 345.

Enfin, le 20 janvier 1824, la Cour de Riom a fait ressortir le préciput d'un quart, de la disposition conçue en ces termes : « Je lègue le quart de mes biens à Balthazard Courtarel de Rouzat, mon fils, et la jouissance de la moitié dudit quart à ma femme ; après sa mort, la moitié dudit quart retournera en toute propriété audit Balthazard de Courtarel, mon fils. » Le pourvoi formé contre cette décision a été rejeté le 17 mars 1825, «attendu que les art. 843 et 919 exigent bien que la dispense du rapport soit expresse, pour que le légataire puisse participer à la succession, mais qu'ils ne déterminent aucune expression sacramentelle ; d'où il résulte que les questions de ce genre sont des questions de volonté, qui peuvent être décidées d'après le contexte des dispositions générales et particulières, portées au testament ; que, dans l'espèce, la Cour de Riom a interprété, ainsi qu'elle en avait le droit, le testament litigieux, et s'est conformée aux articles invoqués. » *D.*, 1825, *p.* 19.

Voilà une grande latitude laissée aux tribunaux, pour mettre aisément à l'écart la rigueur mal entendue de la loi, relativement aux legs. Une voie aussi large, une faculté aussi étendue d'interprétation, ne serait pas sans danger, pour les donations entre-vifs. Ici l'on doit tenir à l'expression certaine du préciput, quand la libéralité est faite directement par un acte formel.

5. Les libéralités indirectes, par interposition de personnes, ou par déguisement de contrat, sont, à la lettre de l'art. 843, indéfiniment soumises au rapport, de même que les donations directes. Mais puisque l'obligation du rapport procède du défaut de dispense, il est impossible de dire que la dispense n'existe pas, dans le fait d'une libéralité qui se cache. On a voulu en dérober la connaissance à ceux qui pourraient avoir la tentation de la contester ; et s'ils parviennent à lever le voile qui la cachait, elle se montre avec la volonté qui l'a faite pour être

exempte du rapport. Ou elle est nulle pour n'être pas formelle, ou si, sans formes, elle est valable en soi, elle vaut pour la dispense qui est inhérente à sa nature. La disposition générale, qui soumet au rapport les donations indirectes comme les donations directes, s'explique et se modifie par d'autres règles du droit. En la combinant avec celle des art. 853, 854, 913, 915, 916, 920 et 922, on ne juge passibles du rapport que les libéralités frauduleuses, qui attaquent la réserve des cohéritiers. La justice ne permet point aux collatéraux de rechercher la donation dans les actes indirects qui pourraient la recéler, quand ils ont été passés entre personnes capables, entre celle qui pouvait donner et celle qui pouvait recevoir. Cette recherche n'est permise qu'aux descendans et aux ascendans, pour la formation de leur réserve. Les dons déguisés, qui n'affecteraient que la quotité disponible, ne sont donc, de droit, ni frappés de nullité, ni sujets au rapport; on ne pourrait les pénétrer sans reconnaître le préciput dans leur essence. M. Locré dit, avec l'orateur du gouvernement : « Les donations qui n'ont pas été faites à la personne même de l'héritier, sont toujours réputées par préciput, à moins que le donateur n'ait exprimé une volonté contraire. » *Légis. civ.*, t. 10, p. 199; *Malp.*, n. 265.

Long-temps les tribunaux ne s'accordèrent pas sur la validité ou la nullité des avantages déguisés dans des contrats, onéreux en apparence, et dépourvus des formes prescrites pour les actes de donation. La controverse a régné entre la chambre des requêtes et la chambre civile de la Cour de cassation. La première rejetait les pourvois formés contre les arrêts de nullité, et admettait ceux qui étaient dirigés contre les arrêts de validité, pour les voir ensuite rejetés par la chambre civile. Cette fâcheuse division a cessé enfin en 1809. Les deux chambres, depuis cette époque, s'accordent à reconnaître la validité des actes. M. Chabot, dans sa dernière édition, affirmait qu'il n'existait plus de controverse sur ce point. *Chab.*, art. 843, n. 16.

Cependant, M. Delvincourt, qui s'était prononcé pour la nullité du don, déguisé sous l'apparence d'un contrat onéreux, n'est pas converti, et lutte contre la jurisprudence. M. Duranton aurait préféré le parti que soutient M. Delvincourt; mais il cède au grand nombre des arrêts. M. Dalloz trouve la jurisprudence bien affermie, et n'en regarde pas moins comme très-graves les raisons qui ne l'ont point arrêtée. Il s'attache fortement à la règle générale des art. 893 et 931, comme si la puissance des choses et d'autres principes ne leur faisaient pas subir des modifications nécessaires. Sans doute, on ne peut donner solennellement ses biens que par actes entre-vifs ou testamentaires ; et quand on veut disposer de cette manière, la disposition est nulle, si elle n'est pas exactement dans les formes qui doivent la constituer. Mais n'est-il donc permis de donner que solennellement, par des actes formels, entre-vifs ou testamentaires ? Est-ce que les dons manuels sont proscrits ? Est-ce qu'il est défendu de faire don de sa dette au débiteur malheureux, en lui remettant le titre de la créance, ou en lui donnant quittance des sommes qu'on ne reçoit pas ? Est-ce qu'on ne peut pas renoncer à des droits certains par de simples déclarations ? A la mort d'un individu, ses héritiers, quels qu'ils soient, pourront-ils rechercher tous les arrangemens qu'il a faits avec toutes personnes, afin d'y trouver des donations indirectes, nulles pour défaut de formes ? Tout serait remis en question : les comptes qu'il a rendus, ceux qu'il a reçus, les liquidations qu'il a faites, et le nombre infini de traités ou de règlemens qu'il a pu souscrire !..... Le système condamné par la Cour régulatrice aurait eu ces conséquences. M. Toullier a judicieusement observé qu'il tendait à ouvrir une large carrière aux procès, et à troubler les familles, quand il importe d'assurer leur repos. *Toull. 4, n. 473, 474; Delv. 2, p. 120, 181; Dur. 7, n. 317, 324, 325; Rép. méth., disp., ch. 4, sect. 2, art. 3 et suivans, et ch. 6, sect. 1, art. 5, § 2, n. 2, 4.*

Que pour garantir la réserve légale des héritiers de la ligne directe, l'inquisition soit autorisée, discrétement toutefois; que les donations déguisées soient réductibles et non pas nulles absolument ; c'est une nécessité, parce que c'est la justice ; mais que des collatéraux à qui on ne doit rien, qui ne peuvent empêcher des donations ouvertes, aient le droit de rechercher des dons indirects, pour les faire annuler parce qu'ils ne sont pas en bonne forme de donation ou de testament, ce serait une inconséquence choquante et un droit monstrueux, de nature à produire de graves désordres. On n'admet la donation directe, positive, qu'alors qu'elle est dans les formes que la loi a jugées nécessaires pour la rendre certaine. Les collatéraux, comme les héritiers à réserve, sont reçus à vérifier cet acte patent, parce qu'il est fait pour être soumis à leur contrôle. Quant aux libéralités indirectes, qui peuvent se placer partout, dans des actes de toute nature, soit accessoirement, soit comme objet prin-

cipal, soit par un dessein médité, soit par occasion, ces actes
ne peuvent être scrutés que par les héritiers à réserve, parce
qu'ils n'ont pu être faits en fraude qu'à leur préjudice. Pour les
autres successibles, à qui le défunt ne devait rien, les actes
restent ce qu'ils paraissent être; il n'y a point de fraude présu-
mable; on suppose, au contraire, que le défunt n'a point employé des voies détournées pour ce qu'il pouvait faire ouvertement; et la recherche des collatéraux est repoussée par fin de non-
recevoir. Voilà les principes et la règle sagement consacrés par
la jurisprudence, et justement admis par le plus grand nombre
des commentateurs. *Chab., quest. transit.*, t. 1, p. 201 ; *Merl., quest.*
dr., donat., § 5, *et Rép., donat., sect.* 2, § 6; *simulat.*, § 5; *Toull.* 4,
n. 473, 474; *Gren., donat.*, n. 180; *Malp.*, n. 266; *Dur. préc.*

Cette fin de non-recevoir s'étend aux héritiers de la ligne
directe, lorsqu'ils trouvent assez de biens libres pour former
leur réserve. Le père de trois enfans n'a fait de donation à
aucun; mais il a vendu à l'un deux un immeuble en valeur de
moins de deux mille cinq cents francs; il meurt laissant sept
mille cinq cents francs de biens libres. Permettra-t-on aux
frères de l'acquéreur de rechercher la donation dans l'acte de
vente, pour lui faire rapporter au partage l'objet acquis? Le
père tenant de la loi le pouvoir de mettre le quart de ses biens
hors de sa succession, quand il laisse les trois quarts réservés,
de quoi peuvent se plaindre les enfans qui n'ont point de part
à la vente qu'il a faite? On ne peut raisonnablement les admettre
à poursuivre la donation dans la vente, qu'autant que son objet
serait d'une valeur excédant la quotité disponible; et dans ce
cas, la donation, vérifiée, ne doit être sujette à rapport que
pour cet excédant.

M. Chabot qui, dans ses Questions transitoires, comme dans
son Commentaire, prouve la validité des donations indirectes
ou déguisées; qui, dans le premier de ses ouvrages, reconnaît
qu'elles ne peuvent être passibles que du retranchement pour
la réserve, modifie et repousse même cette dernière règle, au
n° 16 du Commentaire. Après avoir montré qu'on ne cherche
point à agir en fraude de la loi, lorsqu'elle permet ce qu'on
veut faire, il conclut qu'en général il n'y a d'avantages indirects que sur ce qui excède la portion disponible. L'auteur
ajoute aussitôt : « Cependant il peut aussi résulter d'une foule
de circonstances, que l'acte n'est réellement qu'une donation,
que, par des motifs particuliers, on a cherché à déguiser, quoi-

qu'elle ne porte que sur la quotité disponible. » M. Chabot disserte ensuite pour établir que le rapport est dû *quand il résulte des circonstances , quand il est jugé que la donation existe.* M. Proudhon et M. Delaporte en jugent de même. *Chab.; Proudh., usuf., n.* 2396; *Pand. franç.,* 3, *p.* 3o6.

M. Grenier a procédé comme M. Chabot, au premier volume des donations, n° 180. L'auteur, à l'aide des questions transitoires et des arrêts, démontre que les donations indirectes entre personnes capables, par déguisement d'actes ou par interposition de tierces personnes, ne sont pas nulles; que des collatéraux n'ont jamais le droit de s'en plaindre, et que les héritiers à réserve ne peuvent les attaquer qu'alors qu'elles dépassent la quotité disponible , et pour les faire réduire à cette quotité seulement. Au second volume, n° 513, M. Grenier, après avoir dit que la disposition de l'art. 843 embrasse les dons indirects, comme ceux qui sont faits directement, fait toutefois dépendre des circonstances de fraude la question du rapport, pour les libéralités indirectes. Cependant il affirme que « s'il était prouvé ou avoué qu'il y a eu un don indirect, fait à un successible, même quoiqu'il n'y eût aucun héritier à réserve , ce rapport du don devrait avoir lieu incontestablement. » La raison de l'auteur est que tout don fait directement, devant être rapporté, lorsqu'il n'y en a pas de dispense, la circonstance que le don aurait été fait indirectement, ne saurait être un motif d'affranchissement du rapport. M. Delvincourt et M. Duranton professent cette opinion. M. Duranton prétend qu'il n'existe pas de décision contraire dans les nombreux arrêts de la Cour régulatrice. *Delv.* 2, *p.* 181, 182; *Dur.* 7, *n.* 313, 326, *et* 8, *n.* 400, 401.

En déclarant que les dons ne peuvent être recherchés qu'autant qu'ils portent atteinte à la réserve; qu'ils ne sont pas nuls, mais seulement sujets à réduction , lorsqu'ils excèdent la quotité disponible, la Cour régulatrice n'a-t-elle donc pas jugé la question du rapport? n'a-t-elle pas décidé nécessairement que les donations déguisées sont exemptes de rapport quand elles n'excèdent pas la quotité disponible? Qu'importe que certains arrêts n'aient statué que relativement à des collatéraux? M. Merlin remarque judicieusement que l'héritier à qui la loi accorde une réserve, n'a pas plus de droit sur la portion disponible, que n'en ont les héritiers collatéraux sur l'universalité des biens du défunt. D'ailleurs, deux arrêts de cassation, du 26 juillet 1814 et du 31 juillet 1816 , ont prononcé sur des ventes faites, l'une à un gendre, l'autre à un fils, et attaquée par les autres enfans. M. Toullier et M. Malpel, qui soutiennent l'avis de M. Merlin, signalent ces décisions et leur rendent hommage. *D.*, 1814, *p.* 495, *et* 1816, *p.* 592; *Sir.* 15, 1, 41, *et* 16, 1, 383; *Merl., quest.dr., don.,* § 5, *et Rép. simul.*, § 5; *Toull.* 4, *n.* 473, 474; *Malp., n.* 266.

Pour le rapport, on doit distinguer les dons déguisés, des dispositions patentes, constatées par un acte autre que le contrat formel de donation, et qui, par le fait, quelque nom qu'on leur ait donné, constituent ouvertement la donation, comme dans le cas de l'art. 851. Ici, comme la libéralité est ostensible, le disposant a dû prévoir qu'elle serait remarquée; et s'il ne l'a point affranchie du rapport, il est à présumer qu'il a voulu la laisser soumise au rapport. L'art. 843 frappe ces donations indirectes, de même que les donations directes, dans l'ordre des collatéraux, ainsi que dans l'ordre des héritiers à réserve. Mais, quant aux donations indirectes, déguisées, la preuve certaine de la volonté du disposant pour les affranchir du rapport, se tire du déguisement même; et dans ce cas, l'art. 843 se combinant avec les art. 921, 922, il en résulte qu'on ne doit chercher à découvrir la donation que lorsqu'il manque à la réserve légale, afin de réduire le don, du montant du déficit.

Cette distinction avait échappé à la Cour de Toulouse, dans deux arrêts du 24 février 1824, et du 10 juin 1829; mais elle l'a retrouvée bientôt, et l'a clairement marquée dans un nouvel arrêt, le 7 juillet de la même année. D'abord, découvrant la donation dans des ventes, la Cour de Toulouse avait ordonné le rapport entier, sans égard à la demande d'imputation sur la quotité disponible. Ensuite, à l'occasion d'une vente du père au fils, elle reconnut la règle des équipollens pour la dispense du rapport, et dit: « que l'objection prise de ce que toutes les donations indirectes offrent ces équipollens, n'est pas fondée en fait; car la substitution, en faveur du petit-fils, d'un bien donné au fils, est une donation indirecte, qui ne dispense nullement le petit-fils du rapport, s'il se trouve successible du donateur, au décès de celui-ci; la donation d'un immeuble à une personne, sous la charge de donner dix mille francs à un tiers, contient une donation indirecte en faveur de ce tiers, qui ne sera pas dispensé du rapport, s'il se trouve successible du donateur au décès de celui-ci; d'où il suit que l'art. 843 a dû exiger, pour les donations indirectes, comme pour les donations directes, qu'elles fussent rapportées, si elles ne contenaient pas dispense de rapport, soit écrite sacramentellement, soit par des équipollens ; d'où suit encore qu'une donation déguisée sous l'apparence d'un contrat de vente, n'est point, quoique indirecte, sujette à rapport, puisque, par cet acte, le donateur veut distraire irrévocablement de sa succession l'objet donné. » L'arrêt, suivant la doctrine de M. Toullier, ajoute « que le législateur, toutes les fois qu'il a eu occasion d'appliquer à des donations déguisées, les règles du rapport, par exemple, dans les articles 847, 849, 911 et 918, a formellement déclaré que ces donations déguisées n'étaient sujettes à rapport que pour l'excédant de la quotité disponible ; que vainement on prétendrait que c'est par exception qu'il l'a décidé ainsi dans ces articles. Il serait en effet impossible de trouver un motif raisonnable à cette prétendue exception ; il résulte, au contraire, de la jurisprudence et notamment d'un arrêt de la Cour de cassation, du 13 août 1817, que l'art. 918, loin d'être une exception, n'est qu'une conséquence du droit commun, tant ancien que moderne, ce qui est confirmé par les arrêts de la Cour de cassation, des 22 août 1810 et 6 juin 1814. » D., 1811, p. 58; 1814, p. 385; 1818, p. 98; 1830, s, p. 97 et 142; Toull. 4, n. 473, 474.

La Cour de Toulouse a fait une seconde fois l'application de cette doctrine, le 9 juin 1830. D'autres Cours ont jugé de même : Colmar, le 10 décembre 1313; Riom, le 20 novembre 1818; Nîmes, le 15 mars 1819; Amiens, le 10 janvier 1821; Bastia, le 25 janvier 1823; Grenoble, le 14 janvier 1824; Poitiers, le 26 mars 1825; Lyon, le 22 juin 1825; Bordeaux, le 20 juillet 1829. V. J. pal., éd. n., t. 15, p. 704, et t. 1, de 1826, p. 480; Sir. 20, 2, 73; D., 1820, s., p. 33; 1824, s., p. 172; 1831, s., p. 93, et Rép. méth., disp. entre-vifs et testam., ch. 4, sect. 2, art. 3, et succ., ch. 6, sect. 1, art. 3, § 2, n. 4.

6. La vérification des avantages, faits indirectement, pour éluder l'obligation du rapport, présente le plus souvent beaucoup de difficultés. Ils ne se font que dans la ligne directe, parce que, hors de cette ligne, on a toute latitude pour disposer à son gré et ouvertement de toute sa fortune. C'est bien une vieille maxime, fréquemment invoquée : qu'entre proches, la fraude se présume facilement; et, toutefois, on ne saurait apporter trop de circonspection dans l'examen des actes passés entre le père et le fils; car s'il en est un trop grand nombre de frauduleux, il s'en fait de bonne foi, sans aucun dessein de fraude, par des motifs généreux même; et il importe de ne pas

empêcher, par la crainte d'une perte, l'assistance que le père et
le fils sont naturellement portés à se donner, dans des situations
où le secours des étrangers pourrait être fort onéreux. La maxime
a de la force contre les actes des proches qui nuisent à des tiers,
étrangers. Dans le sein de la famille, elle est combattue par la
présomption naturelle d'une affection égale pour ses descendans
et pour ses ascendans. En général, la maxime serait plus juste,
si elle se bornait à dire qu'on soupçonne aisément la fraude
entre proches. Le soupçon fait rechercher les preuves avec soin;
et comme, en cette matière, la preuve peut ressortir des circonstances et des présomptions de fait, il faut que les circonstances
soient fortes, et les présomptions graves, précises et concor-
dantes. Les circonstances propres à déceler la fraude, peuvent
varier à l'infini. En tout temps, on a senti l'impossibilité de
les prévoir toutes; et jamais on n'a pu donner que des indications qui servent aux juges, dans l'exercice du pouvoir discrétionnaire, que la loi a dû leur confier, pour le jugement de ces
difficultés. Nous allons jeter un coup d'œil sur les actes principaux dans lesquels les tribunaux ou les auteurs ont cru reconnaître l'avantage frauduleux. *V. Chab.*, *n.* 14, 15; *Gren., don.*, 2,
n. 518; *Dur.* 7, *n.* 315, 320; *Merl., quest. dr., avantages aux hérit.
présompt.*

7. Les actes directs de vente et d'obligation du père au fils, sont
ceux où la fraude est le moins difficile à saisir. On a coutume
d'examiner si l'un avait besoin d'emprunter ou de vendre, et
si l'autre était en état de prêter ou d'acheter; s'il y a eu emploi
des sommes quittancées. Lorsque la mort du vendeur ou de l'emprunteur a suivi de près son engagement, une violente présomption résulte du défaut de deniers dans ses coffres, si l'on ne
trouve pas des traces d'emploi. Mais, avant tout, on juge par
d'autres actes et par les rapports antérieurs de ceux qui ont
fait l'acte contesté, si le vendeur ou l'emprunteur avait une
prédilection marquée pour celui de ses héritiers présomptifs,
avec lequel il a traité. Si, déjà, il l'avait gratifié de la quotité
disponible, la prédilection serait démontrée. Mais, nous l'avons
remarqué, on ne recherche point l'avantage déguisé dans un
acte, quel qu'il soit, qui pourrait constituer une donation effective, s'il n'offensait pas la réserve légale de ceux qui se plaignent. *Chab.*, *n.* 15.

Quant aux avantages qui peuvent résulter d'un bail à ferme;
voyez infra, art. 853.

8. La donation frauduleuse, par l'interposition de tierces personnes, n'a pas besoin de preuve spéciale, quand elle est faite aux parens désignés dans les art. 901 et 1100 du Code civil: ces personnes sont, de droit, réputées interposées. Pour toutes autres, l'interposition se prouve par une contre-lettre, quand il est possible de l'avoir. Au défaut de ce moyen, la fraude ne peut bien se vérifier, par les circonstances et les présomptions, qu'après le transport, à l'héritier préféré, de la chose donnée ou vendue au tiers officieux. *Chab.*, *n.* 14, *etc.; Toull.* 4 , *n.* 473 ; *Gren., don.,* 2, *n.* 513; *Dur.* 7, *n.* 316 , *etc.; Merl., quest. dr., avant. aux hér., présompt.,* § 4.

9. La donation indirecte peut se trouver dans la vilité du prix d'une vente réelle. Mais n'y sera-t-elle qu'alors qu'il y aura lésion de sept douzièmes? Cet excès de vilité n'est exigé que pour la rescision de la vente. Un avantage égal à la quotité disponible, déjà épuisée, pourrait se placer dans un règlement de prix qui serait la moitié, le tiers, le quart de la véritable valeur du fonds vendu; il est juste qu'on puisse atteindre la libéralité frauduleuse au-dessous du taux de la rescision des ventes, en règle générale. Il ne faut pourtant pas s'attacher à une légère différence entre le prix convenu et le plus haut prix qu'il eût été possible de retirer de la chose. On doit reconnaître, avec M. Chabot, qu'un excès de sévérité rendrait impraticables les transactions entre le père et les enfans. La position respective des parties, la grandeur ou l'exiguïté de la vente, relativement aux biens qui entrent dans la succession, doit être considérée pour l'appréciation du degré de vilité du prix, qui peut établir la donation. *Chab., n.* 21; *Dur.* 7, *n.* 395, 396; *Delv.* 2, *p.* 123; *Merl., Rép., rap. à succ.,* § 3, *art.* 4 , *n.* 5.

M. Grenier voudrait une règle fixe, à la place de l'arbitraire que la loi laisse aux juges; et il propose d'admettre une présomption de droit, pour la donation, lorsque le prix de la vente est d'un quart au-dessous de la valeur réelle de l'objet vendu. C'est le taux de la surenchère, marqué par l'art. 710 du Code de procédure. C'est aussi la mesure de lésion nécessaire pour la rescision des partages. L'auteur dit : « Toute appréciation de valeur d'immeubles est subordonnée à l'arbitraire; et si, dans le cas de l'adjudication sur saisie immobilière, le législateur abandonne à l'incertitude naturelle des opinions sur la valeur des fonds, le quart du prix de l'adjudication; s'il reconnaît qu'il n'y a de justice à soumettre une vente judiciaire à une nouvelle

enchère, qu'autant qu'elle sera du quart, au moins, du prix de
cette vente, pourquoi annulerait-on une vente faite par un père
à son fils, si, d'après une expertise, la différence de valeur
n'égalait pas le quart du prix convenu? Au défaut de texte précis
dans la législation, la raison conseille de recourir aux analogies.»
Cherchant de l'analogie, n'en trouverait-on pas davantage avec
la surenchère du dixième, de l'art. 285 du Code civil, relative
aux ventes volontaires? Nous ne croyons pas qu'on puisse induire, par analogie, ni autrement, aucune règle fixe et générale. Les positions diverses, les circonstances si souvent variables
ont fait une nécessité du pouvoir discrétionnaire, remis à la
sagesse des juges. *Gren., donat.* 2, *n.* 518.

10. L'avantage frauduleux, reconnu dans la vilité du prix, on
demande si l'acquéreur doit rapporter à la succession l'immeuble
vendu, sauf à reprendre la somme payée, ou s'il ne rapportera
que le supplément de sa valeur? Il y avait controverse sur ce
point anciennement; et le Code civil n'a pas résolu la difficulté.
Pour prévenir toute discussion et tout arbitraire, sur l'intention
que peut avoir eue le père, de donner une partie de la chose ou
une partie de son prix, M. Chabot voudrait établir, en règle générale, que si la juste valeur excédait de plus de moitié, le
prix stipulé dans l'acte, la donation sera présumée plutôt que
la vente, et qu'en conséquence l'immeuble devra être rapporté
en nature; que si, au contraire, le prix stipulé n'était pas inférieur à la moitié de la juste valeur, on présumera la vente plutôt
que la donation, et que dans ce cas il ne se fera de rapport que
pour la différence qui existe entre le prix stipulé et la juste valeur de la chose. M. Duranton admet cette règle. Le législateur
aurait pu l'établir; mais il ne l'a pas fait; et les tribunaux prendront toujours dans les circonstances, la base de leur décision.
Ils n'auront point à délibérer lorsque la demande ne présentera
la donation que dans la vilité du prix, parce qu'alors la vente
étant reconnue sincère, l'acquéreur ne pourra devoir de rapport que pour le supplément de prix, s'il y a vilité. Ce n'est
que dans le cas où les cohéritiers auront accusé l'acte de simulation et réclamé, comme objet de donation, le rapport de la chose
vendue, que les juges auront à voir, d'abord si la vente est sincère; et la jugeant sincère, s'il y a vilité dans le prix stipulé. En
déclarant qu'on a voulu cacher la donation sous la fausse apparence d'une vente, ils ordonneront le rapport de la chose donnée. S'ils ne reconnaissent la donation que dans la vilité du prix

convenu, ils n'ordonneront le rapport que d'un supplément de prix. *Rép. Merl., rapport,* § 3, *n.* 4; *Chab.*, *n.* 21 ; *Gr.*, *don.*, 2 , *n.* 518; *Delv.* 2 , *p.* 123 ; *Dur.* 7, *n.* 395.

11. On peut faire des dons frauduleux, en achetant à un prix excessif de celui qu'on veut avantager, aussi-bien qu'en lui vendant à vil prix. Sur ce point, M. Chabot rappelle qu'un arrêt recueilli par Charondas, a jugé sujet au rapport la partie du prix dépassant la juste valeur, dans une vente de droits maternels, du fils au père. Il n'est guère possible de déterminer sûrement la valeur de droits successifs ; et c'est la raison qui a fait affranchir de la rescision, par l'art. 889, la vente de cette sorte de droits. Mais la loi n'exempte de l'action rescisoire que les ventes faites sans fraude ; et l'on décidera toujours qu'il est permis de rechercher l'avantage frauduleux dans le prix trop élevé d'une vente de droits successifs : il ne faut qu'une plus grande attention pour apprécier les forces de la succession. Quelque soin qu'on y apporte, toutefois, on pourra n'avoir qu'une évaluation approximative ; et cela montre qu'on ne doit pas s'attacher, pour le rapport, au léger excédant du prix sur le montant de l'évaluation. D'ailleurs, on prend toujours en considération les positions et les convenances. *Rép. Merl.*, *rapp.*, *sect.* 3, *n.* 6; *Chab.*, *n.* 18.

12. Un moyen usité pour dissimuler des dons qui excèdent la quotité disponible, c'est de faire faire des acquisitions à l'héritier successible qu'on préfère, et de lui fournir l'argent pour les payer. On juge qu'un père a fait cet avantage, s'il avait des facultés, et si l'enfant acquéreur en manquait, et surtout si le père a vendu de ses biens, sans avoir fait aucun emploi du prix pour lui-même. Quoique le père de famille soit maître d'user de ses revenus comme il lui plaît, et que durant sa vie, il ne soit légalement tenu qu'à la prestation alimentaire envers ses enfans, on ne laisse pas que de poursuivre la libéralité excessive, dans l'emploi qu'il fait de ses économies, pour mettre une trop grande différence entre la fortune de son enfant de prédilection et celle de ses autres enfans. Mais on voit ces actes avec moins de sévérité ; et l'on est plus exigeant pour les preuves, que dans le cas où le père a diminué sa fortune acquise, par des ventes ou par des emprunts, quand celle de son favori s'est élevée. *V. infra, art.* 853; *Chab.*, *n.* 24; *Gr. don.*, 2, *n.* 519; *Delv.* 2, *p.* 123; *Dur.* 7, *n.* 344.

13. M. Delvincourt examine la question de savoir si le fils doit rapporter le fonds ou le prix, quand le père a fait lui-même l'ac-

quisition, de ses propres deniers, pour le compte du fils. L'auteur pense que si le fils a ratifié l'acquisition avant le décès du père, il ne doit le rapport que du prix, et que s'il n'a ratifié qu'après l'ouverture de la succession , il doit le rapport du fonds. Nous n'attachons pas beaucoup d'importance à la ratification antérieure ou postérieure au décès ; il nous semble plus raisonnable de dire que l'acquisition est pour la succession, puisque c'est le père qui a acheté et payé. Lorsque le fils a fait l'acquisition lui-même , avec les deniers du père, on peut le considérer comme l'emprunteur de ces deniers, et ne l'obliger qu'à en faire le rapport. Si le père avait vendu de ses biens pour payer l'acquisition du fils , il serait juste, les cohéritiers le demandant, de soumettre au rapport les fonds acquis , comme remplaçant ceux qui ont été vendus. *Malev.*, *art.* 856; *Chab.*, *n.* 24 ; *Delv.* 2, *p.* 123 ; *Gr. don.*, 2, *n.* 519; *Dur.* 7, *n.* 344, 394.

14. Il est certain que la libéralité frauduleuse peut se glisser dans une transaction sur compte de tutelle, et dans tout règlement de compte entre le père et le fils. Mais comment la reconnaitre? Admettra-t-on les cohéritiers mécontens à débattre le compte? Charondas et Ferrières font connaitre un arrêt du 22 janvier 1509, « par lequel une quittance faite par le père, au nom de son fils marié, qui avait pendant un temps considérable, gouverné sa marchandise, a été déclarée nulle. » Ces auteurs enseignent qu'en cette matière, on doit regarder comme nulle toute quittance générale qui n'est ni précédée d'un compte de recette et dépense, ni appuyée de pièces justificatives. M. Chabot nous offre cette doctrine. M. Merlin dit qu'il aurait bien de la peine à l'adopter comme principe général; que hors de la tutelle, un père peut traiter avec son fils majeur, comme il pourrait le faire avec un étranger; et l'auteur cite l'arrêt rendu par la Cour régulatrice, le 7 juillet 1812, portant cassation de celui de la Cour de Colmar, qui annulait un compte étranger à la tutelle, fait entre deux majeurs, par la seule raison que l'héritier de celui qui l'avait rendu, ne représentait pas les pièces justificatives. *Rép. Merl.*, *rapport*, § 3, *n.* 6, 8, *et transact.*, *n.* 5; *Chab.*, *n.* 17; *Gren.*, *don.*, 2, *n.* 517; *Dur.* 7, *n.* 343.

Ces autorités n'éclairent pas parfaitement la matière. L'art. 472 du Code civil n'a point de trait aux questions de fraude, touchant les rapports entre cohéritiers. Il ne dispose que dans l'intérêt du mineur ; et la violation des règles qu'il établit ne donne d'action en nullité, d'après l'art. 1125, qu'au mineur seul.

Quand c'est le fils majeur qui est comptable de l'administration des biens de son père, le traité qui se fait entre eux n'est pas soumis, pour sa validité, aux conditions de l'art. 473. Quand c'est le père tuteur, qui devait son compte de tutelle, il ne peut pas se plaindre du traité qu'il a fait, au mépris de ces conditions; et après lui, aucun de ses héritiers n'a pas plus de droit qu'il n'en avait lui-même. Mais il ne s'agit pas de la nullité ou de la validité de l'acte, lorsque des cohéritiers se plaignent de l'avantage indirect, fait à leur préjudice, dans cet acte qui porte le compte ou la décharge du compte; il n'est question que de savoir s'il s'y trouve réellement un don déguisé, qui doive être rapporté au partage. Pour vérifier la chose, seront-ils reçus à faire réviser le compte arrêté, ou à faire procéder au compte dont leur cohéritier a obtenu la décharge, sans l'avoir rendu, ou sans preuve qu'il l'a rendu? Une simple décharge peut aisément paraître suspecte, mais elle a pu avoir une cause fondée sur des pièces produites, bien qu'elle ne les mentionne pas. Après la décharge simple ou précédée d'un compte, on n'a point été dans l'obligation de conserver les pièces de comptabilité pour des cohéritiers à venir. On peut ne les avoir plus; et les eût-on gardées, on ne saurait être contraint à les produire, *nemo tenetur edere contra se.* Les cohéritiers sont demandeurs; ils doivent justifier leur demande, en prouvant l'avantage frauduleux qu'ils allèguent. Ils chercheront leurs preuves dans des expéditions ou des copies doubles des pièces qui pouvaient servir au compte, dans d'autres écrits où elles auraient été mentionnées, dans une enquête; et ils s'aideront de toutes les circonstances et de toutes les présomptions graves qui pourraient déceler la fraude. Ici encore, comme le dit M. Grenier, tout est soumis au pouvoir discrétionnaire des juges. *Don.*, 2, *n.* 517; *Dur.* 7, *n.* 343.

15. Si l'on a seulement à juger de la sincérité de la quittance du montant d'une dette certaine du fils, que lui a donnée son père, on sait les indications que nous avons présentées, n. 7. *Chab.*, *n.* 17; *Gren. préc.* ; *Rép. Merl.*, *rapp. à succ.*, § 3, *n.* 6, 9.

16. Il y a libéralité, susceptible de rapport, dans l'acte par lequel un père, qui a été marié deux fois, faisant le partage de communauté avec ses enfans du premier lit, sacrifie de légitimes reprises, ou en accorde qui n'étaient pas dues; porte trop haut les récompenses qu'il doit, ou estime trop bas les réparations et améliorations qui lui sont dues. On juge de la fraude ici, sur la réclamation des enfans du second lit, de la même manière que

dans le compte de tutelle. *Chab.* , *n.* 19; *Rép. Merl.* , *rapport*, § 3, *n.* 6 ; *Gren. préc.* ; *Dur.* 7 , *n.* 343.

18. Par les lois romaines et par l'édit des secondes noces, les libéralités qu'un père remarié avait reçues de sa première femme, étaient réservées aux enfans qu'il en avait eus. Il n'en est plus ainsi par le Code civil; ces libéralités, dans la mesure permise, se confondent dans la succession du père, et fournissent , de même que tous autres biens, à la réserve des enfans des deux lits indistinctement. Si donc le père en avait disposé en faveur des enfans du premier mariage, ceux-ci en devraient le rapport entièrement, s'il ne leur avait pas été donné en préciput, ou pour ce qui pourrait excéder la quotité disponible , si la donation était faite, soit hors part, soit par une voie détournée qui porte en soi le préciput. C'est ainsi que doit s'expliquer ou se modifier la doctrine de M. Chabot, n. 20. *Rép. Merl.* , *rapp. à succ.* , § 3 , *n.* 10.

18. L'avantage résultant, pour quelqu'un des cohéritiers, de la renonciation faite par le défunt à la succession qui lui était échue, au legs qui lui avait été fait, à la communauté dans laquelle il avait une part à prendre, peut-il être soumis au rapport? Cette question a divisé les anciens auteurs; et elle se trouve encore controversée depuis le Code civil. M. Toullier , à la suite de Pothier, soutient qu'il n'y a de sujets à rapport, dans les avantages indirects, que ceux qui font passer des biens acquis au disposant, à l'un de ses héritiers, par une voie détournée et couverte; que le renonçant n'a fait qu'user d'un droit reconnu par la loi ; qu'il n'a rien donné à personne par sa renonciation , et que ceux qui en profitent tiennent leur droit immédiatement du défunt à la succession, ou à la communauté, ou au legs duquel il a renoncé. C'est aussi l'opinion de M. Merlin. Pothier, cependant était venu à penser que son principe pouvait ne pas convenir aux renonciations de communauté. M. Grenier adopte le principe avec l'exception ; il dit, par exemple, que le père qui abdique le legs fait à lui et à son fils conjointement, n'avait pas l'objet de ce legs dans ses biens ; au lieu que , dans les cas de communauté, il s'agit de droits personnels, qui prennent leur source dans une convention et qui font bien plus essentiellement partie du patrimoine de celui qui vient les abdiquer. *Toull.* 4 , *n.*475 ; *Gren.*, *donat.* 2,*n.* 515, 516 ; *Merl.*, *Rép.* , *rap. à succ.* , § 3, *n.* 12 , 13 , 14.

M. Chabot est pour le rapport dans tous les cas ; il présente une belle dissertation, et démontre qu'il n'y a que de la subtilité

dans les raisonnemens faits pour justifier le système contraire.
N'est-ce pas en effet donner, *de suo*, que de remettre le droit
qu'on a de recueillir tels ou tels biens? Le patrimoine n'est-il
pas composé du droit acquis à des biens qu'on ne détient pas
encore, comme des biens qu'on possède en fait? Les droits ne
sont-ils pas des biens? Qu'un père fasse à son fils le don d'une
somme de trois mille francs pris dans sa bourse, ou qu'il lui
livre, par sa renonciation, pareille somme qui lui a été léguée,
il fait toujours une libéralité. Qu'un père recueille avec son fils
une succession, à laquelle ils sont appelés conjointement, et lui
donne ensuite la portion qu'il a retirée, ou que, par sa renonciation, il lui laisse la succession entière, le résultat est le même.
Qu'une mère renonce à la communauté qui exista entre elle et
son second mari, ou qu'elle donne à ses enfans du second lit, ce
qu'elle a recueilli de cette communauté, n'est-ce pas encore le
même résultat? Enfin, que la mère renonçant à la communauté,
reprenne son apport, qu'elle en fasse don à ses enfans du second lit, ou qu'elle accepte la communauté, dont les dettes ab-
sorberont son apport, n'y a-t-il pas même profit pour ces enfans
du deuxième lit, et même perte pour ceux du premier mariage?
Dans toutes ces situations, la différence n'est que dans la manière de donner; c'est assez que, fait indirectement, le don soit
exempt du rapport, s'il n'excède pas la quotité disponible; mais
il est juste qu'il soit rapporté pour fournir aux réserves légales.
M. Delvincourt, M. Duranton et M. Dalloz se sont rangés au parti
de M. Chabot. *Chab.*, *n.* 22; *Delv.* 2, *p.* 122; *Dur.* 7, *n.* 345, *etc.*;
Rép. méth., *succ.*, *ch.* 6, *sect.* 1, *art.* 3, § 1, *n.* 20.

19. Un arrêt de cassation, du 5 avril 1809, cité par M. Grenier, comme propre à justifier son système, décida que le cautionnement de la dette d'un successible, fait sans fraude, ne
pouvait pas être annulé, entre les cohéritiers, comme un avantage
indirect; mais il peut bien être la cause d'un rapport. Si la caution a payé la dette et n'a pas reçu de remboursement, l'héritier
débiteur en est comptable au partage. C'est un rapport qu'il doit
faire. *V. infra*, art. 853; *Gr.*, *don.* 2, *n.* 515; *J. pal.*, *éd. n.*, *t.* 10,
p. 237.

20. Nous verrons, à l'art. 931, que les dons manuels ne sont
point interdits; mais ils peuvent cacher facilement des avantages
prohibés. Quand on peut les découvrir, ils doivent être annulés,
s'ils sont en faveur de personnes incapables de recevoir; et réduits, si, étant faits à des personnes capables, ils dépassent la

quotité disponible. Au reste, n'attaquant pas la réserve, ils sont exempts du rapport, comme tous dons déguisés, suivant le principe exposé plus haut, n. 5. C'est aussi l'opinion de M. Toullier et même de M. Grenier. M. Duranton en juge autrement; il ne les dispense du rapport que lorsqu'ils ne consistent qu'en cadeaux d'usage et d'amitié. Les Pandectes françaises sont également pour le rapport en général. La Cour d'Agen a jugé aussi, le 13 juin 1831, que le prix d'une acquisition, faite par deux frères avec les deniers que le père leur avait donnés manuellement, devait être rapporté au partage à faire entre eux et leur sœur, à laquelle le père avait donné postérieurement le quart en préciput. Nous rejetons, comme doctrine, cette décision, par les raisons que nous avons suffisamment développées, n. 5 précité *Toull.* 5, *n.* 177, 178; *Gren., don.,* 1, *n.* 176, *etc.; Dur.* 7, *n.* 305, 306; *Pand. franç.* 3, *p.* 281; *D.,* 1831, *s., p.* 227.

Dans une cause régie par la loi du 17 nivôse an II, la Cour de Poitiers avait jugé qu'un don manuel d'argent et de bijoux fait à la petite-nièce, qui avait déjà reçu le sixième disponible, était exempt de rapport et de réduction, parce que les dons de cette sorte, pouvant avoir pour objet le payement ou l'acquit d'une dette quelconque, ou la récompense d'un service, n'ont aucun caractère, soit entre-vifs, soit à cause de mort. La Cour de cassation a bien maintenu l'arrêt, le 13 janvier 1807; mais elle n'a point approuvé cette doctrine: le rejet a été déterminé par ce motif « que l'arrêt attaqué décide, d'une part, qu'il n'était prouvé ni que la nièce eût dérobé les effets de la succession de sa grand'tante, ni qu'ils lui eussent été donnés à titre gratuit. » C'était une tournure pour éluder l'application d'une loi trop sévère. On ne jugerait pas de même, en ligne directe, sous le Code civil, qui a fort étendu la quotité disponible; on ordonnerait le rapport du don qui excède cette portion disponible. *D.,* 1807, *p.* 121; *Toull.* 5, *n.* 178.

21. Dans les circonstances où il doit être annulé ou réduit, le don manuel peut se prouver par témoins, puisqu'il a pu se faire sans écrit, et qu'il est entaché de fraude. On défère le serment au donataire prétendu, quand on n'a pas de preuves. La mention de la libéralité sur les livres du défunt, ne formerait pas une preuve, elle ne serait qu'un indice, qui aiderait beaucoup à la preuve toutefois. *Dur.* 7, *n.* 307, 308.

22. La remise au débiteur de son billet ou de la grosse de son obligation, fait preuve de libération, suivant les articles 1282,

1283. La remise peut se faire gratuitement; et c'est là un don manuel que ces articles semblent garantir contre toute réclamation. Cependant on doit être admis à prouver l'existence de ce don, par la même voie que tous autres dons déguisés, s'il était en faveur d'un incapable, ou s'il excédait la quotité disponible. La difficulté est dans les moyens de preuve. *Dur.* 7, *n.* 309; *infra*, *art.* 931.

23. Les dons ou legs rémunératoires, et ceux qui sont faits sous des conditions onéreuses, sont-ils dispensés du rapport? Vinnius, Ricard et Lebrun ont enseigné qu'on ne devait pas les regarder comme de véritables libéralités, lorsque la valeur des services, appréciables en argent, ou le montant des charges imposées, était égal à ce don; et ils ne déclaraient sujet au rapport, que l'excédant de la valeur du don, quand il y avait excès. Au reste, ces auteurs pensaient que la donation ne peut être réputée rémunératoire qu'autant que les services sont certains, et ne sont pas d'ailleurs de ceux que la nature ou le devoir prescrivent; mais regardant l'énonciation des services comme une preuve directe, ils imposaient, à ceux qui les désavouaient, l'obligation de la preuve contraire. *Lacombe, rapport, sect,* 3, *n.* 2 ; *Chab., n.* 13.

D'autres auteurs, parmi lesquels on remarque Charondas, Duplessis, Auzanet, n'accordaient pas de vertu à la déclaration des services annoncés comme cause de la donation; ils disaient que l'expression d'un motif aussi vague, ne prouvait rien; qu'elle donnerait lieu à beaucoup de fraudes, si elle n'était insignifiante. Ils croyaient que pour éviter les discussions sur le point de savoir si le don excédait ou non les services et les charges, il fallait ordonner le rapport, sauf à payer aux donataires ce qui pourrait leur être dû légitimement pour les services qu'ils justifieraient avoir rendus, ou pour les charges qu'ils auraient payées. *Chab., n.* 13; *Dur.* 7, *n.* 314.

La différence de ces deux partis existe entre M. Delvincourt et M. Toullier d'un côté, et M. Chabot, M. Grenier, M. Duranton et M. Dalloz de l'autre côté. M. Delvincourt dit : « Il est évident que la donation se réduit à l'excédant de sa valeur sur celle des services ou des charges, et que cet excédant seul est sujet au rapport. » *Delv.* 2, *p.* 288, 329.

M. Toullier fait la distinction des services réels, qui donneraient action en justice, et des services qui peuvent exciter la reconnaissance, sans pouvoir servir de fondement à l'action.

Pour les premiers, il déclare la donation exempte de rapport et de réduction ; pour les autres, il décide que la donation doit être imputée sur la quotité disponible, et réduite, en cas d'excès. *Toull.* 5, *n.* 186.

M. Chabot observe que la jurisprudence ancienne avait adopté l'autre parti ; et il pense qu'on doit le suivre encore sous l'empire du Code civil. Le rapport, en effet, fut ordonné par un arrêt du 4 juillet 1779, que Bergier cite dans ses notes sur Ricard, pour modifier l'opinion de ce grand jurisconsulte. M. Grenier reconnaît aussi cette jurisprudence, et affirme qu'elle doit être suivie sous la législation actuelle. Il termine en disant : « Si l'intention du disposant est de faire un avantage, quel qu'en soit le motif, il doit dispenser du rapport, d'après la liberté que lui en a donné la loi. » *Chab.*, *n.* 13 ; *Gren.*, *donat.*, 1, *n.* 188 ; et 2, *n.* 533 ; *Dur.* 7, *n.* 314 ; *Dal.*, *Rép. méth.*, *dispos.*, *chap.* 4, *sect.* 1, *n.* 3, 4, *et succ.*, *chap.* 6, *sect.* 1, *art.* 3, § 1, *n.* 5.

Pour nous, il nous semble que la donation rémunératoire est essentiellement à titre de préciput, lorsqu'elle est motivée par des services importans, qui, comme le dit Ricard, ne sont pas de ces services habituels que la nature et le devoir prescrivent, quand bien même ils ne seraient pas de nature à donner action en justice, et qu'une telle donation doit toujours être pleinement respectée par les héritiers collatéraux. Mais aussi nous croyons, sans égard à l'énonciation d'aucun service, qu'elle doit être entièrement soumise à la réduction pour la réserve des héritiers de la ligne directe, sauf l'action ou l'exception du donataire pour le payement des services appréciables, à prix d'argent, qu'il pourrait prouver. Nous rappelons encore ici que, la loi ne marquant pas de termes sacramentels pour la dispense du rapport, cette dispense doit résulter de toute expression du donateur, qui la manifeste clairement ; et nous sommes persuadés que la donation qui s'annonce comme l'acquit d'une dette grave, ne fût-ce que selon la conscience, est faite dans la pensée qu'elle ne peut pas être mise en partage avec des cohéritiers.

On verra, aux art. 847, 851, 852, 853, d'autres actes qui se prêtent au rapport ou qui l'excluent.

ARTICLE 844.

Dans le cas même où les dons et legs auraient été faits par préciput ou avec dispense du rapport, l'héritier venant à partage ne peut les retenir que jusqu'à concurrence de la quotité disponible : l'excédant est sujet à rapport.

1. Quelque considérable que soit la donation, celui qui l'a faite ne peut jamais en obtenir la réduction. La loi ne l'ordonne qu'en faveur des héritiers, pour former leur réserve. Au partage, on détermine la valeur des libéralités faites en préciput, relativement à celle de tous les biens sur lesquels se prend la réserve; et si l'héritier donataire a reçu au delà de la quotité disponible, il rapporte l'excédant. *V. infra, art.* 913, 915, 921, 922; *Chab., art.* 844; *Dur.* 7, *n.* 250.

ARTICLE 845.

L'héritier qui renonce à la succession peut cependant retenir le don entre-vifs, ou réclamer le legs à lui fait, jusqu'à concurrence de la portion disponible.

1. La loi parle de l'héritier donataire, qui renonce à la succession, sans dire si tout donataire successible a le droit de renonciation. Dumoulin le refusait au donataire, en avancement d'hoirie; il soutenait, avec une assez grande apparence de raison, qu'on ne pouvait prendre qu'à titre successif, ce qu'on n'avait reçu qu'en avancement de succession. Mais l'autorité d'un aussi fort jurisconsulte ne put pas faire rejeter la règle contraire. A l'émission du Code civil, la faculté pour le donataire d'avancement d'hoirie, de répudier l'hoirie et de garder l'avancement, était bien établie dans la jurisprudence; et personne n'a révoqué en doute la confirmation implicite de cette faculté, par l'art. 845. *Rép. Merl., rap. à succ.,* § 2, *art.* 3, *n.* 8; *Chab., n.* 4; *Gren., donat.,* 2, *n.* 508; *Toull.* 4, *n.* 462; *Malp., n.* 270.

Cependant on a senti bientôt que si la règle, combattue par Dumoulin, s'accommodait à la jurisprudence ancienne, qui, malgré la répudiation de l'hoirie, laissait la légitime dans la donation, cette règle n'était plus dans l'esprit de notre législation présente, qui, de la réserve, faisant la succession, refuse cette réserve au successible qui ne veut pas être héritier. On a reconnu que la faculté de transformer le don d'avancement d'hoirie en don de portion disponible, dénaturant les choses, produisait souvent l'annulation du droit précieux de distribuer, à son gré, la partie de son patrimoine, que la loi déclare disponible. Dérangeant les combinaisons fort légales du père de famille, trompant son vœu légitime, elle pourrait convertir en don absolu de la quotité disponible, le délaissement anticipé d'une part de succession, et rendre vaine toute disposition ultérieure. Quand on ne fait qu'un avancement d'hoirie, on ne touche point au droit de disposition de la part de biens que la loi permet de mettre hors de sa succession; il est évident qu'on se réserve ce droit. Cependant on l'aura perdu, en totalité ou en partie, si le successible, trop bien pourvu, répudiant la succession, peut retenir, comme étranger, le don qu'il n'a reçu que comme héritier présomptif. Ainsi, l'effet de la distribution antérieure de la quotité disponible dépendrait du donataire en avancement d'hoirie; et ce pouvoir qu'il aurait de valider ou de détruire les dispositions postérieures, injuste en soi, pourrait d'ailleurs être la cause et l'objet d'intrigues et de machinations frauduleuses dans la famille. Le père de cinq enfans a marié successivement les deux premiers-nés; à l'un, d'abord, il a fait un simple avancement d'hoirie; à l'autre, ensuite, il a donné le quart en préciput. A sa mort, si l'avancement d'hoirie se trouve égal à ce quart, l'enfant qui a reçu l'avancement pourra-t-il confirmer ou anéantir, à son gré, le préciput, par l'acceptation ou par la répudiation de l'hérédité? Son intérêt le porterait à répudier, s'il n'avait dans son avancement que le cinquième des trois quarts; il ne tiendrait que par honneur à l'acceptation. Les autres enfans ne chercheront-ils point à le décider, par un autre intérêt, les uns à la répudiation, et l'autre à l'acceptation? Qui l'emportera dans cette lutte?

La Cour de Bastia a rendu sur cette matière, le 24 juillet 1827, un arrêt qui explique parfaitement la loi nouvelle. Il déclare « que toute succession se divise en deux portions distinctes, dont l'une réservée aux enfans, et l'autre abandonnée à la libre disposition des parens; que, comme il n'est pas au pouvoir du disposant de diminuer, par des donations, la réserve des enfans, sa volonté seule doit régler le sort de la quotité disponible, à laquelle les enfans ne peuvent, de leur côté, porter aucune atteinte; que l'art. 845 ne dit pas et n'a pas dû dire que la quotité disponible serait acquise à l'héritier renonçant; il ne l'a pas dit, parce qu'il porte seulement que le don sera retenu jusqu'à concurrence de la quotité disponible; ce qui n'est que la mesure des dons à retenir, et non la quotité disponible elle-même. Il n'a pas pu le dire, parce que la loi ayant laissé aux parens la libre disposition de la quotité disponible, et n'ayant dispensé du rapport

que lorsque le don a été fait, à titre de préciput et hors part, il
est impossible que, par une autre disposition, la loi se soit
détruite elle-même, en convertissant en quotité disponible le
don fait à un successible sans dispense de rapport, et en faisant
dépendre de la volonté d'un enfant, et contre la volonté du
père, la nature et l'existence de la quotité disponible; que tout
don fait à un successible sans dispense de rapport, n'est qu'un
avancement d'hoirie, et que, pour en changer la nature, il
faut nécessairement le concours de la volonté du donateur, laquelle doit ou résulter d'une déclaration expresse postérieure,
que le droit sera par préciput ou hors part, ou s'induire de la
circonstance que le donateur, n'ayant pas autrement disposé de
la quotité disponible, il est censé avoir voulu qu'une somme
correspondante à ladite portion fût dévolue à l'héritier donataire qui renoncerait à la succession pour conserver le don; que
cet esprit, résultant de l'ensemble de la loi sur les successions,
a dû dominer la pensée du législateur dans la rédaction de l'article 845; qu'ainsi le droit accordé par ledit article, de renoncer
à la succession, en retenant le don jusqu'à concurrence de la
portion disponible, doit être restreint au cas où il n'a pas été
disposé de ladite portion, et que, par conséquent, il y a obligation de la part du donataire en avancement d'hoirie, de rester
héritier, lorsqu'il y a concours de dons, à titre de préciput; que,
dans ce cas, le donataire en avancement d'hoirie doit garder
sa réserve, parce que sa renonciation conditionnelle ne pouvant
sortir à effet, il continue à être héritier et prend part à la succession, en cette qualité; mais, dans le premier cas, sa renonciation tenant, à cause que la quotité disponible est restée dans
la succession, il peut retenir le don jusqu'à concurrence de
ladite portion, dans lequel don l'on ne peut faire figurer la
réserve, parce que l'effet de la renonciation étant d'accroître
aux autres héritiers la part du renonçant, qui est censé n'avoir
jamais été héritier, celui-ci ne peut rien conserver à titre de
réserve. » D., 1828, s., p. 37.

Trois arrêts ont été rendus dans le même sens, par la Cour de
Grenoble, le 30 juin 1826, le 22 janvier et le 22 février 1827.
La Cour de Montpellier a décidé de même, le 7 janvier 1828.
M. Dalloz rend compte de ces arrêts, dans son Répertoire méthodique, et dit qu'ils présentent une nouvelle et ingénieuse doctrine, qui a pour elle de puissantes raisons d'équité, mais qui
n'est point en harmonie avec les principes rigoureux du droit.

D., Rec. périod. 1827, *s., p.* 158, *et* 1828, *s., p.* 33; *Rép. méth.,*
disp. entre-vifs, sect. 3, *port. disp., n.* 48.

La Cour de cassation a jugé autrement que M. Dalloz. Le 11
août 1829, elle a rejeté le pourvoi dirigé contre l'arrêt de Montpellier : « Attendu que l'avancement d'hoirie n'est qu'une remise
anticipée de la part que l'enfant, ainsi doté, est appelé à recueillir
dans la succession de son père; que l'enfant qui accepte cette
constitution dotale, ne peut en changer ni la nature, ni la cause,
ni les effets, et qu'elle est toujours imputable sur l'hoirie, au moment de l'ouverture de la succession, dont elle est une portion,
puisqu'elle a été constituée à ce titre par l'auteur commun; que
la renonciation à la qualité d'héritier, faite par l'enfant doté, en
avancement d'hoirie, n'est pas un acte désintéressé et d'abandon
pur et simple; que si elle ne le prive pas du droit de conserver sa
dot, sans être obligé d'en faire le rapport effectif, ce n'est point
un obstacle à ce que cette dot ne soit, à l'égard de l'hérédité, rapportable fictivement, et imputable d'abord sur la part à laquelle la
qualité d'enfant donnerait, à celui qui a été doté, droit dans la
réserve légale, et subsidiairement seulement, sur la quotité dont
le père avait la libre disposition.... Que l'arrêt attaqué a concilié
le texte et l'esprit des divers articles du Code, invoqués, avec le
respect dû à l'inviolabilité des conventions, et au droit dont le
père ne s'était pas dépouillé, de donner la portion disponible. »
D. 1829, *p.* 328.

La Cour d'Agen, par un arrêt du 6 juin 1829, et la Cour de
Toulouse, par autre arrêt du 16 juillet de la même année, se sont
conformées à cette jurisprudence. Mais tous les motifs de l'arrêt
de Toulouse ne sont pas irréprochables; il en est qui tendent à
justifier ce système emprunté d'une ancienne jurisprudence, que
nous allons voir bientôt repoussé par la Cour de cassation; savoir
que, sans être héritiers, des enfans peuvent avoir, comme donataires, une part de réserve et la quotité disponible. Il faut reconnaître
que le successible, donataire en avancement d'hoirie, à côté d'un
donataire en préciput, bien que le titre de celui-ci soit postérieur
au sien, ne peut pas se dépouiller absolument de la qualité
d'héritier, pour retenir la portion disponible comme donataire.
Sa répudiation de l'hérédité, si elle était pure et simple, lui ferait perdre, tout à la fois, sa part héréditaire et sa donation. Faite
sous la condition de l'effet de la donation, elle peut être rétractée, quand la condition est refusée : et en la rétractant, l'héritier se
soumet, pour avoir une part héréditaire, au rapport réel ou

24

fictif du don en avancement d'hoirie. *D.* 1829, *s.*, *p.* 213 *et* 263.

2. Nous remarquons dans les motifs de l'arrêt de rejet du 11 août 1829, une proposition qui a deux termes peu faits pour s'accorder ensemble. Pour l'hypothèse du défaut absolu de donation, ou de dispensation entière de la quotité disponible, on dit que le donataire d'avancement d'hoirie, impute ce don *d'abord sur sa réserve et subsidiairement sur la quotité dont le père avait la libre disposition.* Soit qu'il accepte la succession, soit qu'il la répudie, il ne peut jamais avoir à la fois la réserve et la quotité disponible, ni aucune portion de cette quotité. En renonçant, d'après l'article 845 et la jurisprudence établie par l'arrêt de Laroque de Mons, que nous allons voir, n. 4, il n'aura que la quotité disponible ; en acceptant, d'après l'article 843, il n'aura que la réserve, puisque son titre est exclusif du préciput.

3. Au reste, le successible donataire, qui renonce absolument à l'hérédité, pour conserver une donation de biens de la quotité disponible, devient tout à fait étranger à cette hérédité. Les biens donnés qu'il possède, demeurent hors de la masse appartenant aux héritiers, et ceux qu'il n'a pas retirés encore, sont retranchés de la succession, au préjudice de tous les héritiers sans distinction, et non pas seulement au préjudice des héritiers de la ligne du renonçant. M. Chabot démontre que la doctrine contraire, de Lebrun et de Pothier, est incompatible avec les dispositions des articles 845 et 847 du Code civil. Les autres commentateurs ont émis la même opinion. *Chab.*, n. 2, 3 ; *Toull.* 4, n. 462 ; *Delv.* 2, *p.* 116 ; *Dur.* 6, n. 501 *et* 7, n. 249 ; *Gren.*, *don.*, 2, n. 503.

4. Nous venons à l'examen du système d'après lequel le successible donataire, qui répudie la qualité d'héritier, pour rester entièrement étranger à la succession, pourrait cependant retenir dans sa donation une part de réserve, avec la quotité disponible. La coutume de Paris, et même le droit commun, enseigné par Ricard, autorisaient bien le renonçant à garder sa légitime dans la donation qu'il avait reçue, sans autre obligation que celle du retranchement nécessaire pour former les autres légitimes, lorsqu'elles ne se trouvaient pas dans les biens libres. Mais la réserve du Code civil n'est pas la légitime ancienne ; et toutes les règles de celle-ci ne conviennent point à celle-là. En général, la légitime était plutôt regardée comme une grâce, un secours accordé à chaque enfant, que comme un droit successif. Dans le droit romain principalement, elle n'était qu'une dette de la succession à la charge de l'héritier. Dans le Code civil, la réserve est la

succesion même, garantie par la loi, et la quotité disponible n'est, au contraire, que la portion du patrimoine que la loi permet de retrancher de la succession. La réserve, fixée en masse, ne pouvant pas être l'objet d'une donation autre qu'un avancement d'hoirie, ne peut appartenir qu'aux héritiers; aussi, l'article 845 n'accorde au donataire héritier, qui répudie la succession, le droit de retenir le don, que jusqu'à concurrence de la quotité disponible. La répudiation d'un héritier, quelle qu'en soit la la cause, reçoit toujours l'application de l'article 786, et ne profite qu'aux héritiers acceptans. Tels sont les principes qu'a toujours suivis M. Toullier, et que la Cour régulatrice a consacrés par son célèbre arrêt de Laroque, de Mons, du 18 février 1818. *D.* 1823, *p.* 465; *Sir.* 18, 2, 98; *Toull.* 5. *n.* 110.

Mais M. Chabot et M. Grenier, dans les premières éditions de leurs ouvrages, avaient fait de grands efforts pour maintenir le système de Ricard. Leur argument le plus spécieux était tiré des articles 921, 922, combinés avec les articles 913, 915. En somme, ils disaient : Bien que fixée en masse, la réserve se divise entre les divers ayant droit; et la réduction des donations ne peut être demandée par chacun, qu'alors que les biens libres sont insuffisans pour sa part de réserve. L'héritier qui renonce à la succession, ne serait pas reçu, sans doute, à réclamer une part de réserve, s'il ne lui en avait pas été fait don; mais la trouvant dans sa donation, il peut la conserver. Il repousse les héritiers acceptans qui l'attaquent, par fin de non-recevoir, leur opposant avec raison, qu'ils ne peuvent rien prendre sur la donation, quand ils trouvent ailleurs la part de réserve qui devait leur advenir.

L'argument n'est pas décisif. Il ne peut exister de fin de non-recevoir, utile au donataire qui veut ne pas être héritier, et cependant retenir une portion de l'hérédité. Si, comme l'enseigne M. Grenier lui-même, la réserve en masse est fixée à l'ouverture de la succession, d'une manière invariable, pour les héritiers acceptans, eu égard au nombre de ceux qui peuvent accepter, la répudiation de l'un doit toujours opérer accroissement au profit des autres. Il n'y a point à distinguer entre la répudiation d'un simple héritier et celle d'un héritier donataire, car la loi n'a pas fait cette distinction.

Dans sa dernière édition, postérieure à l'arrêt de Laroque, de Mons, M. Chabot expose, fort au long, les divers systèmes produits sur la question jugée par cet arrêt. Il présente surtout avec beaucoup de soin, tous les argumens faits pour appuyer le

24.

parti qu'il avait embrassé; et il finit en citant l'arrêt, sans improbation, ni approbation. Il semble avoir cru que la controverse devait exister encore, et s'être constitué le rapporteur d'un grand procès d'intérêt général, soumis à une révision.

M. Grenier, dans sa troisième édition, paraît d'abord croire aussi que la question n'est pas résolue *in terminis;* et il offre une dissertation renforcée à l'appui du système condamné par la Cour régulatrice. L'auteur dit que la controverse n'est pas éteinte; et il indique en effet de nouveaux arrêts de Cours royales qui se sont écartés de celui de la Cour de cassation. Toutefois, il termine en déclarant qu'on doit se rendre à la décision de cette Cour. M. Favard l'admet sans observations, et M. Delvincourt la combat. *Gren.* 2, *n.* 566, 566 *bis et* 594; *Rép. Fav., renonc.,* § 2, *n.* 14; *Delv.* 2, *p.* 113, 216, 248.

La Cour de Riom, le 8 mai 1821, et la Cour de Toulouse, le 27 juin de la même année, ont jugé conformément à l'arrêt de Laroque. Mais le 27 août 1820 et le 17 août 1821, la même Cour de Toulouse, et encore la Cour de Paris, le 31 juillet 1821, ont jugé en sens contraire. *D.,* 1822, *s., p.* 77; *Sir.* 20, 2, 296, *et* 22, 2, 102 *et* 104; *J. pal.,* éd. *n.* 23, *p.* 547.

5. La décision de la Cour supérieure est assez solidement établie pour faire règle; mais en l'admettant, il faut bien reconnaître que l'héritier donataire qui déclare renoncer, pour conserver sa donation, ne fait qu'une répudiation conditionnelle, et que si cette donation qu'il entend garder entièrement, lui est disputée, il doit être admis à dire que la condition manquant, sa renonciation est non-avenue. Sa rétractation, dans ce cas, doit produire son effet.

ARTICLE 846.

Le donataire qui n'était pas héritier présomptif lors de la donation, mais qui se trouve successible au jour de l'ouverture de la succession, doit également le rapport, à moins que le donateur ne l'en ait dispensé.

1. Ce n'est pas le moment de la donation, c'est celui de l'ouverture de la succession qu'il faut considérer, pour savoir si le donataire a la qualité d'héritier, qui n'admet, sans rapport, que le don en préciput. Il ne peut y avoir sur ce point, ni erreur excusable, ni surprise: le disposant qui exerce sa libéralité envers la personne susceptible de devenir son héritière, est bien

averti que s'il n'ordonne pas le préciput, éventuellement, le donataire devenu, en effet, son héritier, sera soumis au rapport. La règle de cet article s'applique au légataire, comme au donataire; mais il faut rappeler, pour l'un comme pour l'autre, que le don de toute la succession emporte le préciput pour la quotité disponible. *V. suprà, art.* 843; *Chab.*, *n.* 1, 2, 3; *Toull.* 4, *n.* 461; *Gren., donat.,* 2, *n.* 532; *Malp., n.* 263; *Dur.* 7, *n.* 248.

2. Dans le cas d'une donation faite par l'aïeul au fils, avec charge de restitution aux petits enfans, M. Delvincourt se demande si le rapport est dû, et comment il peut se faire? L'auteur ne voit pas de difficulté, « si le donataire grevé est mort avant le donateur, parce que les biens se trouvant entre les mains des appelés, sans aucune charge, le rapport peut avoir lieu comme à l'ordinaire. » Si le père a survécu à l'aïeul, M. Delvincourt ne doute pas que le rapport ne soit dû encore; et il indique pour l'opérer un moyen que M. Dalloz approuve. *Delv.* 2, *p.* 111; *Rép. méth., succ., ch.* 6, *sect.* 1, *art.* 1, *n.* 7.

Ne serait-il donc pas vrai que la charge de restitution emporte, pour le grevé, la dispense du rapport? Les Cours de Douai et de Bastia ont pourtant jugé cette dispense, par les deux arrêts que nous avons cités plus haut, art. 843, n. 4; et nous savons que l'un de ces arrêts a été vainement dénoncé à la Cour régulatrice. Le rejet du pourvoi est motivé, non-seulement sur le pouvoir qu'ont les juges, d'apprécier l'intention du disposant, mais encore sur ce que leur appréciation est conforme aux principes. Il nous semble, en effet, que la dispense du rapport est virtuellement dans la substitution. Comment vouloir faire rapporter à la succession du donateur, des biens que le donataire doit remettre à d'autres? Lui imposer le rapport, ce serait détruire la substitution. M. Delvincourt ne voudrait pourtant pas ce résultat, et pour l'empêcher, il propose, quand le partage est fait, de prendre dans le lot du grevé, les biens soumis à la restitution, s'ils s'y trouvent, ou s'ils n'y sont pas, d'autres biens équivalens: ce moyen d'assurer la substitution, n'irait pas toujours parfaitement à son but, et il amènerait souvent, pour le donataire grevé, la perte d'une partie de sa réserve, et même de la totalité. Supposons deux fils au donateur: la quotité disponible et chaque part de réserve est d'un tiers également. La portion disponible est donnée à l'un d'eux, à la charge de restitution envers ses enfans. S'il rapporte ce tiers à la masse de la succession, pour y prendre moitié, devant remettre un tiers, il ne lui restera qu'un sixième, au lieu du tiers que devait comprendre sa réserve. A trois cohéritiers, le don étant d'un quart, il ne restera qu'un douzième au donataire qui fera le rapport de ce quart. Entre quatre copartageans, il ne restera rien à celui qui fera le rapport. A cinq, il prendra un cinquième pour rendre un quart. Le donateur n'a certainement pas voulu cet ordre de choses, inconciliable avec l'ordre de la réserve légale, et sa propre disposition en faveur du substituant. En ordonnant la substitution, il a nécessairement établi la dispense du rapport pour le donataire grevé.

Quant au substitué, lorque le donataire grevé est mort avant le donateur, il faut observer que la législation a changé depuis le temps où M. Delvincourt écrivait. Mais ce changement n'écarte pas la première question à laquelle l'auteur a répondu; il lui marque seulement une autre application. La loi du 17 mai 1826 a permis d'étendre au second degré, la substitution que l'article 1048 du Code, bornait sagement au premier degré, et d'en fixer le bénéfice sur un ou plusieurs enfans du donataire, exclusivement aux autres, au lieu de la communication forcée à tous, que ce même art. 1048 avait ordonnée. La décision que nous avons présentée contre l'avis de M. Delvincourt, relativement au donataire direct, s'applique après lui au substitué du premier degré, qui demeure grevé envers l'enfant du second degré. La première question de M. Delvincourt reste pour les substitutions établies au premier degré et pour celles de deux degrés, lorsque le donataire et le premier substitué sont morts avant le donateur. L'art. 846 semble autoriser la solution de M. Delvincourt. Les enfans substitués à la donation, qui sont appelés à la succession de l'aïeul donateur, sont donataires, dès qu'ils ont reçu la donation par l'intermédiaire de leur père; et ils en étaient saisis quand le donateur est décédé. Donataires, ils se trouvent successibles *au jour de l'ouverture de la succession;* ils doivent donc le rapport si le donateur ne les en a dispensés. La dispense existait bien pour leur père, qui ne pouvait pas tout à la fois leur conserver l'objet du don et le rapporter à la succession du donateur; mais pour eux qui, comme le dit M. Delvincourt, n'ont pas la charge de remettre à d'autres, il n'y a plus, dans la force des choses, de dispense de rapport.

Mais ne peut-on pas dire que le vœu virtuel du donateur, pour la dispense indispensable au donataire direct, a imprimé à la donation le caractère indélébile de préciput, et qu'elle doit passer de degré en degré, avec ce caractère? Ne dira-t-on pas que l'art. 846 ne regarde que le donataire certain, au temps de la disposition, qui s'est, à ce moment même, saisi de la donation, et qui, se trouvant héritier ensuite, se trouve obligé au rapport? Quand la disposition se fait, l'appelé à la substitution n'est pas un donataire actuel et certain; souvent il n'est pas né à cette époque, et, venu au jour ensuite, il peut être mort déjà, quand arrive le décès du donataire qu'il devait remplacer. Ces argumens ne sont pas sans réplique possible; mais il est vrai que l'art. 846, par sa lettre, n'embrasse pas le substitué; et il est fort douteux que son esprit puisse s'étendre jusqu'à lui. Le doute seul dans une matière rigoureuse, dont les règles ne sont pas parfaites, doit emporter la balance vers le préciput plutôt que vers le rapport. On se prête difficilement à l'idée, que dans la solennité d'une donation, accompagnée de substitution, le donateur qui n'a pu vouloir soumettre au rapport le donataire direct et le substitué du premier degré, ait entendu en imposer l'obligation au substitué du second degré. Il est plus dans l'ordre des idées naturelles de penser que faite exempte de rapport pour le donataire qui l'accepte, elle doit se transmettre de degré en degré dans son existence originelle de préciput.

Il est probable que ces observations, relativement au second degré de substitution, n'auront qu'une application passagère. La chambre des députés vient de décréter l'abrogation de la loi du 17 mai 1826.

ARTICLE 847.

Les dons et les legs faits au fils de celui qui se trouve successible à l'époque de l'ouverture de la succession, sont toujours réputés faits avec dispense du rapport.

Le père venant à la succession du donateur n'est pas tenu de les rapporter.

1. Cet article a deux objets qui se trouvaient déjà réglés virtuellement par l'art. 843; mais, à cause de la diversité du droit ancien, apparemment, le législateur a jugé convenable de marquer expressément deux conséquences des règles principales qu'il avait établies un peu plus haut. La première de ces conséquences, c'est que le donataire, fils de l'héritier, n'étant pas héritier lui-même, et ne venant point à la succession du donateur, ne peut avoir de rapport à faire à cette succession. La seconde conséquence, exprimée plus clairement par l'art. 847,

c'est que le père du donataire, bien qu'il vienne à la succession du donateur, n'étant pas donataire lui-même, n'ayant pas la chose donnée, ne peut pas être tenu d'en faire le rapport.

2. M. Treilhard a dit au corps législatif, et M. Toullier a répété : « Les donations qui n'auront pas été faites à la personne même de l'héritier, seront toujours réputées faites par préciput, *à moins que le donateur n'ait exprimé une volonté contraire.* Ni l'un, ni l'autre des deux interprètes n'a donné l'explication de ce qu'il entend par cette volonté contraire. Est-ce comme dans le droit romain, d'après la loi 6, *ff. de collat.*, la déclaration de l'aïeul qu'il donnait au nom de son fils, et qu'il voulait que ce fils fît le rapport à sa succession? Cette disposition tenait aux principes de la puissance paternelle, à Rome; et cependant des coutumes du royaume étaient allées encore plus loin, car elles avaient ordonné que le rapport se ferait, de droit, par le père du donataire. On conçoit l'ordre du rapport par un père qui avait sous sa puissance son fils et son petit-fils, et qui était à peu près maître de leurs biens. La même obligation, imposée par les coutumes de Paris et d'Orléans, qui ne donnaient qu'une puissance bien restreinte au père de famille, n'avait pas un motif suffisant, dans la présomption que le père et le fils n'ont que le même intérêt, parce que très-souvent les intérêts sont divisés entre eux, et quelquefois contraires. En général, la donation ne profite réellement qu'à celui qui l'a reçue. Notre Code civil a justement dispensé le père du rapport, et il n'a point autorisé le donateur à lui en imposer l'obligation. Le donateur ne pourrait soumettre le père à cette obligation qu'autant qu'il en ferait la condition d'une autre libéralité dont il le gratifierait. *V. Toull.* 4, *n.* 456; *Chab., n.* 1; *Malev.; Delv.* 2, *p.* 110, 111; *Malp., n.* 263; *Dur.* 7, *n.* 231.

3. Mais nous croyons que l'auteur de la disposition pouvant ne pas donner, peut imposer au donataire la condition du rapport à la succession, bien qu'elle soit recueillie par le père du donataire, et non par lui-même. Nous pensons aussi que l'aïeul pourrait soumettre le petit-fils à rapporter le don à la succession du père.

4. M. Chabot et M. Grenier n'ont pas cru inutile de remarquer que si le donataire, fils de l'héritier, ne doit pas de rapport, il n'est point exempt de l'action en retranchement de la part des héritiers à réserve, si le donateur a excédé sa quotité disponible. *Chab., n.* 3; *Gren., donat.* 2, *n.* 536.

5. Au Répertoire méthodique de M. Dalloz, on présente l'article 847 comme une dérogation à l'art. 911, qui répute le père et le fils personnes interposées, l'une à l'égard de l'autre. On ajoute que si l'interposition n'est pas de droit, par l'art. 847, elle peut exister en fait, et que la preuve du fait doit être admise. Nous ne voyons pas cette dérogation prétendue. Les deux articles ne statuent pas sur le même objet. Ici, il est question de rapport pour la donation qui peut être faite également au père ou au fils ; là, il s'agit de l'incapacité qui s'étend du père au fils, ou du fils au père. Quand ils sont l'un et l'autre également capables de recevoir, il n'est pas besoin de rechercher si la donation faite à l'un ne doit pas réellement profiter à l'autre. N'étant pas nulle, elle ne peut être que réductible ; et elle sera réduite, si elle excède la quotité disponible, faite à celui-ci, aussi bien que faite à celui-là. Mais sera-t-elle sujette au rapport ? Non, si elle est adressée à celui qui n'est pas successible du donateur, au jour de son décès ; parce qu'en principe, le rapport ne devant se faire qu'à la succession, il est évident que le donateur n'a point eu l'intention de soumettre au rapport celui qui ne viendra point à sa succession. Voilà l'art. 847. Le père ou le fils est-il incapable ? Suivant les art. 908, 909, la donation faite au père ou au fils de l'incapable, est censée faite à l'incapable lui-même. C'est l'extension de l'incapacité de l'un à l'autre. Voilà l'art. 911. Il en est de même des art. 1098, 1099 et 1100, vis-à-vis de l'art. 847. Hors du cercle de ces diverses incapacités, déterminées, on n'a d'interposition de droit, ni de fait, à considérer. Qu'on ait donné au père pour le fils, ou au fils pour le père, peu importe. Si la donation est excessive, la réduction se fera toujours bien. *V. Rép. méth., succ., chap.* 6, *sect.* 1, *art.* 3, § 2, *n.* 3 ; *Gren., donat.* 2, *n.* 513, *Dur.* 7, *n.* 316, *etc.*

ARTICLE 848.

Pareillement, le fils venant de son chef à la succession du donateur, n'est pas tenu de rapporter le don fait à son père, même quand il aurait accepté la succession de celui-ci ; mais si le fils ne vient que par représentation, il doit rapporter ce qui avait été donné à son père, même dans le cas où il aurait répudié sa succession.

1. Il y a dans cet article deux dispositions distinctes, qui pourraient ne pas paraître très-raisonnables dans toutes leurs

applications, mais qui sont claires et peu susceptibles de difficultés. 1° Le fils du donataire qui succède de son chef au donateur, ne rapporte pas le don fait à son père, soit qu'il accepte,
soit qu'il répudie la succession de ce dernier; 2° le fils qui ne
succède au donateur que par représentation de son père, rapporte
le don fait à celui-ci, alors même qu'il a renoncé à sa succession.
M. Chabot et M. Toullier renferment ces règles dans l'axiome
suivant : *Ce n'est pas la qualité d'héritier du donataire qui établit
l'obligation de rapporter, c'est uniquement la qualité de son représentant dans la succession du donateur. Chab., n. 16; Toull. 4,
n. 459 et 460; Delv. 2, p. 111; Dur. 7, n. 229.*

2. Mais il ne faut pas confondre le retranchement avec le
rapport. Si l'héritier du donataire prédécédé, bien qu'il profite
de la donation, à ce titre d'héritier, peut, dans un cas, être
exempt du rapport à la succession du donateur, il devra toujours, au moins, subir le retranchement, si la donation excède la
quotité disponible. *V. suprà, art. 740, 744, art. 847, n. 4.*

3. Ne confondons pas d'ailleurs la donation faite au petit-fils
même, pendant la vie du père, avec la donation obtenue par
celui-ci. Suivant l'art. 846, le petit-fils venant à la succession
de l'aïeul, de son chef ou par représentation, la loi ne fait pas
de distinction ici, doit le rapport de l'objet qui lui a été donné
sans préciput.

4. Les motifs qui ont fait établir la dispense du rapport, pour
le fils du donataire, lorsqu'il vient de son chef à la succession
du donateur, doivent faire appliquer la règle à la position, inverse, de l'aïeul qui succède à son petit-fils, par la renonciation
de son fils, donataire du défunt. *Chab., n. 4.*

ARTICLE 849.

Les dons et legs faits au conjoint d'un époux successible sont réputés faits avec dispense du rapport.

Si les dons et legs sont faits conjointement à deux époux,
dont l'un seulement est successible, celui-ci en rapporte
seulement la moitié; si les dons sont faits à l'époux successible, il les rapporte en entier.

1. Avant le Code civil, suivant l'opinion la plus générale, le
don fait par un père à son gendre ou à sa belle-fille, était réputé
fait en contemplation du fils ou de la fille, et profitait à ce conjoint du donataire, qui n'était pas, de droit, dispensé du rap-

port. L'article 849 fait bien résulter le préciput de la circonstance du don adressé au conjoint du successible ; mais il ne sort pas des termes de cet article la conséquence, tirée par M. Chabot, que le don ne pourra pas être jugé profitable au successible, comme fait en sa considération, et pour lui, sous le nom de son conjoint. Il peut se trouver là une question de fait à décider entre le mari et la femme ou leurs héritiers, par l'intention du donateur, marquée dans le contexte de l'acte et par les circonstances environnantes. La donation ne pouvant comprendre que la quotité de biens disponibles en faveur de l'enfant, ainsi que d'un étranger, on ne croira point aisément à l'usage de la voie indirecte de l'un des conjoints pour arriver à l'autre ; on cherchera d'abord une cause qui ait pu faire recourir à ce moyen détourné, et il faudra qu'il s'en rencontre, pour autoriser la recherche ultérieure du fait en question. *Chab., n. 1, etc.*

2. Quand la donation est faite aux deux époux conjointement, par le père de l'un d'eux, on ne peut pas supposer que le donateur ait entendu adresser une part de son bienfait à son enfant par alliance, pour l'enfant de son sang ; il est évident que le bienfait s'est porté sur l'un et sur l'autre. Le don reçoit la division ordonnée, et quand les parts ne sont pas déterminées par l'acte de donation, elles sont censées égales. La portion du successible est soumise au rapport, si le donateur ne l'en a pas dispensé expressément. La loi ajoute surabondamment que si les dons sont faits à l'époux successible, il les rapporte en entier.

3. Le don fait au conjoint du successible, n'est jamais soumis en rien au rapport, quoique, dans la suite, ce successible en profite par l'effet de la disposition de son conjoint, ou parce qu'il serait tombé dans la communauté. La loi ne considère pas le profit éventuel que l'époux successible peut retirer du don fait à l'autre époux. Il suffit que ce don ait été adressé au conjoint, qui n'est pas successible, pour qu'il soit dispensé du rapport. Les cohéritiers n'ont point à s'en plaindre, puisque l'avantage ne peut pas excéder la quotité disponible. *Malev; Chab., n. 3 ; Toull. 4, n. 457 ; Delv. 2, p. 111 ; Gren., donat. 2, n. 537 ; Malp., n. 263 ; Dur. 7, n. 234, 235.*

Mais aussi, dans le cas inverse, la femme donataire et héritière resterait soumise au rapport, quand bien même le don serait tombé et se serait perdu dans la communauté. *Dall., Rép. méth., succ., ch. 6, sect. 1, art. 1, n. 8.*

ARTICLE 850.

Le rapport ne se fait qu'à la succession du donateur.

1. En général, et sauf une stipulation contraire dans l'acte de constitution, l'enfant auquel il a été fait une dot, ou un avancement d'hoirie, par son père et sa mère conjointement, n'est point obligé de rapporter toute la dot à la succession du premier mourant ; il rapporte distributivement à la succession de chacun, la portion de dot que chacun lui a donnée. Mais, bien que faite conjointement, s'il avait été stipulé dans l'acte de constitution, que la dot serait rapportée entièrement à la succession de celui des constituans qui décéderait le premier, la stipulation est licite, et elle devrait être exécutée. Un arrêt de cassation du 11 juillet 1814, confirme ce point de droit. Il a jugé qu'une dot constituée par le père et la mère, à titre d'avancement d'hoirie, *sur la succession du prémourant*, devait être rapportée entière à la succession du père mort le premier, comme s'il avait fait seul la dot. *Sir.* 14, 1, 279 ; *D.* 1814, *p.* 394 ; *Delv.* 2, *p.* 112 ; *Chab.*, *art.* 747, *n.* 6.

2. L'article 1438 dispose que : « Si le père et la mère ont doté conjointement l'enfant commun, sans exprimer la portion pour laquelle ils entendaient y contribuer, ils sont censés avoir doté chacun pour moitié, soit que la dot ait été fournie ou promise en effets de la communauté, soit qu'elle l'ait été en biens personnels à l'un des deux époux. » M. Delvincourt et M. Duranton pensent que cette division par moitié doit se faire dans le cas même où les parts des époux dans la communauté seraient inégales. M. Chabot décide, au contraire, que la dot faite sans détermination de parts, se divise selon l'amendement de chacun des époux dans la communauté. Cette décision est fondée sur l'article 1521, qui modifie la règle de l'article 1438. Il est juste en effet que les charges soient proportionnées à l'amendement. A moins de stipulation contraire, le rapport doit se faire divisément selon cette proportion. M. Grenier semble admettre cette règle, lorsqu'il dit : « que si le contrat de mariage des père et mère qui constituent la dot n'établissait qu'une communauté partielle, le rapport n'aurait lieu à leur succession que d'après cette distinction. » *Delv.* 2, *p.* 112 ; *Dur.* 7, *n.* 243 ; *Chab.*, *art.* 747, *n.* 6, *et art.* 750, *n.* 3 ; *Gren.*, *donat.*, 2, *n.* 525.

3. La dot des enfans est bien, de droit, une dette de la communauté des époux ; mais l'un des conjoints, par sa volonté exprimée, peut en faire sa dette personnelle, sur ses biens propres, pour la totalité ou pour une partie. Quand la dot est ainsi constituée, le rapport de la constitution particulière se fait à la succession de l'auteur de cette constitution. Le mari peut constituer seul la dot en effets de la communauté; mais, sans le consentement de sa femme, il ne saurait faire entrer des biens propres à elle dans la composition de cette dot. *Chab.*, *préc*; *Delv.* 2, *p.* 113; *Dur.* 7, *n.* 245.

4. Quand la dot est faite conjointement par le père et la mère, comme charge de la communauté, sans détermination des parts contributives, si l'on met, dans sa composition, des immeubles personnels à l'un des époux, celui-ci est censé faire un prêt à l'autre, et la seconde disposition de l'article 1438 lui donne une action en indemnité, sur les biens de son conjoint, pour le montant de sa contribution. Cette composition de la dot ne change rien à la règle du rapport pour l'enfant. Qu'il ait reçu la dot en totalité ou en plus grande partie, du père ou de la mère, son rapport sera toujours divisé dans la proportion des parts de communauté; et il se fera ainsi divisément à chaque succession, lorsqu'elle sera ouverte. A la mort de l'époux qui n'avait rien fourni, l'enfant ne pourra pas prétendre que son rapport doit être renvoyé entièrement à la succession du survivant. De même, si l'époux prédécédé avait fourni toute la dot, l'enfant ne sera pas forcé de la rapporter tout entière à la succession ouverte. Celui des constituans qui a payé pour l'autre, ne peut pas non plus, à la mort de son conjoint, exiger son indemnité de l'enfant donataire; il ne peut la rechercher que dans la succession qui vient de s'ouvrir, courant le risque de la perdre, si l'héritage est répudié. *Chab.*, *art* 747, *n.* 6, *et art.* 850, *n.* 4, 5; *Toull.* 4, *n.* 464; *Gren.*, *donat.* 2, *n.* 525; *Delv.* 2, *p.* 112; *Dur.* 7, *n.* 244.

5. Lorsque la dot, constituée par le père seul, est, de droit, une charge de la communauté, le rapport dépend, après la mort du constituant, du parti que prend la veuve. Si elle accepte la communauté, le rapport ne se fait que pour une partie à la succession du père. Si elle renonce, il se fait en totalité à cette succession. Le mari survivant, le rapport dépend également de l'acceptation ou de la renonciation de la communauté par les héritiers de la femme. S'ils acceptent, le donataire rapporte une portion à la succession ouverte; s'ils renoncent, le donataire n'aura de rapport à faire qu'à la succession du père; mais il la devra pour toute la dot. *V. aut. préc.*

6. M. Toullier enseigne que si la femme a concouru à la donation, le rapport se fait, dans tous les cas, par moitié, soit qu'elle
accepte la communauté ou qu'elle renonce. M. Grenier dit, dans
le même sens, qu'après la mort du père, la mère renonçant à la
communauté, ne peut, par cette renonciation, dissoudre son
engagement et rendre la dot toute paternelle. Cette doctrine est
exacte; elle est fondée sur le texte des articles 1439 et 1494.
Mais M. Grenier ajoute indéfiniment *que la femme ne peut même
en demander une indemnité sur la succession du mari.* Elle ne le
pourrait pas, sans doute, si elle avait contracté une obligation
personnelle sur ses propres; mais quand elle n'a concouru à la
dotation que pour l'établir en effets ou à la charge de la communauté, si d'après l'article 1494, sa renonciation la laisse obligée
envers l'enfant, ce même article lui donne l'action en indemnité contre la succession du mari. *Toull.* 4, *n.* 464; *Gren.*, *donat.* 2,
n. 526.

Tout ce que nous venons de dire de la dot convient à l'avancement d'hoirie. *Gren.*, *donat.* 2, *n.* 528.

7. Sous le régime dotal, et sous un autre régime quelconque,
exclusif de la communauté, le rapport de la dot, ou de l'avancement d'hoirie constitué conjointement par le père et la mère,
ou par celui des deux qui survit à l'autre, se divise comme la
constitution, suivant les règles établies par les art. 1544, 1545,
1546. La femme a le pouvoir d'employer à l'établissement de ses
enfans, avec l'autorisation de son mari ou celle de la justice, ses
biens dotaux comme ses paraphernaux, art. 1555, 1556, 1596.
Gr., *donat.* 7, *n.* 527; *Dur.* 2, *n.* 245.

8. L'art. 1553 a fait naître diverses questions que les commentateurs décident de différentes manières. Il porte: « Si le mari
était déjà insolvable, et s'il n'avait ni art, ni profession, lorsque le père a constitué une dot à sa fille, celle-ci ne sera tenue
de rapporter à la succession du père, que l'action qu'elle a contre celle de son mari, pour l'en faire rembourser. Mais si le mari
n'est devenu insolvable que depuis le mariage, ou s'il avait un
métier ou une profession qui lui tenait lieu de bien, la perte de
la dot tombe uniquement sur la femme. »

Une première question importante consiste à savoir si la disposition de cet article s'applique à la dot, en général, quel que
soit le régime du mariage, ou si elle est restreinte à la dot constituée sous le régime dotal? M. Delvincourt n'a pas eu l'idée de
la question; et il raisonne en faisant l'application de l'article au

régime de la communauté, comme si cette application n'était ni
contestée, ni susceptible d'être contestée. M. Grenier a senti
qu'on pouvait élever la question; et il lui a paru évident qu'elle
devait se décider pour la restriction, parce que l'art. 1573 est
placé dans une des sections du chapitre 3 du contrat de mariage,
et que ce chapitre a seulement trait au régime dotal, ainsi que
la novelle 97, chap. 6, dans laquelle on a puisé la règle de
l'art. 1573. M. Duranton rappelle la règle différente des anciennes
coutumes, qui n'admettaient pas d'exception à l'obligation du
rapport de la dot. Il rappelle aussi la disposition de la novelle 97,
qui était observée dans les pays de droit écrit, et qui avait établi l'exception de l'insolvabilité du mari, lorsque la femme n'a-
vait pas pu agir pour empêcher la dissipation de sa dot. L'auteur
ajoute que si la dot n'a pas été constituée dans ce régime (dotal),
elle est sous le Code civil, comme elle l'était sous l'empire des
coutumes, aliénable, prescriptible et rapportable..... Quelque
sort qu'éprouve la femme, elle n'en est pas moins tenue de rapporter sa dot entière; elle n'est pas admise à rapporter seulement l'action en indemnité, qu'elle peut avoir contre son mari
ou ses héritiers..... Cette exception n'a été prononcée, par
l'art. 1573, qu'en faveur de la femme mariée sous le régime dotal. M. Duraton avoue que les motifs qui ont dicté l'art. 1573,
ont autant de force en faveur de la fille mariée sous le régime de
la communauté, que pour la fille mariée sous le régime dotal;
mais il ne croit pas que le législateur ait entendu en faire un
principe général; car c'était au titre des successions, section des
rapports, qu'une règle générale aurait dû être placée, et non au
chapitre qui traite du régime dotal, proprement dit. Cette disposition n'a été mise là que parce qu'on la rencontrait parmi les
autres règles du droit romain, concernant ce régime. *Delv.* 2,
p. 121; *Gren. donat.,* 2, *n.* 529; *Dur.* 7, *n.* 417.

Ainsi, c'est uniquement à cause de l'origine de l'exception
posée dans l'art. 1573, et de la place occupée par cet article dans
le Code, qu'on restreint son application à la dot constituée sous
le régime dotal. Voilà un bien faible fondement pour une résolution grave. Qu'importe que la disposition de l'art. 1573 ait son
principe dans la novelle 97; que l'exception portée par cette novelle, ne se soit pas introduite dans les pays de communauté,
où l'on faisait pourtant des dots? Elle n'avait pas été adoptée,
non plus, dans bien des pays de coutume, qui avaient la dot
sans communauté. Une exception pouvait convenir et s'appliquer

partout; et le Code civil a dû en établir une sous tous les régimes du mariage, comme pour tous les pays du royaume. Que l'idée n'en soit venue que pour l'examen des usages du pays de droit écrit, alors qu'on était au chapitre du régime dotal, soit; mais on n'en a pas moins établi en ce lieu une règle commune à toutes les dots. La dot est l'avancement d'hoirie fait à la fille qui se marie, pour sa contribution aux charges de la société conjugale; elle s'accorde avec les divers régimes de cette société, sauf des modifications de caractère. Le législateur a fait au chapitre de la communauté des règlemens pour la dot sous le régime de la communauté, qui conviennent à la dot, en général, et qui sont reproduits au chapitre du régime dotal, littéralement ou par renvoi. Mais le chapitre de la communauté ne présente aucune règle précise pour la restitution de la dot. On y voit seulement que la femme, acceptant la communauté légale, confond dans cette communauté ses meubles et prélève ses immeubles; qu'en renonçant, elle perd les meubles et reprend les immeubles, et que dans les communautés conventionnelles, elle peut avoir le droit de reprendre ses biens de toute nature. Les règles secondaires ou accessoires pour le terme et le mode de la restitution, et pour l'état de la veuve, dans l'année du deuil, sont toutes placées au chapitre du régime dotal, section 3, intitulée *de la restitution de la dot;* et c'est là que se trouve l'art. 1573. Ces règles sont applicables à toute dot, et aux veuves, quel que soit le régime auquel leur mariage a été soumis, sauf, quant à la communauté, les restrictions que son règlement principal indique. Le législateur, il est vrai, ne l'a point déclaré; mais la chose va de soi : c'est une nécessité. Il est des négligences et des oublis qui se manifestent et se corrigent par la force des choses. Nous avons cherché des règles sur le rapport des dots, dans le titre du contrat de mariage, nous pouvons bien chercher au chapitre de ce titre, fait pour le régime auquel la dot appartient le mieux, d'autres règles accessoires et nécessaires pour la dot en général.

9. L'exception de l'art. 1573 n'est-elle faite que pour la dot mobilière? M. Chabot, M. Grenier et M. Delvincourt décident qu'elle ne s'applique point à la dot constituée en immeubles. M. Grenier, ne voyant l'exception que dans le régime dotal, trouve que les immeubles ont une sauve garde suffisante dans leur inaliénabilité. M. Delvincourt qui la suppose commune aux deux régimes, pense que les immeubles de la femme en com-

munauté sont assez garantis par l'incapacité du mari, pour les
aliéner sans son consentement. Mais ce sont là des vues et des
opinions en théorie, qui ne peuvent restreindre la disposition
générale de la loi. M. Duranton observe que l'art. 1573 traite de
la dot sans distinction ; et il remarque d'ailleurs que le mari peut
opérer des dégradations qui, quelquefois, comme la destruction
d'une forêt, les réduisent à une mince valeur. On peut ajouter que souvent une clause du contrat de mariage autorise le mari
à vendre des fonds dotaux. Mais quelles que soient les considérations qui aient déterminé la loi, il est certain que sa disposition
est générale. Dans les premiers articles de la section, le législateur a clairement distingué la dot mobilière et la dot immobilière, et tracé pour chacune des règles différentes. A l'art. 1573,
s'il n'a pas procédé de même, c'est qu'il ne voulait pas de distinction. L'esprit de la loi peut faire donner quelque extension à
sa lettre ; mais comment borner une disposition aussi évidemment générale ? *Gren., donat.*, 2, *n*. 531 ; *Delv.* 2, *p*. 121; *Dur.* 7,
n. 419.

10. L'art. 1573 ne fait mention que du père; doit-il pourtant
s'appliquer à la mère ? M. Grenier dit : « Il est certain que si la
dot est constituée par le père et la mère, ou conjointement ou
confusément, ou pour une portion particulière et distincte, la
dot maternelle doit être rapportée dans tous les cas. La mère est
réputée avoir été obligée de consentir au mariage de sa fille,
puisqu'elle n'aurait pas pu s'y opposer ; et quelle qu'ait été sa
volonté à ce sujet, elle a voulu doter sa fille, par un sentiment
d'affection. On peut raisonnablement présumer que l'art. 1573
suppose une dot constituée par le père, la mère vivante. Mais si
c'était après la mort de son mari qu'elle constituât une dot à sa
fille, il semble qu'alors elle contracterait, comme le père, l'espèce de garantie qui fait la base de cet art. 1573, dans le cas qui
y est prévu. *Ubi eadem ratio, idem jus.* » *Gren., donat.*, 2, *n*. 530.

M. Duranton croit l'art. 1573 applicable à la fille dotée par sa
mère, quoiqu'il ne parle que du père. Ce mot *père*, dit-il, est pris
ici d'une manière générique, ainsi que dans plusieurs autres articles du Code, notamment dans les art. 847, 848, qui traitent également du rapport. L'observation nous paraît juste ; et elle ne permet pas d'admettre la distinction et les explications de M. Grenier.
Contrainte à souffrir le mariage de sa fille, accordé par le père,
la mère n'est pas dans l'obligation de faire une dot ; et si elle
la fait, elle doit, aussi-bien que le père, avoir le droit d'im-

poser des conditions qui puissent la garantir contre l'insolvabilité du mari. Quand la solvabilité de l'époux est douteuse, il est prudent d'exiger de lui emploi ou caution, ou il faut ne constituer qu'une pension, une rente ou un usufruit. *Dur.* 7, *n.* 418.

ARTICLE 851.

Le rapport est dû de ce qui a été employé pour l'établissement d'un des cohéritiers, ou pour le payement de ses dettes.

1. Les frais d'établissement se distinguent des frais d'éducation et d'apprentissage sur lesquels statue l'art. 852. Ceux-ci ne sont faits que pour préparer l'enfant à l'état qu'il lui faut; ils ne le donnent pas, et il n'y a de sujet au rapport que ce qui est employé pour l'établissement même.

La profession religieuse et l'engagement dans les ordres sacrés, sont un établissement pour des enfans, comme le mariage pour d'autres; et la dot moniale, et le titre clérical sont soumis au rapport, de même que la dot ou l'avancement d'hoirie de l'enfant marié. *Rép. Merl., légitime, sect.* 3, § 3, *art.* 2, *n.* 18, *et rapp.* 5, *n.* 19.

Le rapport est dû pour le prix de l'acquisition d'un fonds de commerce, de la clientèle ou des recouvremens d'un notaire ou d'un avoué et de tout officier ministériel; pour le prix de la démission du titulaire de l'un de ces offices, ou de la présentation au remplacement par ses héritiers. Le rapport est dû aussi pour le montant de la finance payée au gouvernement, pour les frais de réception, et tous autres nécessaires, afin d'être admis à l'exercice de l'emploi. *Rép. Merl., légitime,* § 3, *art.* 2, *n.* 7, 9, 18, 19, 21, *et rapport,* § 4, *n.* 18, 19; *Chab., n.* 1; *Toull.* 4, *n.* 481; *Gren., donat.,* 2, *n.* 540; *Malp., n.* 271; *Dur.* 7, *n,* 311, 414, 415. *V. infrà, art.* 852, *n.* 4, 5.

2. Un grand nombre de charges ou offices étaient vénaux anciennement. La valeur d'une charge cédée par le père au fils, ou le prix de l'acquisition que le père en faisait, d'une autre personne, pour son fils, était un avantage sujet à rapport. Mais un édit de 1697 déclara que la transmission des offices dans la maison du roi, à la nomination de Sa Majesté, ne donnerait pas lieu au rapport. Cependant on jugeait que, si pour faire nommer son fils à la place d'un autre, le père avait acheté la démission du titulaire, le fils était obligé au rapport du prix de cette démis-

sion; et en général, on soumettait au rapport toutes les sommes dépensées par le père, pour faire pourvoir le fils. Dans notre législation présente, beaucoup d'emplois publics sont donnés par le roi, moyennant finance; et de même qu'autrefois, on décide que le prix de la démission donnée, ou achetée par le père, et toutes dépenses qu'il fait pour procurer la place à son fils, sont sujets au rapport, aussi-bien que le prix d'une clientelle. Mais aussi, il a été jugé par la Cour royale de Paris, et par la Cour de cassation, qui a maintenu l'arrêt de Paris, le 7 novembre 1827, qu'on ne peut considérer comme avantage sujet à rapport, l'office de receveur particulier des finances, dont un père était pourvu et auquel, après sa mort, son fils a été nommé, attendu qu'il n'a été justifié d'aucune convention, par laquelle le père l'aurait cédée au fils. *D.*, 1828, *p.* 303; *Rép. Merl., légitime, sect.* 8, § 3, *art.* 3, *et rap.*, § 3, *n.* 18.

3. Le législateur a déclaré, dans trois articles du Code, 829, 843, 851, que l'héritier doit le rapport des dettes qui ont été payées pour lui. Une longue discussion s'établit au conseil d'état, sur la question de savoir s'il n'y aurait point exception à la règle, dans le cas où le père aurait payé, pendant les études de son fils, des dettes en sus de la somme qu'il avait fixée à ses dépenses annuelles, et principalement lorsque le père n'aurait pris de lui aucunes quittances, et que le fait ne serait connu que par les mémoires trouvés dans les papiers de la succession? L'on répondit que le rapport dépendrait des circonstances, et surtout de l'importance des sommes payées, relativement à la valeur de la succession. Cette réponse que M. Toullier présente sans rien ajouter, amena d'autres explications. Quelqu'un soutint que l'obligation du rapport ne pouvait pas porter sur le mineur, dont les engagemens sont nuls, et qui ne saurait être plus obligé envers la succession de son père, qu'il ne l'était envers les créanciers que le père a payés. On répliqua que si le mineur avait un état, s'il était émancipé, il pouvait disposer de ses meubles, et s'obliger pour des sommes mobilières; et qu'en conséquence, il devait le rapport de ses dettes acquittées par son père; que s'il n'avait pas d'état, s'il n'était pas émancipé, il arriverait rarement que le père acquittât des engagemens nuls, que son fils ne serait pas civilement obligé de remplir; mais que si le père, par tendresse pour son fils, ou pour lui éviter des affaires désagréables, acquittait ses dettes, le fils serait encore tenu au rapport, parce que ses frères et sœurs ne devaient pas souffrir de son in-

25.

conduite et de ses folles dépenses. M. Chabot affirme que c'est dans ce sens qu'on doit entendre et appliquer la disposition de l'art. 851. Mais M. de Maleville, qui paraît en douter, dit : « Au surplus, il ne faut pas oublier la première réponse qui fut faite à la question ; c'est que cela dépend beaucoup des circonstances. » M. Malpel et M. Dalloz sont aussi pour les circonstances. M. Malpel veut qu'on ait égard à l'importance des dettes du successible, aux moyens employés pour les acquitter, au mode du payement. Le rapport sera toujours dû, quand le père de plusieurs enfans aura diminué son patrimoine pour acquitter les dettes de l'un d'eux. S'il a payé, au moyen de ses revenus, le rapport ne sera dû qu'autant que le père aura pris quittance avec subrogation aux droits des créanciers. *Malev. ; Chab.*, n. 2 ; *Toull.* 4, n. 483 ; *Malp.*, n. 274 ; *Rép. méth., succ.*, ch. 6, sect. 1, art. 3, § 3, n. 17.

Nous croyons que l'interprétation qu'adopte pleinement M. Chabot, est tout à fait contraire aux principes, à l'égard du mineur, qui est sous la puissance paternelle, et qu'elle accorde trop, contre le mineur émancipé. Le mineur non émancipé étant complétement incapable de toute obligation pour cause d'emprunt, il ne peut pas dépendre de son père, en se subrogeant à ses prêteurs, de lui faire remplir des engagemens nuls. Le père n'est pas plus obligé que son fils à ces dettes que la loi repousse ; et s'il lui plaît de les payer, il n'acquiert aucun droit de répétition. Le mineur qui n'est point émancipé, est seulement responsable de ses délits, à l'âge du discernement ; et les condamnations pécuniaires qu'ils amènent contre lui, sont les seules dettes, acquittées par son père, qui l'obligent au rapport. Quant au mineur émancipé, s'il a pu s'engager jusqu'à concurrence de ses revenus et de la valeur de ses meubles, il ne s'ensuit pas qu'il soit obligé de rendre tout ce que son père pourrait avoir payé pour lui. Il faut, sans doute, suivant le conseil de M. de Maleville, examiner les circonstances. Si le mineur n'a fait des dettes qu'après avoir consommé ses revenus et dissipé ses meubles, le droit qu'il a eu d'en disposer, ne valide pas les obligations excédantes qu'il a contractées. Pour lui, comme pour le mineur non émancipé, il faut reconnaître que le père, en payant ses dettes, ne peut acquérir plus de droits que n'en ont les créanciers qu'il satisfait. Ainsi, après l'examen des circonstances qui peuvent faire décider que les sommes payées par le père, étaient assez importantes, relativement à sa fortune, pour donner lieu au rapport, on doit encore examiner la position dans laquelle se trouvait le fils, au temps où il a fait les dettes, pour décider de la valeur ou de la nullité de ses engagemens. M. Duranton discute et décide à peu près dans ce sens. *Dur.* 7, n. 312.

4. Le mineur, parvenu à l'âge du discernement, est obligé personnellement et sur ses biens, à la réparation des délits qu'il commet. Quand le père paye les amendes et les dommages-intérêts prononcés contre son fils, il a droit d'en exiger le remboursement; et s'il ne l'a point eu, à sa mort, le fils en doit le rapport à la succession. Si le père avait été condamné lui-même, comme civilement responsable, la décision dépendra des circonstances. L'âge et le discernement de l'enfant seront toujours pris en considération. La nature et la gravité du délit seront aussi à considérer. Mais le père restera seul obligé, sans répétition pour lui ni pour sa succession, si l'enfant n'avait agi que par ses ordres, ou à cause du fait auquel il l'avait préposé. *Art.* 1384; *Dur.* 7, n. 367.

5. On jugeait anciennement, que le fils fait prisonnier de guerre, et dont le père avait payé la rançon, devait le rapport du montant de cette dépense. Doit-on juger de même aujourd'hui, pour les sommes que le père a payées afin de faire remplacer son fils dans le service militaire? M. Delvincourt répond laconiquement : *Nul doute qu'elles ne soient sujettes au rapport.* Nul doute, dit M. Toullier, s'il s'agit d'un majeur qui a concouru au traité de remplacement, ou qui l'a approuvé expressément ou tacitement. Mais s'il s'agit d'un mineur, la question souffre des difficultés, et la décision peut dépendre des circonstances. Une sollicitude trop grande sur le sort d'un jeune homme, ne doit pas suffire pour épuiser d'avance une partie de ses espérances. Peu importe, dit M. Chabot, que le fils fût mineur; les principes sur les rapports sont indépendans de l'âge de l'enfant avantagé. Pour résoudre cette question, il faut considérer que l'obligation de servir dans les armées est personnelle au fils, et qu'ainsi la somme que le père ou la mère a payée, pour l'exempter de cette obligation, se trouve réellement employée pour l'acquit de ses dettes. Cependant, ajoute M. Chabot, il pourrait y avoir des circonstances particulières, d'après lesquelles les tribunaux seraient autorisés à ne pas ordonner le rapport; dans le cas, par exemple, où les père et mère auraient eu un intérêt personnel à faire remplacer leur fils qui leur était utile pour

leur état ou pour leur commerce. M. Grenier, M. Duranton et M. Malpel ont soutenu cette doctrine. *Delv.* 2, *p.* 120; *Toull.* 4, *n.* 483; *Chab.*, *n.* 4; *Gren.*, *donat.* 2, *n.* 541 *bis*; *Dur.* 7, *n.* 562; *Malp.*, *n.* 274.

Jetons un coup d'œil sur les arrêts qui se rapportent à la question. La Cour de Caen a décidé, le 5 janvier 1811, « que le fils réputé, par la loi, majeur pour le service militaire, en profitant du remplacement, a ratifié et approuvé l'obligation contractée pour lui par son père..; qu'il ait conféré ses soins à l'administration domestique et en ait accru les produits...; le second fils sera tenu, dans son temps, d'acquitter la même obligation, et il serait contre tous les principes de justice de le faire encore contribuer à celle qui a été imposée à son frère.... » L'arrêt ordonne le rapport du prix principal, et dispense de rapporter 314 fr. comptés pour frais d'équipement. M. Merlin rend compte de cette décision et paraît l'approuver. *Rép. Merl., rapp.*, § 3, *n.* 21; *D.* 1823, *s.*, *p.* 39; *Sir.* 13, 2, 337.

Dans la circonstance d'un père qui avait acheté un remplaçant à l'un de ses fils, et qui était mort sans avoir payé le prix de 3,000 fr., la Cour de Grenoble, le 12 février 1816, a condamné tous les enfans à payer cette somme au remplaçant, et ordonné que le remplacé en ferait le rapport à la succession, sauf à faire statuer comme il avisera, avec le donataire de la portion disponible, sur la question de savoir si cette somme de 3,000 fr. doit être prélevée sur la portion disponible, ou imputée sur la réserve légale. Pour motiver le rapport, les juges ont déclaré que le prix d'un remplacement ne peut être assimilé aux frais d'éducation, d'apprentissage, ou d'équipement militaire, et qu'on doit le considérer comme une dette de l'héritier. Les arrêtistes annoncent que la même Cour a rendu trois autres arrêts, dans le même sens, le 25 juillet 1816, les 8 et 13 mars 1817. *D.* 1823, *s.*, *p.* 39; *Sir.* 22, 2, 295.

La Cour de Dijon a jugé à peu près de même, le 23 janvier 1817. Un père avait acheté un remplaçant pour son fils mineur; actionné pour le payement de la somme promise, il appelle en garantie ce fils devenu majeur. L'arrêt décide « que quoique la conscription soit une charge personnelle de l'enfant, néanmoins les frais qu'occasionne son remplacement ne peuvent être mis dans une autre classe que celle d'une *dépense extraordinaire que ferait le père, pour l'éducation de son fils*, pour son établissement ou son mariage, laquelle n'est jamais considérée que comme faite en avancement d'hoirie, et sans espoir de répétition....; que cependant il serait juste de porter une décision contraire, dans le cas où le fils serait dans l'aisance, et où le père se trouverait gêné au point de ne pouvoir satisfaire à un engagement de cette nature. » *D., s., p.* 40; *Sir.* 17, 2, 374.

La Cour de Bourges a ordonné le rapport, par un arrêt du 21 février 1825, sur ce motif : « Qu'à la vérité les frais d'éducation ne sont pas sujets à rapport, mais qu'il s'agit d'un remplacement à l'armée, qui ne peut être assimilé à l'éducation ; que c'est un avancement d'hoirie, et qu'ainsi il y a lieu au rapport. » L'arrêtiste n'apprend pas si le fils remplacé était majeur ou mineur. *D.* 1825, *s., p.* 231.

La même Cour a encore condamné au rapport, le 22 juillet 1829, un fils qui soutenait que son père l'avait fait remplacer inutilement, parce qu'étant épileptique, il aurait été jugé impropre au service. Ce moyen d'exemption n'avait pas été présenté devant le conseil de révision ; et pour cette raison, l'arrêt a rejetté l'offre de la preuve du fait de l'infirmité. *D.*, 1829, *s., p.* 273.

M. Grenier admet le principe du rapport, et des exceptions déterminées par les circonstances, comme la grande utilité du fils pour l'état ou le commerce du père ; il présente le principe et l'exception, dans un considérant d'un arrêt de la Cour de Riom, du 7 juillet 1825, « Qu'à cet égard, n'étant point démontré en la cause que l'intérêt du père eût commandé la retenue de son fils dans la maison, et que cette retenue et l'avantage qu'il en aurait retiré fussent de nature à équivaloir ou compenser le prix dudit remplacement, tandis qu'il est constant que l'obligation de faire un service militaire était une dette imposée au fils par la loi elle-même, et constituait une dette propre à lui ; qu'ainsi, l'intimé doit être tenu de faire rapport... » M. Grenier signale une autre exception, admise par la Cour de Grenoble, le 2 février 1822, et prise dans la modicité de la somme payée par le père. C'était cent francs versés dans une bourse commune à plusieurs jeunes gens, pour faire le prix du remplacement de ceux que le sort atteindrait. *Gren., donat.* 2, *n.* 541 ; *Sir.* 26, 2, 53.

Aucun des arrêts que nous venons de rappeler n'a fait résulter d'exception de la minorité du fils. Mais nous n'abandonnons pas la distinction indiquée par M. Toullier. Nous ne voyons ici pour le mineur, ni dette ni donation qui l'oblige au rapport ; il nous semble qu'à son égard, il ne peut y avoir, au plus, qu'un don en préciput. Nous nous sommes expliqués, au n° 2, sur la question des dettes en général, contractées par le mineur, et payées par son père. Maintenant nous disons : L'obligation du service militaire n'est pas une dette d'argent; c'est la dette de la personne; la loi ne commande pas, elle ne fait que permettre le remplacement d'un homme par un autre; et elle n'autorise point le mineur à s'obliger pour le prix de ce remplacement. En le déclarant capable du service des armes, et débiteur de ce service envers l'état, la loi politique ne le relève pas de l'incapacité dont la loi civile frappe tout mineur, pour l'aliénation de ses biens, et surtout de ses biens à venir. Que si la loi permet des substitutions d'hommes, qui ne s'obtiennent qu'à prix d'argent, cette permission ne peut servir qu'à ceux qui, par leurs facultés, sont en position d'en user; elle ne peut pas servir aux mineurs directement, parce qu'elle n'est point accompagnée d'une règle spéciale d'exception à la règle de leur incapacité, pour les obligations du droit civil. La loi engage la personne du mineur, sans le rendre habile à disposer de ses biens à venir, ni même de ses biens présens, pour dégager sa personne.

Si la capacité manque au mineur pour obliger lui-même ses biens, au lieu de sa personne au service militaire, est-il donné à quelqu'un pour lui, à son père même, de faire cet engagement? Que le mineur ait une fortune acquise, la justice pourra bien, sur l'avis du conseil de famille, autoriser le père tuteur à l'emploi de deniers existans, ou à la vente de biens dans les formes légales, pour lui procurer un remplaçant!... Mais le père, de son autorité privée, pourra-t-il donc à l'avance faire dépenser à son fils mineur la réserve qu'il doit lui laisser dans sa succession? Le père qui achète et paye un remplaçant pour son fils mineur, le fait pour son propre intérêt, à cause de l'utilité qu'il peut retirer de ce fils, ou pour satisfaire à l'affection qu'il lui porte. Dans le premier cas, il paye l'avantage qu'il recherche, et ne fait point un prêt. Dans le second cas, il ne prête pas non plus à celui qui ne peut pas emprunter; il lui fait un don; et comme ce don indirect, qui ne laisse rien au mineur, ne peut se prendre que sur la quotité disponible, il ne peut être sujet au rapport. Si le père avait déjà épuisé la quotité disponible, on ne pourrait pas supposer la donation; il n'aurait fait qu'un prêt, qui lui ferait courir les risques de tous ceux qui prêtent à des personnes incapables d'emprunter. Il dépendrait du fils, à sa majorité, d'approuver le traité du père, et de reconnaitre la dette. Le mineur émancipé pourrait faire, avant sa majorité, cette reconnaissance, qui serait garantie alors par ses revenus et par ses meubles. Pour affecter ses autres biens, il faudrait que la reconnaissance fût renouvelée à sa majorité.

La Cour de Riom, ayant à prononcer sur la question du rapport, ou de l'imputation sur la quotité disponible, par un fils mineur au temps du remplacement, a rendu, le 5 mai 1831, un arrêt remarquable, que nous offrons pour exemple, car il nous semble que de tous ceux qui existent sur la matière, c'est celui qui pose et qui applique le mieux les vrais principes. Un considérant porte : « Soit que le père, en libérant Jean Claude Berger de la conscription militaire, ait uniquement obéi au sentiment naturel qui appelle les parens à la conservation de leurs enfans, soit qu'il ait voulu se ménager les secours qu'il pouvait attendre de ses services et de ses travaux, en le retenant dans sa maison, soit enfin qu'il ait été déterminé par l'un et l'autre de ces motifs réunis, on ne peut supposer qu'il ait été dans son intention d'imputer le prix de ce remplacement (5,268 f.) sur la portion héréditaire que la loi réservait au remplacé, portion dont il ne dépendait pas de la volonté du père de le priver, non plus que d'en absorber ainsi la meilleure partie; qu'il est plus naturel de penser qu'il a entendu que la somme, au payement de laquelle il s'obligeait, pour satisfaire à ce remplacement, fût prise sur la quotité de ses biens, dont il avait la libre disposition ; et que, si plus tard il a fait don, en préciput, à Jean-Jacques Berger, autre de ses enfans. du quart de ses biens présens et à venir, il a dû nécessairement vouloir que ce serait sous la déduction du prix du remplacement, dont il avait déjà gratifié Jean-Claude Berger, par une donation indirecte, en s'obligeant au payement du prix de remplacement.... »

6. Dans tous les cas, il faudrait décider. comme M. Toullier, que si le père a traité seul avec un tiers pour lui faire courir la chance du sort, à la place de son fils mineur, et si le sort a été favorable au mineur, la somme payée pour prix de ce traité, restant sans emploi utile, son rapport ne pourra être exigé avec justice. On peut étendre la proposition au mineur émancipé, et même au majeur, quand il n'a point approuvé l'arrangement. *Toull.*, 4, *n.* 483.

7. Mais on doit convenir, avec M. Duranton, que le rapport est dû pour cette prestation d'argent, qui fut imposée dans un

temps aux pères dont les fils étaient jugés incapables du service personnel. Ici, c'était pour les parens une dette forcée au nom des enfans, une sorte d'avancement d'hoirie exigé par l'état et déterminé sur la fortune des pères, d'après l'indication du taux de leurs contributions. Cette prestation considérée comme avancement d'hoirie, le père ne doit pas être admis à la reprendre sur le fils ; mais celui-ci peut être obligé au rapport à la succession du père. *Dur.*, 7, *n.* 562.

8. Les soustractions d'effets de la succession, commises par un héritier après son ouverture, ou dans les derniers jours du défunt, sont réglées par les art. 792 et 801. La proposition de M. Duranton pour soumettre l'enfant au rapport de ce qu'il aurait détourné de la maison paternelle, si l'objet était de quelque valeur, ne peut se référer qu'à des soustractions plus anciennes. Quand le père a pu combler par ses revenus le déficit causé par le vol, le rapport ne sera pas dû, s'il ne l'a point ordonné. Si le vol a causé une perte assez grande pour obliger le père à quelque aliénation, ou à des dettes subsistantes, à moins de dispense, le rapport pourra être exigé ; mais il faudra prouver la soustraction, avant tout. Si le père l'avait notée dans ses papiers domestiques, ce serait une indication, ce ne serait pas une preuve déterminante. *Dur.* 7, *n.* 368.

9. Toutes créances de la succession contre l'un des cohéritiers, soit pour prêts directs de la part du défunt, soit pour prix de vente, ou pour toute autre cause, rendent certainement le débiteur comptable envers ses cohéritiers. Mais on a mis en question s'il est soumis au rapport, ou s'il ne peut être contraint que comme un débiteur étranger ? Il existe une différence assez grande entre ces deux genres d'exécution. Si l'héritier débiteur n'était pas soumis au rapport, il pourrait retirer entièrement sa part héréditaire, et laisser ses cohéritiers dans l'obligation de le poursuivre pour le payement de ce qui leur revient dans sa dette. A la vérité, ils auraient le droit d'agir contre lui avant le partage, et de saisir sa portion des biens de l'hérédité ; mais ses créanciers personnels viendraient la leur disputer ; et ceux dont les hypothèques légales ou judiciaires auraient atteint sa part d'immeubles, à l'instant où la succession s'est ouverte, obtiendraient la préférence sur les cohéritiers qui se trouveraient exposés à perdre leur portion dans le montant de sa dette. Ce n'est pas le dessein de la loi ; elle ne veut pas ce résultat injuste, auquel devait conduire l'opinion de Domat contre le

rapport, si elle avait été suivie. On ne la suivait point avant
le Code civil ; on obligeait l'héritier débiteur à faire compte de
sa dette sur sa portion héréditaire ; et c'est ce qu'ordonne l'article 829 du Code civil, en disposant que chaque cohéritier rapporte à la masse les sommes dont il est débiteur. Comme le
rapport, qui ne peut pas s'effectuer en nature, se fait en moins
prenant, la part héréditaire du débiteur est diminuée du montant de sa dette, lorsqu'il ne le met pas dans la masse. *Gren.*,
donat., 2, *n.* 521 ; *Delv.* 2, *p.* 124 ; *Dur.* 7, *n.* 312.

10. Bien que soumis au rapport, comme le donataire, l'héritier
débiteur n'est pas de même autorisé à retenir la chose due. En
renonçant à la succession, sa répudiation le laisserait simple
débiteur ordinaire. *Aut. préc.*

Il n'est pas toujours facile de distinguer le prêt de l'avancement d'hoirie : les circonstances déterminent l'un ou l'autre.
Quand l'intention du père est manifestée, il faut la suivre. Au
nombre de ses enfans, le sieur Lyanthey avait deux fils, Decolombe et Desternay. Le premier, militaire, fit des dettes ; le
père les paya ; le second entra dans la robe, et le père lui acheta
une charge de conseiller, au prix de 30,000 fr., constitué en
rente de 1,500 fr. Par son testament, Lyanthey père fit un
préciput à trois de ses enfans ; ordonna le rapport des sommes
qu'il avait payées pour Decolombe, et de celles qu'il avait employées pour procurer la charge de conseiller à Desternay. Ces
deux fils renoncèrent à la succession, et refusèrent de restituer
les sommes dont le rapport était ordonné. La Cour de Besançon,
le 5 juin 1810, a autorisé ce refus, parce qu'elle a vu, dans le
testament du père, le témoignage d'une donation en avancement
d'hoirie. *Dal., Rép. méth., succ., chap.* 6, *sect.* 1, *art.* 3, § 3, *n.* 16.

11. Puisque c'est à la masse des biens à partager, que le cohéritier débiteur est tenu de rapporter sa dette, il faut reconnaître,
avec M. Delvincourt et M. Duranton, d'après Ricard, Lebrun
et Pothier, que ce rapport doit s'effectuer, lors même que la
dette, attermoyée, ne serait point échue. Mais pour être juste,
il faut dire aussi que, dans ce cas, les cohéritiers du débiteur
auront à lui faire compte des intérêts jusqu'au terme, s'il n'en
devait point avant ce terme. Si la dette était productive d'intérêts, il devrait le rapport des intérêts échus, ainsi que du capital. *V. auteur préc.*

12. M. Grenier rappelle que la sévérité des principes a été portée
jusqu'à obliger le fils auquel le père aurait prêté une somme,

même à titre de constitution de rente, à rapporter le capital. C'est bien ce qu'enseignait Pothier, qui est encore suivi par M. Delvincourt; mais ce n'est pas une règle certaine. Selon le Code civil, M. Duranton soumet à l'application de l'art. 918, les rentes viagères et perpétuelles également, pour aliénation de capitaux mobiliers, comme pour aliénation d'immeubles. Nous examinerons ces doctrines à l'art. 918. *V. Gren.. donat.* 2, *n.* 522; *Delv.* 2, *p.* 124; *Dur.* 7, *n.* 312, 332, 334.

13. Le cautionnement fait par le père, en faveur de l'un de ses fils, et subsistant au décès du père, oblige tous ses héritiers envers les créanciers. M. Delvincourt voit justement, dans cette obligation pour tous, un avantage pour un seul, qui est sujet au rapport, « qui consistera en ce que, si la dette n'est pas exigible, il devra donner caution à ses cohéritiers, pour la garantie de toutes poursuites de la part du créancier; et si elle est exigible, ses cohéritiers pourront exiger qu'il la rembourse, ou à défaut, la rembourser eux-mêmes, et lui en imputer le montant sur sa part héréditaire. » Ajoutons que si l'héritier garant, ne peut ou ne veut donner caution, ses cohéritiers doivent être autorisés à mettre en séquestre les objets, ou une partie des objets de son lot. *Argument, art.* 602 *et* 1961; *Delv.* 2, *p.* 118.

14. M. Chabot, répondant à la question de savoir si la fille mariée est tenue de rapporter les sommes prêtées par son père à son mari, décide : 1° qu'elle doit, non pas rapporter, mais restituer à la succession de son père, toute la somme prêtée, si elle s'est obligée solidairement avec son mari, et la moitié, ou sa portion déterminée seulement, si elle n'a contracté qu'une obligation conjointe; 2° que sans obligation de sa part, si elle était commune avec son mari, et si elle avait accepté la communauté, elle serait tenue de restituer une partie de la somme prêtée, en proportion de son droit dans la communauté; mais que, si elle avait renoncé, elle ne devrait rien, et qu'en conséquence, tant que la communauté avec son mari ne serait pas dissoute, elle ne pourrait être contrainte sur ses biens personnels, sauf la restitution, au lieu du rapport. Ces décisions sont justes. Nous avons démontré, n. 8, que c'est le rapport qui est dû. *Chab., n.* 3.

ARTICLE 852.

Les frais de nourriture, d'entretien, d'éducation, d'apprentissage, les frais ordinaires d'équipement, ceux de noces et présens d'usage, ne doivent pas être rapportés.

1. La nourriture, l'entretien et l'éducation des enfans, sont pour le père et la mère un devoir naturel que l'art. 203 recommande, et qui exclut l'obligation du rapport. La dette des alimens étant aussi établie entre tous parens de la ligne directe, par les art. 205, 206, 207, la dispense du rapport sortait nécessairement de la disposition de ces articles, pour les frais causés par l'exécution du devoir qu'ils imposent. L'art. 852 ne fait que confirmer et développer cette dispense, à l'égard des parens de la ligne directe; mais il l'a créée pour tous autres parens successibles, car sa disposition, qui est générale et sans exception, comprend aussi-bien les collatéraux que les ascendans et les descendans. Tous les interprètes du Code ont reconnu ce point de droit. *Chab.*, *n.* 1 *et* 9; *Toull.* 4, *n.* 478; *Delv.* 2, *p.* 119: *Malp.*, *n.* 271; *Dur.* 7, *n.* 354, 355.

2. M. Chabot, invoquant la loi 25, *ff. de negot. gestis,* la loi *ult.*, *ff. de pet. hæred.*, quelques anciennes coutumes, d'Argentré, Lebrun et Ferrières, déclare sujets au rapport les frais de nourriture, d'entretien et d'apprentissage faits pour un enfant qui avait personnellement des revenus suffisans pour les acquitter, à moins que l'enfant n'ait d'ailleurs compensé ces frais, en travaillant pour le compte du père ou de la mère qui les a fournis. M. Duranton adopte cette doctrine, en la restreignant au cas où l'usufruit des biens de l'enfant n'aurait point appartenu au père ou à la mère. *Chab,*, *n.* 2 ; *Dur.* 7, *n.* 356.

M. Toullier enseigne seulement que si le défunt était débiteur de son héritier présomptif, par exemple s'il était son tuteur, les frais de nourriture, d'éducation et autres ne seraient considérés que comme des avances, à valoir sur ce qu'il devait, et qu'ils entreraient dans la dépense de son compte. M. Toullier observe que si le tuteur avait rendu son compte sans y comprendre ces dépenses, la présomption sur laquelle est fondée la disposition de l'art. 852, reprendrait toute sa force; il serait censé avoir fait les frais en forme de don et avec dispense de rapport. Il en serait de même s'il avait fait des avances depuis la reddition et la solde de son compte. *Toull.* 4, *n.* 479.

M. Delvincourt, reconnaissant que, pour la dispense de rapport qu'il établit, l'art. 852 ne fait pas de distinction entre les collatéraux et les parens de la ligne directe, croit **équitable** d'admettre, au moins, une exception pour le cas où le parent collatéral, nourri et élevé par le défunt, aurait eu des biens particuliers, suffisans pour subvenir à tous ses besoins. Il lui semble qu'alors il y aurait vraiment donation. M. Duranton fait dépendre la décision des circonstances. *Delv.* 2, *p.* 119; *Dur.* 7, *n.* 355.

La doctrine de M. Toullier est parfaitement juste; mais il n'a envisagé qu'une position, et il faut examiner celles qu'ont vues M. Chabot et M. Delvincourt. Sur le premier point, on doit rappeler la disposition de l'art. 384, qui donne au père ou à la mère, si le père est décédé, l'usufruit des biens de ses enfans, jusqu'à ce qu'ils soient parvenus à l'âge de dix-huit ans, à la charge de l'entretien et de l'éducation. Après cet âge, et jusqu'à la majorité, s'il n'y a pas d'émancipation auparavant, les pères sont administrateurs comptables, et ils peuvent porter dans leur compte la dépense qu'ils ont faite pour les enfans. S'ils n'y portent pas les frais d'entretien et d'éducation ou d'apprentissage, c'est ou parce qu'ils admettent la compensation de ces frais avec l'utilité qu'ils ont pu retirer des travaux ou des soins de l'enfant, ou bien parce qu'ils entendent lui en faire remise. L'administration de ses biens appartient à l'enfant majeur, et au mineur émancipé; mais si le père ou la mère continue d'en jouir et de fournir à l'entretien de l'enfant, celui-ci pourrait bien demander un compte, pour obtenir l'excédant de son revenu sur sa dépense; mais le père ou la mère n'aurait rien a répéter, si le revenu n'avait pas suffi pour la dépense, puisque les pères sont obligés de fournir aux besoins des enfans. Si l'ascendant continue les fournitures à l'enfant, sans jouir de ses biens, c'est encore, ou parce qu'il les compense avec les services qu'il en reçoit, ou parce qu'il lui en fait remise. Cette remise est bien un don; mais quand les parens ont pu la faire aux dépens de leurs revenus, sans diminuer leur fortune, le don n'entre pas dans la classe des libéralités sujettes au rapport, ni même imputables sur la quotité disponible. Il ne peut être considéré que comme une sorte de pension payée en avancement d'hoirie, qui cesse nécessairement à l'ouverture de la succession, et dont les prestations antérieures sont exemptes du rapport, quelque considérables qu'elles aient été. Ce n'est guère, comme nous l'avons observé plus haut, art. 843, n. 12, que dans le cas où les pères ont pris leurs capitaux, pour accroître la fortune d'un enfant préféré, qu'on s'attache à la libéralité indirecte, pour en faire justice, en l'imputant sur la quotité disponible, et en faisant rapporter l'excédant s'il en existe. Sans nous arrêter à la jurisprudence ancienne, voilà ce qui nous semble résulter de l'esprit et de la lettre du Code civil, par la combinaison de ses art. 843, 851, 852, 853 et 854. *V. infra, n. 6, et art. 853, n. 2.*

Dans la position envisagée par M. Delvincourt, il n'y a pas de devoir alimentaire envers le collatéral nourri et élevé, mais il y a pour celui qui pourvoit aux alimens et à l'éducation, plein pouvoir d'user de ses revenus; et, quand il n'existe pas d'ascendans, pleine liberté pour disposer de sa succession. Les dépenses qu'il fait pour l'entretien de son parent successible sont aussi comme une pension en avancement d'hoirie, qui cesse à l'ouverture de la succession, et dont les prestations antérieures ne sont pas sujettes au rapport. Seulement encore, si l'héritier qui les a reçues est en concours de partage avec quelqu'ascendant, celui-ci pourrait rechercher l'excès de libéralité qui aurait fait sacrifier des capitaux, pour affaiblir la réserve légale.

3. Nous avons raisonné dans la supposition de la volonté du parent défunt, de gratifier son successible par la prestation des alimens; et les décisions que nous avons proposées ne s'appliquent qu'à cette hypothèse. Si les alimens n'étaient pas dus et n'avaient été fournis que par suite de la promesse d'un prix de pension, par celui qui les a reçus, ses cohéritiers pourraient demander le rapport des arrérages du prix de la pension; mais de son côté il pourrait opposer la prescription des termes qui remonteraient à plus de cinq ans.

4. Les frais d'éducation comprennent l'achat des livres nécessaires aux études; et ces livres restent à celui qui les a reçus, bien qu'ils existent en nature au décès de celui qui les a donnés. Si au lieu de se borner à fournir les livres nécessaires, on avait composé une bibliothèque au successible, l'excédant du nécessaire serait sujet à rapport. *Chab., n. 6; Toull., n. 482; Gren., donat., 2, n. 540; Dur. 7, n. 311, 360.*

5. Le prix des grades de bachelier, de licencié et même de docteur, dans les écoles publiques, fait partie des frais d'éducation et n'est pas sujet au rapport. M. Delvincourt atteste qu'anciennement on soumettait au rapport les frais de doctorat ès droit, et qu'on en exemptait les frais de baccalauréat et de licence. L'auteur ajoute: «Quant aux grades en médecine, je pense qu'ils sont indistinctement sujets au rapport. La raison de différence est, d'abord qu'ils sont ordinairement plus coûteux que

dans les facultés de droit; et en second lieu, que l'on ne prend ces grades que pour faire la profession de médecin. C'est donc réellement un établissement. Il n'en est pas de même de la licence en droit, qui fait partie de l'éducation, et se prend beaucoup plus souvent comme moyen d'arriver à des places, que comme moyen direct d'établissement. » La distinction n'est point admissible. Les grades dans les facultés de médecine, n'assurent pas plus l'exercice de la médecine, que ceux des facultés de droit n'assurent l'exercice de la profession d'avocat, ou la nomination à des places de l'ordre judiciaire ou administratif. L'apprentissage d'un métier ne donne pas le métier; et la loi exempte du rapport, les frais d'apprentissage. Relativement au doctorat, on n'en soumettait les frais au rapport, anciennement, que lorsqu'il se liait au titre d'avocat ou professeur. Aujourd'hui, le doctorat rend seulement apte à concourir pour les places de professeur. La distinction de M. Delvincourt n'a pas trouvé de partisans. *Rép. Merl., rap.,* § 4, *art.* 2, *n.* 2 ; *Chab.,* art. 851, *n.* 1 ; *Toull.* 4, *n.* 481 ; *Malp., n.* 271 ; *Delv.* 2, *p.* 119 ; *Dur.* 7, *n.* 360 ; *Gren., donat.,* 2, *n.* 540.

6. M. Chabot, s'appuyant des lois 47, *ff. de donat. int. vir. et ux., penult,* § 1, *C. de collat.,* de l'avis de Coquille et de Lebrun, décide que si le père ou la mère avait fait pour l'éducation d'un enfant, des dépenses trop fortes, eu égard à sa fortune, et qui réduiraient trop la part héréditaire des autres enfans, ce qui excéderait une juste mesure serait sujet à rapport. M. Toullier, fait remarquer que la loi ne distingue point entre les frais d'éducation plus ou moins considérables. L'auteur pense qu'on ne doit pas rechercher si les dépenses étaient proportionnées à la fortune du parent qui les a faites ; que la recherche donnerait lieu à des contestations infinies, qu'on ne pourrait décider qu'arbitrairement. Mais il modifie ensuite sa proposition, de manière à se rapprocher de M. Chabot, qui a modifié la sienne aussi. M. Chabot finit par dire qu'il faut laisser une certaine latitude aux pères, pour qu'ils puissent favoriser le développement d'un enfant qui a d'heureuses dispositions, et qui peut devenir un jour le soutien de la famille ; que dans cette matière, les juges doivent se décider d'après les circonstances et l'équité, et n'ordonner le rapport, qu'autant que l'excès est tel que tout a été sacrifié pour un enfant au préjudice des autres. M. Toullier termine de son côté, en disant que la recherche des autres enfans pourrait être admise, dans le cas où les dépenses

excéderaient évidemment la quotité disponible, et auraient diminué la fortune du défunt; car, s'il les avait faites sur des revenus qu'il pouvait consommer, il n'y aurait pas lieu au rapport. *Chab., n.* 3; *Toull.* 4, *n.* 478.

M. Duranton pense avec raison qu'il convient de prendre en considération le résultat des dépenses pour la fortune de l'enfant qui en a été l'objet; on ordonne plus facilement le rapport, si son instruction lui a procuré un emploi ou un état lucratif. S'il n'a pas profité de l'enseignement qu'on a voulu lui donner, ou s'il n'a acquis que des connaissances inutiles à sa fortune, il n'y aura pas de rapport. M. Malpel pourtant croit que l'enfant majeur, ayant pu consentir aux dépenses, pourrait être plus fortement obligé. L'auteur est incertain entre l'imputation sur la quotité disponible ou sur la réserve. Ce serait plutôt la quotité disponible, si elle n'avait pas été distribuée antérieurement. La majorité peut bien entrer dans quelques considérations, quand il s'agit de hautes études, et qu'on voit le père sollicité aux dépenses par son fils. M. Grenier met la question dans les circonstances, et compte pour quelque chose l'état des dépenses tenu par le père. Cet état aurait de l'influence, s'il était accompagné d'une mention de répétition à faire dans le registre de toutes les dépenses du père: sans cette mention, l'état serait assez insignifiant. *Dur.* 7, *n.* 357; *Malp., n.* 271; *Gren., donat.* 2, *n.* 540.

M. Chabot et M. Duranton enseignent que le père ou la mère qui a fait des dépenses trop considérables pour l'éducation de l'un de ses enfans, peut ordonner le rapport de ce qui excède la juste mesure, ou accorder une indemnité à ses autres enfans. Ils disent que cette indemnité, qui ne fait que rétablir l'égalité, n'est ni sujette à rapport, ni même imputable sur la quotité disponible. M. Duranton ajoute qu'un acte en forme de donation ou de testament, n'est pas nécessaire, pour cette disposition du père de famille, et qu'elle serait valable dans un acte quelconque. *Chab., n.* 4; *Dur., n.* 358.

Cette disposition, portée même dans un acte en bonne forme, de donation entre-vifs, ou de dernière volonté, serait souvent très-susceptible d'être contestée. Il ne doit pas dépendre absolument du père de famille de faire consommer à l'avance à l'un de ses enfans, la portion d'hérédité que la loi réserve à cet enfant. Si le père a trop dépensé, c'est peut-être par légèreté, ou par vanité, par de fausses combinaisons, ou de mauvais calculs. Il a ordonné la dépense comme il l'a entendu; et l'enfant, qui

26

suivait ses ordres, n'était et ne pouvait être juge et modérateur de la dépense. Que le père accorde sur sa quotité disponible, à titre d'indemnité ou autrement, tout ce qu'il lui plaira de donner aux autres enfans : soit, il en a le pouvoir. Mais si, sous prétexte de trop grands frais pour l'éducation d'un enfant, il lui impose un rapport, ou s'il fait aux autres un avantage qui diminue sa réserve, celui-là pourra réclamer contre cette disposition. La justice n'en autoriserait l'exécution, qu'autant que, majeur, il aurait sollicité l'excès de dépense, ou que ces frais auraient servi à lui procurer un emploi lucratif. Sans acte formel de donation ou de testament, la disposition du père ne pourrait valoir que comme document auprès de la justice, à l'appui de la demande en rapport des cohéritiers, qui se plaindraient de l'affaiblissement de leur réserve, par l'excès de la dépense faite pour leur cohéritier.

7. Les frais d'équipement militaire sont plus susceptibles que les frais d'éducation, d'être soumis au rapport, pour l'excédant d'une juste dépense, car la loi n'exempte du rapport que les frais ordinaires d'équipement. Une plus grande dépense pour le militaire qui obtient un grade à l'armée, rentre dans les frais d'établissement. Au reste, les explications données sur les autres objets de l'article 852, sont applicables à celui-ci. *Chab.*, n. 7; *Dur.* 7, n. 363.

8. Les frais de noces et les présens d'usage ne se rapportent point à la succession. Mais il faut bien distinguer des simples présens, le trousseau constitué dans le contrat de mariage. Un arrêt de la Cour de Grenoble, qui n'avait considéré que comme présent de noces, exempt du rapport, un trousseau de 3,000 fr., constitué par le père et la mère, dans le contrat de mariage de leur fille, a été cassé, le 11 juillet 1814. *D.*, 1814, *p.* 394; *Sir.* 14, 1, 279; *Chab.*, n. 8; *Malp.*, n. 271; *Dur.* 7, n. 364, *etc.*; *Delv.* 2, *p.* 119.

On doit dire encore que si, sous l'apparence de cadeaux de noces, on donnait des choses d'un trop grand prix, relativement à sa fortune, la valeur excédant la juste mesure devrait être, comme don indirect, imputée sur la quotité disponible, ou rapportée, si le don était en sus du préciput, qui absorbe cette quotité. Par un arrêt de la Cour de Poitiers, du 2 août 1810, le don manuel de 12,000 fr., fait par une mère à son fils, au jour de son mariage, a été réduit à 3,000 fr., comme présent de noce; le surplus a été soumis au rapport, comme avancement d'hoirie. Dans cette affaire, on n'a point élevé la question du préciput pour le don entier, suivant la doctrine exposée plus haut, art. 843, n. 20. *Rép. méth., succ.. ch.* 6, *sect.* 1, *art.* 353, *n.* 12 ; *Chab., n.* 8 ; *Dur.* 7 , *n.* 365.

9. La dispense du rapport, pour les objets mentionnés dans l'article 852, ne s'applique point au don de ces objets, pour le temps postérieur à l'ouverture de la succession. Les pensions faites aux successibles, par donation entre-vifs, cessent au décès du donateur, si elles n'ont pas été promises hors part ; et les legs pour alimens, éducation, équipement, sont insignifians, s'ils ne sont point à titre de préciput. Tout se confond pour le cohéritier, dans sa part héréditaire. Mais les arrérages dus par le défunt, sur la pension alimentaire qu'il lui avait assurée, sont la dette de la succession, et un sujet de prélèvement au partage. *Chab., n.* 5 ; *Toull.* 4, *n.* 480, 486 ; *Delv.* 2, *p.* 119 ; *Gren., donat.* 2, *n.* 540 ; *Dur.* 7 , *n.* 553. *V. infra, art.* 856 , *n.* 1 , 2, *etc.*

10. M. Delvincourt dit au même lieu : « On pensait anciennement que si le père, en mariant et dotant un de ses enfans, avait promis de le nourrir lui et sa famille, pendant un certain nombre d'années, cela constituerait un avantage sujet au rapport ; et je pense que cette disposition très-juste serait suivie encore aujourd'hui. » M. Duranton professe la même doctrine ; il rappelle ce passage de Denisart : « Les nourritures promises par un contrat de mariage, ou fournies sans promesse depuis le mariage, sont sujettes à être rapportées, ainsi que les habits nuptiaux fournis aux enfans, parce que toutes ces choses font partie de l'établissement, au lieu que les autres font partie de l'éducation. » *Delv. préc. ; Dur.* 7 , *n*, 375.

Cette sentence de Denisart n'est pas la règle du Code civil. L'article 852 assimilant les frais de nourriture et d'entretien aux frais d'éducation, les exempte ensemble du rapport. Qu'après le mariage du successible, le logement, la table et l'entretien fournis aux époux et à leurs enfans, soient considérés comme un don d'avancement d'hoirie, il n'en résulte pas de différence quant au rapport. Dans ces dons, il n'y a de sujet à la condition du rapport que les choses qui subsistent après la jouissance que le donataire en a retirée. Les objets qui doivent être consommés ne sont pas susceptibles de rapport. Nous avons annoncé au numéro précédent, et nous démontrerons à l'article 856 , n. 2 et 5, que les pensions, rentes, usufruits, donnés au successible, pour lui faire supporter les charges du mariage, sont anéanties par la qualité d'héritier, à la mort du donateur ; qu'il ne reste rien à rap-

26.

porter, et qu'au contraire, la succession demeure débitrice des arrérages de pension ou rente, s'il en existe. Ces rentes ou ces jouissances ne sont que l'équivalent de la nourriture et de l'entretien que le chef de famille peut fournir dans sa maison, et dont le droit, après lui, s'absorbe dans le droit successif. Sans faire de distinction entre le temps antérieur et le temps postérieur au mariage, l'article 852 a justement déclaré que les frais de nourriture et d'entretien ne doivent pas être rapportés. En opposition avec Denisart, M. Grenier dit: « On a toujours pensé que, dans ce cas, les frais de nourriture n'étaient point sujets au rapport. On sent, en effet, qu'ils représentent les fruits ou les intérêts des fonds, ou des sommes que les parens auraient donnés aux époux, s'ils n'eussent pas été retenus dans la maison. » V. Rép. méth,, rap. § 4, art. 2, n. 8; Gren., donat. 2, n. 541.

Mais un avantage indirect, en sus de la quotité disponible, peut vouloir se dissimuler dans la cohabitation de l'enfant préféré, qui reçoit sous le toit paternel, avec son conjoint et des enfans, les alimens et l'entretien. Si ces charges étaient tellement fortes, relativement aux facultés du chef de famille, qu'elles lui eussent fait contracter des dettes et diminuer sa fortune, quand celle de l'enfant préféré s'est accrue, les autres enfans seraient fondés à faire vérifier l'excès de la libéralité, pour la faire réduire à la juste mesure. C'est dans ce sens que paraît avoir entendu juger la Cour de Nancy, par un arrêt du 20 janvier 1830. D. 1830, s., p. 249. V. infra, art. 856, n. 3, 5.

ARTICLE 853.

Il en est de même des profits que l'héritier a pu retirer de conventions passées avec le défunt, si ces conventions ne présentaient aucun avantage indirect lorsqu'elles ont été faites.

1. Dans les successions où il n'y a pas d'héritiers à réserve, on n'a rien à craindre de ses cohéritiers, pour les actes par lesquels on aurait obtenu du défunt des avantages déguisés. Quand la succession est dévolue à des descendans ou à des ascendans, ces héritiers sont autorisés à rechercher la fraude dans tous les actes où elle pourrait avoir été pratiquée, au préjudice de leur droit de réserve. Mais il ne suffit pas qu'une convention faite entre le défunt et quelqu'un de ses héritiers ait procuré du bénéfice à celui-ci, pour que les autres puissent exiger le rap-

port de ce profit au partage. M. Chabot remarque très-judicieu-
sement que si le défunt n'a rien sorti de son patrimoine pour le
faire entrer dans celui de son héritier; s'il a traité avec lui comme
il l'aurait fait avec un étranger; si la convention ne présentait,
au moment où elle a été faite, aucun avantage actuel et certain
en faveur de l'héritier, il n'existerait pas de libéralité, bien
que des suites de la convention il pût résulter et qu'il fût résulté,
en effet, des profits pour l'héritier. *Chab., n.* 1; *Malev.; Dur.* 7,
n. 339 ; *Toull.* 4, *n.* 477.

2. Un père vend, à sa juste valeur, au jour de l'acte, une pièce
de terre à l'un de ses enfans. Si ce fonds acquiert ensuite une
valeur vénale plus considérable, l'acquéreur profite de l'accroissement; il ne devra le rapport, ni des fonds, ni de la plus-value.

Un père veut donner son domaine à ferme : un de ses enfans
peut devenir son fermier, et faire le bénéfice que pourrait obtenir toute autre personne en prenant cette ferme. Mais, suivant
M. Chabot, si la ferme avait été consentie pour une somme qui
serait inférieure au juste prix, il y aurait évidemment avantage
indirect, puisque le père aurait réellement sorti de son patrimoine la somme qui formerait annuellement la différence entre
le juste prix et le prix convenu. Cette proposition a besoin
d'être expliquée. Nous l'avons observé déjà : la loi n'établit pas
de réserve sur les revenus du père de famille pendant sa vie ;
elle lui impose seulement l'obligation de fournir aux besoins
de chacun de ses enfans. Ce devoir rempli, la loi ne regarde
point à l'emploi qu'il fait de ses revenus ; il a toute liberté
pour en distribuer à ses enfans des portions égales ou inégales,
pour ne donner qu'à certains, qu'à l'un d'eux, comme pour ne
donner à aucun. La Cour royale de Paris a bien pu décider,
comme elle l'a fait, le 21 avril 1818, que le père avait eu le
pouvoir d'abandonner à l'un de ses fils, une portion du produit
de son domaine, par un bail à vil prix ; que l'avantage indirect,
résultant de ce bail, n'était à considérer que pour le temps qui
restait à courir après la mort du bailleur. On ne peut guère admettre de retranchement pour la réserve légale, sur l'avantage
obtenu par le fils, fermier, durant la vie du père, que dans les
circonstances de la diminution de la fortune de l'un et de l'augmentation de celle de l'autre, par l'effet de cette libéralité.
Sans diminution de la fortune du père, l'accroissement de celle
du fils devrait être bien marqué, pour déterminer un rapport.
Dans le cas d'une augmentation notable, nous justifions le re-

tranchement, par la même raison qui nous a fait dire que l'acquisition du père, sous le nom du fils préféré, constituait une donation réductible pour l'excédant de la quotité disponible. La doctrine de M. Grenier et de M. Duranton, est à peu près celle de M. Chabot. *V. supra, art.* 843, n. 6, 7, 11; *Chab.*, n. 1; *Gren., donat.* 2, n. 538; *Dur.* 7, n. 342; *J. pal., édit. n., t.* 13, p. 377.

3. Comme pour l'avantage frauduleux, résultant d'une vente, on a mis en question si le bail à ferme, à vil prix, sera déclaré nul pour le temps postérieur au décès, ou si le fermier sera contraint à payer un supplément de prix. Nous répondrons, pour la ferme, comme nous l'avons fait pour la vente, que la décision dépend des circonstances. Si le père a bien réellement fait une ferme, on devra, à moins que le fermier ne consente à la résiliation, continuer la ferme avec une augmentation de prix. Mais si le père n'a fait qu'une ferme simulée au fils qui habitait avec lui, et qui a concouru seulement à la culture des biens avec les autres personnes de la maison, le bail sera jugé nul pour le temps postérieur à l'ouverture de la succession. M. Delvincourt fait aussi dépendre la question des circonstances; il croit que la résiliation devrait être prononcée plus difficilement, pour un fonds rural, que pour un fonds urbain. Notre distinction s'applique aux deux cas également. *V. supra, art.* 843, n. 10; *Delv.* 2, p. 123.

4. M. Grenier, M. Delvincourt et M. Duranton enseignent, d'après Pothier, que si le père, créancier de son fils en faillite, lui a fait des remises dans un concordat auquel il a été forcé de se soumettre, le fils est tenu de rapporter au partage la somme entière qui lui avait été prêtée. Une objection très-forte se présente contre cette doctrine. M. Duranton la prévoit et la combat en ces termes : « Vainement dirait-on que c'est là une convention ordinaire faite sans fraude, non dans le but d'avantager l'héritier, comme celles, en un mot, des autres créanciers; on répondrait toujours que l'héritier a profité de ce qui lui a été remis par le défunt, ce qui offre un avantage indirect, et suffit, aux termes de l'art. 843, pour qu'il y ait lieu au rapport. La loi considère si peu cette remise comme une convention ordinaire, à titre onéreux, que celui qui l'avait reçue n'aurait pu obtenir sa réhabilitation qu'en justifiant qu'il avait ensuite soldé la partie remise, avec tous les intérêts. » *Gren., donat.*, 2, n. 522; *Delv.* 2, p. 122; *Dur.* 7, n. 310.

Ces argumens ne porteront pas la conviction dans tous les esprits. Beaucoup penseront que l'art. 843 est expliqué ou modifié par l'art. 853; qu'on ne peut voir de préférence et d'avantage indirect dans le fait du père, qui, cédant à la nécessité d'une position malheureuse, subit la remise qu'accordent des étrangers; que cette perte est accidentelle, comme celle de l'immeuble qui a péri, par cas fortuit; que si la demande en réhabilitation oblige au rapport, ce n'est pas une raison pour conclure que le rapport est dû généralement dans toute circonstance. D'ailleurs, que de remises sont accordées à des créanciers faillis, qui ne sont pas jugés banqueroutiers, et qui, conséquemment, n'ont pas besoin de réhabilitation.

5. Mais si l'on peut ne pas trouver l'avantage indirect dans la remise forcée du père, les circonstances pourraient le faire voir dans les actes antérieurs qui ont formé sa créance. Si, par exemple, il avait engagé, par des emprunts ou par des cautionnemens, pour un fils dépourvu de biens et de crédit, une partie considérable de sa fortune, il s'était exposé à des pertes probables, et l'on serait bien fondé à dire qu'il a voulu risquer, au moins, une donation. Dans cette occurrence, il y aurait justice à ordonner le rapport de l'excédant de la dette totale sur la quotité disponible.

ARTICLE 854.

Pareillement, il n'est pas dû de rapport pour les associations faites sans fraude entre le défunt et l'un de ses héritiers, lorsque les conditions en ont été réglées par un acte authentique.

1. La disposition de cet article est modifiée par celle de l'article 840, qui interdit la société universelle entre les personnes auxquelles il n'est pas permis de s'avantager au préjudice d'autres personnes. Il ne peut donc exister que des sociétés particulières, pour des entreprises ou des choses déterminées, entre les parens de la ligne directe. Mais une société, quoique particulière, comparativement à la société universelle, peut être générale dans son objet. On fait des sociétés de commerce pour une branche fixe de négoce, pour diverses branches, ou pour toutes, qui ne sont également que des sociétés particulières, par opposition à la société universelle, de biens ou de gains, en toutes choses. C'est cette dernière association, très-peu usitée, qui est

seulement interdite entre ascendans et descendans. Les autres sociétés leur sont permises, et elles produisent leur plein effet, quand elles sont faites sans fraude. *Maler.; Chab.*, *n.* 1, 2; *Delv.* 2, *p.* 118; *Toull.* 4, *n.* 477; *Gren., donat.* 2, *n.* 538; *Dur.* 7, *n.* 339; *Malp.*, *n.* 272.

2. La fraude se trouverait dans la participation accordée à des profits certains déjà obtenus; dans la reconnaissance d'une mise de fonds, que l'héritier n'aurait pas faite; dans la dissimulation de la totalité ou d'une partie de celle de son associé; dans la part de bénéfice accordée à l'associé qui n'apporterait rien dans la société; dans l'incapacité de l'héritier pour les opérations auxquelles on l'aurait associé, sans mise de fonds, ou pour une faible mise, motivée sur son industrie prétendue. La fraude serait vérifiée, dans ce cas, s'il était prouvé que l'héritier n'a pas concouru aux opérations de la société. L'avantage indirect reconnu, s'imputerait sur la quotité disponible, si elle n'était pas épuisée; et l'excédant, s'il y en avait, serait soumis au rapport.

3. L'acte authentique est exigé pour constater sûrement l'association, afin d'empêcher la fraude, qui pourrait se pratiquer par l'antidate, dans les actes sous seing privé. Mais en cette matière, l'acte authentique n'est pas seulement celui que font des notaires. L'acte sous seing privé, admis pas l'article 39 du Code de commerce, pour les sociétés en nom collectif, et pour les sociétés en commandite, devient authentique par l'accomplissement des formalités de transcription et d'affiche, prescrites par les articles 42, 43, 44 du Code de commerce. Nous admettons cette explication de M. Duranton, contraire à l'avis de M. Delvincourt. *Aut. préc.*

4. Au reste, en déclarant que l'héritier ne doit pas le rapport du profit qu'il a retiré des associations faites sans fraude, lorsquelles sont constatées par acte authentique, la loi ne décide pas qu'il devra nécessairement ce rapport, quand l'acte de société ne sera point en forme authentique. Cela dépendra toujours plus ou moins des circonstances. La présomption est en faveur de l'association authentique; la présomption est contre l'association qui n'est pas manifestée par un acte public. Ici, l'héritier associé doit démontrer qu'il n'a point obtenu d'avantage frauduleux; là, les cohéritiers doivent prouver cet avantage. Il ne serait pas juste qu'un chef de maison qui, pour étendre le cercle de ses affaires, prend des fonds de son père, et lui donne une part dans le commerce qu'il dirige, fût obligé de rapporter, avec l'argent qu'il

a reçu, tous les bénéfices de son commerce, à la succession du
père, parce que leur arrangement n'est établi que par un simple
écrit sans formes, ou par une simple mention sur leurs registres.
Il ne serait pas juste non plus que le fils, instruit et industrieux,
qui fait prospérer le commerce de son père, ne pût profiter d'une
part quelconque, promise par le père, pour avoir sa coopération,
si la promesse est seulement consignée dans les livres du commerce. Il y a d'ailleurs des sociétés en participation que la loi
reconnaît, et qui se prouvent par la mention des livres, par la
correspondance des parties, et même par témoins. La loi ne les
prohibant pas entre le père et le fils, n'a point entendu les soumettre, pour eux, à des formes solennelles, qui les rendraient
souvent impossibles. Elles s'établissent entre eux suivant la
règle générale; mais, vis-à-vis de ses cohéritiers, le fils associé
aura toujours à justifier de sa bonne foi, et à montrer l'absence
de la donation indirecte. Dans tous les cas, la prudence commande l'acte authentique, ou l'acte sous seing privé, soumis à
l'enregistrement ordinaire, avant aucune opération, lorsqu'il sera
possible de le faire. *V. C. com.*, *art.* 47, *etc.* ; *Dur.* 7, *n.* 340, 341.

ARTICLE 855.

L'immeuble qui a péri par cas fortuit et sans la faute
du donataire, n'est pas sujet à rapport.

1. Il y a sur la nature et les effets du droit des donataires
soumis au rapport, des règles qui ne présentent pas beaucoup
de cohérence, et qu'on ne peut pas rattacher à un principe commun ; mais chacune est très-positive et assez clairement établie
pour être bien conçue. Le donataire est propriétaire, et il peut
aliéner ; cependant la maxime *res perit domino*, ne lui est point
applicable. Il est assimilé au débiteur d'un corps certain et
déterminé, qui, suivant l'art. 1302, est libéré par la perte fortuite de ce corps. La règle qui le rend débiteur envers la succession, de la chose ou de sa valeur s'applique ainsi : quand il a
conservé la chose, il en fait le rapport en nature ; quand il
en a disposé, il n'en rapporte que la valeur : ceux qui l'ont
acquise de lui ne sont point inquiétés. Il peut aliéner sans
retour l'immeuble donné ; mais il ne peut pas le grever
d'hypothèques d'une manière sûre. Le soumettant au partage, il le présente à ses cohéritiers, libre de ses engagemens:
les hypothèques qu'il a créées resteront, si le fonds lui reste ;

elles seront effacées s'il échoit à tout autre cohéritier. Renonçant
à la succession pour n'être que donataire de biens disponibles,
il peut retenir entièrement la chose et sa valeur, pourvu que le
don n'excède pas la quotité disponible. S'il se trouve dans l'immeuble donné un excédant qui puisse en être retranché commodément, il rapporte en nature cet excédant. Si le retranchement
d'une partie de l'immeuble est difficile à opérer, le donataire
rapporte l'immeuble entier, lorsque l'excédant dépasse la moitié de la valeur de cet immeuble, sauf reprise de la valeur de
la portion disponible. Il ne rapporte que la valeur de l'excédant, si la portion disponible dépasse la moitié de la valeur
de l'immeuble. S'il a aliéné l'immeuble qu'il devait rapporter
en totalité ou en partie, l'acquéreur pourra être contraint au
rapport. *Art.* 843, 859, 860, 865, 866, 920, 929, 930; *Chab.*,
n. 1; *Toull.* 4, *n.* 498; *Gren., donat.*, 2, *n.* 539; *Dur.* 7, *n.* 391.

2. Pour que l'héritier donataire soit libéré du rapport de l'immeuble qui a péri, il ne suffit pas que la perte vienne d'un cas
fortuit, il faut encore qu'on n'ait pas de faute à lui reprocher;
car il est de ces événemens qu'on peut prévoir et éviter. Si une
terre n'a été emportée, par le débordement d'une rivière, que
parce qu'on n'a pas fait ou entretenu les digues qui étaient nécessaires pour la garantir des eaux; si un bâtiment n'est tombé que
par le défaut des réparations; si un incendie s'est produit dans la
maison qu'occupait le donataire, il doit le rapport de la valeur
de l'objet qui a péri. Par un arrêt du 20 avril 1811, la Cour de
Paris a jugé en faute et condamné au rapport le fils donataire
qui avait laissé confisquer et vendre, sans réclamation, des propriétés comprises dans sa donation, dont le père, émigré, s'était
réservé l'usufruit. *Art.* 1384; *J. pal., éd. n.*, t. 15, p. 356; *Malev.*;
Chab., n. 2, 3, 5; *Malp., n.* 271; *Dur.* 7, *n.* 391.

3. M. Chabot et M. Duranton pensent que le donataire doit
répondre de l'incendie causé par ses locataires; et ils fondent
leur opinion sur l'art. 1384, qui n'établit pourtant pas cette responsabilité spéciale. M. Duranton invoque en outre l'art. 864,
qui est étranger à la question. M. Delvincourt émet un avis contraire; il soutient que le donataire n'était pas dans l'obligation
de ne point louer; qu'il a pu faire des locations aussi-bien que
l'aurait pu faire le donateur; l'auteur en conclut que « si le
donataire a apporté dans le choix de ses locataires les soins d'un
bon père de famille; s'il n'a pas loué à des personnes d'un état
dangereux, autre que celui auquel la maison était destinée, il

est seulement tenu de rapporter l'action qu'il a contre les locataires, d'après l'art. 1730. » Nous croyons cet avis mieux fondé.
Le donataire n'est pas en faute pour avoir loué; il ne peut l'être
que pour n'avoir pas loué avec les soins convenables. M. Chabot
reconnaît, au reste, que si l'immeuble a péri par la faute des
personnes dont le donataire n'avait point à répondre, il doit
seulement le rapport de l'indemnité qu'il a obtenue de ces personnes, ou de l'action à exercer contre elles. *Chab.*, *n.* 2, 5;
Dur. 7, *n.* 393; *Delv.* 2, *p.* 132.

4. Si la perte n'est que partielle, si l'immeuble n'a été que
diminué ou déprécié par l'événement fortuit, sans faute imputable au donataire, il rapporte la chose dans l'état où elle se
trouve réduite, ou dans l'état de réparation où il l'a mise; et
s'il l'a réparée, la succession lui doit le remboursement de sa
dépense. *Chab.*, *n.* 4; *Toull.* 4, *n.* 498, 499.

5. Si l'immeuble donné a péri dans les mains de l'acquéreur
du donataire, sans faute imputable à ce détenteur, le rapport
du prix de la vente sera-t-il dû par le donataire? M. Toullier,
M. Delvincourt, M. Duranton et M. Malpel, suivant la doctrine
de Pothier, se sont prononcés contre le rapport. M. Duranton
dit : « Ce serait une bonne fortune pour lui, résultant de son
contrat, sans qu'on pût dire avec quelque raison qu'il retient ce
prix au préjudice de ses cohéritiers, puisque si l'immeuble n'eût
point été vendu par lui, bien plus s'il ne lui eût pas été donné,
il aurait toujours péri pour la succession. En un mot, il ne
tient ni directement, ni *indirectement* du défunt, le prix qu'il
a retiré de l'immeuble, et il n'y a point de subrogation du prix
à la chose, attendu que la loi ne l'a pas établie dans ce cas. »
Toull., *n.* 498; *Malp.*, *n.* 271; *Delv.* 2, *p.* 132; *Dur.* 7, *n.* 392.

Ces argumens ne sont pas solides, et la décision n'est point
admissible. L'immeuble eût péri dans les mains du donateur !...
Oui, s'il l'eût gardé; mais il aurait pu le vendre lui-même et
laisser le prix dans sa succession. Le donataire tenait du défunt
l'immeuble qu'il a vendu; et partant, il tient indirectement du
défunt le prix obtenu par la vente. *S'il ne lui eût pas été donné,*
cet immeuble, il n'aurait pas pu le vendre; il n'aurait pas le
prix. Ce prix, il l'a reçu comme donataire soumis au rapport,
et pour la succession conséquemment. Il y a, de droit, subrogation de la valeur ou du prix de la chose, puisqu'en règle
générale, le donataire qui en a fait l'aliénation la rapporte en
deniers, ou en moins prenant. *Art.* 860.

Les mêmes raisons doivent faire décider que, si le donataire a reçu d'une compagnie d'assurance l'indemnité promise, il doit le rapport de cette indemnité.

6. Supposant un immeuble donné au successible, avec faculté pour lui de le retenir, en rapportant sa valeur, M. Delvincourt décide que le donataire est libéré de tout rapport par la perte fortuite de cet immeuble. Ce n'est pas, dit-il, l'obligation alternative de l'art. 1193; c'est l'obligation d'une seule chose. Cette distinction est peut-être plus subtile que juste. Cependant, la décision nous paraît bonne pour son résultat. Nous ne voyons pas de différence réelle entre le droit accordé par le donateur de rapporter la chose ou sa valeur, et le droit conféré par la loi, de vendre la chose pour ne rapporter que sa valeur. L'art. 855 a sa règle spéciale, indépendante de celle de l'art. 1193. Mais si la donation était faite de l'immeuble, à la charge d'en rapporter la valeur à la succession, le donataire ayant la propriété fixe du fonds, la perte fortuite de ce fonds ne le dispenserait pas du rapport de sa valeur. *V. Delv.* 2, *p.* 129.

7. La disposition de l'art. 855 n'est relative qu'aux immeubles. Le rapport des meubles ne se fait point en nature. L'art. 868 déclare qu'il ne se fait qu'en moins prenant. Le donataire de cette sorte de biens en a la propriété pleine et absolue; et quand ils périssent, la perte est pour lui seul. Il doit toujours le rapport de la valeur qu'ils avaient au temps de la donation, tandis que pour les immeubles, c'est la valeur du temps de l'ouverture de la succession. *Chab.*, n. 6, 7; *Toull.* 4, *n.* 498; *Dur.* 7, *n.* 406.

Un office de notaire ou d'avoué, redevenu vénal, à peu près, est un bien meuble. L'héritier qui en a reçu la donation ne peut pas le rapporter en nature. Dès le moment de la donation, l'office est à ses risques; et s'il est supprimé, le donataire n'en doit pas moins le rapport de la valeur qu'il a eue. La Cour de cassation l'a décidé, le 5 juillet 1814, et le 21 novembre 1815, pour un office ancien de notaire, qui était autrefois une sorte d'immeuble. *Rép. Merl., rapport,* § 8, *n.* 11; *D.,* 1816, *p.* 126; *Sir.* 16, 1, 75.

ARTICLE 856.

Les fruits et les intérêts des choses sujettes à rapport ne sont dus qu'à compter du jour de l'ouverture de la succession.

1. Les fruits et les intérêts échus avant le décès du donateur,

restent au donataire; mais il doit compte à ses cohéritiers de ceux qu'il retire ou peut retirer postérieurement. Les règles que la loi établit au titre de l'usufruit, pour la distinction des fruits naturels et civils, qui n'étant pas perçus, au moment de la mort du propriétaire, appartiennent à ses héritiers, s'appliquent entre le donataire, héritier, soumis au rapport et ses cohéritiers ; car ce donataire n'a réellement été qu'un usufruitier. *Chab.*, *n.* 1, 2, 4: *Toull.* 4, *n.* 484; *Gren., donat.*, 2, *n.* 541 ; *Dur.* 7, *n.* 369.

Un arrêt de la Cour de Bordeaux a été cassé, le 2 février 1819, pour avoir violé l'art, 856, « en ordonnant qu'à compter seulement du jour de sa signification, et non à compter des époques des ouvertures des successions des père et mère, le défendeur payerait les intérêts des sommes dont il devait le rapport. » *D.*, 1819, *p.* 191 ; *Sir.* 19, 1, 267.

2. Depuis le Code civil, on n'a pas révoqué en doute que l'héritier donataire ne conservât, après l'ouverture de la succession, le droit de percevoir les prix de ferme et les annuités de rentes, échus auparavant, et dus par des tiers; mais on a prétendu, suivant un ancien usage assez général, que pour les pensions ou les rentes que le défunt avait constituées sur lui-même, les arrérages existant au décès ne pouvaient pas être réclamés par le donataire. M. Merlin a reproduit cet étrange système dans la première édition de son Répertoire. M. Chabot, M. Toullier et M. Delvincourt l'on combattu ; et un arrêt de cassation, du 31 mars 1818, l'a proscrit. M. Merlin rend compte de cet arrêt, dans ses Additions, reconnait son erreur et concourt, par ses raisonnemens, à démontrer la fausseté du système qu'il avait embrassé d'abord. Aussi, la Cour de Paris, de laquelle émanait l'arrêt cassé, a reconnu son erreur. Le 23 juin de la même année, elle a jugé entre des héritiers Coubert, selon les principes proclamés par la Cour régulatrice. La doctrine de M. Malpel et de M. Duranton est venue se conformer à cette jurisprudence. *Rép. Merl.*, *rapport*, § 4, *art.* 2, *n.* 10; *J. pal.*, *éd. n.*, *t.* 20, *p.* 249; *D.*, 1818, *p.* 227; *Sir.* 18, 1, 213 *et* 19, 2, 34; *Chab.*, *n.* 3, 5; *Toull.* 4, *p.* 485, 486; *Delv.* 2, *p.* 134; *Malp.*, *n.* 271; *Dur.* 7, *n.* 369, *etc.* ; *Proud. usuf.*, *n.* 23, 96.

3. M. Chabot a remarqué, toutefois, que pour étendre sa quotité disponible, un père peut promettre une pension excessive, hors de proportion avec ses facultés, et dont les arrérages accumulés à son décès, formeraient une dette considérable, au préjudice de la réserve légale. L'auteur pense que les tribunaux

peuvent réprimer cet abus et réduire les arrérages de manière à
ce qu'ils ne dépassent point la quotité disponible. Cette explication est parfaitement dans l'esprit de l'art. 843. Par l'arrêt qu'on
vient de citer, du 23 juin 1818, la Cour de Paris n'a pas fait
réduire des arrérages qui absorbaient la succession; mais c'est
que la pension n'était point excessive, quand elle fut constituée;
elle n'était devenue accablante que par l'effet de l'émigration,
qui avait ruiné les constituans. Le remède à un état de chose
aussi fâcheux peut se trouver dans la prescription de cinq ans.
Elle fut proposée dans l'affaire Coubert; et elle ne fut rejetée
que parce qu'on pensa que la question devait se juger suivant les
règles de la Coutume de Paris, et non par les dispositions du Code
civil. Des arrérages de plus de cinq ans étaient cependant échus
depuis le Code civil: la prescription de l'art. 2277 leur était
applicable. *V. Vaz., des prescrip.*, *n.* 795; *Chab.*, *n.* 5.

M. Toullier ne s'explique pas aussi clairement que M. Chabot.
Il lui semblerait que les arrérages non perçus, de la rente
ou pension annuelle promise par le défunt à l'un de ses héritiers,
sont exigibles à l'ouverture de sa succession, pourvu que la
somme à laquelle ils s'élèvent, n'excède pas la quotité disponible. En note, l'auteur ajoute: «Cette opinion adoptée par M. Chabot, a été consacrée par un arrêt de cassation, du 31 mars 1806.»
La proposition de M. Toullier doit donc s'expliquer et se modifier par les termes de celle de M. Chabot. M. Malpel n'a pas fait
attention à la note; et il présente comme une règle fixe, d'après
M. Toullier, l'imputation des arrérages sur la quotité disponible, ou leur réduction pour former la réserve des cohéritiers.
L'arrêt de cassation ne porte pas cette décision; mais l'auteur fait
observer qu'il n'a statué qu'entre des collatéraux. Qu'importe ?
Les articles du Code qui ont déterminé la cassation sont en termes généraux, sans distinction; et le second arrêt de la Cour
de Paris a statué entre des héritiers à réserve. Les arrérages faits
par le défunt sont une dette de la succession. L'on ne peut admettre que l'exception d'avantage indirect, proposée par M. Chabot. *Toull.*, *n.* 486; *Malp.*, *n.* 271.

4. M. Chabot fait aussi remarquer que la fraude peut se commettre en ne prenant pas de quittance des payemens faits sur la
pension ou la rente constituée, pour faire paraître des arrérages
au décès du constituant. L'auteur est conséquent; il pense toujours que les tribunaux ont le pouvoir de juger, d'après les circonstances, si les arrérages réclamés sont réellement dus. Nous

ne doutons pas de ce pouvoir. Qu'en règle générale, la libération ne se prouve que par des quittances, quand l'obligation est
établie par écrit : la fraude fait exception à cette règle. Mais la
preuve peut être très-difficile à faire, et la prescription quinquennale pourra, au moins, garantir, en partie, de la perte,
lorsqu'on n'aura pas de preuve suffisante. *Chab.*, *n.* 5, *in fine.*

5. M. Duranton admet, sans distinction de collatéraux et d'héritiers à réserve, le droit de réclamer, sauf la prescription quinquennale, les arrérages échus à l'ouverture de la succession,
pour les rentes ou la pension que le donateur a constituées sur
lui-même, et pour le don de la rente perpétuelle due par une
tierce personne; mais le professeur soutient que si le don d'a-
vancement d'hoirie, comprenait soit une rente viagère due par
un tiers, soit un usufruit sur des biens d'un tiers, soit même
un usufruit de biens appartenant au donateur, « la question
du rapport doit se décider contre le donataire, lorsque ce qui
lui a été donné ne l'a point été explicitement ou implicitement
comme capitale ou chose principale, productive de fruits des
revenus, mais comme étant des fruits, arrérages ou intérêts donnés eux-mêmes, *principaliter....* » La discussion des textes de
droit romain, et des raisonnemens par lesquels l'auteur a voulu
appuyer sa décision, nous paraît oiseuse. Cette doctrine, contraire à celle de M. Merlin, ne se trouve dans aucun autre ouvrage, depuis le Code civil. M. Chabot l'a réfutée d'avance, dans
un passage que M. Duranton rapporte lui-même. On y voit clairement, que donner, en avancement d'hoirie, l'usufruit de son
domaine ou l'usufruit qu'on a du domaine d'un autre, ou la
rente viagère qu'on a sur une tierce personne, c'est conférer à
son héritier, pour le faire vivre, en attendant la succession
qu'on doit lui laisser, ou la jouissance du domaine qu'on possède, soit comme propriétaire, soit comme usufruitier, ou les
revenus de la rente due par un tiers, pour que le donataire en
jouisse comme le donateur pouvait le faire lui-même. *Dur.* 7,
n. 372, 373, 374; *Delv.* 2, *p.* 134 ; *Chab.*, *n.* 5; *Rép. Merl.*, *rapp.*,
§ 4, *art.* 2, *n.* 8.

6. Dans la jurisprudence ancienne, l'héritier cessionnaire des
droits litigieux d'un tiers, pouvait être forcé par ses cohéritiers
d'en faire le rapport au partage, pour le prix de son acquisition.
M. Toullier croit que cette jurisprudence est dans l'esprit du
Code civil, et qu'elle doit être suivie toujours. Que signifie donc
l'art. 1701, s'il ne la repousse pas positivement? *Toull.* 4, *n.* 488,

ARTICLE 857.

Le rapport n'est dû que par le cohéritier à son cohéritier ;
il n'est pas dû aux légataires ni aux créanciers de la succession.

1. Le rapport a pour objet de faire opérer le partage entre les
héritiers du sang, selon la règle d'égalité ou de proportion que
la loi établit. Quand l'homme a pu changer l'ordre naturel ou
légal de sa succession, il ne peut exister de rapport, de droit,
entre les héritiers qu'il s'est choisis; il ne s'en fait qu'autant qu'il
en a ordonné. Investi du pouvoir de distribuer, à son gré, les biens
qu'il doit laisser, sa volonté est la règle du partage; chacun
aura les choses qu'il lui a certainement données, et pourra réunir au droit d'une quote part, le droit résultant d'un don
particulier. N'ayant qu'une quotité disponible, si par la distribution que fait le propriétaire, il met en concours des héritiers de
son choix, avec ses héritiers à réserve, il n'y aura pas, non plus,
de rapport à faire entre ces deux ordres de successeurs. Si, par
des donations sans préciput, les héritiers du sang ont obtenu
au delà de leur réserve, les donataires ou les légataires postérieurs de toute la quotité disponible, privés du droit au rapport,
seront réduits à la partie des biens que les donations antérieures ont laissé disponible. Si, au contraire, les successeurs élus,
et tous donataires ou légataires, étrangers à la réserve, ont reçu
par leur titre, en quelque temps que ce soit, une portion d'hérédité, ou des biens excédant la quotité disponible, ils ne devront pas de rapport positivement, mais ils seront réduits à la
mesure de cette quotité. *Chab., n.* 1, 2, 3 ; *Toull.* 4, *n.* 465 ; *Delv.* 2,
p. 116 ; *Gren., donat.* 2, *p.* 495, 498 ; *Malp., p.* 264, 275 ; *Dur.* 7,
n. 260.

2. M. Grenier croit pouvoir considérer, pour le rapport, comme
héritiers *ab intestat*, les héritiers institués, s'ils sont ceux-là
même qui succéderaient, s'il n'y avait pas de dispositions, et si
l'institution leur attribue des parts égales à celles qui sont fixées
par la loi. La raison c'est que, « dans ce cas, la vocation du défunt, réunie à celle de la loi, ne détruit pas le vœu de légalité
qui fait le fondement de la nécessité du rapport, s'il n'y a pas eu
de dispens. » Si l'institution fixait des parts inégales, différentes
de celles de la loi, M. Grenier convient que ceux dont l'amendement se trouverait réduit, ne seraient pas fondés à soumettre

au rapport ceux dont l'amendement se trouverait augmenté, parce que, « il est de toute évidence que la mention du préciput serait en contradiction avec la nature de la disposition, qu'on doit considérer comme une division que le défunt aurait faite de la succession. » Mais si, avant l'institution, il avait été fait une donation à l'un des institués, M. Grenier, se rappelant le principe de la novelle 18, ch. 6, l'opinion de Vinnius et de Pérezius, incline à penser « que les héritiers ainsi appelés, ont dû avoir les mêmes avantages, par rapport aux choses données sans dispense de rapport, que s'ils succédaient *ab intestat*, dans la même proportion dans laquelle ils sont institués... » *Gren., donat.* 2, n. 496.

De ces trois propositions, la seconde est certaine; les autres sont fort douteuses. Parmi les interprètes du Code, M. Grenier est le seul qui les ait présentées; aucun ne les a adoptées, et il en est qui les ont repoussées. M. Malpel dit avec M. Guilhem : « Du moment qu'un testament existe, semblables à un étranger, les successibles sans réserve n'ont droit à la succession qu'autant qu'ils y sont appelés par le titre testamentaire. La qualité d'héritier testamentaire est la seule qui réside en eux; l'autre est anéantie. Si l'un d'eux a pour lui, et une donation entre-vifs, et une institution égale, il est impossible de voir de l'égalité entre eux; la donation et l'institution devant certainement plus opérer que l'institution seule. » La novelle n'est plus rien pour nous; d'ailleurs elle n'établissait le rapport entre les héritiers testamentaires, que dans la ligne directe descendante. Le Code n'admet pas de succession testamentaire pour les descendans, non plus que pour les ascendans; ils n'ont que la succession légitime, avec préciput sur la quotité disponible, ou sans préciput. L'obligation du rapport que l'article 883 établit entre collatéraux, de même qu'entre héritiers de la ligne directe, n'existe pour les premiers, que lorsqu'ils viennent à la succession par le vœu de la loi; à défaut d'institution d'héritiers par le défunt. *Malp., n.* 264.

3. Il n'est pas dû de rapport aux héritiers institués par contrat ou par testament; mais ce n'est pas une raison pour que le don ou legs de la quotité disponible, ou d'une partie de cette quotité, ne se détermine pas sur la masse des biens, composée suivant la règle de l'article 922. *V. infra, observat. sur cet art.*

4. Le rapport n'est pas mieux établi pour les créanciers de la succession que pour les légataires. Les dettes s'acquitent avant

les legs particuliers, et tombent, pour la totalité ou pour partie, à la charge des légataires universels, ou à titre universel; mais, sauf l'hypothèque qui pourrait frapper sur les biens donnés entre-vifs, les dettes n'affectent que les biens libres au décès du débiteur. Cependant, les créanciers profitent indirectement des rapports qu'ils ne peuvent demander, lorsque les cohéritiers qui les obtiennent, acceptent purement la succession; car les acceptans deviennent leurs débiteurs personnels, et leur présentent pour gage les biens qu'ils avaient déjà en propre, avec tous ceux qu'ils retirent de la succession. En n'acceptant que sous bénéfice d'inventaire, un héritier empêche les créanciers de la succession de tirer aucun profit des rapports qu'il obtient. A l'article 921 nous verrons qu'il en est de même pour la réduction. *Chab.,n. 6, 8, 9; Toull. 4, n. 465, etc.; Delv. 2, p. 116, etc.; Gren., donat. 2, n. 504; Dur. 7, n. 260, etc.*

5. L'héritier bénéficiaire ne doit pas compte, aux créanciers, de la part qu'il prend dans les rapports de ses cohéritiers. Usant du droit conféré par l'article 802, d'abandonner aux créanciers les biens de la succession, il est autorisé à retenir ceux qu'il possède, sujets au rapport, et ceux qu'il pourrait avoir retirés de ses cohéritiers, par l'effet du rapport. Mais comme cet abandon n'est pas une répudiation, il ne peut pas dispenser l'héritier bénéficiaire du rapport envers les autres héritiers. Si le rapport est fait, il restera consommé; s'il n'est pas effectué, on aura toujours le droit de l'exiger. *Chab,, n. 10, 11; Gren., donat. 2, n. 505, 506; Dur. 7, n. 264, etc. V. supra, art. 802, n. 7.*

6. Les créanciers personnels d'un héritier peuvent, en exerçant ses droits, d'après la faculté que leur donnent les articles 1166, 1167 et 882, réclamer le rapport dû par ses cohéritiers. Lorsqu'il existe divers héritiers, les uns purs et simples, les autres sous bénéfice d'inventaire, les créanciers de la succession, devenus créanciers personnels de ceux qui ont accepté sans condition, se trouvent par là, investis du même droit d'exiger le rapport dû par les cohéritiers bénéficiaires. *Chab., n. 7, 8, 9; Toull. 4, n. 466, 467; Gren., donat. 2, n. 504; Delv. 2, p. 118; Dur. 7, n. 267, etc.*

7. Il est d'ailleurs une sorte de rapport auquel les créanciers et les légataires sont intéressés, et qu'ils peuvent faire opérer; c'est celui des dettes de l'un des héritiers envers la succession; elles font partie de l'actif qui répond du passif, et tous créanciers ont droit d'exiger que les débiteurs qui viennent à la succession,

apportent dans la masse le montant de ces dettes, de même qu'ils ont droit de le rechercher dans les mains de ceux qui renoncent. M. Duranton, trouvant les dettes des cohéritiers et les frais d'établissement réunis dans la disposition de l'article 851, les confond ensemble pour le droit des créanciers et des légataires du défunt; il y a pourtant de la différence. Les frais d'établissement n'ont pas été prêtés; ils ont été donnés, sauf la réduction, s'ils excèdent la quotité disponible. Les donateurs sont dispensés d'en faire le rapport, en renonçant à la succession. Acceptans, ils ne doivent le rapport qu'à leurs cohéritiers. *Dur.* 7, *n.* 264, 265; *Gren.*, *donat.* 2, *n.* 521; *supra*, *art.* 851.

8. Le rapport est dû individuellement par l'héritier qui a reçu la donation; il le doit à la masse de la succession, et par conséquent à tous ses cohéritiers, sans distinction de ligne de souche ou de branche. Les cohéritiers de la ligne, de la souche ou de la branche à laquelle appartient le donataire, ne sont pas obligés à faire le rapport à sa place, s'il renonce à la succession. *V. supra, art.* 786, *n.* 4; *Dur.* 7, *n.* 159; *Gren.*, 2, *n.* 503.

ARTICLE 858.

Le rapport se fait en nature ou en moins prenant

1. Le rapport en moins prenant nécessite l'évaluation des choses qu'on ne rapporte pas en nature. Nous verrons, aux art. 860, 868, comment se détermine leur valeur. Le lot de l'héritier qui rapporte en moins prenant, ne sera point égal à celui de chacun de ses cohéritiers; et, au premier aspect, il semble difficile de satisfaire à la loi, qui veut le tirage des lots au sort. Mais on voit par l'article 859, combiné avec les articles 826, 830, 831, 834, 836, que dans les partages qui doivent être faits rigoureusement, il faut prélever, pour les cohéritiers, des objets de même nature et de même valeur, autant qu'il est possible, que ceux qui ne sont pas rapportés en nature, et que la différence, quand il en existe, se compense par des soultes. Les prélèvemens faits, le partage des autres objets s'opère ensuite dans la forme prescrite.

Disons, avec M. Grenier, qu'il est indispensable de laisser quelque latitude aux experts; que l'égalité, quant à l'identité de nature, est quelquefois difficile à établir, et qu'on y supplée par l'égalité de valeur.

Chab., *n.* 1, *etc.*; *Toull.* 4, *n.* 489; *Gren.*, *donat.* 2, *n.* 545; *Malp.*, *n.* 277, 279; *Dur.* 7, *n.* 376.

ARTICLE 859.

Il peut être exigé en nature, à l'égard des immeubles, toutes les fois que l'immeuble donné n'a pas été aliéné par le donataire, et qu'il n'y a pas, dans la succession, d'immeubles de même nature, valeur et bonté, dont on puisse former des lots à peu près égaux pour les autres cohéritiers.

1. D'après cet article et les suivans, de quelque manière qu'il ait été disposé des choses par le donataire, à titre onéreux ou à titre gratuit, l'aliénation est valable; et le rapport ne se fait qu'en moins prenant. M. Malpel réfute M. Guilhem, qui a soutenu que si l'aliénation ne s'est opérée qu'à titre gratuit, le rapport doit se faire en nature, parce que le cohéritier n'est pas soumis à la garantie du donataire évincé. La loi ne fait pas la distinction du titre gratuit et du titre onéreux; elle veut la sûreté de tout acquéreur. *Chab.*, *n.* 2; *Toull.* 4, *n.* 493; *Gren.*, *donat.* 2, *n.* 544; *Malp.*, *n.* 273; *Dur.* 7, *n.* 380; *Delv.* 2, *p.* 130.

2. Mais la loi entend-elle faire respecter, pleinement, les aliénations du donataire, alors même que, par le résultat du compte et de la liquidation, il lui reviendrait moins qu'il n'a reçu? La question n'est pas sans difficulté. La loi ne confère pas directement au donataire, un pouvoir absolu d'aliénation. Elle l'autorise seulement, pour la tranquillité de ses acquéreurs et la sienne, à substituer un rapport, par compensation au rapport en nature, en laissant prélever à ses cohéritiers des biens d'une valeur égale à ceux qu'il a reçus. Ce prélèvement paraît être la condition de la dispense du rapport en nature; et si, à défaut de biens libres suffisans, il ne peut pas s'effectuer, il semble que la condition manquant, le droit qui était surbordonné à son accomplissement, ne peut pas subsister, et que l'acquéreur doit rapporter au moins la portion des objets donnés, nécessaire aux cohéritiers pour compléter leur part de succession, en suivant, par analogie, la règle de l'art. 866.

M. Chabot, M. Toullier, M. Delvincourt et M. Malpel n'en jugent point ainsi. Ils voient dans les art. 859 et 860, un pouvoir certain d'aliénation pour le donataire, sous la seule condition, pour les acquéreurs, de fournir, au besoin, le complément de la réserve légale des cohéritiers, parce que l'art. 930 n'accorde d'action contre les tiers-détenteurs, qu'alors qu'il ne reste point assez de biens pour cette réserve. *Chab.*, *n.* 5; *Toull.* 4, *n.* 495, etc.; *Delv.* 2, *p.* 131; *Ma'p.*, *n.* 278.

Ne pourrions-nous pas soutenir que la réduction ne s'applique qu'aux libéralités affranchies du rapport, lorsque les cohéritiers sont restreints à la réserve légale? Privés du rapport, parce qu'ils sont exclus de la quotité disponible, ils ont la réduction, parce que la réserve leur est garantie par la loi; mais quand la quotité disponible est restée dans la succession, il faut bien un moyen pour assurer la portion afférente, aux cohéritiers du donataire qui est sujet au rapport. On dit, il est vrai, que si l'acquéreur est exempt du rapport, le donataire obligé de représenter dans la succession les choses qu'il a reçues, doit suppléer en argent à ce qui manque à ses cohéritiers. Mais par là, on leur fait vendre une part d'immeubles!... Puis, si le donataire est insolvable, ses cohéritiers auront donc à souffrir la diminution de leur portion héréditaire? Ce donataire, cohéritier, qui ne devait point avoir plus qu'eux, aura, par le fait, obtenu sur eux un avantage; leur lot aura été diminué pour augmenter le sien. Voilà des objections que n'ont point examinées les interprètes, qui n'admettent de recours contre les acquéreurs que pour le complément de la réserve légale. Ici la loi est imparfaite : le législateur n'a point envisagé la position que nous venons de marquer. Il a établi ses règles dans la vue des donations qui excèdent la quotité disponible, et comme s'il n'y en avait jamais, en faveur des héritiers, que d'inférieures à la part héréditaire, quand il n'y a pas de préciput. Heureusement cette position est de celles qui ne se rencontrent guères : les recueils judiciaires n'en offrent pas d'exemple. Mais si elle se présentait, elle pourrait donner lieu à de grands débats. Il est probable que la bonne foi de l'acquéreur l'emporterait sur l'intérêt des héritiers; on croirait faire assez pour eux, en leur assurant la réserve légale.

3. Bien que le donataire n'ait point aliéné les immeubles qu'il a reçus, il a l'avantage du rapport fictif, s'il se trouve dans la succession d'autres immeubles de même nature, et à peu près de même valeur. Les cohéritiers peuvent faire sur ce point un règlement amiable. A défaut d'accord de leur part, les experts chargés de la première opération du partage, examinent la possibilité du prélèvement, et le déterminent, s'ils le croient possible, sauf la réclamation en justice de la part de celui ou de ceux des cohéritiers que l'opération ne satisfait pas. *Chab.*, *n.* 3; *Gren.*,

donat. 2, n. 544; *Toull.* 4, n. 493; *Dur.* 7, n. 381; *Del.* 2, p. 124.

4. Les coutumes et les auteurs s'expliquaient diversement autrefois sur la capacité ou l'incapacité du donateur, pour dispenser le donataire du rapport en nature, en le chargeant de rapporter une somme déterminée. La question, aujourd'hui, rentre dans celle de l'excès ou de la juste mesure de la quotité disponible. Quand la somme fixée par le donateur est au-dessous de la valeur de l'immeuble, il y a pour le donataire un avantage indirect dans cette fixation; mais le don est valable, s'il peut être pris sur la quotité disponible. Si elle était épuisée avant le règlement du donateur, il resterait sans effet; le rapport serait dû selon les règles du droit commun. Si l'excès de la quotité disponible se trouvait dans la différence de la somme fixée, avec la valeur du fonds, le donateur serait comptable de cette différence envers ses cohéritiers, et obligé, au moins, au rapport du montant de la valeur réelle du fonds; et, à la rigueur, s'il ne se trouvait pas dans la succession d'autres fonds de même nature, à peu près, pour représenter la partie de celui qu'il a reçu, qui excède la quotité disponible, il devrait le rapport de cette partie excédante, d'après l'art. 923, si ce n'est suivant l'art. 859. Nous croyons qu'il faut ainsi entendre ou rectifier les explications données par M. Chabot, n. 4.

5. Suivant les lois 5, 10 et 21, Code *de jure dotium*, l'estimation seule de l'immeuble constitué en dot à la fille, rendait le mari propriétaire du fonds; et il n'avait à restituer, et la femme n'avait à rapporter que le montant de cette estimation. Le Code civil a disposé autrement. L'art. 1552 porte que l'estimation de l'immeuble constitué en dot n'en transporte point la propriété au mari, s'il n'y en a déclaration expresse. Ainsi, sans déclaration, c'est l'immeuble que le mari restitue et que la femme rapporte. Avec la déclaration, le mari n'est comptable que du prix fixé, et la femme n'est soumise au rapport que de ce même prix. Mais s'il y avait fraude et donation indirecte dans la vente ou l'estimation, il y aurait lieu, comme au numéro précédent, au rapport, soit de l'immeuble, soit de la plus-value.

ARTICLE 860.

Le rapport n'a lieu qu'en moins prenant, quand le donataire a aliéné l'immeuble avant l'ouverture de la succession; il est dû la valeur de l'immeuble à l'époque de l'ouverture.

1. C'est seulement l'aliénation antérieure à l'ouverture de la succession qui peut être valable et dispenser du rapport en nature. Le rapport en moins prenant doit laisser aux cohéritiers des fonds d'une valeur égale à celle qu'avaient les fonds aliénés, au temps où la succession s'est ouverte. Le prix de la vente n'est point à considérer; s'il est au-dessous de cette valeur, les cohéritiers ne doivent point en souffrir; s'il est plus fort, ils n'ont rien à gagner. Mais la règle ne s'applique point au cas de l'aliénation forcée, pour cause d'utilité publique. Le donataire doit compte du prix de cette vente, ni plus, ni moins, sauf pourtant l'indemnité qui lui sera due, si par des améliorations il a fait élever le prix, comme aussi sauf l'indemnité qu'il devra, si ses dégradations l'ont fait baisser. *V. art.* 861, 863; *Malev.; Chab., n.* 1, 2; *Delv.* 2, *p.* 130, 131; *Dur.* 7, *n.* 380; *Toull., 4, n.* 489, *etc.*

ARTICLE 861.

Dans tous les cas, il doit être tenu compte au donataire des impenses qui ont amélioré la chose, eu égard à ce dont sa valeur se trouve augmentée au temps du partage.

1. Soit que le rapport se fasse en nature ou en moins prenant, il faut toujours estimer les impenses, afin de les faire prélever par le donataire, ou de les faire déduire de la valeur de l'immeuble dont il rend compte. On ne considère que l'amélioration existante au moment où le fonds est rapporté au partage, sans égard à la somme dépensée. Que la dépense ait été de mille francs, s'il ne reste au temps du partage qu'une plus-value de cinq cents francs, la succession ne doit le remboursement que de cette dernière somme.

M. Chabot, M. Delvincourt et M. Malpel croient que les mots *au temps du partage,* ne sont dans l'art. 861 que par une erreur de rédaction. Le rapport, disent-ils, étant dû à l'ouverture de la succession, et l'immeuble devant être rapporté dans l'état où il se trouve à cette époque, il en résulte que, dès l'instant de la mort du donateur, l'immeuble donné passe entièrement dans la succession avec toutes ses augmentations naturelles ou industrielles; que, dès cet instant, la succession en est seule propriétaire; que le donataire n'a plus rien à y prétendre, en cette qualité; et que c'est de la plus-value, alors existante, qu'il doit compte à ses cohéritiers. *Chab.*, *n.* 4; *Delv.* 2, *p.* 127; *Malp.*, *n.* 282.

M. Duranton pense que cette règle serait plus conforme aux principes actuels; mais il ne croit point à l'erreur dans la rédaction de l'art. 861; il trouve un motif plausible, suffisant, pour justifier sa lettre. « On a, dit-il, probablement pensé que cette diminution ou cette augmentation ne serait ordinairement constatée qu'au temps du partage, parce que ce n'est ordinairement qu'à cette époque que s'effectue la remise réelle de l'objet. On a pu penser aussi qu'il importait que l'héritier fût intéressé à ne point laisser dépérir les améliorations qu'il avait faites;... qu'il eût intérêt à les continuer sans qu'il fût besoin, pour régler l'indemnité qui lui reviendrait lors du partage, de faire plusieurs opérations ou calculs pour l'apprécier..... » Il est assez juste, en effet, que la succession ne paye au donataire que la plus-value qu'il lui apporte réellement. M. Toullier a suivi la lettre de l'article, en faisant remarquer qu'à l'égard des impenses seulement utiles, les cas fortuits sont aux risques de l'héritier donataire jusqu'au moment du partage, et non pas seulement jusqu'au jour de l'ouverture de la succession. *Dur.* 7, *n.* 386; *Toull.* 4, *n.* 501.

2. Il n'est rien dû à l'héritier donataire pour les augmentations naturelles ou autres qui ne sont pas de son fait, et qui ne lui ont rien coûté. Que l'immeuble se soit accru par l'effet de l'alluvion; qu'une servitude ou une rente dont il était grevé se soit éteinte par la prescription, le donataire ne profite pas mieux de l'accroissement, qu'il ne perd par le cas fortuit qui détruit ou diminue le fonds. Mais on lui doit le remboursement de la dépense qu'il a faite raisonnablement pour réparer le dommage causé par un cas fortuit. S'il a fait construire une maison à la place de celle qui a péri sans sa faute, il prélèvera au partage le prix de sa construction, ou la valeur qu'elle avait au temps où il l'a faite, si l'on trouve de l'exagération dans l'état des dépenses qu'il présente. Si la maison avait péri par sa faute, il ne lui sera dû de remboursement que pour l'excédant de valeur, au temps du partage, que sa construction aurait pu produire. *Chab.*, art. 855, *n.* 4, 5; art. 859, *n.* 5, et art. 861, *n.* 1; *Toull.*, *n.* 500; *Delv.* 2, *p.* 128; *Dur.* 7, *n.* 384, *etc.*

3. La succession ne doit rien pour les dépenses d'agrément

qui n'ont pas donné une plus grande valeur au fonds. Mais il est permis au donataire, lorsqu'on lui refuse son remboursement, d'emporter l'objet de ces dépenses, s'il peut le faire sans dommage pour le fonds, ou en rétablissant les choses telles qu'elles étaient au jour de la donation. Les dépenses d'entretien étaient une charge de sa jouissance ; il est encore plus évident qu'il ne peut pas les répéter. *Chab.*, n. 2, 3 ; *Toull.* 4, n. 500, 501 ; *Delv.* 2, p. 128 ; *Dur.* 7, n. 384 ; *Proud., usuf.* 4, n. 1689 ; *Malp.*, n. 286.

Article 862.

Il doit être pareillement tenu compte au donataire des impenses nécessaires qu'il a faites pour la conservation de la chose, encore qu'elles n'aient point amélioré le fonds.

1. L'héritier donataire peut ne pas faire d'améliorations ; mais il doit conserver la chose, et il n'est exempt de responsabilité qu'alors qu'elle a péri, par cas fortuit, sans sa faute. En remplissant cette obligation de faire les dépenses nécessaires pour conserver la chose à la succession, il doit être assuré de son remboursement, quel que soit ensuite la perte qu'elle éprouve par accident. Toutefois, il est tenu d'agir en bon père de famille ; et s'il exagérait la dépense qu'il a faite, ou s'il avait follement dépensé, on réduirait son prélèvement à une juste mesure. Faisant compte des fruits ou des intérêts de choses données, qu'il a perçus depuis le décès du donateur, il lui est dû, par réciprocité, les intérêts de ses impenses depuis la même époque. *Chab.*, n. 1, 2, 3 ; *Toull. préc.* ; *Malp.*, n. 284 ; *Dur.* 7, n. 385.

M. Delvincourt admet le remboursement des impenses nécessaires, bien qu'elles n'aient pas augmenté la valeur du fonds ; mais il le refuse si ce fonds a péri ensuite par cas fortuit. Evidemment, cette distinction n'est pas fondée. *Delv.* 2, p. 127, 128 ; *V. supra, art.* 855.

Article 863.

Le donataire, de son côté, doit tenir compte des dégradations et détériorations qui ont diminué la valeur de l'immeuble, par son fait ou par sa faute et négligence.

1. Nous venons de dire, à l'article précédent, que le donataire doit faire les dépenses nécessaires pour conserver la chose. M. Chabot soutient ici cette proposition, et en tire un argument

pour décider que le donataire est responsable, non-seulement des dégradations et détériorations qui proviennent du défaut d'entretien, mais encore de celles qui sont causées par le défaut de grosses réparations. Ces réparations sont bien à la charge du donataire, mais non pas comme le simple entretien. Quand il fait le rapport, il n'a été qu'un usufruitier; s'il n'a pas de répétition à faire pour les dépenses d'entretien, on doit lui faire raison des dépenses qui ont été nécessaires pour la conservation de la propriété. De même qu'il répète la valeur des améliorations existantes au décès du donateur, de même il doit indemniser la succession de la diminution de valeur à cette époque, produite par sa faute, dans le fonds qui lui avait été donné. Devant obtenir l'intérêt de ses améliorations depuis le décès, il semble qu'il doive être comptable, dès cette même époque, de l'intérêt de ses dégradations. Mais M. Delvincourt fait cette distinction minutieuse : « Si des dégradations il est résulté une diminution dans les revenus de l'immeuble, les intérêts sont dus, en indemnité du préjudice qu'éprouve la succession, à laquelle ces revenus appartiennent, à compter du décès. Dans le cas contraire, je ne pense pas que les intérêts soient dus. » Il est bien difficile que l'immeuble qui est diminué dans sa valeur capitale ne soit pas diminué dans ses revenus. Si, pour l'intérêt des améliorations, l'on ne regarde point à l'augmentation du revenu, on ne doit pas regarder à sa diminution, pour l'intérêt des dégradations. *Chab.*; *Toull.*, n. 503; *Delv.* 2, p. 129; *Malp.*, n. 284; *Dur.* 7, n. 387.

ARTICLE 864.

Dans le cas où l'immeuble a été aliéné par le donataire, les améliorations ou dégradations faites par l'acquéreur doivent être imputées conformément aux trois articles précédens.

1. L'acquéreur ne fait pas de rapport; il ne lui est pas dû d'améliorations, et il ne doit pas de dégradations. Puisque la vente est valable, il en conserve l'objet; le donataire, son vendeur, rapporte seul, en moins prenant. Mais comme nous l'avons indiqué, sur l'article 858, il faut estimer le fonds vendu, dans l'état où il était au temps de la donation, et à la valeur qu'il aurait eue dans cet état, au temps de l'ouverture de la succession, afin de déterminer ce que l'héritier donataire prendra de moins,

ou ce que ses cohéritiers prendront de plus au partage. Il faut donc estimer ce fonds, tel qu'on le voit, tel qu'il est ; rechercher ce qu'il était, quand il a été donné ; vérifier et estimer les améliorations ou les dégradations qu'il a reçues ; et, sur la première estimation, retrancher la valeur des améliorations, ou ajouter la valeur des dégradations. M. Chabot fait observer que si l'état de l'immeuble donné avait été régulièrement et fidèlement constaté, lors de la donation, il y aurait un moyen très-simple de fixer sa valeur, sans s'occuper ni d'améliorations, ni de dégradations faites par le donataire ou par l'acquéreur. Il suffirait de déterminer ce que valait à l'ouverture de la succession, l'immeuble pris en l'état où il se trouvait au moment de la donation, et d'ajouter ou de retrancher la valeur des accroissemens ou des décroissemens naturels, s'il en était survenu. *Chab., n.* 1, 2 ; *Dur.* 7, *n.* 388, *art.* 930.

2. Dans l'intervalle de l'ouverture de la succession au partage, l'héritier donataire ne peut pas vendre l'objet donné, mais presque toujours il continue d'en jouir seul. Les améliorations et les dégradations qu'il pourrait faire, pendant cette jouissance provisoire, seraient réglées de la même manière que celles qu'il aurait faites avant le décès du donateur, sauf la différence du point de départ pour les intérêts. *Chab., n.* 3.

ARTICLE 865.

Lorsque le rapport se fait en nature, les biens se réunissent à la masse de la succession, francs et quittes de toutes charges créées par le donataire ; mais les créanciers ayant hypothèque peuvent intervenir au partage pour s'opposer à ce que le rapport se fasse en fraude de leurs droits.

1. L'héritier donataire n'a la propriété de la chose donnée, que sous une condition résolutoire ; et sauf la vente que, par exception, il lui est permis de faire irrévocable, il ne peut transmettre aux tiers, sur cette chose, que des droits résolutoires comme sa propriété. Le fonds qu'il rapporte en nature doit être, pour ses cohéritiers, franc de toutes les charges qu'il pourrait avoir créées. L'article 2255 fait l'application de cette règle aux hypothèques, en déclarant que ceux qui n'ont sur l'immeuble qu'un droit résoluble, dans certains cas, ne peuvent consentir

qu'une hypothèque soumise aux mêmes conditions. *Toull.*, 4, n. 5o6, *etc.; Chab., n.* 1.

2. M. Delvincourt reproche à M. Chabot d'avoir dit que l'héritage doit rentrer, franc d'hypothèques *et autres charges;* il prétend que l'usufruit et la servitude ne s'effacent pas comme hypothèque, parce qu'ils sont des démembremens de la propriété. Suivant lui, l'aliénation de ces droits ne doit pas être résolue, plus que ne le serait l'aliénation d'une partie du fonds. Si le législateur a employé le mot générique *charges,* il est évident que, par ce mot, il a seulement entendu les hypothèques, dans l'art. 865, comme dans l'article 829; et ce qui le prouve, c'est que les créanciers hypothécaires sont autorisés à intervenir au partage, pour s'opposer à ce que le rapport se fasse en fraude de leurs droits. Or, certainement, ajoute M. Delvincourt, l'acquéreur de l'usufruit ou d'une servitude sur le fonds sujet au rapport, aurait également intérêt d'intervenir pour la conservation de son droit. *Delv.*, 2, *p.* 126.

Nous ne trouvons pas dans la loi cette évidence, qui frappe M. Delvincourt. Les mots *toutes charges* n'auraient pas été employés pour n'exprimer qu'une seule charge; ils comprennent dans leur généralité l'usufruit et la servitude. La loi n'a pas d'exception pour ces deux espèces de charges. Si elle autorise expressément les créanciers hypothécaires à intervenir au partage, elle ne refuse pas l'intervention aux acquéreurs d'usufruit ou de servitude; ils l'ont de droit, d'après la disposition générale de l'art. 882, à ce titre d'acquéreur, qui peut se résoudre en celui de créancier. A l'article 865, les créanciers hypothécaires ont excité plus particulièrement l'attention du législateur; c'est tout ce qu'on peut conclure de la finale de cet article. L'usufruit et la servitude sont une sorte de démembrement de la propriété; mais ce n'est pas une raison de décider que le donataire qui, par une exception de faveur toute spéciale, peut vendre la propriété pour ne rapporter que sa valeur, peut aussi altérer cette propriété par des charges d'usufruit ou de servitude, et la rapporter dans cet état d'altération. L'argument tiré de l'article 93o n'a pas la moindre force. Les ventes d'immeubles sujettes au rapport, sont maintenues, et c'est une raison pour M. Delvincourt de croire que les simples concessions d'usufruit et de servitude sur ces biens, doivent être respectées. Mais les ventes de biens donnés en sus de la quotité disponible, sont révoquées; et, de droit, le révocation emporte le démembrement, comme l'aliénation absolue de la propriété. M. Duranton juge comme M. Chabot des charges d'usufruit et de servitude. C'est encore l'avis de M. Proudhon et de M. Dalloz. *Dur.* 7, *n.* 403; *Proud., usuf., n.* 1942; *Rép. méth., succ., ch.* 6, *sect.* 4, *act.* 1, § 1, *n.* 31.

3. L'immeuble qui avait été donné et qui est soumis au partage, advenant au cohéritier du donataire, lui appartient, libre des charges et des hypothèques créées par le donataire, comme s'il avait recueilli seul et immédiatement cet héritage. Sauf la distinction de M. Delvincourt, que nous venons d'examiner, les interprètes sont d'accord sur ce point, qui, en effet, n'est pas susceptible de difficulté. On reconnaît aussi que l'hypothèque conventionnelle ne se transfère pas, de droit, de l'immeuble dont le donataire est privé, sur ceux qu'il obtient en remplacement. Les hypothèques légales et judiciaires, peuvent seules atteindre, de plein droit, ces nouveaux biens. *Malev.*; *Chab., n.* 1, 3; *Toull.*, 4, *n.* 507, 511; *Gren., donat.* 2, *n.* 546, *et hypoth.* 1, *n.* 51; *Dur.* 7, *n.* 403; *Malp., n.* 280; *Delv.* 2, *p.* 126; *Pand. franç.* 3, *p.* 349.

4. Mais on n'est pas également d'accord sur la question de savoir si les charges subsistent ou renaissent, quand l'immeuble tombe au lot du donataire qui les a établies. Dans les premières éditions de son Commentaire, M. Chabot enseignait la résolution absolue et irrévocable de l'hypothèque, par le seul effet du rapport, et il soutenait que le donataire, n'étant plus considéré que comme héritier, tenait, à ce titre seul, le fonds aussi-bien exempt des charges qu'il avait créées, lorsqu'il était donataire, que l'aurait tenu un autre cohéritier auquel il serait échu. Cette opinion avait été adoptée par M. Toullier et par M. Chabot; mais dans sa dernière édition, M. Chabot dit que l'ayant examinée de nouveau, les raisons sur lesquelles il s'était fondé lui ont paru plus subtiles que solides. On conçoit aisément que ce n'est qu'en faveur des cohéritiers du donataire que l'art. 865 dispose; qu'il n'a d'autre objet que de les mettre à couvert des charges créées par le donataire; que raisonnablement le législateur n'aurait pu vouloir dégager le donataire personnellement des charges qu'il a créées sur un immeuble dont il reste définitivement propriétaire. D'ailleurs, d'après l'article 883, le donataire héritier étant censé, à ce dernier titre, avoir été, dès le moment du décès du donateur, seul propriétaire de l'immeuble, la propriété résoluble qu'il a eue, dès le jour de la donation, n'a pas été réellement résolue, et n'a pas même été sus-

pendue un seul instant. Un nouveau titre est venu confirmer le droit qu'il avait déjà; ou, si on le veut, un nouveau titre est venu remplacer celui qu'il avait. Eh! qu'importe ce changement de titre, quand il ne fait que lui assurer la propriété! *Chab., n.* 5.

M. Toullier ne s'est pas rendu à des raisons aussi convaincantes. Dans une nouvelle édition de son Cours, il annonce, par une note, qu'il croit la première pensée de M. Chabot plus conforme au texte du Code, qui veut, sans exception, qu'au moment du rapport, les biens donnés se réunissent à la masse, francs et quittes de toutes charges. C'est bien ici le combat de la lettre qui tue, contre l'esprit qui vivifie. M. Delvincourt s'était élevé contre le premier avis de M. Chabot, et ne paraît pas avoir eu connaissance de sa rétractation. *Toull.* 4, *n.* 510, 511; *Delv.* 2, *p.* 126.

L'opinion de M. Duranton, de M. Favard et de M. Dalloz est conforme à la dernière doctrine de M. Chabot. M. Malpel décide comme M. Toullier, à cause de l'intérêt des tiers, qui pourraient avoir acquis hypothèque sur l'immeuble, rentré dans les mains du donataire. M. Dalloz demande quels sont ces tiers? M. Malpel envisageait apparemment les créanciers de la succession, mais l'article 857 leur refuse tout droit au rapport. *Dur.* 7, *n.* 404; *Rép. Fav., partage de succ., sect.* 3; *Rép. méth., succ., ch.* 6, *sect.* 4, *art.* 1, § 1, *n.* 27.

5. Mais les créanciers de la succession ne seraient-ils pas fondés à prétendre que l'immeuble rapporté s'étant réuni à la masse des biens du défunt, ils peuvent, par la voie de la séparation du patrimoine, exercer leurs droits sur cet immeuble, de préférence aux créanciers du donataire, qui le conserve comme héritier? M. Toullier et M. Chabot sont encore divisés sur ce point. Le premier dit d'une manière générale, que les créanciers même chirographaires du défunt, sont préférés aux créanciers hypothécaires de l'héritier donataire, dont le droit s'est évanoui par le rapport. M. Chabot, qui a déjà prouvé que le rapport n'a point anéanti les hypothèques des créanciers du donataire, observe très-justement que, suivant l'art. 857, le rapport n'est pas dû aux créanciers de la succession, et que, conséquemment, la séparation des patrimoines ne peut pas s'étendre sur l'immeuble rapporté. *V. infra . art.* 878 *et art.* 882; *Chab., n.* 6; *Toull., n.* 507.

6. M. Toullier dit, avec plus de raison, que les cohéritiers du donataire qui retient, comme héritier, l'immeuble compris dans sa donation, ont un privilége sur le fonds, pour la garantie

du partage et des soultes ou retours de lot dus par cet héritier, donataire, au préjudice de ses créanciers inscrits. Nous l'avons reconnu, ceux-ci n'ont eu qu'une hypothèque conditionnelle, subordonnée au partage et à ses effets. Le partage, en laissant à leur débiteur l'immeuble qu'il leur affecta, laisse subsister cette hypothèque, mais en même temps il la subordonne au privilége des copartageans. *V. art.* 2103, 2109; *Toull.*, *n.* 508.

ARTICLE 866.

Lorsque le don d'un immeuble fait à un successible avec dispense du rapport, excède la portion disponible, le rapport de l'excédant se fait en nature, si le retranchement de cet excédant peut s'opérer commodément.

Dans le cas contraire, si l'excédant est de plus de moitié de la valeur de l'immeuble, le donataire doit rapporter l'immeuble en totalité, sauf à prélever sur la masse la valeur de la portion disponible : si cette portion excédait la moitié de la valeur de l'immeuble, le donataire peut retenir l'immeuble en totalité, sauf à moins prendre, et à récompenser ses cohéritiers en argent ou autrement.

1. La disposition de cet article est conforme à celle de la loi 31, *ff. de don. inter vir et uxor.* Cependant, l'usage le plus général avant le Code civil, faisait ordonner la licitation de l'immeuble qui ne pouvait pas se diviser commodément entre le donataire et les légitimaires. La règle que la loi nouvelle a adoptée est bien plus juste; mais elle ne s'applique qu'au donataire héritier, qui vient à la succession. Celui qui a répudié, subit le retranchement ou la licitation, comme tout donataire étranger. Restant héritier, il est obligé de mettre dans la masse des biens du défunt, la totalité de l'immeuble qui ne peut pas se partager, et qui fait plus que la moitié de la quotité disponible. Si l'immeuble fait moins de la moitié, le donataire a le choix de le garder ou de le restituer. Quand il le rapporte entièrement, il prend son préciput sur d'autres biens de la succession, et, par préférence, sur les biens de la même nature que celui qu'il rapporte. *V. supra, art.* 359, *n.* 4; *Malev.; Chab.; Toull.* 4, *n.* 497; *Gren., donat.* 2, *n.* 627; *Dur.* 7, *n.* 401, 402.

2. Si dans la position marquée par la seconde partie de l'article 867, le donataire héritier a vendu l'immeuble qui lui avait été donné, son acquéreur ne sera-t-il pas soumis à la règle de

cet article? Cette question rentre dans celle que nous avons examinée plus haut, art. 859, n. 2, et présente moins de difficulté,
car M. Chabot la résout affirmativement. *Chab., n. 5.*

ARTICLE 867.

Le cohéritier qui fait le rapport en nature d'un immeuble, peut en retenir la possession jusqu'au remboursement effectif des sommes qui lui sont dues pour impenses
ou améliorations.

1. Le copartageant a droit de retenir, comme gage, l'immeuble qu'il a soumis au partage, aussi long-temps que ses impenses
ne lui sont pas remboursées; mais il n'est pas dans l'obligation
de le garder, il peut toujours poursuivre le payement de ce qui
lui est dû par ses cohéritiers, en leur abandonnant le fonds.
M. Chabot pense que tant qu'on lui laisse le fonds, ne payant
pas ses impenses, il gagne les fruits, comme possesseur de bonne
foi; mais qu'aussi il ne peut pas réclamer l'intérêt de ses impenses, lorsqu'on vient en payer le montant et retirer le fonds.
Cette décision ne nous paraît pas sûre. Il ne s'agit pas ici de
bonne ou de mauvaise foi dans la possession; c'est une sorte d'antichrèse que la loi établit; et, suivant l'art. 2085, le créancier
n'acquiert, par ce contrat, que la faculté de percevoir les fruits
de l'immeuble, de les imputer annuellement, d'abord sur les
intérêts, et ensuite sur le capital de sa créance. *Chab.; Toull.* 4,
n. 502; *Malp.*, n. 283; *Dur.* 7, n. 389.

ARTICLE 868.

Le rapport du mobilier ne se fait qu'en moins prenant.
Il se fait sur le pied de la valeur du mobilier lors de la donation, d'après l'état estimatif annexé à l'acte; et à défaut
de cet état, d'après une estimation par experts, à juste
prix et sans crue.

1. Ce n'est pas une faculté que la loi accorde, c'est une obligation qu'elle impose au cohéritier donataire, de rapporter les
objets mobiliers, en moins prenant. Dès le moment de la donation, il a eu la propriété absolue des choses mobilières qu'elle
comprenait; ces choses étaient périssables, il a eu toute liberté
pour en user dans son plus grand intérêt; mais aussi elles ont été

conservées, elles ont péri, ou elles ont été détériorées pour lui seul. Quels qu'aient été les événemens, à l'ouverture de la succession, il ne doit pas moins compte à ses cohéritiers, des objets qu'il a reçus, d'après la valeur qu'ils avaient au temps de la donation. Ces objets et leur valeur sont déterminés par l'état estimatif annexé à l'acte même de donation. Mais si, dans l'état, l'estimation avait été faite trop bas, pour ajouter à la quotité disponible, les cohéritiers pourraient obtenir une estimation nouvelle par experts, à juste prix. *Chab.*, *n.* 1 , 2 ; *Toull.* 4 , *n.* 490 ; *Delv.* 2, *p.* 133 ; *Dur.* 7 , *n.* 406 ; *supra*, *art.* 855, *n.* 7.

2. L'article que nous examinons prescrit cette estimation, pour le prix, dans le cas où il n'y a point d'état estimatif joint à l'acte de donation. Dans ce cas, comme l'observe très-bien M. Chabot, la donation est nulle, suivant l'art. 948 ; et ce n'est pas un simple rapport, c'est une restitution que le donataire doit de la valeur des choses données, et de l'intérêt de cette valeur depuis le commencement de sa jouissance. L'estimation des experts est nécessaire pour déterminer cette restitution. *Chab.*, *n.* 8.

M. Malpel n'admet pas la nullité de la donation d'effets mobiliers, faite sans état estimatif, si elle a été suivie de tradition ; il croit pouvoir dire : « qu'en fait de meubles, la possession vaut titre ; que, dans l'espèce, la tradition réelle des objets mobiliers suffit pour en transmettre la possession au donataire ; que l'acte de donation n'est utile que pour déterminer la nature de la possession, et par conséquent, pour établir l'obligation du rapport. » Nous verrons, à l'art. 948, que la tradition n'empêche pas la nullité. *Malp.*, *n.* 286.

3. M. Delvincourt enseigne que les rentes peuvent se rapporter en nature, c'est-à-dire, par la remise des contrats qui les établissent. Il est évident pour lui que l'art. 868 ne s'applique qu'aux meubles corporels, puisqu'on exige un état estimatif, ou à défaut, une estimation par experts. L'auteur ajoute : L'art. 869 ne parle que de l'argent comptant ; or, les rentes ne peuvent être rangées dans aucune de ces deux classes. L'art 1567 porte que si la dot comprend des contrats de rente, qui aient péri sans la faute du mari, il est quitte en restituant le contrat. Ainsi, malgré la qualité de meubles donnée aux rentes, on doit leur appliquer l'art. 1567. Si les rentes ont été remboursées avant le décès, le donataire devra compte de ce qu'il a reçu. Ce cas doit être comparé à celui d'une aliénation forcée. *Delv.* 2 , *p.* 133.

M. Malpel appuie cette doctrine qu'on trouve encore dans

les Pandectes françaises. M. Duranton, suivi par M. Dalloz, fait la distinction des rentes sur l'état, et de tous effets publics qui se cotent à la Bourse, d'avec les rentes et effets sur des particuliers. A ceux-là, il applique la règle de l'art. 868, parce que le taux de la Bourse fait leur estimation; tandis qu'il soumet ceux-ci à la règle de l'art. 1567, lorsqu'ils sont portés sans estimation dans l'état annexé à la donation. *Malp., n.* 287; *Dur.* 7, *n.* 409, etc.; *Pandec. franç.* 3, *p.* 354; *Rép. méth., succ., chap.* 6, *sect.* 1, *art.* 4, § 2, *n.* 11.

M. Delvincourt transforme en règle générale une règle toute particulière, uniquement applicable au mari, lorsqu'il doit restituer les objets mobiliers de la dot, qui ne lui ont pas été vendus. M. Chabot croit qu'il eût été plus équitable de n'ordonner, dans tous les cas, le rapport des obligations, des effets et des rentes, que conformément à l'art. 1567; mais il dit : ce n'est pas là ce qu'a fait le Code; il a fait précisément le contraire par l'article 868; et il ne peut être permis de déroger à la disposition textuelle de cet article, pour y substituer, par motif d'équité, une disposition différente. D'une part, l'art. 509 déclare meubles les obligations et actions qui ont pour objet des sommes exigibles ou des effets mobiliers, et les rentes perpétuelles ou viagères, soit sur l'état, soit sur des particuliers; d'autre part, suivant l'art. 535, cette expression *mobilier* comprend généralement tout ce qui n'est pas immeuble. Il résulte donc de ces deux art. 529 et 535, que la disposition de l'art. 868, qui veut, sans distinction ni exception, que le rapport du mobilier se fasse en moins prenant, comprend les obligations, les effets et les rentes. Si l'art. 868 ordonne que la valeur du mobilier sera réglée d'après l'état estimatif, joint à la donation, ou par experts, ce n'est pas une raison de croire que sa disposition ne s'applique qu'aux meubles corporels, et que les dettes actives reçoivent généralement la règle de l'art. 1567. Ces dettes doivent être portées dans l'état, avec l'énonciation de leur montant, qui est une estimation faite; et même pour les effets publics dont la valeur est si variable, l'état doit indiquer le cours de leur vente à la Bourse, au jour de la donation. Ainsi, tous ces effets mobiliers sont susceptibles d'entrer dans l'état estimatif. A la section des rapports, dans le Code civil, le législateur a voulu régler le mode de rapport de toutes les espèces de biens, et il l'a fait pour tous meubles, comme pour tous immeubles, sans renvoyer pour aucun à l'art. 1567. Dans les biens meubles, il n'a distingué et n'a soumis à une règle particulière que l'argent donné; les autres biens meubles sont restés sans exception dans la règle commune de l'art. 868. *Chab.*, *n.* 6.

Ces argumens sont décisifs : le rapport des rentes et de toute créance est certainement réglé par l'art. 868; mais il n'en faut pas conclure que le donateur, héritier, doive nécessairement rapporter à la succession le montant de toutes créances déclarées dans l'acte de donation, ou dans l'état annexé à cet acte. Il ne peut être tenu au rapport que pour des créances réelles et bien établies sur des personnes solvables au temps de la donation. Si la disposition comprenait de prétendues créances, fondées sur des actes faux, nuls ou rescindables, des créances prescrites, ou dues par des personnes insolvables, le donataire ne peut être obligé qu'à justifier de ses poursuites restées sans effet, et de rapporter les titres. C'est bien assez qu'il coure les risques des événemens postérieurs à la donation, il ne doit pas subir les pertes dont la cause est antérieure. On ne lui a rien donné réellement, si on ne lui a donné que des titres de créances imaginaires, nulles ou éteintes, ou dont le recouvrement était impossible. *V. supra, art.* 855, *n.* 4.

Article 869.

Le rapport de l'argent donné se fait en moins prenant dans le numéraire de la succession.

En cas d'insuffisance, le donataire peut se dispenser de rapporter du numéraire, en abandonnant, jusqu'à due concurrence, du mobilier, et à défaut de mobilier, des immeubles de la succession.

1. L'argent étant toujours représenté par d'autre argent, peut se rapporter en nature; mais le rapport réel est inutile quand il se trouve dans la succession assez de numéraire pour fournir à chacun des cohéritiers du donataire une part égale à celle qu'il a reçue. A défaut de numéraire dans la succession, ou en cas d'insuffisance, le donataire a le choix de rapporter de l'argent, ou de moins prendre dans le mobilier qui est en partage, et, à défaut de mobilier suffisant, dans les immeubles. *Chab.*, *n.* 2.

2. La variation qui a pu survenir dans les monnaies ou dans le prix de l'argent, ne change rien au montant du rapport; c'est toujours la même somme numérique, à moins qu'une loi spéciale

28.

n'en décide autrement. M. de Maleville a cru que les cohéritiers
devaient se faire raison de la différence de valeur dans le cours de
l'argent. Cette opinion n'avait son point d'appui que dans la loi
transitoire du 11 frimaire an VI; elle ne peut être présentement
justifiée par aucun texte de loi, et elle est contraire à la règle de
l'art. 1895. M. Toullier repousse l'avis de M. de Malleville; et, sans
argumenter de l'art. 1895, il présente la même règle qui se trouve
dans cet article. M. Delvincourt l'offre en invoquant l'article.
M. Delaporte, M. Chabot et M. Malpel l'ont adoptée. M. Duranton
l'adopte également après l'avoir contestée. M. Dalloz dit que les
déductions de M. Duranton sont propres à faire naître des doutes
sur le système contraire, qu'il croit avoir été dans la pensée du
législateur, vu la corrélation si prochaine des art. 868, 869.
Malev.; Chab., n. 1; *Toull.* 4, *n.* 492; *Delv.* 2, *p.* 132; *Pand. franç.,*
p. 353; *Malp., n.* 287; *Dur.* 7, *n.* 408; *Rép. méth., succ., chap.* 6,
sect. 1, *art.* 4, § 2, *n.* 10.

3. Dans une succession purement mobilière, dévolue à trois
enfans, deux filles, la dame Morlière et la dame Fessart, avaient
été pourvues en avancement d'hoirie, l'une par une dot de qua-
rante-six mille francs, l'autre par une dot de vingt-trois mille
francs. Le troisième enfant, mineur, n'avait rien reçu. L'actif
de la succession ne comprenait que la somme de soixante-neuf
mille francs, montant des dots à rapporter; et ce rapport était
demandé par le tuteur du troisième enfant. La Cour royale de
Paris a décidé, le 16 mars 1829, « que, d'après l'art. 869, le rapport de l'argent donné se fait, non pas réellement en nature,
mais fictivement, c'est-à-dire, en moins prenant dans le numéraire de la succession; d'où il suit que la femme Fessart, qui a
reçu, en avancement d'hoirie, les vingt-trois mille francs formant sa part héréditaire, n'a rien à prendre, mais aussi ne
doit rien rapporter; qu'à la vérité, Debaecque allègue, d'une
part, que la succession de la femme Morlière, débitrice envers
son pupille, d'un rapport de vingt-trois mille francs, est insolvable; et, d'autre part, qu'il pourra prouver, par la suite, que
la femme Fessart a reçu plus de vingt-trois mille francs; mais
que ces allégations étant jusqu'à présent dénuées de preuves,
elles ne peuvent donner lieu qu'à des réserves éventuelles en
faveur du mineur Debaecque. » Sur ces motifs, Morlière,
comme tuteur de ses enfans, est condamné à payer vingt-trois
mille francs à Debaecque; et celui-ci est déclaré non-recevable,
quant à présent, dans sa demande contre les époux Fessart,

sous réserve de tous ses droits, dans le cas où il prouverait soit l'insolvabilité de la succession Morlière, soit la réception par les époux Fessart, d'une somme excédant vingt-trois mille francs. *D.*, 1829, *s.*, *p.* 233; *J. p.*, *t.* 3, *de* 1829, *p.* 123.

Cette décision ne nous paraît pas juste. Dans l'intention de la loi, le rapport du numéraire ne se fait en moins prenant, qu'autant qu'il est possible, jusqu'à concurrence de la part de succession revenant à l'héritier donataire, dans la masse où doit entrer pour compte l'objet de sa donation. Cette masse doit toujours être formée entre les divers héritiers, après une demande en partage. Les choses données, qui ne peuvent pas revenir à la succession, parce qu'elles ont péri, sans faute imputable au donataire, sont perdues pour tous les héritiers; la masse, réduite aux choses qui existent réellement, se partage dans cet état. S'il y a de l'incertitude sur la perte, en définitive, si l'on peut espérer de retrouver ce qui manque, le partage ne se fait pas moins des objets présens, sauf l'action indivise pour la recherche des objets manquans. Si l'un des cohéritiers donataires d'une somme d'argent, ne peut pas la représenter, parce qu'il est insolvable, la somme entre fictivement dans la masse pour déterminer la part de chacun. La perte est toute pour l'insolvable, dans le cas où la somme perdue n'excède point sa part de succession. La perte touche ses cohéritiers, quand il lui revient moins qu'il ne devait rapporter; mais ils doivent la subir également. La masse réduite, pour eux, aux biens existans, se partage entre eux dans la proportion de leurs droits héréditaires respectifs. Que l'insolvabilité du cohéritier donataire ne soit pas certaine; que par des recherches et une discussion l'on puisse espérer le recouvrement de ce qu'il doit à ses cohéritiers, ce n'est pas une raison pour que l'un de ceux-ci garde provisoirement ce qu'il a reçu, renvoyant l'autre à poursuivre seul sa portion sur le donataire. Il faut que leur condition soit égale vis-à-vis de ce donataire; que s'il ne fait pas de rapport présent, le partage s'opère entre eux sur la masse actuelle, et qu'ils aient à courir ensemble la chance de la discussion et du recouvrement.

Section III. — *Du Payement des Dettes.*

Article 870.

Les cohéritiers contribuent entre eux au payement des

dettes et charges de la succession, chacun dans la proportion de ce qu'il y prend.

1. Les charges se divisent comme les droits, et dans la même proportion, entre tous cohéritiers légitimes, contractuels ou testamentaires, et tous successeurs qui tiennent lieu d'héritiers, soit qu'il n'y ait d'héritiers ou de successeurs que de l'une de ces classes, soit qu'il en existe de diverses classes. La division du droit et de l'action des créanciers suit la division et la subdivision entre les divers héritiers, quand le partage se fait entre eux par souches. Il n'est pas plus de solidarité entre les cohéritiers de la même souche, ni de la même branche, qu'entre ceux qui partagent immédiatement par têtes. Chacun ne répond, dans tous les cas, que pour une part de dettes, proportionnée à sa quote-part dans l'hérédité. La loi emploie une expression impropre, quand elle dit que chacun contribue aux charges de la succession *dans la proportion de ce qu'il prend ;* car un cohéritier peut, par des prélegs, des prélèvemens ou des reprises, retirer une portion de biens supérieurs à sa quote héréditaire, et cependant ne contribuer aux dettes que pour cette quote. C'est l'expression de part héréditaire qui devait être dans le texte de la loi, au lieu des mots *de ce qu'il y prend. Chab., art.* 870, *n.* 1, etc. ; *art.* 873, *n.* 29 ; *Delv.* 2, *p.* 166, 167 ; *Toull.* 4, *n.* 513, 514, *Malp., n.* 288 ; *Dur.* 7, *n.* 422, *etc. V. supra , art.* 802.

Un arrêt de la Cour de Bordeaux, qui condamnait des héritiers à payer, solidairement, le montant d'un legs particulier, a été cassé le sept septembre 1820. Un arrêt de Bourges a été cassé également, le cinq juillet 1831, à cause de la condamnation solidaire au payement d'une dette, prononcée contre les héritiers. L'insolvabilité d'un cohéritier ne fait pas reporter sur les autres sa portion de dettes. La Cour de Colmar a dû le juger ainsi, comme elle l'a fait le vingt-trois novembre 1810. *D.,* 1820, *p.* 557, *et* 1831, *p.* 259 ; *Sir.* 12, 1, 238, *et* 11, 2, 77.

2. Le règlement de la contribution aux dettes, établi par la loi, n'empêche pas les cohéritiers, dans leur partage, quand ils peuvent le faire amiablement, de répartir inégalement, entre eux, le poids de ces charges. Cette inégalité sert à compenser celle des lots, lorsque pour éviter le morcellement des fonds, l'on en met dans un lot plus que dans un autre. Il est très-convenable et très-juste que celui qui obtient davantage en immeu-

bles et même en meubles, soit chargé d'une plus forte portion
de dettes. L'ascendant qui fait le partage anticipé de sa succession, peut régler les choses de cette manière. La justice aussi
ordonne quelquefois ce règlement. Mais les créanciers qui n'ont
point participé à ces arrangemens, conservent la faculté de poursuivre chaque cohéritier pour le montant de sa contribution,
telle que la loi l'a fixée; et ce n'est que par le recours d'un héritier à l'autre, que la division particulière, convenue ou ordonnée
entre eux, obtient son effet, si les créanciers ne se prêtent point
à l'observer. *Chab., n. 6; Toull. 4, n. 550, 551; Delv. 2, p. 166;
Malp., n. 298; Dur., 7, n. 429.*

3. Le testateur, en position de se donner des héritiers de son
choix, peut distribuer inégalement la charge de ses dettes entre
ceux qu'il appelle à sa succession. Ce n'est qu'à défaut de règlement de sa part, que la division se fait suivant la règle de
l'art. 870. *Malp. préc.*

4. Du principe de la division des dettes entre cohéritiers, il
résulte que si l'un d'eux était créancier du défunt, la confusion
de sa créance ne s'opère que pour la part dont il est tenu comme
héritier, et qu'il a droit de répéter les autres portions contre
ses cosuccesseurs. L'héritier, créancier de la succession, prélève
ordinairement, au partage, le montant de sa créance. Lorsqu'il
n'a pas fait ce prélèvement, ses cohéritiers lui doivent, comme
s'il était étranger, une part de sa créance, proportionnelle à
leur part héréditaire. *V. infra, art. 875 ; Chab., art. 873, n. 20.*

ARTICLE 871.

Le légataire à titre universel contribue avec les héritiers
au prorata de son émolument : mais le légataire particulier n'est pas tenu des dettes et charges, sauf toutefois l'action hypothécaire sur l'immeuble légué.

1. Des héritiers ou successeurs que l'homme peut se donner
par sa volonté, la loi, dans cet article, n'appelle nommément
que le légataire à titre universel, à contribuer au payement des
dettes avec les héritiers légitimes. Elle ne parle, en ce lieu, ni
du légataire universel, ni du donataire, par acte entre-vifs,
des biens présens et à venir, ou des biens qui se trouveront au
décès. Ces donataires sont de véritables héritiers institués, de
même que ceux qui ont reçu par testament des legs universels,

ou à titre universel. Pour tous, le Code civil a suivi le principe
du droit romain : *Hi qui succedunt in universum, jus hæredis loco
habentur.* La loi, à l'article 1009, détermine l'obligation des légataires universels ; aux articles 875, 944, 945, 1084, 1085, la
loi fait entendre que les donataires universels et à titre universel sont soumis aux dettes ; mais nulle part elle ne règle spécialement leur obligation. L'on s'est accordé à les assimiler aux
légataires, et on leur fait l'application des articles 1009, 1011.
V. art. 875 ; *Gren., donat.* 1, n. 43, 86, 310 ; *Chab.*, n. 1, etc., et
art. 873, n. 27, 28 ; *Toull.* 4, n. 517, 522, *etc.* ; *Dur.* 7, n. 431,
etc. ; *Malp.*, n. 290.

2. Le légataire universel, lorsqu'il n'existe pas d'héritiers à
réserve, est saisi, de plein droit, de tous les biens de la succession, et obligé de même à toutes les charges de l'hérédité. S'il y
a des héritiers à réserve, son institution se réduit à la quotité
disponible ; et il n'est saisi que par la délivrance de ces héritiers légitimes. Dans ce cas, il est tenu aux dettes, personelle-
ment pour sa part, et hypothécairement pour le tout ; mais les
legs particuliers sont toujours à sa charge. Les créanciers ont
action contre lui, aussitôt après l'ouverture de la succession,
lorsqu'il est saisi de plein droit, quand la délivrance est nécessaire, pour lui donner la saisine, les créanciers sont censés ne
le pas connaître, tant qu'il n'est pas saisi, et ils peuvent ne
poursuivre que les héritiers légitimes. Après la délivrance, ils
sont forcés de diviser leurs actions entre les héritiers légitimes
et l'héritier institué. *Art.* 1004, 1006, 1009 ; *Chab. préc.* ; *Rép.
Merl. légataire*, § 7, *art.* 1, n. 17 ; *Rép. Fav.*, *testam.*, sect. 2,
§ 1, n. 9 ; *Toull.* 5, n. 552 ; *Gren., donat.* 1, n. 310 ; *Delv.* 2,
p. 346, 348.

3. Le légataire à titre universel n'est saisi que par la délivrance des héritiers à réserve, ou du légataire universel, ou des
autres successibles, suivant l'article 1011 ; et par l'article 1012,
comme par l'article 871, il est tenu des dettes et charges de la
succession, personnellement pour sa part, et hypothécairement
pour le tout. De même que pour le légataire universel, avant la
délivrance, les créanciers peuvent l'ignorer et ne poursuivre que
les héritiers légitimes ou le légataire universel, quand il est
saisi de plein droit ; mais aussi, après la délivrance, ils ne
peuvent agir que contre lui, pour la part des dettes qui est à sa
charge. S'il a reçu toute la quotité disponible, il doit seul tous les
legs particuliers. S'il n'en a reçu qu'une portion, il ne fait que

contribuer avec les héritiers légitimes au payement de ces legs, *pro modo emolumenti*. *Art.* 10130; *Aut. préc.*

4. Les donations, soit universelles, soit à titre universel, de biens présens et à venir, ou des biens qui se trouveront au décès, quoique faites par actes entre-vifs, constituent des héritiers, comme les legs universels ou à titre universel. Les règles établies pour ces legs, nommément par les articles 1009, 1012, doivent être communes à ces donations, qui ont des effets semblables. La loi ne le dit pas positivement; mais la chose va de soi, et personne n'a eu la pensée de le révoquer en doute. *Chab.*, *n.* 8; *Toull.* 4, *n.* 524; *Gren.*, *donat.* 1, *n.* 310, 311; *Dur.* 7, *n.* 431.

5. Les donations universelles ou à titre universel, par actes entre-vifs, de biens présens et à venir, ou de biens existans au décès, n'ont pas de délivrance à demander. Dès l'instant où ils sont appelés à recueillir les biens de l'institution, ils sont saisis directement, par l'effet même de la disposition, et soumis au payement des dettes et à l'action des créanciers, suivant la différence marquée entre le légataire universel et le légataire à titre universel. Celui qui a toute la succession, supporte toutes ses charges; celui qui n'en a qu'une partie, ne fait que contribuer aux charges, proportionnellement à cette partie. *Art.* 1082, 1083.

6. Bien que la loi ordonne la division des dettes entre tous héritiers et successeurs, M. Delvincourt, M. Delaporte et M. Duranton enseignent que les créanciers ne sont pas obligés de diviser leur action entre l'héritier à réserve, et le légataire universel ou à titre universel; que, sauf son recours contre le légataire, l'héritier qui a la saisine légale, peut être contraint au payement de l'intégralité des dettes. Ces auteurs décident aussi que, dans l'absence d'héritiers à réserve, le légataire universel, en concours avec des légataires à titre universel, étant saisi, de droit, est de même, sauf recours, obligé au payement de toutes les dettes. L'erreur dans les deux cas est bien démontrée par M. Toullier; elle est si manifeste qu'on est dispensé de débattre la grande dissertation de M. Duranton. La saisine légale, établie en faveur des héritiers du sang, et au défaut d'héritiers à réserve, en faveur du légataire universel, ne doit point tourner contre eux. Les créanciers, il est vrai, peuvent ignorer le testament et l'héritier institué; mais ils ne connaissent pas toujours tous les héritiers naturels, appelés à la même succession. Dans ces circonstances, les héritiers apparens qu'ils poursuivent font

réduire l'effet de la poursuite à leur part contributive, en indiquant leurs cohéritiers naturels ou testamentaires. M. Chabot, M. Grenier, M. Malpel et M. Dalloz admettent, comme M. Toullier, la division de l'action, dans tous les cas; elle est la suite nécessaire de la division de la dette. *Delv.* 2, *p.* 348; *Pand. franc.* 3, *p.* 362; *Dur.* 7, *n.* 435; *Toull.* 4, *n.* 517, etc. ; *Chab.*, art. 873 , *n.* 29; *Gren.*, donat. 1, *n.* 311 ; *Malp.*, *n*, 292 ; *Rép. méth.*, succ., chap. 6, sect. 2 ; art. 2 , *n.* 23.

7. M. Duranton décide pour les enfans naturels , comme pour les légataires universels et à titre universel, que les créanciers peuvent réclamer toute la dette contre l'héritier légitime. M. Toullier tient ici pour la division de l'action, aussi-bien qu'à l'égard des héritiers testamentaires. Il y a même raison , en effet, dans les deux positions. *Dur.* 6, *n.* 290; *Toull.* 4, *n.* 526.

8. Les donations entre-vifs, bornées aux biens présens, soit qu'elles les embrassent tous , ou qu'elles n'en comprennent qu'une quote, ne constituent pas d'héritiers. On ne trouve dans le Code civil aucune disposition qui fasse porter, sur les donataires de cet ordre, la charge d'aucune dettes. Si le donateur ne leur en a point imposé expressément, seront-ils exempts de toutes dettes, alors même qu'il ne se trouve pas d'autres biens dans la succession? Au temps de Ricard , c'était, d'après lui-même, grande et importante question , peu entendue, dont la plupart des auteurs n'avaient pas compris la difficulté.

D'une part, on dit: Nul ne peut être obligé au payement des dettes d'autrui , si ce n'est en vertu de la loi ou de la convention. La loi impose la charge des dettes aux héritiers qui recueillent la succession grevée, elle ne l'impose point au donataire entre-vifs, dont le droit n'est en rien dans la succession. Quelle raison de suppléer au silence du donateur et de la loi ? Ces donataires ne peuvent être soumis qu'à l'action hypothécaire, comme tiers-détenteurs; action qui leur ouvre un recours contre le donateur ou contre ses héritiers. Ils renverront à ceux-ci, directement, les créanciers dépourvus de droit hypothécaire.

D'un autre côté, on oppose la maxime: *bona non intelliguntur, nisi deducto œre alieno* ; et l'on soutient qu'il est tout aussi convenable de l'appliquer aux donations entre-vifs de tous biens , ou de quote de biens présens, qu'aux donations à cause de mort. Nous ne sommes, en effet, propriétaires, dit M. Toullier, que de ce qui nous reste après nos dettes payées. Il est raisonnable de penser que le donateur de tous ses biens ou d'une quote de ses biens, n'a entendu les donner que sous la déduction de ce qui en revient à autrui. Le donataire pourrait-il, sans injustice, sans la plus noire ingratitude, contester cette déduction? Le sens littéral du contrat se réunit à l'équité, pour faire présumer qu'elle était dans la volonté du donateur, et qu'elle est la condition de la donation. Cette présomption raisonnable fut admise par Cujas et par Ricard, et elle était érigée en loi par les coutumes de Bourbonnais et de Normandie. M. Toullier ajoute: Si ces coutumes sont abrogées, la raison et l'équité leur survivent. Si sous l'empire du Code civil, qui n'en a point parlé, cette présomption n'est point légale, il en résulte qu'il est au pouvoir des juges de la rejeter; mais ils peuvent aussi l'admettre, car elle est fondée sur l'interprétation des actes, qui est essentiellement dans leurs attributions. *Toull.* 5, *n.* 817, *etc.*

M. Grenier admet comme une règle certaine, sous le Code civil, appliquée par l'art. 1084, que les donataires d'universalité ou de quote de biens présens, sont, de droit, soumis aux dettes présentes. M. Grenier reconnaît seulement au donateur, le pouvoir de dispenser de ces dettes, en totalité ou en partie. Il n'approuve pas Ricard enseignant qu'on peut induire des circonstances que le donateur a entendu se charger des dettes. Suivant M. Grenier, l'action contre le donataire pour le payement des dettes, fondée sur la maxime: *non dicuntur bona nisi deducto ære alieno*, est indépendante de toutes circonstances: il n'y a qu'à voir si les dettes sont expliquées dans la donation, ou si elles ne le sont pas. Au premier cas, le donataire n'est soumis qu'aux dettes portées dans l'état, comme charges de la donation. Au second cas, le donataire est obligé à toutes les dettes qui ont date certaine avant la donation. *Gren.,* 1, *n.* 87, *etc.*

M. Delvincourt attribue encore plus de force à la maxime; il refuse au donateur le pouvoir de conférer au donataire une dispense des dettes, valable contre les créanciers. Ainsi, bien qu'on eût annexé à la donation un état des dettes, mises, par la convention, à la charge du donataire, l'auteur pense que le créancier d'une date antérieure, qui ne serait pas compris dans cet état, n'aurait pas moins droit et action contre le donataire. *Delv.* 2, *p.* 276.

En règle générale, la dispense est valable; mais, par exception, elle peut être annulée comme frauduleuse. Si la donation, par exemple, comprenait tous les biens existans, et si le donateur n'en laissait pas d'autres à son décès, il serait évident que

la dispense avait pour but de frustrer les créanciers, et la donation, ou, au moins cette dispense devrait être anéantie.

Un arrêt rendu par la Cour de Bordeaux, le 23 mars 1827, a
jugé selon la doctrine de M. Delvincourt; mais la Cour de Nîmes,
le 3 avril de la même année, a suivi celle de Ricard et de M. Toullier; et c'est bien celle qui nous paraît le mieux fondée, surtout
depuis le Code civil. Les circonstances sont-elles bien appréciées
par l'arrêt de Nîmes? On peut en douter; mais les vrais principes sont exposés dans les motifs de cette décision. *D.*, 1827, *s.*,
p. 125, 126.

La loi ne présente pas positivement la règle tracée par M. Grenier; elle n'établit pas contre le donataire, la présomption d'un
engagement aux dettes, proportionnel à la quote de la donation,
à moins de dispense ou de règlement contraire; mais elle laisse
à la prudence des juges, dans le pouvoir d'interprétation qui
leur appartient, la présomption résultant de la maxime; *bona
non intelliguntur....,* pour décider, selon les circonstances, si la
volonté du disposant a été conforme ou contraire à cette présomption. Un état de dettes annexé à la donation, témoigne sûrement
que ces dettes qu'il annonce sont mises à la charge du donataire;
et, en établissant ainsi cette charge, il semble la limiter. Cependant, il peut se rencontrer des circonstances propres à démontrer qu'il est fait pour indiquer et non pour borner l'obligation.
En douterait-on, s'il était stipulé que le donataire payera toutes
les dettes existantes, dont l'acte présente un détail qui se trouve
inexact. Qu'on se soit trompé sur le nom d'un créancier, sur la
date du titre, sur le *quantum* de la dette; qu'on ait entièrement
oublié une autre dette, qu'importe? Elles sont toutes comprises
dans la condition générale des dettes existantes. S'il n'y a ni état
de dettes, ni stipulation précise, relativement aux dettes, la
présomption de la volonté tacite du donateur pour transmettre
les charges avec les biens, peut être admise, quoique la loi ne
l'ait point établie. Mais, parce qu'elle ne dérive pas de la loi, elle
n'est qu'une de ces présomptions abandonnées à la prudence des
juges, qui peut être repoussée par d'autres présomptions plus
graves, de même nature. *Art.* 1353 *et* 1156 *combinés.*

9. M. Toullier fait observer, d'après Menochius et Barthole,
que la maxime *bona non intelliguntur...*, ne pourrait s'appliquer,
avec justesse, au cas où la donation entre-vifs de biens présens,
au lieu d'être d'une quotité de tous les biens, ne comprendrait
qu'une espèce de biens, par exemple, tous les immeubles, la moi-

lié des immeubles, parce que ces expressions ne supposent plus, par elles-mêmes, la volonté de déduire les dettes. En s'attachant à la force et à la propriété des termes, *tous mes biens, la moitié de mes biens*, signifient la totalité ou la moitié de tout ce qui m'appartient; et ce que je dois ne m'appartient pas. Mais, sous le rapport des dettes, en général, on ne pourrait pas dire sans impropriété: *immobilia non intelliguntur nisi deducto œre alieno*. En effet, le disposant a pu très-bien entendre que *l'œs alienum* resterait dans ses meubles, quand il a donné ses immeubles sans charge expresse de dettes. A l'objection possible, que le Code considère, comme fait à titre universel, le legs de tous les immeubles, de tout le mobilier, ou d'une quotité fixe des immeubles ou du mobilier, M. Toullier répond que ces dispositions sont particulières aux legs et aux donations à cause de mort, et que pour les donations entre-vifs de biens présens, le donataire ne peut être soumis aux dettes que par la volonté expresse ou tacite du donateur. *Toull.* 5, *n.* 518.

10. M. Chabot enseigne que, malgré la disposition de l'art. 871, le testateur peut dispenser le légataire à titre universel, de contribuer aux dettes et charges de sa succession, pourvu que le legs n'excède pas la quotité disponible, déduction faite des dettes et charges. La règle ne doit pas être bornée au légataire à titre universel; il faut l'étendre au donataire universel des biens présens, et à tout donataire à titre universel, soit de biens présens seulement, soit de biens présens et à venir. *Chab., n.* 6.

11. Lorsque la donation de biens présens et à venir est divisée selon le droit conféré par l'art. 1084, le donataire qui s'est réduit aux biens présens à l'époque de la disposition, n'est soumis qu'aux dettes existantes à cette époque. Les dettes postérieures sont à la charge de la succession.

12. Le donataire, à titre particulier, d'objets déterminés, n'est de droit, comme le légataire au même titre, tenu d'aucunes dettes du donateur. Il n'a de charges que celles qui lui sont expressément imposées par l'acte de donation, ou qui sont inhérentes à l'immeuble donné, comme les servitudes, l'usufruit, les droits d'usage. Toutefois il est exposé à l'action hypothécaire des créanciers sur les immeubles compris dans son legs, et affectés à ces créanciers; mais il a une action en garantie contre le donateur ou contre ses héritiers. Ceux-ci, de leur côté, pourraient avoir l'action en réduction, si le don qu'il a reçu excédait la

quotité disponible. *Art.* 1024, 920, 939, 945; *Chab., n.* 2, 3; *Gren.*, 1, *n.* 86; *Dur.* 7, *n.* 434.

13. Supposant une donation, à titre particulier, d'objets déterminés, dont l'ensemble comprend tout le patrimoine du donateur, M. Grenier décide que le donataire n'est pas, de droit, obligé au payement des dettes existantes à l'époque de la disposition. Cette décision est dans la rigueur des principes. Mais si le donateur ne laisse pas d'autres biens, ses créanciers qui n'avaient pas d'hypothèques sur les biens donnés, resteront-ils sans droit et sans action contre le donataire? M. Grenier répond avec Pothier : « Je crois qu'alors le créancier pourrait attaquer la donation de nullité, comme faite en fraude de sa créance : *nemo liberalis, nisi liberatus.* Un débiteur qui ferait de pareilles donations serait de mauvaise foi..... La donation fût-elle transcrite, ne serait pas une cause déterminante pour faire repousser la recherche de la fraude. Des arrêts ont jugé que la transcription d'une vente n'empêche pas de l'attaquer par les moyens de fraude, et il y a parité de motifs pour la transcription d'une donation. *Gren.*, 1, *n.* 91, 93.

Nous admettons en principe ce moyen de réparation, qui est susceptible d'être modifié. Au lieu d'annuler la donation, il pourrait suffire de soumettre le donataire au payement des dettes existantes à l'époque de la donation. Voilà un remède d'une application aisée, quand il n'y a qu'une donation, qu'un seul donataire, ou des donataires conjoints. Mais s'il a été fait des donations diverses à différens individus, toutes d'objets particuliers, qui ne laissent rien au donateur ou à ses héritiers, annulera-t-on toutes ces donations particulières? imposera-t-on à tous les donataires ou à quelques-uns, la charge des dettes, en totalité, ou en partie? lequel sera frappé? lequel sera épargné? Les circonstances décideront de tout.

Les diverses donations pourraient avoir été faites sans mauvaise intention. Dans ce cas, il n'y aurait de droits que pour les créanciers hypothécaires; et la succession répudiée, le donataire atteint n'aurait de recours contre personne. Il ne peut être permis au débiteur de distribuer les biens de sa succession en legs particuliers, exempts de la charge de ses dettes. Ici s'applique parfaitement la maxime *nemo liberalis, nisi liberatus.* Les créanciers l'emportent sur les légataires. Il faudra bien trouver des héritiers dans les légataires particuliers qui absorbent la succession, car elle sera répudiée par les héritiers du sang. Ces

légataires seront-ils tous indistinctement transformés en héritiers, contribuant aux dettes, chacun dans la proportion de la
valeur de son legs ? Il peut se rencontrer dans la cause et dans
l'expression de certains legs, peu considérables, des raisons de
leur laisser la nature et les effets de legs particuliers. Les dons
faits pour payer des services réels, appréciables à prix d'argent,
des legs même pour gratification à des serviteurs, des legs d'au-
mône, etc., ne doivent pas contribuer aux dettes. En général,
tous les legs déterminés par l'affection ou la bienveillance, quel
que soit leur rang dans l'ordre de l'écriture, et les différences
dans leurs valeurs respectives, semblent devoir fournir tous
proportionnellement aux dettes. *Argum.*, *art.* 926.

14. L'art. 612 du Code civil détermine comment l'usufruitier
universel et l'usufruitier à titre universel doivent concourir au
payement des dettes. Par un arrêt du 4 fructidor an XIII, la Cour
de cassation a décidé qu'on devait considérer comme usufruitier
universel le légataire de l'usufruit d'un domaine, qui était le
seul immeuble de la succession. La raison de cette décision la
rend applicable au légataire en propriété. Celui qui réunirait
tous les biens d'une succession, donnés en détail, à titre particulier, serait bien autant successeur universel que celui qui
aurait obtenu une institution universelle d'héritier. *J. pal.*, *éd. n.*,
t. 6, *p.* 403; *Toull.* 4, *n.* 553.

15. Au reste, quand le donataire universel, ou à titre universel
de biens présens doit être soumis aux dettes, la réserve que se
serait faite le donateur de disposer d'un effet compris dans la
donation, ou d'une somme fixe sur les biens qu'elle comprend,
en diminuant cette donation, ne diminuerait proportionnellement la charge des dettes, qu'autant qu'une stipulation de
l'acte l'aurait ordonné. M. Grenier, invoquant Auroux et Furgole, dit avec raison : La donation n'aurait pas moins le caractère d'universalité; et c'est à ce caractère que s'attache l'obligation d'acquitter les dettes existantes lors de la donation. *Grenier*, 1, *n.* 92.

ARTICLE 872.

Lorsque des immeubles d'une succession sont grevés
de rentes par hypothèque spéciale, chacun des cohéritiers peut exiger que les rentes soient remboursées et les
immeubles rendus libres avant qu'il soit procédé à la formation des lots. Si les cohéritiers partagent la succession

dans l'état où elle se trouve, l'immeuble grevé doit être estimé au même taux que les autres immeubles ; il est fait déduction du capital de la rente sur le prix total ; l'héritier dans le lot duquel tombe cet immeuble, demeure seul chargé du service de la rente, et il doit garantir ses cohéritiers.

1. La loi, par sa première disposition, a voulu prévenir les actions principales et récursoires, et toutes les difficultés que des rentes affectées sur des immeubles de la succession peuvent faire naître après le partage. Qu'un seul des cohéritiers exige le remboursement, tous y seront contraints. Mais il doit arriver souvent qu'aucun des cohéritiers ne réclamera le rachat, parce que les annuités des rentes sont, en général, au-dessous du taux de l'intérêt de l'argent. Prévoyant cette situation, la loi dans, sa seconde disposition, commande un autre parti, qui doit éviter beaucoup de difficultés, ne pouvant pas les prévenir toutes. Ce moyen est le seul qu'on puisse employer, lorsque, par l'effet d'une stipulation permise (art. 530, 1911), la rente n'est point arrivée au terme où elle doit être rachetable. *Chab.*, *n.* 1, *etc.*; *Toull.* 4, *n.* 418, 560.

2. L'arrangement qui charge l'un des cohéritiers de toute la rente, ne fait pas perdre au créancier son action personnelle contre chacun des cohéritiers. Si la négligence du possesseur de l'immeuble grevé, porte le créancier à poursuivre les autres héritiers, ceux-ci ont une action en garantie contre leur cohéritier. *Chab.*, *préc.*; *Toull.* 4, *n.* 560; *Pand. franç.* 3, *p.* 365.

3. Si le créancier de la rente perd son hypothèque sur le fonds possédé par l'un des héritiers, pour défaut d'inscription, ou pour toute autre cause, cette perte n'entraîne pas celle de l'action personnelle contre les autres cohéritiers, parce qu'ils ne sont pas de simples cautions, ils sont bien personnellement débiteurs.

4. L'immeuble grevé entre fractionné dans plusieurs lots, lorsqu'un seul ne peut pas le comprendre ; et chacun des cohéritiers auxquels ces lots adviennent, est chargé, sous sa garantie, vis-à-vis des autres, du service d'une partie de la rente. Dans cette position, si l'un des héritiers laisse écouler deux années, sans payer la portion de rente mise à sa charge, M. Delvincourt décide que le créancier ne pourra contraindre au remboursement que ce seul héritier, et pour sa portion seulement, parce que la dette qui était divisible a été divisée en effet. La décision serait juste, si la rente n'était pas garantie par une hypothèque

sur un fonds possédé entièrement ou même en partie par le cohéritier en retard. *V. art.* 1912; *Delv.* 2 , *p.* 169 , *et* 3, *p.* 415.

5. M. Toullier prétend que la garantie due par l'héritier chargé de la rente, entraîne, en plusieurs cas, l'obligation de la rembourser, si les autres héritiers l'exigent. D'après l'auteur, cet héritier peut être forcé par les autres au rachat, lorsque l'hypothèque de la rente s'étend sur des immeubles compris dans leurs lots, et même lorsqu'ils sont recherchés par l'action personnelle, pour leurs parts viriles. La loi ne donne ce droit aux cohéritiers, dans l'un ni dans l'autre de ces deux cas, qu'après le partage. M. Toullier paraît avoir mal entendu la discussion du Conseil d'État qu'il invoque. M. de Maleville fait remarquer qu'elle a eu pour résultat la disposition de l'article 872, qui n'établit entre les cohéritiers le droit de l'exigence du rachat qu'avant le partage. *Toull.* 4, *n.* 418; *Malev., art.* 872.

6. Le cohéritier que le partage ne charge pas de la rente, et qui la rembourserait pour n'être point exposé aux poursuites du créancier, ne serait que subrogé à ce créancier, et ne pourrait pas plus que ne le pouvait celui-ci, contraindre le débiteur au rachat. Il n'aurait ce droit que dans la circonstance marquée par l'article 1912. *Delv.* 2, *p.* 169; *Dur.* 7, *n.* 443; *Pand. franç.* 3, *p.* 365.

7. L'article 872 s'applique aux rentes constituées comme aux rentes foncières, lorsqu'elles ont pour sûreté l'hypothèque spéciale d'un ou de divers immeubles de la succession. Il est étranger aux rentes viagères, parce qu'elles ne sont pas remboursables. M. Toullier et M. Malpel le disent applicable à toutes les dettes exigibles à terme. M. Chabot et M. Duranton remarquent justement qu'il n'y a pas identité de motifs, pour étendre son application à ces dettes. Quant aux rentes, il pourrait y avoir chaque année et à perpétuité, des actions personnelles et recursoires à exercer, tandis que pour les dettes exigibles à terme, les actions ne peuvent guère se produire qu'une fois. *Toull.* 4, *n,* 560; *Malp.,* n. 301; *Chab.,* n. 5, 6; *Dur.* 7, *n.* 437, *etc.; Delv.* 2, *p.* 169.

8. Un arrêt, rendu par la Cour de Caen, le 20 avril 1812, a jugé que le cohéritier qui se trouvait créancier d'une rente affectée sur tous les biens de la succession, pouvait contraindre ses cohéritiers au rachat. Cette décision n'est pas juste; M. Delaporte et M. Dalloz la repoussent avec raison. La disposition de la loi n'a trait qu'aux rentes qui grèvent des immeubles de la succession, par hypothèque spéciale; et le droit de faire opérer

le remboursement n'est donné qu'au cohéritier, afin de lui éviter des poursuites, à cause d'une dette, qui serait la charge du fonds possédé par un autre. Ce droit n'est point accordé au créancier, pour le dispenser de l'embarras de différens débiteurs. *J. pal., éd. n., t.* 13, *p.* 369; *Sir.* 12, 2, 230; *Pand. franç., succ., art.* 872; *Rép. méth., succ., ch.* 6, *sect.* 2, *art.* 2, *n.* 3.

Un autre arrêt rendu par la Cour de Nîmes, le 16 avril 1830, mérite le même blâme. Il a jugé que l'article 872 autorise un héritier à contraindre ses cohéritiers au remboursement d'une rente, garantie par l'hypothèque générale, résultant d'un ancien contrat, parce que cette hypothèque soumettrait chacun des cohéritiers, sans distinction, à défaut de payement de l'un d'entre eux, à des poursuites qu'il est dans son intérêt de chercher à prévenir. Le législateur connaissait l'hypothèque générale qui s'attachait, avant le nouveau régime hypothécaire, à toutes obligations contractées par acte public; il a donné la généralité à l'hypothèque légale et à l'hypothèque judiciaire; et quand il n'a positivement attribué qu'au cas de l'hypothèque spéciale, le droit pour un héritier, de contraindre ses cohéritiers au remboursement des rentes dues par la succession, il a, par cela même, refusé ce droit à l'égard des rentes garanties par l'hypothèque générale. *D.* 1830, *s., p.* 225.

ARTICLE 873.

Les héritiers sont tenus des dettes et charges de la succession, personnellement pour leur part et portion virile, et hypothécairement pour le tout ; sauf leur recours, soit contre leurs cohéritiers, soit contre les légataires universels, à raison de la part pour laquelle ils doivent y contribuer.

1. Le principe de la division des dettes entre les héritiers ou les successeurs, établi par l'art. 870, rappelé ici et dans l'art. 1220, reçoit, en faveur des créanciers, diverses exceptions déterminées par l'art. 1221. Au nombre de ces exceptions se trouve l'obligation indivisible, qui, d'après les art. 1222, 1223, se porte pour la totalité sur chacun des héritiers de l'un des codébiteurs, comme sur chacun des héritiers d'un débiteur unique.

M. Toullier observe très-justement que pour distinguer les obligations divisibles et indivisibles, les anciens auteurs se sont perdus dans des dissertations infinies, fort divergentes et fort obscures, qui ont fait regarder leurs écrits comme un labyrinthe inextricable. Dumoulin comptant sur son habileté, eut la prétention de tracer une marche sûre pour sortir de ce labyrinthe ; et il s'y est souvent embarrassé lui-même. Pothier a voulu abréger et éclaircir la doctrine de Dumoulin ; et, avec son grand sens, il n'est pourtant pas parvenu à présenter des règles bien claires et toujours sûres. M. Toullier reproche aux rédacteurs du Code, d'avoir suivi trop servilement Pothier, et, en resserrant son travail en peu d'articles, d'avoir rendu moins intelligibles les dispositions de la loi. Ils ont commencé, dit ce jurisconsulte, comme un docteur qui enseigne par des définitions abstraites et peu exactes, d'autant plus difficiles à comprendre qu'elles ne sont appliquées à aucun exemple qui puisse les éclaircir, en sorte que l'esprit, placé dès l'entrée dans le vague et dans l'obscurité, ne peut concevoir que des idées confuses, qu'il ne saurait démêler sans des secours étrangers. *Toull.* 6, *n.* 749, *etc.; Malev.*, art. 1217; *Chab.*, *n.* 1, *etc.; Delv.* 2, *p.* 512; *Dur.* 7, *n.* 422, *etc.*

Il est très-vrai que la distinction déclarée dans les art. 1217, 1218, entre l'obligation indivisible absolument, et l'obligation indivisible par l'effet de la stipulation, à cause du rapport sous lequel on l'a considérée, n'est pas démontrée par le législateur. Elle est douteuse, sans importance, et inutile à vérifier. Existe-t-il bien, en effet, des obligations qui ne soient susceptibles, absolument, d'aucune division, soit matérielle, soit intellectuelle? S'il s'en trouve, elles sont *à fortiori*, très-évidemment dans la catégorie de celles que la nature de l'engagement rend indivisibles. Nous avons assez de l'art. 1221, pour déterminer ou pour indiquer les exceptions que doit subir le principe de la division des dettes.

2. L'art. 1221 établit cinq exceptions. La première est relative à la dette hypothécaire.

L'hypothèque, selon l'art. 2114, est de sa nature indivisible ; elle subsiste, en entier, sur tous les immeubles, sur chacun et sur chaque portion de ces immeubles grevés ; elle les suit dans quelques mains qu'ils passent. Avant le partage ou la licitation, le créancier hypothécaire a le droit de poursuivre chacun des héritiers, hypothécairement, pour toute sa créance, parce qu'ils sont tous copropriétaires et détenteurs des immeubles de la succession. Après le partage, les détenteurs des fonds hypothéqués sont seuls passibles de l'action hypothécaire, pour la totalité de la dette. Les autres héritiers ne peuvent être poursuivis que par

29.

l'action personnelle, chacun à raison de son émolument dans l'hérédité; mais ils sont garans jusqu'à concurrence de leur part contributive, envers le cohéritier qui est attaqué hypothécairement, s'il n'a point été chargé seul de toute la dette. *Malev.*; *Chab.*, *n.* 12, *etc.* ; *Toull.* 4, *n.* 528, *et* 6, *n.* 763; *Malp.*, *n.* 294; *Dur.* 7, *n.* 445; *Gren.*, *donat.*, 1, *n.* 310, *etc.*, *et hyp.* 1, *n.* 170, *etc.*; *Delv.* 2, *p.* 166, 168.

3. L'héritier qui ne doit personnellement que sa part de la dette, et qui est recherché pour la totalité par l'effet de l'hypothèque, peut, en payant sa contribution personnelle, délaisser l'immeuble hypothéqué, conformément aux art. 2168, 2172, etc., et se dispenser par là de payer pour ses cohéritiers. Sans faire de délaissement, il peut, au moins, après sa libération personnelle, requérir la discussion des autres immeubles affectés à sa dette. *Gren.*, *hyp.* 1, *n.* 172.

4. L'art. 1017 présente pour le payement des legs, une règle spéciale, qui diffère de celle que nous voyons sortir de l'art. 873. A l'égard des legs, la loi porte que les héritiers du testateur en seront tenus hypothécairement pour le tout, jusqu'à concurrence de la valeur des immeubles de la succession, dont ils seront détenteurs. Nous avons entendu des légistes soutenir que cette règle particulière est aussi la règle générale que le législateur a voulu établir pour toutes dettes de succession, par ces mots de l'art. 873 : « Les héritiers sont tenus des dettes et charges de la succession, personnellement pour leur part et portion virile, et hypothécairement pour le tout. » Suivant ces légistes, c'est la même disposition dans les deux articles; seulement, l'effet de l'obligation hypothécaire est mieux développé par l'article 1017. Ainsi, pour les dettes même qui n'emportaient pas hypothèque contre le défunt, on fait produire à l'acceptation de l'hérédité, une hypothèque générale sur tous les biens de cette succession.

Il est impossible de ne pas voir l'hypothèque créée pour le légataire, par l'art. 1017. Il n'avait pas de droits contre le défunt; c'est le testateur qui lui a donné un droit contre ses héritiers; et c'est la loi qui attribue à ce droit, la garantie de l'hypothèque. A l'art. 873, le législateur envisage un droit qui existait avant l'ouverture de la succession, et il en marque l'effet contre les héritiers. La loi ne dit pas que toute créance contre le défunt, dépourvue de la garantie de l'hypothèque, acquiert cette garantie à l'ouverture de la succession. Elle a posé, à l'art. 870, le

principe de la division des dettes ; elle le répète à l'art. 873 ,
pour lui faire subir une exception nécessitée par la nature de
l'engagement du défunt. Il avait affecté hypothécairement des
immeubles à la sûreté de son obligation. Ces immeubles seront dans les mains de ses héritiers comme ils étaient dans les
siennes ; celui d'entre eux qui les recueillera, les aura grevés
de l'hypothèque qu'il a créée, et sera exposé à la recherche du
créancier, pour la totalité de la dette. L'art. 873 du Code civil a
pour type les art. 332, 333 de la coutume de Paris ; et sa disposition trop laconique dans les mots *hypothécairement pour le tout,*
expliqués déjà, par l'art. 1221, s'explique encore mieux par la
disposition plus développée de l'art. 333 de la coutume, dans ces
termes : « Toutefois, s'ils sont détenteurs d'héritages qui aient
appartenu au défunt, lesquels aient été obligés et hypothéqués à
la dette par ledit défunt, chacun des héritiers est tenu de payer
le tout, sauf son recours contre ses cohéritiers. » C'est bien ainsi
que les auteurs, interprètes du Code civil, ont entendu l'art. 873 ;
aucun d'eux n'a prétendu qu'il soit donné au créancier, dépourvu
d'hypothèque, d'obtenir pour toute sa créance, une condamnation hypothécaire sur les immeubles possédés par l'un des héritiers. Tous enseignent le principe de la division des dettes selon
l'émolument de chaque cohéritier ; et la Cour régulatrice l'a fortement recommandé, en cassant, le 22 juillet 1811, un arrêt de
la Cour d'appel de Paris, qui condamnait un héritier bénéficiaire, pour partie de la succession, au payement de toute la
dette ; sous le prétexte qu'étant administrateur comptable, il ne
pouvait retenir un bien quelconque de la succession, qu'après
l'acquittement des dettes. La Cour de cassation déclare que la division des dettes a lieu, de plein droit, entre les divers héritiers,
dans la proportion de la part virile de chacun ; que ni la coutume de Paris, ni le Code civil n'établissent d'exception à l'égard
de l'héritier bénéficiaire ;.... que l'arrêt attaqué a formellement
contrevenu aux articles sus-énoncés de la coutume de Paris, sous
l'empire de laquelle la succession s'est ouverte, et du Code qui,
en cette partie, a reproduit les dispositions de la coutume. *D.*,
1813, *p.* 30 ; *Sir.* 12, 1, 305. *V. infra, n.* 4.

5. Avant le partage, lorsque les cohéritiers possèdent conjointement les biens de la succession, le créancier hypothécaire
peut, sans doute, poursuivre chaque cohéritier pour le payement
de toute la dette, puisque chacun a la détention de l'immeuble
hypothéqué ; mais l'indivision de l'hérédité ne constitue pas l'in-

divisibilité de la dette; et le créancier dépourvu d'hypothèque
ne doit pas obtenir de condamnation pour toute la dette contre
aucun des cohéritiers. S'il ne les connaît pas tous, il demandera
le tout à ceux qui lui sont connus; mais ceux-ci lui indiquant
les autres, il sera obligé d'étendre et de diviser son action sur
ces cohéritiers. On est étonné de trouver pour motifs d'un arrêt
de rejet, du 9 janvier 1827: « Que l'arrêt attaqué, en condamnant solidairement les frères Chatigny, au payement de trois
mille francs, dans la qualité, discrètement exprimée, d'héritiers
bénéficiaires de leur frère, et limitativement sur les deniers et
immeubles de la succession, a suffisamment expliqué, par ces expressions mêmes, qu'il ne prononçait contre les frères Chatigny,
aucune condamnation personnelle, mais simplement la solidarité; ou, plus exactement, l'indivisibilité hypothécaire, qui in-
dépendemment de l'obligation de l'héritier à la dette de son auteur, proportionnellement à sa part virile, résulte de la possession d'un immeuble de la succession; et qu'en jugeant ainsi, l'arrêt attaqué a sainement appliqué l'art. 873. » D., 1827, p. 110;
J. p. 1827, t. 3, p. 265.

Cette décision est tout à fait contraire à nos principes: l'arrêtiste du Journal des audiences fait observer que si l'expression
de solidarité n'est pas exacte, il peut en être de même de *l'indivisibilité hypothécaire,* car ici il n'existait pas d'hypothèque. L'arrêtiste demande si l'on ne pouvait pas dire que la solidarité ou
l'indivisibilité résulte contre chaque cohéritier de leur qualité
de gérans et du principe de l'unité de gestion? A notre tour,
nous demandons où est établi ce prétendu principe d'unité de
gestion?

6. L'héritier qui ne possède plus l'immeuble hypothéqué, ne
peut plus être poursuivi directement par la voie hypothécaire,
quand même il posséderait d'autres immeubles de la succession;
mais l'action s'exerçant contre le détenteur auquel il a transmis
cet immeuble, pourra retomber sur lui, par l'effet de la garantie.
V. arr. cass., 26 *vendémiaire an* xi; *Sir.* 3, 1, 88; *D.* 1, p. 546;
Toull. 4, n. 531.

7. On fait acte d'héritier par la vente de ses droits successifs,
art. 780. Si cette vente exécutée fait porter l'action hypothécaire
sur l'acquéreur seul, elle laisse subsister le droit à l'action personnelle contre le vendeur, bien qu'elle la donne aussi contre
le cessionnaire. Le créancier a le choix pour diriger son action
personnelle contre l'un ou contre l'autre. L'acquéreur attaqué

hypothécairement pour la totalité de la dette, n'a point de garantie à réclamer de son vendeur; mais il a le recours qui appartenait à ce vendeur contre ses cohéritiers. *Chab.*, *n.* 18.

8. Quand la vente est faite, à titre singulier, d'objets spécialement déterminés, bien qu'elle comprenne tout ce que l'héritier a recueilli dans la succession, elle n'emporte pas le droit héréditaire; et l'acquéreur ne peut être inquiété par l'action personnelle; il n'est exposé qu'à la poursuite hypothécaire, qui lui ouvre un recours contre son vendeur. *Chab.*, *n.* 19; *Delv.* 2, *p.* 166; *Pand. franç.* 3, *p.* 395.

9. La seconde exception de l'art. 1221 est pour la dette d'un corps certain, c'est-à-dire d'un objet corporel désigné. Tant que cet objet certain existe, la dette est indivisible comme l'hypothèque. L'héritier détenteur de la chose due est obligé au payement intégral, de même que l'héritier détenteur du fonds hypothéqué, sauf recours contre ses cohéritiers. Qu'il se trouve dans une succession un objet déterminé, meuble ou immeuble, vendu par le défunt et non livré; jusqu'au partage, la délivrance sera réclamée contre les héritiers collectivement; après le partage, l'héritier qui l'a reçu dans son lot, poursuivi seul, est obligé d'en faire le délaissement. Il pourra ensuite exercer l'action en garantie que lui donnent l'art. 884 et l'art. 1221, même. M. Bigot disait au corps législatif: « Si la dette est d'un corps certain qui ait été compris dans le lot de l'un des héritiers, il faudrait que ceux-ci revinssent vers le cohéritier qui en serait possesseur; ce serait un circuit vicieux d'action. » *Toull.* 6, *n*, 775; *Chab.*, *n.* 8.

10. Lorsque la chose due, périt avant le partage, par la faute des cohéritiers, et même par cas fortuit, si le défunt s'était chargé des cas fortuits, l'obligation se convertit en dette divisible d'une somme d'argent, égale à la valeur de la chose perdue. Quand la perte de la chose n'aurait été causée que par l'un des cohéritiers, tous n'en seraient pas moins responsables envers le créancier; mais l'auteur du mal serait soumis à la garantie des autres. Si la chose était seulement dégradée, les héritiers en feraient la remise dans l'état où elle se trouve, et payeraient chacun leur part de la dégradation, sauf toujours la reprise des cohéritiers qui n'ont pas commis la dégradation, contre celui dont elle est le fait. Le partage opéré, le cohéritier qui a reçu la chose dans son lot, est seul soumis à la responsabilité pour les événemens postérieurs; mais à l'égard de tous les héritiers, de même qu'à l'égard de l'un ou de plusieurs d'entre eux, le créan-

cier supporte toute perte résultant de cas fortuit, si elle est arrivée avant que le débiteur fût en demeure de la délivrer. Alors même qu'il y a demeure, si le défunt ne s'était pas chargé des cas fortuits, le créancier supporte la perte qui serait survenue chez lui, comme chez le débiteur. *V. art.* 1221, 1139, 1245, 1302; *Poth. oblig.*, *n.* 304, 305, 306.

M. Chabot enseigne que le créancier n'a d'action pour la totalité, que contre l'héritier qui possède la chose; que si cette chose n'était pas livrée, soit parce qu'elle aurait péri, soit parce que le détenteur l'aurait aliénée, il n'y aurait contre les autres héritiers que l'action en payement de sa valeur, et que chacun d'eux n'en serait tenu que pour sa part héréditaire. Ce n'est point ainsi que M. Bigot expliquait la loi au corps législatif; il disait d'après Pothier : « Lorsque la chose périt par la faute de l'un des héritiers, il est tenu de l'entière indemnité, envers le créancier, sans recours contre ses cohéritiers : ceux-ci sont libérés, comme l'eût été le défunt lui-même, par la perte de la chose arrivée sans sa faute. » Chaque héritier est tenu des faits du défunt; il ne l'est point des faits de ses cohéritiers; mais comme nous venons de le marquer, il nous paraît que cette décision doit se borner au cas de la perte arrivée après le partage. Pendant leur communauté, l'héritier en faute est responsable envers ses cohéritiers, et tous sont obligés envers le créancier. Cela doit être, puisque l'action est donnée contre tous, pour la chose ou pour sa valeur, et parce que les cohéritiers répondent de cette chose, détruite ou dégradée pendant la détention, sans qu'il ait besoin de rechercher d'où vient le mal. Ceux qui n'ont pas commis ce mal sont toujours en faute de ne l'avoir pas empêché. Mais après le partage que la loi autorisait, puisque le droit du créancier porte sur un corps certain, son action ne peut porter que sur l'héritier qui le possède; la chose est là, dans les mains de cet héritier, aux risques du créancier, sous la seule responsabilité du possesseur, pour la perte qui proviendrait de sa faute. Les autres héritiers ne répondent pas pour lui; ils ne sont plus débiteurs, n'ayant plus l'objet particulier de la dette; et s'ils pouvaient l'être encore, ils seraient bien garantis par les art. 1245 et 1302, combinés avec les art. 883, 884. *V. Chab.*, *art.* 873, *n.* 8; *Disc. Bigot*, *art.* 1121; *Malev.*, *même art.*; *Delv.* 2, *p.* 513, *etc.*

11. Le troisième numéro de l'art. 1221 présente comme une exception au principe de la division des dettes entre les héri-

tiers, *la dette alternative de choses au choix du créancier , dont l'une est indivisible.* L'exception n'existe qu'alors que le choix est déclaré pour la chose indivisible; et cette exception faite, on se trouve sous la règle de l'art. 1213. Il en serait de même nécessairement, quoique l'art. 1221 ne le dise pas, et semble même dire le contraire, si le choix appartenant aux héritiers, ils avaient opté pour la chose divisible. Pourquoi donc cette disposition précitée de l'art. 1221 ? Plus d'un jurisconsulte l'ont jugée inutile. Elle n'a eu d'autre objet que celui qu'annonce M. Bigot, dans ces termes : « S'il s'agit de la dette alternative de choses au choix du créancier, et dont l'une soit indivisible, les héritiers ne sauraient réclamer une division qui serait contraire au droit que le créancier a de choisir, ou au choix qu'il aurait fait. » M. Toullier observe que : « ce cas est si simple, sa résolution si peu douteuse, qu'il ne valait pas la peine d'en faire une disposition légale. » Mais, au moins, il fallait la rendre plus claire; il ne fallait pas s'exprimer dans des termes qui semblent restreindre l'indivisibilité choisie, au cas de l'option faite par le créancier. Cette mauvaise expression a trompé M. Chabot même, qui d'ailleurs a vu et signalé le vice de la loi, dans ce numéro 3 de l'art. 1221. Ce n'est que par un défaut d'attention, qu'il a pu exiger comme condition de l'indivisibilité, que le droit de choisir appartînt au créancier. M. Toullier a copié d'abord la phrase de M. Chabot; mais ensuite, après avoir critiqué le législateur, il conclut dans son résumé, que la dette est indivisible, après l'option pour la chose indivisible, soit de la part des héritiers quand ils ont eu le droit de la faire, soit de la part du créancier, lorsque ce droit lui appartenait. *Disc., Bigot, art.* 1221 ; *Chab., n.* 8; *Toull.* 6, *n.* 765.

Voici un exemple pour l'application de cette règle. Titius a contracté l'obligation de donner, sur son champ B, un passage déterminé, à Lucius, ou de lui payer la somme de trois cents francs, soit en lui laissant le choix, soit en se le réservant. Si Titius meurt avec le droit d'opter, il transmet ce droit à ses héritiers. Avant le partage, ils doivent s'accorder sur l'option à faire; ou la justice en décide, selon le vœu du plus grand nombre, ou selon ce qui paraît le plus convenable. Si le choix est pour la servitude, elle se trouve par cela même établie; et celui des cohéritiers qui aura le fonds servant, sera forcé de la souffrir. Si Lucius ne réclame qu'après le partage, il faudra toujours qu'il fasse décider l'option de la même manière; et si la ser-

vitude lui est accordée, il l'exercera sur le fonds servant, au
préjudice de l'héritier qui l'a reçu dans son lot, sauf la garantie que ce possesseur pourrait avoir contre ses cohéritiers.
Si le choix avait été laissé à Lucius, avant le partage, il noti-
fiera son option à tous les héritiers; et préférant la servitude,
il l'aura, quel que soit le cohéritier qui obtienne ensuite le
fonds asservi. Après le partage, voulant opter pour la somme,
il agira contre tous les cohéritiers. Optant pour la servitude, il
n'agira que contre le cohéritier possesseur du fonds; et celui-ci
aura son recours contre ses cohéritiers, si, par les conventions
du partage, il n'a point été chargé de la dette.

12. Au quatrième numéro de l'art. 1221, on trouve cette autre
exception : « Lorsque l'un des héritiers est chargé seul, par le
titre, de l'exécution de l'obligation. » Voilà encore une disposition mal réfléchie et mal exprimée. Qu'entend la loi ici? quel est
ce titre par lequel l'héritier est chargé de l'exécution? Est-ce le
titre même de l'obligation? Ne peut-il y en avoir d'autres?
M. Chabot répond : « Il semble résulter des termes de la loi
que ce titre est le titre même de l'obligation, et c'est aussi ce
qu'a entendu M. Bigot de Préameneu. » M. Bigot a pourtant dit :
Soit par le titre même de l'obligation, soit par un titre postérieur;
mais M. Chabot observe que ces derniers mots ne se trouvent
pas dans la loi; et il ajoute : « Cependant tout le monde convient
que si, par son testament, le défunt avait chargé un légataire ou
un héritier institué d'acquitter seul une obligation qu'il avait
souscrite, ce légataire, ou cet héritier institué, serait tenu d'exécuter la charge qui lui aurait été imposée, parce qu'elle serait une
condition de la libéralité qui lui a été faite, et qu'il est permis
d'apposer aux libéralités toutes les conditions qui ne sont contraires ni aux lois, ni aux bonnes mœurs. M. Delvincourt pense
que la loi n'a point en vue d'autre titre que le testament qui
contient un legs, et charge spécialement l'un des héritiers de
l'acquitter en totalité. M. Toullier fait remarquer que « le Code
à passé sous silence le cas où le testateur a chargé un seul de
ses héritiers de toute la dette, sans recourir contre ses cohéritiers, parce que ce cas n'est point une exception à la division
des dettes; c'est un avantage fait aux autres héritiers. » *Chab.* ,
n. 8; *Delv.* 2, *p.* 514; *Toull.* 6, *n.* 770, 773.

La distinction de M. Toullier n'est que subtile. L'avantage
apparent pour les autres héritiers peut être compensé ailleurs;
et quand il subsisterait, il y aurait toujours une exception à la

règle de la division des dettes, puisque au lieu de partager le fardeau entre ses héritiers, le testateur le fait porter par un seul. Le numéro 4 de l'art. 1221 n'appelle ni n'exclut nommément cette position particulière; elle trouvait dans le droit romain, avant le Code civil, une règle qui sert à montrer le développement que doit recevoir celle de l'art. 1221. La loi, en général, veut l'exécution de toutes dispositions licites. Dans l'article qui nous occupe, le législateur avait une vue particulière que M. Toullier indique. Les lois romaines, 20, § 5, *ff. famil. ercisc.*, et 69, § 2, *ff. de legat.*, permettaient au testateur de charger un seul de ses héritiers du fardeau de ses dettes, pourvu que ce ne fût point au préjudice de la légitime; mais la loi 56, § 1, *ff. de verb. oblig.*, déclarait nulle, dans le contrat d'obligation, la convention faite entre le débiteur et le créancier, pour mettre la dette à la charge d'un seul des héritiers du débiteur. Les interprètes donnaient pour fondement à cette disposition une subtilité que Dumoulin a combattue par une autre subtilité. Ils disaient que la dette ayant pris naissance dans la personne du défunt, se divise de plein droit entre ses héritiers, en vertu de la loi des douze tables; que la division est un principe inflexible, au-dessus de la volonté des contractans. Dumoulin prétendit que la disposition de la loi 56... ne tombait que sur la substance même de l'obligation; qu'elle ne regardait pas l'exécution, et que le pacte fait pour empêcher la division de la dette, en la mettant à la charge d'un seul cohéritier, ne réglait que le mode du payement par les héritiers du débiteur. Cette doctrine, à laquelle M. Toullier trouve une base d'équité, quoique contraire, peut-être, à la loi romaine, fut suivie par Pothier, et le Code civil en a tiré une règle positive. *Dumoulin de div. et ind. p. 2 n. 30, 31, Toull. 6, préc.*

Ainsi expliqué par son origine et par l'orateur du gouvernement qui le proposa au corps législatif, le numéro 4 de l'article 1221, permet de stipuler, soit dans l'acte d'obligation, soit dans un acte postérieur entre le créancier et le débiteur, que le payement sera tout à la charge d'un seul héritier dénommé du débiteur. M. Delvincourt, s'appuyant sur la loi romaine, ne veut pas reconnaître cette faculté d'une condition, que ses héritiers peuvent dire : *Inter alios acta;* qui changerait les règles ordinaires de la division des dettes, et qui étant une véritable disposition de succession, ne pourrait se faire que par un acte testamentaire. M. Toullier s'étonne de la résistance de M. Delvincourt au texte précis de notre Code, motivée sur une ancienne loi étrangère, qui n'a jamais été reçue dans le royaume. Il pouvait ajouter que l'art. 1221 établit une exception à a règle générale de l'art. 893, qui n'autorise de disposition que par acte formel entre-vifs ou testamentaire. *Delv.*, 2 , *p.* 514; *Toull.* 6, *n.* 773.

13. M. Chabot et M. Toullier décident que l'obligation du payement intégral peut être imposée également à l'héritier *intestat* et à l'héritier institué. M. Chabot croit qu'en lui laissant contre ses cohéritiers le recours donné par la finale de l'art. 1221 et par l'art. 1225, l'on ne fait pas de disposition réelle au profit de ces cohéritiers, puisqu'en définitive chacun d'eux n'en est pas moins tenu de contribuer au payement de la dette. M. Toullier dit seulement que le grevé n'a point à s'en plaindre, parce que le défunt a pu mettre des charges à la succession, et qu'en l'acceptant, l'héritier se soumet à les acquitter ; mais les deux auteurs ont-ils entendu que l'héritier du sang, réduit à la réserve légale, pourrait être soumis à cette charge, et qu'elle peut être imposée à l'héritier contractant après l'institution pure ? Si la réserve légale n'est point exempte des dettes de la succession, chaque cohéritier n'est tenu de contribuer à leur payement que *pro modo emolumenti*. Le soumettre à payer pour ses cohéritiers, c'est faire un avantage à ceux-ci, et diminuer sa part de réserve que la loi veut assurer. L'obligation d'un remboursement par les cohéritiers ne rend pas les conditions égales. Avancer pour autrui de l'argent qu'on n'a pas quelquefois, c'est déjà une charge qui peut être pesante, et qui deviendra bien plus grande, si, au temps où il s'agira du remboursement, les cohéritiers sont insolvables. Il en est de même, après l'institution, pour l'héritier contractuel en concours avec d'autres héritiers ; l'instituant ne peut altérer la portion d'hérédité qu'il lui a promise, en faisant porter sur lui seul des charges qui doivent être divisées. Pour que le payement intégral d'une dette ait pu être imposé à l'héritier partiel à réserve, il faut qu'on lui ait laissé quelque chose d'équivalent dans la quotité disponible. Pour que cette charge soit imposée valablement à l'héritier institué partiellement, il faut qu'elle soit une condition, exprimée, de l'institution, ou qu'elle puisse entrer dans une réserve de disposition particulière. *Chab.*, *n.* 8; *Toull.* 6, *n.* 773.

M. Toullier recommande de bien peser les derniers termes du numéro 4 de l'art. 1221, *l'exécution de l'obligation*, pour bien comprendre que le Code ne permet, hors du testament, de charger un seul de ses héritiers du payement intégral d'une dette, que sauf son recours contre ses cohéritiers. Notre attention fixée sur ces mots, n'y trouve pas la signification que leur attribue M. Toullier. Déjà nous avons dit, relativement à la loi 56, *ff. de verb. oblig.*, que la distinction de Dumoulin entre la substance et l'exécution de l'obligation ne nous paraissait qu'une subtilité. Charger un héritier de l'obligation qu'on a contractée, ou de l'exécution de cette obligation, ou du payement de cette obligation, c'est tout un à nos yeux. Aucune de ces locutions ne nous semble, mieux que les autres, emporter la réserve ni l'interdiction du recours. La loi le réserve, il est vrai, à la fin de l'art. 1221; mais comme étant de droit, lorsqu'il n'est pas refusé par la stipulation : la loi ne défend pas de l'interdire. Quand on peut donner au préjudice d'un héritier, on a le droit de le soumettre sans recours au payement intégral d'une dette, au moins jusqu'à concurrence de la portion d'hérédité qu'on pouvait lui ôter, quel que soit l'acte autorisé, dans lequel on ordonne ce payement. Le testament n'est pas exclusivement l'acte propre à cette interdiction. Prétendrait-on qu'elle serait nulle à la suite d'une donation, dans un acte entre-vifs? C'est assez que la loi permette, sans condition, de stipuler entre le créancier et le débiteur, qu'un seul des héritiers de celui-ci sera chargé de l'exécution de l'obligation, pour que cette charge puisse être imposée, sans recours, contre les cohéritiers. *Toull.* 6, *n.* 773.

14. La disposition du cinquième numéro de l'article 1221, est ce que la loi offre de plus irréfléchi, de plus vague et de plus insignifiant. Dans cette matière morte, que les discussions du barreau n'ont jamais animée, et que la jurisprudence n'a point éclairée, la législation n'a fait aucun progrès. Des exemples d'application réelle, des positions vraies, des intérêts présens, n'ont point excité l'attention ou le zèle des auteurs du Code; leur travail fut fait à froid, dans l'obscurité, sous l'inspiration de Pothier, qui n'avait opéré lui-même qu'au milieu des abstractions. A peu de chose près, on s'est contenté de reproduire, en les abrégeant, les règles qu'il avait tracées, selon des principes d'un droit suranné, qui ne s'accordent point avec l'esprit du nouveau Code, en général. Heureusement le vague de la disposition que nous allons examiner laisse une grande latitude aux juges; ils ont ici un pouvoir discrétionnaire, et à l'occasion, si elle se présente, leur raison les guidera mieux que la doctrine de Dumoulin et de Pothier.

Les termes de la loi sont remarquables: « Lorsqu'il résulte, soit de la nature de l'engagement, soit de la chose qui en fait l'objet, soit de la fin qu'on s'est proposée dans le contrat, que l'intention des contractans a été que la dette ne pût s'acquitter partiellement..., chaque héritier peut aussi être poursuivi pour le tout, sauf son recours contre ses cohéritiers. »

Pour apprécier ces règles, et sentir leur inutilité, il faut en venir à leur application hypothétique, suivant les exemples invoqués par les docteurs. On dit : la dette d'un cheval, d'un navire, d'une statue, d'un tableau, divisible d'une manière intellectuelle, est indivisible par la nature de l'engagement; car en promettant une de ces choses, c'est la chose entière que l'on s'oblige à donner; et il ne doit pas être permis à quatre héritiers du débiteur de se libérer, en délivrant chacun le quart d'un cheval, d'un navire, d'une statue ou d'un tableau. Fort bien, ils doivent un corps certain, et leur dette est réglée par le numéro 2 de l'article 1221, et la partie du § final qui se rapporte à ce numéro : le cinquième numéro est ici sans application. *Toull.* 6, *n.* 775.

La dette d'un attelage de quatre chevaux, très-divisible matériellement, est indivisible par la nature de l'engagement, et par la fin qu'on s'est proposée dans le contrat. Toutefois, elle ne tombe pas raisonnablement sous la règle du numéro 5; c'est encore la dette d'un corps certain, réglée par le numéro 2. Entre quatre héritiers, si chacun ne peut pas contraindre le créancier à recevoir isolément un cheval, ce créancier n'a toujours pas le droit d'exiger d'un seul les quatre chevaux appareillés qui doivent former l'attelage; il n'a ce droit que dans le cas où l'attelage dû était dans la succession, et a passé au pouvoir de ce cohéritier *Toull.* 6, *n.* 776.

M. Toullier dit avec Pothier : « Si j'ai acheté ou pris à ferme une métairie, même susceptible d'être divisée, sans détérioration, un des héritiers du vendeur ou du locataire ne sera point admis à m'offrir sa part indivise, ou même celle qu'il a reçue en partage, pour s'acquitter envers moi de son obligation, si ses cohéritiers ne se réunissent pas à lui, pour m'offrir leur part en même temps. Je puis le poursuivre pour le tout, sauf son recours contre ses cohéritiers. » Oui, pour le tout, après le partage qui lui attribue le tout, mais non pas autrement. Serait-il bien en son pouvoir, auparavant, de délivrer toute la chose, si les cohéritiers voulaient la retenir. La métairie est un corps certain, soumis comme le cheval, le navire, l'attelage, à la même règle du numéro 2. *Poth.*, n. 315; *Toull.* 6, n. 778.

15. Dans notre Traité du mariage, nous avons démontré, contre l'avis de Pothier et de M. Toullier, que la dette des alimens n'est ni solidaire ni indivisible, entre les personnes à qui la loi l'impose, non plus qu'entre les personnes qui la contractent conjointement, sans stipulation de solidarité. Mais la pension alimentaire, créée par le défunt, pourrait-elle être jugée indivisible entre ses héritiers, soit par la nature de l'engagement, soit par l'intention qu'il s'est proposée? Ulpien, dans la loi *ff. de alim. legat.*, a dit : Pour qu'un des affranchis, légataire d'alimens, ne soit pas obligé de le recevoir par petites portions de chacun des cohéritiers, les juges sont dans l'usage de répartir entre les cohéritiers, de manière que chacun d'eux ait un seul débiteur; ou bien les juges ordonnent que les cohéritiers feront un fonds entre les mains de l'un d'eux qui restera seul chargé de la prestation. La loi termine en déclarant que les portions de la dette mise à la charge des héritiers qui deviendraient insolvables, ne retombent pas sur leurs cohéritiers. M. Toullier convient que le Code civil n'offre pas de disposition semblable à celle de cette loi romaine; mais il observe que l'article 1221 laisse aux juges toute la latitude, pour décider de la divisibilité ou de l'indivisibilité de l'obligation, suivant sa nature et l'intention de celui qui l'a contractée. L'observation est juste ; mais la raison des juges doit modérer l'excès de leur pouvoir. Une pension alimentaire, très-divisible naturellement, est toujours divisible dans l'intention de celui qui l'a constituée, s'il n'en a pas expressément chargé un seul de ses héritiers, ou s'il n'a point assuré spécialement un fonds à la sûreté des obligations. Il n'est pas si fâcheux pour le créancier de recevoir sa pension en divers payemens ; et il ne serait pas juste que le cohéritier qu'il lui plairait de choisir fût chargé de la dette entière, sous la réserve, contre ses cohéritiers, d'un recours que leur insolvabilité pourrait rendre illusoire. La loi donne au créancier des moyens pour assurer sa créance contre le successeur et contre les héritiers; c'est à lui d'en user. *V. Tr. mariage*, n. 493; *Toull.* 6, n. 779.

16. Suivant l'article 1221, la fin que l'on s'est proposée dans le contrat peut rendre seule son exécution indivisible. Nous doutons qu'il puisse se trouver un sujet d'application pour cette règle. A l'exemple de Dumoulin, M. Toullier et M. Delvincourt, en ont trouvé un dans cette position. Titius s'est obligé de payer

à Lucius une somme de 3000 fr., pour le tirer de prison, ou pour payer un créancier qui a saisi son bien ; Titius mort, on prétend qu'un seul de ses héritiers ne sera point admis à offrir à Lucius une part virile, qui ne pourrait lui procurer ni la liberté, ni la mainlevée de ses biens saisis, et que Lucius pourra le poursuivre pour le tout, sauf son recours contre ses cohéritiers. Cependant Dumoulin disait que l'un des cohéritiers prévenait les poursuites, en offrant sa part de la somme ; et que si le créancier pouvait la conserver en prison, sans frais et avec sûreté, il ne pourrait la refuser, sauf à lui d'agir, pour le surplus, contre l'un des autres héritiers ou contre tous. M. Toullier vient ajouter que cette décision est parfaitement juste, et dans l'esprit du Code. On a donc senti, dans cette circonstance, l'injustice de l'exception au principe de la division, et l'on a voulu l'atténuer. Pothier voyant l'injustice dans différentes autres exceptions admises par les auteurs qui l'avaient précédé, distribuait ces exceptions en deux classes. La première, de celles qui devaient autoriser le créancier à poursuivre l'un des débiteurs pour le tout ; la seconde, de celles qui devaient empêcher les payemens partiels, sans autoriser la poursuite de la dette entière, contre un seul héritier. Pothier voulait, pour les choses de cette seconde classe, la poursuite contre tous, et le payement par tous ensemble. M. Delvincourt regrette que le Code civil n'ait point adopté ce dernier parti généralement, sans distinction. M. Toullier pense que la doctrine de Pothier est trop subtile, et peu exacte. Il est certain qu'une exécution simultanée ne s'obtient pas trop aisément de divers codébiteurs ; mais il n'est jamais assez important, peut-être, d'avoir l'exécution complète au même moment, pour qu'aucun des débiteurs puisse être contraint à payer pour les autres ; et il aurait mieux valu ne pas insérer dans le Code le numéro 5 de l'article 1221. Mais encore, avec la disposition vague de ce numéro, les tribunaux peuvent faire bonne justice. Nous ne saurions penser que l'énonciation, dans le contrat, d'un emploi urgent à faire de la somme promise, puisse suffire au jugement de l'indivisibilité, et autoriser la poursuite de toute la dette, contre celui des codébiteurs que le créancier voudra choisir, contre celui-là même qui a la moindre part dans la succession, s'il a d'ailleurs personnellement plus de facultés que les autres. Il pourrait arriver qu'il eût à payer plus qu'il ne lui reviendrait dans la succession. Quand le défunt n'a pas désigné l'un de ses héritiers pour l'exécution entière de son engagement, il est très-difficile de supposer qu'il ait entendu déroger au principe de la division. Nous avons vu, au surplus; qu'il ne peut pas toujours ordonner efficacement la dérogation. *V. Poth.* 1, *n.* 315, 316; *Toull.* 6, *n.* 780; *Delv.* 2, *p.* 515, 516.

17. Dumoulin et Pothier enseignent que l'indication de l'usage qu'on veut faire de la chose promise, en montrant qu'on l'a voulue entière, rend l'obligation indivisible, et autorise, en tout temps, la poursuite contre un seul héritier, tandis que pour la promesse d'une chose dont l'usage n'est point annoncé, le créancier n'a d'action contre un seul héritier, que dans le temps où cet héritier possède seul la chose. M. Toullier remarque très-justement ici, qu'il n'y a point de différence quant à l'indivisibilité de l'obligation de livrer une pièce de terre, entre le cas où l'usage qu'en veut faire l'acquéreur, est exprimé dans la convention, et celui où cet usage n'est point exprimé. Dans l'un et l'autre cas, c'est l'obligation d'un corps certain à laquelle s'applique le numéro 2, et non pas le n. 5 de l'art. 1221. *Molin de div. et ind.*, *p.* 3, *n.* 76; *Poth., n.* 292, 295; *Toull.* 6, *n.* 794.

18. L'obligation de procurer une chose indivisible ou réputée indivisible, et l'obligation de produire une même chose complète, sont rangées, par les anciens auteurs, dans la classe des engagemens dont l'exécution peut être poursuivie contre un seul héritier. Tel est, selon Pothier, l'engagement d'acquérir, pour un autre, une servitude sur le fonds d'un tiers; tel est aussi l'engagement de construire une maison pour une autre personne, une halle, un hôpital pour une ville. Peut-on dire, comme M. Delvincourt, que des obligations de ce genre sont placées sous la règle du numéro 5 de l'art. 1221? Nous remarquerons d'abord avec M. Toullier, que la vente d'une servitude sur le fonds d'autrui est nulle; que l'acquéreur ne peut avoir droit qu'à des dommages-intérêts, dans le cas seulement où il a ignoré que le fonds n'appartenait pas au vendeur. art. 1599. Nous rappellerons, avec le même auteur, cette disposition de l'art. 1795. « Le contrat de louage d'ouvrage est dissous par la mort de l'ouvrier, de l'architecte ou entrepreneur. » Mais comme, d'une part, on peut prendre l'engagement d'acquérir, pour une seconde personne, quelque servitude sur le fonds d'une troisième, et même la propriété de ce fonds; comme d'ailleurs on peut s'obliger, ou obliger ses héritiers, à faire construire un bâtiment pour un établissement public ou pour un particulier, nous sommes ramenés à la question de l'application du numéro 5 de l'art. 1221. Il n'est

30

pas permis, sans doute, de n'exécuter qu'en partie, l'obligation de procurer ou de faire une chose entière. S'il y a quatre héritiers, l'un d'eux ne sera point admis à présenter l'acquisition d'un quart de servitude, la construction d'un quart de maison ; mais il ne serait pas juste qu'on pût l'obliger à remplir toute l'obligation, même en lui accordant garantie contre les autres. Pourquoi tous ne seraient-ils pas directement obligés ensemble ? Est-ce donc que des moyens semblables, venus de divers endroits, ne peuvent pas se réunir au même lieu, concourir au même but et produire un même résultat complet ? Pour acquérir, pour bâtir, il ne faut que de l'argent. Quelle raison de forcer l'héritier qui n'a qu'un quart de succession, ou un cinquième, un dixième, ou qui ne représente le débiteur défunt que pour un quart, un cinquième, un dixième, à faire toute la dépense de l'acquisition ou de la construction qui pourrait s'élever au double, au triple, au quadruple, etc., de la valeur de sa portion héréditaire ? Il aura son recours ; mais s'il faut payer en attendant l'effet d'un recouvrement quelquefois incertain, sa condition est trop dure. *Molin., p.* 2, *n.* 355, *etc. ; Poth., n.* 292, 297, 333 ; *Toull.* 6, *n.* 793, 796 ; *Delv.* 2, *p.* 515.

Mais le législateur n'a-t-il pas lui-même réduit à rien, à peu près, les dispositions des numéros 4 et 5 de l'art. 1221, par celle de l'art. 1225 ? Ce dernier article porte : « L'héritier du débiteur assigné pour la totalité de l'obligation, peut demander un délai pour mettre en cause ses cohéritiers, à moins que la dette ne soit de nature à ne pouvoir être acquittée que par l'héritier assigné, qui, pour lors, doit être condamné seul, sauf son recours en indemnité contre ses cohéritiers. » Si pour n'être pas condamné à l'exécution entière de l'engagement du défunt, il ne faut à l'héritier poursuivi que réclamer la mise en cause de ses cohéritiers, à quoi bon cette théorie embrouillée et ces règles exorbitantes sur l'engagement indivisible par sa nature, par la chose qui en fait l'objet, par la fin qu'on s'est proposée, par la volonté des contractans ? Il arrive souvent que pour des dettes d'une succession, très-divisible de toute manière, tous les héritiers n'étant point connus, on n'agit que contre ceux qui sont apparens ; et que, sur l'indication qu'ils donnent de leurs cohéritiers, la mise en cause de ceux-ci est ordonnée. A l'exception de la chose certaine, de l'hypothèque et de la servitude sur un fonds certain, qui ont leurs règles nécessaires d'indivisibilité, il ne reste que des indivisibilités illusoires, qui disparaissent devant une mise en cause. Mieux valait ne pas en parler et laisser les choses dans le droit commun. Un seul cohéritier ne peut donc, à la rigueur, être soumis à l'exécution entière de l'engagement du défunt, que lorsqu'il possède le fonds grevé d'hypothèque ou de servitude, ou bien le corps certain qui est l'objet de la dette. Poursuivi dans ces positions, s'il ne peut pas faire mettre en cause ses cohéritiers, il conserve de droit, un recours contre eux. *Poth.*, *n.* 330, 333; *Molin.*, *p.* 3, *n.* 90 *et* 104, *et p.* 2, *n.* 175, 469, *etc.*; *Disc. Bigot*, *art.* 1224; *Chab.*, *n.* 7; *Delv.* 2, *p.* 515.

19. « Chaque héritier du créancier peut exiger en totalité l'exécution de l'obligation indivisible. » Cette disposition de l'art. 1224 n'est relative qu'à l'obligation absolument indivisible par sa nature; elle est étrangère aux obligations naturellement divisibles, et qui ne sont considérées, par l'art. 1221, comme indivisibles, que d'après l'intention déclarée ou présumée, soit de ceux entre lesquels l'obligation s'est faite, soit du débiteur seulement. La disposition de l'art. 1224 ne s'applique pas non plus à la dette hypothécaire ni à la dette d'un corps certain. Si dans ces diverses positions d'indivisibilité convenue ou présumée, le payement de la dette peut être poursuivi par le créancier unique, sans division contre un seul des héritiers du débiteur, il n'en est pas de même pour les héritiers du créancier : chacun ne peut réclamer que sa part dans le montant de la dette. Quand la chose due est un corps certain à mettre en partage, il faut nécessairement un accord entre tous, pour le demander ensemble, ou pour que quelqu'un d'eux ait le droit de le demander seul. Chacun ne pourrait pas, dénaturant et divisant la dette, exiger du débiteur la valeur en argent de la chose due. Tous ensemble même n'auraient pas le pouvoir de forcer les débiteurs à leur donner de l'argent au lieu de la chose. *Molin.*, *p.* 3, *n.* 112; *Poth.*, *n.* 324, 325, 326; *Toull.* 6, *n.* 775, 776, 778.

20. Dans le cas même où l'un des héritiers a droit d'exiger seul toute la chose, l'art. 1224, dans sa seconde partie, déclare que : « Il ne peut seul faire la remise de la totalité de la dette; il ne peut recevoir seul le prix au lieu de la chose. Si l'un des héritiers a seul remis la dette, ou reçu le prix de la chose, son cohéritier ne peut demander la chose indivisible, qu'en tenant compte de la portion du cohéritier qui a fait la remise ou qui a reçu le prix, c'est-à-dire, en payant la valeur de la portion qu'amendait ce cohéritier. » *Molin.*, *p.* 3, *n.* 189; *Poth.*, *n.* 327; *Malev.*, *art.* 1226.

21. L'exception de garantie opposée à l'action d'un cohéritier

30.

qui réclame contre les faits du défunt, avait paru, à Dumoulin et à Pothier, divisible, comme l'obligation des dettes entre les cohéritiers; mais les lois première et dernière, au digeste *de except. rei vendit.*, décidaient qu'un [cohéritier est garant, pour le tout, de la vente de sa propre chose, faite indûment par le défunt. Nous aurions écarté cette décision, sans hésiter, comme inconciliable avec les art. 870 et 873 du Code civil, si par deux arrêts de rejet, du 19 février 1811, et du 5 janvier 1815, la Cour de cassation n'avait jugé que, sans violer ces articles, on pouvait considérer la garantie de la vente de la chose de l'un de ses héritiers, par le défunt, comme une obligation indivisible, dont chaque cohéritier est tenu entièrement; que cette manière de voir est autorisée par le § 5 de l'art. 1221, qui admet l'indivisibilité d'intention. *D.*, 1811, *p*. 168, *et* 1815, *p*. 169; *Sir*. 11, 1, 188, *et* 15, 1, 221.

Nous pensons, ainsi que M. Toullier, que la matière des obligations indivisibles, fort obscure autrefois, n'est pas encore bien éclaircie dans notre Code civil. Le § 5 de l'art. 1221, principalement, est d'un vague qui prête grandement à l'arbitraire. Nous faisons aussi des vœux pour la réforme de cette législation; et cependant, il nous semble que par la dernière disposition de l'art. 1221 même, le législateur n'a point entendu déroger à la règle des art. 870, 873. La garantie d'une éviction, qui se résout en une somme d'argent, nous paraît aussi divisible que toute autre dette d'argent. Convenablement, la loi aurait dû statuer que le cohéritier peut revendiquer contre l'acquéreur, toute la chose vendue par le défunt, sauf à contribuer avec ses cohéritiers au payement de la valeur de cette chose, qui est la dette de la succession. La loi n'ayant point établi cette règle, on dit que les héritiers sont tenus à l'exécution littérale des engagemens du défunt; et qu'ils doivent assurer la propriété à l'acquéreur, puisque c'est la propriété principalement qui lui fut promise par le défunt; que l'obligation d'en payer la valeur n'est que secondaire, pour le cas où il serait impossible d'exécuter la vente. Oui, l'obligation de fixer la propriété sur l'acquéreur était le vœu du vendeur; mais si pendant la vie de ce vendeur, l'opposition du vrai propriétaire à l'exécution de cet engagement, devait le faire convertir en une dette de dommages-intérêts, pourquoi, le vendeur mort, le propriétaire, son héritier partiel, n'aurait-il plus le même droit à sa chose? C'est parce que, comme héritier du défunt, il est tenu de ses engagemens, pour une portion égale à la quotité de son émolument; mais, raisonnablement, on ne peut pas reconnaître au défunt, dans la vente, une intention de soumettre son futur héritier partiel, à une obligation plus forte que celle qui est justement marquée par les art. 870, 873. Que signifierait cette intention d'ailleurs, s'il venait à ne lui laisser que la réserve légale? On ne peut grever la réserve d'aucune charge extraordinaire. On objecte que l'héritier, obligé de respecter entièrement la vente, ne sera point en perte, parce qu'il prélèvera dans la succession la valeur de sa propriété vendue. Mais on le dépouille, malgré lui, de cette propriété qui peut lui convenir beaucoup mieux que de l'argent. Que si l'obligation de faire valoir la vente est une dette de la succession, cette dette, comme toute autre, est, de droit, divisible entre les héritiers. Pour qu'elle ne le fût point, pour que le propriétaire, dont la chose est vendue fût dans l'obligation de faire valoir la vente pour le tout, il faudrait que cette obligation lui eût été imposée comme condition d'une libéralité qu'il aurait acceptée. Dans cette position, le § 5 de l'art. 1221 pourrait avoir une juste application.

22. L'insolvabilité d'une partie des héritiers ne fait pas fléchir le principe de la division des dettes. Ceux qui sont solvables ne sont pas tenus de suppléer au défaut de facultés des autres. Chaque cohéritier n'est toujours soumis aux dettes que pour la part qu'il a dans la succession, alors même que cette part serait suffisante pour acquitter la totalité des dettes. *Chab., n.* 6 ; *V. supra, art.* 870, *n.* 1.

23. Les héritiers sont tenus des engagemens du défunt; mais on n'a pas contre eux, tous les moyens de poursuite et d'exécution qu'on avait contre lui. S'il était exposé à la contrainte par corps, elle ne peut pas s'étendre sur eux. Ils ne répondent de ses crimes ou de ses délits que civilement. L'action publique s'éteint par la mort du coupable; on ne peut exercer contre ses successeurs que l'action civile en réparation du tort qu'il a causé aux particuliers. *C. inst. crim., art.* 22; *Chab., n.* 22; *Delv.* 1, *p.* 152, *et* 2, *p.* 167.

Un arrêt de cassation, du 28 messidor an VIII, déclare que les amendes sont une peine, et qu'après la mort de celui qui les a encourues, on n'a point d'action pour les faire prononcer contre ses héritiers. Mais les amendes auxquelles il a été condamné et qu'il n'a point payées, sont la dette de la succession. *D.* 1, *p.* 263; *Sir.* 1, *p.* 309; *Chab., n.* 23.

Un autre arrêt de cassation, du 5 avril 1811, a décidé que les

réparations pécuniaires pour délits forestiers, sont une charge
réelle plutôt qu'une peine, et qu'après la mort du délinquant,
sa caution solidaire avait pu être poursuivie comme s'il était
vivant. Cette caution devait avoir son recours contre les héritiers ; et ceux-ci auraient pu être poursuivis directement. *D.* 1811,
p. 199; *Sir.* 11, *p.* 204.

ARTICLE 874.

Le légataire particulier qui a acquitté les dettes dont
l'immeuble légué était grevé, demeure subrogé aux droits
du créancier contre les héritiers et successeurs à titre
universel.

1. Cet article se confère et s'accorde parfaitement avec la disposition des art. 871 et 1024. Il résulte clairement de la combinaison de ces trois articles, que le légataire particulier n'est pas
tenu aux dettes de la succession, s'il n'en est expressément chargé
par la disposition du testateur; et que, malgré ce défaut d'obligation expresse, comme il ne peut éviter l'action hypothécaire
du créancier qui affecte l'immeuble légué, il doit en être garanti
par l'héritier. Mais l'art. 1020 présente une disposition qui semble
contrarier cet ordre de choses, et qui a reçu des interprétations
diverses. Il porte que « si avant le testament, ou depuis, la chose
léguée a été hypothéquée pour une dette de la succession, ou
même pour la dette d'un tiers; ou si elle est grevée d'un usufruit, celui qui doit acquitter le legs n'est point tenu de le dégager, à moins qu'il n'ait été chargé de le faire par une disposition
expresse du testament. »

On peut inférer des termes de cet article, que le testateur qui
a pu grever l'immeuble légué, et qui n'a point chargé son héritier de l'affranchir, a voulu que le légataire supportât, comme
condition, ou comme charge du legs, le poids de la dette hypothéquée sur le fonds du legs; et qu'ainsi les art. 871 et 1024 sont
modifiés en ce sens, que le légataire particulier n'est personnellement étranger aux dettes de la succession, dont il n'est pas
chargé d'une manière expresse, que lorsqu'elles ne sont pas
hypothéquées spécialement sur l'immeuble légué, et que, dans
le cas de cette hypothèque, il n'a de recours contre l'héritier,
qu'alors qu'il a payé la dette dont celui avait été chargé expressément de l'affranchir. C'est ainsi que M. de Maleville et M. Favard ont entendu et expliqué l'art. 1020, conféré avec les arti-

cles 871, 874. M. Palliet a présenté la même interprétation dans ses notes sur l'art. 874. *Malev.; Rép. Fav., testament, sect.* 2, § 3, *n.* 6.

M. Chabot examine deux autres interprétations et ne parle pas de celle de M. de Maleville. Il dit que des jurisconsultes ont prétendu que les art. 871 et 874 ne doivent être appliqués qu'aux dettes pour raison desquelles il y a une hypothèque générale, c'est-à-dire une hypothèque légale ou judiciaire; que l'art. 1020 doit être appliqué aux dettes pour lesquelles il y a une hypothèque spéciale; et qu'ainsi, d'après cette distinction, le légataire particulier est bien dispensé des dettes affectées par hypothèque générale sur les immeubles compris dans son legs, mais qu'il est tenu de celles qui sont affectées par hypothèque spéciale. Cette opinion, ajoute M. Chabot, ne peut être admise, parce qu'elle porte sur une distinction purement arbitraire, qui n'est exprimée, ni même indiquée dans aucun des trois articles; et, au contraire, ces trois articles statuent tous également d'une manière générale et absolue, sans aucune distinction entre les diverses espèces d'hypothèques. *Chab., n.* 3.

M. Chabot adopte, avec M. Merlin, une troisième interprétation qui est de M. Grenier, d'après laquelle l'art. 1020 ne fait pas d'exception à la règle des art. 871 et 874. « Le législateur, dit M. Grenier, a prévu un cas qui arrive souvent, celui où une hypothèque serait établie pour une créance éventuelle ou conditionnelle, ou payable à une époque éloignée; et il a voulu que dans ce cas, celui qui devait acquitter le legs ne fût point obligé de dégager la chose léguée, en prenant des mesures pour procurer au légataire l'avantage de jouir de cette chose léguée, sans les entraves de l'hypothèque, lorsque le légataire demanderait la délivrance de son legs, à moins que le testateur ne l'eût ainsi voulu; car cet art. 1020 a principalement trait à ce que doit faire celui qui doit acquitter le legs, lors de cette délivrance;... il n'est point obligé de dégager la chose léguée avant l'époque du payement, ou avant l'événement qui doit en opérer l'extinction. » *Gren., donat.* 1, *n.* 318; *Chab. préc.; Rép. Merl., légataire*, § 7, *art.* 2, *n.* 4.

En ne considérant que le texte de l'art. 1020, cette explication qui offre une règle, bonne en soi, ne trouve pas d'appui dans ce texte. Il n'y a pas plus de distinction, dans l'art. 1020, entre les créances sans condition et sans terme éloigné, et les créances éventuelles, conditionnelles ou à terme, qu'entre les diverses

espèces d'hypothèques. Mais par la discussion du conseil d'état,
il paraît qu'on n'a point entendu mettre à la charge du légataire
la créance hypothéquée, même spécialement, sur l'immeuble
légué. Les observations qui furent faites par la Cour de cassation
montrent qu'elle avait compris que la pensée du législateur ne
portait que contre l'affranchissement actuel de l'immeuble affecté par l'hypothèque d'une créance éventuelle, ou non encore
exigible; et que s'il n'a pas voulu prévenir l'action en garantie,
il n'a pas mieux voulu en dispenser l'héritier, lorsque le légataire serait poursuivi hypothécairement. La Cour de cassation
proposa d'ajouter à l'art. 1020 : *Sauf le recours du légataire contre*
l'héritier, en cas que ce légataire fût obligé de payer la dette hypo-
thécaire ou de déguerpir. M. Merlin et M. Chabot affirment que si
l'addition n'a pas été faite, c'est parce qu'on l'aura jugée inutile,
d'après la disposition générale de l'art. 874, auquel il est bien
évident que l'art. 1020 ne déroge pas, puisqu'il se borne à dire
que le légataire d'un immeuble hypothéqué à une dette de la
succession, ne peut pas contraindre l'héritier à éteindre l'hypothèque, tant que le créancier hypothécaire n'agit pas. *Merl.*
et Chab., préc.

Le législateur n'a point exprimé toute sa pensée, dans l'article 1020; cet article est mal rédigé; et puisqu'il faut l'interpréter, admettons l'interprétation qui est, en soi, la plus raisonnable, et qui a d'ailleurs un fondement dans les délibérations
qui ont précédé la loi. M. Delvincourt ne s'est pas fait le moindre
doute sur le droit de tout légataire particulier de l'immeuble
qui n'a point été dégagé d'hypothèques, avant la délivrance,
d'obtenir sa garantie contre l'héritier, quand il sera recherché
par le créancier hypothécaire. M. Toullier, M. Malpel et M. Dalloz
approuvent l'interprétation de MM. Grenier, Merlin et Chabot.
C'est aussi celle qu'on trouve dans les Pandectes françaises,
t. 3, p. 377. *Delv.* 2, *p,* 369; *Toull.* 5, *n.* 538; *Malp., n.* 300;
Rép. méth., disp. entre-vifs, chap. 7, *sect.* 4, *art.* 2, *n.* 38, *et arti-*
cle 3, *n.* 2.

2. La subrogation du légataire qui paye la dette hypothéquée
sur le fonds légué, n'a pas besoin d'être stipulée; elle est de
droit pleine et entière, tandis que, dans le même cas, la garantie
du cohéritier est restreinte, par l'art. 875, à l'action personnelle
contre ses cohéritiers, pour la contribution de chacun d'eux.
Art. 1251; *Chab., n.* 2; *Toull.* 4, *n.* 533; *Malp., n.* 300.

3. Le légataire particulier peut purger l'hypothèque, tout

comme l'acquéreur à titre onéreux et le donataire entre-vifs, en faisant transcrire la disposition testamentaire qui porte son legs, etc. L'art. 939 s'applique à tout donataire par testament aussi-bien que par acte entre-vifs. Le légataire d'un fonds grevé d'usufruit avait fait la transcription et n'avait pas trouvé d'hypothèque inscrite, sous le nom du testateur, non plus que sous le sien ; mais un créancier de la succession, inscrit contre l'usufruitier, exerça l'action hypothécaire contre le légataire. Cette action fut rejetée par la Cour de Nîmes, le 11 février 1807, attendu qu'aucune inscription n'existant sur l'immeuble légué contre le légataire, au temps de sa transcription, cet immeuble était resté libre. *Gren., hyp.* 2, *n.* 356 ; *Dal., Rép. méth., disp. entre-vifs, chap.* 7, *sect.* 4, *art.* 3, *n.* 3.

4. Le légataire particulier n'est pas tenu des dettes de la succession ; mais les créanciers du défunt ont sur les biens qu'il a laissés un droit de préférence, qui fait que les legs ne sont payés qu'après les dettes. Quand le legs est emporté par les dettes, le légataire n'a pas de recours contre l'héritier bénéficiaire. Si la succession a été acceptée purement et simplement, l'héritier devra la garantie, alors même que les dettes auraient absorbé tous les biens du défunt. On sait d'ailleurs que les legs peuvent être anéantis ou réduits lorsqu'ils touchent à la réserve légale. Un arrêt de Dijon a été cassé, le 19 février 1821, pour avoir soumis indirectement un légataire particulier à contribuer aux dettes ; mais on reconnut, dans les débats du procès, que si les biens restans à l'héritier étaient insuffisans pour les dettes, les créanciers pouvaient étendre leur action sur l'objet légué. *D.*, 1821, *p.* 138 ; *Delv.* 2, *p.* 365 ; *V. supra, art.* 870, *n.* 12.

5. Un legs particulier peut être mis à la charge d'un autre legs particulier. Dans cette position, le sous-légataire n'a point d'action directe contre l'héritier ; il ne pourrait le poursuivre qu'en exerçant les droits du légataire principal, suivant l'article 1166, si ce dernier n'avait pas obtenu la délivrance de son legs. D'un autre côté, quand la même personne est héritière pour une quotité, et légataire de biens déterminés ; d'autres legs particuliers, qui ne sont pas mis à la charge du premier légataire, ne se prennent pas sur les biens compris dans son legs, même subsidiairement après l'épuisement des biens de la succession. La Cour d'appel de Paris l'a fort bien jugé, le 29 novembre 1808. *Dal., Rép. méth. précit., n.* 6 ; *Delv.* 2, *p.* 365.

6. L'usufruit et les servitudes sont des charges réelles, inhé-

rentes au fonds, qui divisent le droit de propriété temporairement, ou à perpétuité. L'usufruit et les servitudes établies sur l'immeuble légué, atténuent le legs et restent à la charge du légataire, sans recours contre l'héritier. Il n'en est pas de même des rentes foncières, depuis le Code civil. Auparavant elles étaient immeubles, comme le fonds sur lequel on les avait assises; et, de droit, elles étaient à la charge du donataire ou du légataire de ce fonds. M. Grenier avait d'abord reproduit cette règle sous le Code ; mais les observations de M. Toullier lui ont fait reconnaître que les rentes foncières ne sont que des biens meubles, des créances hypothécaires, qui font partie des dettes générales de la succession, et que le légataire particulier de l'immeuble hypothéqué ne peut en être tenu personnellement que par une condition expresse, dont l'absence lui laisse un recours contre l'héritier, si, par la force de l'hypothèque, il est obligé de payer la rente. *Rép. Malev.*, *légataire*, § 7, *art.* 2 ; *Gren.*, *donat.* 1, *n.* 309, 318; *Chab.*, *n.* 3 ; *Toull.* 5, *n.* 539.

7. Disons, avec la Cour de Liége, dans un arrêt du 30 juillet 1812, que léguer un fonds de terre, *à la charge de payer sur icelui, telles charges qu'il peut devoir aux maîtres et créanciers à qui elles sont dues*, ce n'est point assujettir le légataire aux dettes garanties par l'hypothèque générale, c'est seulement lui imposer l'obligation des rentes et des dettes spécialement affectées sur l'immeuble objet du legs. Si l'hypothèque générale le fait poursuivre pour une dette de la succession, il a son recours contre l'héritier. *Rép. méth. préc., p.* 120.

ARTICLE 875.

Le cohéritier ou successeur à titre universel, qui par l'effet de l'hypothèque, a payé au delà de sa part de la dette commune, n'a de recours contre les autres cohéritiers ou successeurs à titre universel, que pour la part que chacun d'eux doit personnellement en supporter, même dans le cas où le cohéritier qui a payé se serait fait subroger aux droits du créancier ; sans préjudice néanmoins des droits d'un cohéritier qui, par l'effet du bénéfice d'inventaire, aurait conservé la faculté de réclamer le payement de sa créance personnelle, comme tout autre créancier.

1. Le cohéritier ou le cosuccesseur qui, par l'effet de l'hypo-

thèque, a été contraint à payer la dette en totalité, n'est pas, comme le légataire particulier, dans cette même position, subrogé pleinement aux droits du créancier. Jusques à la quotité de son émolument héréditaire, il a payé sa propre dette; il ne peut avoir de répétition à faire que pour le surplus contre ses cohéritiers ou cosuccesseurs, et il ne peut demander à chacun que sa part contributive. Quand bien même ces cohéritiers posséderaient d'autres immeubles affectés à la dette, il n'aurait pas l'action hypothécaire pour en contraindre un seul à faire le remboursement pour tous; elle ne lui servirait que pour appuyer l'action personnelle et procurer le payement de la part contributive de chacun d'eux. La Cour d'appel de Paris a fait l'application de cette règle, par un arrêt du 30 ventôse an XIII. *J. pal.*, *éd. n.*, *t.* 5, *p.* 522 , *Sir.* 5 , 2 , 561. *V. Chab.*, *n.* 1 , 2 ; *Toull.* 4 , *n.* 534 , 555; *Gren. hyp.*, 1 , *n.* 174; *Malp.*, *n.* 299; *Dur.* 7 , *n.* 445 , *etc.*

2. Mais le tiers détenteur, auquel un héritier a vendu le fonds hypothéqué, n'est pas, comme l'aurait été son vendeur, réduit à l'action personnelle, contre les cohéritiers de ce vendeur, pour la répétition de la part contributive de chacun d'eux. L'acquéreur tire son droit de subrogation du second numéro de l'article 1251; et il l'exerce pour le remboursement de toute la somme qu'il a payée, tant contre les cohéritiers du vendeur que contre le vendeur lui-même, personnellement pour la part de chacun, et hypothécairement pour le tout. Ainsi l'a jugé la Cour d'Amiens; et son arrêt a été maintenu par la Cour de cassation, le 27 février 1816. *J. pal.*, *éd. n.*, *t.* 18. *p.* 179.

3. L'interdiction de la poursuite hypothécaire, pour la totalité du remboursement, n'est pas même applicable à l'héritier, légataire particulier à titre de préciput, qui est contraint de payer entièrement la dette hypothéquée sur un immeuble compris dans son legs. M. Chabot remarque qu'en ce cas, ce n'est point comme héritier, mais comme légataire, qu'il a droit d'exercer un recours contre ses cosuccesseurs; que l'article 885 ne parle que du recours exercé par l'héritier, et que l'article 874 dit généralement que le légataire particulier est subrogé aux droits du créancier qu'il a payé, sans distinguer si ce légataire est ou n'est pas héritier. M. Delvincourt pense que le légataire héritier ne peut user de la subrogation à l'égard des cohéritiers détenteurs d'immeubles hypothéqués à la même dette, que pour la part de chacun. Cette décision, dit-il, est, sinon dans la lettre, au moins

dans l'esprit de l'article 875, qui a voulu éviter le circuit d'action entre cohéritiers. M. Toullier adopte l'opinion de M. Chabot, en observant toutefois, ce que l'auteur avait oublié de dire, que le recours du légataire héritier ne s'exerce que sous la déduction de sa portion virile. En effet, il a deux qualités : la subrogation qu'il a obtenue comme légataire porte sur lui, en partie, comme héritier, et il ne peut avoir à répéter au titre de légataire, subrogé au créancier, que les parts des autres héritiers; mais, en vertu de l'hypothèque, il peut demander toutes ces parts à l'un des cohéritiers détenteur du fonds soumis à cette hypothèque. M. Toullier avait prévu l'objection du circuit d'action; il l'a réfutée. En général, ce n'est que pour la répétition des parts de la dette payée, par l'un des héritiers, à ce titre de cohéritier, que la loi a voulu empêcher le circuit d'action. *Chab.*, *n.* 3; *Delv.* 2, *p.* 370; *Toull.* 4, *n.* 533, *et* 7, *n.* 163.

5. L'article 875 fait, en faveur de l'héritier bénéficiaire, une exception expresse, qui se trouve implicitement dans l'article 802. Quand, par la force de l'hypothèque, il a payé la totalité d'une dette de la succession, il a le droit qui appartenait au créancier dont il a pris la place, d'agir hypothécairement contre un seul de ses cohéritiers purs et simples, ou bénéficiaires, qui possède d'autres immeubles affectés à la créance, pour l'obliger à lui rembouser, avec sa part, celle des autres cohéritiers, *Chab.*, *n.* 4; *Toull.* 4, *n.* 556; *Malp.*, *n.* 297, *p.* 299; *Dur.* 7, *n.* 448; *Gren., hyp.* 1, *n.* 174.

6. L'héritier pur et simple, qui est en même temps créancier personnel et hypothécaire de la succession, peut-il aussi contraindre hypothécairement, pour toutes les parts autres que la sienne, un seul des cohéritiers, détenteur d'immeubles affectés à cette créance? La question avait divisé Lebrun et son annotateur Espiard; M. Chabot ayant embrassé le parti de Lebrun, qui, conformément à la loi 1, *c, de hæred. act.*, accorde au créancier successeur le même droit, pour les parts de ses cosuccesseurs, qu'au créancier étranger, pour la totalité de sa créance, a d'abord été combattu par M. Toullier; mais un nouvel examen a conduit le professeur de Rennes à reconnaître que la doctrine de Lebrun est juste. C'est aussi celle de M. Delvincourt. M. Chabot démontre fort bien que l'hypothèque appartenant à l'héritier, qui est en même temps créancier, n'est pas un avantage qu'il retire, *ex re hæreditariâ*, et qu'il doit communiquer à ses cohéritiers, puisqu'il l'avait avant l'ouverture de la succession, puis-

qu'elle ne provient pas d'une affaire qu'il ait négocié avec un étranger, en sa qualité d'héritier, mais d'une obligation que le défunt lui-même avait contractée envers lui, et que la première disposition de l'article 875 n'a trait qu'au cohéritier qui, par la force de l'hypothèque, a payé la dette de la succession, envers un étranger. *Chab.*, *n.* 5; *Toull.* 4, *n.* 558, *et t.* 7, *n.* 163; *Dur.* 7, *n.* 449; *Gren.*, *hyp.* 1, *n*, 175,

7. Le recours accordé par les articles 1221 et 1225 au cohéritier qui a payé la totalité d'une dette indivisible, doit être réglé comme celui du cohéritier qui a payé toute la dette hypothécaire. *Chab.*, *n.* 7; *Dur.* 7, *n.* 451.

ARTICLE 876.

En cas d'insolvabilité d'un des cohéritiers ou successeurs à titre universel, sa part dans la dette hypothécaire est répartie sur toutes les autres, au marc le franc.

1. L'article 1214 établit la même règle pour le codébiteur d'une dette solidaire, qui est contraint de la payer en totalité. Cette règle s'applique conséquemment au cohéritier qui a payé la dette indivisible, puisque l'indivisibilité produit l'effet de la solidarité. *Chab.*, *n.* 4; *Dur.* 7, *n.* 451.

2. M. Duranton enseigne que les cohéritiers ne sont par garans de l'insolvabilité qui n'est survenue qu'après le payement. La loi, dit-il, n'a pu vouloir établir d'autres garanties que celles de la solvabilité actuelle, comme en matière de dette solidaire, et comme aussi dans le cas d'une simple stipulation de garantie de la solvabilité du débiteur, intervenue entre le vendeur et l'acheteur ou le cessionnaire d'une créance. *Art.* 1695; *Dur.* 7, *n*, 452.

Le cas de l'article 1695 n'a pas la moindre analogie avec ceux des articles 876, 885, 1214. Dans ces trois articles, la répartition de la part de l'insolvable, est réglée de la même manière, suivant le principe de la division des dettes entre cooobligés. Celui d'entre eux qui a été contraint à payer la dette commune, ne doit pas souffrir plus que les autres d'un accident d'insolvabilité; mais il faut dire, avec M. Chabot, que si ce cohéritier néglige de suivre son action en recours, dans le temps où ses cohéritiers sont solvables, il perd le moyen de se faire rembourser par ceux qui deviennent insolvables; la perte doit tomber sur lui seul. Il ne serait pas juste que les autres fussent victimes de sa négligence et peut-être aussi de sa connivence avec quelques héritiers. *Chab.*, ℵ. 3.

3. M. Delvincourt pense qu'indépendamment de la subrogation, le cohéritier qui a soldé la dette hypothécaire, a contre ses
cohéritiers une action en garantie avec le privilége de l'article
2103, n. 3. L'auteur ajoute que si, au lieu de payer la dette,
l'héritier s'était laissé exproprier, il aurait éprouvé une éviction
provenant d'une cause antérieure au partage, et qu'elle donnerait lieu à la garantie accordée par l'article 884. Cette doctrine
a quelque chose de juste, et a besoin d'être expliquée. L'action
en garantie est dans l'exercice même des droits, auxquels le
cohéritier est subrogé; et la subrogation comprend le capital de
la créance, les intérêts et les frais légitimement faits. La garantie ne va point au delà; on n'accorde pas de dommages-intérêts ordinairement. Le cohéritier qui n'est pas en état de payer
toute la dette, dénonce les poursuites à ses cohéritiers, et leur
fait sommation de concourir avec lui au payement. S'ils ne ré-
répondent point à cette sommation, il les traduit en justice, et
les rend responsables des poursuites ultérieures du créancier. S'il
n'use pas de cette précaution, ses cohéritiers ne lui doivent pas
la garantie des frais que cause sa résistance au créancier; et, s'il
est exproprié, toutes les conséquences de l'expropriation pèsent
sur lui seul. Il n'est pas évincé d'immeubles qui ne lui fussent venus d'ailleurs que de la succession; il a subi l'expropriation d'immeubles provenant du débiteur qu'il représente, et il l'a subie pour
n'avoir pas acquitté la dette qui était affectée sur ces fonds. Il était
tenu de cette dette, sous la garantie de ses cohéritiers, pour leurs
parts, et il ne peut pas réclamer autre chose que le remboursement
de ces parts de dette, et des frais des premiers actes de poursuites
nécessaires pour son avertissement. Il est en faute de ne leur
avoir pas dénoncé ces actes; s'il l'avait fait, ou ils auraient payé,
ou leur refus les aurait rendus responsables, entièrement ou en
partie, des poursuites ultérieures et de son expropriation, si le
payement de leur contribution eût pu l'empêcher. *Delv.* 2, *p.* 172.

4. Nous admettons complétement la décision que porte M. Delvincourt au même endroit, relativement à l'héritier qui paye la
totalité d'une dette chirographaire; il n'a point de recours contre
ses cohéritiers solvables, pour la part de ceux qui sont insolvables;
il ne peut avoir que les droits du créancier qu'il a payé; et nous
avons vu que, sauf l'obligation hypothécaire ou indivisible,
chaque héritier n'étant tenu, que pour sa part, des dettes de la
succession, ne répond pas de l'insolvabilité des autres. *V. suprà,*
art. 870.

ARTICLE 877.

Les titres exécutoires contre le défunt sont pareillement exécutoires contre l'héritier personnellement; et néanmoins les créanciers ne pourront en poursuivre l'exécution que huit jours après la signification de ces titres à la personne ou au domicile de l'héritier.

1. Dans les pays de coutume, on ne pouvait poursuivre les héritiers en payement des dettes de la succession, qu'après avoir obtenu un jugement qui déclarât exécutoires contre eux les titres qu'on avait contre le défunt. L'article 877 a fait cesser cet usage frustratoire. Il l'a fait cesser, ainsi que l'a jugé la Cour d'appel de Paris, le 9 messidor an XI, à l'égard même des successions ouvertes avant la promulgation du Code; mais il faut que les héritiers soient avertis, et ils doivent l'être par la signification des titres. Les poursuites d'exécution ne peuvent commencer que huit jours francs, après cette signification. Le commandement est une poursuite d'exécution; s'il accompagnait la notification des titres, il serait sans valeur, et ne pourrait pas servir de base à d'autres poursuites. *Chab.; Delv.* 2, *p.* 164; *Dur.* 7. *n.* 454, *etc.; Gren., hyp.* 1, *n.* 130.

2. La signification des titres peut se faire pendant les délais donnés à l'héritier, pour faire inventaire et pour délibérer. Mais le terme de huit jours, qui arrive avant l'expiration de ces délais, n'amène pas le droit de faire des poursuites d'exécution; elles sont suspendues pendant la délibération. *V. Arr. Paris,* 29 *décemb.* 1814; *Sir.* 2, 50; *D,* 1816, *s., p.* 62; *Chab.; Locré, lég. civ.* 10, *p.* 264; *Dev.* 2, *p.* 165; *Dur.* 7, *n.* 458; *Gren. préc.*

3. De la première disposition de l'article 877 résulte-t-il que les titres hypothécaires des créanciers de la succession emportent hypothèque de plein droit, sur les immeubles propres de l'héritier, dès le moment où il accepte l'hérédité? La chose n'est pas possible pour les hypothèques conventionnelles, restreintes aux biens pour lesquels la convention est fixée. Quant à l'hypothèque générale, qui s'étend successivement sur les immeubles qui arrivent au débiteur, M. Delvincourt, suivant la maxime *que l'héritier est la continuation de la personne du défunt,* enseigne que cette hypothèque s'étend, *de plein droit,* sur les biens personnels de l'héritier. Ce n'était pas l'avis de Ricard; mais M. Del-

vincourt répond que Ricard pouvait avoir raison dans l'ancien droit, qui obligeait à rendre exécutoires, contre l'héritier, les titres qu'on avait contre le défunt; que la loi actuelle ayant déclaré ces titres exécutoires, *de plano*, contre l'héritier, les créanciers se trouvent placés, vis-à-vis de lui, dans la même position qu'ils étaient à l'égard du défunt. M. Dalloz parait goûter cette doctrine. *Delv.* 2, *p.* 164; *Rép. méth., succ., ch.* 6, *sect.* 2, *art.* 1, *n.* 6.

M. Delaporte et M. Duranton émettent une opinion contraire, que nous trouvons bien justifiée par un arrêt de cassation, du 3 décembre 1816, et par un arrêt de la Cour de Caen, du 4 février 1822. La maxime invoquée par M. Delvincourt, n'est pas d'une vérité absolue; elle a dans l'expression, comme toutes les maximes, une généralité qui se restreint dans la pratique. On sait bien que l'héritier ne peut pas représenter parfaitement le défunt. Il succède à ses obligations, parce qu'il succède à ses droits, et l'on a, contre lui, sur les biens de la succession, les mêmes moyens d'exécution qu'on avait contre le défunt; mais on n'a pas, sur la personne de l'héritier, les mêmes moyens qu'on avait sur la personne du défunt; l'un ne peut pas toujours faire ce que l'autre avait promis, et la contrainte par corps ne s'étend point de celui-ci à celui-là. Le régime des hypothèques est établi de telle manière que l'hypothèque générale, progressive sur les biens qu'acquiert le débiteur immédiat, est arrêtée à sa mort; la loi ne l'étend pas sur l'héritier. L'article 887 ne fait dériver de l'acceptation de l'hérédité qu'une obligation personnelle pour l'héritier, dont les biens propres sont le gage, sans doute, selon l'article 2072; mais ce gage n'est pas l'hypothèque, et pour la produire, il faut, ou le consentement formel du propriétaire, dans un acte authentique, ou une condamnation judiciaire, prononcée contre lui. *V. infra, art.* 1017; *Pand. franç.* 3, *p.* 381; *Dur.* 7, *n.* 461; *D.* 1816, *p.* 23, *et* 1822, *s., p.* 115.

ARTICLE 878.

Ils peuvent demander, dans tous les cas, et contre tout créancier, la séparation du patrimoine du défunt d'avec le patrimoine de l'héritier.

1. L'obligation la plus naturelle et la plus juste qui soit imposée aux héritiers, est celle d'employer les biens de la suc-

cession à l'acquit de ses dettes, avant de les faire servir au payement de leurs dettes personnelles. A l'ouverture de la succession,
une confusion inévitable des biens et des dettes qu'elle comprend, avec les biens et les dettes de l'héritier, serait souvent
funeste aux créanciers du défunt, même à ceux qui sont hypothécaires, soit qu'ils n'eussent qu'une hypothèque spéciale trop
restreinte, soit que les créanciers de l'héritier eussent des titres
emportant hypothèque générale de biens présens et à venir, inscrite avant l'hypothèque générale ou spéciale des créanciers du
défunt. La loi accorde donc la séparation des patrimoines à tous
créanciers de la succession, chirographaires ou hypothécaires,
et aux légataires du défunt (art. 2111), contre l'héritier ou le
successeur, et contre ses créanciers, quels qu'ils soient, hypothécaires ou chirographaires. La loi n'excepte pas de sa concession les créanciers à terme, éventuels ou conditionnels; mais
quand la créance sur la succession est incertaine, les créanciers
de l'héritier doivent être autorisés à recevoir ce qu'elle pourrait
comprendre, s'ils donnent caution pour la restitution, dans le
cas où le droit deviendrait certain. *Chab.*, n. 1, 4, 9; *Gren., hyp.* 2,
n. 419, *etc., et donat.* 1, n. 312; *Toull.* 4, n. 539; *Rép. Merl., s.,* 2,
sépar. de patr., § 2, n. 2; *Delv.* 2, p. 172, 175; *Dur.* 7, n. 463,
et 471, 475; *Malp.*, n. 217.

2. Le créancier du défunt qui est au nombre de ses héritiers,
ne confondant que la partie de sa créance qui répond à sa portion héréditaire, les commentateurs reconnaissent qu'il a droit
à la séparation des patrimoines, pour les autres portions, contre
ses cohéritiers et leurs créanciers. Mais remarquons que si le
partage n'est pas fait, il n'aura pas besoin de la séparation des
patrimoines, et qu'il pourra prélever sa créance au partage.
Chab., n. 5; *Toull.* 4, n. 539; *Delv.* 2, p. 175; *Dur.* 7, n. 472.

3. Le cautionnement s'éteint par la confusion, lorsque la personne pour laquelle il a été fait devient héritière de celle qui l'a
donné; mais le créancier n'en a pas moins droit à la séparation du
patrimoine du défunt. Cette décision de la loi 3, *ff., de separ.*,
admissible, selon Domat, dans notre ancien droit, l'est également
dans le droit établi par le Code civil. Ajoutons, avec Domat, qu'il
doit en être de même, à plus forte raison, dans le cas où la caution
succéderait au débiteur, et que le créancier qui peut demander
la séparation des biens du fidéjusseur, contre les créanciers du
débiteur qui lui succède, peut demander, sans doute, la séparation des biens du débiteur envers les créanciers du fidéjusseur,

héritier de ce débiteur. *Domat, liv.* 3, *tit.* 2, *sect.* 1; *Chab., n.* 6; *Dur.* 7, *n.* 474; *Delv.* 2, *p.* 175.

4. La réunion de deux successions, dont l'une devait à l'autre, sur la tête du même héritier, n'empêche pas la séparation des patrimoines. Ainsi le fils trouve, dans l'hérédité maternelle, des reprises contre son père, dont il recueille la succession; confondues pour son héritier, les reprises de la mère revivront pour ses créanciers, par la séparation des patrimoines. Domat, étendant, selon son esprit la disposition du § 8 de la loi 1ʳᵉ, *ff. de separ.*, établissait en règle générale « que si les biens d'une succession passent de l'héritier à son héritier, et de celui-ci à ceux qui lui succèdent, et ainsi à d'autres héritiers successivement, de sorte que la première succession et les suivantes se trouvent confondues entre les mains des héritiers à qui elles passent, les créanciers de chaque succession en suivront les biens d'un héritier à l'autre, et pourront en demander la séparation. » La règle est encore dans l'esprit de notre législation présente; mais, comme l'observe M. Grenier, elle reçoit la condition des formalités de l'article 2111, pour chaque transmission d'hérédité. *Gren., hyp.,* 2, *n.* 420; *Chab., n.* 7; *Delv.* 2, *p.* 175; *Dur.* 7, *n.* 473; *Pand. franç.* 3, *p.* 387.

La Cour de Toulouse, par un arrêt du 26 mai 1829, a jugé suivant ces principes, qu'il importe peu que l'héritier, contre lequel la séparation est réclamée, ne soit que le successeur médiat du débiteur primitif; que la circonstance du partage de la succession de ce débiteur à sa fille, et ensuite à son petit-fils ne peut ôter aux créanciers le droit à la séparation des patrimoines. *D.* 1829, *s., p.* 237.

5. Le privilége de la séparation existe pour les biens de toute nature qui dépendent de la succession. Il s'étend au fonds engagé à titre d'antichrèse, par l'héritier comme par le défunt; au fonds reçu par l'héritier, en échange d'un autre fonds de l'hérédité; à l'action, pour retirer l'immeuble vendu par le défunt sous faculté de rachat, et même celui que l'héritier aurait vendu sous cette condition. *Chab., n.* 10; *Toull.* 4, *n.* 542; *Gren., hyp.,* 2, *n.* 429.

6. Lebrun, Pothier, Lacombe, et l'auteur de l'article *séparation de patrimoines*, au Répertoire de jurisprudence, ont décidé d'une manière absolue, que les biens donnés par le défunt, et rapportés à sa succession par le donataire, ne sont pas sujets au privilége de la séparation. M. Delaporte admet cette décision, pour le cas où le donataire est unique héritier, et il la rejette,

quand il y a concours d'héritiers, parce que l'objet du don revient se confondre dans la succession. M. Chabot, M, Grenier et M Duranton adoptent sans modification la décision des anciens auteurs. M. Delvincourt la soumet à des distinctions qui ne répondent pas , sûrement, à la vue d'équité qui l'anime. L'auteur montre la différence qui existe entre les cohéritiers, par l'effet de la séparation, si l'objet rapporté en était affranchi indéfiniment, dans quelques mains que le partage l'eût placé. Il pourrait former la majeure partie, et même la totalité du lot d'un cohéritier du donataire, et ce cohéritier se trouverait ainsi fournir très-peu, ou ne rien fournir à la séparation, tandis qu'elle absorberait, ou à peu près, le lot d'un autre cohéritier. M. Delvincourt croit régler les choses convenablement, en décidant que si l'objet rapporté entre dans le lot du donataire, la règle qui exclut les créanciers de l'avantage du rapport, est exactement suivie et que la séparation ne porte en rien sur cet objet; que s'il entre entier dans le lot d'un autre héritier, il ne sera exempt de la séparation que pour la portion qui excède la part que ce cohéritier aurait eue dans la succession, si le rapport ne s'était pas fait; que si l'objet rapporté était divisé entre plusieurs lots, il ne serait exempt de la séparation dans chaque lot, que pour ce qui s'y trouverait en sus de la portion à laquelle chaque cohéritier aurait été borné, s'il n'y avait point eu de rapport. *Pand. franç.* 3, *p.* 388; *Chab., n.* 11; *Gren., hyp.* 2, *n.* 436; *Dur.* 7, *n.* 493; *Delv.* 2, *p.* 173.

Cette manière d'opérer n'offre pas constamment une règle de juste distribution. Quand le donateur reprend, comme héritier, l'objet de son rapport, il ne fournit point à la séparation autant que ses cohéritiers; ceux-ci abandonnent tout, tandis qu'il ne donne que la partie de son lot, qui excède le rapport, et qu'il ne donne rien si l'objet rapporté compose tout son lot. Au contraire, il livre tout à la séparation, si cet objet a passé à ses cohéritiers. Quand ceux-ci en prennent des parts inégales, ils fournissent encore inégalement entre eux à la séparation. Le législateur n'a pas prévu ces positions, et pour les régler convenablement, selon l'esprit de la loi, il nous semble qu'il ne faut pas suivre dans tel ou tel lot l'objet identique du rapport, lorsqu'il ne se trouve pas distribué également entre les cohéritiers. S'il n'est pas identiquement, en parties égales, dans chaque lot, son équivalent s'y trouve; et c'est à l'équivalent qu'on doit s'attacher. Il est certain qu'alors même qu'il ne prend rien dans l'objet rapporté, tout cohéritier profite du rapport, puisque la masse à partager en est

31.

augmentée, et qu'il prend davantage dans les autres parties de cette masse. Il convient donc, pour avoir une juste proportion, de réserver à chaque cohéritier la portion de biens dont son lot se trouve augmenté par l'effet du rapport, et de ne soumettre que le surplus à la séparation du patrimoine. Si, à la rigueur, on ne veut toucher nulle part à l'objet rapporté, il faudra faire un nouveau partage.

7. Il est hors de doute que les biens de la succession qui restent après le payement de ses charges, répondent des dettes de l'héritier. Il est également vrai que si les biens de la succession n'ont pas suffi aux charges, les créanciers restans ont action contre l'héritier pur et simple, sur ses biens personnels. Ainsi l'avait réglé Papinien dans la loi 3, § 2, *ff. de separ.*, contre l'avis d'Ulpien et de Paul; et cette règle, recommandée par Domat, Lebrun et Pothier, avait passé dans notre ancien droit français. Mais la loi romaine et ces auteurs décidaient aussi que les créanciers de la succession ne pouvaient prendre sur les biens de l'héritier qu'après tous ses créanciers personnels. M. de Maleville adopte cette restriction sans la justifier. M. Toullier marque, dans une note, que la restriction peut souffrir de la difficulté sous l'empire du Code. Tous les autres commentateurs la rejettent positivement. N'est-ce pas un principe unanimement reconnu, dit M. Chabot, qu'en acceptant purement et simplement la succession qui lui est échue, l'héritier s'oblige personnellement envers les créanciers du défunt; que son acceptation est une espèce de contrat qu'il fait avec ces créanciers? L'art. 878 n'a pas dérogé à ce principe; il n'a établi la séparation des patrimoines que dans l'intérêt des créanciers du défunt. L'héritier a, pour lui et pour ses créanciers, la voie du bénéfice d'inventaire; et il n'en a pas d'autre pour empêcher l'action des créanciers du défunt, sur ses biens personnels. Ainsi l'on doit tenir pour certain qu'après l'épuisement des biens de la succession, les créanciers restans concourent sur les biens de l'héritier pur et simple avec ses créanciers personnels, dans l'ordre de leurs hypothèques, ou au marc le franc. *Malev., art.* 880; *Toull.* 4, n. 548; *Chab.,* n. 12, 13; *Gren., hyp.* 2, n. 437; *Rép. Merl., sép. de patrim.,* § 5, n. 6; *Delv.* 2, p. 180; *Malp.,* n. 219; *Dur.* 7, n. 500, 501.

8. La demande en séparation peut être formée par un seul **créancier**, pour ce qui le regarde, contre tous les héritiers du **défunt**, contre plusieurs ou contre un seul; mais aucun d'eux

ne peut être contraint à payer toute la dette, par l'épuisement des biens qu'il a recueillis. La séparation ne s'opère, à l'égard de chacun, que pour la portion de dette qui est à sa charge, suivant l'art. 870. Ce point de droit, tout évident qu'il est, a été contesté devant la Cour de Caen ; mais un arrêt du 14 février 1825, a fait justice de la contestation. *D.*, 1825, *s.*, *p.* 147; *Chab.*, *n.* 9; *Pand. franç.* 3, *p.* 384; *Gren.*, *hyp.* 2, *n.* 420, 435; *Malp.*, *n.* 219; *Dur.* 7, *n.* 4; *Delv.* 2, *p.* 176, *etc.*

9. Quoique très-naturel et très-juste, le droit à la séparation des patrimoines se présente, dans l'usage, comme un privilége génant pour l'héritier et nuisible à son crédit. Ce droit ne pouvait pas être illimité; la loi a dû le soumettre à des conditions de temps et de formes. L'art. 2111 statue que « les créanciers et légataires qui demandent la séparation du patrimoine du défunt, conformément à l'art. 878, conservent, à l'égard des créanciers des héritiers ou représentans du défunt, leur privilége sur les immeubles de la succession, par les inscriptions faites sur chacun de ces biens, dans les six mois à compter de l'ouverture de la succession. Avant l'expiration de ce délai, aucune hypothèque ne peut être établie avec effet sur ces biens, par les héritiers ou représentans, au préjudice de ces créanciers ou légataires. »

10. L'inscription hypothécaire qu'on a pu prendre avant le décès du débiteur, ne dispense pas de celle-ci. Elle se fait par le créancier chirographaire, tout aussi-bien que par le créancier qui a l'avantage de l'hypothèque. Nous verrons, à l'art. 880, qu'elle est inutile pour les meubles, et dans quel temps elle peut ou doit être réclamée, pour les immeubles. La demande précise d'une séparation, formée contre l'héritier avant toute vente, ne dispenserait pas de l'inscription du privilége, nécessaire pour avertir les créanciers. Dans les considérans d'un arrêt de rejet, du 5 mai 1830, la Cour de cassation a déclaré que la transcription d'un testament, pour cause de substitution, absolument étrangère aux intérêts des créanciers de la testatrice, ne pouvait les dispenser, s'ils voulaient réclamer le bénéfice de l'art. 878, de la nécessité de requérir l'inscription prescrite par l'art. 2111, inscription sans laquelle, aux termes de ce dernier article, la séparation des patrimoines ne peut être demandée. *D.*, 1830, *p.* 234; *Rép. Merl.*, *sépar. de patrim.*, § 3; *Chab.*, *n.* 2, *et* 9; *Delv.* 2, *p.* 178; *Gren.*, *hyp.* 2, *n.* 432, *et donat.*, 1, *n.* 312; *Malp.*, *n.* 2, 18; *Toull.* 4, *n.* 543. *Dur.* 7, *n.* 487, 490.

11. L'inscription du privilége n'est pas commandée pour déter-

miner un rang entre les créanciers du défunt; et cependant elle
peut remplir cet objet pour ceux qui ont des titres hypothécaires
qu'ils n'avaient pas fait inscrire pendant la vie du débiteur, si
elle est faite dans les formes déterminées par l'art. 2148. Pour
les créanciers chirographaires, elle ne peut pas donner de rang:
celui qui a fait son inscription le premier jour du délai, n'a pas
de priorité sur celui qui ne l'a faite qu'au dernier jour; *Delv.* 2,
p. 179; *Dur.* 7, *n.* 476, 177.

12. L'inscription de ces créanciers chirographaires ne peut pas
être faite rigoureusement dans les formes de l'article 2148. Celui
qui n'a qu'un simple billet, l'ouvrier et le fournisseur, qui n'ont
que leur simple mémoire, ne sauraient représenter au conservateur un original en brevet, ou une expédition authentique.
N'ayant pas d'hypothèque, ils n'ont point à donner l'indication
spéciale d'aucun immeuble. Tous ceux que le défunt a laissés
sont également leur gage, par préférence aux créanciers de l'héritier; et il leur suffit d'annoncer qu'ils veulent la séparation de
ces immeubles, d'avec ceux de l'héritier. Les créanciers hypothécaires même, qui ne tendent qu'à cette séparation, n'ont pas
d'autres formalités à remplir. L'inscription peut être faite par les
créanciers de la succession, individuellement ou collectivement.
M. Duranton croit que ceux qui n'ont pas de titre ne peuvent
être admis à l'inscription sur la simple affirmation de leur
créance, et qu'ils doivent être autorisés par un jugement, sur
une demande à bref délai, ou au moins par ordonnance du juge,
au bas d'une requête. La loi ne commande pas cette marche;
l'inscription n'établit pas la créance; elle ne produit pas l'effet
de la saisie; on l'a fait à ses risques; on l'a fait sur une affirmation, quand on n'a pas de titre; et l'on sera forcé, en temps et
lieu, de prouver sa créance. *Dur.* 7, *n.* 4192.

13. Sur la question de savoir si le créancier chirographaire,
inscrit dans les six mois, prime les autres créanciers hypothécaires, qui n'ont fait leur inscription qu'après ce délai, M. Delvincourt distingue deux cas, et porte une décision différente sur
chacun. S'il existe des inscriptions intermédiaires, de la part des
créanciers de l'héritier, l'auteur pense que le créancier de la succession, bien que chirographaire, inscrit dans le délai, doit primer
le créancier même hypothécaire de la succession, inscrit hors du
délai; car celui-ci étant primé par le créancier de l'héritier dont
l'inscription précède la sienne, et sur lequel l'autre a la priorité,
est, à plus forte raison, primé par cet autre, selon la règle *si*

vinco vincentem te, a fortiori te vinco. S'il ne se trouve d'inscription de la part d'aucun créancier de l'héritier, entre les deux créanciers de la succession, M. Delvincourt pense que l'antériorité d'inscription de l'un, ne lui donne pas de priorité de rang sur l'autre, parce que l'article 2111 restreint formellement aux créanciers de l'héritier le privilége résultant de l'inscription dans les six mois. *Delv.* 2, *p.* 179.

Cette décision est bonne relativement aux immeubles, si, comme nous le croyons, la séparation peut être demandée, après le terme de six mois. Quant aux meubles, l'inscription est insignifiante; c'est dans le cours de trois années que la demande doit être formée. Après ce terme, elle n'est plus admissible, et tous créanciers du défunt sont confondus avec ceux de l'héritier. Il en résulte, comme l'a jugé la Cour de Caen, par un arrêt du 31 janvier 1821, et la Cour de cassation, en maintenant cette décision, le 9 décembre 1823, que le créancier de la succession, qui aurait été payé sur la valeur des meubles, avant le légataire particulier, si la séparation avait pu s'opérer, n'a plus d'avantage sur lui, et n'est, comme lui, que le créancier de l'héritier, concourant au marc le franc, sur la valeur de tous meubles qui appartiennent à cet héritier, de ceux qui proviennent de la succession, comme de ceux qui lui viennent d'ailleurs. *D.* 1823, *p.* 500.

14. Du défaut de demande en séparation de patrimoine, la Cour de Caen et la Cour de cassation, par leurs arrêts précités, ont fait résulter une conséquence, qui paraît choquante au premier aspect, et que la réflexion ne peut pas justifier. Dans la distribution du prix d'une vente, des créanciers d'un créancier défunt demandaient à être colloqués en sous-ordre, par préférence aux légataires de ce défunt, dont la succession avait été acceptée purement. Un légataire prétendit, et la Cour de Caen jugea que cette acceptation simple le rendait créancier personnel des héritiers, lui conférait un droit égal à celui des créanciers de la succession, puisqu'ils avaient laissé expirer les délais fixés pour la demande en séparation des patrimoines. En rejetant le pourvoi, la Cour de cassation a déclaré que « l'héritier succède *in universum jus;* que les biens de la succession deviennent les siens propres, à compter de l'ouverture de la succession; qu'ils sont, dès ce moment, le gage de tous ses créanciers, sans exception; que si les créanciers de la succession peuvent néanmoins conserver leurs droits particuliers sur ces biens, c'est un privilége

que la loi leur accorde , comme une conséquence de la maxime *non dicuntur bona ; nisi deducto œre alieno ;* mais que ce privilége est subordonné à des formes., et doit être exercé dans un délai déterminé ; qu'aux termes des articles 878 et 2111, les créanciers du défunt sont tenus de demander la séparation des patrimoines ; et qu'en matière de meubles , la demande doit être formée dans les trois ans , à peine de déchéance ; d'où il suit qu'en le jugeant ainsi , et en déclarant les demandeurs non recevables à exercer un privilége sur le prix d'une créance mobilière , parce qu'ils n'ont pas formé de demande en séparation de patrimoines , la Cour royale , loin d'avoir violé les lois invoquées , a fait la plus juste application des principes de la matière. » *D.* 1823 , *p.* 500.

Nos efforts à rechercher cette juste application , n'ont pu nous la faire reconnaître : loin de là , ils ont fortifié dans notre esprit la pensée que la Cour de Caen a violé les principes relatifs aux legs , et appliqué , à contre-sens , les principes de la séparation des patrimoines. Il est très-certain que les biens de la succession deviennent les biens propres de l'héritier pur et simple , et que les dettes de la succession deviennent ses dettes propres. Mais , s'ensuit-il que la différence marquée par la loi , entre les dettes et les legs du défunt doive s'effacer , si ses créanciers laissent perdre leur droit à la séparation du patrimoine de leur débiteur primitif, d'avec celui de son héritier ? Est-ce donc pour conserver cette différence , que le privilége de l'article 878 est établi ? On a toujours pensé , et le législateur le dit expressément , dans le Code civil , que ce privilége est donné aux créanciers et aux légataires de la succession , contre les créanciers de l'héritier. Il ne touche en rien aux ayant droit contre la succession , entre eux , vis-à-vis de l'héritier. Conféré aux légataires du défunt , ainsi qu'à ses créanciers , contre les créanciers de l'héritier , leurs adversaires communs , comment les créanciers de la succession pourraient-ils l'exercer contre les légataires ? La confusion des biens de la succession avec ceux de l'héritier peut nuire , et la séparation peut servir aux uns et aux autres , respectivement aux créanciers de l'héritier ; mais la confusion ni la séparation ne change les positions respectives , entre les créanciers et les légataires de la succession. Les dettes conservent leur supériorité sur les legs : le défaut de séparation ne rend pas le créancier chirographaire égal au créancier hypothécaire , pourquoi rendrait-il le légataire égal au créancier ? La maxime *nemo libera-*

lis, nisi liberatus, reste toujours vraie, du créancier au légataire, toujours applicable sur les biens de la succession, là où ils peuvent se reconnaître. De même que le créancier chirographaire du défunt ne peut pas dire au créancier qui a privilége ou hypothèque : Notre gage commun, étant confondu avec les biens propres de l'héritier, l'avantage que votre titre vous donnait sur moi s'est évanoui, notre condition est égale ; de même le légataire ne saurait prétendre, avec raison, que l'infériorité dans laquelle il était, vis-à-vis du créancier de la succession, a disparu, et qu'il a le même droit que lui, sur les biens connus du défunt. Le créancier simple, préféré au légataire, poursuit sa préférence sur les biens transmis à l'héritier, tout comme le créancier pourvu d'hypothèque, suit cette hypothèque, à l'exclusion du créancier simple et du légataire. On cherche les biens de la succession ; et quand on les a trouvés, si le concours n'est qu'entre le créancier chirographaire et celui qui a l'hypothèque, ou entre un créancier quelconque et un légataire, la préférence est due telle que l'ont donnée les titres différens de chacun. Que l'héritier ait accepté purement ou sous bénéfice d'inventaire, qu'importe aux créanciers et aux légataires, entre eux, pour leur position respective ? L'acceptation pure engage l'héritier envers tous, mais non pas d'une manière égale, sur les biens de la succession ; les priviléges, les hypothèques et toute préférence légale, subsistent entre les divers ayant-droit contre la succession. M. Duranton, suivi par M. Dalloz, présente une doctrine conforme à ces principes. *Dur.* 7, *n.* 476 ; *Rép. méth., succ., ch.* 6, *sect.* 2, *art.* 2, *n.* 29.

15. On voit, par ce que nous venons de dire, que la séparation des patrimoines peut être sans utilité, quant aux immeubles, pour les créanciers pourvus de l'hypothèque générale, comme celle des femmes mariées, sur les biens de leurs maris, des mineurs, sur les biens des tuteurs, et celle qui résulte des jugemens ou actes judiciaires. Ces diverses hypothèques, frappent tous les immeubles de l'hérédité, et se conservent par les moyens ordinaires, sans le secours de la demande en séparation des patrimoines. Par un arrêt du 30 juin 1830, la Cour de Pau a jugé que l'héritier d'une femme, qui était venu dans un ordre, exercer son hypothèque légale, ne pouvait pas en être repoussé, pour n'avoir pas requis la séparation des patrimoines. *D.* 1831, *s., p.* 95.

L'hypothèque spéciale, valablement inscrite, n'a pas besoin

non plus, pour produire son effet, de la séparation des patrimoines; mais cette séparation peut être utile au créancier, si le fonds hypothéqué n'est pas d'une valeur suffisante pour garantir sa créance.

16. L'article 834 du Code de procédure fait naître la question de savoir si, pour produire son effet sur le prix d'une vente faite et transcrite, dans les premiers jours de l'ouverture de la succession, le privilége des créanciers ne doit pas être inscrit dans la quinzaine de la transcription, bien que le terme de six mois, donné par l'article 2111 soit encore éloigné? M. Grenier remarque, dans l'article 834, les mots: *créanciers ayant privilége*, et il dit : « De ces termes se tire la conséquence que la nécessité de l'inscription frappe sur le privilége de la séparation des patrimoines, en cas de vente des immeubles de la succession, et de transcription de cette vente, avant l'expiration de six mois, à compter de l'ouverture de la succession. Ainsi, dans ce cas, l'inscription ordonnée par l'article 2111, devrait être faite, au plus tard, dans la quinzaine de la transcription de la vente, qui serait faite par les héritiers.» *Gren., hyp.* 2, *n.* 432.

M. Delvincourt dit bien que si le créancier de la succession n'a pas fait inscrire son privilége dans la quinzaine de la transcription, l'acquéreur peut payer valablement, à son préjudice, soit au vendeur, soit à ses créanciers propres, et à tous autres pour lui; mais l'auteur pense que si le prix n'est pas payé, ni l'ordre clos, l'inscription, prise dans les six mois, conserve le privilége, car alors l'acquéreur n'a pas d'intérêt à le contester; et quant aux créanciers de l'héritier, ils ne sont pas fondés à le faire, puisque l'article 2111 décide formellement que l'inscription, prise dans les six mois, conserve le privilége à leur égard. La distinction et la résolution de M. Delvincourt nous paraissént très-justes, selon la loi; elles sont adoptées par M. Malpel. *Delv.* 2, *p.* 178; *Malp., n.* 218.

M. Duranton fait une hypothèque privilégiée, du droit à la séparation des patrimoines; il prononce la perte du privilége, par le défaut d'inscription, dans le délai de six mois; mais il laisse l'hypothèque qu'on pourra toujours faire inscrire, tant que les biens seront dans les mains de l'héritier, et dans la quinzaine de la transcription d'une vente, afin de concourir avec les créanciers de l'héritier, selon le rang d'inscription de chacun. Si le professeur ne parlait que des créanciers auxquels le débiteur a donné hypothèque, sa doctrine serait exacte, car elle n'ensci-

gnerait qu'une chose très-simple, qu'aucun légiste ne peut ignorer. Mais créant un système, et faisant résulter de l'article 880,.
pour tous créanciers du défunt indistinctement, une hypothèque légale privilégiée, M. Duranton nous paraît dans l'erreur. Le droit conféré par l'article 878 est bien nommé, commu-
nément, privilége ou droit de préférence ; mais il ne constitue pas
une hypothèque privilégiée. Cette sorte de privilége est attachée
à toute créance, et l'hypothèque n'appartient qu'au créancier
qui l'a reçue dans son titre. Chirographaires, hypothécaires,
tous les créanciers du défunt doivent se faire connaître aux
créanciers de l'héritier, dans le délai de six mois, ou dans la
quinzaine d'une vente. Manquant à cette formalité, tous restent
créanciers de l'héritier, au même titre qu'ils l'étaient du défunt.
Ceux qui n'ont pas d'hypothèque, auront besoin d'en acquérir,
afin d'entrer en concours avec les créanciers hypothécaires de
l'héritier. *Dur.* 7, *n.* 490.

17. L'inscription du privilége des héritiers de la succession,
dans le délai de six mois, n'ayant pour objet que d'avertir les
créanciers du successeur, et d'empêcher qu'ils ne prennent eux-
mêmes, sur les biens du défunt, dans cet espace de temps, des
inscriptions efficaces, au préjudice des créanciers qu'il a laissés,
M. Merlin et M. Grenier concilient l'article 880, avec l'article 2111, en décidant qu'à l'égard des créanciers chirographaires de l'héritier, et même de ses créanciers hypothécaires, qui
n'ont pas pris d'inscription, les créanciers de la succession peuvent demander la séparation, après six mois, sans avoir fait
inscrire leur privilége. C'est aller un peu loin; il ne serait pas
sûr de former une demande en séparation, sans inscription préalable, parce que le privilége doit être inscrit, pour empêcher
d'autres inscriptions, et que les créanciers hypothécaires de
l'héritier, réveillés par la demande, s'empresseraient de faire
leurs inscriptions, et de les opposer aux réclamans. Il faut se
borner à dire qu'après le délai de six mois, les créanciers de la
succession peuvent encore faire inscrire utilement leur privilége, tant que les créanciers du successeur n'auront pas d'hypothèque inscrite sur les biens du défunt. Ainsi, M. Chabot,
M. Toullier et M. Delvincourt décident que les créanciers chirographaires de l'héritier, et ses créanciers hypothécaires, qui
n'ont pas pris d'inscription, ou qui n'en ont que de postérieures
à celles du privilége des créanciers du défunt, ne peuvent pas
écarter la demande en séparation, comme fondée sur une ins-

cription qui n'a été prise qu'après l'expiration du délai de six mois. *Rép., séparat. de patrim.*, § 3, *n.* 6; *Gren., hyp.* 2, *n.*432; *Chab., art.* 880, *n.* 7, 8, 9; *Toull.* 4, *n.* 543, 5ʲ4; *Delv.* 2, *p.* 179; *Dur.* 7, *n.* 490.

Sur ces difficultés, les arrêts n'offrent que deux exemples. Dans une affaire jugée par la Cour de Poitiers, le 28 janvier 1823, un créancier de la succession, inscrit plus de six mois après son ouverture, avait demandé collocation, à la suite des créanciers inscrits du successeur, et avant ses créanciers chirographaires : sa demande fut adjugée. Dans une autre affaire, sur laquelle la Cour de Paris a prononcé, le 23 mars 1824, le créancier de la succession, inscrit après le terme de six mois, ne luttait que contre un créancier chirographaire de l'héritier ; mais, en adjugeant sa demande, l'arrêt déclare que la seule conséquence qui puisse résulter, au préjudice du créancier de la succession, du retard de son inscription, c'est qu'il ne peut s'en prévaloir contre les créanciers personnels et hypothécaires de l'héritier, inscrits avant lui. *D.* 1824, *s.*, *p.* 33, *et* 1825, *s.*, *p.* 119.

18. M. Merlin ne se borne point à décider que le privilége de l'article 878 doit être inscrit dans le délai de l'article 2111, pour avoir son effet contre les créanciers hypothécaires de l'héritier ; il soutient que la demande en séparation doit être également formée dans le même délai. « Observons, dit-il, que l'article 2111 n'accorde la faculté, comme il n'impose le devoir de s'inscrire, sur les immeubles du défunt, qu'aux créanciers *qui demandent la séparation du patrimoine*. Il est donc dans son intention que l'inscription ne puisse avoir lieu ou produire son effet que dans le cas où elle est, soit accompagnée, soit précédée d'une demande en séparation. » Voilà bien de l'importance attachée à des mots qui n'ont pas été attentivement pesés, et qui, sûrement, n'avaient pas, dans l'intention des auteurs de l'article, la signification que leur attribue M. Merlin. L'auteur a bien senti qu'on pourrait douter de l'exactitude d'une explication qui présente une règle nouvelle aussi étrange ; mais il a cru lever les doutes, en montrant que les mots dont il argumente ne se trouvaient pas dans le projet de l'article 2111, et qu'ils ont été ajoutés, d'après un amendement proposé, dans le sein du Conseil d'état même ; et il se livre à des conjectures, pour indiquer le but de cet amendement, que la délibération du Conseil d'état ne fait pas connaître. Suivant l'auteur, l'amendement ne pouvait avoir d'autre but que de limiter aux créanciers, qui demandent

la séparation du patrimoine du défunt, la faculté de s'inscrire sur les immeubles de la succession, à l'effet de conserver le privilége de cette séparation; il ne pouvait pas en avoir d'autre que de modifier l'article 880, en ce sens que la faculté accordée par cet article, aux créanciers du défunt, de demander la séparation de ses immeubles, durerait envers les créanciers chirographaires de l'héritier, tout le temps que les immeubles resteraient dans la main de celui-ci; mais qu'envers les créanciers hypothécaires de l'héritier, qui se seraient fait inscrire sur les biens de la succession, elle ne subsisterait que pendant les six mois qui suivraient la mort du défunt.

Quant à l'inscription, il n'est pas besoin de conjectures, la disposition de la loi est formelle; elle a d'ailleurs été bien déclarée par les orateurs du gouvernement et du tribunat. L'article 880 est modifié, et le privilége de la séparation des patrimoines est subordonné à son inscription, dans le délai de six mois; mais l'art. 2111 ne dispose pas de même, pour la demande dans ce délai; et les conjectures de M. Merlin sont fort hasardées; rien ne nous paraît les justifier. Si le législateur avait voulu établir la règle supposée par M. Merlin, il l'aurait fait d'une manière franche et directe; car c'eût été une innovation d'une grande conséquence, plus encore que celle de l'inscription, et qui devait être aussi clairement exprimée. La rédaction du premier membre de la phrase de l'art. 2111 ne serait certainement pas bonne dans le sens supposé par M. Merlin; elle ne l'est d'aucune manière; mais encore on peut lui donner une explication plus naturelle et plus juste. Dire que les créanciers qui demandent la séparation conservent leur privilége par les inscriptions faites dans les six mois, ce n'est pas dire que la demande en séparation sera formée dans les six mois. On cherche pourquoi les mots : *qui demande t la séparation*, ont été ajoutés au projet de l'art. 2111. La raison est évidente : le projet ne marquait pas le rapport de cet article avec la disposition de l'art. 880, et il importait d'établir ce rapport; et c'est pour l'établir, que l'addition a été faite. Il fallait dire : *les créanciers qui entendent demander la séparation.* A défaut d'une attention suffisante, on a dit: *les créanciers qui demandent la séparation.* Et pourquoi, en effet, obliger ces créanciers à former leur demande dans un aussi bref délai, pour les immeubles toujours faciles à reconnaître dans les mains de l'héritier, quand pour les meubles, si difficiles à retrouver le plus souvent, la loi accorde trois années? Avant le

Code, on avait trente ans pour la séparation des immeubles. Il a paru d'abord, et avec raison, à nos nouveaux législateurs, qu'aucun délai préfixe ne convenait pour les immeubles, qu'il était juste qu'ils pussent être recherchés tant qu'ils seraient dans les mains de l'héritier; et l'on pourrait se persuader qu'ensuite, sans motif et sans avertissement, le législateur a brusquement restreint dans un délai de six mois, la demande en séparation de patrimoines! Une action précipitée en justice n'aurait que des inconvéniens. Dans l'usage, les créanciers du défunt ne demandent la séparation des biens de l'hérédité, que lorsqu'ils ont éprouvé l'impossibilité ou une trop grande difficulté d'obtenir leur payement de l'héritier. Comment faire cette épreuve dans un délai de six mois, quand l'héritier a, de droit, quatre mois et dix jours pour faire inventaire et délibérer, et quand la justice peut lui accorder un temps beaucoup plus long? L'épreuve est-elle possible pour les créances dont le terme est audelà de six mois? Pourquoi une action prompte, et des frais qui peuvent être sans utilité? Ne suffit-il pas de s'annoncer par une inscription, et d'attendre les événemens pour demander, au besoin, la séparation, et la négliger si elle est inutile à ses intérêts? M. Duranton a fortement combattu le système de M. Merlin; et la Cour de Nimes l'a repoussé, par un arrêt du 19 février 1829. *D.*, 1829, *s., p.* 154; *Dur.* 7, *n.* 488.

19. Sur la question de savoir si l'acceptation de l'hérédité sous bénéfice d'inventaire, n'emporte pas, de droit, pour les créanciers, la séparation des patrimoines, *voyez plus haut, art.* 806, *n.* 17.

ARTICLE 879.

Ce droit ne peut cependant plus être exercé, lorsqu'il y a novation dans la créance contre le défunt, par l'acceptation de l'héritier pour débiteur.

1. Ce n'est pas ici la novation de l'art. 1271, qui éteint la dette suivant l'art. 1234; c'est une espèce de novation particulière, propre à la matière des séparations de patrimoines, car elle n'a ni le caractère, ni les effets de la novation en général. Elle se réduit à l'acceptation de l'héritier pour débiteur; ce qui ne présente ni substitution d'une dette nouvelle à une dette ancienne, ni substitution de créancier, ni même changement

de débiteur, puisque l'héritier est le représentant du défunt; et qu'à ce titre, il est déjà débiteur de droit, quand la séparation peut être demandée. Il y a quelque chose d'inconséquent dans les termes de la loi, qui d'une part rend l'héritier débiteur, et de l'autre fait résulter la novation de l'acceptation de l'héritier pour débiteur. Cette contrariété dans les termes a produit et pourra produire encore long-temps de l'embarras pour juger, en point de fait, la novation. Il faut bien que le créancier s'adresse à l'héritier qui doit le payer; et il ne dénature pas son titre, en agissant contre ce débiteur légal, en recevant de lui un à-compte ou une promesse de payement, quoi qu'en dise M. Chabot. La loi 1re, *ff de separ.*, faisait mieux connaître la novation propre à cette matière, en disant que les créanciers du défunt peuvent demander la séparation si, en se faisant assurer leurs créances par l'héritier, ils n'ont pas marqué l'intention d'abandonner leurs anciens droits, pour avoir de lui une nouvelle obligation. Ainsi, qu'on traite avec l'héritier, qu'on lui accorde des délais, qu'on reçoive de lui d'autres sûretés, on peut le faire sans abandonner les droits primitifs. La novation qui repousse la séparation des patrimoines, ne peut raisonnablement résulter que de l'abandon des titres conférés par le défunt. L'intention d'innover, en renonçant à ses anciens droits, pour se contenter de l'obligation particulière de l'héritier, peut se juger par les circonstances, sans doute; mais elle ne doit pas être facilement présumée. *Chab.*, n. 1, etc.; *Toull.* 7, n. 283; *Gren., hyp.*, 2, n. 426; *Delv.* 2, p. 176; *Malp.*, n. 217.

2. M. de Maleville croit que le créancier fait novation en accordant à l'héritier terme ou délai pour le payement. Les § 11 et 15 de la loi 1re, *ff de separ.*, invoqués par l'auteur, ne font pas mention de l'attermoiement; et M. Chabot décide avec plus de raison, par argument de l'art. 2039 du Code, que le créancier ne marque pas l'intention d'innover en accordant des délais; c'est aussi l'opinion de M. Delvincourt. Mais suivant ces deux § de la loi romaine, et la doctrine de nos anciens auteurs, M. Chabot ajoute que si, dans un traité fait avec l'héritier, le créancier changeait le mode ou les conditions du payement de la créance; s'il prenait un titre nouveau; s'il recevait des gages ou des cautions, il serait censé avoir accepté l'héritier pour débiteur, et qu'il y aurait novation. L'on pourrait dire aussi, commme la loi précitée, à la fin du § 10, qu'il y aurait novation, si le créancier faisait obliger l'héritier à des intérêts que le défunt

n'avait pas promis, et s'il avait accepté une délégation. *Merl.*, *art.* 879 ; *Chab.*, *n.* 4; *Dur.* 7, *n.* 494; *Delv.* 2, *p.* 176.

Ces décisions ne sont pas sûres; on ne voit pas clairement dans les circonstances auxquelles on les applique, une intention certaine pour innover. Cependant M. Toullier, M. Delvincourt et M. Grenier présentent la même doctrine que M. Chabot. Tous citent l'arrêt de la Cour régulatrice, du 7 décembre 1814, approbatif d'un arrêt de la Cour de Riom, qui rejeta la demande en séparation formée par des créanciers, après avoir pris de l'héritier un nouveau titre, portant conversion d'une créance exigible en rente rachetable à volonté, sous la garantie de l'hypothèque de tous les biens de l'héritier. La Cour de Caen a rendu une décision semblable, le 21 octobre 1826. Dans ces arrêts, le fait marque bien mieux la novation. *Sir.* 15, 1, 97; *J. pal.*, *édit. n.*, *t.* 16, *p.* 751; *D.*, 1815, *p.* 42, *et* 1828, *s.*, *p.* 18; *Toull.* 7, *n.* 283; *Gren.*, *hyp.* 2, *n.* 426; *Delv.* 2, *p.* 176.

3. M. Duranton affirme qu'en acceptant une délégation, bien qu'on n'accorde pas de décharge à l'héritier débiteur, on perd le droit à la séparation des patrimoines. Suivant les art. 1271, 1275, il ne résulte pas de novation, en général, de cette délégation; elle n'établit qu'un mode de payement. Laissant ainsi subsister la créance primitive, elle ne peut pas enlever le droit à la séparation des patrimoines. *Dur.* 7, *n.* 496.

4. La Cour d'appel de Paris a fort bien jugé, le 1er nivôse an XIII, que le créancier qui a reçu de l'héritier les intérêts de sa créance, n'est pas censé, par cela seul, l'avoir accepté pour débiteur, avec l'intention d'innover. Un autre arrêt rendu par la même Cour, le 23 mars 1824, n'est pas dans le même esprit. Un créancier avait reçu du fils, héritier, les annuités d'une rente constituée par le père, défunt. L'arrêt n'a justifié le créancier de l'intention de faire novation, qu'à raison de ce que l'héritier était son homme d'affaires, chargé de ses recrouvemens, et que ce créancier avait pu ne pas distinguer dans les comptes de son régisseur, la rente qu'il y portait comme héritier de son père. Cette raison est bien faible; l'arrêt de l'an XIII était mieux motivé sur le droit du créancier, de recevoir les intérêts de sa créance, de l'héritier de son débiteur, sans faire novation. M. Chabot et M. Grenier approuvent cette décision de l'an XIII; et elle est conforme à la doctrine de M. de Maleville et de M. Delaporte. *Sir.* 5, 2, 510; *J. pal.*, *édit. n.*, *t.* 5, *p.* 179;

D., 1825, *s.*, *p.* 119; *Malev.; Chab.*, *n.*3, 4; *Gren.*, *hyp.* 2, *n.* 426;
Pand. franç. 3, *p.* 385.

5. Mais l'arrêt de 1824 porte une autre disposition remarquable, qu'on peut proposer pour exemple. Il a jugé que le créancier du père, défunt, n'avait pas fait novation en présentant
son titre à la faillite du fils, héritier. Il est certain, en effet,
malgré les doutes de M. Delaporte, que la novation ne peut résulter ni de la demande formée en justice, ni des poursuites
d'exécution faites contre l'héritier. La loi 7, *ff. de separ.*, autorisait la séparation après une demande formée contre l'héritier;
et les art. 873, 876 du Code civil, autorisent les actions et les
poursuites. On ne réclame la séparation des patrimoines que
parce que l'héritier ne satisfait point à son obligation de payer
les dettes de l'hérédité. *Chab. préc.; Gren.*, *hyp.* 2, *n.* 426; *Delv.* 2,
p. 176; *Dur.* 7, *n.* 495; *Pand. franç.* 3, *p.* 384.

6. Par un arrêt du 28 janvier 1823, la Cour de Poitiers a
décidé qu'il n'y avait pas de novation dans des circonstances qui,
à la rigueur, auraient pu l'indiquer; mais nous ne croyons pas
que la rigueur convienne en cette matière. Le créancier avait
reçu des héritiers de son débiteur défunt, des billets à ordre
pour le montant de sa créance, et avait donné quittance en ces
termes : *Lesquels billets acquittés, la présente quittance vaudra.*
A l'échéance, l'un des billets n'étant point acquitté, le créancier
avait poursuivi et obtenu un jugement qui condamnait les sous-
cripteurs à lui en payer le montant. *D.*, 1824, *s.*, *p.* 33.

Un arrêt de la Cour de Bourges, maintenu par la Cour de cassation, le 2 janvier 1807, avait vu la novation et la décharge de
la caution dans des billets semblables, reçus pour le montant
d'arrérages de ferme. Le Journal du palais annonce un arrêt dans
le même sens, rendu par la Cour royale de Paris, le 14 décembre 1814. L'arrêt de Poitiers nous semble mieux dans les principes de la matière. *J. pal.*, *éd. n.*, *t.* 16, *p.* 754; *D.*, 1807. *p.* 612.

7. La Cour de Grenoble a dû juger, le 10 avril 1814, qu'un
règlement de compte, sous réserve des anciens droits, n'opérait
pas de novation; mais, le 14 janvier 1824, devait-elle déclarer
la novation, malgré la *réserve des anciens droits, priviléges et hypothèques*, parce que l'héritier avait pris l'engagement de payer
à un tiers, pour le créancier de la succession? Ne vaut-il pas
mieux dire, avec la Cour de Caen, dans un arrêt du 20 août 1824,
que la demande et la condamnation pour des arrérages, contre
l'héritier, ne produit pas de novation. C'est la même décision

52

qu'avait portée la Cour de Paris, en l'an XIII. Recevoir des intérêts, recevoir une partie du capital de l'héritier qui est l'agent
de la succession, ce n'est pas dénaturer sa créance. On demande
à l'héritier, on reçoit un à compte de l'héritier, parce que c'est
lui qui a les biens de la succession, et qui doit en payer les
dettes. S'il cesse de satisfaire à son engagement, on réclame,
pour le surplus de sa créance, la séparation des patrimoines,
tout comme le vendeur demande la résolution de la vente pour
une portion du prix restée due. *V. Rép. méth., succ., chap.* 6,
sect. 2, *art.* 3, *n.* 12.

8. Le légitimaire, créancier de la somme fixée pour sa légitime, fait certainement novation en vendant ses droits à l'un des
enfans de l'héritier institué, débiteur. Mais, si le prix de la cession ne lui est pas payé, ne pourra-t-il pas faire résoudre la vente
et obtenir ensuite la séparation des patrimoines? Cette question
agitée devant la Cour d'Aix, le 3 décembre 1831, n'a pas reçu
une solution nette. Des fins de non-recevoir, qu'on ne peut guère
apprécier ici, ont déterminé l'arrêt. On a jugé que les droits
légitimaires prétendus étaient prescrits; que la cession n'avait
pas interrompu la prescription à l'égard des cohéritiers du cessionnaire, et que cette cession subsistant, avait opéré novation, etc. Dans une position ordinaire, sans fin de non-recevoir, nous ne doutons pas que la résolution de la vente ne
ramène le droit à la séparation des patrimoines. *D.*, 1832, *s., p.* 92.

9. Les créanciers qui n'ont pas fait novation n'obtiennent que
pour eux-mêmes la séparation des patrimoines; ceux qui ont
innové n'en peuvent pas profiter. Cette décision de la loi 1, § 16,
ff. de separ., s'accommode évidemment à notre droit actuel. On
doit aussi décider, comme M. Chabot et M. Delvincourt, que
l'action en séparation étant divisible, et pouvant, ainsi que
nous l'avons remarqué, art. 878, n. 8, être dirigée contre plusieurs cohéritiers, ou contre tous, ou contre un seul, la novation opérée par le créancier avec l'un d'eux, ne fait point obstacle à la demande en séparation contre les autres. *Chab., n.* 5;
Delv. 2, *p.* 176; *Dur.* 7, *n.* 499.

ARTICLE 880.

Il se prescrit, relativement aux meubles, par le laps de
trois ans.

À l'égard des immeubles, l'action peut être exercée tant qu'ils existent dans la main de l'héritier.

1. Dans le droit romain, la demande en séparation pour les meubles, comme pour les immeubles, n'était soumise qu'à la même prescription de cinq ans. Dans notre ancien droit français, il n'y avait aussi qu'une même prescription, mais elle était de trente ans. Le Code civil a établi des règles toutes nouvelles. La prescription est de trois ans pour les meubles, et il n'y en a pas de déterminée pour les immeubles. *V. infra*, *n*. 3.

2. C'est de l'ouverture de la succession, et non pas seulement de l'adition d'hérédité, que le délai de trois ans commence à courir pour les meubles, parce que la saisine légale existe aussitôt que la succession est ouverte, et que, d'ailleurs, selon l'art. 777, l'effet de l'acceptation remonte au jour de l'ouverture de la succession. Ainsi l'a décidé la Cour de cassation, par un arrêt du 7 avril 1810. *Delv.* 2, *p.* 177; *Gren., hyp.* 2, *n.* 427; *Chab., n.* 3; *Dur.* 7, *n.* 482; *Malp., n.* 218.

3. L'art. 880 ne déclare pas même pour les meubles, comme le fait, pour tous les biens, la loi 1, § 12, *ff. de separ.*, que la séparation ne peut plus être demandée, lorsque les biens de la succession sont confondus avec ceux de l'héritier. Les immeubles sont toujours faciles à distinguer; et avec un inventaire, on peut retrouver les meubles de la succession, restés dans les mains de l'héritier. S'il n'y a pas d'inventaire, la loi qui nous régit ne portant pas la fin de non-recevoir, que la loi romaine faisait résulter de la confusion, il semble qu'avant le terme des trois années nécessaires pour produire la prescription, les tribunaux ne sauraient refuser, aux créanciers de la succession, la faculté de rechercher, dans les meubles de l'héritier, ceux qui viennent du défunt, à l'aide de tous écrits et de la preuve testimoniale. Cependant, M. Chabot et M. Grenier ne font pas mention de cette faculté, et se contentent de proposer la règle ancienne pour le cas où les meubles de la succession se trouvent mêlés avec ceux de l'héritier, de manière à ne pouvoir pas en être distingués. Avant le terme de trois ans, cette impossibilité est difficile à concevoir d'une manière absolue; et si elle existait pour quelques objets, ce ne serait pas une raison pour qu'il fût interdit de rechercher et d'atteindre les autres par la séparation. *Gren., hyp.* 2, *n.* 427; *Chab., n.* 4.

M. Delvincourt, qui admet aussi l'ancienne règle de la con-

32.

fusion, pour le cas où il n'y a point d'inventaire, fait pourtant exception pour les créances de la succession, qui sont toujours distinctes, tant qu'elles ne sont point acquittées, et qu'il n'y a pas de novation. Parmi ces créances, l'auteur comprend la dette de l'héritier lui-même, qui, éteinte par la confusion, doit renaître, par la séparation, au profit des créanciers. M. Duranton ne reconnaît de droit à la séparation, quand il n'existe pas d'inventaire, que pour les créances des tiers. Il faut bien ajouter la créance de la succession sur l'héritier même. *Delv.* 2, *p.* 177; *Dur.* 7, *n.* 485, *etc.*

Quand il existe un inventaire, M. Chabot dit que la séparation demandée dans les trois ans, portera sur les meubles inventoriés ou sur leur valeur. Mais bientôt l'auteur rappelle que les meubles n'ont pas de suite. M. Duranton en fait aussi la remarque; et M. Grenier affirme avec eux et M. Malpel, que le droit à la séparation des patrimoines est éteint, pour les meubles quand ils ne sont plus au pouvoir de l'héritier. *Chab., n.* 4; *Gren., hyp., n.* 427; *Malp., n.* 218; *Dur., préc.*

Au reste, il faut bien convenir avec M. Delvincourt que pour les deniers comptans qui se sont trouvés dans la succession, la séparation n'est praticable que lorsqu'ils sont encore sous les scellés, ou entre les mains d'un séquestre. *Delv. préc.*

3. La loi n'établit pas de prescription particulière contre la demande en séparation des immeubles. M. Grenier en conclut que « tant que les immeubles existent dans les mains de l'héritier, et que la prescription ordinaire de trente ans n'est point acquise, les créanciers du défunt peuvent en réclamer la valeur.» Nous avons observé, dans notre Traité des prescriptions, n. 382, que cette action est subordonnée nécessairement à la conservation de la créance, et qu'ainsi l'une et l'autre se prescrivent en même temps. La créance conservée, la demande en séparation est recevable tant que les immeubles existent dans la main de l'héritier; la loi le déclare expressément. Cette déclaration pouvait faire croire qu'après l'aliénation des immeubles, il n'y a plus, à leur égard, de séparation possible. On la juge pourtant praticable sur le prix de la vente, lorsqu'il n'est pas payé, parce que le prix représente la chose. Ce n'est même, ordinairement, que dans les ordres immobiliers qu'elle s'exerce comme un privilége. La jurisprudence nouvelle et la doctrine des interprètes sont ici conformes à la jurisprudence ancienne. On cite principalement, pour l'effet de la séparation sur le prix, un arrêt de la Cour

royale de Paris, et un autre de la Cour de Rouen, maintenus par la Cour de cassation, le 22 janvier et le 8 septembre 1816, et un arrêt de cassation du 17 octobre 1809. *J. pal., éd. n., t.* 7, *p.* 5o5; *Sir.* 10, 1, 34; *D.*, 1809, *p.* 399; *Rép. Merl., sépar. patrim.,* § 2, *n.* 2 *et* 17; *Malev.; Pandec. franç.* 3, *p.* 386; *Chab., n.* 5, 6; *Toull.* 4, *n.* 539, *etc.; Gren., hyp.* 2, *n.* 428; *Delv.* 2, *p.* 177; *Dur.* 7, *n.* 490.

Un arrêt de la Cour de Montpellier, toutefois, a jugé, au contraire, que le créancier du défunt n'était pas recevable à réclamer la séparation dans l'ordre du prix de l'expropriation faite sur l'héritier; et l'arrêt s'est soutenu contre un pourvoi, le 25 mai 1812; mais il n'a résisté à la cassation que parce qu'il était justifié par d'autres motifs. M. Grenier en fait la remarque. Un autre arrêt rendu par la Cour de Montpellier, le 26 février 1810, a jugé encore, nettement, qu'après l'expropriation forcée, la séparation des patrimoines n'était plus admissible. Cette décision n'avait pas l'excuse de la première; elle eût été infailliblement cassée, s'il y avait eu pourvoi. *J. pal., éd. n., t.* 11, *p.* 176, *et t.* 13, *p.* 492; *D.*, 1812, *p.* 473; *Sir.* 12, 1, 365; *et* 15, 2, 206; *Gren., hyp.* 2, *n.* 431.

4. Le prix de la vente représentant l'immeuble ne doit pas être exempt, comme mobilier, de la séparation des patrimoines, au terme de trois années. Cette proposition de M. Delvincourt, appuyée par M. Dalloz, est très-juste. La doctrine contraire de M. Delaporte et de M. Duranton n'est pas dans les principes de la matière. C'est pour les meubles de la succession que la loi établit la prescription de trois ans. Le prix de l'immeuble vendu par l'héritier, et revenant aux créanciers, n'est pas un meuble de la succession. *Dur.* 7, *n.* 490; *Pand. franç.*, 3, *p.* 386; *Delv.* 2, *p.* 178; *Rép. méth., succ., chap.* 6, *sect.* 2, *art.* 3, *n.* 24.

5. Les motifs qui ont fait rejeter le pourvoi dirigé contre le premier arrêt de Montpellier (cité n. 3), servent de point d'appui à la doctrine de M. Grenier, qui enseigne encore, pour les immeubles, la fin de non recevoir, que les lois romaines faisaient résulter de la confusion. Cependant la Cour de cassation a décidé que la cause, qui était ancienne, n'avait pas dû être jugée par l'application du Code civil, mais par les règles du droit romain, qui se trouvaient bien appliquées. Les biens de la succession avaient été saisis avec ceux de l'héritier, et tous avaient été adjugés ensemble pour un même prix, en présence de deux sœurs, créancières de la succession; et l'une d'elles était l'adjudicataire. L'ouverture de la succession et l'adjudication même

étaient antérieures au Code civil. La demande en séparation des patrimoines, formée à l'ordre par ces deux sœurs, était seulement postérieure au Code. La Cour de Montpellier jugea cette demande non-recevable, d'après l'art. 880, qui, suivant elle, n'admet pas la séparation quand les biens sont vendus. La demande fut encore jugée non-recevable, selon les lois romaines, à cause de la confusion opérée par la saisie et la vente des biens de l'hérédité, avec ceux de l'héritier. *Gren. préc.*

Par le Code civil, on ne pouvait pas donner la confusion pour fondement à l'arrêt, puisque la loi ne fait plus dériver de fin de non-recevoir de cette cause. Mais, à la rigueur, on aurait pû repousser les créancières pour cause de novation. On pouvait dire qu'elles avaient accepté l'héritier pour débiteur, puisque pour se faire payer, elles avaient concouru à faire vendre ses biens propres. Si elles avaient été étrangères à la poursuite et à l'adjudication, la confusion des biens de l'hérédité avec ceux de l'héritier, n'aurait pas pu faire écarter leur demande en séparation. Le prix des biens de chaque patrimoine aurait été distingué par une ventilation.

Dans une affaire qui devait se juger par les règles du Code civil, la Cour de Grenoble a pourtant décidé, le 7 février 1827, qu'en s'associant à la poursuite d'expropriation d'un immeuble de l'héritier avec ceux de la succession, un créancier avait opéré une confusion qui faisait obstacle à sa demande ultérieure de la séparation des patrimoines. L'arrêt n'est fondé sur aucun texte de notre législation; il ne s'appuie que sur des lois romaines. Par un autre arrêt du 18 août 1828, la Cour de Grenoble a jugé de même, contre des créanciers qui n'avaient pas été appelés aux poursuites. *D.*, 1828, *s., p.* 99; *et* 1829, *s., p.* 22.

La Cour de Riom avait porté une décision semblable, dans la circonstance où les poursuites d'expropriation avaient été dénoncées aux créanciers réclamans; attendu que dans le cours de ces poursuites, ils n'avaient demandé ni ventes séparées, ni distinction de prix, et parce qu'une ventilation ne pourrait se faire que par des opérations longues, incertaines et dispendieuses, qui seraient plus préjudiciables qu'utiles aux intérêts des créanciers, *ce qui doit suffire pour faire rejeter la séparation des patrimoines invoqués. D.*, 1829. *s., p.* 106.

Voilà des considérations que d'autres peuvent combattre toutefois; mais où est la loi vivante qui fait de la confusion prolongée jusqu'à la vente, une cause de refus pour la séparation?

L'on ne sépare que ce qui est mêlé, et la loi n'accorde le privilége de la séparation, que pour faire cesser la confusion, laquelle,
est ainsi une cause, et non pas un empêchement de division.
C'est l'héritier qui a fait la confusion; c'est lui qui devenu débiteur envers les créanciers de la succession, est poursuivi sur
ses biens confus; et c'est quand on voit que ses créanciers, qui
ne sont pas ceux du défunt, peuvent, par leur concours, nuire
à ceux-ci, qu'on réclame la séparation. Nous sommes même
peu portés à voir la novation dans la poursuite faite contre l'héritier, sur les divers biens qu'il possède; car enfin, si les biens
de la succession ne suffisent point aux dettes du défunt, il est
reconnu que ses créanciers ont prise sur les propriétés qui sont
venues à l'héritier, d'ailleurs que du débiteur défunt.

Par un nouvel arrêt du 3o août 1831, la Cour de Grenoble a
jugé, suivant un usage à peu près général, que la vente des biens
de l'hérédité, avec ceux de l'héritier, faite confusément par cet
héritier, n'opère pas la fin de non recevoir, contre la demande
en séparation des patrimoines. D., 1832, s., p. 159.

6. M. Delvincourt voit clairement que si l'héritier a vendu ses
droits successifs, la séparation ne peut plus être exercée, parce
que les biens ne sont plus dans ses mains. Mais l'acquereur est
héritier à sa place; il a les mêmes charges; il est soumis aux
mêmes conditions; et la séparation peut atteindre les biens dans
ses mains, comme elle l'aurait pu faire dans les mains du vendeur. D'ailleurs, ne pourrait-elle pas s'exercer sur le prix, s'il
n'était pas payé? La loi 2, ff. de séparat., décide, il est vrai, contre
la séparation, après la vente des droits successifs; mais cette loi
manque de l'autorité de la raison, qui seule aurait pu nous faire
recevoir sa décision. Delv. 2, p. 178.

7. Dans la position d'un fils, qui possédait tous les immeubles
qu'avait eus son père, d'une part comme donataire, et d'ailleurs
comme acquéreur des portions de ses frères et sœurs, la Cour
de Grenoble, le 9 mars 1831, a refusé la séparation des patrimoines, « attendu que le sieur Julien, ne possédant réellement
aucun des biens de l'hérédité de son père, car ceux qu'il déte-
nait lui ayant été transmis par la donation de 1793, et reposant
irrévocablement sur sa tête, soit par les ventes qui lui en avaient
été passées, il ne peut y avoir lieu de demander la séparation des
patrimoines qui, par sa nature, ne s'exerce que sur les biens de
l'hoirie, possédés comme tels par l'héritier. » L'arrêtiste laisse
ignorer le caractère de la donation et la portée des ventes. Si la

donation était de celles qui constituent un successeur, soumis aux dettes, suivant ce que nous avons observé, article 871, et si les ventes comprenaient les droits successifs, le sieur Julien était doublement héritier, possédant la succession. Au surplus, successible, s'il n'avait pas fait de répudiation, la séparation des patrimoines pouvait porter sur la portion des biens qu'il devait avoir, à titre d'héritier. *D.* 1832, *s., p.* 206.

8. La séparation des patrimoines paraît si favorable, qu'on pense qu'elle peut être demandée en tout état de cause, et même en appel, pour la première fois. Ainsi l'a jugé la Cour de Riom, par un arrêt qui, cassé pour d'autres causes, a reçu, en ce point, l'approbation expresse de la Cour régulatrice, le 8 novembre 1815. L'arrêt du 17 octobre 1809, cité plus haut, n. 3, avait déjà proclamé cette règle dans ses considérans. *D.*, 1815, *p.* 584.

9. Mais, quand le vendeur a reçu le prix de la vente, la séparation ne peut plus atteindre ni au fonds, ni au prix, même dans le cas où les créanciers hypothécaires obligeraient l'acquéreur à rapporter dans un ordre le prix déjà payé. Le privilége de la séparation et l'hypothèque sont deux droits distincts et indépendans l'un de l'autre. Le droit hypothécaire, lorsqu'il est inscrit, a la vertu d'empêcher ou d'annuler les payemens qui ne seraient pas faits aux créanciers inscrits. Le droit à la séparation s'éteint par le payement qui est fait au vendeur. Un arrêt de la Cour d'appel de Paris, qui porte cette décision, a reçu la sanction de la Cour régulatrice, le 28 juillet 1813, et formé la doctrine des interprètes. *J. pal., éd. n., t.* 15, *p.* 266; *Chab., n.* 7; *Delv.* 2, *p.* 178; *Gren., hyp.* 2, *n.* 430; *Merl., Rép., séparat. de patrim.,* § 3.

10. Bien que payé par compensation, sans deniers comptans, le prix de la vente n'échappe pas moins à la séparation des patrimoines. Ainsi l'a justement décidé la Cour de Grenoble, par un arrêt du 21 avril 1823. *Dall., Rép. méth., succ., chap.* 6, *art.* 3, *n.* 23.

Cependant disons, comme M. Chabot, que s'il était établi par des circonstances graves, que l'héritier n'a fait la vente qu'en fraude des créanciers de la succession, par connivence avec ses créanciers personnels, et que l'acquéreur a connu la fraude, les créanciers du défunt pourraient faire annuler l'aliénation, ou former encore, pour le prix, la demande en séparation, faisant restituer la somme payée au vendeur ou à ses créanciers. *Chab., n.* 5; *Pand. franç.* 3, *p.* 386.

ARTICLE 881.

Les créanciers de l'héritier ne sont point admis à demander la séparation des patrimoines contre les créanciers de la succession.

1. La loi 1, § 2 et 5, *ff. de separat.*, portait la disposition qu'on retrouve ici ; mais elle n'était pas une règle certaine du droit français ; on ne la suivait pas partout. Elle est cependant fondée sur une raison décisive. Les créanciers ne peuvent pas empêcher leur débiteur de contracter de nouvelles dettes, et de s'obliger par l'adition d'hérédité envers les créanciers du défunt. Lebrun et Pothier s'étaient fortement élevés contre le système de la séparation, pour les créanciers de l'héritier ; et toutefois ils pensaient que si le débiteur avait accepté une succession entièrement mauvaise, et dans l'intention évidente de frustrer ses créanciers, ceux-ci devaient avoir le remède de la séparation, ou au moins l'action révocatoire contre l'acceptation. Lebrun et Pothier fondaient leur décision sur la loi 5, *ff. de in fraudem*, qui autorise les créanciers à poursuivre la révocation des obligations que leur débiteur a contractées, et de tout ce qu'il a fait frauduleusement à leur préjudice ; mais la loi 1, § 5, *ff. de separat.*, spéciale en cette matière, décidait positivement que les créanciers de l'héritier ne pouvaient demander la séparation des patrimoines, quoiqu'il eût accepté la succession en fraude de leurs droits. Elle disait à la vérité que s'il y avait eu ruse et fraude de la part de l'héritier, le prêteur pouvait venir au secours des créanciers ; mais elle ajoutait que leur plainte ne pouvait être facilement admise.

M. Delvincourt, sous l'empire du Code, émet une opinion conforme à celle de Lebrun et de Pothier, dans le droit ancien ; et il la fonde sur la disposition générale de l'art. 1167, qui est semblable à celle de la loi 5, *ff. de in fraudem.* M. Chabot observe que l'art. 880 n'a point admis l'exception de la loi 1, *ff. de separat. ;* que si par l'art. 1167, la loi permet aux créanciers d'attaquer les actes faits en fraude de leurs droits, elle ajoute qu'ils doivent néanmoins, quant à leurs droits énoncés au titre des successions, se conformer aux règles prescrites dans ce titre ; que l'art. 788 autorise bien les créanciers du successible à faire révoquer dans leur intérêt, la renonciation qu'il a faite à la succession qui lui était échue, et à l'accepter à sa place, mais qu'il n'est dans le Code aucun autre article qui donne aux créanciers de l'héritier acceptant, le droit de faire révoquer son acceptation ou d'en empêcher les effets; et qu'au contraire, il est de principe que l'acceptation d'une succession est irrévocable, sous la seule exception de l'art. 783. M. Chabot finit par dire que cependant s'il était prouvé qu'un héritier n'a accepté une succession évidemment mauvaise, que par suite d'une connivence frauduleuse avec les créanciers de cette succession, ceux-ci ne devraient pas être admis à exercer des droits sur les biens propres de l'héritier, au préjudice de ses créanciers personnels qui auraient des titres antérieurs à l'acceptation; car ils ne peuvent profiter de leur propre fraude. C'est à peu près l'avis de M. Grenier et de M. Malpel. M. Duranton dit que M. Delvincourt et M. Chabot, ont suivi l'avis de Pothier et de Lebrun.

Cette combinaison de fraude ne peut guère se pratiquer; si elle n'est point absolument impossible, elle n'est pas probable, et l'idée de sa possibilité ne devait pas faire établir, à la règle de l'art. 881, une exception qui causerait plus de mal par les procès qui en sortiraient, qu'elle ne pourrait en réparer. Les créanciers hypothécaires de l'héritier, qui ont l'attention de faire inscrire leur hypothèque sur immeubles n'ont rien à redouter, de l'augmentation de sa dette, par une acceptation onéreuse. Elle ne diminuerait leurs sûretés qu'à l'égard de son mobilier; et ce n'est pas sur les biens meubles que comptent les créanciers inscrits. Il n'y a que les créanciers chirographaires qui puissent éprouver un véritable préjudice, par le concours des créanciers de la succession, avec eux, sur les meubles de l'héritier et sur ce qui pourrait rester de ses immeubles après le payement de ses dettes hypothécaires. Relativement à ces créanciers chirographaires, même, il est plus prudent de s'en tenir à la raison, qu'ils ne peuvent pas empêcher leur débiteur de faire de nouvelles dettes.

Chab.; Toull. 4, *n.* 547; *Delv.* 2, *p.* 180; *Gren., hyp.* 2, *p.* 425; *Pand. franç.* 3, *p.* 390; *Malp., n.* 220; *Dur.* 7, *n.* 502, 503.

ARTICLE 882.

Les créanciers d'un copartageant, pour éviter que le partage ne soit fait en fraude de leurs droits, peuvent s'opposer à ce qu'il y soit procédé hors de leur présence : ils ont le droit d'y intervenir à leurs frais, mais ils ne peuvent attaquer un partage consommé , à moins toutefois qu'il n'y ait été procédé sans eux et au préjudice d'une opposition qu'ils auraient formée.

I. L'art. 865 a déjà permis aux créanciers d'intervenir au partage pour s'opposer à ce que le rapport se fasse en fraude de leurs droits, L'art. 882 porte une disposition générale en faveur de tous créanciers d'un copartageant. L'opposition des créanciers oblige les cohéritiers à les appeler au partage. S'ils n'ont pas fait d'opposition, ils peuvent intervenir ; et si le partage n'est demandé par aucun des cohéritiers , ils tiennent de l'art. 1166 le droit de le provoquer au lieu de leur débiteur. L'art. 2205 les oblige même à faire cette provocation, quand ils veulent exproprier ce débiteur de la portion de biens qui lui revient dans la succession indivise.

2. L'acquéreur de droits successifs a bien plus d'intérêt au partage qu'un simple créancier; et quand il s'est fait connaître par la signification de l'acte qui lui a transmis les droits d'un héritier , il faut l'écarter par la subrogation , ou procéder au partage avec lui. La présence et le contrôle des créanciers d'un cohéritier peuvent être aussi fort gênans pour ses copartageans et pour lui-même; mais , à moins de les désintéresser en les payant , on ne saurait faire , sans eux , un partage valable , s'ils se sont annoncés par un acte d'opposition. Il est impossible d'écarter le tiers-intervenant auquel un héritier a vendu un immeuble déterminé de la succession indivise. Il est assimilé au créancier ; et le partage ne peut se faire sans lui, qu'autant qu'il ne s'est ni présenté, ni annoncé par une opposition. Un arrêt de la Cour de Nîmes, du 23 décembre 1806, range l'acquéreur de droits successifs , sur la ligne des créanciers, pour l'application de l'article 882. *J. pal.*, éd. n. , t. 7 , p. 618 ; *Sir.* 7, 2, 1086; *Chab.*, n. 1, 6 ; *Toull.* 4, n. 411 ; *Delv.* 2, p. 162 ; *Dur.* 7 , n. 508 ; *Pand. franç.* 3 , p. 493.

Ce partage ne peut nuire au créancier de la succession: l'article 882 ne le regarde pas. Mais, ainsi que l'a jugé la Cour d'appel de Turin, le 7 février 1807 , s'il est en même-temps créancier d'un héritier, il peut assister au partage , et même le provoquer. *D.*, *Rép. méth,* , *succ.*, ch. 6, sect. 3, *art.* 2, § 2, n. 12.

3. L'opposition au partage peut accompagner celle qui se fait à la levée des scellés ; et ainsi faite, elle n'a pas besoin d'être particulièrement notifiée à chaque cohéritier. Plus tard, elle doit être constatée par un acte exprès, signifié à tous les héri-

tiers individuellement. Ceux qui n'auraient pas eu de notification particulière, seraient censés avoir agi dans l'ignorance de l'opposition ; et le partage valablement fait avec eux, ne pourrait être révoqué pour les créanciers. *Chab.*, *n.* 2 ; *Toull.* 4, *n.* 411 ; *Delv.* 2, *p.* 162 ; *Dur.* 7, *n.* 506.

4. La loi autorise la présence des créanciers au partage, pour qu'ils puissent empêcher tout arrangement frauduleux à leur préjudice. Par ce moyen, elle a suffisamment garanti leurs intérêts. Mais aussi, quand le partage s'est fait en leur absence, sans opposition de leur part, il ne leur est pas permis d'en demander la nullité pour cause de fraude ; il leur est absolument défendu de l'attaquer. On n'en jugeait point ainsi avant le Code, lorsqu'on n'avait pas une règle positive comme celle de l'art. 882 ; et même depuis cet article, on ne le juge pas généralement. M. Treilhard a dit au corps législatif : « Les créanciers ne peuvent attaquer un partage fait *sans fraude*, en leur absence, à moins qu'il n'y eût été procédé au préjudice d'une opposition qu'ils auraient formée. » La Cour de Grenoble en a conclu par les considérans d'un arrêt, du 15 mai 1824, que le Code civil n'a pas introduit un droit nouveau ; que si les art. 865 et 882 donnent aux créanciers la faculté d'intervenir au partage, la loi ne déclare pas qu'à défaut d'intervention, ils seront non recevables à se plaindre de la fraude pratiquée contre eux. Cette doctrine se trouvait déjà dans les motifs d'un arrêt rendu par la Cour d'Agen, le 24 février 1824. On la trouve encore dans les motifs d'un arrêt de la Cour de Toulouse, du 21 mai 1827. *D.*, 1824, *s.*, *p.* 138, *et* 1825, *s.*, *p.* 31, *et* 1828, *s.*, *p.* 53.

Par un autre arrêt du 8 décembre 1830, la Cour de Toulouse a modifié cette doctrine ; elle l'applique au cas où il y a fraude imputable à tous les copartageans ; et elle laisse à la fin de non-recevoir de l'art. 882, le cas où le débiteur seul aurait usé de fraude envers ses créanciers, dans un acte de partage avec d'autres *communiers* qui auraient agi de bonne foi. La distinction n'est pas dans la lettre de la loi ; mais elle est bien dans son esprit. Ce n'est, en effet, qu'en considération des copartageans, de bonne foi, que l'art. 882 établit sa règle d'exception. Quand tous ont agi frauduleusement, ne doit-on pas rentrer dans la règle générale de l'art. 1167 ? *D.*, 1831, *s.*, *p.* 66.

La Cour d'appel de Paris a consigné dans les motifs d'un arrêt du 11 janvier 1808, que nous examinons, à l'art. 883, cet enseignement absolu « que pour obvier aux fraudes que pourraient se permettre des copartageans, au préjudice de leurs créanciers personnels respectifs, ou de quelqu'un d'entre eux, la loi autorise ces créanciers à intervenir au contrat de partage, et à requérir qu'il soit fait en leur présence, pour y stipuler leurs intérêts; mais que quand ils ont négligé de le faire, et que le contrat a été passé sans demande ni réquisition de leur part, ils ne sont pas recevables à s'en plaindre, ni à en critiquer les opérations. »

Dans notre Traité des prescriptions, n. 353, nous avons comparé le droit des créanciers contre la renonciation de leur débiteur au moyen de prescription, et celui qu'ils ont pour prévenir la fraude d'un partage. Il nous a paru que si la loi laisse un remède à la fraude commise dans le premier cas, et le refuse dans l'autre, c'est parce que l'ouverture des successions et le partage entre cohéritiers se prévoient et se manifestent davantage, qu'il est plus facile aux créanciers de faire des oppositions et des interventions, et que, d'un autre côté, les opérations du partage étant compliquées, longues et dispendieuses, il ne convenait pas d'accorder aux tiers, le droit d'en poursuivre l'annulation de leur chef, quand il est consommé. M. Chabot semble avoir eu cette pensée, lorsqu'il a dit que si le créancier n'a formé ni opposition, ni demande en intervention, il n'est plus recevable, quand le partage est consommé, à exercer l'action révocatoire, rien n'ayant empêché les cohéritiers de procéder entre eux au partage, ainsi qu'ils l'ont jugé convenable.

M. Delvincourt ne parle d'aucune action des créanciers contre le partage fait sans eux et sans opposition de leur part. M. Toullier, M. Malpel et M. Duranton n'admettent pas l'exception de la fraude, quand le partage s'est fait sans opposition. Nous regrettons de ne pas trouver dans le texte de l'art. 882, la distinction faite par l'arrêt de Toulouse, du 8 décembre 1830; mais comme elle est dans le droit commun, elle fut dans l'intention des auteurs de cet article; et l'on peut aisément suppléer à sa lettre par son esprit.

Chab., n. 1, 2, 3; *Toull.* 4, n. 412, 563; *Delv.* 2, p. 162, 163; *Mal.*, n. 253; *Dur.* 7, n. 509.

5. Mais il ne faut pas confondre le partage simulé avec celui qui pourrait être frauduleux. Il y a bien de la différence, en effet, entre les combinaisons frauduleuses d'un partage réel, et la simulation qui présente, comme vrai, un partage qu'on n'a pas voulu faire sérieusement, et qui ne doit point avoir d'exécution. Si la loi défend d'attaquer le partage auquel on ne s'est point

opposé, elle ne défend pas de repousser le fantôme qui est présenté comme un être réel. Un arrêt de la Cour de Douai, qui a
fait cette distinction, et prononcé la nullité d'une licitation simulée, a reçu l'approbation de la Cour régulatrice, le
10 mars 1825. La Cour d'Agen avait déjà, le 19 mai 1823, annulé sur la demande d'un créancier, pour cause de simulation,
un acte apparent de partage, fait sans opposition de la part de
ce créancier. La Cour royale de Paris a jugé de même, le 8 décembre 1830. *D.*, 1824, *s., p.* 39, 1825, *p.* 449, 1831, *s., p.* 66;
J. pal., t. 3 *de* 1826, *p.* 142.

6. Si les créanciers ne peuvent rien de leur chef contre le partage fait sans intervention ni opposition de leur part, ils peuvent,
au moins, l'attaquer du chef de leur débiteur, dans le cas où celui-ci
pourrait le faire lui-même, parce que l'art. 1166 leur permet
l'exercice de tous les droits de leur débiteur qui ne sont pas exclusivement attachés à sa personne. Nous avons émis cette proposition, à l'endroit précité de notre Traité des prescriptions; et
elle s'accorde avec la doctrine de M. Chabot et de M. Delvincourt. Ainsi, le créancier peut se pourvoir en rescision du partage, pour cause de dol ou de violence, ou de lésion de plus du
quart. La Cour d'Angers a rendu le 22 mai 1817, un arrêt contraire à cette règle ; elle a jugé non recevable, par défaut
d'opposition antérieure au partage, la demande en rescision,
pour cause de lésion formée par un créancier du chef de l'un des
copartageans, son débiteur. Cette décision est trop évidemment
contraire aux principes et à la doctrine des auteurs, pour former jurisprudence. *J. pal., éd. n., t.* 19, *p.* 469; *Chab., n.* 3;
Delv. 2, *p.* 163; *Pand. franç.* 3, *p.* 392; *Dur.* 7, *n.* 510; *D., Rép.
méth., succ., ch.* 6, *sect.* 3, *art.* 2, § 2, *n.* 7.

7. M. Delvincourt, M. Chabot, M. Malpel et M. Duranton, s'accordent à reconnaître que le partage fait par acte sous seing privé, et qui n'a point acquis une date certaine à l'égard des tiers,
conformément à l'art. 1328, est sans force contre l'opposition des
créanciers, qui porte une date postérieure. Cette proposition
d'une exactitude si évidente, avait été présentée aussi par
M. Toullier; mais après l'étrange système qu'il s'est fait sur les
ayant-cause, il a dit dans sa dernière édition : « Aujourd'hui
cette opinion nous paraît une erreur, et nous pensons que les
créanciers qui n'avaient pas fait connaître leurs droits et notifié
leur opposition à tous les héritiers, ne peuvent attaquer le partage sous seing privé, fait sans fraude et de bonne foi. Ils sont

en faute d'être restés dans l'inaction. » S'il est fait sans fraude, il n'est pas besoin de l'attaquer; mais s'ils le prétendent frauduleux, on ne pourra pas se faire un moyen de leur défaut d'opposition, avant la date non assurée du partage. Autrement, dit très-bien M. Chabot, les héritiers pourraient toujours rendre les oppositions inutiles, en faisant des partages sous seing privé qu'ils antidateraient. L'arrêt de la Cour de Toulouse, du 21 mai 1827, cité n. 4, a rejeté la demande en partage formée par un créancier, du chef de son débiteur, sans égard à l'acte de partage, sous seing privé, fait entre les cohéritiers, parce que cet acte n'avait point acquis une date certaine avant la demande. *Toull.* 4, *n.* 412; *Chab.*, *n.* 4; *Delv.* 2, *p.* 163; *Malp.*, *n.* 253; *Dur.* 7, *n*, 511; *Merl.*, *Quest. dr.*, *tiers*, § 2.

8. Le créancier qui a formé opposition au partage, peut-il attaquer la vente par licitation à laquelle il n'a pas été appelé? Suivant la décision d'un arrêt rendu par la Cour d'appel de Paris, le 2 mars 1812, M. Chabot, M. Delvincourt enseignent qu'il faut distinguer si la vente est en faveur de l'un ou de plusieurs des héritiers, ou au profit d'un étranger. Au premier cas, la licitation est un véritable partage, et le créancier, qui était opposant, peut l'attaquer, comme il pourrait attaquer tout autre partage, dans lequel il y aurait en division de lots entre tous les héritiers. Dans l'autre cas, il n'y a pas de partage; c'est une vente consentie par tous les héritiers, conjointement, d'une chose qui leur était commune, et qu'ils ont aliénée sans la partager. Cette vente ne nuit point au créancier, s'il a une hypothèque sur l'immeuble vendu, tandis que la licitation faite au profit du cohéritier qui n'est pas son débiteur, résout son hypothèque. A défaut d'hypothèque, le créancier peut saisir dans les mains de l'acquéreur étranger, la portion de prix non payée, revenant à son débiteur. *J. pal., éd. n.*, *t.* 13, *p.* 189; *Chab.*, *n.* 5; *Delv. préc.*, *n.* 63; *Pand. franç.* 3, *p.* 391.

La distinction faite par l'arrêt et par les auteurs qui l'invoquent, est bonne pour le cas où l'acquéreur étranger n'est pas complice d'une fraude au préjudice du créancier, et toutes les fois que la vente s'est faite en justice, parce qu'il n'est pas possible d'imputer une participation à la fraude des cohéritiers, à l'étranger qui, appelé par des affiches, est venu aux enchères et a obtenu l'adjudication. Mais dans une licitation volontaire, faite sans formalités, l'acquéreur peut bien entrer dans une combinaison frauduleuse; et sans qu'elle soit par elle-même un partage, ni même dépendance de partage, la vente pourrait être annulée sur la demande des créanciers qu'elle lèse, conformément à l'art. 1167, même quand ils n'auraient pas formé d'opposition au partage. Mais la complicité de fraude serait difficile à établir : tout dépend des circonstances.

9. Une vente de droits successifs faite au cohéritier, ne peut pas être considérée comme un partage, et recevoir l'application de l'art. 882 : elle est exclusive du partage, loin de le constituer. La licitation ne convient qu'à un immeuble déterminé et indivisible ; elle n'emporte jamais l'*universum jus*, la totalité, ni même une quote des droits successifs. La vente des droits de cette nature peut être attaquée pour cause de fraude, sans qu'il y ait eu d'opposition au partage ; mais pour la faire annuler, il faut prouver la fraude du côté de l'acquéreur, aussi-bien que de la part du vendeur. *V. infra, art.* 889.

SECTION IV. — *Des effets du partage et de la garantie des lots.*

ARTICLE 883.

Chaque cohéritier est censé avoir succédé seul et immédiatement à tous les effets compris dans son lot, ou à lui échus sur licitation, et n'avoir jamais eu la propriété des autres effets de la succession.

1. Le partage ne fait rien acquérir aux copartageans ; il détermine seulement les parties qui appartiennent à chacun dans la chose qui était commune entre eux. Avant la division, aucun des cohéritiers ne pouvait disposer seul, à son gré, d'une manière sûre, d'aucune partie de cette chose commune. Il a pu seulement céder ses droits en masse, ou bien faire des dispositions conditionnelles d'objets déterminés, dont la valeur et l'effet étaient subordonnés à l'événement du partage. Ainsi la vente faite par le cohéritier d'un immeuble de la succession indivise, l'hypothèque qu'il a donnée sur un autre immeuble, ne seront valables qu'autant que le partage mettra dans son lot le fonds vendu et le fonds hypothéqué. Si ces fonds tombent au lot d'un autre cohéritier, la vente et l'hypothèque disparaissent. C'est une chance que doivent calculer ceux qui traitent avant la division de l'hérédité, avec la personne qui a des cohéritiers. La loi n'est pas trop sévère ; elle n'établit rien que de raisonnable.

quant au partage qui donne réellement une portion des corps héréditaires à chaque cohéritier, lorsqu'elle dit que chacun est censé
avoir succédé immédiatement à tous les effets compris dans son
lot, et n'avoir jamais eu de propriété dans les autres effets de
la succession. *Rép. Merl., partage,* § 6, *n.* 2; *Rép. Fav., sect.* 3,
p. 1; *Pand. franç.* 3, *p.* 394; *Chab., n.* 1, etc.; *Toull.* 4, *n.* 561, *etc.;*
Malp., n. 302, *etc.; Dur.* 7, *n.* 513, *etc.; Gren. hyp.*, 1, *n.* 158.

2. Mais la loi est dure et peut paraître injuste, si elle fait résulter les mêmes conséquences de toute licitation. C'était une
erreur, dans le droit romain, de ne considérer le partage que
comme un acte par lequel chaque cohéritier acquerrait les portions des autres dans les objets qui lui étaient attribués. Ce serait
un excès, dans le droit français, de réputer toujours l'héritier
qui acquiert, par licitation, les parts de ses cohéritiers, successeur immédiat de ces parts. Qu'on ait établi cette fiction pour
les licitations ordonnées par la justice et exécutées sous sa direction, cela se conçoit. La justice n'ordonne que les licitations
nécessaires, et la tierce personne qui a voulu acquérir d'un cohéritier la propriété de l'immeuble ou une hypothèque sur un
immeuble susceptible de licitation, a été imprudente. Mais
qu'une licitation amiable de la chose qui pouvait entrer dans
un lot, ou se diviser dans plusieurs, fasse considérer le cohéritier acquéreur comme s'il avait hérité immédiatement de toute
cette chose, la fiction ne semble pas convenablement appliquée.
Les cohéritiers peuvent trop aisément abuser de la licitation. On
la fera trop souvent pour anéantir des ventes et surtout des
hypothèques. L'acquéreur et le créancier, il est vrai, peuvent,
par une opposition, obliger les cohéritiers à les appeler au partage. Cette sorte de garantie est bien tout ce qu'on devait à l'acquéreur. Mais, pour les créanciers qui ont obtenu des hypothèques, quel inconvénient y avait-il à tenir pour acquéreur des
parts de ses cohéritiers, et sujet à l'action hypothécaire, celui
des héritiers à qui les autres ont vendu, par forme de licitation
et de partage, leurs parts des immeubles sur lesquels ils ont
établi des hypothèques? Il n'en serait pas résulté de perte pour
l'acquéreur, qui, au lieu de se hâter de payer à ses cohéritiers
leur portion du prix, l'aurait payé plus tard à leurs créanciers
inscrits. Ces créanciers n'auraient point été exposés au danger de
n'être pas instruits assez tôt de l'ouverture de la succession pour
empêcher, par leur opposition, une licitation préjudiciable à
leurs intérêts.

M. Toullier a bien senti le danger de la licitation volontaire,
pour les créanciers du cohéritier vendeur. Il fait remarquer
qu'elle a le caractère du partage, et que, suivant l'art. 882, bien
qu'elle fût sans nécessité, le créancier ne pourrait pas l'attaquer
si elle s'était faite sans opposition de sa part. L'auteur dit ensuite : « Mais si la licitation était faite en fraude des droits du
créancier, par exemple, si l'un des héritiers avait, depuis l'ouverture de la succession, hypothéqué sa part indivise dans les
héritages de la succession, et que le créancier eût fait inscrire
son hypothèque, la licitation volontaire, faite depuis son inscription, pourrait être attaquée, quoiqu'il n'eût pas formé d'opposition au partage. Il y aurait fraude de la part de l'héritier
débiteur, et complicité de la part de ses cohéritiers, qui devaient
connaître les droits du créancier par l'inscription.»*Toull.*4, *n.*563.

Nous l'avons démontré, sur l'art. 882; la loi n'a pas fait d'exception, pour le cas de fraude, à la fin de non-recevoir qu'elle
établit contre le créancier qui ne s'est point opposé au partage;
et la loi n'a point attribué à l'inscription hypothécaire la vertu
de l'opposition. Pour les opérations de leur partage, les cohéritiers ne sont pas tenus de vérifier les hypothèques de chacun
d'eux; celui qu'une licitation rend successeur immédiat de l'objet
licité, peut bien avoir ignoré les inscriptions prises sur ce fonds
par les créanciers des autres; et il peut être de bonne foi quand
ceux-ci agissent frauduleusement. Mais on peut bien dire que
la loi ne commande pas rigoureusement de ne voir qu'une licitation assimilée au partage, dans toute vente des droits d'un
cohéritier à l'autre, sur la chose commune entre eux.

M. Chabot et M. Grenier pensent que la licitation ne doit
avoir l'effet du partage qu'alors qu'elle est faite en justice. Mais
M. Delvincourt, M. Malpel et M. Dalloz font produire à la règle
de l'art. 832, l'effet d'anéantir l'hypothèque du créancier d'un
cohéritier, sur la portion d'immeubles qui devait lui revenir,
lorsqu'il a vendu, soit cette part indivise, soit ses droits successifs. *Chab.*, *art.* 882, *n.* 5, *et art.* 883, *n.* 3; *Gren.*, *hyp.* 1, *n.* 158;
Delv. 2, *p.* 163; *Malp.*, *n.* 303; *Dall.*, *Rép. méth.*, *succ.*, *ch.* 6,
sect. 3, *art.* 5, *n.* 7.

La Cour de Bruxelles n'a fait qu'appliquer, à la lettre et raisonnablement, l'art. 883, en jugeant, le 20 février 1811, que
l'hypothèque consentie par un cohéritier pendant l'indivision,
se restreignait, de plein droit, aux immeubles affectés, que le partage a fait tomber dans le lot de ce cohéritier. La règle ne doit

pas se borner aux hypothèques conventionnelles; elle embrasse
les hypothèques légales et judiciaires, qui portent sur les biens
présens et à venir, et les hypothèques étendues par la convention aux biens à venir, conformément à l'art. 2130. *D.*, 1822,
s., *p.* 120.

Suivant cette règle que le Code a consacrée, la Cour de cassation avait décidé, le 14 brumaire an IX, dans le cas d'une licitation ordonnée par la justice, d'après un rapport d'experts, que
celui des cohéritiers à qui, par l'effet de la licitation, l'immeuble
est adjugé, est censé le tenir immédiatement du défunt; et que
conséquemment, cet immeuble lui parvient affranchi des hypothèques personnelles aux autres cohéritiers. *Malev. ; Rép. Merl.*,
licitation, § 3.

Une vente volontaire, faite par un cohéritier à l'autre, de sa
part d'immeubles dans la succession de leur père, a été jugée licitation et partage, le 25 février 1819, à la Cour de Nîmes; et la
femme du vendeur a été privée de son hypothèque légale sur
cette part de biens qui devait répondre de sa dot. Si l'on eût
suivi la doctrine de M. Toullier, la vente aurait été annulée
comme faite en fraude des droits de la femme, que son beau-
frère ne pouvait pas ignorer. Mais si l'art. 883 ne permettait pas
d'annuler la vente, considérée comme licitation et partage, ne
pouvait-on pas, ne devait-on pas même la considérer comme
une vente ordinaire, et déclarer la moitié du prix affectée à la
dot de la femme du vendeur? Y a-t-il donc un partage dans une
vente qui a pour objet d'empêcher la division? Que dans une
masse d'immeubles, dont la généralité se divise, un fonds déclaré indivisible, soit cédé à l'un des héritiers, moyennant une
soulte, on voit la licitation qui tient du partage; mais quand la
part d'un cohéritier dans la masse est vendue à son cohéritier,
on n'aperçoit pas là de partage: c'est au contraire l'exclusion du
partage. Eh! pourquoi le créancier du vendeur perd-il son hypothèque par cette vente d'une part héréditaire non détachée de
la masse, quand il la conserverait, si la vente était de cette portion séparée de la masse? Les juges ne peuvent pas refaire la loi;
mais ils peuvent expliquer raisonnablement, et renfermer dans
de justes limites ses dispositions indéfinies. *Sir.* 19, 1, 287;
D., 1822, *s.*, *p.* 120.

Une décision semblable, en principe, se trouve dans un arrêt de la Cour royale de Paris, du 16 avril 1821; mais au moins,
la fille, créancière du vendeur, pour débet de compte tutélaire,

33.

avait sur le prix de la vente, une délégation, dont l'exécution
fut ordonnée. L'hypothèque ne doit-elle pas valoir une délégation dans cette occurrence. *D.*, 1822, *s., p.* 120.

Par l'arrêt du 21 janvier 1808, que nous avons annoncé, plus
haut (art. 882, n. 4), la Cour de Paris a fait produire l'effet
du partage et l'anéantissement de l'hypothèque, à la cession de
droits successifs d'un héritier à son cohéritier; et le pourvoi dirigé contre l'arrêt a été rejeté le 25 janvier 1809. Déjà, le
3 mars 1807, le pourvoi formé contre un arrêt rendu, dans le
même sens, par la Cour de Rouen, avait été rejeté. La Cour de
cassation a motivé son dernier rejet sur ce que les juges d'appel
avaient déclaré partage, la cession contestée. Comment ont-ils
pu voir un partage dans la vente de *l'universum jus?* Qu'importait qu'à la fin de l'acte, les parties eussent qualifié la vente de
licitation et partage, et eussent porté l'attention jusqu'à dire
que ce partage était déclaratif et non attributif de propriété? Ces
dires ne changeaient pas la nature de l'acte; ce n'était toujours
qu'une cession de droits, exclusive du partage. La part d'immeuble du débiteur, comprise dans cette vente, ne pouvait pas
être affranchie de l'hypothèque qui la grevait. Cependant, la
Cour de Nîmes a jugé comme celle de Paris, le 25 février 1819,
que par la vente de ses droits indivis, faite par l'héritier à son
cohéritier, le créancier du vendeur avait perdu son hypothèque,
sur la part d'immeubles qu'aurait eue son débiteur, sans la cession. *J. p., éd. n., t.* 10, *p.* 53, *et t.* 3, *de* 1826, *p.* 142; *Sir.* 8,
2, 132, *et* 9, 1, 139, *et* 19, 2, 287.

La Cour de Paris, par son arrêt, déjà cité, du 2 mars 1812, a
pourtant distingué l'adjudication par licitation, en faveur d'un
étranger, de celle qui est faite au cohéritier, et décidé que la
première n'a pas tout l'effet d'un partage, et qu'elle laisse le
créancier, opposant, dans la plénitude de ses droits. L'opposition
existait dans la cause; et l'arrêt donne au créancier la qualité
d'opposant. L'opposition au partage n'est pas nécessaire pour
conserver des droits d'hypothèque, vis-à-vis de l'acquéreur
étranger. M. Chabot, M. Delvincourt et M. Duranton adoptent
la distinction marquée par cet arrêt; mais la Cour de Rouen ne
l'a pas suivie. Argumentant de l'art. 883, les juges de Rouen ont
rejeté l'action hypothécaire, formée par la fille d'un covendeur
sur cinq, à raison de sa dot, contre les tiers-acquéreurs. Il y avait
de fortes circonstances, énoncées dans les motifs de l'arrêt, et qui
peuvent le justifier. Les cinq vendeurs avaient acquis, ensemble,

un domaine national ; et, pour le payer, ils en avaient revendu une partie. Ensuite, ils avaient fait, entre eux, le partage de l'autre portion. On a dit que dans l'intervalle de l'acquisition à la revente, la fille de l'un des premiers acquéreurs n'avait pu acquérir qu'une hypothèque conditionnelle sur la part qui pourrait revenir à son père après liquidation et partage ; et on l'a renvoyée à exercer ses droits sur les biens que le partage avait attribués à son père. *J. p., éd. n.*, *t.* 13, *p.* 189, *et t.* 15, *p.* 398 ; *Chab.*, *art.* 882, *n.* 5, *et art.* 883, *n.* 3 ; *Delv.* 2, *p.* 162 ; *Dur.* 7, *n.* 520. *V. supra, art.* 882, *n.* 8.

3. L'hypothèque spéciale du créancier d'un cohéritier, sur des immeubles qui pouvaient advenir au débiteur, s'évanouit sans compensation, par l'effet du partage ou de la licitation, qui fait passer ces immeubles à tout autre cohéritier, car elle ne se transporte pas sur les autres immeubles que le partage met au lot du débiteur. Un arrêt de la Cour royale de Paris, qui avait accordé le transfert, a été justement cassé, le 6 décembre 1826. *D.*, 1827, *p.* 82 ; *Dur.* 7, *n.* 521.

4. La disposition de l'art. 883 s'applique au partage de communauté, suivant l'art. 1476, et au partage d'immeubles communs entre associés, suivant l'art. 1872. Mais d'après un arrêt de rejet, du 23 mars 1825, l'application de la règle ne peut être invoquée contre le créancier d'un associé, qu'autant que l'acte de société a été rendu public, conformément au vœu des art. 48 et suivans du Code de commerce. *D.*, 1825, *p.* 253 ; *Dur.* 7, *n.* 522 ; *Gren.*, *hyp.* 2, *n.* 399 ; *Pand. franç.*, *p.* 399.

5. Par six arrêts des 14 messidor an IX, 27 juillet 1819, 14 août 1824, 24 mars 1823, 14 juillet et 14 août 1824, la Cour de cassation a tiré du principe de l'art. 883, cette conséquence que pour la licitation entre cohéritiers, la régie de l'enregistrement ne pouvait pas exiger le droit de vente, et qu'il ne lui était dû que le droit fixé pour le partage. Mais le droit de mutation est dû par l'adjudicataire étranger. La Cour d'appel de Paris a porté cette décision, le 2 mars 1812. *Dall.*, *Rép. méth.*, *succ.*, *ch.* 6, *sect.* 3, *art.* 5, *n.* 4, 5.

ARTICLE 884.

Les cohéritiers demeurent respectivement garans les uns envers les autres des troubles et évictions seulement qui procèdent d'une cause antérieure au partage.

La garantie n'a pas lieu, si l'espèce d'éviction soufferte a été exceptée par une clause particulière et expresse de l'acte de partage : elle cesse, si c'est par sa faute que le cohéritier souffre l'éviction.

1. La garantie est donnée indistinctement à l'égard de tous partages, dans quelque forme qu'ils aient été faits, en justice, amiablement, par acte authentique ou sous seing privé. Les partages opérés par les ascendans n'en sont point exempts. Elle s'applique aux objets de toute nature, compris dans chaque lot, aux meubles comme aux immeubles, aux créances sur des tiers, qu'un copartageant n'a pu parvenir à recouvrer, comme aux dettes hypothécaires dont le partage ne lui impose pas l'obligation, et pour la totalité desquelles il est poursuivi. *Chab.*, *n.* 1, 9; *Toull.* 4, *n.* 564; *Delv.* 2, *p.* 152; *Dur.* 7, *n.* 523, 543.

2. Ce n'est pas un simple fait de trouble apporté à la jouissance; c'est un trouble de droit, causé par la revendication formelle de la propriété, ou d'un droit sur la propriété, qui donne lieu à la garantie. Le cohéritier, troublé par cette action, n'est pas obligé d'attendre l'éviction pour réclamer la garantie qui lui est due; il peut, il doit même, prudemment appeler ses copartageans en cause, sur la demande qui est formée contre lui, pour la repousser ou pour en reconnaître le fondement avec eux. S'il se chargeait seul de défendre ou d'acquiescer à la demande, il pourrait après l'éviction avoir à contester sur son fondement, avec ses cohéritiers, car ils ne seraient point engagés par l'arrangement conclu ou par le jugement porté en leur absence. *Chab.*, *n.* 2, 6; *Delv.* 2, *p.* 153; *Dur.* 7, *n.* 526, *etc.*

3. Le cohéritier qui s'est laissé évincer, quand il pouvait empêcher l'éviction, perd la garantie, parce que ses copartageans ne doivent pas souffrir de ses fautes. Si, par exemple, il n'a point opposé une prescription acquise; s'il n'a point exercé dans le délai utile, un droit incorporel, compris dans son lot, il n'aura pas de garantie à réclamer pour la perte de la chose dont il a été dépouillé, ou du droit qu'on lui a refusé. Dans ce dernier cas, toutefois, si au temps où le partage s'est terminé, la prescription était trop près de son terme pour qu'il pût l'interrompre, il sera excusable de ne l'avoir point arrêtée, et il devra obtenir la garantie. Lebrun voulait qu'on fixât le délai d'un an à l'héritier, pour qu'il eût le temps de prendre possession de son lot, s'instruire de l'état des affaires et agir. C'était bien le temps

donné, en pays de droit écrit et dans quelques coutumes, au copartageant, pour se mettre en possession du lot qui lui était échu; mais M. Chabot ne croit pas que ce délai fixe puisse être une règle sûre dans notre législation présente; il pense que les juges doivent se décider, suivant les circonstances et l'équité. On ne peut pas, en effet, indiquer d'autre règle. *Malev. ; Chab.*, n. 6; *Toull.* 4, n. 565; *Delv.* 2, p. 155; *Dur.* 7, n. 531; *Malp.*, n. 306.

4. La réclamation d'un usufruit, d'une servitude, d'une rente passive qui portent sur le lot ou sur partie du lot d'un cohéritier, et qui n'ont pas été mis à sa charge, par l'acte de partage, déterminent son recours contre ses cohéritiers, de même que la revendication d'une pleine propriété. Mais, pour que la garantie soit due, il faut, dans tous les cas, que la cause de l'éviction soit antérieure au partage. *Chab.*, n. 2, 4; *Toull.* 4, n. 564; *Delv.* 2, p. 156; *Dur.* 7, n. 536.

5. L'art. 1694 refuse au cessionnaire de créance, la garantie, qu'il n'a pas stipulée, de la solvabilité des débiteurs au temps de la cession, parce que la vente paraît faite de la chose telle qu'elle existe, aux risques de l'acquéreur. Il n'en est point ainsi entre cohéritiers: chacun doit retirer de la succession, sa part afférente; il doit y avoir égalité ou proportion entre les diverses parts; et, pour assurer ce rapport, il faut la garantie de la solvabilité des débiteurs, au temps du partage. Mais s'il y avait solvabilité à cette époque, l'insolvabilité qui surviendrait ensuite ne donnerait pas lieu à la garantie, quand bien même la créance ne serait devenue exigible qu'après l'insolvabilité; car on peut faire des actes conservatoires avant l'échéance du terme des payemens. *Chab.*, n. 6; *Delv.* 2, p. 156; *Dur.* 7, n. 543.

6. Après le partage, tous les événemens qui ne sont pas l'effet d'une cause antérieure, restent à la charge du cohéritier sur lequel ils tombent. Chacun supporte la perte résultant d'un cas de force majeure : *Res perit domino.* L'expression de *cause antérieure* ne se rapporte qu'au droit que des tiers pouvaient avoir avant le partage; elle ne désigne pas la ruine de la chose par suite du mauvais état dans lequel on l'a vue, lorsqu'elle est entrée dans le lot d'un cohéritier; il l'a reçue pour ce qu'elle était et pour ce qu'elle valait, suivant son état, et dès lors elle a été à ses risques et périls. *Chab.*, n. 4; *Dur.* 7, n. 530; *Pand. franç.* 3, p. 397.

7. La garantie n'est point admise, quand l'espèce de l'éviction a été prévue dans le partage et mise au risque du cohéritier ; mais l'exclusion de la garantie serait sans valeur, si elle était

stipulée indéfiniment ou généralement pour toute éviction. La garantie ne peut être écartée qu'autant qu'on a prévu particulièrement et excepté d'une manière expresse l'espèce d'éviction qui est survenue ensuite. Une éviction particulière qu'on envisage, peut être appréciée, approximativement au moins, et quand on l'excepte de la garantie, c'est parce que le cohéritier qui doit en courir la chance, obtient, à forfait, par la composition de son lot, une indemnité qui rendra la perte moins forte si elle arrive. *Chab.*, *n.* 5; *Toull.* 4, *n.* 565; *Delv.* 2, *p.* 155; *Dur.* 7, *n.* 533, *etc.; Pand. franç.* 3, *p.* 397.

8. Si durant le délai de la rescision, malgré cette sorte de compensation, le lot d'un copartageant se trouvait, par l'effet de l'éviction, réduit de plus d'un quart au-dessous du taux de son émolument, ce cohéritier pourrait faire rescinder le partage. On ne peut, à l'avance, renoncer à la rescision; et conséquemment la rescision est indépendante de toute stipulation faite pour exclure la garantie. *Chab.*, *n.* 5; *Delv.* 2, *p.* 155; *Dur.* 7, *n.* 537.

9. Lebrun enseignait que le cohéritier évincé n'avait pas droit à la garantie, s'il connaissait le danger d'éviction avant le partage. M. Chabot juge avec raison, cette doctrine inconciliable avec la disposition très-précise de l'art. 884, qui ne refuse la garantie que dans le cas de l'exception, expressément stipulée. M. Delvincourt rejette aussi la cause de connaissance du danger. *Chab.*, *n.* 7; *Delv.* 2, *p.* 155.

M. Duranton admet la règle du Code; mais bientôt il la soumet à des exceptions que la loi n'indique même pas, et qui, pourtant, peuvent sortir de la nature des choses. L'auteur enseigne que, lorsqu'au moment du partage, il existe sur un des immeubles un droit d'usufruit, d'habitation ou d'usage, parfaitement connu des copartageans, ou bien une servitude apparente, il est évident que l'estimation de l'immeuble se fait eu égard aux charges réelles qui diminuent sa valeur, et qu'ainsi le copartageant qui le reçoit, ne le prenant que dans l'état où il se trouve, et pour ce qu'il vaut, ne saurait avoir d'indemnité à prétendre. *Dur.* 7, *n.* 536.

Pour la servitude apparente, on écarte clairement l'application de la règle donnée par l'art. 884. Puisque cette servitude est visiblement inhérente au fonds, il doit paraître certain, à moins de preuve contraire, que le fonds a été estimé tel qu'on l'a vu, et tel qu'il est réellement, grevé d'une charge qui en diminue la valeur. On ne voit pas aussi-bien un droit d'usufruit, d'habitation, d'u-

sage, même lorsqu'il est en exercice, parce que la jouissance
n'exprime pas, par elle-même, à quel titre elle se fait, et
que les appréciateurs du fonds, experts ou autres, peuvent fort
bien l'ignorer. S'ils n'ont pas su les charges existantes, il importe peu que les copartageans en aient eu connaissance, puisque la loi leur disait que c'est réserver la garantie que de n'en
pas stipuler expressément l'exclusion. Il faut, dans ce cas, pour
repousser la garantie, qu'il soit certain que le rapport de l'estimation présente, au moins, l'immeuble avec la déclaration de
ses charges.

10. Dirons-nous, avec M. Chabot, que l'exigence par la loi,
d'une stipulation expresse, fait que si un héritage dont le cohéritier a souffert l'éviction, lui avait été donné à une estimation au-dessous de sa valeur, à cause de la crainte de cette
éviction, il y aurait lieu à la garantie, si l'on n'avait pas déclaré
son exclusion en termes précis? On fera, sans difficulté, une
réponse affirmative, si l'acte ne témoigne pas, nettement, de
l'abaissement du prix et de la cause qui l'a déterminé. Si la
chose est exprimée dans l'acte, l'expression pourra paraître
constituer une clause d'exclusion de garantie. On peut croire,
cependant, que l'abaissement de l'estimation n'a eu pour objet
que d'indemniser le cohéritier des effets, de la crainte seule
d'éviction, qui était propre à l'empêcher de faire les constructions et les améliorations convenables, et non pas de lui donner
le dédommagement d'une éviction réelle. Par ces considérations
différentes, on voit que la décision à porter dépendra toujours
des circonstances, et principalement du degré d'abaissement de
l'estimation et des termes de l'acte. *Chab.*, *n.* 7; *Delv.* 2, *p.* 155.

11. Le cessionnaire des droits d'un copartageant, représente
son vendeur; et, à ce titre, il est admis à réclamer la garantie
qu'aurait pu demander le vendeur, s'il eût conservé ses droits.
Un arrêt de la Cour de Rouen a été cassé le 25 janvier 1820, pour
avoir refusé cette garantie à l'acquéreur des droits d'un copartageant. *D.,* 1825, *p.* 185.

12. La garantie ne s'applique, entre cohéritiers, qu'aux parts
héréditaires et aux préciputs de quote; elle n'est pas due pour
un prélegs de chose fixe. Le testateur n'a voulu donner la chose
qu'autant qu'elle pouvait lui appartenir; si elle n'était pas sa
propriété, le legs est nul, suivant l'art. 1021. *Delv.* 2, *p.* 155;
Par. 7, *n.* 524.

On pourrait cependant appliquer la garantie dans le cas où le défunt aurait distribué sa succession par des legs particuliers, à peu près égaux. Les circonstances, les termes de la disposition, principalement, pourraient faire juger que le testateur a voulu faire un partage dans des proportions qu'on doit maintenir, selon son vœu. *Dur.* 7, *n.* 525.

ARTICLE 885.

Chacun des cohéritiers est personnellement obligé, en proportion de sa part héréditaire, d'indemniser son cohéritier de la perte que lui a causée l'éviction.

Si l'un des cohéritiers se trouve insolvable, la portion dont il est tenu doit être également répartie entre le garanti et tous les cohéritiers solvables.

1. La loi ne parle pour aucun cas d'éviction, d'un nouveau partage à faire ; elle veut une indemnité ; et elle ne dit pas si cette indemnité sera fournie en fonds héréditaires de même nature que l'objet perdu, ou en argent dans toute position. Le recours du cohéritier qui motive l'éviction, réglé par l'art. 885, comme celui du cohéritier qui a payé la dette commune, par les art. 875 et 876, semble annoncer que le législateur n'avait en vue qu'un dédommagement pécuniaire, dans un cas comme dans l'autre ; et c'est ainsi qu'on paraît l'avoir entendu généralement. M. Delvincourt seul a marqué une règle d'exception. Il dit qu'en général, lorsqu'il y a éviction, il n'est pas nécessaire de procéder à un nouveau partage ; et il ajoute : « Si cependant, par l'effet de l'éviction, l'un des cohéritiers se trouvait dépouillé de sa part en totalité, ou à peu de chose près, je pense qu'il pourrait demander un nouveau partage ; mais bien entendu sans que l'on pût attaquer les actes faits sans fraude avec le tiers.» *Delv.* 2, *p.* 155.

Il n'y aurait pas de justice à n'accorder toujours qu'une indemnité d'argent. La loi n'a point restreint de cette sorte l'effet de la garantie. La loi veut rétablir entre les cohéritiers l'égalité ou la proportion que l'éviction a détruite ; et quand elle ordonne une indemnité, dans ce but, sans la déterminer bien positivement, elle laisse aux juges le pouvoir de la fixer convenablement, selon le dessein qu'elle a manifesté. L'indemnité sera fournie en argent, comme soulte de partage, quand l'éviction, seulement partielle, laissera dans le lot de l'évincé une assez forte portion d'immeubles, pour qu'avec la soulte il puisse balancer, à peu près, le lot de ses cohéritiers. L'indemnité sera fournie par un retranchement de fonds sur les autres lots, lorsque l'éviction aura emporté une portion d'immeubles considérable, et que la condition de l'évincé se trouverait, par là, trop au-dessous de celle de ses cohéritiers, s'il ne recevait que de l'argent. On pourra être obligé de refaire entièrement le partage, dans les positions marquées par M. Delvincourt, avec les ménagemens qu'il recommande pour les intérêts des tiers, acquéreurs de bonne foi.

2. L'indemnité qui se forme par un retranchement sur les lots des cohéritiers, doit être d'une valeur équivalente à la contribution de chacun dans la perte éprouvée. Ainsi, pour la succession partagée également entre trois cohéritiers, si l'un d'eux est évincé d'un immeuble en valeur de trois mille francs, chacun des autres devra lui céder un immeuble de son lot, valant mille francs.

3. Quand l'indemnité se paye en argent, on demande, sous l'empire du Code, comme on l'avait fait auparavant, sur quelle valeur elle doit se fixer? Est-ce la valeur de l'objet évincé au temps du partage, ou au temps de l'éviction? Pothier (vente, part. 7, art. 6, n. 632) décidait qu'à la différence du vendeur, les cohéritiers ne sont obligés que suivant la valeur pour laquelle l'objet a été donné en partage. « La raison de différence, dit-il, est que mes cohéritiers ne peuvent pas être considérés comme mes cédans, par rapport à la chose dont je souffre éviction, puisque, suivant nos principes, les copartageans ne cèdent rien, et ne tiennent rien les uns des autres. La seule raison sur laquelle est fondée la garantie des copartageans, est que l'égalité qui doit régner dans les partages, se trouvant blessée par l'éviction que souffre l'un des copartageans, dans quelqu'une des choses comprises dans son lot, la loi qui exige cette égalité, oblige chacun des copartageans à la rétablir. Or, il suffit pour cela qu'ils lui fassent raison, chacun pour leur part, de la somme pour laquelle la chose évincée lui a été donnée en partage. » M. Delaporte et M. Delvincourt adoptent cette décision *Pand. franç.* 3, *p.* 395; *Delv.* 2.

M. Chabot la juge inconciliable avec la disposition de l'article 885, qui oblige chacun des cohéritiers d'indemniser celui qui est évincé, *de la perte que lui a causée l'éviction.* « Cette perte, dit M. Chabot, est évidemment celle de la valeur qu'avait l'objet, au moment de l'éviction. et non pas celle de la valeur au moment du partage. Le législateur aurait dû rédiger autrement l'art. 885, s'il avait entendu que les cohéritiers ne devaient indemniser que de la perte de la valeur, au temps du partage. D'ailleurs, puisqu'après le partage, chaque cohéritier supporte, sans recours, les pertes que peuvent éprouver les immeubles qui sont compris dans son lot, n'est-il pas juste aussi qu'ils aient les profits qui surviennent à ces immeubles ? Enfin, comme l'action en garantie a pour objet de rétablir l'égalité entre les héritiers, ne faut-il pas que l'héritier évincé ait le droit de répéter les profits qui étaient survenus à l'immeuble dont il est dépossédé, puisque ses cohéritiers ont aussi le profit des immeubles qui leur sont échus, et qu'ils conservent. » M. Malpel, M. Duranton et M. Dalloz ont suivi cette doctrine. *Chab.*, *art.* 884, *n.* 10 ; *Malp.*, *n.* 307 ; *Dur.* 7, *n.* 546 ; *Rép. méth.*, *chap.* 6, *sect.* 3, *art.* 5, *n.* 21.

M. de Maleville pense que si l'héritier évincé a fait des améliorations à la chose, on doit lui en tenir compte. Au reste, l'auteur croit que les cohéritiers ne doivent l'indemnité qu'à raison du prix pour lequel la chose fut donnée en partage, quoique sa valeur ait augmenté par quelque circonstance indépendante des améliorations. L'auteur ajoute pourtant, que si l'augmentation était commune aux autres lots, l'égalité, qui est l'âme des partages, devrait engager à lui en tenir compte. Sur ce dernier point, les vues de M. de Maleville se rapprochent beaucoup de celles de M. Chabot ; mais il reste entre eux cette différence, que celui-ci considère un accroissement respectif dans le prix des lots, et qu'il en déduit une règle absolue d'indemnité de la valeur au temps de l'éviction, tandis que M. de Maleville suppose, ce qui est très-possible, que l'accroissement peut quelquefois ne se rencontrer que d'un côté, et qu'au lieu d'une règle absolue, il laisse le règlement subordonné aux circonstances. *Malev.*, *art.* 885.

Cette opinion de M. de Maleville est celle qui nous paraît se concilier le mieux avec le principe de l'égalité ou d'une juste distribution proportionnelle dans les partages. On pourrait offenser le principe, soit qu'on calculât l'indemnité sur l'évaluation du partage, soit qu'on la fixât sur la valeur de la chose au temps de l'éviction. Les estimations des partages ne mettent pas toujours les objets à leur vraie valeur ; on la diminue ordinairement ; et peu importe pour une juste distribution, si la diminution est faite, pour tous les objets, sur une même échelle. Mais cet abaissement serait d'une conséquence funeste, si l'estimation du partage devait déterminer l'indemnité de l'éviction. Remonter l'échelle au taux de la valeur qu'avait l'objet perdu, au temps de l'éviction, serait une bonne opération, si le prix de tous les objets compris au partage, s'était élevé dans la même proportion. Mais l'accroissement peut n'exister que pour quelques-uns, et en mesures différentes; il peut même y avoir décroissement pour d'autres. Dans ces positions, l'on ne peut fixer une juste indemnité, que par une nouvelle estimation de tous les objets compris dans les divers lots, suivant la valeur de chacun au temps de l'éviction. L'opération est plus longue et plus coûteuse; mais c'est, rigoureusement, la seule qui puisse conduire, avec certitude, au but de rétablir les lots dans leurs premiers rapports. C'est le parti le plus convenable dans le silence de la loi; car nous ne croyons pas que par les mots de *perte*, employés dans l'art. 885, le législateur ait voulu exprimer la perte considérée d'une manière abstraite; il n'a sûrement entendu que la perte qui réduit la part des copartageans évincés, au-dessous de celle de ses cohéritiers.

M. Toullier se réfère d'abord sans discussion à l'avis de M. Chabot; mais bientôt il présente un mode et un exemple de répartition qui sont tout à fait selon nos vœux, dans les termes suivans : « Comme chacun des cohéritiers n'est obligé à cette garantie qu'en proportion de sa part héréditaire, et que la plus grande perte que chacun puisse faire, est celle de sa lotie en entier, il faut la supposer entièrement perdue, puis diviser fictivement les autres loties entre tous les héritiers, et subdiviser encore le produit primitif entre ces loties réduites. Par exemple, si la valeur des biens à partager est de vingt mille francs, et qu'il y ait quatre héritiers, c'est cinq mille francs pour chacun. Supposons un héritier évincé de la totalité de sa lotie; il reste quinze mille francs à partager, ce qui donne trois mille sept cent cinquante francs pour chacun des quatre. Il faut subdiviser cette somme entre les trois héritiers qui n'ont rien perdu, ce qui donnera douze cent cinquante francs pour chacun des quatre.» *Toull.* 4, *n.* 564, 566, 567.

4. La loi ne donne d'action contre chaque cohéritier que pour sa part héréditaire; mais elle accorde contre tous, sur les biens de leurs lots, un privilége qui remonte à l'ouverture de la succession, pourvu qu'il soit inscrit dans le délai de soixante jours, à compter du partage. Art. 2103, 2109. C'est une inscription éventuelle qu'on doit faire par précaution. Si elle n'est prise

qu'après l'expiration du délai, le privilége dégénère en simple hypothèque ordinaire. Art. 2113. L'absence de toute inscription ne laisse à l'héritier évincé que l'action purement personnelle, dont l'effet dépend de la solvabilité des garans. *Gren., hyp.* 2, *n.* 397, *et* 403; *Toull.* 4, *n.* 567.

M. Duranton voit bien, dans le numéro 3 de l'art. 2103, le privilége attaché à la garantie des partages, comme aux soulte et retour de lots; mais dans l'art. 2109, qui règle le mode de conservation et d'exercice du privilége, l'auteur, ne retrouvant plus mentionnée cette garantie des partages, il en conclut que, pour elle, la loi a posé, dans l'art. 2103, un vain principe qui doit rester sans effet. Il voit de graves inconvéniens à l'inscription d'un privilége, qui pourrait durer fort long-temps, pour une garantie qui ne s'ouvre que très-rarement. Il lui semble qu'après deux générations, tous les immeubles de la France pourraient se trouver couverts de ces inscriptions, à peu près sans objet réel. Le professeur soupçonne fort que le privilége de la garantie des lots est un de ces vestiges de l'ancien droit, que l'on trouve en si grand nombre dans le Code, et qu'au moins on a su éviter dans l'art. 2109. Il s'est placé tout naturellement d'abord sous la plume de ceux qui ont rédigé le titre des hypothèques; mais dans l'un des deux articles seulement, qui traitent du privilége entre cohéritiers. M. Duranton dit : « Nous aimons donc bien mieux nous attacher à l'art. 2109, qui ne parle que du privilége pour les soultes, et non à l'art. 2103, qui le consacre en principe pour la garantie des lots; sauf au cohéritier qui aurait un juste sujet de craindre une éviction qui n'a point été exceptée par le partage, à s'inscrire pour la conservation de sa garantie éventuelle; mais dans les autres cas, nous pensons que les cohéritiers, sur les lots desquels des inscriptions auraient été prises pour la conservation d'une prétendue garantie, que toutes les probabilités attesteraient ne devoir s'ouvrir jamais, pourraient demander aux tribunaux et devraient obtenir d'eux la mainlevée de ces inscriptions. » *Dur.* 7, *n.* 547, *etc.*

M. Duranton est-il bien conséquent? D'après ses dernières expressions, il existerait donc un privilége à inscrire; le principe de l'art. 2103 devrait donc avoir son effet; le défaut de mention littérale dans l'art. 2109, ne le rendrait donc pas inerte? L'auteur accorde l'effet du principe, quand le copartageant aura juste sujet de craindre une éviction; mais comment juger du juste sujet de crainte? Il s'élèverait bien des procès embarrassans; les droits des tiers, ignorés au jugement de ces procès, ne souffriraient pas de la décision qui déclarerait la crainte chimérique et l'inscription nulle. Si le privilége de la garantie des partages est dans la loi, il est comme droit de précaution facultative, sans distinction, et sans condition de preuve d'un danger, parce qu'il peut exister sans qu'un cohéritier puisse prouver son existence.

M. Grenier n'argumente et ne décide pas comme M. Duranton. Il a remarqué aussi le défaut de mention de la garantie des partages, dans l'art. 2109, mais *comme une espèce d'omission qui aurait échappé, à laquelle on supplée aisément.* Il n'est pas venu à la pensée de l'auteur qu'on puisse conclure de cette omission l'anéantissement de la disposition de l'art. 2103, touchant la garantie des partages. Il dit seulement : « S'ensuit-il que le privilége accordé pour la garantie des partages n'est assujetti à aucune formalité conservatoire? On ne saurait le penser, dès que le système hypothécaire repose sur la publicité....... Mais comment le privilége dont il s'agit sera-t-il conservé? La loi a mis sur la même ligne, dans l'art. 2103, la garantie des lots et les soultes et retours; on doit donc leur appliquer les mêmes dispositions, avec d'autant plus de raison que les art. 2103-3 et 2109, sont corrélatifs, et qu'ils doivent s'expliquer réciproquement. Ainsi, pour l'indemnité résultante de la garantie des partages, comme pour les soultes et retours, le privilége devra être conservé par une inscription faite à la diligence du cohéritier ou copartageant, dans les soixante jours, à dater de l'acte de partage. Cette inscription devra être prise contre chacun des cohéritiers, en proportion de sa part héréditaire; et en outre, si un des codébiteurs se trouvait insolvable, contre les autres cohéritiers, par répartition entre eux et le garanti. » *Gren., hyp.* 2, *n.* 403.

Il est bien certain que le privilége est dans l'art. 2103, sans condition. La seule difficulté est bien celle que M. Grenier résout raisonnablement: il faut bien suppléer, par l'ordre général de la loi et par l'assimilation que présente l'art. 2103, à l'oubli du rédacteur de l'art. 2109. Que la prolongation du privilége par le renouvellement de l'inscription ait des inconvéniens, comme l'inscription de toute créance éventuelle, ce n'est pas une raison pour autoriser des juges à rayer de la loi, la sanction qu'elle donne à la juste garantie due au copartageant évincé.

5. Cette garantie ne doit pas se borner au cas d'éviction; elle

s'applique nécessairement à l'obligation de répondre de l'existence des objets compris dans chaque lot, avec la contenance
marquée. Le cohéritier qui ne trouve pas la chose qu'on a voulu
lui attribuer, ou qui ne la trouve qu'en partie, n'est pas réduit
à la voie de rescision pour lésion d'un quart; c'est l'action en
garantie qui lui appartient. Dans le partage de la succession
Montmat, une forêt avait été mise au lot de l'un des héritiers
pour trois cent trente-six hectares, estimés à cinq cents francs
chacun. Il ne se trouva que deux cent vingt-huit arpens; et la
garantie fut réclamée pour le déficit de cinquante-quatre arpens.
Le tribunal de la Seine rejeta la demande, attendu que l'erreur
commise par les experts du partage, n'entraînait pas une lésion
de plus du quart. Mais ce jugement a été infirmé sur l'appel; et
la Cour régulatrice, le 8 novembre 1826, a rejeté le pourvoi
dirigé contre l'arrêt d'infirmation. Les juges d'appel ont déclaré:
« que le Code civil n'a point fixé limitativement la garantie, au
cas de trouble ou d'éviction; qu'il n'a point dérogé au principe
de justice et d'égalité qui oblige les copartageans à se garantir
mutuellement l'intégrité de leurs lots; qu'il a même implicitement reconnu ce principe, puisqu'en admettant la garantie, pour
le cas de trouble et d'éviction, c'est évidemment l'admettre pour
le défaut d'existence des objets compris dans le lot d'un des
cohéritiers, ce défaut d'existence produisant nécessairement le
même effet que l'éviction. » La Cour de cassation a ajouté à ces
motifs : « qu'un acte de partage est, comme tout autre acte synal-
lagmatique, obligatoire pour tous ceux qui l'ont souscrit, et par
conséquent, que chacun des copartageans a droit de demander,
en ce qui le concerne, l'exécution du partage et la délivrance
des objets placés dans son lot. » *D.*, 1827, *p.* 41.

6. L'action en garantie du partage se prescrit par le laps de
trente ans, suivant la règle générale de l'art. 2262, parce qu'aucune disposition spéciale de la loi ne lui applique une prescription moins longue; mais le délai de l'action ne court, d'après
l'art. 2257, que du jour de l'éviction. *Toull.* 4, *n.* 568; *Dur.* 7,
n. 544; *Malp.*, *n.* 308.

ARTICLE 886.

La garantie de la solvabilité du débiteur d'une rente ne
peut être exercée que dans les cinq ans qui suivent le
partage. Il n'y a pas lieu à garantie à raison de l'insolvabilité

du débiteur, quand elle n'est survenue que depuis le partage consommé.

1. La première disposition de cet article est une heureuse innovation du Code. Auparavant, on jugeait que les cohéritiers devaient se garantir, non-seulement la solvabilité des débiteurs de rentes, au temps du partage, mais encore et à toujours, la continuation de cette solvabilité; et ce n'était qu'à partir de l'époque où le débiteur était devenu insolvable, que l'action en garantie était soumise à la prescription de trente ans. Cinq ans suffisent au copartageant pour reconnaître l'état de solvabilité ou d'insolvabilité du débiteur d'une redevance périodique, payable d'année en année, au moins. Quand les sûretés existent au temps du partage, c'est à l'héritier de la rente à faire les actes nécessaires pour leur conservation. *Malev.; Chab.; Toull.* 4, *n.* 568; *Delv.* 2, *p.* 156; *Dur.* 7, *n.* 539, *etc.; Malp., n.* 308.

SECTION V. — *De la rescision en matière de partage.*

ARTICLE 887.

Les partages peuvent être rescindés pour cause de violence ou de dol.

Il peut aussi y avoir lieu à rescision, lorsqu'un des cohéritiers établit, à son préjudice, une lésion de plus du quart. La simple omission d'un objet de la succession ne donne pas ouverture à l'action en rescision, mais seulement à un supplément à l'acte de partage.

1. L'erreur est, comme le dol et la violence, une cause de nullité des actes en général. Art. 1109, 1110. Cependant la loi n'en fait pas spécialement, comme de la violence et du vol, une cause de nullité des partages. M. de Maleville, M. Chabot, M. Delvincourt, M. Malpel et M. Duranton en concluent que l'erreur n'est point à considérer, en soi, isolément, dans les partages. Pour justifier cette proposition, l'on dit: Ou l'erreur tombe sur la valeur de la portion que devait avoir un cohéritier, ou elle tombe sur la quotité de la part à laquelle il avait droit, ou elle tombe sur l'omission d'effets qui devaient être compris dans le partage. Au premier cas, elle se confond évidemment avec le moyen résultant de la lésion. Dans le second cas, l'erreur se confond avec le dol, ou avec la lésion; avec le dol, si elle est la

34

suite de manœuvres criminelles, pratiquées contre le copartageant, pour le tromper; avec la lésion, s'il s'est trompé lui-même. Dans le troisième cas, la loi déclare qu'il n'y a lieu qu'à un partage supplémentaire, pour les objets omis. *Malev.; Chab.*, n. 4; *Delv.* 2, *p.* 157, 158; *Malp., n.* 313; *Dur.* 7, *n.* 552.

Il paraît bien résulter de la délibération du Conseil d'état, dont M. de Maleville rend compte, qu'en faisant l'art. 887, on n'a point entendu que l'erreur, même de fait seulement, fût, indépendamment du dol ou de la lésion, une cause de rescision du partage. M. de Maleville apprend qu'au Conseil d'état, « sur la première partie de l'article, on demanda pourquoi l'erreur de fait n'était pas mise au nombre des causes de rescision des partages? On répondit qu'elle se confondait avec la lésion ; car s'il n'y avait pas de lésion, il n'y aurait pas d'intérêt à relever l'erreur. Mais il fut répliqué que l'erreur pourrait produire une lésion qui ne fût pas cependant de plus du quart, et qui devrait cependant toujours être réformée. Alors on convint qu'il y avait lieu à un partage supplémentaire ; et cela fut ajouté à l'article. »

Ici le législateur n'a pas tout vu. Toutes les erreurs ne sont pas dans la lésion de plus du quart, dans le dol ou la violence, et dans l'omission d'objets de la succession. Qu'une succession, en valeur de quarante mille francs, ait été partagée en cinq portions égales entre quatre héritiers du sang, et le légataire d'un cinquième, suivant un testament en bonne forme; qu'on trouve ensuite un second testament qui révoque le premier, l'erreur qui a fait admettre l'étranger au partage ne sera-t-elle donc pas réparée, parce que cet étranger s'y est présenté de bonne foi, et parce que chacun des cohéritiers n'est lésé que d'un cinquième ? A l'art. 887, le législateur n'a point envisagé cette position, ni d'autres semblables qui peuvent se rencontrer; mais ensuite, envisageant l'influence de l'erreur sur toutes conventions, il a établi, par l'art. 1109, en règle générale et sans exception pour les partages, que le consentement qui n'a été donné que par erreur, n'est point valable.

2. Mais pour les partages et pour toutes conventions, n'est-ce que l'erreur de fait qui peut être une cause de rescision? L'erreur de droit n'est-elle jamais réparable? La question semble décidée par l'art. 1109, qui ne met pas de distinction entre l'erreur de droit et l'erreur de fait, et encore par l'art. 1131, qui déclare, aussi sans distinction, la nullité de l'obligation contractée sans cause, ou sur une cause fausse. Si malgré ces textes,

la question offre quelque difficulté, c'est qu'en principe personne ne doit ignorer la loi, et que pour cette raison l'art. 2052 statue que les transactions ne peuvent être attaquées pour cause d'erreur de droit. Mais l'adage : *Nemini jus ignorare decet*, n'a d'application rigoureuse que pour les lois d'ordre public, de police et de sûreté, et pour les transactions dont parle l'art. 2052, qui sont des traités sur procès, et non pas des conventions ordinaires. M. Toullier présente, sur cette matière, une belle dissertation, dans le sixième volume de son Cours de droit, n. 58 et suivans. Fort de l'autorité de Papinien, de Domat, de Daguesseau, de Pothier et de la raison, il démontre clairement que le consentement n'est pas mieux assuré par l'erreur de droit que par l'erreur de fait; qu'en se déterminant par un motif qui n'existe pas, ou qui est autre qu'on le supposait, on n'a pas fait ce qu'on voulait, qu'on a fait autre chose que sa volonté. L'auteur propose cet exemple : J'ai partagé avec mon neveu la succession d'un autre neveu, son cousin germain, supposant et déclarant que la loi l'appelle avec moi à cette succession. J'ai commis une erreur de droit; ma volonté n'était pas de lui donner des biens qui étaient à moi, mais de lui abandonner ceux qui lui appartenaient; et quand je viens à savoir qu'ils ne lui appartenaient pas, j'ai le droit de les revendiquer. De ce que j'aurais dû connaître la loi qui borne la représentation aux frères du défunt et à leurs descendans, s'ensuit-il que mon ignorance doit m'enlever une partie de mon droit, pour la transférer à mon neveu? Où est la loi qui prononce cette expropriation? La déchéance est une peine que les tribunaux ne sauraient, sans excès de pouvoir, prononcer qu'en vertu d'une loi expresse. Concluons donc que l'erreur de droit, comme l'erreur de fait, annule la convention, lorsqu'elle en a été la cause principale, ou le seul fondement.

La Cour royale de Besançon a conclu de cette sorte par le premier considérant d'un arrêt du 1er mars 1827, dans une position semblable à celle de l'exemple offert par M. Toullier. Deux tantes de François Gérard avaient partagé sa succession en 1809, avec les enfans d'un oncle du défunt, qui était mort avant lui, en 1825. Elles demandèrent à ces copartageans la restitution des biens qui leur avaient été indûment délaissés, par l'effet d'une erreur de droit, qu'elles n'avaient reconnu qu'en 1824. La demande adjugée par le tribunal de première instance, fut déclarée bonne au fond, mais rejetée, comme prescrite, par la Cour d'appel. La prescription a été bien appliquée, parce qu'on ne devait pas supposer que l'erreur des demanderesses, existante au temps du partage, se fût continuée pendant plus de dix années; que leur allégation de la découverte de l'erreur, retardée jusqu'en 1824, n'était pas prouvée, et que c'était à elles de l'établir, les défendeurs ne pouvant pas être astreints à fournir la preuve d'un fait qui n'émanait pas d'eux, et qui pouvait n'être pas patent. *D.*, 1827, *s.*, *p.* 95.

Antérieurement, le 17 août 1822, la Cour de Douai avait jugé dans ce sens, en ordonnant la restitution des biens attribués (par la refente des lignes que l'on croyait dans le vœu de la loi de l'an II) au parent éloigné, qui n'était pas en ordre de succéder. Il est vrai que le 23 floréal an X, la Cour d'appel de Paris avait refusé la restitution dans les mêmes circonstances, et que le pourvoi formé contre cette décision a été rejeté, le 13 germinal an XII. Mais ces décisions n'ont eu pour fondement que la maxime *error communis facit jus*, tirée de la loi *Barbarius Philopus*, et dont l'application d'ailleurs pouvait être mieux placée. L'exception admise par ces arrêts, appuie la règle suivie par la Cour de Besançon, loin de l'attaquer. Cette règle a pourtant été méconnue par un arrêt d'Agen, du 15 mars 1824; mais elle est fortement recommandée par les motifs d'un autre arrêt rendu à Toulouse, le 19 janvier précédent. *Dur.* 1, *n.*536, *et* 7, *n.*553, *etc.*; *J. p.*, *éd. n.*, *t.* 4, *p.* 410; *D.*, 1824, *s.*, *p.* 112 *et* 158.

La Cour de Grenoble a jugé aussi que l'erreur de droit est une cause de nullité des conventions. Le 24 juillet 1830, elle a prononcé l'annulation d'une vente de droits successifs, dont le prix avait été déterminé par l'erreur du cédant, sur la quotité de sa portion héréditaire. L'arrêt a déclaré que le vendeur, frère germain du défunt, en concours avec des frères consanguins, ne croyait avoir qu'une part égale à celle de chacun de ses cohéritiers; et la vente a été rescindée comme faite dans cette fausse croyance. Il existait déjà, dans ces termes, un arrêt rendu par la Cour d'Angers, le 22 mai 1817. *Sir.* 19, 2, 181; *D.*, 1830, *s.*, *p.* 84.

M. Duranton, qui admet, en principe, l'exclusion de l'erreur de droit, du nombre des causes qui font rescinder les partages, propose des exceptions pour des positions semblables à celles des arrêts de Besançon et de Grenoble. Il enseigne que si l'erreur avait consisté *à croire héritier celui qui ne l'était pas*, et à l'admettre au partage, ou à donner au véritable cohéritier *une plus forte part que celle qui lui revenait, cette erreur tomberait sur la substance même de l'acte, et serait la même que celle qui vicie les contrats d'après le droit commun.... Dur. 7, n. 553, etc.*

C'est bien ce qu'ont décidé différentes lois romaines. Papinien notamment a très-bien dit (dans la loi 7, *ff. de jur. et facti ignor.*) : *Juris ignorantia non prodest acquirere volentibus, suum vero petentibus non nocet.* C'est la règle générale de l'art. 1109, que nous voulons appliquer aux conventions de partage, de même qu'aux actes ordinaires de conventions. M. Duranton cite Papinius; et malgré ce qu'il vient de dire, de *la même erreur qui vicie les contrats, d'après le droit commun*, il ne voudrait pourtant pas faire une règle aussi générale. Pour ne pas choquer la proposition qu'il a mise en avant, comme principe, et qui dénie à l'erreur de droit, l'effet d'annuler un partage, il prétend que dans les positions qu'il a marquées, c'est moins la rescision du partage qui s'opère, que la répétition de la chose indûment donnée. Est-ce que la restitution d'un payement fait sans cause, et la restitution contre un partage accordé sans cause, ne découlent pas du même principe? Rejetons la vaine subtilité qui proclame un faux principe, en le renversant par le fait. Suivons pleinement la doctrine de M. Toullier, et reconnaissons dans toute erreur de droit ou de fait, qui a produit le partage ou une fausse attribution dans le partage, un vice qui doit faire annuler ou rectifier ce partage. M. Dalloz soutient cette doctrine, que paraît adopter aussi M. Favard. *Rép. Fav., partage, sect. 4, n. 1; Rép. méth., obligat., ch. 2, sect. 1, art. 2, § 1, n. 16 et 17; et succ., chap. 6, sect. 3, art. 6, n. 4.*

3. M. Dalloz met cependant une différence entre l'erreur particulière à celui qui s'en plaint, et l'erreur commune qui, dans certains cas, a le caractère et l'autorité de la loi. Ainsi, dit-il, la Cour d'appel de Paris, le 13 floréal an x, et la Cour de cassation, le 13 germinal an xii, ont décidé que celui qui, dans un premier partage entre les deux lignes, a figuré comme héritier, à l'époque où la loi du 17 nivose an ii, s'interprétait en faveur du système de refente, n'a pu être depuis écarté du partage de sa ligne, en vertu de l'interprétation contraire. Ces arrêts, que nous venons de rapporter en regard de celui de la Cour de Besançon, et qui sont rendus dans une position identique, ne nous semblent pas offrir un aussi bon enseignement. On l'a dit, avec vérité, devant la Cour de cassation : il ne faut pas confondre l'erreur résultant d'une fausse appréciation de la loi, avec l'erreur causée par un

fait apparent, comme l'administration solennelle de la justice, long-temps exercée par un homme, qu'on ne savait pas dépourvu de qualité et de pouvoir. Ce faux magistrat, constitué publiquement, a trompé les hommes les plus prudens; tous ont demandé et reçu ses jugemens en bonne foi; il en a rendu beaucoup; et on ne pourrait les annuler sans produire un dangereux bouleversement. Le bon ordre public veut spécialement, qu'en reconnaissant et réprimant son usurpation, l'on maintienne la chose jugée. L'ordre public peut demander aussi quelquefois la confirmation des actes privés, fruits d'une fausse interprétation de la loi, quand l'erreur a été si générale et si répétée qu'elle a effacé la loi. Venant à reconnaître l'abus, c'est au législateur seul qu'il appartient de décider s'il importe de valider ou de faire corriger les actes consommés auparavant, comme il l'a fait en 1807, relativement à la mention de l'époque de l'exigibilité de la créance, dans les bordereaux d'inscription. Les tribunaux ne doivent observer que la loi; et dans les actes faits contre son vœu, ils ne peuvent commander le respect que de ceux-là seuls que la prescription a couverts de son égide. Ainsi l'a justement fait la Cour de Besançon. L'erreur de la refente, consacrée par un seul arrêt de la Cour de cassation, le 28 germinal an VII, n'a jamais été générale; et elle n'a pas duré long-temps pour cette Cour régulatrice; sa jurisprudence a changé par un nouvel arrêt, le 22 brumaire an IX. Un partage fait dans l'intervalle du temps qui a séparé ces deux arrêts, conformément à l'erreur du premier, ne méritait pas un si grand respect. Il devait être rescindé; et surtout on ne devait pas ordonner un partage supplémentaire d'une portion de biens restée indivise, en faveur des mêmes personnes exclues par la loi.

4. Les partages faits en justice ne sont pas exempts de la rescision pour cause de lésion; mais l'erreur de droit dans les jugemens qui ordonnent et règlent les partages, ne peut donner que des moyens d'opposition, d'appel, de recours en cassation ou de requête civile, dans les termes du droit commun. Les traités sur procès, ayant la force de la chose jugée, l'erreur de droit qui aurait pu produire la transaction, ne peut la faire annuler que dans les cas d'exception déterminés par les art. 2053 et suivans. *Toull.* 6, *n.* 71.

5. Dans les partages conventionnels même, il n'y aurait pas lieu à rescision pour cause d'erreur de droit, si le règlement qu'on lui impute, pouvait avoir une autre cause, ne fût-ce que

dans le for intérieur, comme de remplir un devoir naturel ou une obligation imparfaite, parce qu'alors il serait impossible de prouver que l'acte n'a d'autre fondement que l'erreur. Ainsi, l'on n'est pas relevé de l'exécution d'un testament nul, quoiqu'on ait pu ignorer la nullité; car, comment prouver cette ignorance; et d'ailleurs on a pu avoir la volonté d'exécuter la disposition du testateur, qu'on tenait pour certaine, indépandamment de l'acte testamentaire. *Toull.* 6 , *n.* 68.

6. Les moyens de rescision pour cause de dol et de violence, sont communs à tous les actes. Les règles à suivre sont tracées dans l'art. 1109 et les suivans, jusques et compris l'art. 1117, et dans les art. 1304 a 1314 inclusivement. *Chab.* , *n.* 2 ; *Toull.* 4, *n.* 569, *et* 6 , *n.* 76, *etc.; Dur.* 7 , *n.* 559; *Delv.* 2 , *p.* 157 ; *Malp.,* *n.* 315.

7. M. Chabot , M. Delvincourt et M. Malpel enseignent que si le dol et la violence n'ont causé ni lésion, ni préjudice, on est sans intérêt à s'en plaindre, et non recevable à poursuivre la nullité du partage. Cette lésion , que nos auteurs jugent nécessaire pour faire recevoir la demande en rescision, n'est pas celle du quart. M. Chabot et M. Delvincourt annoncent que la moindre lésion serait suffisante. M. Duranton, au contraire, soutient que le demandeur n'a besoin d'établir aucune lésion, et qu'on ne pourrait pas *faire écarter sa demande, en offrant de prouver qu'il a tout ce qui lui revenait.* M. Dalloz croit que la question est de nature à ne se présenter jamais; comment , dit-il, supposer le dol, la violence, sans intention de nuire, sans préjudice causé; la moindre lésion suffirait. La question peut se présenter, car un moyen de défense assez ordinaire est de prétendre que le réclamant n'est pas lésé. L'intérêt, sans doute, est la mesure des actions; et l'on ne doit point écouter une demande dépourvue d'intérêt. Mais quand la fin de non-recevoir sera proposée, ordonnera-t-on la vérification préalable du préjudice prétendu d'un côté et désavoué de l'autre? Ce serait bien compliquer le procès; la vérification pourrait être difficile à faire. On n'ordonne pas de vérification préalable; le dol et la violence font présumer la lésion; et pour repousser cette présomption , la partie qui oppose le défaut de lésion, doit aussitôt en fournir la preuve certaine par des écrits. Si elle ne présente que son allégation et l'offre de la justifier par des témoins ou par des experts , l'exception est rejetée; et l'on s'occupe du fond de la contestation. *Dur.* 7 , *n.* 565; *Rép. méth.* , *succ.* , *ch.* 6, *sect.* 3 , *art.* 6, *n.* 2.

8. Quant à la rescision demandée pour cause de lésion de plus du quart, le jugement tient à la vérification du fait. Mais ici doit-on suivre la règle de l'art. 1677, qui ne permet d'admettre la preuve de la lésion, que dans le cas où les faits articulés sont assez vraisemblables et assez graves pour faire présumer la lésion? La Cour de Montpellier a jugé, le 28 juillet 1830 : « Que quoique cet article n'ait pour objet que la lésion en fait de vente, le principe qu'il établit n'en doit pas moins être étendu à la lésion en matière de partage, parce que la raison de ce principe est la même dans l'un et l'autre cas ; qu'il est fondé, en effet, sur ce qu'un acte librement consenti entre majeurs, porte avec lui une présomption de justice et de vérité, qui ne permet point de l'attaquer légèrement, et sans quelque indication vraisemblable d'erreur, et que cette présomption existe aussi-bien dans un acte de partage que dans un acte de vente. » *D.*, 1831, *s., p.* 87.

La raison de la règle donnée par l'art. 1677 ne nous paraît pas convenir au partage comme à la vente ; et puisqu'elle n'est faite que pour la vente, on ne doit pas l'étendre au partage, qui n'est pas toujours *un acte librement consenti entre majeurs.* Il est forcé quand la justice l'ordonne, soit avec des mineurs, soit entre des majeurs. Le vendeur connaissait sa chose qui était fixe, et peut présenter des documens sur sa valeur, et la vilité du prix qu'il allègue. La loi s'est montrée peu favorable à la rescision des ventes. La loi, au contraire, tient beaucoup à la juste distribution dans les partages. Le cohéritier qui reçoit son lot, peut ne connaître les biens de la succession que sur un rapport d'experts, et n'apprendre que difficilement ensuite, par son expérience propre, si l'estimation et la division des biens ont été justement faites. Il n'a pas toujours un commencement de preuve par écrit, des résultats de son expérience ; il se croit lésé, il se plaint ; et la justice doit ordonner la vérification de sa plainte.

9. Les partages de communauté entre époux ou leurs héritiers, sont comme les partages de succession, et pour les mêmes causes, susceptibles de rescision. L'art. 1476 déclare que le partage de la communauté, pour tout ce qui concerne ses formes, la licitation des immeubles, quand il y a lieu, les effets du partage, la garantie qui en résulte et les soultes, est soumis à toutes les règles qui sont établies au titre des successions pour les partages entre cohéritiers. Un arrêt rendu par la Cour de Paris, le 21 mai 1813, a fait l'application de l'art. 887, au partage d'une communauté. Le 12 août 1829, un arrêt de la Cour d'Aix a été

cassé pour avoir refusé d'admettre la demande en rescision de la licitation des biens d'une communauté, premier acte de division, sous prétexte qu'il constituait une transaction sur des difficultés réelles. Aussi, pour un acte semblable, la Cour de Bourges, par arrêt du 29 mai 1830, a ordonné la vérification de la lésion prétendue. *J. p., éd. n.*, t. 14, p, 585; *D.*, 1829, p. 332, *et* 1830, *s.*, p. 260.

ARTICLE 888.

L'action en rescision est admise contre tout acte qui a pour objet de faire cesser l'indivision entre cohéritiers, encore qu'il fût qualifié de vente, d'échange et de transaction, ou de toute autre manière.

Mais après le partage, ou l'acte qui en tient lieu, l'action en rescision n'est plus admissible contre la transaction faite sur les difficultés réelles que présentait le premier acte, même quand il n'y aurait pas eu à ce sujet de procès commencé.

1. Tout acte qui fait cesser l'indivision entre cohéritiers n'est pas toujours réellement un partage; il peut n'être qu'une vente véritable ou un échange; mais quand il n'attribue point au cohéritier une part des corps héréditaires, quand il lui apporte des deniers ou d'autres objets qui ne sont pas de la succession, ces effets doivent être d'une valeur équivalente à celle des choses que l'héritier laisse dans la succession. La loi ne veut pas que, par aucun acte, les cohéritiers puissent trop réduire pour les uns, et augmenter pour les autres, la valeur des droits qu'elle confère ou reconnaît à chacun, et sous la seule exception de la vente des droits successifs, faite sans fraude; elle assimile au partage, quant à la rescision, tout acte même exclusif du partage, s'il fait cesser l'indivision. Les partages mêmes faits en justice, ne sont pas exceptés de la règle de rescision. *Chab.*, n. 1, etc.; *Toull.* 4, n. 577; *Delv.* 2, p. 160; *Malp.*, n. 314; *Dur.* 7, n. 566 *et* 581.

2. Il importe peu qu'il y ait eu un partage, en forme, avant l'acte attaqué, si cet acte traite d'un objet resté indivis; la loi, soumettant à la rescision tout acte qui fait cesser une indivision, s'applique aussi-bien à celui qui est postérieur au partage qui n'a pas tout compris, qu'à ce premier partage même. Ainsi, la Cour de Colmar a fort bien jugé, le 2 juillet 1814, que la vente

faite par un héritier à son cohéritier, de sa portion dans des immeubles exceptés d'un partage antérieur, était soumise à la rescision pour cause de lésion du quart, relative aux partages, et non pas seulement à la rescision pour lésion de sept douzièmes, relative aux ventes. *J. p.*, *éd. n.*, *t.* 16, *p.* 48; *Dur.* 7, *n.* 576.

3. M. Chabot enseigne que la vente, par licitation, même lorsqu'elle a été faite en justice, est sujette à la rescision du quart, entre cohéritiers, sans distinction de mineurs et de majeurs. Cependant, l'art. 1684 déclare que la rescision, pour lésion, n'a pas lieu en toutes ventes qui, d'après la loi, ne peuvent être faites que d'autorité de justice. Pour les majeurs, la licitation peut se faire amiablement; pour les mineurs, il faut l'intervention de la justice. Mais il serait choquant et contraire au principe de la protection due aux mineurs, que l'adjudication, faite en justice, fît obstacle à la rescision pour les mineurs, quand elle ne l'empêche pas pour les majeurs. Aussi faut-il dire que la règle de l'art. 1684 ne fait exception à celle de l'art. 1674, que relativement aux ventes ordinaires, hors partage entre cohéritiers, dans lesquelles on ne considère que la lésion de plus de sept douzièmes. Il conviendrait pourtant que toute vente ordonnée par la justice, et faite publiquement aux enchères, pour les mineurs et les majeurs également, fût à l'abri de la rescision pour cause de lésion. Un arrêt rendu par la Cour d'appel de Paris, le 21 mai 1813, a ordonné la vérification de la lésion de plus du quart dans une vente par licitation publique aux enchères. *J. p.*, *éd. n.*, *t.* 14, *p.* 583; *Malev.*; *Chab.*, *n.* 2; *Delv.* 2, *p.* 156; *Dur.* 7, *n.* 581; *Rép. Merl.*, *lésion*, § 4, *n.* 7.

4. Mais si le partage fait en justice, et la vente judiciaire sur licitation entre cohéritiers, ne sont pas exempts de la rescision pour cause de lésion, l'adjudication faite à l'étranger en est affranchie. Il n'y a plus ici à rétablir l'égalité ou une juste proportion entre les copartageans; tous sont également privés de l'objet vendu, et tous ont sur le prix les mêmes droits qu'ils avaient sur la chose. L'art. 1684 reçoit ici son application. *Chab.*; *Rép. Merl.*, *préc.*; *Rép. méth.*: *Dall.*, *succ.*, *ch.* 6, *sect.* 3, *art.* 6, *n.* 15.

5. De la combinaison des deux parties de l'art. 888, l'une qui déclare que le titre de transaction donné à l'acte qui fait cesser l'indivision, ne le soustrait point à la rescision, et l'autre qui en exempte le traité fait, après le partage, sur des difficultés réelles, résulte-t-il qu'aucun traité relatif au partage qui est à faire, ou qui se fait, ne peut être à l'abri de la demande en rescision ?

M. Chabot fait une juste distinction, approuvée par M. Toullier, M. Duranton et M. Dalloz, entre les actes qui règlent des difficultés élevées sur le temps et le mode du partage, la division ou la licitation, l'estimation des biens et la composition des lots, et les traités faits pour terminer des contestations réelles et sérieuses sur la qualité et les droits respectifs des prétendans à la succession, sur la quotité de l'amendement de l'un ou de plusieurs des héritiers, la validité des donations faites à l'un ou à l'autre, sur l'obligation ou la dispense du rapport, etc. Mais M. Chabot ne tire peut-être pas toutes les justes conséquences de cette distinction. Nous reconnaissons, avec l'auteur, que les actes de la première classe constituent purement le partage ou qu'ils se lient au partage d'une manière indissoluble, et qu'ils ne lui donnent pas le caractère d'un véritable traité sur procès, qui repousse la rescision pour cause de lésion. Les actes de la seconde classe sont bien réellement des traités sur procès, qui doivent être à l'abri de toute attaque pour lésion. Mais, confondrons-nous le partage, acte qui distribue les biens de la succession entre les cohéritiers, suivant la quote-part fixée pour chacun, avec le règlement de la qualité et des droits des prétendans à l'héritage et la détermination de la quote-part revenant à ceux qui sont reconnus héritiers? Dirons-nous, comme M. Chabot: « Dans le cas où une transaction aurait été nécessaire et réelle, l'acte qui la contient et qui, par la manière dont il règle les débats, fait cesser l'indivision des biens doit être regardé comme n'étant qu'un simple partage. Dans ce cas, en effet, le partage n'est que le résultat de la transaction; il est lié avec elle; et comme elle, il doit être inattaquable, puisqu'il ne serait pas possible de le rompre, sans rompre également la transaction. » *Chab.*, n. 4.

Les arrêts de la Cour de Grenoble, du 15 avril 1807, et de la Cour de cassation, du 7 février 1809, cités par M. Chabot à l'appui de sa décision, se rapportent à des actes antérieurs au Code civil, et fondés uniquement sur la loi *si quando*, au Code *de ino*, *ff. testam.* L'édit de Charles IX, du mois d'avril 1560, et la jurisprudence des anciens arrêts, ne peuvent pas servir à l'interprétation des règles positives du nouveau Code. *Sir.* 9, 1, 210; *D.*, 1823, s., p. 117.

A l'égard de la transaction sur la demande d'un partage à faire pour la première fois, M. Chabot convient que «si l'on avait fixé d'abord la quotité de la portion que devait avoir chacun des héri-

tiers, et que d'après cette fixation, il eût été procédé au partage
de la masse, ce traité vaudrait bien comme transaction, quant à
la fixation de la quotité des parts pour chacun des héritiers;
sous ce rapport, il ne pourrait être attaqué, aucun des héritiers
ne pourrait réclamer plus que la quotité qui a été réglée; mais
si, dans la distribution des parts, un des héritiers avait eu
moins des trois quarts de la quotité ou de la portion qui devait
lui revenir, d'après la base adoptée, il aurait le droit de se pourvoir contre l'opération même du partage, sans toucher aux autres conventions; l'acte en ce cas ayant deux parties très-distinc-
tes, la transaction sur la fixation de la quotité des parts, et le
partage qui aurait déterminé chaque part séparément. »

Cette décision, suivie par M. Duranton, est bonne; il doit en
être de la transaction comme du jugement. En rescindant un
partage ordonné par la justice, on n'annule pas le jugement
qui, en le commandant, a réglé les droits des cohéritiers; il n'y
a d'annulé que l'acte qui est une mauvaise exécution du jugement. Quelle est donc la portée de la doctrine précédente de
M. Chabot sur le partage inattaquable, quand il est lié à la transaction, parce qu'il serait impossible de le rompre sans rompre
également la transaction? M. Chabot, apparemment, veut maintenir le traité entièrement, lorsqu'il présente les choses d'une
manière confuse, sans déterminer, en principe, la quote ou le
montant des droits des cohéritiers, offrant, à forfait, une vente
du droit héréditaire, indéfini, ou bien un délaissement de fonds
de l'hérédité, pour satisfaire à ces droits non définis ou mal
définis. S'il y a vente de droits successifs aux risques de l'acquéreur, l'acte n'est pas susceptible de rescision, d'après l'art. 889.
Si, sans règlement certain et sans cession de droits, il y a, pour
ces droits vagues, abandon de biens d'un côté, et acceptation de
l'autre, pourquoi serait-ce plutôt transaction exempte de rescision que partage susceptible d'être rescindé? La loi répute
partage tout premier acte, et ne reconnaît la transaction que
dans l'acte qui, après le partage, règle les difficultés réelles élevées sur ce partage. La transaction ne peut rester ferme que lorsqu'elle est isolée ou distincte du partage; s'il y a confusion, la
rescision du partage doit emporter la nullité de la transaction.
Dur. 7, *n.* 582.

C'est pour avoir confirmé un acte de cette nature, que la Cour
d'Aix a vu sa décision cassée par l'arrêt du 12 août 1829, cité plus
haut, art. 887, n. 9. La Cour régulatrice a considéré: « En droit,

que la loi déclare tout premier acte, passé entre cohéritiers ou communistes, rescindable dans les cas prévus, lorsque cet acte a fait cesser l'indivision, quand même cet acte serait qualifié de transaction; que la loi ne distingue pas des autres cas ceux où il existait des difficultés graves et réelles, même des procédures ou jugemens antérieurs. » Il y a lieu de croire que si les deux parties de conventions, dont M. Chabot a marqué la différence, s'étaient trouvées distinctes dans la transaction, la Cour régulatrice eût prescrit le respect pour l'une, et la vérification de la lésion prétendue dans l'autre. Les Cours de Nîmes et d'Amiens ont parfaitement marqué et suivi cette distinction par des arrêts du 30 juin 1819, et du 10 mars 1821. *D.*, 1821, *s.*, *p.* 35; *et* 1823, *s.*, *p.* 114.

Mais l'arrêt de Pau a bien jugé, en déclarant nulle, d'une part, la renonciation anticipée, accordée par une femme, dans l'acte même du partage, à la rescision de ce partage; et d'un autre côté, l'engagement du mari pour la garantie de la renonciation de sa femme. *D.*, 1826, *s.*, *p.* 114.

5. La Cour de Pau n'est pas allée trop loin, le 12 janvier 1826, en jugeant admissible, contre l'acte entier, la demande en rescision d'un traité sur des droits légitimaires, qui, sans déterminer leur quote, en fixait la valeur à deux mille huit cent cinquante francs, et portait délaissement d'immeubles estimés à cette somme. La lésion pouvait être aussi-bien dans la fixation du prix des droits, que dans la valeur des objets délaissés, inférieure de plus d'un quart aux deux mille huit cent cinquante francs. La Cour aurait jugé tout autrement, sans doute, si l'acte avait réglé un différent sur la quotité des droits légitimaires, en la fixant à tel ou tel taux; à un douzième, par exemple, au lieu d'un neuvième, suivant la prétention de l'une des parties, et d'un dix-huitième, au dire de l'autre. En ce cas, la lésion ne devrait pas être recherchée dans le règlement du douzième, transaction équivalant à la décision d'un tribunal sur un point de droit en litige; elle ne pourrait être considérée que dans la somme d'argent, ou dans la valeur des fonds donnés en représentation du douzième. *D.*, 1826, *s.*, *p.* 114.

Un traité fut fait entre deux frères germains et un frère utérin, pour le règlement préalable de difficultés qui arrêtaient le partage. Ce traité accordant le prélèvement d'un don mobile, et des dispenses de rapport aux frères germains, moyennant une somme à payer au frère utérin, a très-bien pu être considéré par la Cour de Rouen et par la Cour de cassation, le 14 mars 1832, comme une transaction, dont le partage devait dépendre, et qui ne devait pas être assimilée au partage, par rapport à la rescision pour cause de lésion. *D.*, 1832, *p.* 111.

6. L'arrêt précité de la Cour de Pau offre un autre enseignement, bon à rappeler, en déclarant nulle la renonciation anticipée d'une femme, dans l'acte même du partage, à la rescision de ce partage, et nul aussi l'engagement du mari pour la garantie de la renonciation de sa femme. *Vaz.* 2, *Trait. prescrip.*, *n.* 332.

7. Quand le partage est consommé, on pourrait le refaire, et vouloir mettre le nouvel acte à l'abri de la rescision, pour cause de lésion, en le qualifiant de transaction. La loi condamne encore cette fraude; elle ne refuse la rescision qu'alors que l'acte présente une véritable transaction sur des difficultés réelles. Le nouveau traité, fait après le partage, doit donc être examiné, et apprécié dans ses causes et dans son objet, d'après les circonstances qui l'ont précédé, et d'après celles qui l'ont amené. Il appartient aux juges d'admettre, selon ces circonstances, ou de déclarer non-recevable la demande en rescision. *Chab.*, *n.* 5; *Toull.* 4, *n.* 580; *Delv.* 2, *p.* 160; *Dur.* 7, *n.* 577, *etc.*; *Malp.*, *n.* 314.

ARTICLE 889.

L'action n'est pas admise contre une vente de droits successifs faite sans fraude à l'un des cohéritiers, à ses risques et périls, par ses autres cohéritiers ou par l'un d'eux.

1. La vente de droits successifs est un contrat aléatoire, qui, par sa nature, exclut la rescision pour cause de lésion. L'on peut ignorer toute l'étendue de l'actif et du passif d'une succession; et des droits et des dettes dont le cédant et le cessionnaire n'avaient pas l'idée, peuvent se découvrir long-temps après la cession. Le vendeur préfère un prix assuré à l'incertitude de la valeur de son héritage; et l'acquéreur est résolu à courir les risques de cette incertitude. Leur traité est comparé à la vente du coup de filet du pêcheur : *jactus retis;* il n'y a point de matière pour la rescision ici. Cependant, la règle que le Code civil établit n'était pas généralement admise dans la jurisprudence antérieure. L'art. 889 a fait cesser une ancienne controverse. *Malev.*; *Chab.*, *n.* 1; *Toull.* 4, *n.* 578, 579; *Dur.* 7, *n.* 567, *etc.*; *Malp.*, *n.* 314.

2. Mais, comme on abuse de tout, la fraude fait exception à toutes les règles. Sans ordonner la vérification et l'estimation des biens et des droits nets de l'hérédité, la justice annulerait une vente de droits successifs, s'il était prouvé que l'acquéreur avait une connaissance particulière de biens ou de droits que le vendeur ignorait. Ainsi, Philippe meurt à la Guadeloupe, le 20 mai, laissant pour héritier Paul, qui meurt le lendemain 21, à Paris. Si l'un des héritiers de Paul, recevant à Paris la nouvelle du décès de Philippe, avec l'acte qui le constate, et tenant cette nouvelle secrète, s'empressait d'acquérir les droits successifs de ses cohéritiers, il y aurait fraude de sa part; et la cession serait nulle. *Chab.*, *n.* 2; *Toull. préc.; Delv.* 2, *p.* 160; *Malp.*, *n.* 314; *Dur.* 7, *n.* 572, *etc.*

3. M. Chabot, expliquant l'art. 889, dit : « L'exception qu'il établit dépend de trois conditions : 1° que la vente soit faite avant partage, et comprenne tous les droits du vendeur dans la succession, et non pas seulement sa part dans des objets déterminés, ni même dans tous les immeubles ou dans tout le mobilier; 2° que la vente soit aux risques et périls de l'acquéreur, c'est-à-dire qu'il ait pris à forfait les droits successifs, et qu'il soit, en conséquence, chargé d'acquitter les dettes de la succession, à la place du vendeur, et sans aucun recours; 3° que la vente soit faite sans fraude.» M. Toullier a complétement adopté cette doctrine. *Chab. préc.; Toull.* 4, *n.* 579.

Voyons si la jurisprudence a suivi cette même doctrine. La Cour de Limoges a parfaitement jugé, le 19 novembre 1819, que la vente de droits successifs est sujette à la rescision, lorsque les droits vendus ont été déterminés et garantis. *Sir.* 20, 2, 81.

Si la Cour de Lyon a décidé, le 3 décembre 1828, que la vente de droits successifs, faite aux risques et périls de l'acquéreur, n'était pas susceptible de rescision, bien qu'il eût déclaré qu'il ne connaissait pas de dettes; c'est la loi à la rigueur; car il pouvait en exister qu'il ignorait; et venant à se découvrir, elles étaient bien à sa charge. *D.*, 1829, *s.*, *p.* 37.

Mais la même Cour de Lyon avait pu juger, le 2 avril 1819, sans exposer son arrêt à la cassation, « qu'à la forme de l'article 1156, on doit, dans les conventions, rechercher qu'elle a été la commune intention des parties contractantes, plutôt que de s'arrêter au sens littéral des termes; qu'ainsi, pour que l'acte dont il s'agit dans la cause soit une vente faite à périls et risques, il ne suffit pas qu'il en contienne la stipulation; mais

qu'il faut, en outre, qu'il y ait réellement, dans le fait, des
périls et risques à courir par le cessionnaire ; que l'acte dont il
s'agit contient bien la stipulation à périls et risques, mais qu'il
énonce, en même temps, que le cessionnaire avait une parfaite
connaissance des biens, des dettes et charges de la succession
sur laquelle on traitait ; et que cette énonciation éloigne toute
idée de périls et risques à courir, et implique même contradiction avec cette dernière stipulation. » *Sir.* 20, 2, 26 ; *D.*, 1819,
s., *p.* 18.

La Cour de Toulouse est allée jusqu'à dire, le 3 mars 1820,
qu'une vente de droits successifs, *à forfait,* était susceptible de
rescision, parce qu'elle ne portait pas la stipulation expresse
des risques et périls à la charge de l'acquéreur. Le terme *à forfait,* qui signifie *à perte ou à gain,* semble bien exprimer autant
que les mots *aux risques et périls.* Ces mots sont employés dans
l'art. 889 ; mais ils ne sont pas prescrits comme sacramentels.
Jugerait-on que la stipulation qui met toutes dettes à la charge
de l'acquéreur ne le rend point passible de toutes les obligations
de l'héritier ? *D.*, 1830, *s.*, *p.* 224.

Un traité portant abandon par le frère à la sœur, pour partie
de ses droits héréditaires, de divers fonds de la succession, et
vente par la sœur au frère du surplus de ces droits, aux risques
et périls de l'acquéreur, était-il susceptible d'être rescindé
comme partage, ou exempt de rescision comme vente de droits
successifs ? Le tribunal de Charoles et la Cour de Dijon, jugè-
rent que la cession partielle ne faisait pas perdre à l'acte le caractère de partage. Sur le pourvoi, la Cour régulatrice a déclaré
que « c'est un acte mixte, participant du caractère propre au
partage, et de celui qui est propre à la vente de droits successifs :
qu'en pareille circonstance, le tribunal de Charoles et la Cour
de Dijon ont dû apprécier quel était le caractère dominant dans
ledit acte, et que leur décision sur ce point ne peut être soumise à la censure de la Cour de cassation. » *D.*, 1331, *p.* 331.

La Cour de Dijon avait suivi la doctrine de M. Chabot et de
M. Toullier, qui n'exempte la vente de la rescision, que lorsqu'elle comprend l'universalité des droits du vendeur. La Cour
régulatrice paraît avoir condamné ce système, aussi-bien que
celui du demandeur en cassation, qui soutenait qu'une vente
de droits successifs conserve son caractère et sa force, bien qu'il
reste au vendeur des objets déterminés de la succession. Ce parti
semble mieux fondé que le premier ; et le tiers-parti adopté par

la Cour de cassation, n'est point au-dessus de toute objection.
M. Cassini, rapporteur de l'affaire, doutait que M. Chabot et
M. Toullier fussent allés jusqu'à prétendre que la réserve faite
par le vendeur, de quelques corps certains et déterminés, suffirait
pour dénaturer le contrat, et donner lieu à la rescision. M. Cassini disait : Quel motif a fait affranchir de l'action en rescision
la vente de droits successifs ? Et il répondait avec Pothier :
« C'est que l'*incertum æris alieni*, dont l'acheteur se charge,
empêche qu'on ne puisse dire qu'il y a lésion, et met cet acte
au rang des contrats aléatoires, contre lesquels la restitution
pour cause de lésion n'est point admissible. » Le rapporteur
ajoutait : « Or, dans l'espèce, le sieur Sivignon s'est chargé de
toutes les dettes de la succession, et le contrat reste aléatoire,
nonobstant l'abandon fait à la sœur, de certains immeubles de
la succession. » Nous partageons cet avis; et nous ne croyons pas
que la vente d'une quote des droits successifs soit sujette à la
rescision. Il y a même raison pour partie du droit héréditaire
que pour la totalité.

4. La vente de droits successifs, consentie à un étranger,
n'est pas plus susceptible d'être rescindée, pour lésion, que celle
qui est faite au cohéritier. Ce point de droit est bien expliqué par
un arrêt de la Cour d'appel de Paris, du 7 juin 1808, qui en a
fait l'application. *J. p.*, *éd. n.*, *t.* 9, *p.* 353.

ARTICLE 890.

Pour juger s'il y a eu lésion, on estime les objets suivant leur valeur à l'époque du partage.

1. On ne peut vérifier la lésion prétendue qu'en révisant l'estimation de tous les biens de la succession, qui a été faite pour
le partage, et en les considérant dans l'état où ils étaient à cette
époque; ou, ce qui est la même chose, en recherchant et déterminant la vraie valeur qu'ils avaient alors. On compare le lot
de l'héritier qui se plaint, avec ceux de ses cohéritiers ; et s'il se
trouve plus d'un quart au-dessous de ce qu'il devait être, le partage est annulé. Ainsi, les améliorations faites à un immeuble
ne doivent pas faire augmenter son estimation, comme les dégradations qu'il a éprouvées ne doivent pas la faire diminuer.
Ainsi, les changemens dans la valeur des choses, produits par

35

le temps et les circonstances, ne doivent point influer sur leur évaluation. *Malev.; Chab.; Toull.* 4, *n.* 571.

ARTICLE 891.

Le défendeur à la demande en rescision peut en arrêter le cours et empêcher un nouveau partage, en offrant et en fournissant au demandeur le supplément de sa portion héréditaire, soit en numéraire, soit en nature.

1. Il est juste de réparer une lésion, mais il serait souvent contraire à l'équité de le faire par un nouveau partage, qui pourrait déranger des choses établies dans la confiance d'une propriété fixe. La loi est sage en autorisant les cohéritiers à fournir le supplément de la portion héréditaire de celui qui se trouve lésé. Avant le Code, ce supplément ne pouvait être fourni qu'en nature ; mais la même raison qui détermine le supplément, au lieu du nouveau partage, a fait accorder la faculté de payer en numéraire. *Malev.; Chab., n.* 1, *etc.; Toull.* 4, *n.* 572; *Malp., n.* 311; *Dur.* 7, *n.* 583; *Rép. Fav., sect.* 4, *n.* 5.

2. M. de Maleville et M. Delaporte rappellent la règle ancienne, d'après laquelle il n'y avait plus lieu au supplément, mais au nouveau partage, lorsque la lésion était énorme, c'est-à-dire de plus de moitié. Ils croient que le Code n'a statué que pour la lésion du quart, et qu'il ne déroge point à la règle ancienne pour la lésion énorme. M. Dalloz a de la peine à croire cette règle subsistante ; l'art. 891 lui semble avoir tout déterminé sans distinction. La loi nouvelle, en effet, n'a qu'une mesure de lésion pour la rescision des partages ; c'est celle qui excède le quart, quel que soit le taux de l'excédant. Le supplément en numéraire peut être dur pour le copartageant lésé, quand la lésion est forte ; mais c'est bien la loi. *Malev.*, art. 891 ; *Pand. franç.* 3, *p.* 404; *Rép. méth., succ., ch.* 6, *sect.* 3, *art.* 6, *n.* 19.

3. En matière de rescision de vente, l'acquéreur est admis, de même qu'en matière de partage, à payer le supplément du prix ; et de plus, il est autorisé, par l'art. 1681, à faire la déduction du dixième de l'estimation totale. Pour les partages où l'on tend à l'égalité, les cohéritiers doivent donner le supplément entier. Un arrêt rendu par la Cour d'appel de Paris, le 21 mai 1813, a condamné des copartageans à payer tout le montant de la lésion, sans déduction du dixième. *J. p., éd. n.*, t. 14, *p.* 583; *Chab., n.* 2; *Delv.* 2, *p.* 160.

4. Les intérêts du supplément, en numéraire, sont dus depuis la demande. Les fruits des immeubles cédés pour le supplément sont dus depuis la même époque. Avant la demande, les cohéritiers étaient possesseurs de bonne foi. Mais cette règle enseignée par M. Chabot et par M. Toullier, doit être bornée à la rescision pour simple lésion ou pour erreur; elle ne peut pas s'appliquer à la rescision pour dol et violence qui excluent la bonne foi. *Chab.*, *n.* 3 ; *Toull.* 4, *n.* 572.

5. Les partages d'ascendans sont sujets à la rescision, comme tous autres, pour cause de lésion de plus du quart; et cette lésion reconnue, le copartageant qui doit la réparer, peut éviter un nouveau partage, en offrant le supplément; mais a-t-il toute la faculté que donne l'art. 891, de le fournir, à son gré, soit en argent, soit en nature? Deux Cours royales ont été divisées sur cette question. Par un arrêt du 25 avril 1818, la Cour de Riom a rejeté les offres d'argent d'un héritier donataire, et ordonné que de son lot, fait trop fort par le père donateur, il serait distrait les fonds nécessaires pour compléter le lot trop faible du cohéritier, parce que « les partages faits par les pères et mères sont sous la rubrique des donations et testamens, et que tout concourt pour soumettre ces partages aux règles relatives aux libéralités ou avantages, et par conséquent à la réduction ou retranchement nécessaire pour assurer la juste part des enfans réclamans, plutôt qu'aux règles prescrites par l'art. 891, purement relatif au partage, dans lequel cas plusieurs des cohéritiers faisant un partage, auraient éprouvé une lésion de plus du quart.» *D.*, 1821, *s.*, *p.* 40; *Sir.* 20, 2, 278.

Dans une position semblable, le 25 novembre 1824, la Cour de Grenoble a refusé un nouveau partage, et autorisé l'héritier, donataire, à fournir le supplément dû à son cohéritier, donataire, soit en nature, *soit en argent.* « Attendu que le partage fait par l'ascendant, pouvant être attaqué par voie de lésion de plus du quart, de la même manière que le partage fait entre cohéritiers ; et le même motif de décider existant dans l'un et l'autre cas, le demandeur en rescision contre le partage fait par sa mère, peut, dans l'espèce, conformément à l'art. 891, arrêter le cours de la demande et empêcher un nouveau partage, en offrant et fournissant au défendeur le supplément de sa portion héréditaire, soit en nature, soit en numéraire.» *D.*, 1825, *s.*, *p.* 117.

L'arrêt de Riom est plus conforme à l'équité ; celui de Greno-

ble serait-il plus conforme à la loi? Dans les partages dont les
lots sont tirés au sort, une lésion un peu marquante doit difficilement se rencontrer; dans ceux qui se font par attribution de
lots, de gré à gré, chacun recherchant son intérêt, elle doit être
encore assez rarement au-dessus du quart. Mais; quand un ascendant règle seul le partage, à son gré, sa combinaison pour
favoriser un de ses enfans, peut être telle qu'au lieu de moitié
de ses biens, pour représenter un quart en préciput et un tiers
de réserve, il lui donne tout, à peu près, ne laissant à deux
autres enfans qu'un vain simulacre de biens héréditaires, dans
quelques parcelles sans valeur. La lésion sera prouvée; et si elle
n'est réparée que par un supplément fourni en numéraire, la
réparation n'ira qu'à fournir à des enfans une légitime en deniers, par la vente forcée en faveur de leur frère, avantagé déjà,
de leur part de réserve dans les biens de l'auteur commun.

6. En partage d'ascendant, lorsqu'il y a préciput, deux opérations, peuvent se trouver distinctes ou confuses, savoir : l'attribution de biens pour le préciput, et la division, en lots, des
biens restans à la réserve. Si l'acte présente un lot de préciput,
et ensuite des lots pour la distribution de la réserve, cette
dernière opération est proprement le partage, qui n'est soumis à
la rescision que pour lésion du quart, suivant la règle générale
de l'art. 891. La règle faite pour les libéralités s'applique à la
première opération. Ici, le lot qui excède les limites de la quotité disponible, quel que soit l'excès, faible ou fort, doit être
réduit. C'est un retranchement à subir par le donataire; c'est
une partie des objets du lot qu'il doit abandonner. Si l'acte fait
par l'ascendant ne présente qu'une seule attribution confuse pour
le préciput et pour la part de réserve, considérée dans cet ensemble, la lésion ne peut pas être fixée à la mesure du quart.
La loi veut, pour les donations, le retranchement de la moindre
partie qui excède la quotité disponible. Le retranchement doit
donc porter sur l'ensemble, pour en retirer ce qu'il peut avoir
en excès de donation. Si, d'une part, on dit qu'il convient de diviser ce que l'ascendant a confondu, de distinguer une portion
du lot unique, pour former le préciput, de considérer le lot de
réserve dans le surplus, et de n'y rechercher que l'excès qui cause
une lésion de plus du quart aux cohéritiers; d'un autre côté, ne
dira-t-on pas : Pourquoi ne pas détacher plutôt ce lot particulier
de réserve, du lot général de préciput et de réserve, pour ne
rechercher l'excès que dans les biens qui restent au préciput?

Toute donation, quel que soit sa forme, sa cause et son objet,
se considère comme donation, pour la mesure des libéralités.
Evidemment, l'art. 1079 a trait à deux positions différentes :
1° le partage de la réserve seule ou des biens en totalité, quand il
n'existe pas de préciput; 2° l'ensemble de la disposition qui, par
la combinaison du préciput et d'une part de réserve, constitue
une donation excessive. A la première position s'applique entièrement la règle de l'art. 891; à la seconde, il faut appliquer les
règles générales de quotité disponible et de réduction.

. 7. La faculté du supplément pour empêcher un nouveau partage, s'étend-elle au cas de la rescision pour dol ou violence ?
Dumoulin et Lebrun décidaient qu'elle ne doit point appartenir
aux cohéritiers qui ont fait usage de ces moyens odieux. M. Chabot et M. Toullier portent la même décision. Leur distinction
serait juste; mais elle n'est pas dans la loi. On peut toutefois
dire comme M. Chabot, que l'art. 891 n'a trait, comme les deux
autres qui le précèdent, qu'à la rescision pour cause de lésion.
L'acte surpris par le dol, ou arraché par la violence, ne doit
subsister en rien. *Chab., n.* 4; *Toull.* 4, *n.* 572; *Delv.* 2, *p.* 160.

ARTICLE 892.

Le cohéritier qui a aliéné son lot en tout ou partie, n'est
plus recevable à intenter l'action en rescision pour dol ou
violence, si l'aliénation qu'il a faite est postérieure à la
découverte du dol, ou à la cessation de la violence.

1. M. de Maleville dit très-justement que : « Le motif de l'article est que le cohéritier est censé avoir reconnu qu'il n'avait
aucune bonne raison pour faire rescinder le partage, puisqu'il
s'est mis dans l'impuissance de remettre les choses dans leur premier état. » De ce motif, M. Chabot et M. Delvincourt ont conclu que la fin de non-recevoir, établie pour le cas du dol ou de
la violence, s'applique également au cas de lésion de plus du
quart. *Scire leges non hoc est verba earum tenere sed vim ac potesta-
tem,* s'est écrié M. Chabot, en terminant son commentaire; et
c'est de l'esprit de la loi qu'il a voulu faire sortir une extension
de fin de non-recevoir qu'il n'a pas trouvée dans son texte. Quand
la lettre de la loi n'est pas claire, on remonte à son esprit pour
l'expliquer; mais, avec l'esprit qu'on peut supposer à la loi, on
ne lui crée pas de disposition irritante. En matière de déchéance

et de fin de non-recevoir, tout est positif; on ne peut rien ajouter à la lettre de la loi; et les juges ne sauraient, sans excéder leurs pouvoirs, prononcer aucune déchéance ou fin de non-recevoir, que la loi n'a point établie positivement; ni, ce qui est la même chose, étendre les déchéances d'un cas à un autre. *Chab.*, *n.* 2 ; *Delv.* 2 , *p.* 158.

M. Delvincourt veut aussi faire résulter la fin de non-recevoir de l'esprit de la loi; mais probablement, il a senti l'objection que nous venons de présenter, car supposant dans l'art. 892 , une mauvaise rédaction qui a besoin d'être expliquée, il dénature sa disposition pour la plier au système qu'il s'est fait. «Cet article, dit-il, nonobstant sa rédaction, a moins pour objet de restreindre la fin de non-recevoir résultant de l'aliénation, au cas de dol ou de violence, que de l'abroger. Au contraire, dans ces deux cas, toutes les fois que l'aliénation est antérieure à la découverte du dol, ou à la cessation de la violence, l'article n'a pas été fait pour décider que celui qui avait aliéné, ne pourrait demander la rescision du partage. *La loi a supposé cela constant;* mais l'on a voulu, au contraire, accorder au cohéritier qui a aliéné, le droit de demander la rescision pour dol ou violence, lorsque l'aliénation serait antérieure à la découverte du dol, ou à la cessation de la violence. » Suivant M. Malpel, personne n'a mieux saisi l'esprit de l'art. 892 et mieux touché la difficulté que M. Delvincourt. *Malp.*, *n.* 316.

M. Toullier n'a sûrement pas ignoré ces attaques contre l'article 892; mais il a dû penser que la loi se défendait assez bien elle-même; et il s'est contenté de dire : « Cette fin de non-recevoir ne s'applique point à la demande en rescision pour lésion. » En effet, la fin de non-recevoir est fondée en raison contre le cohéritier qui se plaint de dol ou de violence, après avoir exécuté l'acte en pleine liberté, ou bien instruit des faits qu'il prétend constituer le dol. Elle n'aurait pas ce mérite contre l'héritier qui a reçu un lot trop faible. Il est évident qu'il ne l'aurait point accepté, s'il avait connu alors la lésion qu'il a éprouvée ensuite. Il est possible qu'il ne l'eût pas reconnue encore, quand il a fait une vente. La loi suppose que dix années peuvent lui être nécessaires pour acquérir cette connaissance, puisqu'elle lui laisse cet espace de temps pour former sa demande en rescision. M. Duranton décide comme M. Toullier, et présente une réfutation très-développée du système de M. Chabot et de M. Delvincourt. *Dur.* 7., *n.* 589.

Les Cours royales sont divisées ici comme les auteurs; mais un arrêt récent de la Cour de cassation doit fixer la jurisprudence, suivant l'opinion de M. Toullier et de M. Duranton. Dans les motifs d'un arrêt qui condamne le système de M. Chabot et de M. Delvincourt, et de M. Malpel, la Cour d'appel de Paris a déclaré, le 6 avril 1807, que «l'aliénation faite par l'un des copartageans des objets renfermés dans son lot, et en général tous les actes d'administration ou de disposition qu'il fait pendant la durée du temps accordé par la loi, pour demander la rescision, ne sont point un obstacle à l'exercice de cette action, sauf les cas particuliers indiqués par l'art. 892. » *J. p., éd. n., t. 8, p.* 240 ; *Sir.* 7, 2, 1041.

Par un arrêt du 5 avril 1813, la Cour de Lyon a jugé que la donation du père et de la mère au fils aîné, de tous leurs biens, à la charge de payer une somme fixe à chacun des autres enfans, faite par acte entre-vifs et acceptée par tous les enfans, ne peut être considérée que comme partage, et que son exécution par l'un des enfans puînés, résultant de la réception de la somme destinée, n'était qu'une exécution immédiate de ce partage, qui ne pouvait pas faire obstacle à la demande en rescision. La Cour régulatrice a rejeté, le 27 octobre 1814, le pourvoi dirigé contre cet arrêt. *D.,* 1815, *p.* 1.

La Cour de Bourges, le 25 avril 1826, et la Cour de Bordeaux, le 6 juillet de la même année, ont décidé nettement que par l'aliénation de la totalité ou de partie de son lot, un copartageant n'avait pas perdu le droit de réclamer la rescision du partage, pour lésion du quart. *D.,* 1827, *s., p.* 8 *et* 48.

Mais la Cour de Grenoble, par deux arrêts du 3 juillet 1822, et du 7 juin 1831, et la Cour de Poitiers, par un arrêt du 10 Juin 1830, ont jugé dans le sens contraire. *J. p., éd. n., t. 24, p.* 572; *D.,* 1830, *s., p.* 272, *et* 1831, *s., p.* 245.

Cependant, la Cour de Poitiers a rendu, le 18 juin 1832, un nouvel arrêt qui juge admissible la demande en rescision pour lésion, après la vente d'un objet compris au lot du cohéritier vendeur; et l'on s'est vainement pourvu en cassation contre cette décision. La Cour régulatrice a voulu donner un enseignement propre à fixer les esprits; elle a déclaré expressément, le 24 janvier 1833 : « Que l'art. 892 n'est applicable qu'au cas où il s'agit d'une action en rescision pour dol ou violence, et où l'aliénation a été faite postérieurement à la découverte du dol, ou à la cessation de la violence; qu'il s'agissait au procès d'une action en rescision pour cause de lésion; qu'ainsi la disposision de l'article 892 était inapplicable à la cause; que de la combinaison des § 2 et 3 de l'art. 1338 avec le § 1 du même article, et notamment de ces expressions du § 2 : *après l'époque à laquelle l'obligation pourrait être valablement confirmée et ratifiée*, il résulte que l'exécution d'un acte susceptible d'être attaqué par la voie de la nullité ou de la rescision, ne peut être considérée comme une ratification tacite, emportant renonciation aux moyens de nullité ou de rescision, qu'autant que l'exécution a eu lieu avec connaissance du vice, dont cet acte pouvait être infecté, et d'où l'on puisse induire la conséquence qu'il a été fait avec l'intention de le purger de ce vice. » *D.*, 1833, *p.* 110. *V. supra, article* 840, *n.* 9.

2. On peut pourtant admettre, comme l'a fait la Cour de cassation, après celle d'Agen, que la vente d'une forte portion des biens compris au lot du demandeur en rescision, faite après la demande, emporte renonciation à cette demande. En réclamant la nullité du partage, on s'engageait à remettre en masse commune les fonds qu'on avait reçus; et en les aliénant ensuite, on se mettait dans l'impossibilité de remplir cet engagement. La vente, en cette occurrence, est l'exécution du partage, en connaissance de cause, sans égard au vice qu'on lui avait reproché; elle est l'approbation du partage, et le désistement implicite de l'action intentée. C'est bien le cas de l'application de l'art. 1338; et c'est bien ce qu'a reconnu l'arrêt de rejet du 17 février 1830. *D.*, 1830, *p.* 113.

L'impossibilité de remettre dans une masse commune l'objet de la vente, n'est point absolue; l'acquéreur pourrait être contraint au rapport par les cohéritiers du vendeur; mais ce dernier étant tenu de garantir la vente, on doit supposer qu'il ne l'a faite que parce qu'il s'était déterminé à l'approbation du partage. L'impossibilité, pour lui, du rapport direct ou du rapport par son acquéreur, sans qu'il soit exposé à le garantir, suffit pour faire juger qu'il a renoncé à sa demande en rescision. Si l'impossibilité dont nous parlons ici n'existait pas, par l'effet d'une stipulation entre le vendeur et l'acquéreur, si même l'aliénation, commandée par des besoins pressans, était peu considérable, et n'exposait qu'à une faible garantie, on pourrait, suivant les circonstances, ne pas conclure de la vente l'approbation du partage, et l'abandon de la demande en rescision.

3. Nous voilà conduits naturellement à l'examen de la question

de savoir, en thèse générale, si la rescision du partage peut affecter les immeubles aliénés par des cohéritiers. M. Delvincourt ne pense pas que les tiers, acquéreurs de bonne foi, puissent être inquiétés; une action contre eux lui paraît en opposition avec l'esprit général du Code, qui, à très-peu d'exceptions près, veut pourvoir à la tranquillité des acquéreurs. Si la loi porte une de ces exceptions à l'égard du tiers, possesseur de l'immeuble vendu à vil prix, elle n'en a pas fait contre l'acquéreur d'un cohéritier; et la loi, en effet, a dû mettre de la différence entre ces deux positions. En matière de rescision de vente, le délai de l'action n'est que de deux ans, même à l'égard des mineurs, tandis que pour la rescision du partage il est de dix années, qui peuvent être étendues par la minorité, la continuation de la violence ou de l'erreur. Celui qui achète d'un précédent acquéreur, peut juger de la vilité du prix de l'acquisition de son vendeur, tandis que celui qui achète d'un héritier ne peut guères savoir si ce vendeur a été lésé dans le partage, soit parce que l'estimation du partage ne donne pas toujours la vraie valeur, soit parce que l'extrait du partage, qui lui a été communiqué, ne lui fait pas connaître l'ensemble de l'opération. *Delv.* 2, *p.* 159.

M. Chabot et M. Toullier en jugent autrement. C'est un principe de tous les temps, dit M. Chabot, et qui se trouve consigné dans l'art. 1183 du Code, que toute condition résolutoire, lorsqu'elle s'accomplit, révoque l'acte où elle est insérée, et remet la chose au même état que si l'acte n'avait pas existé. Or, si le partage n'avait pas existé, aucun héritier n'aurait pu, au préjudice de ses cohéritiers, aliéner ni grever d'hypothèques ou autres charges, aucun des immeubles de la succession; et conséquemment, lorsque le partage est annulé, les choses devant revenir en l'état où elles étaient avant qu'il fût fait, les améliorations, les hypothèques et les charges consenties par des héritiers après cet acte, ne peuvent exister au préjudice des autres héritiers. Cet effet de la rescision est de droit contre le tiers-possesseur; aussi la loi ne l'a pas déclaré spécialement, dans l'art 1681; elle le suppose préétabli, et elle le modifie, en autorisant le tiers-possesseur à payer le supplément pour garder le fonds. Si, pour le partage, l'art. 891 ne porte pas expressément la même modification à la règle générale de l'art. 1183; ce n'est pas une raison de croire qu'il a rejeté cette règle; ce serait plutôt un motif pour décider que la règle est sans modification

pour les tiers-acquéreurs. Nous adoptons la décision de M. Chabot, ainsi que l'a fait M. Toullier; et nous ajoutons, avec ce
dernier auteur, que le tiers-acquéreur a, de droit, d'après la
disposition générale de l'art. 1166, la faculté de conserver l'objet de son acquisition, en payant le supplément en numéraire.
Cette disposition générale de l'art. 1166 rendait inutile pour
la vente, aussi-bien que pour le partage, la disposition spéciale
de l'art. 1681. *Chab., art.* 887, *n.* 5; *Toull.* 4, *n.* 573, 574.

4. La demande en rescision de partage est soumise à la prescription décennale de l'art. 1304. Dans le cas de lésion du quart,
le délai commence au jour même de l'acte, pour les majeurs; il
commence pour les mineurs à leur majorité, et pour les interdits,
après la levée de l'interdiction. La prescription ne peut prendre
cours, dans le cas de violence, que lorsqu'elle a cessé; et dans
les cas de dol et d'erreur, qu'après la découverte du dol ou de
l'erreur. Pour les mineurs et les interdits, la cessation de la
violence, la découverte de l'erreur ou du dol pendant la minorité ou l'interdiction, laisse encore la prescription suspendue
jusqu'à la majorité ou la levée de l'interdiction. *Chab., art.* 888,
n. 6; *Toull.* 4, *n.* 584; *Delv.* 2, *p.* 157; *Malp., n.* 318; *Vaz.,
Prescrip.* 2, *n.* 561; *V. Arr. C. cas.*, 28 *mars* 1820; *D.*, 1820,
p. 277.

M. Toullier n'admet pas, pour les mineurs et les interdits,
la suspension de la prescription, relativement à la lésion du
quart. Il fait d'abord remarquer qu'avec eux les partages ne sont
que provisionnels, lorsqu'ils n'ont pas été faits dans les formes
légales; qu'il n'est pas nécessaire d'en poursuivre la rescision,
et qu'on a trente ans pour réclamer un partage définitif. La remarque est juste; mais l'auteur ajoute : « Si les formalités prescrites ont été observées, l'art. 1304 dit positivement que les
mineurs et les interdits sont, relativement à ces partages, comme
s'ils les avaient faits en majorité, ou avant l'interdiction. La
prescription de l'action en rescision, pour simple lésion, court
donc contre eux, comme contre les majeurs, du jour de l'acte.
C'est ici un cas spécial, qui déroge à la disposition générale de
l'art. 1304. » *Toull.* 4, *n.* 585; *V. supra. art.* 840, *n.* 3, *etc.*

Nous ne croyons pas du tout à cette dérogation, qui n'aurait
pas de motifs, et qui serait injuste. L'art. 1314 n'a pour objet
que d'établir une exception à la règle de l'art. 1305, qui déclare
que la simple lésion donne lieu à la rescision en faveur des mineurs, et de les assimiler aux majeurs, pour leur rendre appli-

cable l'art. 1313, qui n'accorde la restitution, pour cause de lésion, que dans les cas et sous les conditions spécialement exprimés dans le Code. Il faudrait d'autres expressions, bien directes et bien claires, dans l'art. 1314, pour déroger au principe et à la règle positive de la suspension de la prescription, pendant la minorité et l'interdiction. Serait-il raisonnable que pour un acte fait dans l'extrême enfance du mineur, la prescription courût du jour même de cet acte, et pût s'accomplir avant la puberté même? M. Malpel et M. Dalloz repoussent comme nous la doctrine de M. Toullier. *Malp.*, *n.* 318; *Rép. méth.*, *succ.*, *chap.* 6, *sect.* 3, *art.* 6, *n.* 17.

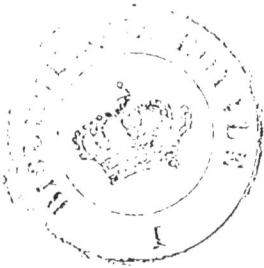

FIN DES SUCCESSIONS.

Riom. — Imprimerie et Fonderie de E. THIBAUD.

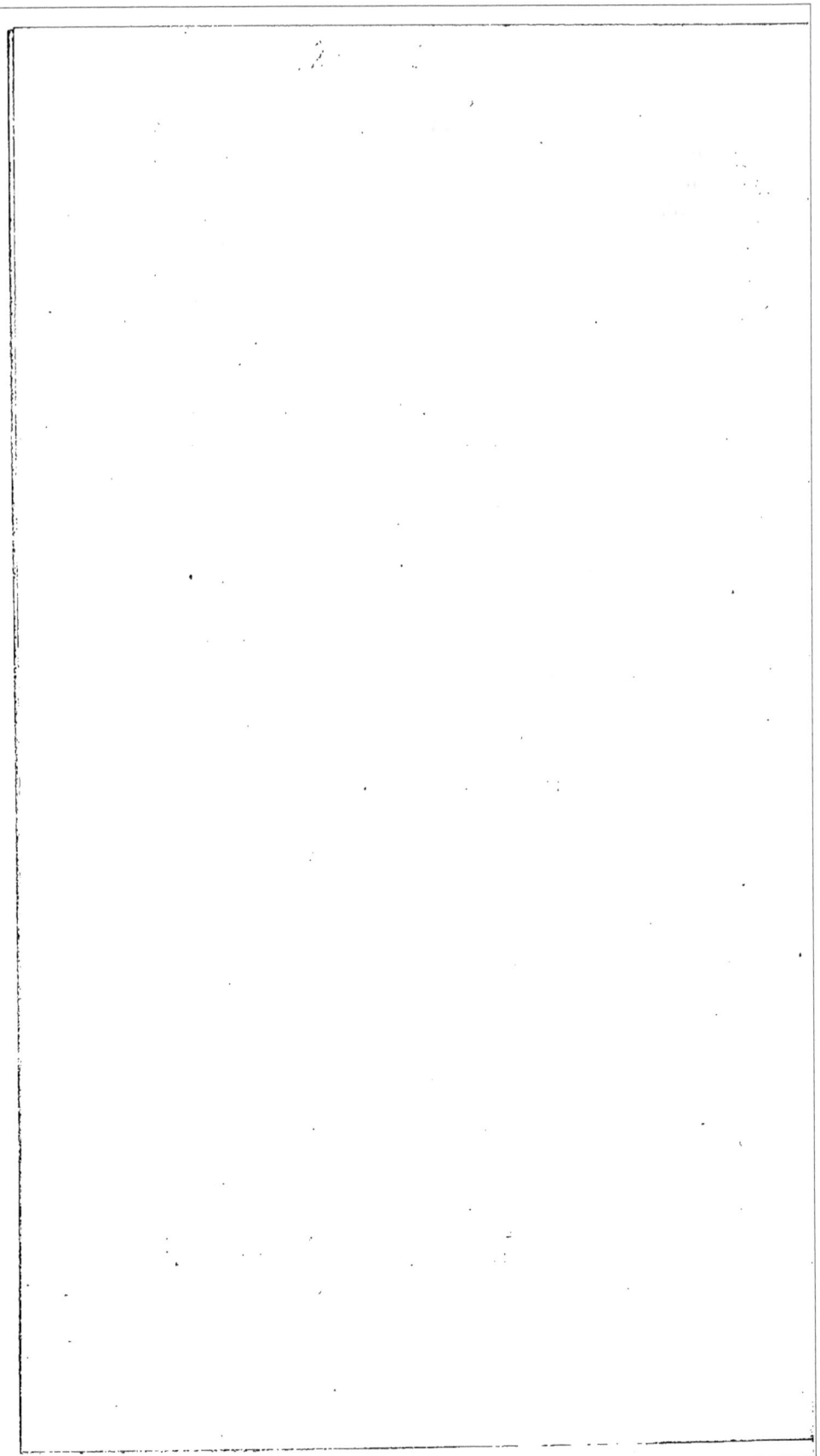